U0530918

公法名著译丛

宪法与行政法

第 14 版

[下 册]

〔英〕A.W.布拉德利 著
K.D.尤因

刘刚 江菁 等 译

商务印书馆
2008年·北京

CONSTITUTIONAL AND ADMINISTRATIVE LAW

Fourteenth edition 2007

BY

A. W. BRADLEY and *K. D. EWING*

© Pearson Education Limited 2007

根据皮尔逊教育有限公司 2007 年版译出

《公法名著译丛》编委会

主　编　　罗豪才
编　委　(以姓氏笔画为序)
　　王振民　包万超　卢建平　朱苏力　米　健
　　张千帆　陈弘毅　陈新民　季卫东　信春鹰
　　姜明安　贺卫方　夏　勇　韩大元

目 录
[下 册]

第三编 公民与国家

第19章 人权的性质和保护 …………………………… 3
A. 英国的路径 ……………………………………… 5
B. 《欧洲人权公约》 ……………………………… 19
C. 1998年《人权法案》 …………………………… 34
D. 结论 …………………………………………… 55

第20章 公民资格、移民和引渡 …………………… 58
A. 公民资格 ……………………………………… 58
B. 移民和驱逐出境 ……………………………… 77
C. 引渡 …………………………………………… 115
D. 结论 …………………………………………… 128

第21章 警察和个人自由 …………………………… 131
A. 警察的组织 …………………………………… 132
B. 个人自由和警察权力 ………………………… 139
C. 警察拘留和讯问嫌疑人的权力 ……………… 161
D. 警察进入、搜查和扣押的权力 ……………… 175

E. 对滥用警察权力的救济 ………………………… 192
　　F. 警察的责任和对警察的控制 …………………… 210
第22章　对隐私的保护 ……………………………………… 219
　　A. 保护隐私的理由 ………………………………… 220
　　B. 隐私和《欧洲人权公约》 ………………………… 222
　　C. 监视：获取信息 ………………………………… 227
　　D. 对通信的截取 …………………………………… 237
　　E. 储存和加工信息 ………………………………… 246
　　F. 隐私与报刊 ……………………………………… 258
　　G. 隐私和《人权法案》 ……………………………… 268
第23章　表达自由 …………………………………………… 276
　　A. 法律保护的本质 ………………………………… 277
　　B. 审查制度和事先约束 …………………………… 283
　　C. 对电视和广播的规范 …………………………… 289
　　D. 危害国家和破坏公共秩序罪 …………………… 298
　　E. 淫秽出版物 ……………………………………… 307
　　F. 诽谤 ……………………………………………… 320
　　G. 泄密 ……………………………………………… 335
第24章　结社与集会自由 …………………………………… 341
　　A. 结社自由 ………………………………………… 344
　　B. 公共聚会的权利 ………………………………… 347
　　C. 公共游行和集会 ………………………………… 351
　　D. 集会自由和私人财产权 ………………………… 359
　　E. 破坏公共秩序罪 ………………………………… 372

F. 警察和法院的预防性权力 …………………… 390
　　G. 集会自由和1998年《人权法案》……………… 401
第25章　国家安全和官方机密 ……………………………… 406
第26章　紧急权力与恐怖主义 ……………………………… 460
　　A. 运用军队协助警察 …………………………… 461
　　B. 在北爱尔兰运用军队 ………………………… 465
　　C. 军事管制法 …………………………………… 474
　　D. 战时与和平时期的紧急权力 ………………… 480
　　E. 紧急权力与恐怖主义 ………………………… 489
　　F. 2000年《恐怖主义法》与北爱尔兰 ………… 505
　　G. 国际恐怖主义:补充的权力 …………………… 513
　　H. 结论:恐怖主义和人权 ………………………… 521

第四编　行政法

第27章　行政法的性质与发展 ……………………………… 527
第28章　授权立法 …………………………………………… 564
　　历史发展 ………………………………………… 565
　　授权立法的正当性 ……………………………… 568
　　授权立法的特殊类型 …………………………… 571
　　命名法 …………………………………………… 577
　　对利益相关者的咨询 …………………………… 579
　　议会的控制 ……………………………………… 581
　　法定条规的公布 ………………………………… 591
　　法院的挑战 ……………………………………… 592

4　宪法与行政法

　　行政规则的制定 …………………………………… 598
第29章　行政司法 ……………………………………… 604
　　A．裁判所 ………………………………………… 608
　　B．公开调查 ……………………………………… 629
　　C．2005年《调查法》 …………………………… 641
　　D．议会监察专员 ………………………………… 650
第30章　行政行为的司法控制（一） …………………… 672
　　A．基于实体理由的司法审查 …………………… 677
　　B．基于程序理由的审查 ………………………… 712
　　C．合理预期 ……………………………………… 739
第31章　行政行为的司法控制（二） …………………… 752
第32章　公共机关和政府的责任 ……………………… 809
　　A．公共机关和政府的侵权法责任 ……………… 813
　　B．合同责任 ……………………………………… 847
　　C．讼诉中的政府：特权与豁免 ………………… 860
译后记 …………………………………………………… 879

第三编
公民与国家

第三表
公爵及侯爵表

第19章 人权的性质和保护

本章论述人权保护(protection of human rights)。首要任务是要确定人权意味着什么:这个领域存在许多术语上的不一致,其中,很多术语——人权(human rights)、公民自由(civil liberties)、基本权利(fundamental rights)——经常被用来指代同一件东西。就我们的目的而言,人权有两种形式。一方面是社会和经济权利——对就业、医疗保健、住房的权利和在生病、失业以及年老时维持收入的权利;另一方面是古典的公民和政治权利——对人身自由的权利,组织政党的权利和参加选举的权利,对良心、宗教和表达自由的权利。虽然社会和经济保障对有效参与共同体的公民、政治生活是必不可少的,但从传统上讲,人权领域的法律人士将他们的关注点都局限在后一范畴,而排除了前者。虽然存在一些促进社会和经济保障的国际条约,①但它们的远大抱负遭遇到的却只是执行上

---

① 这些包括"国际劳工组织公约"(Conventions of the International Labour Organisation),国际劳工组织是位于日内瓦的一个联合国机构,它的创设旨在维护工人的利益。同样重要的是1961年的欧洲理事会社会宪章(Council of Europe's Social Charters of 1961)和1996年修正后的社会宪章,同时,1989年欧共体工人基本社会权利宪章(EC Charter of the Fundamental Social Rights of Workers of 1989)也促进了社会法的发展。另外,这方面还

的重重困难,普通法传统的民主国家中很少有认真把它们当作基本权利的。而对于所谓的公民和政治权利来说,则是另外一番情形。特别值得一提的是,有一个国际条约——欧洲人权公约②——对英国的法律和实践产生了重要影响,英国政府在许多场合下都被认为违反了该公约的条款,而且英国政府还不止一次地被要求制定法令以执行欧洲人权法院的具体裁决(rulings)。③许多国家对公民和政治权利给予宪法保护,这通常体现在权利法案中,在诸多情形下,行政和立法措施都必须符合权利法案,否则就将被法院推翻。在英国,人权的法律保护如今体现在 1998 年《人权法案》(Human Rrights Act 1998)中,该法案使欧洲人权公约中的权利在英国法院得以执行。④

有 2000 年 12 月在尼斯(Nice)通过的欧盟基本权利宪章(EU Charter of Fundamental Rights)。关于欧洲理事会社会宪章,见哈里斯和达西:《欧洲社会宪章》(Harris and Darcy, *The European Social Charter*)。关于欧共体工人基本社会权利宪章,见伯库桑:《欧洲劳动法》(Bercusson, *European Labour Law*)。欧盟基本权利宪章,见前面的第 8 章 B。

② 《政府文件》,1953 年,第 8969 号(Cmd 8969, 1953)。

③ 见布拉德利:"联合王国在斯特拉斯堡法院之前:1975-1990 年",载于芬尼、希姆斯沃思和沃克(编):《爱丁堡公法论集》(A W Bradley, "The United Kingdom before the Strasbourg Court 1975-1990", in Finnie, Himsworth and Walker (eds), *Edinburgh Essays in Public Law*)。

④ 见本章 C。

A. 英国的路径

普通法

在英国,保护公民自由和人权的传统路径极大地受到了戴雪的影响。⑤ 对他来说,英国不需要论述某种作为高级法而运作的根本原则,因为政治自由已受到普通法和独立议会的充分保护,后者作为"看门狗"(watchdog),提防着行政机关过分的热情。⑥ 依照普通法,广泛的公民自由受到这样一个原则的保障,即公民可以根据自己的喜好自由行事,除非该行为被法律明确禁止。所以,人民已经享有了宗教信仰自由、表达自由和集会自由,只有当普通法或制定法有明确的限制规定时,人民行使这些自由的行为才会受到限制。许多经典判决都说明了这一保护路径,首先是恩蒂克诉卡林顿(*Entick v Carrington*)⑦案。在该案中,国务大臣(Secretary of State)发布了一项搜查约翰·恩蒂克的房屋和没收其有关煽动叛乱

---

⑤ 戴雪:《英宪精义》(Dicey, *The Law of Constitution*)。并见本书第6章。
⑥ 对这种观点生动形象的表达,见惠勒诉莱斯特议会案,《上诉案例汇编》,1985年,第1054页起,第1065页(*Wheeler v Leicester Council* [1985] AC 1054, 1065)(上诉法院法官布朗-威尔金森[Browne-Wilkinson LJ])。对此有力的批评,见克雷格:《公法和民主》(Craig, *Public Law and Democracy*)。
⑦ 《国家审判案例汇编》,1765年,第19卷,第1030页起([1765] 19 St Tr 1030);第6章。

的书籍的搜查令。当该行为的合法性受到挑战时,大臣声称这种权力的存在和行使对国家利益来说是必要的。但是,法院支持了这项挑战,根据是,依照普通法或制定法,大臣没有以此种方式发布搜查令的权力。第二个例子是贝蒂诉吉尔班克斯(*Beatty v Gillbanks*)⑧案。在该案中,滨海韦斯顿(Weston-super-Mare)的救世军(Salvation Army)成员被禁止在星期天组织活动,因为他们的出现吸引了一大批满怀敌意的人群,从而破坏了治安。可是救世军的成员无视该不得集会的命令,于是他们因为犯了非法集会罪而被勒令具结保证遵守治安法令。该约束他们的命令在上诉时被撤销,因为他们没做什么非法的事情。在法院看来,他们不能仅仅因为自己的合法行为会导致其他人的非法行为,就被禁止集会。

有关普通法保护自由的一个最近的例子是 A 诉内政大臣(第二)案(*A v Home Secretary (No 2)*)⑨,该案的争议焦点在于:通过酷刑获得的证据是否能得到特别移民上诉委员会(Special Immigration Appeal Commission)的承认。在这个被霍夫曼爵士(Lord Hoffmann)称为对"英国法的声誉"有"莫大影响"的案件中,上议院一直认定这类证据不能被接受。宾厄姆爵士(Lord Bingham)称,普通法原则"强制排除第三方酷刑所得证据,这类证据是不可信赖的、不公正的,是对人性和正派品质一般标准的冒犯,与推动裁判所达致执行正义的原则不相

---

⑧ 《王座分庭案例汇编》,1882 年,第 9 卷,第 308 页起([1882] 9 QBD 308)。
⑨ 《上议院案例汇编》,2005 年,第 71 页起;《全英格兰案例汇编》,2006 年,第 1 卷,第 575 页起([2005] UKHL 71;[2006] 1 ALL ER 575)。

符合"。但是,上议院在该证据被排除之前应该采纳什么证明标准的问题上无法达成一致。多数意见是,如果证据的获得被证明存在使用酷刑的可能性,则不得被接受。少数意见——恰恰相反——则走得更远,他们认为除非该证据的取得没有任何使用酷刑的真实可能性,否则该证据就应该被排除。用尼科尔斯爵士(Lord Nicholls)的话来说,多数意见的路径"对被拘留者施加了一项证明责任,而由于这项证明责任超过了他的控制范围,被拘留者很难履行。在实践中,这种做法会在很大程度上破坏各方都强烈支持的原则,即法院不得接受通过酷刑所获得的证据"。而被接受为合法的另外一点是,警察可以根据国外的官方渠道所提供的秘密情报,采取措施以阻止恐怖主义活动,尽管该秘密情报的证据基础可能是通过酷刑得到的。

虽然还有说明该原则的其他重要案例,但是,这个路径是否构成保护自由的充分基础,还是存有疑问的。首先,人民可以做不被法律禁止的任何事——这个普通法规则(似乎)同样适用于政府。结果就是,政府可能会侵犯个人自由,即使它没有被明确授权做出这种行为,但政府的根据是:政府并没有做被法律禁止的事情。在马隆诉伦敦警察局长(*Malone v Metropolitan Police Commissioner*)⑩一案中,未经法律明确授权的电话窃听行为被曝光。但是,当马隆先生寻求宣告窃听其电话的行为非法的时候,他败诉了,因为他无

---

⑩ 《衡平法院案例汇编》,1979年,第344页起([1979] Ch 344)。

法指出他的哪项法律权利是政府有义务不得侵犯的。政府的行为既没有干涉当时法律所承认的他的财产权,也不构成对信赖(confidence)的违反以及对任何隐私权的侵犯。英国路径的第二个困难是,自由特别容易受到侵蚀(vulnerable to erosion)。普通法仅仅承认,人民可以自由地做并非不合法的任何事情,但是却无权防止立法机关制定新的限制措施。自相矛盾的是,许多对自由的限制是由普通法施加的,因为对行政机关来说,向议会寻求新的权力有时候并不是那么容易。⑪ 这样一来,有关当局就可能会寻求法院的判决,法院判决可能会限制性地发展法律,并创造普遍适用的先例。作为对个人自由的限制的来源,此种规则可能和议会立法一样有效。因此,在莫斯诉麦克拉克伦(*Moss v McLachlan*)⑫一案中,王座分庭从控制和管理公共集会的普通法上的警察权力中,首先创造了一项阻止人民集会的扩展的权利(right)。在《间谍捕手》(*Spycatcher*)案和其他案件中,法院认为可以向总检察长(Attorney-General)颁发禁止令,以限制机要政府秘密的公开出版。⑬

议会的作用

传统英国路径的另一个弱点涉及议会权力的衰落。19 世纪

---

⑪ 比较布朗－威尔金森爵士,《公法》,1992 年,第 397 页起(Lord Browne-Wilkinson [1992] PL 397),以及 J. 劳斯爵士,《公法》,1993 年,第 59 页起(Sir J Laws [1993] PL 59)。

⑫ 《就业关系法律报告》,1985 年,第 76 页起([1985] IRLR 76)。见本书第 24 章。

⑬ 总检察长诉《卫报》有限公司案,《每周法律报告》,1987 年,第 1 卷,第 1248 页起;《上诉案例汇编》,1990 年,第 1 卷,第 109 页起(*A-G v Guardian Newspapers Ltd*) [1987] 1 WLR 1248; [1990] 1 AC 109)。

末,也就是戴雪写作的时代,在很多方面都是作为提防行政机关的看门狗的独立议会的顶峰时期。[14] 这个时期,议会是"选择、维持和可以推翻政府的实体",是"选民和行政机关的中介"。[15] 然而,此后,由于政党体制和与之相伴的政党纪律的顽强成长,行政机构渐渐取得了对下议院的控制。结果,21世纪早期的政府不再和19世纪末期一样,它现在可以期望它的法案得以通过,尽管在某些情形下可能会受到来自上、下两院的一些抵制。具体来说,在1980年代,只有一个法案在议会二读时未获通过,对于在议会中拥有多数议席的政府来说,这是很罕见的例外情形。[16] 现代政府已倾向于利用此种变化,结果就出现了一些据说是侵蚀个人自由的立法提案。[17] 结果,剩下来的自由,即做并非不合法的事情的自由的范围明显地缩减了。这些措施包括1984年《警察和刑事证据法案》(Police and Criminal Evidence Act 1984)(扩大了逮捕和拘留的警察权力);1986年《公共秩序法案》(Public Order Act 1986),1994年《刑事司法》和《公共秩序法案》(Criminal Justice and Public Order Act 1994)以及2005年《有组织重罪和警察法案》(Serious Organised Crime and Police Act 2005)(将警察权扩展至禁止和管制公共聚众和集会);2000年《调查权力管制法案》(Regulation of Investigatory

---

[14] 见麦金托什:《英国内阁》(Mackintosh, *The British Cabinet*)。

[15] 麦金托什:《英国的政府和政治》(Mackintosh, *The Government and Politics of Britain*)。

[16] 见布雷热:《宪法惯例》(Brazier, *Constitutional Practice*),第219—220页。也可参见第10章A。

[17] 例如尤因和吉尔蒂:《撒切尔统治下的自由》(Ewing and Gearty, *Freedom under Thatcher*)。

Powers Act 2000)(扩展了警察和安全机构的权力,特别是在有关监控个人的方面)。

然而在另一方面,有些措施也被采用以确保政府比过去更公开。在这方面,重要的措施包括1985年地方政府(信息获知)法案(Local Government (Access to Information) Act 1985)(给予人民旁听地方当局的会议、获知文件和记录的权利),1987年《个人档案获知法案》(Access to Personal Files Act 1987)(给予个人为了住房和社会服务的目的而获知包含着个人信息的记录的权利),以及1984年、1998年《数据保护法案》(Data Protection Act)(给予个人获知由第三方持有的个人数据的普遍权利)。我们还必须在这个清单里补充上2000年《信息自由法案》(Freedom of Information Act 2000)和2002年《信息自由(苏格兰)法案》(Freedom of Information (Scotland) Act 2002)。立法也加强了那些对政府机关有冤情的人的权利。于是,一个新的独立警察申诉委员会(Independent Police Complaints Commission)成立了。尽管人们对2000年调查权力管制法案有所担心,[18] 但是新的裁判所还是被创设了,如果有人认为政府为了监控的目的,不适当地发布了一些授权窃听他们的通讯联络的命令或进入他们房屋的搜查令,则他们可以诉诸这些裁判所。1986年公共秩序法案虽然限制了集会的自由,但也加强了关于诱发种族仇恨事项的法律,从而特别保护了少数种族的权利。[19] 工作妇女的制定法上的权利,部分是基于欧共体的倡导,在很多方面都扩

---

[18] 见本书第22章 C、D。
[19] 帕滕:《政治文化、保守主义和滚动式宪法变迁》(Patten, *Political Cultur, Conservatism and Rolling Constitutional Change*)。

展了,而在涉及由于宗教、信仰以及性取向引发的就业歧视方面的立法也得以提出。⑳此外,1995年《残疾人歧视法案》(Disability Discrimination Act 1995)——于1999年和2005年被加强——是对英国公民中"数量可观的少数群体受到边缘化以及被社会排斥的现象作出的重要妥协"。㉑

1976年《种族关系法案》(Race Relations Act 1976)

英国的自由原则——人民可以自由地做未被法律所禁止的任何事——受到了诸多批评,因为它没能认识到,不受限制的自由——特别是反对公共权力的个人自由——可能是其他人的自由的对立面。基于此种原因,议会可能需要通过干预以限制公共权力,并调节对抗国家的自由(liberty)和自由行为(freedom)之间的竞争性利益(competing interests)。契约自由方面的普通法规则允许那些有权有势的人——如雇主、地主和商人——对其他人做出各种极端恶劣的歧视行为。㉒只有通过立法才能实现对机会平等的

---

⑳ 《行政立法性文件汇编》,2003年,第1660、1661号(SI 2003 No 1660; SI 2003 No 1661)。

㉑ 多伊尔:《现代法律评论》,1997年,第60卷,第64页起(B Doyle [1997] 60 MLR 64)。也可参见多伊尔:《残疾、歧视和平等机会》(Doyle, *Disability, Discrimination and Equal Opportunities*),以及西摩和肖特:《工作中的残疾歧视再挑战》(Seymour and Short, *Still Challenging Disability Discrimination at Work*)。

㉒ 只有在例外情况下,普通法才为少数种族团体的成员提供保护:如康斯坦丁诉帝国旅店有限公司案,《王座分庭案例汇编》,1944年,第693页起(*Constantine v Imperial Hotels Ltd* [1944] KB 693);斯卡拉舞厅诉拉特克利夫案,《全英格兰案例汇编》,1958年,第3卷,第220页起(*Scala Ballroom v Ratcliffe* [1958] 3 ALL ER 220)。

政策追求。所以,作为看门狗的议会不仅应该限制行政当局权力滥用的可能性,而且要主动采取措施,修正在这个不断变化的社会环境下被视为压迫性的那些普通法规则。在种族关系领域,议会的第一次干预是 1965 年《种族关系法案》(Race Relations Act 1965),1968 年《种族关系法案》(Race Relations Act 1968)又强化并扩充了这个法律。㉓ 该法律现载于《1976 年种族关系法案》(Race Relations Act 1976),2000 年《种族关系(修正)法案》(Race Relations (Amendment) Act 2000)和 2003 年的 1976 年《种族关系法案(修正)条例》(Race Relations Act 1976 (Amendment) Regulations)㉔(以下简称 2003 年修正条例)又在很多重要方面对 1976 年法案做了改进。

1976 年法案——被司法机关描述为"旨在像创造法律变革那样创造社会变革的开拓性立法"㉕——适用于以种族为由的歧视,在这里,种族被界定为肤色、种族、国籍以及人种或民族的来源(colour, race, nationality or ethnic or national origins)。㉖但是随着

㉓ 对这些措施较好的论述,见莱斯特和宾德曼:《种族和法律》(Lester and Bindman, *Race and Law*),及赫普尔:《英国的种族、工作和法律》(Hepple, *Race, Jobs and the Law in Britain*),也可见莱斯特·麦科尔格恩:《歧视法》(Lester McColgan, *Discrimination Law*)。

㉔ 《行政立法性文件汇编》,2003 年,第 1626 号(SI 2003 No 1626)。该条例使 2000 年 6 月 29 日颁布的 2000 年第 43 号欧共体理事会指令(Council Directive 2000/43/EC)得以在英国施行。

㉕ 纳加拉让诉伦敦地区运输系统案,《上诉案例汇编》,2000 年,第 1 卷,第 501 页起,第 509 页(*Nagarajan v London Regional Transport* [2000] 1 AC 501, 509)(布朗-威尔金森爵士[Lord Browne-Wilkinson])。

㉖ 犹太人(塞德诉吉列工厂案,《就业关系法律报告》,1980 年,第 427 页起(*Seide v Gillette Industries* [1980] IRLR 427)),锡克教徒(曼德拉诉道尔·李案,《上诉案例汇编》,1983 年,第 2 卷,第 548 页起(*Mandla v Dowell Lee* [1983] 2 AC 548)),吉卜赛人(种族平等

2003年修正条例的颁布,法律如今在基于种族、人种以及民族来源的歧视与基于肤色、国籍的歧视之间做了区分;以前,两者适用同样的规则。但是经过修正后的1976年法案仍然同时适用于直接和间接的歧视。[27]直接歧视是指歧视者基于种族的理由对某人做出比对其他人更加不利的对待。[28]间接歧视——1976年引进,而且是以美国案例法为基础的[29]——是指某人的行为方式虽然并不具有公然的歧视性,但该行为却产生了歧视的后果,不管它是有意

委员会诉达顿案,《就业关系法律报告》,1989年,第8页起(CRE v Dutton [1989] IRLR 8))和拉斯特法里教徒(Rastafarians)(皇家供应商 PSA 诉道金斯案,《就业案件报告》,1993年,第517页起(Crown Suppliers PSA v Dawkins [1993] ICR 517))是否属于该法案的保护对象,仍然存在诸多难题。见《行政立法性文件汇编》,2003年,第1660号(SI 2003 No 1660)。因为某人是英国人而歧视他或她,这种做法是不合法的:英国广播公司苏格兰诉苏斯特案,《就业关系法律报告》,2001年,第151页起(BBC Scotland v Souster [2001] IRLR 151)。

[27] 歧视某些抱怨种族歧视和就此种问题提出法律诉讼的人,也是不合法的(第2条)。见纳加拉让诉伦敦地区运输系统案,《上诉案例汇编》,2000年,第1卷,第501页起(Nagarajan v London Regional Transport [2000] 1 AC 501)。但是比较西约克郡总警长诉卡恩案,《上议院案例汇编》,2001年,第48页起;《每周法律报告》,2001年,第1卷,第1947页起(Chief Constable of West Yorkshire v Khan [2001] UKHL 48; [2001] 1 WLR 1947)。

[28] 不具种族动机的不利对待的发生,与这里的问题是不相关的:英王诉伯明翰市议会(申请人:平等机会委员会)案,《上诉案例汇编》,1989年,第1155页起(R v Birmingham City Council, ex p Equal opportunities Commission [1989] AC 1155);詹姆斯诉伊斯特利自治市议会案,《上诉案例汇编》,1990年,第2卷,第751页起(James v Eastleigh BC [1990] 2 AC 751);以及英王(欧洲罗马权利中心)诉布拉格机场移民办事处案,《上议院案例汇编》,2004年,第55页起;《上诉案例汇编》,2005年,第2卷,第1页起(R (European Roma Rights Centre) v Immigration Office at Prague Airport [2004] UKHL 55; [2005] 2 AC 1)。

[29] 格里格斯诉杜克电力公司案,《美国案例报告》,1971年,第401卷,第424页起(Griggs v Duke Power Co 401 US 424 [1971])。见勒斯特加腾:《种族歧视的法律控制》(Lustgarten, Legal Control of Racial Discrimination)。

还是无意。根据2003年修正条例,间接歧视的标准根据歧视是基于种族、人种以及民族来源和基于肤色、国籍而有所不同,前一种情况下间接歧视有了更具包容性的界定,但后一种情况未变(尽管政府不将2003年的定义适用于所有类型的种族歧视的做法并没有任何理由)。但是两种规定下间接歧视的本质并没有改变,即虽然被告对所有种族的人都采取了同样的对待标准,但实际上,某一群体中的成员并不赞同这一标准,或者根据这种标准,他们处于特定的不利地位。[30] 2003年作出的修正还细致地作出规定,以种族、人种或民族来源为由的侵扰(harassment)是不合法的。[31]

在就业领域,歧视和侵扰是不合法的,但是如果属于某特定种族群体确实是某项工作的必需条件或资格,则区别对待就是被允许的。[32] 在合伙、工会和职业组织,以及在各种准入、职业培训机构和就业机构当中,歧视和侵扰都是不合法的(第10-14条)。而且,在教育事业和向公众或其一部分提供物资、服务和设施的过程中,歧视和侵扰也是不合法的(第17-21条)。小型房屋中的居民

---

[30] 见曼德拉诉道尔·李案,《上诉案例汇编》,1983年,第2卷,第548页起(Mandla v Dowell Lee [1983] 2 AC 548)。其他关于1976年规定的主要案件包括:佩雷拉诉公务委员会案,《就业案件报告》,1983年,第428页起(Perera v Civil Service Commission [1983] ICR 428),米尔诉伦敦哈姆雷茨塔自治市案,《就业关系法律报告》,1988年,第399页起(Meer v London Borough of Tower Hamlets [1988] IRLR 399),以及汉普森诉教育和服务部案,《上诉案例汇编》,1991年,第1卷,第171页起(Hampson v Department of Education and Service [1991] 1 AC 171)。

[31] 1976年种族关系法案,第3A条,《行政立法性文件汇编》,2003年,第1626号(SI 2003 No 1626)增加。

[32] 见兰贝思伦敦自治市议会诉种族平等委员会案,《就业案件报告》,1990年,第768页起(Lambeth London Borough Council v CRE [1990] ICR 768)。

住宿和个人住宅中孩子的培养或照顾,属于例外情形(第23(2)条)。具有25位成员以上的社团在成员资格的准入或社团成员的待遇上不能歧视(第25条),③但是,主要目的是为特定种族群体谋利的社团可能基于种族、国籍或人种或民族起源而非肤色的原因而实施区别对待(第26条)。用表达出歧视意图的语言进行宣传的做法是违法的,但是,声明某工作需要特定种族群体的成员(例如,中国餐馆需要中国侍者)的做法则是被允许的(第29条)。其他被宣布为违法的行为包括:采用歧视性的要求或条件(第28条),指导、劝诱或帮助别人实施非法歧视性行为(第30、31、33条)。④

种族平等委员会在取消种族歧视和侵扰方面发挥了重要的作用。⑤ 它的主席和成员由内政大臣任命,它的年度报告要提交议

---

③ 对于1976年之前的法律,见查特诉种族关系局案,《上诉案例汇编》,1973年,第868页起(Charter v Race Relations Board [1973] AC 868)和种族关系局诉多克尔工党俱乐部案,《上诉案例汇编》,1976年,第285页起(Race Relation Board v Dockers' Labour Club [1976] AC 285)。

④ 见哈兰尼诉埃弗里案,《每周法律报告》,2001年,第1卷,第655页起(Hallani v Avery [2001] 1 WLR 655);安延伍诉南岸学生联合会案,《上议院案例汇编》,2001年,第14页;《每周法律报告》,2001年,第1卷,第638页起(Anyanwu v South Bank Student Union [2001] UKHL 14; [2001] 1 WLR 638)。

⑤ 随着《2006年平等法》(Equality Act 2006)的颁布,"种族平等委员会"(Commission for Racial Equality)将会被"平等和人权委员会"(Commission for Equality and Human Rights)取代。新的委员会——2009年前开始运作——还会取代"平等机会委员会"(Equal Opportunities Commission)和"残疾人权利委员会"(Disability Rights Commission)。除了继承这些机构的职能外,该委员会还具有人权方面的职能,见克卢格和奥布莱恩,《公法》,2004年,第712页起(F Klug and C O'Brien [2004] PL 712),以及迪克森,《公法》,2003年,第27页起(B Dickson [2003] PL 27)。

会审查。㊱ 种族平等委员会可以主动发起,或者在内政大臣的指导下实施正式调查,并且有权以及为此目的,要求被调查人提供证据(第48－52条)。但是,这种调查不得轻率地实施。除非委员会合理怀疑歧视和侵扰行为已经发生,否则不能启动调查。㊲ 如果歧视或侵扰行为得以确证,委员会有权力发出禁止歧视通知(对此通知,当事人可以上诉),㊳ 而且可以在五年内通过请求郡法院(county court)发布禁止令(injunction),或者在苏格兰请求郡长法院(sheriff court)发布禁令(interdict),以实现此通知的效力(第57－61条)。在就业领域,歧视行为的受害人为了实施此通知,可以向劳工裁判所(employment tribunal)提起申诉,并可就法律问题上诉于劳工上诉裁判所(Employment Appeal Tribunal)。㊴ 当这种申诉到达裁判所后,当事人可以得到调解官(conciliation officer)的帮助。裁判所会宣布涉及该被指控的歧视事件的当事人的权利,并责令支

㊱ 委员会也对立法实施了有价值的定期审查。见种族平等委员会,《1976年种族关系法的改革:来自种族平等委员会的建议——第三次审查(1998年)》(CRE, *Reform of the Race Relations Act 1976: Proposals from the CRE—Third Review* [1998])。关于对附有改革建议的反歧视立法的全面审查,见赫普尔等(著):《平等:一个新框架》(Hepple et al., *Equality: A New Framework*)。

㊲ 英王诉种族平等委员会(申请人:希灵顿议会)案,《上诉案例汇编》,1982年,第779页起(*R v Commission for Racial Equality, ex p Hillingdon Council* [1982] AC 779),该案在关于普雷斯蒂奇集团案(《每周法律报告》,1984年,第1卷,第335页起(Re Prestige Group [1984] 1 WLR 335))中得以适用;而且见内政部诉种族平等委员会案,《王座分庭案例汇编》,1982年,第385页起(*Home Office v CRE* [1982] QB 385)。

㊳ 种族平等委员会诉阿马里塑料有限公司案,《王座分庭案例汇编》,1982年,第265页起(*CRE v Amari Plastics Ltd* [1982] QB 265)。

㊴ 第18章A。

付赔偿或者告知其他的救济措施(第53-55条)。⑩ 对于劳工领域以外的歧视,受害人可以在指定的郡法院起诉。法院可以判令支付赔偿,包括对精神伤害(injury to feelings)的赔偿。依照1994年种族关系(救济)法案(Race Relations (Remedies) Act 1994),可判定的赔偿数额是没有限制的,尽管上诉法院指南(Court Appeal guidelines)指示,只有在最例外的案件中,对精神伤害的赔偿金才可以超过25000英镑。⑪ 在困难或重大案件中,种族平等委员会有权支持原告寻求救济(第66条)。⑫ 这个法案适用于政府(包括武装力量)公务⑬和警察事务。

2000年种族关系(修正)法案在很多关键的方面扩展了1976年法案的适用范围。⑭ 在1976年法案中,加入了第19B条,它规

---

⑩ 涉及机密文件泄露的歧视案件可能会提出一些难题,见科学研究委员会诉Nassé案,《上诉案例汇编》,1980年,第1028页起(Science Research Council v Nassé [1980] AC 1028),关于公共利益的豁免,见哈尔福德诉沙普尔斯案,《全英格兰案例汇编》,1992年,第3卷,第624页起(Halford v Sharples [1992] 3 All ER 624)(也见第32章C)。

⑪ 文托诉西约克总警长(第二)案,《英格兰及威尔士上诉法院民事案例汇编》,2002年,第1871页起;《就业案件报告》,2003年,第318页起(Vento v Chief Constable of West Yorkshire (No 2) [2002] EWCA Civ 1871; [2003] ICR 318)。也见斯科特诉国内税务局局长案,《英格兰及威尔士上诉法院民事案例汇编》,2004年,第400页起;《就业案件报告》,2004年,第1410页起(Scott v Inland Revenue Commissioners [2004] EWCA Civ 400; [2004] ICR 1410)以及弗戈·菲得里斯大龄儿童学校诉博伊尔案,《就业案件报告》,2004年,第1210页起(Virgo Fidelis Senior School v Boyle [2004] ICR 1210),分别涉及加重的和一般标准的赔偿金额。

⑫ 正如它在曼德拉诉道尔·李案(《上诉案例汇编》,1983年,第2卷,第548页起(Mandla v Dowell Lee [1983] 2 AC 548))中所做的那样。

⑬ 见英王诉国防委员会武装局(申请人:安德森)案,《王座分庭案例汇编》,1992年,第169页起(R v Army Board of Defence Council, ex p Anderson [1992] QB 169);1996年武装力量法案(Armed Forces Act 1996),第23条。

⑭ 见奥辛奈德,《公法》,2001年,第220页起(C O'Cinneide [2001] PL 220)。

定:公共机构做出的构成歧视,或者在某些情形下使某人受到侵扰的任何行为都是不合法的。公共机构包括任何具有公共性质职能的人(第 19B(2)(a)条),但是涉及个人做出的"特定行为",如果该行为性质是私人性的话,此人就不会仅仅因为第 19B(2)(a)条而成为公共机构。关于议会和安全及情报机构,还存在着大量的例外情形。虽然该法案似乎适用于法官的委任,[45] 但是它并不适用于司法或立法行为;它也不适用于在履行涉及移民和国籍职能过程中的以国籍、人种和民族起源为基础的区别对待。[46] 同样重要的是 1976 年法案中新的第 71 条,此前该法案仅仅适用于地方机构。[47] 现在,大量特定的公共机构,都有义务适当考虑消除非法种族歧视、促进不同种族群体之间的机会平等和良好关系的必要性,并据此履行它们的职能。[48] 这种义务绝非适用于所有公共机构,而是仅仅适用于中央和地方政府、武装力量、国家卫生部门、教育

---

[45] 比较阿瑟诉总检察长案,《就业案件报告》,1999 年,第 631 页起(*Arthur v Attorney-General* [1999] ICR 631)。

[46] 1976 年《种族关系法案》,第 19C – 19D 条,为 2000 年种族关系(修正)法第 1 条所增加。比较关于阿明案,《上诉案例汇编》,1983 年,第 2 卷,第 818 页起(*Re Amin* [1983] 2 AC 818)。

[47] 见惠勒诉莱斯特市议会案,《上诉案例汇编》,1985 年,第 1054 页起(*Wheeler v Leicester City Council* [1985] AC 1054);英王诉伦敦刘易舍姆自治市议会(申请人:壳牌英国有限公司)案,《全英格兰案例汇编》,1988 年,第 1 卷,第 38 页起(*R v Lewisham London BC, ex p Shell UK Ltd* [1988] 1 ALL ER 38);英王诉伦敦哈姆雷茨塔自治市议会(申请人:莫希布·阿利)案,《住房法律报告》,1993 年,第 25 卷,第 218 页起(*R v London Borough of Tower Hamlets, ex p, Mohib Ali* (1993) 25 HLR 218)。还可见 1988 年《地方政府法》(*Local Government Act 1988*),第 18 条。

[48] 促进机会平等的义务不适用于移民和国籍事务的处理(1976 年《种族关系法案》,第 71A 条,由 2000 年种族关系(修正)法第 2 条加入)。

第 19 章 人权的性质和保护 19

机构、房管机构以及警察。[49] 然而,如果上述机构没能遵守这项义务,种族平等委员会可以发出一项"执行令"(compliance notice),该命令可以由委员会在指定的治安法院或郡法院强制执行。2000年法案还规定,警官将被视为警察局长的雇员,警察局长将对他的下属官员的任何歧视行为负替代(vicarious)责任。[50]

B.《欧洲人权公约》[51]

人权保护主要属于国内事务,在该国疆界之内,人可以享有自己的权利。但今天,它已不能再局限于国家疆域之内。欧洲人权公约是1950年在罗马签订的,于1951年被英国批准,并于1953年

---

[49] 见《1976年法》,附件1A,由2000年《种族关系(修正)法》第2条加入,被《行政立法性文件汇编》2001年第3458号(SI 2001 No 3458)、2003年第3007号(SI 2003 No 3007)修改。

[50] 2000年《种族关系(修正)法案》第4条,加入到1976年《种族关系法案》第76A条之中;该规定推翻了法拉诉伦敦警察局长案,《王座分庭案例汇编》,1998年,第65页起(*Farah v Metropolitan Police Commissioner* [1998] QB 65)的判决。

[51] 更多的文献包括贝达德:《人权和欧洲》(Beddard, *Human Rights and Europe*);雅各布斯和怀特:《欧洲人权公约》(Jacobs and White, *The European Convention on Human Rights*);哈里斯、奥博伊尔和沃布里克:《欧洲人权公约法》(Harris, O'Boyle and Warbrick, *Law of the European Convention on Human Rights*);贾尼斯、凯和布拉德利:《欧洲人权法:文本与资料》(Janis, Kay and Bradley, *European Human Rights Law: Text and Materials*);莫布雷:《欧洲人权公约的案例和资料》(Mowbray, *Cases and Materials on the European Convention on Human Rights*)。关于公约在各国施行的有价值的比较研究,见布莱克本和波拉基威卡(编):《基本权利在欧洲》(Blackburn and Polakiewica (eds), *Fundamental Rights in Europe*)和吉尔蒂编:《欧洲公民自由》(Gearty (ed), *European Civil Liberties*)。辛普森的《人权和帝国的末日》(Simpson, *Human Rights and the End of Empire*)也很重要。

在已批准它的国家之间生效。公约是国际法下的条约,其权威完全来源于那些已成为其成员国的国家的同意。该公约作为许多人权条约(包括 1966 年公民与政治权利国际公约(International Covenant on Civil and Political Rights of 1966))[52]之一,它的制定是西欧合作运动——该运动在 1949 年创立了欧洲理事会(Council of Europe)——的直接产物。公约的灵感来源于 1948 年联合国世界人权宣言(United Nations Universal Declaration of Human Rights in 1948)中宣告的广泛原则。[53] 公约宣告了在每个成员国受到或应该受到法律保护的若干人权。它也规定了被指控侵犯这些权利的行为在国际层面受到审查所依据的政治和司法程序。特别是,即使公共机构的行为符合国内法,它们也可能会受到挑战。所以,公约对国内议会——包括威斯敏斯特议会——施加了约束。[54]

公约的范围

公约并不覆盖人权的全部领域。它没有规定经济与社会权利,而只是局限于某些基本权利与自由。公约的制定者认为,这些基本权利和自由将被西欧的自由民主国家所普遍接受。这些权利与自由包括:

---

[52] 关于 1966 年公约,请见福特雷尔,《公法》,2002 年,第 485 页起(D Fottrell [2002] PL 485)。

[53] 见布朗利、古德温-吉尔:《关于人权的基本文件》(Brownlie and Goodwin-Gill, *Basic Documents on Human Rights*)。

[54] 第 4 章 C。

生命权(第2条);

免受酷刑与非人道或侮辱性待遇和惩罚的自由(第3条);

免受奴役或强迫劳动的自由(第4条);

个人的自由和安全的权利(第5条),包括被逮捕者应有权被立刻告知他或她被逮捕的原因和他或她受到的任何指控;

由公平的法院对某人的公民权利和义务,以及对他或她的刑事指控作公平审判的权利(第6条),包括在被证明有罪之前应被推定为无罪的权利,和由律师为其辩护及"当正义之利益要求时"享受免费法律援助的权利;

禁止溯及既往的刑法(第7条);

个人隐私和家庭生活、住宅和通信受尊重的权利(第8条);

思想、良心与宗教自由(第9条)和表达自由(第10条);

与他人和平集会和结社的自由,包括组织和参加工会的权利(第11条);

结婚和建立家庭的权利(第12条)。

根据第14条,公约所宣示之权利享有

> 不应基于下述任何理由而受到歧视:性别、种族、语言、宗教、政治的或其他观点、民族或社会起源、与少数民族、财产、出身或其他身份相关的因素。

在成员国管辖下的所有人,无论其是否具有公民资格,都可从公约中受益,但一个国家可以限制外国人的政治活动。

在这些权利中,很多都是有例外和有条件的。于是,第5条规定了一个人的自由可以被合法剥夺的根据;这些根据包括:合法逮捕个人以阻止其在未经授权的情形下进入某个国家,合法拘留"心智不健全、酗酒或吸毒或流浪等人员"[第5(1)(f)条]。同样,依据第8条,隐私和家庭生活受尊重的权利受到保护,免受公共机构的干预,

  除非这些干预是符合法律的,是民主社会的国家、公共安全和国家经济福利之利益所必要的,是为了阻止无秩序和犯罪,为了保护健康或道德,或者是为了保护其他人的权利和自由。

显然,重要的是这些限制不应被宽泛地解释,以至于受到保护的权利沦为虚幻的泡影。在战时或其他公共危急时刻,成员国可能克减(derogate)公约设定的大多数但却绝非全部义务(联合王国在北爱尔兰以及反恐问题上曾经这样做过),但是,它们必须将所采取的措施和理由告知欧洲理事会的秘书长(第15条)。[55]

公约的范围被第一议定书(First Protocal)扩展了。1952年,这

---

 [55] 见劳利斯诉爱尔兰案,《欧洲人权报告》,1961年,第1卷,第15页起(*Lawless v Ireland* [1961] 1 EHRR 15),布兰尼根诉联合王国案,《欧洲人权报告》,1993年,第17卷,第539页起(*Brannigan v UK* [1993] 17 EHRR 539),阿克索伊瓦诉土耳其案,《欧洲人权报告》,1996年,第23卷,第396页起(*Arksoy v Turkey* [1996] 23 EHRR 396),以及马歇尔诉联合王国案,2001年6月10日,申请书编号41571/98(*Marshall v UK* (10 July 2001, Application No 41571/98))。对这些案件的讨论,请见A诉内政大臣案,《上议院案例汇编》,2004年,第56页起;《上诉案例汇编》,2005年,第2卷,第68页起(*A v Home Secretary* [2004] UKHL 56;[2005] 2 AC 68),特别是宾厄姆爵士(Lord Bingham)的意见。

个议定书作为公约的附件被联合王国批准。依照这个议定书,每个人:都有资格和平地享有他的财产(第1条);受教育的权利受到保护,国家必须尊重父母依照他们自己的宗教和哲学信念确保他们的孩子受教育的权利(第2条);[56] 通过秘密投票参与自由选举的权利(第3条)。[57] 公约的第四议定书在1963年缔结,它确保在一国之内迁徙的自由和离开任何国家的自由;它还禁止国家驱逐和拒绝承认它自己的国民。这项议定书没有被联合王国批准。[58] 第六议定书规定废除死刑,从而赋予了公约第2条规定以实际效力。该议定书现在已被联合王国批准,依其规定,任何人都不得被判处或执行死刑,唯一的例外是,在战时,而且"只有在法律明确规定并符合该规定的情形下",死刑才可以被采行。第七议定书(联合王国未批准)主要涉及刑事案件中的上诉程序,尽管它也规定(第5条)了配偶之间"私法上的权利和责任平等"。在其他议定书中,第十一议定书和第十二议定书的意义非常重大。下文将论述前者,后者(未被联合王国批准)包含了反歧视的一般禁止规定。[59] 第十三议定书进一步规定了对死刑的废除,也已经

---

[56] "只有在与有效教育和培训一致并且避免不合理公共开支"的情况下,英国才接受后一原则;见坎贝尔和科桑斯诉联合王国案,《欧洲人权报告》,1982年,第4卷,第293页起(Campbell and Cosans v UK [1982] 4 EHRR 293)。

[57] 见自由党诉联合王国案,《欧洲人权报告》,1982年,第4卷,第106页起(Liberty Party v UK [1982] 4 EHRR 106)(简单多数选举制度并不违反公约),和马修斯诉联合王国案,《欧洲人权报告》,1999年,第28卷,第361页起(Matthews v UK [1999] 28 EHRR 361)。

[58] 对于英国的公民资格和移民法律,见本书第20章。

[59] 见卡利克,《公法》,2001年,第457页起(U Khaliq [2001] PL 457)对第十二议定书的讨论。

被联合王国批准。

机构和程序

公约的一个新特征是,它给予个人就作为当事人的公约成员国违反公约的行为提起诉愿的权利。但是,以前和如今的实施程序并不相同。最初,它要利用欧洲理事会部长委员会(Committee of Ministers of the Council of Europe,由成员国政治代表组成的委员会)和公约设立的另外两个组织的作用。这两个组织是:第一,欧洲人权委员会(European Commission of Human Rights),它由部长委员会选举但却独立履行职务的个体成员组成;第二,欧洲人权法院(European Court of Human Rights),由欧洲理事会协商会议(Consultative Assembly)选举的法官组成。在人权委员会或人权法院中,同一国家不能派出两名公民作为其成员。人权委员会的职能是接受和调查被指控的两类违反公约的行为:一是,公约成员国声称另一个国家违反了公约,人权委员会可以启动此种程序(这种案件被称作国家间案件[inter-state cases]);二是,如果某国家承认人权委员会拥有接受此种诉愿的权力,那么,若个人或非政府组织声称该国侵犯了权利并提出诉愿时,人权委员会可以启动此种程序。

虽然并不是所有的国家都承认个人有向人权委员会诉愿的权利,但是,人权委员会接到的个人诉愿仍然比国家间案件多得多。当人权委员会收到一项个人诉愿时,它首先得确定:依据公约规定,该诉愿是否能被接受。如果一项诉愿清除了"可接受性"上的障碍,接下来人权委员会就会充分调查事实,向当事方提供服务,以期达成解决争端的友好协议(friendly settlement)。如果解决方案没能达成,人权委员会就会将关于该争端的一份秘密报告送交相关国家以及部长委员会。之后,就由部长委员会来最终处理这件事,它可以通过三分之二的多数予以裁决,也可以在三个月内提交到欧洲人权法院。此时,只有在相关国家承认了法院的强制管辖权或者明确同意该案件可以由其管辖时,该案件才可能提交到法院。只有人权委员会或相关国家才可以将案件提交到法院:在将案件提交到法院的事情上,个人申请者只有有限的权利。[60]

如今处理诉愿的新程序是由第十一议定书引入的,它废除了人权委员会,创设了一个新的全职法院。虽然它的名字和它所替代的旧法院相同,"但它却是具有新职能、权力和结构的完全不同的实体。"[61] 在新的安排中,法院——已经对公约的发展作出了重要贡献[62]——由与公约成员国相等数目的法官组成(第20条),每个国家派出一名法官,但他们是由欧洲理事会议会会议(the Parliamentary Assembly of the Council of Europe)以多数票从该国提出

---

[60] 莫布雷,《公法》,1991年,第353页起(A R Mowbray [1991] PL 353)。

[61] 莫布雷,《公法》,1994年第540页起以及1993年第419页起(A R Mowbray [1994] PL 540 and [1993] PL 419)。在一个向法院提交申请的数量急剧增长的年代,有关进一步程序改革的建议就已经被包含在第十四议定书里了(尽管联合王国已经批准,但该议定书在本书写作时尚未生效)。见莫布雷,《人权法律评论》,2004年,第4卷,第331页起;《公法》,2002年,第252页起(A R Mowbray [2004] 4 HRLR 331, [2002] PL 252)。

[62] 对法院作用的有价值的论述,请见吉尔蒂,《剑桥法律杂志》,1993年,第45卷,第85页起(C A Gearty [1993] 45 CLJ 85),以及莫布雷,《人权法律评论》,2005年,第5卷,第57页起(A R Mowbray [2005] 5 HRLR 57)。莫布雷的《欧洲人权公约下欧洲人权法院对积极义务的发展》(Mowbray, *The Development of Positive Obligations under the European Convention on Human Rights by the European Court of Human Rights*)也很重要。

的三个候选人名单里选出来的(第22条)。法官任期6年,可以连任。该议定书对现存公约文本做了相当大的修改,以新的第19－51条代替了原有的第19－56条。然而,这种改变的主要效果是,使控告违反公约之行为的诉愿者能够直接向法院提出申请。为此,新的法院通过许多机构来运作,它们是委员会(committees)、法庭(chambers)、大法庭(Grand Chamber)(第27条)。同样,一个国家起诉另一个国家(第33条)的申请,或者,"任何诉称自己是违反公约之行为的受害者的个人、非政府组织或个人团体的申请"都可以继续提出(第34条)。

这里还有一个条件,即申请者必须已经穷尽所有的国内救济措施,而且要在国内当局作出最终判决之后六个月内提出申请。对于匿名的诉愿或者与已经由法院审理过的诉愿在实质内容上相同的诉愿,人权法院没有管辖权;对于依据第34条提出的申请,若存在下列情形,法院应当宣告不予受理:被认为与公约的条款不相符,明显缺乏根据或者滥用诉愿权利(第35条)。依据目前的程序,案件首先由三名法官组成的委员会处理,由他们决定是否受理该诉愿。只有一致投票反对,该委员会才可以裁决不予受理该项诉愿(第28条),如果委员会没有作出上述裁决,则七人法庭(seven-judges chamber)必须对可受理性作出裁决,他们也处理案件的是非(第29条)。七人法庭也要决定是否受理国家间的申请。然而,在某些案件中,该法庭会放弃自己的管辖权,把案件移交给由17位法官组成的大法庭,这种做法适用于下述场合,即,案件"提出了足以影响公约或其议定书之解释的重大问题,或对当前问题的解决将会与法庭先前的判决不一致"(第30条)。为了通过友好协议解决当事人的申请,该议定书还规定,如果友好协议是值得采纳的,法院应按照当事方的要求行事(第38条)。法庭、大法庭的裁决(第44条),以及委员会的裁决(第29条)都是终局的。公约为法院保留了给予受害方公平补偿的权力(第41条)。

涉及联合王国的案例

在公约的最初体制下,其实施主要依靠国家对公民向斯特拉斯堡提交申请的权利和法院强制管辖权的双重认可。1966年,不列颠政府首次发表了公约规定的两个选择性声明,[63] 之后,这两份声明每隔一段时间都会被更新。[64] 1998年发生的变化导致今天的成员国在这些基本事项上没有选择权,它们必须承认个人的向法院提出申请的权利。从1966年起,针对联合王国政府的各种各样的个人诉愿被提出,爱尔兰共和国也曾向委员会提出过针对联合王国的国家间案件。如今,尽管个人可以在国内法庭中要求实现其公约上的主张,[65] 但联合王国仍然有相当数量的案件被提交到斯特拉斯堡。从2002年到2004年三年间,有多达4287件的申请被提交到人权法院,其中179件被法院宣布接受。[66] 同一时期,

---

[63] 此处所涉及的决定的作出过程,见莱斯特,《公法》,1984年第46页起和1998年第237页起(A Lester [1984] PL 46 and [1998] PL 237)。

[64] 见《上院辩论》,1995年12月13日,第647行(HL Deb, 13 December 1995, col 647)。

[65] 见本书第19章 C。

[66] 欧洲理事会:《对欧洲人权法院活动的调查:2002-2004年》(Council of Europe, *European Court of Human Rights-Survey of Activities 2002-2004*)。

欧洲人权法院在69个案件中判决联合王国政府至少违反了公约的一个条款,只有6个案件中判决不存在任何侵权,另外有13个案件达成了友好协议。⑰ 与早期相比,这些数据都显得很引人注目。1975-1990年间,法院仅判决了30件涉及联合王国的案子,其中,法院判决联合王国在21个案件中至少违反了一项公约条款。⑱ 到2000年为止,一共也只有64个案件判决联合王国违反公约。⑲ 换句话说,在2002-2004三年间联合王国被判违反公约的案件数量就超过了1975-2000二十五年间的数量。

法院审理的不列颠的案件,涉及的主题非常广泛。在麦卡恩诉联合王国(McCann v United Kingdom)⑳ 案中,法院判决,安全部队在直布罗陀使用致命武器,违反了公约的第2条(保护生命权)。在乔丹诉联合王国(Jordan v United Kingdom)㉑ 案中,因为联合王国对被警察杀害的原告儿子之死的相关情况没有进行有效调查,法院判决被告违反了公约第2条。㉒ 但是在普雷蒂诉联合王国(Pretty v United Kingdom)㉓ 案中,一位临危的申请人希望获得一份承诺,即如果她的丈夫帮助她自杀,不会受到追诉。但在此情形下,法院认为生命权并不包括死的权利。关于公约第3条(免受酷

---

⑰ 同前。
⑱ 布拉德利,前注3。
⑲ 见布莱克本和波拉基威卡,前注51,第972-973页。
⑳ 《欧洲人权报告》,1996年,第21卷,第97页起([1996] 21 EHRR 97)。
㉑ 《欧洲人权报告》,2003年,第37卷,第52页起([2003] 37 EHRR 52)。
㉒ 也见麦克沙恩诉联合王国案,《欧洲人权报告》,2002年,第35卷,第593页起(McShane v UK [2002] 35 EHRR 593),以及爱德华兹诉联合王国案,《欧洲人权报告》,2002年,第35卷,第487页起(Edwards v UK [2002] 35 EHRR 487)。
㉓ 《欧洲人权报告》,2002年,第35卷,第1页起([2002] 35 EHRR 1)。

刑与非人道或侮辱性待遇和惩罚)的解释问题,出现在下列案例中:涉及爱尔兰共和军嫌疑犯之审讯的爱尔兰共和国诉联合王国(*Republic of Ireland v United Kingdom*)⑭案,涉及对马恩岛(Isle of Man)的未成年罪犯使用肉刑的蒂勒诉联合王国(*Tyrer v United Kingdom*)⑮案,涉及在有被判死刑或被关入死牢之危险的情形下而将一名涉嫌谋杀罪的德国公民引渡到美国受审的引渡请求的索林诉联合王国(*Soering v United Kingdom*)⑯案。在 X 诉联合王国(*X v United Kingdom*)⑰案中,法院认为,强制拘留精神病人的某些程序违反了公约第 5 条,在布罗根诉联合王国(*Brogan v United Kingdom*)⑱案中,法院也得出了类似的结论,该案涉及的是 1984 年《防止恐怖主义(临时规定)法案》(Prevention of Terrorism (Temporary Provisions) Act 1984)中授权可以在无司法权力参与的情形下扣押嫌疑犯长达 7 天的某些条款。在卡巴勒罗诉联合王国(*Caballero v United Kingdom*)案⑲中,1994 年刑事司法和公共秩序法案

---

⑭ 《欧洲人权报告》,1978 年,第 2 卷,第 25 页起([1978] 2 EHRR 25)。

⑮ 《欧洲人权报告》,1978 年,第 2 卷,第 1 页起([1978] 2 EHRR 1)。又见科斯特洛-罗伯茨诉联合王国案,《欧洲人权报告》,1995 年,第 19 卷,第 112 页起(*Costello-Roberts v UK* [1995] 19 EHRR 112)以及 A 诉联合王国案,《欧洲人权报告》,1998 年,第 27 卷,第 611 页起(*A v UK* [1998] 27 EHRR 611)(该案中的小孩受到继父的毒打)。

⑯ 《欧洲人权报告》,1989 年,第 11 卷,第 439 页起([1989] 11 EHRR 439)。又见 D 诉联合王国案,《欧洲人权报告》,1997 年,第 24 卷,第 423 页起(*D v UK* [1997] 24 EHRR 423)(依据 1971 年移民法案,提议将毒品走私犯遣送到圣·济慈(St Kitts)。申请者有艾滋病,因此遣送的建议违反了公约的第 3 条)。

⑰ 《欧洲人权报告》,1981 年,第 4 卷,第 188 页起([1981] 4 EHRR 188)。

⑱ 《欧洲人权报告》,1988 年,第 11 卷,第 117 页起([1988] 11 EHRR 117);并见第 26 章 E。

⑲ 《欧洲人权报告》,2000 年,第 30 卷,第 643 页起([2000] 30 EHRR 643)。

(Criminal Justice and Public Order Act 1994)中关于可因当事人的某些犯罪行为而当然拒绝对其保释的规定,被法院判决违反了公约的第5条。在很多案件中,法院都判决联合王国违反了公约第6条,这包括默里诉联合王国(Murray v United Kingdom)[80]案。该案中,申请人在被警察拘留的48小时内可与律师联系的权利被剥夺了。贝纳姆诉联合王国(Benham v United Kingdom)[81]案也是同样情形。该案申请人的诉愿得到法院的支持,他由于不缴纳人头税(选举税)而遭到监禁,且被剥夺了获得法律援助的权利,无法享受法律代表的好处。在V诉联合王国(V v United Kingdom)[82]案中,公约的第6条也被违反了。两个未成年人(犯了谋杀一名孩子的臭名昭著的罪行)在收视率很高的公开媒体的注视下接受审判,然后被判决有罪。更近的时候,对公约第6条的违反发生在以下案件中:一家大型跨国公司(麦当劳)对两名环保主义者提起了有关诽谤的诉讼,麦当劳聘请了一个经验丰富的律师团队,而两名环保主义者却被拒绝获得法律援助来为自己辩护。[83]

北爱尔兰制定了一项将成年男子间的同性恋行为确定为犯罪

---

[80] 《欧洲人权报告》,1996年,第22卷,第29页起([1996] 22 EHRR 29)。

[81] 《欧洲人权报告》,1996年,第22卷,第293页起([1996] 22 EHRR 293)。也见珀克斯诉联合王国案,《欧洲人权报告》,2000年,第30卷,第33页起(Perks v UK [2000] 30 EHRR 33)(该案中,申请人因未缴纳人头税而被治安法官监禁,被剥夺了得到法律代表的权利)。

[82] 《欧洲人权报告》,2000年,第30卷,第121页起([2000] 30 EHRR 121)。

[83] 斯蒂尔和莫里斯诉联合王国案,《欧洲人权报告》,2005年,第41卷,第403页起(Steel and Morris v UK [2005] 41 EHRR 403)。比较麦克维卡诉联合王国案,《欧洲人权报告》,2005年,第35卷,第566页起(McVicar v UK [2005] 35 EHRR 566)。

的法律,在达吉恩诉联合王国(*Dudgeon v United Kingdom*)㉞案中,法院判决该法律侵犯了公约第8条规定的私人生活受尊重的个人权利。在马隆诉联合王国(*Malone v United Kingdom*)㉟案和哈尔福德诉联合王国(*Halford v United States*)案㊱中,电话窃听行为被认为是侵犯了公约的第8条。在《星期日泰晤士报》有限公司诉联合王国(*Sunday Times Ltd v United Kingdom*)案㊲中,有关藐视法庭的法律被判侵犯了公约第10条保护的表达自由。但是,在汉迪赛德诉联合王国(*Handyside v United Kingdom*)案㊳中,关于淫秽出版物的英国法律却得以幸免。在其他三个重要的案例中,公约第10条在以下情况中受到侵犯:(I)对报纸(《观察家报》、《卫报》、《星期天泰晤士报》)发表退休情报官员著作(《间谍捕手》)中部分内容的限制;㊴ (II)英国法院要求记者披露其已经被法院禁止发表的文

㉞ 《欧洲人权报告》,1981年,第4卷,第149页起([1981] 4 EHRR 149)。也见史密斯诉联合王国案,《欧洲人权报告》,2000年,第29卷,第493页起(*Smith v UK* [2000] 29 EHRR 493)(因为是同性恋而被军队开除的行为被判违反了公约第8条)。但是比较拉斯基诉联合王国案,《欧洲人权报告》,1997年,第24卷,第39页起(*Laskey v UK* [1997] 24 EHRR 39)(该案中,一名同性恋因在私人场所的施虐行为而被英国法院定罪,人权法院认为这并不违反第8条)。

㉟ 《欧洲人权报告》,1984年,第7卷,第14页起([1984] 7 EHRR 14)。

㊱ 《欧洲人权报告》,1997年,第24卷,第523页起([1997] 24 EHRR 523)。

㊲ 《欧洲人权报告》,1979年,第2卷,第245页起([1979] 2 EHRR 245);并见上文第18章B。

㊳ 《欧洲人权报告》,1976年,第1卷,第737页起([1976] 1 EHRR 737)。也见温格罗夫诉联合王国案,《欧洲人权报告》,1997年,第24卷,第1页起(*Wingrove v UK* [1997] 24 EHRR 1)。

㊴ 《欧洲人权报告》,1991年,第14卷,第153页起,第229页([1991] 14 EHRR 153, 229)。

章的秘密来源;[30] (Ⅲ)某位历史学家所著的小册子中包含了损害奥尔丁顿(Aldington)爵士名誉的言论,英国法院判决前者给付后者150万英镑的赔偿金。[31] 与公约第10条有关的案例,也对选举法中的限制[32] 以及和平抗议之自由的限制提出了质疑。[33] 在扬、詹姆斯和韦伯斯特诉联合王国(*Young, James and Webster v United Kingdom*)案中,[34] 三个英国铁路公司的前雇员因为拒绝加入工会而被解雇,他们诉称,由于工党政府于1974、1976年提出了关于工厂不雇用非工会会员的立法(legislation on the closed shop),他们的结社自由因此受到了侵犯,最后他们获得了数目可观的补偿。[35] 在威尔逊诉联合王国(*Wilson v United Kingdom*)案[36] 中,《每日邮报》的一名前雇员拒绝签署一份新的工作准则,因为根据该准则,薪酬将由单方面而不是协商决定,他因为拒签此准则而受到了区别对待。他诉称公约第11条在该案中被违反并最终胜诉。与之

---

[30] 古德温诉联合王国案,《欧洲人权报告》,1996年,第22卷,第123页起(*Goodwin v UK* [1996] 22 EHRR 123)。

[31] 托尔斯托里·米洛斯拉维斯基诉联合王国案,《欧洲人权报告》,1995年,第20卷,第442页起(*Tolstory Miloslavsky v UK* [1995] 20 EHRR 442)。

[32] 鲍曼诉联合王国案,《欧洲人权报告》,1998年,第28卷,第1页起(*Bowman v UK* [1998] 28 EHRR 1);吉尔蒂,《北爱尔兰法律季刊》,2000年,第51卷,第381页起(C Gearty [2000] 51 NILQ 381)。

[33] 斯蒂尔诉联合王国案,《欧洲人权报告》,1999年,第28卷,第603页起(*Steel v UK* [1999] 28 EHRR 603);以及哈斯曼诉联合王国案,《欧洲人权报告》,2000年,第30卷,第241页起(*Hashman v UK* [2000] 30 EHRR 241)。

[34]《欧洲人权报告》,1981年,第4卷,第38页起([1981] 4 EHRR 38)。

[35] 见尤因和里斯,《就业法律杂志》,1983年,第12卷,第148页起(K D Ewing and W M Rees [1983] 12 I LJ 148)。

[36]《欧洲人权报告》,2002年,第35卷,第523页起([2002] 35 EHRR 523),尤因,《就业法律杂志》,2003年,第32卷,第1页起(K D Ewing [2003] 32 I LJ 1)。

相反,在加拿大航空公司诉联合王国(Air Canada v United Kingdom)一案中,海关官员在飞机上发现大麻后扣留了该飞机。法院认为,该行为并未违反第一议定书第1条。[97] 在纳瓦诉联合王国(Nerva v United Kingdom)案[98] 中,雇主将顾客留给侍者的小费视为侍者的工资,法院认为这里并不存在违反第一议定书第1条的情形。

这些判决经常导致法律的修改,以避免将来再出现对公约的违反。这些立法修改包括1981年蔑视法庭法案(Contempt of Court Act 1981,规范审前公开构成违法的情形),1985年通信窃听法案(Interception of Communication Act 1985)和2000年调查权力管制法案(规范可以进行电话录音的情形,并赋予个人对不当使用调查权力的救济权利)以及1982年同性恋犯罪(北爱尔兰)法令(Homosexual Offences (Northern Ireland) Order 1982,改变了北爱尔兰关于同性恋行为的立法)。法院判决产生的其他显著结果包括:在X诉联合王国(X v United Kingdom)[99] 案判决后,联合王国修改了拘留和释放精神病人的程序;在有关囚犯通信案件的判决作出之后,联合王国实行了新的监狱规则,并改变了监狱中的惯例做法;联合王国还修改了有关就业的法律以保护雇员不会因为反对工会而受到雇主的歧视。但是,至少在两个案例中,政府不愿赋予欧洲法院的判决以效力,并采取措施避免其产生效力。在阿卜杜拉兹诉联合王国(Abdulaziz v United Kingdom)[100] 案中,法庭认为,英国的移民规

---

[97] 《欧洲人权报告》,1995年,第20卷,第150页起([1995] 20 EHRR 150)。
[98] 《欧洲人权报告》,2003年,第36卷,第31页起([2003] 36 EHRR 31)。
[99] 《欧洲人权报告》,1981年,第4卷,第188页起([1981] 4 EHRR 188)。
[100] 《欧洲人权报告》,1985年,第7卷,第471页起([1985] 7 EHRR 471)。

则歧视在联合王国已经永久定居的女性,因为她们的丈夫与未婚夫无权进入英国;相反,已经定居的男子的妻子与未婚妻却有权进入。英国政府对这个判决的反应是,修改了移民规则,取消了定居男子的妻子与未婚妻进入的权利,从而消除了歧视的根源。最近,在布罗根诉联合王国(Brogan v United Kingdom)[101]案中,法院判决1984年《防止恐怖主义(临时条款)法案》(Prevention of Terrorism (Temporary Provisions) Act 1984)中的拘留权违反了公约第5条。英国政府对该案判决的反应是,以安全考虑为由宣布这种权力是必要的,并且向斯特拉斯堡备案,在该法违反第5条的限度内克减公约的规定。虽然在马恩岛体罚犯人的做法被认为违反了公约第3条,[102]但该岛的法律并没有立刻作出修改以赋予法庭判决以效力。

C. 1998年《人权法案》[103]

1998年的《人权法案》规定,公约权利现在可以在国内法院得

---

[101] 《欧洲人权报告》,1988年,第11卷,第117页起([1988] 11 EHRR 117)。见第26章E。

[102] 泰雷尔诉联合王国案,《欧洲人权报告》,1978年,第2卷,第1页起(Tyrer v UK [1978] 2 EHRR 1)。

[103] 关于这部法案有非常完整的文献。例如,克莱顿和汤姆森:《人权法》(Clayton and Tomlinson, *The Law of Human Rights*);吉尔蒂:《人权判决的原则》(Gearty, *Principles of Human Rights Adjudicaion*);莱斯特和潘尼克:《人权法律和实践》(Lester and Pannick, *Human Rights Law and Practice*);以及沃德姆和芒蒂菲尔德:《1998人权法案指南》(Wadham and Mountfield, *Guide to the Human Rights Act 1998*)。也见尤因,《现代法律评论》,1999年,

第 19 章 人权的性质和保护

到执行。作为一种"将公约相关条款引入国内法之中的宪法性安排",[104]该法案标志着长期以来试图将公约纳入国内法的运动达到顶峰,在此运动中,一些资深的法官发挥了领导作用。[105]虽然联合王国是第一个批准欧洲人权公约(ECHR)的国家,[106]早在1966[107]年就允许个人向斯特拉斯堡提出诉愿,然而,ECHR在英国法院中却不能执行。[108]这就产生了一个麻烦,即人民不得不长途跋涉到斯特

第 62 卷,第 79 页起(K D Ewing [1999] 62 MLR 79);以及菲尔德曼,《法律研究》,1999 年,第 165 页起(D Feldman [1999] LS 165)。

[104] 英王诉奥芬案,《每周法律报告》,2001 年,第 1 卷,第 253 页起(*R v Offen* [2001] 1 WLR 253),根据首席法官伍尔夫爵士(per Lord Woolf, CJ)。

[105] 见《上院辩论》,1995 年 1 月 25 日,第 1136 行(泰勒爵士、首席大法官布朗-威尔金森爵士、伯里克的罗伊德爵士、伍尔夫爵士(由别人代表))(HL Deb, 25 January 1995, col 1136 (Lord Taylor, LCJ, Lord Browne-Wilkinson, Lord Lloyd of Berwick, Lord Woolf (by proxy)))。也见宾厄姆,《法律季刊》,1993 年,第 109 卷,第 390 页起;伍尔夫爵士,《公法》,1995 年,第 57 页起;劳斯,《公法》,1993 年第 59 页起和 1995 年第 72 页起(T Bingham (1993) 109 LQR 390; Lord Woolf [1995] PL 57; J Laws [1993] PL 59 and [1995] PL 72)。也见塞德利,《公法》,1995 年,第 386 页起(S Sedley [1995] PL 386)。对其中某些内容的评论,见格里菲思,《现代法律评论》,2000 年,第 63 卷,第 159 页起;《法律季刊》,2001 年,第 117 卷,第 42 页起(J A G Griffith (2000) 63 MLR 159; (2001) 117 LQR 42)。

[106] 见莱斯特,《公法》,1984 年,第 46 页起(A Lester [1984] PL 46)。

[107] 见莱斯特,《公法》,1998 年,第 237 页起(A Lester [1998] PL 237)。

[108] 马隆诉伦敦警察局长案,《衡平法院案例汇编》,1979 年,第 344 页起(*Malone v Metropolitan Police Commissioner* [1979] Ch 344);英王诉内政大臣(申请人:布林德)案,《上诉案例汇编》,1991 年,第 1 卷,第 696 页起(*R v Home Secretary, ex p Brind* [1991] 1 AC 696);以及英王诉国防部(申请人:史密斯)案,《王座分庭案例汇编》,1996 年,第 517 页起(*R v Ministry of Defence, ex p Smith* [1996] QB 517)。但是法院可能会依据公约来解释模棱两可的立法(威丁顿诉米亚案,《每周法律报告》,1974 年,第 1 卷,第 683 页起(*Widdington v Miah* [1974] 1 WLR 683))或者化解普通法中的不明确之处(德比郡议会诉《泰晤士报》有限公司案,《王座分庭案例汇编》,1992 年,第 1 卷,第 770 页起(上诉法院);《上诉案例汇编》,1993 年,第 534 页起(*Derbyshire County Council v Times Newspapers Ltd* [1992] 1 QB 770 (CA); [1993] AC 534))。在兰特曾诉镜报报业集团有限公司案(《王座分庭案例汇编》,1994 年,第 670 页起(*Rantzen v Mirror Group Newspapers Ltd* [1994] QB 670))中,上诉法院考虑了斯特拉斯堡法院就诽谤罪赔偿判决的指南。

拉斯堡去执行他们的权利,这个问题又因为斯特拉斯堡体制的拖沓而加剧。此外,还存在其他的麻烦,即人权在英国法中并未受到充分的保护,英国在斯特拉斯堡法院面前的糟糕记录就证明了这一点(参看前文论述)。然而,虽然自由民主党(Liberal Democrats)支持吸收公约的权利规定,但历届政府都反对这样做。⑩ 只是到了 1996 年,这项事业才被工党——那时还是在野党——采纳,它发布了咨询文件(consultation paper),建议纳入公约,以"使英国人能在联合王国的法院执行他们的权利,使我们自己的法官能在他们的管辖区内适用 ECHR"。⑪

那些强烈主张把 ECHR 纳入到国内法中的人们的动机还被下述事实所强化,即属于普通法传统的其他若干国家,也都采取了措施,以便更好地保护人权。其中,两个非常有影响,但又截然不同的措施分别是,1982 年《加拿大权利和自由宪章》(Canadian Charter of Rights and Freedoms 1982)⑫ 和 1990 年《新西兰人权法案》(New Zealand Bill of Rights Act 1990)。前者授权法院推翻与宪章冲突的立法,而且普遍地确保公共机构的行政行为符合宪章对权利和自

---

⑩ 也见格里菲思,《现代法律评论》,1979 年,第 42 卷,第 1 页起(J A G Griffith [1979] 42 MLR 1);艾森,《阿德莱德法律评论》,1985 年,第 10 卷,第 1 页起(T G Ison [1985] 10 Adelaide LR 1)。

⑪ 斯特劳和博腾:《将权利带回家(1996 年)》(J Straw and P Boateng, *Bringing Rights Home* [1996])。见尤因和吉尔蒂,《欧洲人权法律评论》,1997 年,第 146 页起(K D Ewing and C A Gearty [1997] EHRLR 146)。

⑫ 关于该宪章的文献浩如烟海。见霍格,《加拿大宪法性法律》(Hogg, *Constitutional Law of Canada*);也见贝蒂,《现代法律评论》,1997 年,第 60 卷,第 481 页起(D Beatty [1997] 60 MLR 481);艾森,《现代法律评论》,1999 年,第 60 卷,第 499 页起(T Ison [1999] 60 MLR 499);彭纳,《公法》,1996 年,第 104 页起(R Penner [1996] PL 104)。

由的规定。但是,它并不适用于普通法,也不能在私人当事人之间执行。[112] 相反,后者完全是个软弱的措施,它给法院施加了必须在与立法措辞一致的前提下解释立法的义务。新西兰法院没有权力推翻议会的法案,但是,该权利法案在警察权力不断扩张的领域还是非常有影响力的。[113] 除了加拿大和新西兰,其他普通法法域最近也开始接受对人权的宪法保护,其中包括了中国香港和南非。[114]

公约权利

就1998年人权法案而言,公约权利被界定为下述条款规定的权利:ECHR第2－12条和第14条,第一议定书的第1－3条,第六

---

[112] 零售、批发和百货公司联盟诉海豚物流案,《自治领法律报告》,1986年,第33卷,第174页起(Retail, Wholesale and Department Store Union v Dolphin Delivery [1986] 33 DLR [4th] 174)。

[113] 见阿伦,《奥塔戈法律评论》,2000年,第9卷,第613页起(J Allan [2000] 9 Otago LR 613)。

[114] 关于南非,见科德,《公法》,1996年,第291页起(H Corder [1996] PL 291)和肯特里奇,《法律季刊》,1996年,第112卷,第257页起(S Kentridge [1996] 112 LQR 257)。澳大利亚也似乎在这个方面迈进了一大步,澳大利亚高等法院暗示联邦宪法中存在对表达自由的限制。见澳大利亚首都电视私人有限公司诉澳大利亚联邦案,《澳大利亚法律期刊报告》,1992年,第66卷,第695页起(Australian Capital Televison Pty Ltd v Commonwealth of Australia [1992] 66 AJLR 695)(英文原版"AJLR"有误,应为"ALJR—Australian Law Journal Reports"之误。——译者注)。见尤因,《公法》,1993年,第256页起(K D Ewing [1993] PL 256)以及李,《公法》,1993年,第606页起(H P Lee [1993] PL 606)。该案引发了澳大利亚法律评论上大量的文章,其中,1994年第16卷《悉尼法律评论》中的第145－305页([1994] 16 Sydney Law Review 145－305)尤其有意思,该文中的第195页(为坎贝尔[T D Campbell]所写)对英国读者而言最为有价值。但是,尽管联邦层次上的步伐依然蹒跚,各州对权利法案的兴趣却日益增长。见麦克唐纳,《公法》,2003年,第22页起(L McDonald [2003] PL 22)。

议定书的第 1、2 条(人权法案第 1(1)条)。这些条款应当和公约的第 16、17 条放到一起来解读：第 16 条允许对外国人的政治活动施加限制；第 17 条处理的则是权利滥用问题，它规定，任何国家、团体和个人无权从事或实施旨在破坏任何公约权利的任何活动或行为。被人权法案排除的最主要条款是 ECHR 的第 1、13 条。第 1 条要求"缔约国(High Contracting Parties)确保，在其管辖下每个人都"享有公约规定的权利和自由，政府认为，人权法案的制定已经履行了这项义务。比较而言，第 13 条的排除规定更富有争议，它规定，公约权利被侵犯的每个人"应在国内法院中获得有效的救济"。但并不是所有人都愿意承认，人权法案的内容，就像政府也曾主张的那样，完全满足了这项要求。⑮

根据人权法案第一部分(section)的规定，就人权法案的目的而言，经过克减或保留之后的公约权利才是有效的。在 1998 年人权法案通过之时，它对相关公约权利做了克减，以保护关于恐怖主义立法中的拘留规定，因为该领域立法中的某些规定与公约第 5(3)条规定的权利相抵触。⑯ 人权法案对于第一议定书的第 2 条(涉及教育权)也做了保留。此外，行政指令(ministerial order)也可以作出克减或保留的决定，但是此种行政指令每 5 年要接受一次

---

⑮ 见《上院辩论》，1997 年 11 月 18 日，第 475－477 行(HL Deb, 18 November 1997, cols 475－477)。一个更为完整的关于该法案通过时提出的问题的讨论，见尤因，《现代法律评论》，1999 年，第 62 卷，第 79 页起(K D Ewing [1999] 62 MLR 79)。

⑯ 在 2000 年恐怖主义法案的二读过程中，内政大臣宣布，政府希望随着法案的颁布而收回这种克减。见《行政立法性文件汇编》，2001 年，第 1216 号(SI 2001 No 1216)。

审查。[17] 2001 年 11 月，为了保护 2001 年《反恐怖主义、犯罪和安全法案》(Anti-terrorism, Crime and Security Act 2001)而行使的权力正是这种克减权。该法案规定，当内政大臣怀疑某人是国际恐怖主义者、认为他在联合王国的出现将威胁国家安全时，政府就可以不经审判而直接逮捕他。[18] 但是，在 A 诉内政大臣(A v Home Secretary)案[19] 中，该行政指令被判违反公约第 5、14 条而被撤销，特别是因为内政大臣在行使确认不审判即逮捕的对象的权力时对外国人有歧视。[20]

《人权法案》和议会主权

人权法案的结构，反映了政府的愿望，即，"不管是在过去还是未来，法院都不应，也无权以不符合公约为根据，推翻基本立法(primary legislation)"。这表明"政府对议会主权"赋予了"很重要的地位"。[21] 实际上，这并不总是一个相关的考虑因素，因为在过去，很多提交到斯特拉斯堡的案件并不涉及立法行为，它们更多

---

[17] 1998 年《人权法案》，第 14－16 条。

[18] 《行政立法性文件汇编》，2001 年，第 3644 号(SI 2001 No 3644)。

[19] 《上议院案例汇编》，2004 年，第 56 页起；《上诉案例汇编》，2005 年，第 2 卷，第 68 页起([2004] UKHL 56; [2005] 2 AC 68)。

[20] 有关该命令被撤销的情况，见《行政立法性文件汇编》，2005 年，第 1071 号(SI 2005 No 1071)。

[21] 《政府文件》，1997 年，第 3782 号，第 2.13 段(Cm 3782, 1997, para 2.13)。见布拉德利，载于乔威尔和奥利弗(编)：《变化中的宪法》(A W Bradley, in Jowell and Oliver (eds), The Changing Constitution)，第 2 章；及莱斯特(A Lester)，同书，第 3 章；也见阿伦，《宪法正义》(Allan, Constitutional Justice)，第 225－228 页。

涉及的是执行或行政行为,在某些案件中也涉及司法行为(和普通法的运作有关)。但是,也不能由此推论说,法院在立法问题上没有发言权。首先,它们必须在可能的场合、以和惯例相一致的方式来解释(基本的和次要的)立法(第 3(1)条)。[122] 事实上,这是"一项新的解释规则",[123] 如果法院认为,不这样解释就可能侵犯公约权利的话,它就会适用这一规则。[124] 有法官曾在判决中说,第 3 条是一种"强烈的诉求",[125] 它是一件"必须适用的有力的工具"。[126] 因此,"这不是一种可供选择的解释标准。它的适用也并不以存在模棱两可为前提。"[127] 因此,有人又说第 3 条是一个"激进的工具";[128] 但是,其他人却说,它包含着对议会主权意志的重

---

[122] 见莱斯特,《欧洲人权法律评论》,1998 年,第 520 页起(A Lester [1998] EHRLR 520)和本尼恩,《公法》,2000 年,第 77 页起(F Bennion [2000] PL 77)。

[123] 英王(沃德尔)诉利兹刑事法院案,《上议院案例汇编》,2001 年,第 12 页起;《上诉案例汇编》,2002 年,第 1 卷,第 754 页起(R [Wardle] v Leeds Crown Court [2001] UKHL 12; [2002] 1 AC 754)。

[124] 见莱斯特爵士,《欧洲人权法律评论》,1998 年,第 665 页起(Lord Lester [1998] EHRLR 665)。

[125] 英王诉检察长(申请人:基比林)案,《上诉案例汇编》,2000 年,第 2 卷,第 326 页起,第 373 页(松洞的库克爵士)(R v DPP, ex p Kebeline [2000] 2 AC 326, at 373 [Lord Cooke of Thorndon])。

[126] 关于"S"的案件(高等法院家事分庭),《上议院案例汇编》,2002 年,第 10 页起;《上诉案例汇编》,2002 年,第 2 卷,第 291 页起,第 37 段(Re S (FC) [2002] UKHL 10; [2002] 2 AC 291, at para [37])(英文原版为"……[2002] AC 291……",在案例引用中漏掉了"[2002]"与"AC"之间的"2"。——译者注)。

[127] 同上,尼科尔斯爵士,第 37 段。也见英王诉 A 案,《上议院案例汇编》,2001 年,第 25 页起;《上诉案例汇编》,2002 年,第 1 卷,第 45 页起,第 44 段(R v A [2001] UKHL 25; [2002] 1 AC 45, para [44])(斯泰恩爵士[Lord Steyn])。

[128] 克卢格和斯塔尔默,《公法》,2001 年,第 654 页起,第 664 页(F Klug and K Starmer [2001] PL 654, at p 664)。

大限制。[129]

上议院在许多场合中都考察了第3条,并且引发了对该条含义的激烈争论。[130] 在对该条适用的恰当范围表示某种迟疑之后,尼科尔斯爵士在贾丹诉戈丁-门多萨(Ghaidan v Godin-Mendoza)案[131]中的观点看起来抓住了主流观点的本质。首先,法院可以根据公约权利来解释立法,即使立法中并没有模糊的地方。这即是说,可以对立法所清晰表明的、"另外具有的毫不含糊的"意义赋予一种完全相反的含义。[132] 其次,这意味着法院在解释有争议的立法时得背离议会的意图,但这种做法只有在下列情形下才是被允许的,即议会制定人权法案第3条时"所合理怀有"的另一意图可以被法院据此赋予效力。但是,第三,关于究竟如何确定哪种对明确、不含糊的立法的解释是合适的,议会并没有授权法院采取一种

---

[129] 坎贝尔,载于坎贝尔、尤因和汤姆金斯(编):《关于人权的怀疑论》(T Campbell, in Campbell, Ewing and Tomkins (eds), *Sceptical Essays on Human Rights*),第二章。

[130] 尤其见英王诉A案,见注释127;英王诉兰伯特案,《上议院案例汇编》,2001年,第37页起,《上诉案例汇编》,2002年,第2卷,第545页起(*R v Lambert* [2001] UKHL 37; [2002] 2 AC 545);关于"S"的案件(高等法院家事分庭),见注释126;英王(安德森)诉内政大臣案,《上议院案例汇编》,2002年,第46页起,《上诉案例汇编》,2003年,第1卷,第837页起(*R [Anderson] v Home Secretary* [2002] UKHL 46; [2003] 1 AC 837);贾丹诉戈丁-门多萨案,《上议院案例汇编》,2004年,第30页起,《上诉案例汇编》,2004年,第2卷,第557页起(*Ghaidan v Godin-Mendoza* [2004] UKHL 30; [2004] 2 AC 557)。也见英王诉奥芬案,《每周法律报告》,2001年,第1卷,第253页起(*R v Offen* [2001] 1 WLR 253)。

[131] 《上议院案例汇编》,2004年,第30页起,《上诉案例汇编》,2004年,第2卷,第557页起([2004] UKHL 30; [2004] 2 AC 557)。

[132] 同上,见第31段。见英王诉A案,注释127(此处,法院对1999年青少年司法和刑事证据法案(Youth Justice and Criminal Evidence Act 1999)第41条做出了与字面不同的解释,以使之符合公约的第6条)。

与立法根本性质所不一致的理解。因此,在追求使自己的解释行得通的过程中,法院无权不计任何代价地将立法解释为符合公约。在一个重要的段落中,尼科尔斯爵士提醒读者,议会保留着制定并不符合公约的立法的权利。在关于"S"的案件(*Re S*(*FC*))[133]中,尼科尔斯爵士早已对运用第3条对立法进行修改而不是解释提出了警告。[134]

当不可能以和公约权利相一致的方式来解释立法时,高等法院和高级法院(但不是裁判所或低级法院),在给予王国政府参与该诉讼过程的机会后(第5条),[135]可以宣告该立法与公约不一致(第4(2)条)。这种宣告对当事人并没有约束力,不影响基本立法的效力或运作(第4(6)条)。截止到2004年6月21日,共有10个制定法条文被宣布不一致,另外有5个宣告在上诉中被推翻。[136]然而,一些宣告在上诉中被推翻了,另外却有一个在上诉中得以恢

---

[133] 见注释126。对背景材料的讨论见吉尔蒂,《法律季刊》,2002年,第118卷,第248页起;2003年,第119卷,第551页起(C A Gearty [2002] 118 LQR 248, [2003] 119 LQR 551);菲利普森,《法律季刊》,2003年,第119卷,第183页起(G Phillipson [2003] 119 LQR 183),以及卡瓦纳,《牛津法律研究期刊》,2004年,第24卷,第259页起(A Kavanagh (2004) 24 OJLS 259)。

[134] 也见英王(安德森)诉内政大臣案(*R*(*Anderson*) v *Home Secretary*),见注释130(尼科尔,《公法》,2004年,第274页起(D Nicol [2004] PL 274);以及卡瓦纳,《公法》,2004年,第537页起(A Kavanagh [2004] PL 537))(英文原版在案例名上漏掉"R"。——译者注)。

[135] 威尔逊诉第一郡县信托有限公司(第二)案,《上议院案例汇编》,2003年,第40页起;《上诉案例汇编》,2004年,第1卷,第816页起(*Wilson v First County Trust*(*No 2*) [2003] UKHL 40; [2004] 1 AC 816)(该案受到了贸易和产业国务大臣(Secretary of State for Trade and Industry)的干涉)。

[136] 贾丹诉戈丁-门多萨,注释130(斯泰恩勋爵(Lord Steyn)发言后的附录)。

复。[137] 但是，这却相当于10个根据第3条对立法予以解释以实施公约权利的案子。在贾丹诉戈丁－门多萨案中，斯泰恩爵士提出第3条和第4条之间的平衡是否得到正确把握的疑问。他似乎认为应该更多地适用第3条，避免运用第4条做出不一致的宣告，因为"第3条的解释权力被设计为主要的救济措施"。[138] 根据斯泰恩爵士的看法，"诉诸于第4条必然总是例外的做法"。[139] 如果有权法院作出了不一致的宣告，政府和议会应该决定下一步该怎么做——是否要修改立法。这个机制应尽可能在不损伤议会主权的前提下推进人权保障事业，在引进人权法案之时，内政大臣曾表示，在有些场合政府不愿修改立法，并引堕胎领域为例。[140] 然而，如果被宣告与公约不一致，议会法案就会受到极大伤害，并可能导致一些混乱。

对于被宣布和公约权利不一致的立法规定，公共机构可能很难再加以适用。因为得知此项不一致宣告的个人和其他受到该立法条款之伤害的人，都将受到该宣告的鼓舞，而向斯特拉斯堡提出诉愿，以获得关于此事的裁决。但是，在该法律被废止之前，公共机构又有适用这项法律的义务，否则，其不作为的行为也可能会受

---

[137] 做出宣告的重要案件包括英王（安德森）诉内政大臣案（R（Anderson）v Home Secretary），见注释130（1997年犯罪（判刑）法案（Crime（Sentences）Act 1997）第29条），A诉内政大臣，见注释55（2001年《防止恐怖主义、犯罪和安全法案》（Anti-terrorism, Crime and Security Act 2001）第23条）。

[138] 见注释130，第50段。

[139] 同上，也见英王诉A，注释127，以及威尔逊诉第一郡县信托有限公司案，注释135。

[140] 《下院辩论》，1998年10月21日，第1301行（HC Deb, 21 October 1998, col 1301）。

到挑战。在某项立法被作了不一致宣告后,适用还是不适用这项立法,这种困境似乎注定要由最高层次的法院来解决。如果作出了不一致的宣告,人们一般都指望政府制定新的基本立法,以消除此项不一致。正如 2005 年防止恐怖主义法案(Prevention of Terrorism Act 2005)废止 2001 年防止恐怖主义、犯罪和安全法案中被上议院裁决不一致的条款那样。但是,法案也曾对政府作出授权,即当大臣认为存在"压倒性理由"(compelling reasons)时,政府可以发布"矫正令"(remedial order),以修改基本立法,消除此种不一致(第 10 条和附件 2)。如果斯特拉斯堡法院在针对联合王国的诉讼中宣布基本立法和公约不一致,政府也可以发布矫正令(第 10(1)(b)条),但是也要存在上述"压倒性理由"才能这么做。[140] 这种程序(被批评为新的亨利八世条款,但是迄今为止并没有被广泛运用[142])所宣示的目的,是确保和公约权利不一致的条款能够尽快消除,因为如果是制定一部修正性议会法案,可能需要更多的时间。

---

[140] 《行政立法性文件汇编》,2004 年,第 66 号,《1957 年海军纪律法案 2004 年(修正)法令》(SI 2004 No 66 (Naval Disciplinie Act 1957 [Remedial] Order 2004])。进一步见《上院文件》,2003 - 2004 年,第 59 号;《下院文件》,2003 - 2004 年,第 477 号(HL 59, HC 477 [2003 - 2004])。

[142] 见注释 126,以及《行政立法性文件汇编》,2001 年,第 3712 号,《1983 年精神健康法案 2001 年(修正)法令》(SI 2001 No 3712(Mental Health Act 1983 (Remedial) Order 2001))。以及《上院文件》,2001 - 2002 年,第 57 号;《下院文件》,2001 - 2002 年,第 472 号(HL 57, HC 472 [2001 - 2002])。

人权法案和公共机构

人权法案的第6条和第7条对公约权利在法院的执行非常重要。依据人权法案，公共机构（包括法院和裁判庭）的行为如果不符合公约权利，便是违法的，除非基本立法规定只能如此行为（第6条）。如果公共机构之外的个人行为是在执行"具有公共性质的职能"，第6条也适用于此；但如果"行为的性质"是私人性的，这个条款就不适用（第6(3)(b)、(5)条）。有人认为第6条适用于"其性质属于宽泛意义上的政府"的机构，"包括中央政府部门、地方当局、警察以及军队"。但是除了这些核心公共机构之外，有人还认为该法案也适用于混合型（hybrid）公共机构，即那些履行政府性质职能的非政府机构，例如私人组织管理的监狱。但是，并不存在一个明确的标准来有目的地判断某个机构的性质是公共的还是私人的：

> 要考虑的因素包括，执行相关职能的机构在多大程度上——受到了公共的资助，执行了法定权力，取代了中央或地方政府，或者提供了公共服务。[14]

---

[14] 阿斯顿－康特洛和威尔姆科特及比里斯利教区教堂议会诉沃尔班克案，《上议院案例汇编》，2003年，第37页起；《上诉案例汇编》，2004年，第1卷，第546页起，第12段（Aston Cantlow and Wilmcote with Billesley Parochial Church Council v Wallbank [2003] UKHL 37; [2004] 1 AC 546, at para 12）（尼科尔斯爵士）。见奥利弗，《公法》，2000年第

在对人权法案第6条中公共机构内涵的审议中,人权联合委员会批评了下级法院在决定某个机构是否属于混合型公共机构时所采取的限制性态度。⑭这会在法案所试图提供的人权保护范围中造成一个严重的空白。⑮

依据第7条,作为非法行为的实际或潜在的受害者,可就此非法行为提起诉讼,或者可以公约权利为基础,在法律诉讼中为自己辩护(例如,通过为自己辩护以反对针对自己的追诉)。特别是,实际或潜在的受害者可以申请对公共机构之决定实施司法审查(第7(3)、(4)条)。通过把可提出申请的主体范围仅仅限制于受害者或潜在的受害者,人权法案有效地阻止了某些公共利益集团和其他在司法审查诉讼中有起诉权(有充分利害关系)的其他主体提出关于公共机构违反了公约权利的诉讼请求。法院和裁判庭

476页起,2004年第329页起(D Oliver [2000] PL 476, [2004] PL 329);以及布拉德利,载于苏珀尔斯通、古迪和沃克(编):《司法审查》(A W Bradley, in Supperstone, Goudie and Walker (eds), *Judicial Review*),第4章。

⑭ 白杨住房联合有限公司诉多诺霍案,《英格兰及威尔士上诉法院民事案例汇编》,2001年,第595页起,《王座分庭案例汇编》,2002年,第48页起(*Poplar Housing Association Ltd v Donoghue* [2001] EWCA Civ 595; [2002] QB 48)以及英王(希瑟)诉伦纳德柴郡基金会案,《英格兰及威尔士上诉法院民事案例汇编》,2002年,第366页起,《全英格兰案例汇编》,2002年,第2卷,第936页起(*R (Heather) v Leonard Cheshire Foundation* [2002] EWCA Civ 366; [2002] 2 ALL ER 936)。比较 A 诉格雷爵士学校案,《英格兰及威尔士上诉法院民事案例汇编》,2004年,第382页起,《王座分庭案例汇编》,2004年,第1231页起(*A v Lord Grey School* [2004] EWCA Civ 382; [2004] QB 1231)。现在见:《上议院案例汇编》,2006年,第14页起,《全英格兰案例汇编》,2006年,第2卷,第547页起([2006] UKHL 14; [2006] 2 ALL ER 547)。

⑮ 《上院文件》,2003 - 2004年,第39号,《下院文件》,2003 - 2004年,第382号(HL 39, HC 382 (2003 - 2004),见桑金,《公法》,2004年,第643页起(M Sunkin [2004] PL 643))。

可以"在其管辖权限之内"提供"他们认为公平和适当的补救或救济,或作出类似指令"(第8(1)条)。然而,侵犯公约权利后的赔偿只能发生在有权力判决赔偿问题的普通法院中;而且,在评估赔偿金时,普通法院必须将斯特拉斯堡依据公约而作出的"正当赔偿(just satisfaction)"判决纳入考虑范围(第8(2)、(3)条)。[149] 根据上议院的意见,"通过1998年法案将公约纳入到国内法的目的,并不是为了向受害者提供比他们能从斯特拉斯堡获得的更好的救济,而只是在免除他们向斯特拉斯堡申请的拖延和费用的前提下提供同样的救济"。[150] 如果某司法行为是善意做出的,人权法案为司法职务施行者保留了免除相应责任的豁免权,但是下述情形除外:即依据公约第5(5)条,被非法拘留的个人有权要求赔偿(第9(3)、(4)条)。

法院和裁判所都被明确地界定为公共机构。这意味着,法院和裁判所必须采取和公约权利一致的方式来处理它们的事务(如获得公平审判的权利(第6条)和表达自由的权利(第10条))。但是,它还有更多的意义,因为它还适用于法院可能以命令形式做出的救济行为。因此,如果这样做将侵犯被告的公约权利,法院就不能发布禁止令;或者如果这样做将侵犯申请人的公约权利,法院就不能拒绝发布禁止令。在这个意义上,人权法案对普通法和对私人之间的诉讼就可能产生某种影响。所以,虽然公约权利

---

[149] 莫布雷,《公法》,1997年,第647页起(A R Mowbray [1997] PL 647)。

[150] 英王(格林菲尔德)诉内政大臣案,《上议院案例汇编》,2005年,第14页起;《每周法律报告》,2005年,第1卷,第673页起,第19段(R [Greenfield] v Home Secretary [2005] UKHL 14;[2005] 1 WLR 673, at para [19])(宾厄姆爵士[Lord Bingham])。

仅仅是直接针对公共机构始能强制执行的,但却不排除下述可能,即它能够在私人之间间接地得到执行。⑭ 在这个问题——所谓公约的横向地位(horizontal status)——上,有大量的研究文献。⑭ 较可取的观点似乎是:(1)公约权利不可以被一个私的当事人直接用来反对另一个私的当事人,但是,(2)在既定的诉因中,任何一方当事人都可以公约权利作为基础,来扩展自己的权利。其中的一个例子是,申请人针对被告提起破坏信用关系的诉讼,在诉讼过程中,申请人依赖关于隐私权的公约第8条规定,以扩展本来由普通法可以提供的保护边界。⑮ 这样,第8条中的内在价值就不仅适用于"个人与公共机构"之间的争议,而且也适用于"个人之间或者个人与非政府组织之间"的争议。⑮ 考虑到法院基于人权法案第3条的义务,参与履行法定权利的私人当事人之间的

---

⑭ 比较防止残酷对待动物皇家协会诉总检察长案,《全英格兰案例汇编》,2001年,第3卷,第530页起,第547页(*RSPCA v Attorney - General* [2001] 3 All ER 530, at p 547)(莱特曼法官[Lightman J])。

⑭ 见亨特,《公法》,1998年,第423页起(M Hunt [1998] PL 423);菲利普森,《现代法律评论》,1999年,第62卷,第824页起(G Phillipson (1999) 62 MLR 824);巴克斯顿,《法律季刊》,2000年,第116卷,第48页起(R Buxton (2000) 116 LQR 48);韦德,《法律季刊》,2000年,第116卷,第217页起(W Wade (2000) 116 LQR 217);扬,《公法》,2002年,第232页起(A Young [2002] PL 232)。

⑮ 道格拉斯诉"你好!"案,《王座分庭案例汇编》,2001年,第967页起(*Douglas v Hello!* [2001] QB 967);维纳布尔斯诉新闻集团报业有限公司案,《家事法律报告》,2001年,第430页起(*Venables v News Group Newspapers Ltd* [2001] Fam 430)。坎贝尔诉MGN有限公司案,《上议院案例汇编》,2004年,第22页起,《上诉案例汇编》,2004年,第2卷,第457页起(*Campbell v MGN Ltd* [2004] UKHL 22; [2004] 2 AC 457)。比较温赖特诉内政大臣案,《上议院案例汇编》,2003年,第53页起,《上诉案例汇编》,2004年,第2卷,第406页起(*Wainwright v Home Office* [2003] UKHL 53; [2004] 2 AC 406)。见第22章F。

⑮ 坎贝尔诉MGN有限公司案,见上,第17段。

案件也涉及公约权利。⑫

考虑到人权法案可能会被用来在私人之间的诉讼中扩展既存的或发展出全新的诉因,于是,针对表达自由的专门措施出现了。在报纸行业及其自我管理机构(媒体诉愿委员会(the Press Complaints Commission))中,对第8条隐私权所可能有的含义的顾虑尤为显明。诸如此类的顾虑,导致了人权法案第12条的制定。该条规定适用于下述场合,即法院正在考虑是否对可能影响到表达自由之公约权利的行使给予救济。在这类案件中,第12条限制了法院发出暂时禁止令的条件,虽然就把法院列为公共机构这一点而言,这些措施是否严格必需还可能存在疑问。除非是在紧急情况下,法院不能在被告没有得到告知的前提下发出暂时禁止令(第12(2)条);再者,除非确信原告有可能在开庭审判(full trial)中胜诉,法院也不能发出暂时禁止令(第12(3)条)。⑬第12(4)条特别针

---

⑫ X诉Y案,《英格兰及威尔士上诉法院民事案例汇编》,2004年,第662页起,《就业案件报告》,2004年,第1634页起(*X v Y* [2004] EWCA Civ 662; [2004] ICR 1634);科普塞诉WWB德文·克莱斯有限公司案,《英格兰及威尔士上诉法院民事案例汇编》,2005年,第932页起,《就业案件报告》,2005年,第1789页起(*Copsey v WWB Devon Clays Ltd* [2005] EWCA Civ 932; [2005] ICR 1789)。

⑬ 这修正了美国氨基氰有限公司诉埃斯康公司案(《上诉案例汇编》,1975年,第396页起(*American Cyanamid Ltd v Ethicon Co* [1975] AC 396))中确定的与暂时禁止令相关的一般规则。在该案中,上议院认为,申请者为了获得暂时救济,只要表明需要审判的严重问题;而且,便利的要求也偏向于给予申请人所要求的禁止令。如今,直到该诉讼开庭审判,暂时禁止令都一直有效(hold the ring),而该案可能要在相当长的一段时间后才开庭。因为合法性问题与其他基于便利考虑的因素互相权衡,申请人没必要表明:法院有可能在诉讼中给予当事人所寻求的救济。除了对人权可能造成的影响,这种程序更引发了关于程序法与法治原则是否相符的有趣问题。现在,上议院将第12(3)条解读为,申请人必须表明他或她可能(可能性非常之高)在开庭审判中胜诉,而不

对的是由隐私权导致的对表达自由的威胁，而且引人注目地表达了对后者的顾虑。因此，法院将特别关注表达自由的公约权利的重要性，且在涉及新闻材料的诉讼中，特别关注"任何相关的隐私权法典"。这里的主题是，如果被告可以表明，他公开某些材料的行为分别符合媒体诉愿委员会或广播标准委员会(OFCOM)的执业守则，法院就不能以侵犯申请人的隐私权为由而发放任何禁止令，以限制被告公开这些材料。[153]第 13 条包括了对宗教团体的特别保护，它保护宗教团体免予适用这些公约权利，后者可能会破坏他们的教义和习惯。[155]

人权法案和法院

人权法案似乎给予法院很大的余地以"决定他们自己的裁判权范围"。[156]除了我们提到的第 3、4、6 条的不确定性外，即使我们

是像上诉法院那样仅要求申请人表明胜诉的真实机会:乳酪有限公司诉班纳吉案，《上议院案例汇编》，2004 年，第 44 页起，《上诉案例汇编》，2005 年，第 1 卷，第 253 页起(*Cream Holdings Ltd v Banerjee* [2004] UKHL 44；[2005] 1 AC 253)。

[154] 进一步见第 23 章 B、C。

[155] 见坎珀，《公法》，2000 年，第 254 页起(P Cumper [2000] PL 254)。

[156] 英王("为了生命"联盟)诉英国广播公司案，《上议院案例汇编》，2003 年，第 23 页起，《上诉案例汇编》，2004 年，第 1 卷，第 185 页起，第 76 段(*R (Pro – Life Alliance)* v *BBC* [2003] UKHL 23；[2004] 1 AC 185, at para 76)(霍夫曼爵士[Lord Hoffmann])。关于法院在人权法案下的地位的一般论述，可见吉尔蒂:《人权判决的原则》(Gearty, *Principles of Human Rights Adjudication*)；利，《公法》，2002 年，第 265 页起(I Leigh [2002] PL 265)；希克曼，《公法》，2005 年，第 306 页起(T Hickman [2005] PL 306)。也见欧文爵士，《公法》，2003 年，第 308 页起(Lord Irvine [2003] PL 308)；斯泰恩，《公法》，2005 年，第 346 页起(Lord Steyn [2005] PL 346)。

也考虑到斯特拉斯堡的案例法,非常广泛的公约权利本身的内容也存在不确定性。在决定法案实施的方式和范围时,可以明确的是不同的法官会从不同的立场出发来解决问题:在谨慎保守与积极推动之间,大多数法官采取了居于中间的实用主义的态度。但是,仍然有几个因素制约着法院。其中之一就是法官对人权法案如何嵌入英国宪法结构的理解,这个问题比以往任何时候都更多地出现在司法意见中。一个特别的约束因素就是,法院所普遍接受的议会至上原则构成该法案框架的一部分。确实,在提交到枢密院(Privy Council)的最初的一个案件中,宾厄姆爵士表达得很清楚,法院要遵循"代议机构和民主政府的决定,在作出判断的自由裁量领域里要与这些机构保持一致"。[150] 霍普(Hope)爵士写下了类似的话,他说,"基于民主的理由,在如何平衡个人权利和社会需要的问题上",法院应该"遵循被选举出来的机构考虑过的意见"。[151]

尽管最高层的法院会因此在适当的案件中遵循议会的决定,但现在用"遵循"这个词还是有点不合适(unease)。在英王(Pro-Life Alliance)诉BBC(R (Pro-Life Alliance) v BBC)案中,霍夫曼爵士希望明确这一点:"法院的卑屈或者也许是高贵的让步,其中的

---

[150] 布朗诉斯托特案,《上诉案例汇编》,2003年,第1卷,第681页起(Brown v Stott [2003] 1 AC 681)。也见麦金托什申请人案,《苏格兰最高民事法院案例汇编》(枢密院),2001年,第89页起,第102页(McIntosh Petitioner 2001 SC (PC) 89, at 102)。

[151] 英王诉检察长(申请人:基比林)案,见注释125,第381页。也见英王(阿尔康伯里有限公司)诉环境大臣案,《上议院案例汇编》,2001年,第23页起,《上诉案例汇编》,2003年,第2卷,第295页起,第60段(R (Alconbury Ltd) v Environment Secretary [2001] UKHL 23; [2003] 2 AC 295, para 60)(诺兰爵士[Lord Nolan])。

隐含意义不适合用来描述事实了。"⑲ 同样引人注目的是,宾厄姆爵士在更近的一些案件中写道,需要确保"代议机关商议后的决定应该得到尊重和被赋予效力,只要它们并不损害公约所保障的权利"。⑩ 这样,"尊重"取代了"遵循",在涉及平等分配公共资源的相关社会和经济政策的案件中,这一点表现得最为明显。霍夫曼爵士曾经说过,在一个基于分权考虑的国内政制中,"这些决定一般都会被法院视为人民选举出来的代表所决定的事项。"⑪ 在英王(卡尔森)诉工作和养老金大臣(R（Carson）v Work and Pensions Secretary)案⑫ 中,政府被认为不必就下列事项向法院说明理由:为

---

⑲ 注释156,第75段。见乔威尔,《公法》,2003年,第592页起(J Jowell [2003] PL 592)。

⑩ 英王(基欧)诉工作和养老金大臣案,《上议院案例汇编》,2005年,第48页起,《上诉案例汇编》,2006年,第1卷,第42页起(R [Kehoe] v Work and Pensions Secretary [2005] UKHL 48;[2006] 1 AC 42)。

⑪ 英王(胡珀)诉工作和养老金大臣案,《上议院案例汇编》,2005年,第29页起,《每周法律报告》,2005年,第1卷,第1681页起(R [Hooper] v Work and Pensions Secretary [2005] UKHL 29;[2005] 1 WLR 1681)(拒绝将寡妇享有的利益赋予鳏夫并不构成对公约第14条的违反)。也见英王(威尔金森)诉国内税务局局长案,《上议院案例汇编》,2005年,第30页起,《每周法律报告》,2005年,第1卷,第1718页起(R [Wilkinson] v IRC [2005] UKHL 30;[2005] 1 WLR 1718);英王(威尔森)诉教育和就业大臣案,《上议院案例汇编》,2005年,第15页起,《上诉案例汇编》,2005年,第2卷,第246页起(R [Williamson] v Education and Employment Secretary [2005] UKHL 15;[2005] 2 AC 246);以及英王(卡森)诉工作和养老金大臣案,《上议院案例汇编》,2005年,第37页起,《上诉案例汇编》,2006年,第1卷,第173页起(R [Carson] v Work and Pensions Secretary [2005] UKHL 37;[2006] 1 AC 173)。米利特爵士(Lord Millett)在贾丹诉戈丁-门多萨案(《上议院案例汇编》,2004年,第30页起,《上诉案例汇编》,2004年,第2卷,第557页起(Ghaidan v Godin - Mendoza [2004] UKHL 30;[2004] 2 AC 557))的第65段就一般的社会政策事项表达了类似的意见。

⑫ 《上议院案例汇编》,2005年,第37页起,《上诉案例汇编》,2006年,第1卷,第173页起([2005] UKHL 37;[2006] 1 AC 173)。

什么在发放养老金的事项上,相对于居住在国外的人,政府要优待居住在英国本土的人?国务大臣只需说明以下内容就足够了:"所有事项都已经过考虑,议会认为目前的支付体制是对目前可得资源的公正配置。"⑬ 但是任何认为上议院过度恭顺或"谦卑"的意见都被上议院在 A 诉内政大臣(*A v Home Secretary*)案⑭ 中的判决推翻了,该案中,上议院认为未经审判即予以拘留的权力因为歧视性对待而违反了公约权利。

除了议会至上的原则——被称为"压倒一切的宪法原则"⑮——之外,另外一个对法院的约束因素是公约本身,以及斯特拉斯堡人权法院根据该公约所享有的管辖权。人权法案第 2 条要求法院或裁判所考虑公约权利的时候,要"重视"欧洲人权法院的判决、决议、宣言或咨询性意见。它们还必须要重视现在已经不存在的欧洲人权委员会(European Commission of Human Rights)的任何意见或决议,以及部长委员会(Committee of Ministers,一个政治机构)的任何决议。注意到下面一点是重要的:与在欧共体法律事项上约束英国法院的欧洲法院(ECJ)的决定⑯ 不同,斯特拉斯堡人权法院作出的决议仅仅是纳入考虑而已。很明显,这就允许法院根据某个法官所认为的"我们的人权法案"而开启属于自己的解

---

⑬ 同上,第 36 段。
⑭ 《上议院案例汇编》,2004 年,第 56 页起,《上诉案例汇编》,2005 年,第 2 卷,第 68 页起([2004] UKHL 56;[2005] 2 AC 68)。见本书第 26 章。
⑮ 贾丹诉戈丁-门多萨案,见注释 161,第 708 页(米利特爵士[Lord Millett])。
⑯ 见本书第 8 章。

释路径。[60] 尽管国内法院很难降低斯特拉斯堡所要求的保护标准,但斯特拉斯堡却不能反对国内法院提高这些标准。然而,尽管上议院确实很少拒绝遵循斯特拉斯堡的法律意见,[168] 但仍然让人惊讶的是,上议院不仅仅是重视斯特拉斯堡法院的法律意见,而且还如此尊重人权委员会的意见。[169] 在一个案件中,黑尔女伯爵(Baroness Hale)说道,"在解释公约权利的时候,我们必须随着时间的发展跟上但不是超越斯特拉斯堡"。[170]

在一个很大程度上采纳这个观点的 N 诉内政大臣(*N v Home Secretary*)案[171] 中,原告非法进入英国并要求庇护。尽管她身患艾滋病、正在接受治疗,她的申请也被拒绝,即将被驱逐出境。而她被驱逐出境的后果就是,她无法在那个国家得到合适的药物,所以将大大缩短自己的生命。在从文本上严格分析斯特拉斯堡法律意见之后,法院认为自己的判决并没有侵犯原告的公约第 3 条权利。尼科尔斯爵士还承认,斯特拉斯堡的意见"缺乏其一贯的明确性",[172] 这更增加了该判决的严厉程度。这并不是斯特拉斯堡的

---

⑯ 布朗诉斯托特案(*Brown v Stott*),见注释 157,第 708 页(斯泰恩爵士[Lord Steyn])。

⑱ 英王诉斯皮尔案,《上议院案例汇编》,2002 年,第 31 页起,《上诉案例汇编》,2003 年,第 1 卷,第 734 页起(*R v Spear* [2002] UKHL 31; [2003] 1 AC 734)。

⑲ 见科普塞诉 WWB 德文·克莱斯有限公司案(*Copsey v WWB Devon Clays Ltd*),注释 152。

⑰ 英王(S)诉南约克郡总警长案,《上议院案例汇编》,2004 年,第 39 页起,《每周法律报告》,2004 年,第 1 卷,第 2196 页起,第 78 段(*R (S) v South Yorkshire Chief Constable* [2004] UKHL 39; [2004] 1 WLR 2196, at para 78)。

⑰ 《上议院案例汇编》,2005 年,第 31 页起,《上诉案例汇编》,2005 年,第 2 卷,第 296 页起([2005] UKHL 31; [2005] 2 AC 296)。

⑰ 同上,第 14 段。

法律意见——尽管措辞模糊——得到遵循的唯一例子。A 诉内政大臣（A v Home Secretary）案⑬中提出一个问题是：基于国家安全，是否存在克减公约第 15 条权利的任何理由？上议院受到了欧洲人权法院在劳利斯诉爱尔兰（Lawless v Ireland）案⑭——第一个考察合法克减公约权利之情形的案件——中所采纳的标准的引导，认为"威胁国家人民生命的公共紧急情况"是克减公约权利的一个理由。尽管对该案的判决仍然存有一些质疑，但上议院仍然认为，如果"爱尔兰政府可以在劳利斯案中得出存在威胁到爱尔兰人民生命的公共紧急情况的结论，那么，在'9·11'事件之后引发的危险得多的情况下，英国政府得出同样的结论几乎不会遭到任何质疑"。⑮

D. 结论

尽管 1998 年人权法案对法院赋予了相当的权力，但议会基于人权对立法进行审查的重要问题仍然被提了出来。⑯虽然法律界

---

⑬ 《上议院案例汇编》，2004 年，第 56 页起，《上诉案例汇编》，2005 年，第 2 卷，第 68 页起（[2004] UKHL 56；[2005] 2 AC 68）。

⑭ 《欧洲人权报告》，1961 年，第 1 卷，第 15 页起（[1961] 1 EHRR 15）。也见希腊人案，《欧洲人权公约年鉴》，1969 年，第 12 卷，第 1 页起（Greek Case [1969] 12 YB 1）。

⑮ 《上议院案例汇编》，2004 年，第 56 页起，《上诉案例汇编》，2005 年，第 2 卷，第 68 页起（[2004] UKHL 56；[2005] 2 AC 68），第 28 段（宾厄姆爵士）。

⑯ 赖尔，《公法》，1994 年，第 192 页起（M Ryle [1994] PL 192）；金利：《欧洲人权公约》（Kinley, The European Convention on Human Rights）。

人士更注意法院的角色,但重要的是议会的贡献也不能被忽视,而且这种贡献是被人权法案第19条明文鼓励的。该条规定,主管一项议案的部长必须宣布一个声明,大意是:(ⅰ)根据他或她的看法,该议案与公约权利相一致;或者(ⅱ)即使自己无法宣布一个与公约权利一致的声明,但政府希望该议案得以通过。[177] 实践中,议案通常都会包含一份一致性声明,但比如像2002年通信议案(Communications Bill 2002)那样,也出现过由议案宣布大臣不能发表一致性声明的情况,当时有人担心政府的该项议案由于限制电视政治广告而违反公约第10条。[178] 在议会审查方面同样重要的是人权联合委员会的成立,该委员会由选举产生,于2001年2月份开始运作。这个超党派委员会的成员来自上下两院,其调查职权范围包括:(ⅰ)审查大臣的一致性声明;以及(ⅱ)根据第10条发布补救命令。另外还有一种考察人权事项的一般性权力,对象不仅包括欧洲人权公约,还有其他人权国际条约。[179] 但是,委员会的大多数时间还是花在对议案(偶尔对法定措施)的审查上,以判断它们是否符合公约的要求,如果有任何方面的顾虑,就会吸引议会的相关注意。[180]委员会一直倾向于挑战或质疑大臣们所声称的议案符

---

[177] 大臣守则(Ministerial Code)已经要求大臣们考虑欧洲人权公约对他们向内阁履行职务的影响。见第6.10段(para 6.10)。

[178] 见《上院文件》,2002－2003年,第50号,《下院文件》,2002－2003年,第397号(HL 50, HC 397 [2002－2003])。

[179] 见《上院文件》,2003－2004年,第183号,《下院文件》,2003－2004年,第1188号(HL 183, HC 1188 [2003－2004]);《上院文件》,2004－2005年,第99号,《下院文件》,2004－2005年,第264号(HL 99, HC 264 [2004－2005])。

[180] 希伯特,《现代法律评论》,2005年第68卷,第676页起,2006年第69卷,第7页起;《国际宪法期刊》,2006年第4卷,第1页起(J Hiebert [2005] 68 MLR 676; [2006] 69

合欧洲人权公约的主张,⁽¹⁸¹⁾并做好准备以审查这些提交的议案是否符合其他国际条约。⁽¹⁸²⁾如今,人权法案的制定确实提出了纳入其他人权条约的问题,其中至少应该包括1961年10月18日通过的欧洲理事会的社会宪章(Council of Europe's Social Charter),但英国在这方面的遵守记录(record of compliance)非常糟糕。⁽¹⁸³⁾

MLR 7;[2006] 4 ICON 1)。也见费尔德曼,《公法》,2002年,第323页起(D Feldman [2002] PL 323)。

⑱ 见《上院文件》,2001-2002年,第37号,《下院文件》,2001-2002年,第372号(反恐怖主义、犯罪和安全法案草案)(HL 37, HC 372 (2001-2002) (Anti-terrorism, Crime and Security Bill));《上院文件》,2004-2005年,第68号,《下院文件》,2004-2005年,第334号(预防恐怖主义法案草案)(HL 68, HC 334 (2004-2005) (Prevention of Terrorism Bill);以及《上院文件》,2004-2005年,第35号,《下院文件》,2004-2005年,第283号(身份证法案草案)(HL 35, HC 283 [2004-2005] (Identity Cards Bill))。

⑱ 见《上院文件》,2001-2002年,第30号,《下院文件》,2001-2002年,第314号(无家者法案草案:考虑到与消灭种族歧视国际公约和经济、社会、文化权利国际公约的相容性)(HL 30, HC 314 (2001-2002) [Homelessness Bill: consideration given to compatibility with international Covenant on the Elimination of Racial Discrimination, and International Covenant on Economic, Social and Cultural Rights]);见《上院文件》,2005-2006年,第96号,《下院文件》,2005-2006年,第787号(健康法案草案:考虑到与欧洲社会宪章和经济、社会、文化权利国际公约的相容性)(HL 96, HC 787 (2005-2006) [Health Bill: consideration given to compatibility with the European Social Charter and the ICESCR])。

⑱ 对于2000年的情况,可见尤因,《就业法律杂志》,2001年,第30卷,第409页起(K D Ewing (2001) 30 ILJ 409)。对于社会权利和宪法,见范·伯伦,《公法》,2002年,第456页起(G Van Bueren [2002] PL 456)。

第20章 公民资格、移民和引渡

A. 公民资格

国际法上的国籍

一个人拿着护照,从一个国家到另一个国家旅游,这时,他或她不可能不意识到,护照给予其持有者国民地位的重要性。无论从国际法还是从国内法上来看,个人的国籍或者公民资格决定着他或她,作为国民,与其所属国以及与其他国家的关系的众多方面。正如学者所言:

> 虽然个人不是国际法的直接主体,国籍却是他们与国际法之间的纽带。正是通过国籍这一中介,个人才可以正常享受到国际法上的益处。①

---

① 詹宁斯和沃茨:《奥本海默国际法》(Jennings and Watts, *Oppenheim's International Law*),第849页。

习惯国际法(Customary international law)承认,首先要由每个国家来确定(通过它的宪法和法律)谁是它的公民或者国民。[2] 但是,这种权力的行使必须要注意国际法上一些尽管显得模糊的原则,而且还要考虑自己国家要承担的条约义务。国家就国籍问题制定它们自己的规则,这导致一些人具有双重或多重国籍(虽然有些国家并不承认),或者(更严重的情形是)导致一些人没有国籍,即成为无国籍人。

其他权利和义务取决于个人的国籍,这不仅包括持有护照的权利,而且还有服兵役的责任义务、政治上的权利,另外也许还有就业、拥有土地或者就任公职的权利。一般来说,大多数国内法(一般的民法和刑法,以及司法体制)应该适用于处于该国之内的所有人,无论他们的国籍如何。如果一个国家是欧洲人权公约的成员,它就必须尊重它管辖范围内所有人的人权,不管其国籍如何。[3] 但是国内法的某些部分,尤其是移民法上的迁徙自由及其控制,可能要特别地取决于个人的国民地位。

一般来说,在没有相反条约义务的情况下,一个国家在国际法上没有义务接受外国的国民(即外国人)进入其领土。[4] 国家的移

---

[2] 同前,第852页;也见布朗利:《国际公法的原则》(Brownlie, *Principles of Public International Law*),第19章,特别参见第373-377页。1997年欧洲国籍公约,《欧洲条约辑》,第166号(European Convention on Nationality 1997, ETS No 166)宣布了欧洲国家制定其国籍法时会遵守的一般原则。

[3] 第19章B。依照习惯国际法,每一国家都必须遵守关于外国人在其境内的最低待遇标准:詹宁斯和沃茨,第903页。

[4] 比较英王(欧洲罗马权利中心)诉移民官员案,《上议院案例汇编》,2004年,第

民法规定接受程序,决定是否接受外国人,调整他们进入该国以后的地位,裁决何时可以要求他们离开该国。通常而言,移民法并不管制本国公民的入境和驱逐问题,因为在国际法上,当某国的公民未被允许在他国领土上继续停留,且没有其他国家有义务接受他们时,该国有义务接受其国民进入自己的领土。⑤

鉴于国籍对个人和国家的重要性,确定谁是公民的基本规则通常被规定在宪法之中,⑥且在必要时由其他立法加以增补。在联合王国,国籍最初是由以下两点发展而来:一是对国王的忠诚。依据普通法,臣民应该忠于国王;二是,对于想进入或离开其管辖区的外国人,王国可以依据特权,对他们行使权力。只是到了20世纪,国籍和移民控制才有了制定法的基础。

今天,这些事项主要受 1981 年不列颠国籍法案(British Nationality Act 1981)和 1971 年移民法案(Immigration Act 1971)调整(两部法律后来都曾被修正)。从 1962 年到 1982 年,1948 年不列颠国籍法案确定的宽泛的不列颠公民资格范围,包含了很多英联邦国家的公民,就公共政策事务而言,这比后来政府所愿接受进入联合王国的公民数目多出很多。在这些年间,政府用移民法来阻止不列

---

55 页起;《上诉案例汇编》,2005 年,第 1 卷,第 1 页起(*R* (*European Roma Rights Centre*) v *Immigration Officer* [2004] UKHL 55;[2005] 1 AC 1)(根据与捷克共和国达成的协议,英国移民官员可以在布拉格机场办公,但是在执行公务的时候也不能违反罗马条约而有歧视行为)。

⑤ 詹宁斯和沃茨,第 857 页。关于旨在非法移除某不列颠殖民地全部人口的法令,见英王诉外务大臣(申请人:班库尔特)案,《王座分庭案例汇编》,2001 年,第 1067 页起(*R v Foreign Secretary, ex p Bancoult* [2001] QB 1067)。

⑥ 例如见《美国宪法第十四修正案》(1868 年),第一条(s 1):"凡在合众国出生或加入合众国国籍而受其管辖的人……均为合众国及其居住州的公民。"

颠臣民行使他们进入联合王国的普通法权利。为了区分有住所和没有住所的不列颠臣民,1971年移民法案创设了"居住权"(patriality)的概念。[7] 1981年法案吸收了移民政策的精神,重铸了国籍法,把"居住权"的标准改换成了公民资格标准。这使得"居住权"概念本身从移民法中消失。

在这一章,本节介绍的是国籍法的主要特点;B节描述了移民控制体制;C节勾勒了引渡法的轮廓,引渡方面的法律(和其他法律一道)使得那些在其他国家被控犯有严重罪行且处于联合王国境内之人,基于司法的需要,可以被移交出去。

国籍和移民法的规则繁多、复杂,还经常为立法所修改。其中存在着大量技术问题,而且对它们所影响的个人来说具有重要意义。必须强调的是,本书的论述并不全面,很多例外的细节问题都未提到。这些事项的立法不可避免地总是指向"国务大臣(Secretary of State)"。在法律上,任何掌握国务大臣之职的人都能行使被授予的权力。内政大臣会贯穿本章始终,他或她是在这个领域内承担政府责任的内阁大臣。

国籍法的发展[8]

从普通法到1981年不列颠国籍法案,联合王国的发展,英帝

---

[7] 见本章B。
[8] 关于当前的法律,见弗兰斯曼:《不列颠国籍法》(Fransman, *British Nationality Law*);麦克唐纳和韦伯:《联合王国移民法和实践》(Macdonald and Webber, *Immigration Law and Practice in the United Kingdom*),第2章。关于历史沿革,见达默特和尼科尔:《臣

国向今日英联邦的转化,[9]以及最近欧洲一体化的进程,都是影响国籍制度发展的主要因素。英国国王的臣民首先是那些忠诚于国王的人。确定臣民身份的基本方式是"出生地主义"(ius soli):一个人只要在国王辖区内出生,便成为英王的臣民,而不管其父母的身份。[10]早在1350年,英国的 De natis ultra mare 法案就适用"血统主义"(jus sanguinis)(即基于血统的出生,而不考虑出生地)。所以,某些在国外出生但其父亲(或者在某些情况下要求父母双亲)是英国臣民的人,也是英国臣民。在加尔文案(Calvin's Case)[11]中,法院认为,当苏格兰的詹姆士六世成为英格兰的詹姆士一世之后,那些在苏格兰出生的人就不再是英格兰的外国人了,因为他们忠诚于同一个国王。1707年,英格兰和苏格兰的公民基于联合条约(Treaty of Union)而成为不列颠的臣民;1800年,爱尔兰人也加入了他们的行列。虽然公民资格一般是基于出生而获得的,但是当议会"归化"(naturalised)某些个人和特定的团体时,它也可以是由法律授予的;自1870年以来,归化的权力由行政机关行使。[12]

民、公民、外国人及其他》(Dummett and Nicol, *Subjects, Citizens, Aliens and Others*);也见帕里:《英联邦国籍和公民资格法》(Parry, *Nationality and Citizenship Laws of the Commonwealth*)。

⑨ 第15章C。
⑩ "出生地主义"(ius soli)的一个早期例外针对的是那些在本国境内出生的外国使节或外交人员或敌国公民的子女。
⑪ 《柯克法律报告》,1608年,第7卷,第1a页起((1608) 7 Co Rep 1a)。见《斯泰尔纪念百科全书:苏格兰法律》(*Stair Memorial Encyclopedia: the Laws of Scotland*),第14卷,第743-744页。
⑫ 见达默特和尼科尔,第71-77页。

在不列颠帝国的鼎盛时期,"不列颠臣民"的身份变成了帝国大多数领土内共同的公民资格。1914 年《不列颠国籍和外国人地位法案》(British Nationality and Status of Aliens Act 1914)宣布,所有在国王辖区内出生的人都是不列颠的臣民。[13] 一些在不列颠控制下的领土(主要是非洲和印度)从未属王国所有,而只是处于王国的保护之下:在这些地方出生的人是"受不列颠保护的人(*British protected persons*)",并不是不列颠的臣民。

在普通法上,那些不是不列颠臣民的人就是外国人。在国王领土内的外国人应该对国王履行属地忠诚(local allegiance)的义务,并有权要求法院保护他的财产和人身。[14] 当国王对某外国宣战时,那个国家的公民就成了敌国人(enemy aliens);如果他们在不列颠,他们就丧失了要求法院保护的权利。[15] 1698 年,议会宣布不允许外国人投票,[16] 但是,只是到了 1905 年,立法才限制某些外国人进入联合王国。1914 年,立法授权采取进一步措施,控制外国

---

[13] 属于外交人员和敌国人的子女的例外。

[14] 一个效忠国王的人受叛国法的规范(见英王诉凯斯门特案,《王座分庭案例汇编》,1917 年,第 1 卷,第 98 页起(*R v Casement* [1917] 1 KB 98);乔伊斯诉检察长,《上诉案例汇编》,1946 年,第 347 页起(*Joyce v DPP* [1946] AC 347))。为了换取忠诚,国王提供保护的义务是不可通过司法程序强制执行的:中国航运有限公司诉检察总长案,《王座分庭案例汇编》,1932 年,第 2 卷,第 197 页起(*China Navigation Co v A - G* [1932] 2 KB 197);穆塔萨诉总检察长,《王座分庭案例汇编》,1980 年,第 114 页起(*Mutasa v A - G* [1980] QB 114)。比较英王诉外交大臣(申请人:阿巴思)案,《英格兰及威尔士上诉法院民事案例汇编》,2002 年,第 1598 页起(*R v Foreign Secretary, ex p Abbasi* [2002] EWCA Civ 1598)。

[15] 见下文边码第 448 - 449 页。

[16] 达默特和尼科尔,第 73 页。

人入境和停留。⑰

1948年之前,不列颠臣民的身份适用于整个英联邦。不列颠臣民进入联合王国不受法律的限制。行政机关也没有权力依据出生地来区分联合王国内的不列颠臣民。然而,自治领和殖民地的立法机关经常限制其他不列颠臣民进入它们的领土;⑱ 因此,在英联邦内部并不存在普遍的迁徙自由。

1948年不列颠国籍法案

一些国家,诸如加拿大和澳大利亚,希望有它们自己的公民资格法律,这种愿望导致了1948年不列颠国籍法案(British Nationality Act 1948)的产生,它是在一次英联邦大会之后制定的。⑲ 1948年法案假定,每个独立的国家将决定自己的公民资格方案,⑳ 在此基础上,法案再为英联邦创设共同的公民资格。法案在相同意义上使用"不列颠臣民"(British subject)和"英联邦公民"(Commonwealth citizen)这两个称谓,即指英联邦中联合王国、殖民地或独立国家的公民。

对联合王国及其附属国来说,1948年法案创造了"联合王国

---

⑰ 1914年不列颠国籍和外国人地位法案;并见1953年外国人法令(Aliens Order 1953)。

⑱ 达默特和尼科尔,第115－125页。

⑲ 见《政府文件》,1948年,第7326号(Cmd 7326, 1948)。

⑳ 因此,见1948年法案,第32(7)条。并见英王诉外务大臣(申请人:罗斯－克卢尼斯)案,《上诉案例汇编》,1991年,第2卷,第439页起(R v Foreign Secretary, ex p Ross-Clunis [1991] 2 AC 439)。

和殖民地的公民"(Citizen of the United Kingdom and Colonies, CUKC)这个术语。这个法案没有改变所有不列颠臣民(不论是联合王国和殖民地的公民,还是其他英联邦国家的公民)进入和定居于联合王国的普通法权利;也没有为此目的而在与联合王国有密切联系的人之间作出区分,即没有区别那些住所在殖民地的人和那些是独立英联邦国家的公民的人。

1948年之后,当附属的领地获得独立时,授予其独立地位的立法作出普遍性规定,该领地的人不再是"联合王国和殖民地的公民",他们将成为新国家的公民。根据这种新的公民资格,且依据1948年法案,如果新国家作出仍然保留英联邦成员资格的选择,其国民将依然是英联邦的公民。[21] 然而,这些领地中的一些居民可能被允许仍然作为"联合王国和殖民地的公民",而不是接受新国家的公民资格,正如那些在东非国家的亚裔少数民族。独立法案还试图确保任何人都不会因为丧失公民资格而成为无国籍的人,从而一无所获。[22]

1948年法案规定了一个剩余范畴(residual category),即"没有其他任何国家的公民资格的不列颠臣民"。它也承认"受不列颠保护的人"的地位。爱尔兰的公民不符合英联邦公民的条件(爱尔兰于1949年离开英联邦,成为共和国)。然而,1949年《爱尔兰法案》(Ireland Act 1949)宣布,他们不是外国人,爱尔兰不是一个外国国

---

[21] 然而,只有他们的国家承认女王为其国家元首,他们才忠于不列颠国王;如今,大部分英联邦国家都是共和国;见第15章C。

[22] 联合王国是1961年联合国减少无国籍人员公约(UN Convention on the Reduction of Statelessness, 1961)的成员国。见1981年不列颠国籍法案,第36条和附件2。

家;同时,定居在联合王国的爱尔兰公民可以像不列颠臣民一样,行使政治权利。

1981年不列颠国籍法案

B节将描述1948年法案下的不列颠臣民在1962年到1982年间是怎样受到移民政策的影响的。1981年不列颠国籍法案创制了一个比1948年法案更为狭隘的公民资格范畴,旨在使其符合联合王国的移民政策。该法案还改变了授予所有出生在联合王国境内的人以公民资格的旧规则,而采取了一个更加复杂的规则,依据该规则,在1983年或其后出生于联合王国的孩子,只有在他们的父母符合移民身份的条件时,才能成为不列颠公民。

公民资格范畴

1981年法案于1983年1月1日生效(后来曾有修正),㉓依据该法案,存在9种(包括爱尔兰公民和外国人)主要的公民资格范畴:

(1) 在1983年以前已是"联合王国和殖民地的公民(CUKCs)",并且依据1971年移民法案有居住权的人,几乎都成为

㉓ 与适用于福克兰群岛(Falkland Islands)和中国香港的法案一样,最近的类似法案包括2002年不列颠海外领地法案(British Overseas Territories Act 2002)、2002年国籍、移民和避难法案(Nationality, Immigration and Asylum Act 2002)、2006年移民、避难和国籍法(Immigration, Asylum and Nationality Act 2006)。

了"不列颠公民"(British citizens)。[24]

(2) 那些在1983年以前、根据与附属领地的联系成为CUKCs，但和联合王国却没有充分联系、从而在联合王国没有居住权的人，成为"不列颠附属领地公民"(British Dependent Territory citizens)。[25] 2002年，这类人被重新命名为"不列颠海外领地公民"(British Overseas Territory citizens)，更重要的是，他们中几乎所有人都获得了完全的不列颠公民资格，因此享有在联合王国内的居住权。[26]

(3) 那些在1983年之前是CUKCs，但却不属于前两种范畴的人构成一种剩余范畴，即"不列颠海外公民"(British Overseas citizens)。[27]

(4) 因为不列颠对香港的统治在1997年结束，1985年《香港法案》(Hong Kong Act 1985)创设了一种新的国籍形式，即"不列颠国民(海外)"(British Nationals (Overseas))。和中国香港有地域联系的不列颠附属领地公民，可以在1987年到1997年间申请登记为不列颠国民(海外)。[28]

---

[24] 见1971年《移民法》，第1(1)条(见本章B)；1981年不列颠国籍法案，第11(1)条。并见第11(2)、(3)条。

[25] 1981年国籍法案，第23条。根据1983年《不列颠国籍(福克兰群岛)法》(British Nationality (Falkland Islands) Act 1983)，那些与福克兰群岛有联系的不列颠附属领地公民(BDT)，被事后宣告为在1981年1月1日已经成为不列颠公民。

[26] 2002年不列颠海外领地法案，第3(1)条；与塞浦路斯的主权基础地区(the Sovereign Base Area in Cyprus)联系在一起的不列颠海外领地公民(BOT)不会被授予不列颠公民资格(第3(2)条)。比较第6条(给予伊诺伊斯人(Ilois)不列颠公民资格)，见麦克唐纳、韦伯，第66页。

[27] 1981年法案，第26条。

[28] 1986年香港(不列颠国籍)法令，《行政立法性文件汇编》，1986年，第948号(Hong Kong (British Nationality) Order 1986, SI 1986 No 948)。

(5)"不列颠臣民"这一词语丧失了它依据1948年法案所享有的意义。现在,它仅仅指代那些依据1948年法案是"没有公民资格的不列颠臣民"(British subjects without citizenship)的人。这包括那些在1949年之前出生于独立的英联邦国家的人,以及既没有获得那个国家的公民资格也没有成为CUKCs的人。某些爱尔兰的老公民也是不列颠臣民。㉙

(6)"英联邦公民"这个术语保留了它依据1948年法案所具有的含义。它由英联邦的53个国家的公民组成,还包括具有不列颠公民资格和国籍的所有人(也即前述的范畴(1)到(5))。㉚

(7)"受不列颠保护的人"在1981年法案下继续存在,他们在1948年法案下的地位没有发生实质变更。㉛

(8)"爱尔兰共和国的公民"(Citizens of the Republic Ireland)(除非他们有第二个国籍)既不是英联邦的公民也不是外国人。

(9)"外国人"(alien)的身份指代处于范畴(1)到(8)之外的人。㉜

依据欧盟条约(Treaty on European Union),那些为此目的而成为欧盟25个成员国中任何一国国民的人,均享有"欧盟公民"(citizen of the Union)的身份,从而享有欧共体条约(European Community

---

㉙ 1981年法案,第30-31条。
㉚ 1981年法案,第37条和附件3。
㉛ 同上,第38条和第50(1)条。并见《行政立法性文件汇编》,1982年,第1070号(SI 1982 No 1070),已修正。在1948年国籍法案中,个人可以同时既是受不列颠保护的人,又是CUKC:穆塔拉诉总检察长案,《上诉案例汇编》,1992年,第1卷,第281页起(*Motala v A-G* [1992] 1 AC 281)。
㉜ 1981年法案,第50(1)条。

Treaty)第 8 – 8e 条所授予的权利。㉝ 这些人包括不列颠公民(范畴(1)),来自直布罗陀(Gibraltar)的不列颠海外领地公民,㉞ 爱尔兰的公民(范畴(8))以及其他所有欧盟国家的公民(他们在联合王国的法律上是外国人,除非他们有双重国籍)。除了直布罗陀人,处于范畴(2)-(7)之内的那些人都不是欧盟公民。

1983 年 1 月 1 日之后不列颠公民资格的获取

依据 1981 年的法案,在该法案于 1983 年 1 月 1 日生效时不具有不列颠公民资格的人,可以通过下述五种途径获得不列颠公民资格:

1. **在联合王国出生**。在 1983 年 1 月 1 日或之后出生于联合王国(依照 1981 年法案,包括海峡群岛(Channel Islands)和马恩岛)㉟ 的人即获得不列颠公民资格,但必须符合下述条件:(a)他或她的父母亲已经结婚且至少有一方是不列颠公民或在联合王国定居;或者(b)如果他或她的父母没有结婚,但母亲是不列颠公民或者定居在联合王国。所谓"定居"在联合王国,指的是父母双亲之一必须是那里的"一般居民"(ordinarily resident),他或她居住在

㉝ 此类权利包括在成员国境内自由迁徙和居住的权利,但要受到源于欧洲共同体条约的若干限制;在其他成员国参加地方和欧洲选举的投票和作为候选人的权利。见本书第 8 章和本章 B。

㉞ 直布罗陀是大不列颠在欧洲的唯一海外领地。关于联合王国基于欧盟目的的宣告,见下文边码第 465 页。

㉟ 1981 年法案,第 50(1)条。

那里的期限不受1971年移民法案的任何限制。㊱在联合王国"违反移民法"的人不是"一般居民"。㊲孩子被生给的女子(born to her)就是孩子的母亲;孩子的父亲是指出生时母亲的丈夫、根据1990年人类受精和胚胎法案(Human Fertilisation and Embryology Act 1990)被视为父亲的男子,或者任何符合父子血缘法定证明的男子。㊳2002年以来,这种通过在联合王国出生而取得不列颠公民资格的规则已经适用于不列颠海外领地。㊴

2. 在联合王国被收养。本来不是不列颠公民的未成年人(即十八岁以下的人),如果在1983年1月1日或之后在联合王国被收养,即成为不列颠公民,只要收养者本人或联合收养者之一是不列颠公民。㊵

3. 基于血缘关系获得公民资格。在1983年1月1日或之后出生于联合王国之外的人基于血缘关系可以获得不列颠的公民资格,只要其父母至少一方(a)是不列颠公民,且并非因血缘关系获得该公民资格;㊶或者(b)在国外但在联合王国政府下为王国服务,或者(基于某些条件)为欧共体或某些公共机构工作。㊷

4. 登记。不符合上述规则设定之条件的人,可以通过内政大

㊱ 同前,第50(2)条,也见第50(3)、(4)条和本章B。
㊲ 1981年法案,第50(5)条。也见2002年《国籍、移民和避难法案》,第11条。
㊳ 1981年法案,第50(9)-(9C)条,为2002年《国籍、移民和避难法》第9条所增加。
㊴ 2002年《不列颠海外领地法》,附件1,第1段。
㊵ 1981年法案,第1(5)条。
㊶ 关于基于血缘关系的不列颠公民的含义,见上,第14条。
㊷ 同上,第2条。也见2002年《不列颠海外领地法》,附件1,第2段。

臣登记而成为不列颠公民——这种做法有各种不同的根据。对那些出生在联合王国但在出生时却没有成为不列颠公民的人来说,登记是他们的一种权利(entitlement),只要:(a)父母一方在他或她成年之前成为不列颠公民或定居在联合王国[43]或(b)他或她在其生命的前10年内,每年离开联合王国的时间不超过90天。[44] 内政大臣还有将任何未成年人登记为不列颠公民的一般性权利。[45] 对于不列颠海外领地公民和属于某些其他范畴的人来说,如果他们在定居于或停留于联合王国方面符合某些条件,被登记为不列颠公民也是他们的一种权利。[46]

5.归化。内政大臣可以把任何已经成年、具有完全行为能力,符合诸如居住、品质、语言和未来意愿(future intentions)[47]以及(2002年之后)有关联合王国的生活知识等方面要求的归化为不列颠公民。[48]

1981年法案摒弃了出生在联合王国即享有不列颠公民资格的原则,这意味着,孩子的公民资格取决于父母的公民资格和移民身份。与登记有关的复杂规定,则缓和了新规则的某些负面影响。

---

[43] 同上,第1(3)条。
[44] 同上,第1(4)条。内政大臣对实行90天规则有自由裁量权:第1(7)条。根据第3条,某些在国外基于血缘关系是生给不列颠公民的未成年,有权利被登记为不列颠公民。
[45] 同上,第3(1)条。亦同上,第4A–C条,2002年所加。
[46] 同上,第4条。
[47] 同上,第6条和附件1。如果申请者与一名英国公民结婚,这些要求的困难程度会降低:第6(2)条。
[48] 2002年国籍、移民和避难法案,第1条。该法案的附件1重新规定了公民仪式、宣誓和承诺的内容。

内政大臣行使登记或归化裁量权时,不得考虑当事人的种族、肤色或宗教等因素。[49] 不列颠国籍法案明确规定,内政大臣并无义务给出自己区别对待的原因,而且限制了司法审查,但是这些规定并不能否定内政大臣公正行使权力的义务。[50] 这些规定于 2002 年被废除,[51] 以使英国法与 1997 年欧洲国籍公约(European Convention on Nationality 1997)保持一致。如果个人申请登记为不列颠公民的要求被拒绝了,他或她可以要求司法审查。然而,由于通过司法审查获得的救济本身也是自由裁量,因此,法院可以基于公共政策的考虑,对在获得公民资格时有刑事欺诈行为的申请者拒绝给予救济。[52]

不列颠公民资格的终止

不列颠公民可以放弃自己的公民资格,以获得他国的国籍,但是,这种放弃只有在经过内政大臣的登记之后才能生效,而内政大臣可能会基于各种理由而不予登记。[53] 如果内政大臣相信某人对

---

[49] 1981 年法案,第 44(1)条。

[50] 英王诉内政大臣(申请人:阿尔-费伊德)(第一)案,《全英格兰案例汇编》,1997 年,第 1 卷,第 228 页起(R v Home Secretary, ex p Fayed (No 1) [1997] 1 ALL ER 228),遵循了总检察长诉赖恩案(《上诉案例汇编》,1980 年,第 718 页起,A-G v Ryan [1980] AC 718)的判决。

[51] 2002 年《国籍、移民和避难法》,第 7 条。

[52] 英王诉内政大臣(申请人:帕蒂克)案,《王座分庭案例汇编》,1981 年,第 767 页起(R v Home Secretary, ex p Puttick [1981] QB 767)。

[53] 内政大臣必须确信申请放弃不列颠公民资格的个人会获得其他国籍,而且在战争期间可以拒绝该放弃国籍的登记:1981 年法案,第 12 条。关于放弃后公民资格的恢复,见第 13 条。

联合王国或某海外领地的重大利益造成了严重的危害,就可以通过命令的形式剥夺他或她的公民身份;如果某人在登记或归化时,通过采取欺骗、虚假陈述或隐瞒实质性事实的手段获得了不列颠公民资格,内政大臣也可以撤销此人的公民资格。[54] 在做出该命令之前,内政大臣必须向当事人说明理由,当事人有权向移民法官或(如果存在国家安全的理由)特别移民上诉委员会(Special Immigration Appeals Commission)提出上诉。[55]

外国人

外国人的范围是由1981年《不列颠国籍法》界定的。[56] 出现在联合王国的外国人受制于一般的法律,有权利受到法院的保护。[57] 他们也受制于影响外国人的普通法和制定法规则,但有一个例外:即对欧洲公民而言,如果这些规则和欧盟法不一致,欧洲公民可以不服从它们。另一个例外适用于那些访问联合王国的外国武装力量的成员。[58] 外国人不具备政治上的一些资格:他们没有选举的

---

[54] 2002年《国籍、移民和避难法》,第4条(给《1981年法》增加了新的第40、40A条)。

[55] 1981年《国籍法》,第40A条。

[56] 上文边码第445页。

[57] 例如库切迈斯特诉内政部案,《王座分庭案例汇编》,1958年,第1卷,第496页起(*Kuchenmeister v Home Office* [1958] 1 QB 496)和英王诉内政大臣(申请人:奇布莱克)案,《全英格兰案例汇编》,1991年,第2卷,第319页起(*R v Home Secretary, ex p Cheblak* [1991] 2 ALL ER 319)。

[58] 见1952年《武装力量访问法》(Visiting Forces Act 1952);第16章C。

权利(欧洲公民可以参加地方和欧洲选举);⑤⑨ 他们不能成为枢秘院或议会任何一院的成员;⑥⓪ 在他们被任命为王国的文职或军职人员方面,也存在一些限制。⑥① 其他的限制影响到外国人对于那些不列颠船只以及在联合王国登记的航空器的所有权。⑥② 联合王国管辖区之下的所有人都从欧洲人权公约规定的公民权利中获益,⑥③ 还从 1976 年《种族关系法》(Race Relation Act 1976)中获益,该法律将以国籍和民族起源(nationality and national origin)以及其他因素为基础的歧视宣布为不合法。⑥④ 欧共体条约排除了对成员国公民的歧视。⑥⑤ 如果外国人在联合王国遭受了不公正的对待,他们可以向他们自己的国家寻求领事或外交保护。

一旦联合王国对某外国宣战,该国的公民就成为敌国人;如果

---

⑤⑨ 第 9 章 A。

⑥⓪ 《定居法》(Act of Settlement),第 3 条。

⑥① 1955 年《外国人就业法》(Aliens Employment Act 1955),第 1 条,修正了 1919 年《外国人限制(修正)法》(Aliens Restriction (Amendment) Act),但被欧共体(公务员就业)法令,《行政立法性文件汇编》,1991 年,第 1221 号(EC (Employment in the Civil Service) Order, SI 1991 No 1221)修改。也见 1955 年《军队法》(Army Act 1955),第 21 条。

⑥② 1914 年《外国人地位法》(Status of Aliens Act 1914),第 17 条;1980 年联合王国(航空)法令,《行政立法性文件汇编》,1980 年,第 1965 号(UK (Air Navigation) Order 1980, SI 1980 No 1965)。

⑥③ 见 A 诉内政大臣案,《上议院案例汇编》,2004 年,第 56 页起;《上诉案例汇编》,2005 年,第 2 卷,第 68 页起(A v Home Secretary [2004] UKHL 56; [2005] 2 AC 68)(不定期地拘留有恐怖主义嫌疑的外国人),以及第 19 章 B、C。

⑥④ 该法案被《行政立法性文件汇编》,2003 年,第 1626 号(SI 2003 No 1626)修正,使 2000 年第 43 号欧盟理事会指令(Council Directive 2000/43/EC)得以生效。见第 19 章 A。

⑥⑤ 欧洲共同体条约,第 6 条。并见案例 C‑221/89,英王诉运输大臣(申请人: Factortame Ltd)(第三)案,《王座分庭案例汇编》,1992 年,第 680 页起(R v Transport Secretary, ex p Factortame Ltd (No 3) [1992] QB 680)。

在联合王国境内,他们可能被王国政府拘留或驱逐出境,[66]并且其他行为能力也要受到限制。[67]但是,正式宣战已不是目前通行的做法了,因此,当 2003 年联合王国开始对伊拉克进行军事占领时,在联合王国的伊拉克公民并没有成为敌国人。[68]在 1991 年的海湾冲突中,政府在不列颠拘留某些伊拉克公民所依据的是 1971 年的《移民法》中以驱逐出境为目的的拘留权,但当时这个目的并不存在,因此,这一权力的行使并不恰当。[69]

旅行的权利

依据公民和政治权利的国际条约——联合王国是该条约成员国——的第 12(2)条:"每个人都可以自由地离开任何国家,包括他自己的国家。"自从 1215 年的大宪章(Magna Carta)以来,公民应该拥有进入和离开王国的自由,这一点已为人们所公认。但是,到国外旅行的权利在法律上是不受保障的,在美国和爱尔兰的宪法

---

[66] 见内茨诉埃德案,《衡平法院案例汇编》,1946 年,第 244 页起(*Netz v Ede* [1946] Ch 244);英王诉伯特瑞尔(申请人:库切迈斯特)案,《王座分庭案例汇编》,1947 年,第 41 页起(*R v Bottrill, ex p Kuchenmeister* [1947] KB 41)。

[67] 见詹宁斯和沃茨,第 904—910 页;麦克奈尔和沃茨:《战争的法律后果》(McNair and Watts, *The Legal Effect of War*),第 2、3 章。

[68] 阿明诉布朗案,《英格兰及威尔士高等法院案例汇编》(衡平),2005 年,第 1670 页起(*Amin v Brown* [2005] EWHC 1670 (Ch))。

[69] 英王诉内政大臣(申请人:奇布莱克)案,《全英格兰案例汇编》,1991 年,第 2 卷,第 319 页起(*R v Home Secretary, ex p Cheblak* [1991] 2 ALL ER 319);利,《公法》,1991 年,第 331 页起(I Leigh [1991] PL 331)和汉普森,《公法》,1991 年,第 507 页起(F Hampson [1991] PL 507)。

下也同样如此。⁷⁰ 根据古老的普通法令状，禁止离境令（ne exeat regno），国王能够基于国家理由而阻止臣民离开王国；现在，该令状仅仅可以阻止富有的被告为挫败法院中的合法主张而离开管辖地，不能够再阻止臣民到国外旅行。⁷¹ 今天，如果某个人想到国外旅行，他必须持有护照，但护照的发放是王国政府的事，这项权力来源于王室特权而非议会法案。拒绝发放和撤销护照的行为是不可上诉的，但是可以接受司法审查；虽然政府针对那些被控在联合王国犯下严重罪行的人有拒绝给予出境护照的政策，但是当局必须给出这种拒绝的理由，而且公民必须有机会表明，对自己应该网开一面。⁷²

原则上，个人的旅行自由可以（如果必要）得到司法审查的保

---

⁷⁰ 分别见肯特诉杜勒斯案，《美国案例报告》，1958年，第357卷，第116页起（*Kent v Dulles* 357 US 116 (1958)）和总检察长诉X案，《共同市场法律报告》，1992年，第2卷，第277页起，第303页（芬利首席法官（Finlay CJ））（*A-G v X* [1992] 2 CMLR 277, 303 (Finlay CJ)）。

⁷¹ 见费尔顿诉卡利斯，《王座分庭案例汇编》，1969年，第1卷，第200页起（*Felton v Callis* [1969] 1 QB 200）和阿尔·纳克尔合同有限公司诉洛案，《王座分庭案例汇编》，1986年，第235页起（*Al Nahkl for Contracting Ltd v Lowe* [1986] QB 235）。（该案例可能为：阿尔·纳克尔合同和贸易有限公司诉洛案，《王座分庭案例汇编》，1986年，第1卷，第235页起（*Al Nahkel For Contracting and Trading Ltd v Lowe* [1986] 1 QB 235）。——译者存疑）。

⁷² 英王诉外务大臣（申请人：埃弗里特）案，《王座分庭案例汇编》，1989年，第811页起（*R v Foreign Secretary, ex p Everett* [1989] QB 811）。对于下面的情况，护照也会被拒绝或收回：(a)联合王国法院针对某人发放了逮捕令；(b)为了阻止违反法院命令或违背对其负有监管职责的父母的意愿的未成年人出境；(c)除非某公民偿还联合王国从公共财政上为他支付的遣返费用；以及(d)最少见的是，为了保护公共利益而反对明显不合时宜的个人出国旅行。并见《下院辩论》，1974年11月15日，第265行(HC Deb, 15 November 1974, col 265(WA))；《上院辩论》，1981年1月22日，第558行(HL Deb, 22 January 1981, col 558)。

护，但是要受制于议会为了安全、公共秩序以及刑事追诉的利益而设定的某些明确的限制。[73] 2000年移民（欧洲经济区域）条例（Immigration (European Economic Area) Regulations 2000）[74] 试图将依据欧共体条约而发布的自由迁徙指令（free movement directives）纳入到国内法中，但是，这并不涉及不列颠公民依照欧盟法而享有的要求发放旅行证以方便在欧洲内部迁徙的权利。2006年《身份证法》（Identity Cards Act 2006）的一个目的就是，要将那些申请护照之人所必须提供的个人信息的记录与一个新的身份证系统联系起来，但是该法案并没有将护照的发放置于制定法的基础上。2006年4月以来，公民的护照即由身份和护照局（Identity and Passports Service）颁发。

B. 移民和驱逐出境[75]

1971年《移民法》的背景

我们在A节已经知道，除了在国际法层面要承担的条约义务

---

[73] 制定法上存在禁止足球流氓出国观看比赛、阻止毒品贩卖者出国旅行的权力。
[74] 《行政立法性文件汇编》，2000年，第2326号（SI 2000 No 2326）。
[75] 最主要的文献是麦克唐纳和韦伯的著作，见上文注释8。也见杰克逊和瓦尔：《移民法及其实践》（Jackson and Warr, *Immigration Law and Practice*）；达默特和尼科尔，见本章注释8；莱戈姆斯基：《移民和司法》（Legomsky, *Immigration and the Judiciary*）。

之外,国家有权限制其他国家的公民进入其领土。在普通法上,国王依照其特权,也有阻止外国人进入联合王国的权力。⑯ 正如上诉法院法官威杰里(Widgery LJ)在施米特诉内政大臣(*Schmidt v Home Secretary*)案中所言:

>   当一个到达这个国家的外国人不被许可在这片土地上停留时,他没有什么权利因此而受到侵犯,他也不能够到本法院来寻求帮助……在这种情形下,外国人想停留在这片土地上的要求可以被拒绝,不论这样做的理由是好还是坏,也不论这样做是基于实际的,还是凭空想象的理由,或者甚至是毫无理由。⑰

在普通法上,虽然不存在明确的根据,但是国王可能有权驱逐那些以前被允许进入联合王国的友好的外国人。⑱ 国王可以对外

---

⑯ 马斯格雷夫诉 Chun Teeong Toy 案,《上诉案例汇编》,1981 年,第 272 页起(*Musgrove v Chun Teeong Toy* [1891] AC 272);比较英王(欧洲罗马权利中心)诉移民官员案,《上议院案例汇编》,2004 年,第 55 页起;《上诉案例汇编》,2005 年,第 1 卷,第 1 页起(*R (European Roma Rights Centre) v Immigration Officer* [2004] UKHL 55, [2005] 1 AC 1)。

⑰ 《衡平法院案例汇编》,1969 年,第 2 卷,第 149 页起,第 172 页([1969] 2 Ch 149, 172)。2001 年,澳大利亚政府不顾人道主义的考虑,阻止了一艘载满阿富汗人的船舶在澳大利亚境内登陆:见拉多克诉韦德利斯案,《澳大利亚法律报告》,2001 年,第 183 卷,第 1 页起(*Ruddock v Vadarlis* (2001) 183 ALR 1)。

⑱ 见帕里(编),《不列颠国际法概要》(Parry (ed.), *British Digest of International Law*),第 6 卷,第 83 − 98 页;加拿大总检察长诉肯因案,《上诉案例汇编》,1906 年,第 542 页起,第 547 页(*A − G for Canada v Cain* [1906] AC 542, 547);戴雪:《英宪精义》(Dicey, *Law of Constitution*),第 224 − 227 页;文森兹:《公法》,1985 年,第 93 页起(C L Vincenzi [1985] PL 93)。

国人行使的这种特权权力,如今被明确予以保留。[79] 但是,如今基于各种实际目的,行政机关控制外国人的入境,以及将外国人驱逐出境,所依赖的是制定法上的权力。

与外国人相反,在1948年不列颠国籍法案之前和之后,不列颠的臣民均能够不受限制地入境和停留在联合王国,国王没有权力阻止他们入境、驱逐他们出境或阻止他们离开。这些权利是英联邦所有成员国的公民都享有的。

不列颠臣民(1948年法案的意义上)进入联合王国的权利受到了1962年和1968年的英联邦移民法案(Commonwealth Immigration Act of 1962 and 1968)的严格限制。1962年法案的通过,是为了限制来自加勒比海(Caribbean)、印度和巴基斯坦的移民,除了在联合王国出生的人、持有联合王国政府发放的护照的联合王国和殖民地的公民(CUKCs)之外,其他所有不列颠臣民都因为该法案而受制于移民控制。[80] 1962年法案也授权驱逐那些已被宣判犯有可能导致监禁惩罚之罪且被法院建议驱逐出境的英联邦公民(但是不包括持有联合王国护照的人)。

1968年的英联邦移民法案是在非常匆忙的情况下通过的,其目的是事先阻止联合王国所担心的肯尼亚亚裔人向不列颠的大量移民,因为这些人在肯尼亚1963年独立时选择继续作为CUKCs,

---

[79] 1971年移民法案,第33(5)条,此处的规定取代了在总检察长诉德·凯泽皇家酒店有限公司案(《上诉案例汇编》,1920年,第208页起(A-G v De Keyser's Royal Hotel Ltd [1920] AC 208))中确立的原则(本书第12章E)。

[80] 殖民地政府颁发的护照没有赋予持有人进入联合王国的权利:英王诉内政大臣(申请人:布罗萨)案,《王座分庭案例汇编》,1968年,第1卷,第266页起(R v Home Secretary, ex p Bhurosah [1968] 1 QB 266)。

而不是成为肯尼亚公民。因为他们持有不列颠政府发放的护照，所以他们不受 1962 年法案的限制。[81] 1968 年法案之所以值得注意，是因为它剥夺了非定居的 CUKCs 进入联合王国的权利，除非他或她，或至少是他或她的父母或祖父母之一和联合王国有先在的联系（例如，在联合王国出生、被收养或归化）。据此，1968 年法案阻止 CUKCs 进入联合王国，即使他们受到原来居住国的驱逐，而且也没有权利进入其他国家。政府后来受到了巨大压力，被迫在类似情形下允许其他联合王国的公民入境，因此尽管有 1968 年法案的存在，政府也确实接纳了 1972 年被乌干达驱逐的许多亚裔人。[82]

1971 年移民法案及其之后

1971 年法案为移民控制提供了一套全新和广泛的法律规则。1973 年 1 月 1 日该法案生效之后，就移民控制的目的而言，外国人和英联邦公民之间的法律区别丧失了大部分的意义，但这并不意味着控制体制的松懈。正是在 1973 年，联合王国加入了欧共体，所以这里就有了一种新的区分，即共同体国家的公民和那些非共

---

[81] 关于 1963 年政府对肯尼亚亚裔人意图的辩论，见《下院辩论》，1968 年 2 月 27、28 日；《上院辩论》，1968 年 2 月 29 日（HC Deb, 27–28 February 1968; HL Deb 29 February 1968）；斯蒂尔，《禁止进入》（Steel, *No Entry*）；达默特和尼科尔，第 11 章。

[82] 比较英王诉内政大臣（申请人：萨克拉）案，《王座分庭案例汇编》，1974 年，第 684 页起（*R v Home Secretary, ex p Thakrar* [1974] QB 684），并见东非亚裔人诉联合王国案，《欧洲人权报告》，1973 年，第 3 卷，第 76 页起（*East African Asians* (1973) 3 EHRR 76）。

同体国家的公民之间的区分。

依据1971年法案,最重要的区别是那些在联合王国有居住权的人和那些(无论是外国人还是英联邦的移民)受制于移民控制、只有经过许可才能入境和居住在联合王国的人之间的区分。1971年法案创造了居住权的概念,以识别那些被认为和联合王国具有充分联系以至于可以赋予他们居住权的人。这些有居住权的人包括:(1)那些因为在联合王国或其岛屿(即马恩岛和海峡群岛)出生、收养、归化或登记而成为CUKC的人;(2)其他英联邦国家的公民,由父母一方所生或收养,且在其出生或被收养之时,该父母一方是联合王国的公民(基于出生于联合王国或其岛屿);(3)英联邦公民且和有居住权的人(patrials)结婚的女子。那些主张有居住权的人可以通过获得居住权证来证明自己的身份。在英王(申请人:范索普卡)诉内政大臣(*R v Home Secretary, ex p Phansopkar*)案中,法院命令内政大臣对一名印度女子申请发放居住权证的案件进行听证并作出裁决,该女子和一名通过登记而成为联合王国公民的男子结婚;该女子获得该证书的权利,不能因为内政部的恣意拖延而被搁浅。㉝

居住权的复杂概念受到了很多批评。其中,最重要的批评是,居住权没有扩展给那些是CUKCs,但除了联合王国之外便无国可去的人,就像东非的亚裔人。基于这个原因,联合王国政府没能批

㉝ 《王座分庭案例汇编》,1976年,第606页起([1976] QB 606)。见如今的1971年移民法案,第3(9)(b)条,该项规定于1988年被修正(居住权资格证书)。并见英王诉内政大臣(申请人:默辛)案,《移民和国籍法律报告》,2000年,第511页起(*R v Home Secretary, ex p Mersin* [2000] INLR 511)。

准欧洲人权公约的第四议定书,该议定书宣布,"任何人都不得被拒绝进入他是其国民的领土的权利。"⑧ 居住权还因为下述原因而遭受批评,即,它包括了那些至少父母一方出生在联合王国的其他英联邦国家的公民;这个规则有利于那些来自诸如澳大利亚、加拿大和新西兰等国家中具有不列颠起源的人,从而使 1971 年法案被抨击为带有种族偏见的动机。

为了使国籍法符合移民政策,并考虑到英联邦自 1948 年以来发生的变化,这是制定 1981 年不列颠国籍法案的主要理由。正如我们在本章 A 节看到的,1981 年法案创设了一种新的不列颠公民范畴和一套源于居住权规则的定义规则。

自 1971 年以来,移民法被多次修改。1988 年移民法强化了法律的诸多方面,取消了对驱逐令提起上诉的权利,而且将超期停留(overstay leave to enter)确定为一种持续性犯罪(continuing offence)。自 1988 年以来,移民控制方面出现的最紧迫问题涉及的是来自许多不同国家的、要求联合王国政府接受其作为难民的请求。⑧ 应对这些难题的立法包括:1993 年避难和移民上诉法案(Asylum and Immigration Appeals Act 1993)、1996 年避难和移民法(Asylum and Immigration Act 1996)、1999 年移民和避难法案(Immigration and Asylum Appeals Act 1999)、2002 年国籍、移民和避难法案(Nationality, Immigration and Asylum Act 2002),以及 2004 年避难和移民(处理申请者及其他)法案(Asylum and Immigration (Treatment of Claimants

---

⑧ 见第 19 章 B,比较英王诉内政大臣(申请人:萨克拉)案(注释 82)。
⑧ 本章边码第 460—463 页。

etc.) Act 2004).⁸⁶ 下文所述只是对复杂和不完善立法的某些方面的选择性概括。

移民控制

宽泛地讲,以下是移民控制的主要范畴。它们大多源于1981年不列颠国籍法案,A节对它们曾有过解释。

(a) **不列颠公民**(现在包括绝大多数不列颠海外领地的公民)。他们在联合王国有居住权,无须许可即可入境和居住在联合王国。

(b) **不列颠海外公民、不列颠臣民和受不列颠保护的人。**一般来说,他们在联合王国没有居住权,但如今,如果他们没有其他国家的公民资格,就会被赋予登记为不列颠公民的权利。⁸⁷

(c) **其他英联邦国家的公民。**一般来说,他们在联合王国没有居住权,但是,一些依据1971年法是居民、在联合王国享有居住权的英联邦公民,继续享有这一权利。⁸⁸

(d) **爱尔兰共和国的公民。**他们从为了移民目的而设立的"一般旅行地区"(common travel area)中获益,这些地区是,联合王国、马恩岛、海峡群岛和爱尔兰共和国。在这些地区旅行原则上不

---

⁸⁶ 以及最近刚刚通过以至于来不及在这里讨论的2006年移民、避难和国籍法案(Immigration, Asylum and Nationality Act 2006)。
⁸⁷ 1981年《不列颠国籍法》,第4B条(2002年所加)。
⁸⁸ 1971年法,第2(1)(b)条和第2(2)条,由1981年不列颠国籍法修改。

受制于移民控制。[89]爱尔兰的居民可无须经过移民控制而由爱尔兰进入联合王国,但是,依照1971年法,他们可能受到联合王国的驱逐。依据2000年《恐怖主义法》(Terrorism Act 2000),警察、移民和海关官员可以对来去北爱尔兰的旅行实施港口和边界控制。[90]

(e) 作为其他欧盟国家之国民的外国人。他们获益于共同体法所授予的在欧盟内部的自由迁徙权利。当这些人行使可强制执行的共同体权利进入或停留在联合王国时,他们无须依照1971年法获得可以这样做的许可。[91]对于本范畴,还可补充上冰岛、挪威和列支敦士登的国民,他们处于欧盟之外,但却是欧洲经济区域协定(Agreement on the European Economic Area)的成员国。这个经济区包括所有欧盟国家和上述三国。该协定为相关国家的所有符合条件的国民提供了在该经济区内自由迁徙的权利。[92]

(f) 其他外国人(即那些处于范畴(e)之外的外国人)。作为非欧洲经济区域国家的国民,他们受制于移民控制。

在签证国国民(即那些来自需要拿到签证才能进入联合王国的国家的人,签证国也包括若干英联邦国家)和其他国家的国民之

---

[89] 1971年法案,第1(3)条,并见第9条和附件4。
[90] 本书第26章E。
[91] 1988年《移民法》,第7条;以及下文边码第465页。
[92] 1993年《欧洲经济区域法》(European Economic Area Act 1993);2000年移民(欧洲经济区域)条例,见《行政立法性文件汇编》,2000年,第2326号(Immigration (European Economic Area) Regulations 2000, SI 2000 No 2326)。也见欧共体委员会条例(欧洲经济共同体),编号1251/70(Commission Regulation (EEC) No 1251/70)。

间存在一个重要的实际区别。㉝

依据修正之后的 1971 年法,那些在联合王国有居住权的人,"可以自由地、毫无阻碍地居住和进出联合王国",只有为了使他们的权利得以确立,法案才可以规定予以控制(第 1(1)条)。那些非不列颠公民、没有居住权的人,不可以进入或停留在联合王国,除非依据法案他们获得了许可。这种许可可以是有限制的,也可以是不确定期限的。当一个人被给予入境或停留的有期限许可时,这种许可的给予要受到一些条件的限制,包括限制被许可人在联合王国工作或就业,要求他们维持自己和依靠他们抚养的人的生活,不得寻求公共基金的帮助,或者要求他们在警察机关登记(第 3(1)条);当给予不确定期限的许可时,则没有这种限制(第 3(3)条)。但即使一名非不列颠公民获得了不确定期限的停留许可,内政大臣也可以为了"公共利益"而将他或她驱逐出境(第 3(5)条)。㉞ 当他或她离开一般旅行地区时,入境和停留的许可可能会失效,如果他或她要返回,就需要新的许可(第 3(4)条)。

1971 年法案免除了某些非不列颠公民群体获得入境和停留之个人许可的需要。这些群体包括那些在 1983 年 1 月 1 日已经定居在联合王国的非不列颠公民;也就是说,他们是这个国家的一

㉝ 移民规则(Immigration Rules),第 24-30C 条规则;以及 2000 年移民(进入和停留的许可)管制条例,见《行政立法性文件汇编》,2000 年,第 1161 号(Immigration (Leave to Enter and Remain) Regulations Order 2000, SI 2000 No 1161)。关于英联邦国家申请签证的要求,见怀特,《公法》,1987 年,第 350 页起(R M White [1987] PL 350)。

㉞ 移民规则,第 13 部分。

般居民,他们能够停留的期限不受任何限制。⑮

无须获得入境和停留之个人许可的其他团体,包括暂时来到联合王国的船只或航空器上的工作人员、外交人员和其他享受外交特权的人员,以及某些武装力量的成员。⑯

修正后的1971年法案对内政大臣和移民官员赋予了非常广泛的权力,这些权力被认为是实施移民控制所必要的。这些权力包括:在某个人到达联合王国之前给予和拒绝给予其入境许可的权力,检查那些到达或离开联合王国的人的权力,驱逐那些没得到入境许可的人、非法入境的人或超过有期限停留许可所规定的期限的人的权力,拘留那些即将接受检查或被驱逐的人的权力。很多对入境实施控制的权力,被直接赋予了移民官员。其他权力(例如,决定驱逐那些没有居住权的人的权力)则被授予内政大臣。立法有时要求某些权力必须由内政大臣本人行使,⑰但是,大多数权力可以由那些代表内政大臣的内政部官员(包括移民部门的官员)行使。⑱

法案的第三部分曾被后来的法案扩展,它创设了很多刑事犯

---

⑮　1971年法案,第1(2)条和第33(2A)条;英王诉内政大臣(申请人:马加尔)案,《王座分庭案例汇编》,1974年,第313页起(*R v Home Secretary, ex p Mughal* [1974] QB 313)。

⑯　1971年法案,第8条;麦克唐纳和韦伯,第6章。

⑰　例如,1999年移民和避难法案,第62(4)条和第64(2)条(2002年废除了)。

⑱　英王诉内政大臣(申请人:奥拉德欣德)案,《上诉案例汇编》,1991年,第1卷,第254页起(*R v Home Secretary, ex p Oladehinde* [1991] 1 AC 254),适用所谓的卡尔顿纳原则(*Carltona* principle),第13章 D。

罪,包括非法入境、[99]超过许可期限的入境或停留、对有期限许可设定条件的违反、帮助或窝藏非法进入者、没有合理事由却在进入联合王国时不接受检查、保证非法进入者进入或为其提供便利条件、通过欺骗手段获得停留许可、运送人员以非法获利,[100]以及(那些不是不列颠公民的人)使用欺骗手段进入联合王国。对任何人而言,协助非法入境者入境,都是违法行为,但是,在涉及避难申请者时,下述行为不适用于此:非营利行为、由正当组织(bona fide organisation)的工作人员做出的协助避难请求者的行为。[101]超过入境许可期限停留在联合王国是一种持续性犯罪,但是,针对一项有期限许可只能提出一项控诉。[102]移民机关和警察机关可以行使广泛的强制权力,包括逮捕、搜查和进入其住宅,以及获取其指纹。[103]对于本应受制于移民控制的人试图通过结婚途径进入联合王国,1999年法案规定了细致的规制程序。[104]1999年法案的第2部分给航空公司和其他运输者设定了繁重的义务,给那些偷运秘密入境者的运输者设定了刑罚。[105]

455

---

[99]　见英王诉奈尔赖案,《上诉案例汇编》,1993年,第674页起(*R v Naillie* [1993] AC 674)和英王诉内政大臣(申请人:库)案,《王座分庭案例汇编》,1995年,第364页起(*R v Home Secretary, ex p Ku* [1995] QB 364)。

[100]　2004年避难和移民(处理申请者及其他)法案,第4条。

[101]　1971年移民法案,第24A条,第25(1)条。

[102]　1971年法案,第24(1)(b)、(1A)条。

[103]　1999年移民和避难法案,第7部分,已修正。

[104]　1999年移民和避难法案,第24条,以及2004年避难和移民(处理申请者及其他)法案,第19-25条。

[105]　2002年修改。并见根据1999年法案第32条颁布的运输者责任实施细则(Codes of Practice on carriers' Liability)。

移民规则[106]

移民机关的政策可能来源于基本立法,但是,它们主要还是存在于由内政大臣制定,且在法案(1971年法案,第3(2)条)实施中应当作为惯例而被遵循的移民规则当中。内政大臣必须就移民规则向议会作出说明。如果这种陈述被任何一院在40天内通过的决议所否决,内政大臣就应当"尽可能快地"对规则作出在他看来所必要的修改。[107] 规则的地位很难界定。它们不是制定法文件,[108] 但是,因为它们对那些裁决移民上诉的人是有约束力的,所以它们类似于授权立法,而绝不只是公告或指南。[109] 它们必须依据所使用词语的本来含义而得到合理的解释,[110] 如果和制定法的规定相冲突,或者基于其他原因,它们也可能被宣布为越权。[111]

---

[106] 见麦克唐纳和韦伯,第21-24页;莱戈姆斯基,第50-72页。
[107] 1972年11月22日和1982年12月15日,政府制定的新规则都未被下议院批准;但修订之后的规则都被下议院批准了。见第28章。
[108] 第28章。
[109] 英王诉首席移民官(申请人:萨拉马塔·毕比)案,《全英格兰案例汇编》,1976年,第3卷,第843页起,第848页(R v Chief Immigration Officer, ex p Salamat Bibi [1976] 3 ALL ER 843, 848);英王诉内政大臣(申请人:霍森鲍尔)案,《全英格兰案例汇编》,1977年,第3卷,第452页起,第459、463页(R v Home Secretary, ex p Hosenball [1977] 3 ALL ER 452, 459, 463);皮尔逊诉移民上诉裁判所案,《移民上诉报告》,1978年,第212页起,第224页(Pearson v Immigration Appeal Tribunal [1978] Imm AR 212, 224)。
[110] 亚历山大诉移民上诉裁判所案,《全英格兰案例汇编》,1982年,第2卷,第766页起(Alexander v IAT [1982] 2 ALL ER 766)。
[111] 例如,英王诉移民上诉裁判所(申请人:比甘)案,《移民上诉报告》,1986年,第385页起(R v IAT, ex p Begum [1986] Imm AR 385)。

第20章　公民资格、移民和引渡　89

当前的规则是1994年制定的,后来也不时地被修正,[112] 它们比以前的规则要更加丰富。一些段落仅仅提到本源立法(parent legislation)中的要求;一些段落规定了程序规则;而更多的内容则规定了应当适用的政策,列出了行使自由裁量权时应当考虑的因素。正如我们将要看到的,当上诉被提出时,这些规则具有关键的作用。[113]

这些规则规定,移民控制不应考虑一个人的种族、肤色和宗教,要遵循1998年人权法案(规则2)。这些规则不适用于那些作为欧洲经济区域(EEA)之国民而有权进入联合王国的人(规则5)。就入境而言,到达联合王国的人必须出示有效护照或其他能够证明他或她的身份和国籍的证件(规则11),如果入境者声称自己有居住权,也要出示相关的证明文件(规则12);对于很多希望入境的人来说,还要求出示先前的入境结关证(prior entry clearance),它的形式可以是签证和入境证(规则24、25)。某些人可以被允许入境,以作短期访问或为了其他暂时的目的,例如学生(规则57-87),或作为互惠安排(au pair placements)(规则88-94)。为了就业而进入联合王国的人,通常情况下,必须持有内政部颁发的工作许可证(规则128),但是,对于某些职业,工作许可证并不是必需的,例如牧师(规则169-177)和海外记者(规则136-143)。在满足某些条件的前提下,那些希望创业(规则200-223)或投资(如果他至少拥有一百万英镑)(规则224-231)的人,可以被授予

---

[112] 《下院文件》,1994-1995年,第395号(HC 395 (1994-1995))(修正);见麦克唐纳和韦伯,App 1.
[113] 本书边码第456-457页。

许可。能够证明自己的祖父母之一出生在联合王国的英联邦公民,不需要提交工作许可证,即可以被许可停留四年(规则186-193)。出生在联合王国但因其父母的身份而不具备不列颠公民资格[114]的未婚子女离开这个国家后,再返回时,一般应当在其父母所受对待的同等基础上被给予许可(规则304-309)。这些规则适用于入境或停留许可的授予及其变更(规则31-33A),例如,被作为旅游者而许可入境的人要求给他颁发以其他身份继续停留的许可。

政策上的重要变化,可以通过修改移民规则来实现,只要它遵循本源立法或(在可适用的地方)欧盟法律。法案和规则把很多关于法律、事实和自由裁量权的裁决,都留给了移民机构。从而,个人的权利,在很大程度上,取决于可以对移民官员之裁决提起上诉的范围。除了移民规则之外,内政部还对移民和国籍工作人员发出内部指南和指示,这些也总受到审查,并经常被修正。在这些指示中,很多但并不是所有都会被予以公开。[115]

移民上诉[116]

1969年之前,对于拒绝进入联合王国的行政裁决不存在上诉权。它们有可能会接受司法审查,但也是在一个基本上是秘密决策的体制内,这并不能提供有效的救济。1971年移民法案规定了

---

[114] 上文A。
[115] 这些可见于 www.homeoffice.gov.uk。也见第13章F。
[116] 麦克唐纳和韦伯,第18章。

一种双层上诉体制:[11] 第一层,由移民裁判官(immigration adjudicators)听审对内政部移民官员决定的上诉;第二层是由移民上诉裁判所(Immigration Appeal Tribunal)听审对移民裁判官的上诉。这个上诉体制在整个移民控制过程中具有重大的意义,特别是在1993年避难申请被纳入其中之后。但在其最初的那些年份,该体制被批评为受到了内政部的过度影响,不过自从1987年之后,移民裁判官开始由大法官(Lord Chancellor)任命,上诉程序可被接受的独立性也被努力加强。上诉裁判所的裁决经常要受到高等法院的司法审查,从1993年开始,裁判所的最终裁决,连同许可本身,都可以上诉到上诉法院。2001年开始,上诉裁判所的主席开始由一名高等法院的法官担任。

在20世纪90年代,这个体制承受了巨大的压力,一方面来自急剧增长的与避难相关的上诉案件的数量;一方面来自于该体制本身只能作出初步裁决的固有弱点。1998年人权法案增设了提起上诉和寻求司法审查的理由,但其他立法却试图简化该体制,比如,排除对某些裁决的上诉权利以及对上诉施加严格的时间限定。2002年国籍、移民和避难法案确认了双层上诉体制的存在,但是在2004年,这个双层体系被废除了,取而代之的是一个单层体制,即避难和移民裁判所。[12] 新的裁判所于2005年4月开始运行。裁判所的主席(一位高级法院的法官)和若干副主席由大法官

---

[11] 在这之前,见关于移民上诉的威尔逊报告(Wilson report),《政府文件》,1967年,第3387号(Cmnd 3387, 1967)以及1969年移民上诉法案(Immigration Appeals Act 1969)。

[12] 2004年《避难和移民(处理申请者及其他)法》,第26条和附件4。

任命；其符合法定资格的成员被称为"移民法官"（immigration judge）；[19] 上诉由裁判所的一名或多名成员听审。[20] 裁判所的程序受到规则（rules）[21] 以及主席颁布的业务指示（practice directions）的约束。

裁判所的主要任务就是听审对"移民裁决"的上诉，据此目的，"移民裁决"（在宽泛的意义上）包括以下决定：拒绝颁发进入联合王国的许可，拒绝颁发入境结关证，拒绝变更有期限的入境和停留许可，撤销不定期的停留许可，驱逐非法入境者和其他人员出境或者限令其出境，拒绝撤销驱逐出境令，以及拒绝避难申请等。[22] 事实上，赋予裁判所管辖权限的立法对上诉的权利施加了详细的限制和条件。某些种类的裁决不会导致任何的上诉权利。[23] 在许多情形下，个人只能从国外对拒绝其进入联合王国的裁决提出上诉；但是，如果个人已经有了仍然生效的入境结关证或（作为某种公民资格）获得了工作许可证，那么他或她可以针对拒绝其入境的裁决

---

[19] 见《行政立法性文件汇编》，2005年，第227号（SI 2005 No 227）。

[20] 在双层体制的最后一年（2004－2005），移民裁判官裁决了100 000件上诉案件，移民上诉裁判所裁决了47 000件案件：裁判所委员会报告，《下院文件》，2005－2006年，第472号（Report of Council on Tribunals（HC 472（2005－2006）），app G.）。也见《下院文件》，2003－2004年，第211号（HC 211（2003－2004））（宪法事务委员会（Constitutional Affairs Committee）就避难和移民上诉提交的报告）。

[21] 见《行政立法性文件汇编》，2005年，第230号（SI 2005 No 230）以及（对于快速通道的上诉（fast-track appeals））《行政立法性文件汇编》，2005年，第560号（SI 2005 No 560）。

[22] 2002年《国籍、移民和避难法》，第82、83条（于2004年被替换）。基于第82、83条上诉的理由见第84条。

[23] 2002年《国籍、移民和避难法》，第88－91条，已被取代。

提出"国内"上诉("in country"appeal)。[124] 如果个人提出了避难主张或人权主张,或者一个欧洲经济区域内的国民基于共同体法律上的权利提出主张,那么该上诉就可能是"国内"的。[125] 但是涉及人权和避难方面的主张,内政大臣可以证明该主张是"完全没有理由"的,其结果就是,要么根本禁止上诉,要么只能从联合王国之外提出上诉。[126] 有一些主张必须要经过一个上诉时间期限确实非常短的"快速通道"(fast-track)程序,之所以限制上诉时限,是因为存在下面这种政策,即在处理某些避难申请者的主张过程中要将他们拘留于经选择的接受中心。[127]

为了应对将重复使用上诉权利作为一种拖延的策略,一种"一次-终止"(one-stop)程序被创设出来。如果某人在收到新的移民裁决之前就知道先前已经对自己作出了一个移民裁决,即,与新裁决相关的理由本来可以(也被认为应该)在对前一个裁决的上诉中提出来,他或她就不能对新的裁决提出上诉。[128]

当某人上诉至裁判所时,裁判所有何权力? 在两种情形下,裁

---

[124] 2002年《国籍、移民和避难法》,第92条,已被修改。

[125] 同上。

[126] 2002年《国籍、移民和避难法》,第94条,已被修改。关于上诉是否被适当地认定为"完全没有理由"或"显然没有理由",见英王(约加萨斯)诉内政大臣案,《上议院案例汇编》,2002年,第36页起,《上诉案例汇编》,2003年,第1卷,920页起(*R* (*Yogathas*) v Home Secretary [2002] UKHL 36, [2003] 1 AC 920);以及英王(拉兹加)诉内政大臣案,《上议院案例汇编》,2004年,第27页起,《上诉案例汇编》,2004年,第2卷,第368页起(*R* (*Razgar*) v Home Secretary [2004] UKHL 27, [2004] 2 AC 368)。

[127] 英王(萨迪)诉内政大臣案,《上议院案例汇编》,2002年,第41页起,《全英格兰案例汇编》,2002年,第4卷,第785页起(*R* (*Saadi*) v Home Secretary [2002] UKHL 41, [2002] 4 ALL ER 785)(判决支持了基于这种目的的拘留政策)。

[128] 2002年《国籍、移民和避难法》,第96条,于2004年被修改。

判所必须允许上诉:(i)如果裁判所认为相关决定与法律不一致,[128]或者与相关的移民规则不一致(为此裁判所要审查事实问题);(ii)如果裁判所认为,在裁决涉及自由裁量权行使的场合,这种自由裁量权本应当按照另一种方式行使。在其他任何情形下,上诉都应该被驳回。符合移民规则的决定不会仅仅因为内政大臣被要求背离该规则,而内政大臣并没有这么做就被认为涉及裁量权的运用。[130] 被提起上诉的决定,如果立法许可,必须与个人基于欧洲人权公约享有的权利保持一致;如果要适用公约的比例原则标准,裁判所必须按照案件本身的是非曲直而不是遵循国务大臣关于比例原则的观点来作出裁决。[131]

虽然有立法和规则所建立的框架以及裁判所有限的但是重要的权力,但对涉及裁量权运用的决定的审查并不会对内政部被上诉的裁决造成过多的风险,以至于破坏正常的行政模式。如果必要,上级法院可以要求裁判所采取一种可靠的方法以重现事实。[132] 对以前的双层上诉体制有很多批评,其中一种反复出现的指责源于这样一种观点:某些官员和裁判官的决定反映出一种"怀疑的文

---

[128] 包括与行政法的原则不一致:辛格诉移民上诉裁判所案,《全英格兰案例汇编》,1986年,第2卷,第721页起,第728页(Singh v IAT [1986] 2 ALL ER 721, 728)。以及见麦克唐纳和韦伯,第1194—1197页。

[130] 2002年《国籍、移民和避难法》,第86条,于2004年被修改。

[131] 黄诉内政大臣案,《英格兰及威尔士上诉法院民事案例汇编》,2005年,第105页起,《全英格兰案例汇编》,2005年,第3卷,第435页起(Huang v Home Secretary)[2005] EWCA Civ 105, [2005] 3 ALL ER 435(适用了英王(拉兹加)诉内政大臣案,注释126)。

[132] 夏伊拉兹诉内政大臣案,《英格兰及威尔士上诉法院民事案例汇编》,2003年,第1562页起,《全英格兰案例汇编》,2004年,第2卷,第602页起(Shirazi v Home Secretary [2003] EWCA Civ 1562, [2004] 2 ALL ER 602)。

化(culture of disbelief)"。2004年,议会异乎寻常地运用其立法权力对决定作出者如何评价与个人可信度相关的证据提供了指示;[133] 这些指示是立法权的不正当运用,它干涉到了司法功能的核心领域。

除了上诉程序,内政大臣还行使一种例外的裁量权以许可个人进入或停留在联合王国,[134] 但裁判所不能这样做。对于那些没能获得难民身份的个人,内政大臣一般可以授予其"例外的停留许可"。自2003年以来,内政大臣已经愿意给予他们人道主义保护或自由决定的停留许可,期限可达3年。2003年10月,内政大臣对一个在联合王国已经待了超过3年、寻求避难的家庭给予了非法定的"赦免"。

因为避难和移民裁判所要听审针对大量移民决定的上诉,因此一些上诉被委托给其他裁判所。在内政大臣基于公共利益以及国家安全的理由而决定驱逐某人出境的情形下,由特别移民上诉委员会受理这类上诉。[135] 根据1999年法案的第5部分(Part V),移民事务专员(Immigration Services Commissioner)负责管理移民顾问(immigration adviser)和移民服务提供者(immigration services

---

[133] 2004年《避难和移民(处理申请者及其他)法》,第8条。

[134] 它的法律基础并不明确:文森兹,《公法》,1992年,第300页起(C Vincenzi [1992] PL 300)。

[135] 1997年特别移民上诉委员会法案(Special Immigration Appeals Commission Act 1997),2001年修改(见下文边码第464页)。也见国政大臣诉雷曼案,《上议院案例汇编》,2001年,第47页起,《上诉案例汇编》,2003年,第1卷,第153页起(Secretary of State v Rehman [2001] UKHL 47; [2003] 1 AC 153)以及A诉内政大臣案,《上议院案例汇编》,2004年,第56页起,《全英格兰案例汇编》,2005年,第3卷,第169页起(A v Home Secretary [2004] UKHL 56; [2005] 3 ALL ER 169)。

providers);对专员决定的上诉要提交到移民事务裁判所(Immigration Services Tribunal)。根据1999年法案的第6部分(Part VI),避难支助裁判官(asylum support adjudicators)主持涉及全国避难申请者支助系统(national scheme of support for asylum seekers)的上诉。

上级法院在移民裁决中的作用

原则上讲,根据移民立法所采取的所有行政决定都属于行政法庭(Administrative Court)的管辖权范围,只要存在司法审查的根据,都要接受法院的司法审查。[130] 但是,如果立法规定某种移民决定要接受上诉的审查,则个人通常会选择的是上诉,而不是司法审查。在1993年的双层上诉体制下,从法律上讲,移民上诉裁判所的裁决(连同许可本身)可以被上诉到上诉法院。实际中,许多不能被提起上诉的裁决(例如,裁判所不允许对第一层裁判官提起上诉的裁决)都要接受司法审查。而且,在M诉内政大臣(*M v Home Secretary*)案(该案涉及的是在其上诉接受司法审查的时候,当事人能否被驱逐到扎伊尔)中,上议院认为,法院有权颁布针对内政部的命令,阻止在当事人移民资格正处于诉讼过程当中的时候将当事人驱逐出境。[131]

一位评论家在20世纪90年代将移民法领域称为"行政与司

---

[130] 见本书第30、31章。
[131] 《上议院案例汇编》,1994年,第1卷,第377页起([1994] 1 AC 377);并见下文边码第808页。

法之间不断累积的暴风雪",[138] 这反映了一方面追求移民管制的行政政策与另一方面保护个人权利的"法治"进路之间的深刻分歧。2002年对双层上诉体制作出的改变包括用一个简明的法定审查(statuary review)程序取代司法审查(judicial review)。[139] 几个月后当政府提议结束这种双层上诉体制时,提交的法律议案(后来演变为2004年避难和移民(处理申请者及其他)法案)包含了一个引人注目而且极端的"排除条款(ouster clause)",试图排除对移民决定——包括新成立的避难和移民裁判所的决定——寻求司法审查的权利,取而代之的是一种非常有限的由裁判所自己决定向法院提交案件的救济手段。尽管该条款在下议院获得了通过,但是它所导致的反对风暴迫使政府在上议院辩论之前放弃了这个不幸的提议。[140]

结果,2004年法案对裁判所裁决规定了如下的审查和上诉条款:[141] (a)如果裁判所的裁决是由一个由三名或更多合格的成员组成的审判团作出的,一方当事人[142] 经许可可以就法律问题

---

[138] 罗林斯,《现代法律评论》,2005年,第68卷,第378页起,第380页(R Rawlings (2005) 68 MLR 378, 380)。

[139] 见托马斯,《公法》,2003年,第479页起(See R Thomas [2003] PL 479)。以及英王(G)诉移民上诉裁判所案,《英格兰及威尔士上诉法院民事案例汇编》,2004年,第1731页起,《全英格兰案例汇编》,2005年,第2卷,第165页起(R (G) v IAT [2004] EW-CA Civ 1731, [2005] 2 ALL ER 165)(根据2002年法案,在存在法定审查的情况下就没有司法审查的余地了)。

[140] 见罗林斯(注释138)以及休尔,《公法》,2003年,第225页起(A Le Sueur [2003] PL 225)。

[141] 2002年《国籍、移民和避难法》,第103A-E条(2004年增加)。

[142] "一方当事人"既可以指受到影响的个人,也可以指内政大臣;他们必须从裁判所或者受理上诉的法院获得上诉的许可。

(point of law)向上诉法院(在苏格兰则是苏格兰最高民事法院内庭或称上诉庭(Inner House, Court of Session))提出上诉；(b)更可能的是，如果该裁决并非由这样一个审判团作出，那么一方当事人可以基于法律错误(error of law)向行政法院(在苏格兰则是苏格兰最高民事法院外庭或称初审庭(Outer House, Court of Session))申请一个要求裁判所重审的指令；[⑭] (c)如果法院作出了这样的命令，一方当事人可以在裁判所重审之后，就法律问题向上诉法院提起上诉；(d)裁判所可以选择不重审，而将重要的法律问题提交给上诉法院作出裁决。尽管立法并没有包含任何排除普通法上司法审查的条款，但是这些规定实际上大大地缩减了司法审查的可能性。[⑮]

在此，要总结出普通法上可以获得对移民裁决的司法审查的理由是不可能的，也不可能归纳出构成导致上述种种法定审查和上诉的法律错误的事项。但是下列司法审查的理由是被充分接受的：违背制定法或移民规则行事，对制定法条款或移民规则的解释错误，不适当的程序(例如，违反禁止偏私的规则或公平听证的权利)以及破坏个人的合法预期。[⑯] 另外，欧共体法律和1998年人权

[⑭] 该申请必须在一个有限的时期内作出(知道裁决之后，如果申请人在联合王国境内，期限为5天；如果在国外，期限为28天)；对该申请只能进行书面审查；要求重审的命令只能作出一次。在过渡时期，对重审的要求在提交到行政法院之前要首先通过裁判所。

[⑮] 比较英王(G)诉移民上诉裁判所案，《英格兰及威尔士上诉法院民事案例汇编》，2004年，第1731页起，《全英格兰案例汇编》，2005年，第2卷，第165页起(R (G) v IAT [2004] EWCA Civ 1731, [2005] 2 ALL ER 165)(根据2002年法案，在存在法定审查(statutory review)的情况下就没有司法审查(judicial review)的余地了)。

[⑯] 第30章。

法案也对裁决制定作出了一些限制。

除了司法审查、法定审查以及上诉的程序之外,在移民领域的拘留情形下,古老的人身保护令救济——确保拘留个人的合法性——也是可以适用的。[146]

难民和避难身份

移民法最棘手的分支是那些赋予关于难民和避难的国际规范以效力的部分。[147]依照国际习惯法,是否接受那些寻求避难的人,是由每个主权国家决定的。当一国认为符合其国家利益时,就会接受政治和其他难民,在这方面,联合王国有着悠久的历史。[148]导致人们为了追求生存和更好的生活而移民的原因很多,包括内政和其他灾难,不管是自然造成还是人力所为。1951年的日内瓦公约(Geneva Convention)对难民作了非常狭隘的定义,难民即是指:

---

[146] 见英王诉杜尔汉姆监狱长(申请人:哈代尔·辛格)案,《全英格兰案例汇编》,1984年,第1卷,第983页起(*R v Governor of Durham Prison, ex p Hardial Singh* [1984] 1 ALL ER 983),此案在 *Tán te Lam* 诉 *Tai A Chau* 拘留中心督察案(《上诉案例汇编》,1997年,第97页起(*Tán te Lam v Superintendent of Tai A Chau Detention Centre* [1997] AC 97))中得到了支持。对于人身保护令的适用,也见英王诉内政大臣(申请人:穆伯亚伊)案,《王座分庭案例汇编》,1992年,第244页起(*R v Home Secretary, ex p Muboyayi* [1992] QB 244);布朗,《公法》,2000年,第31页起(S Brown [2000] PL 31)以及下文边码第781页。

[147] 见古德温-吉尔:《国际法中的难民》(Goodwin-Gill, *The Refugee In International Law*);哈撒韦:《难民地位法》(Hathaway, *The Law of Refugee Status*);哈维:《在联合王国寻求避难》(Harvey, *Seeking Asylum in the UK*);麦克唐纳和韦伯,第12章。

[148] 见达默特和尼科尔,第8章。

基于对因**种族、宗教、国籍和/或作为特定社会团体的成员或政治观点**的因素而遭到迫害的正当恐惧,离开其国籍国,不能——或因为这种恐惧而不愿——向这个国家要求保护的人。⑭(黑体为作者所加)

斜体部分通常被称为"公约理由"。公约的核心是,国家依据第 33 条而负有不得"以任何方式把难民驱逐或遣返(refouler)至领土的边境,以使他的生命和自由因为某种公约理由而受到威胁"的义务。再者,欧洲人权公约的第 3 条为国家施加了一种义务,即不得将某个人遣返至这样一个国家,即有实质理由相信他或她将在该国面临酷刑或非人道的或有损尊严的对待或惩罚的真实危险。⑮

如果避难申请者不是被遣返至他害怕遭受迫害的国家,而是被送至"安全的第三国",在正常情况下,他经由该国可以到达他所寻求避难的国家,那么,上述义务并没有被违反。在特定的案件中,第三国能否被认为是"安全的",通常是一个非常困难的问题。⑯ 2004 年法案授权可以把避难申请者送至"安全的国家",这些

---

⑭ 1951 年关于难民地位的日内瓦公约,第 1A(2)条,被 1967 年议定书所修订。
⑮ 例如,索林诉联合王国案,《欧洲人权报告》,1989 年,第 11 卷,第 439 页起(*Soering v UK* (1989) 11 EHRR 439);查哈尔诉联合王国案,《欧洲人权报告》,1996 年,第 23 卷,第 413 页起(*Chahal v UK* (1996) 23 EHRR 413);D 诉联合王国案,《巴特沃斯人权案件汇编》,1997 年,第 2 卷,第 273 页起(*D v UK* (1997) 2 BHRC 273)。关于其他公约权利,见英王(厄阿)诉特别裁判官案,《上议院案例汇编》,2004 年,第 26 页起,《上诉案例汇编》,2004 年,第 2 卷,第 323 页起(*R* (*Ullah*) v *Special Adjudicator* [2004] UKHL 26,[2004] 2 AC 323)。
⑯ 例如,英王诉内政大臣(申请人:巴格德凯伊)案,《上诉案例汇编》,1987 年,第

安全国家被分为三类。[132]第一类包括欧盟的成员国；第二类包括由内政大臣根据难民公约和人权目的所指定的国家；第三类是根据难民公约被指定的安全国家。将这些国家明文列入的一个效果是限制相关个人的上诉权利，例如，它使内政大臣得以证明针对移送至这些国家的决定的上诉是"完全没有理由的"。依照先前的立法，一般认为，联合王国不能把索马里和阿尔及利亚的避难申请者分别遣送至德国和法国，因为在追诉非国家代理人（non-state agents）的责任的问题上，这些国家的法院并没有适用公约的"真正和本身的含义"；[133]将避难申请者遣送至德国和法国，将给他们带来真实的危险：他们会被送回那些他们有合理理由害怕会遭到迫害的国家。

日内瓦公约没有规定监督公约履行的永久司法机制，但各国被认为在公约事项上要与联合国高级难民专员署（Office of the UN High Commissioner on Refugees）合作。[134]很多国家在对公约的难民定

---

514 页起（*R v Home Secretary, ex p Bugdaycay* [1987] AC 514）；英王诉内政大臣（申请人：阿布迪）案，《全英格兰案例汇编》（上议院），1996 年，第 1 卷，第 641 页起（*R v Home Secretary, ex p Abdi* [1996] 1 All ER 641(HL)）。

[132]　2004 年避难和移民（处理申请者及其他）法案，第 33 条和附件 3。对于一般来说决定着欧洲国家立场的 1990 年都柏林公约（Dublin Convention 1990），以及 2003 年第 343 号欧盟理事会条例（Council Regulation 343/2003/EC），见麦克唐纳和韦伯，第 801－810 页。

[133]　英王诉内政大臣（申请人：阿丹）案，《上诉案例汇编》，2001 年，第 2 卷，第 477 页起（*R v Home Secretary, ex p Adan* [2001] 2 AC 477），该案适用了阿丹诉内政大臣案，《上诉案例汇编》，1999 年，第 1 卷，第 293 页起（*Adan v Home Secretary* [1999] 1 AC 293）对公约的解释。

[134]　见 1992 年联合国高级难民专员决定难民地位的手册和标准（UNHCR's *Handbook an Criteria for Determining Refugee Status* (1992)）。

义的诸种因素的解释上都存在大量的判例法,所以各国的判决之间存在分歧是正常的。在不列颠的一个重要的判决中,两个巴基斯坦的女子在受到通奸指控后被迫离开她们的家庭,如果她们被遣返回国,就会面临严酷的刑事诉讼,因此,她们被认为怀有对迫害的合理恐惧;就公约的目的而言,巴基斯坦的女子被认为是一个"特殊的社会群体",因为她们生活在一个基于其性别而歧视她们的社会,她们被剥夺了国家给予男人的免受暴力的保护。[149] 这个判决约束着联合王国的判决作出者,但却不能约束其他国家的判决。

当母国直接迫害难民本人或没能保护他们免受其他人的虐待时,基于公约理由的迫害就出现了。当斯洛伐克的一个罗姆人(Roma)声称自己将受到新纳粹光头党的袭击时,法院认为"迫害"指的是国家没能提供针对这种袭击的正当保护;公约的"保护"被认为是对母国应当提供给脆弱个人的保护的某种替代形式。[150] 然而,在这个案件中,证据被认为是不充分的,不能证明罗姆人受到了"对基本人权的持续或系统的侵犯,从而表明国家没能提供保护"的痛苦。[151]

1988年,布利奇(Bridge)爵士表明了法院在避难案件中的首

---

[149] 英王诉移民上诉裁判所(申请人:沙赫)案,《上诉案例汇编》,1999年,第2卷,第629页起(*R v IAT, ex p Shah* [1999] 2 AC 629)。

[150] 霍瓦茨诉内政大臣案,《上诉案例汇编》,2001年,第1卷,第489页起(*Horvath v Home Secretary* [2001] 1 AC 489)。

[151] 同上,第498页(霍普爵士(Lord Hope)),引自哈撒韦(注释147),第104—105页。

要态度:

> 所有人权中最根本的是个人对生命的权利,当受到挑战的行政裁决据说将把申请者的生命置于危险境地时,裁决的基础就确实必须接受最迫切(anxious)的审查。[158]

是否存在对基于公约理由的迫害的合理恐惧,对这个问题的判断涉及主观和客观两个方面的因素;这里的标准是,如果申请者被遣返,是否会存在迫害的危险或可能性,[159] 而不是说,这种迫害是否更可能发生。对迫害的历史性恐惧虽然不是充分的,但是却可能支持恐惧在当前存在。[160]

即使申请者如果被遣返就将面临迫害的真实危险,但是,如果有切实的理由,表明他犯下了反人类罪、战争罪或严重的非政治犯罪,那么,他或她也得不到公约的保护。[161]

这个表述暗示,某人如果违反的是严重的"政治犯罪",根据公

---

[158] 英王诉内政大臣(申请人:巴格德凯伊)案,《上诉案例汇编》,1987年,第514页起,第531页(*R v Home Secretary, ex p Bugdaycay* [1987] AC 514, 531)(将本案中的乌干达人遣送至肯尼亚是否会使他面临被转送至乌干达的风险)。

[159] 英王诉内政大臣(申请人:西瓦库马伦)案,《上诉案例汇编》,1988年,第958页起(*R v Home Secretary, ex p Sivakumaran* [1988] AC 958)。

[160] 阿丹诉内政大臣案,《上诉案例汇编》,1999年,第1卷,第293页起(*Adan v Home Secretary* [1999] 1 AC 293)。对以前或目前事实的举证责任,见卡伦纳卡伦诉内政大臣案,《全英格兰案例汇编》,2000年,第3卷,第449页起(*Karanakaran v Home Secretary* [2000] 3 All ER 449)。

[161] 日内瓦公约,第1F条(art 1F)。见 T 诉内政大臣案,《上诉案例汇编》,1996年,第742页起(*T v Home Secretary* [1996] AC 742)(当事人在机场引爆炸弹,杀死无辜平民);及本章 C。

约可以受到保护。1996年,此种解释受到了上议院的审查:

在T诉内政大臣案中,避难申请人参与了阿尔及利亚的一个革命运动,并涉及两起恐怖主义事件:其一是在一座民用机场安放炸弹,导致10名公众遇害;其二是试图从军营中盗窃武器,并导致一人死亡。劳埃德(Lloyd)爵士(基思和布朗-威尔金森(Keith and Browne-Wilkinson)爵士同意)从公约的目的出发,将"政治犯罪"定义为:"(1)该犯罪是为了政治目的,即目的是推翻或颠覆或改变一国的政府或促使政府改变其政策;并且(2)在犯罪和其声称的政治目的之间存在足够密切和直接的联系。为了判断是否存在这样的联系,法院要时刻注意为了达到政治目的而使用的手段,而且要特别注意该犯罪针对的是军事或政府目标还是平民目标,以及在任何一种情况下,是否包含对公众成员不加区别的杀害或伤害。"[162] 本案中,T所涉及的两起犯罪满足条件(1),但不满足条件(2),所以不能被认为是"政治性"的。内政大臣不授予T难民资格的决定得以维持。

当内政大臣基于国家安全的理由,认为某人出现在联合王国"不利于公共福祉",但是,申请者却能够表明,如果他被遣返至母

---

[162] 《上诉案例汇编》,1996年,第742页起,第786-787页([1996] AC 742, 786-787)。马斯蒂尔(Mustill)和斯莱恩(Slynn)同意该结论,但不同意检验犯罪与所声称的目的之间"足够密切和直接的联系"的标准,他们倾向于一种态度,此种态度更希望从政治犯罪的概念中一般地排除恐怖主义行为。

国,就存在违反 ECHR 第 3 条的迫害或对待的危险,这时,难题就出现了。就避难法而言,旨在追求公共利益与个人权利之间的平衡或许是必要的,[163]但是,欧洲人权法院却认为,在适用第 3 条时,国家安全的考虑必须被排除。[164]即使某个人的活动的目标仅仅是反对外国政府,联合王国的国家安全也可能会因此而受到损害。[165]

1951 年公约的狭隘的难民范围,可依下述判决而得到说明:内战所导致的对安全和自由的威胁,并不足以证成一项避难要求,除非个人能表明:存在超越内战正常危险的基于公约理由的对迫害的恐惧。[166]在很多案件中,未能依据公约而获准避难并不意味着,申请者将被驱逐出联合王国(或者说,申请是"伪造的")。在内战和其他若遣返个人就将是严酷或不可行的情形下,内政大臣可以,正如我们所看到的那样,[167]给予他们人道主义保护或自由裁量的停留许可,但暂时的进入许可可以被不定期的许

---

[163] 英王诉内政大臣(申请人:查哈尔)案,《全英格兰案例汇编》,1995 年,第 1 卷,第 658 页起(*R v Home Secretary*, *ex p Chahal* [1995] 1 All ER 658)。

[164] 查哈尔诉联合王国案,《欧洲人权报告》,1996 年,第 23 卷,第 413 页起(*Chahal v UK* (1996) 23 EHRR 413)(见 1997 年特别移民上诉委员会法案)。对该案的后续反应,见 2001 年反恐怖主义、犯罪和安全法案,第 4 部分,以及 A 诉内政大臣案,《上议院案例汇编》,2004 年,第 56 页起;《上诉案例汇编》,2005 年,第 2 卷,第 68 页起(*A v Home Secretary* [2004] UKHL 56, [2005] 2 AC 68)。

[165] 内政大臣诉雷曼案,《全英格兰案例汇编》,2002 年,第 1 卷,第 122 页起,《上诉案例汇编》,2003 年,第 1 卷,第 153 页起(*Home Secretary v Rehman*)[2002] 1 All ER 122, [2003] 1 AC 153)。

[166] 阿丹诉内政大臣案,《上诉案例汇编》,1999 年,第 1 卷,第 293 页起([1999] 1 AC 293)。

[167] 上文边码第 458 页。

可所取代。⑱

很多避难请求者如果不使用假文件,就不能离开他们的国家,因此,在到达目的国时,他们可能会面临被当成是非法入境者的危险。依据1951年公约第31条,如果入境者及时申请避难,而且为自己的入境提供了充分的理由,接受国不得基于非法进入的理由而对避难者施加刑罚。特别值得指出的是,不列颠当局一般是在未考虑第31条的情形下就对入境者提出控诉,直到1999年,王座分庭才判决,避难申请者对行政机关遵守公约所施加的义务有正当的期望。⑲ 2004年,在没有相关证明或旅行证明的情况下就接受移民或避难资格审查,将构成刑事犯罪,但被告有一些抗辩理由。⑳

20世纪90年代,越来越多的人提出避难申请,许多困难随之产生。其中之一就是,在处理他们的申请过程中,对他们以及依赖他们生存的人在联合王国的供给支出不断增长。1996年,上诉法院宣布一些社会保障规章违法,这类规章规定,如果避难者是在入境之后而不是在进入港口时申请避难,就要剥夺他们接受救济的

---

⑱ 英王(卡哈迪尔)诉内政大臣案,《上议院案例汇编》,2005年,第39页起,《全英格兰案例汇编》,2005年,第4卷,第114页起(*R (Khadir) v Home Secretary* [2005] UKHL 39, [2005] 4 All ER 114)。

⑲ 英王诉乌克斯布里奇治安法庭(申请人:阿迪米)案,《王座分庭案例汇编》,2001年,第667页起(*R v Uxbridge Magistrates'court, ex p Adimi* [2001] QB 667)。见现在的1999年移民和避难法案,第31条。

⑳ 2004年避难和移民(处理申请者及其他)法案,第2条(该条被误导性地称为"无护照等进入联合王国")。

权利。但是,这些规章很快就被议会宣布有效。⑩1999年法案准许建立一项救助移民申请者的新的国家计划,这使他们离开东南部而分布到联合王国的其他地区,如果他们非常贫穷,该计划使他们可以获得优惠购买券以维持基本生活需要,而不是给他们现金。这项有争议的方案后来被废止了。

2002年,根据在最后一分钟添加到提交给议会的议案中的一项,在不侵犯当事人根据ECHR第3条享有的权利的前提下,内政大臣必须撤回对那些被认为在进入联合王国之后延迟主张难民地位的申请人的所有支助。⑫撤回支助以及保护公约权利之间的紧张关系引发了极大的困难,导致行政法院在数天之内就收到超过150件要求对撤回支助进行司法审查的申请。一名资深法官(科林斯[Collins]法官)作出了一个试图解决该困难的判决,却又激起了内政大臣(布伦基特[Blunkett]先生)的强烈反应,他通过媒体对法官的独立和正直作了一番毫无道理的攻击。⑬后来,在切中政府考虑不妥的一个政策根源的判决中,上议院认为,立法并没有使

---

⑩ 英王诉社会保障大臣(申请人:移民福利联席委员会)案,《全英格兰案例汇编》,1996年,第4卷,第385页起(R v Social Security Secretary, ex p JCWI [1996] 4 ALL ER 385);1996年避难和移民法案,第11条。见哈维,《公法》,1997年,第394页起(C J Harvey [1997] PL 394)。比较英王诉旺兹沃斯自治市议会(申请人:O)案,《全英格兰案例汇编》,2000年,第4卷,第590页起,第599页(R v Wandsworth Borough Council, ex p O [2000] 4 ALL ER 590, 599):"如果在我们的街上出现了移民穷人,那么至少不要让他们因年老、患病或伤残而无助。"(西蒙·布朗法官[Simon Brown LJ])

⑫ 2002年《国籍、移民和避难法》,第55条。

⑬ 布拉德利,《公法》,2003年,第397页起(A W Bradley [2003] PL 397),英王(Q)诉内政大臣案,《英格兰及威尔士上诉法院民事案例汇编》,2003年,第364页起,《王座分庭案例汇编》,2004年,第36页起(R (Q) v Home Secretary [2003] EWCA Civ 364, [2004] QB 36),以及第18章C。

政府下述行为合法化:蓄意地给避难申请者造成濒临非人道或有损尊严的前景。⑭ 2006 年移民、避难和国籍法案(Immigration, Asylum and Nationality Act 2006)就这些问题作了进一步的规定。

联合王国的驱逐(deportation)和遣送(removal)⑮

驱逐和遣送某人是一种严厉的权力,必须配以政治和司法上的保障。在 1971 年之前,一个外国人在下面两种情况下可以被驱逐:要么是刑事法院在该外国人被判犯有可处以监禁刑的犯罪行为后建议驱逐,要么是内政大臣认为驱逐该外国人"有利于公共福祉"。后一种情况下的权力被证明高度抵制司法审查。⑯ 确实,在那种情况下,驱逐可能被作为"伪装的引渡"而适用,因为,尽管内政大臣不能指明该外国人必须前往的国家,但是,若把他或她放到指定的船舶或飞行器上,便能达到相同的结果。⑰

---

⑭ 英王(林布拉)诉内政大臣案,《上议院案例汇编》,2005 年,第 66 页起,《每周法律报告》,2005 年,第 3 卷,第 1014 页起(*R（Limbuela）v Home Secretary* [2005] UKHL 66, [2005] 3 WLR 1014)。就相关问题,见英王(AW)诉克洛伊登议会案,《英格兰及威尔士高等法院案例汇编》(王座分庭),2005 年,第 2950 页起(*R（AW）v Croydon Council* [2005] EWHC 2950(QB))。

⑮ 麦克唐纳和韦伯,第 15、16 章;1994 年移民规则,第 13 部分。并见方,《法律研究》,2005 年,第 117 页起(C Phuong [2005] LS 117)。

⑯ 例如,英王诉布里克斯顿监狱长(申请人:索布伦)案,《王座分庭案例汇编》,1963 年,第 2 卷,第 243 页起(*R v Governor of Brixton Prison, ex p Soblen* [1963] 2 QB 243);以及希金斯,《现代法律评论》,1964 年,第 27 卷,第 521 页起(P O'Higgins [1964] 27 MLR 521)。

⑰ 英王诉内政大臣(申请人:查蒂尤·蒂尔),《王座分庭案例汇编》,1917 年,第 1 卷,第 922 页起(*R v Home Secretary, ex p Chateau Thierry* [1917] 1 KB 922)。及见本章 C。

今天,不存在驱逐不列颠公民的权力,但是,大多数非不列颠公民原则上则是要受制于遣送和驱逐权力的。这样一来,现在或曾经持有有限期停留许可的非不列颠公民,可能会因为违反了许可条件或超过了期限,也可能会因为通过欺骗手段获得停留许可而被遣送,或者在特定情形下,其被遣送的原因可能是他或她家庭中的一个成员被遣送。[16] 那些寻求避难或提出人权主张的人可能会被遣送到一个欧盟国家或者是内政大臣所指定的一个安全的国家。[17] 另外,还存在立即遣送(summary removal)非法入境和其他被拒绝入境许可的人的权力。[18] 非不列颠公民在以下情况下可以被驱逐:如果内政大臣认为这样做将"有利于公共福祉",如果(在特定情形下)他或她的家庭中的某个成员被驱逐,或者如果他或她被判犯有可处以监禁刑的犯罪行为且被审判他或她的法院建议驱逐。[19] 欧盟公民也不享有这种对驱逐的豁免权,但是,权力的行使必须考虑到他们依据共同体法而享有的权利,[20] 而且这可能会导致国内法与欧共体法是否相容的问题。[21]

个人是否应当被驱逐或被遣送的裁决,可能涉及宽泛的自由

---

[16] 1999年《移民和避难法》,第9-10条。
[17] 2004年《避难和移民(处理申请者及其他)法》,第33条和附件3。
[18] 1971年《移民法》,附件2,第8-10A段(已修正)。
[19] 1971年《移民法》,第3(5)、(6)条(已修正)。
[20] 例如英王诉内政大臣(申请人:桑蒂洛)案,《王座分庭案例汇编》,1981年,第778页起(R v Home Secretary, ex p Santillo [1981] QB 778);英王诉内政大臣(申请人:丹嫩博格)案,《王座分庭案例汇编》,1984年,第766页起(R v Home Secretary, ex p Dannenberg [1984] QB 766)。
[21] 例如,英王诉内政大臣(申请人:麦奎兰)案,《全英格兰案例汇编》,1995年,第4卷,第400页起(R v Home Secretary, ex p McQuillan [1995] 4 ALL ER 400)。

裁量权的行使,⁽¹⁸⁴⁾当这里的关键问题在于驱逐是否将"有利于公共福祉"时,便尤其如此。在行使自由裁量权的时候,必须要考虑个人享有的公约权利,如果涉及例如公约第 8 条中的私人和家庭生活得到尊重的权利,比例原则的标准必须得到满足。⁽¹⁸⁵⁾一般来说,个人有权向避难和移民裁判所提起上诉,但是在某些情形下,这种权利是受到限制的。如果驱逐决定作出的理由是有利于公共福祉中的国家安全利益,则被驱逐者应该向特别移民上诉委员会提出上诉。⁽¹⁸⁶⁾委员会的组成人员包括:一名具有高等司法职位的人,一名移民法官,一名在国家安全事务方面经验丰富的人。委员会可能基于国家安全的理由秘密听审上诉的部分环节,在此过程中,上诉方要由委员会任命的专门辩护人代表,上诉人及其一般代理人则被排除在外。对于委员会的裁决,个人或内政大臣可以在经许可后就其中的法律问题向上诉法院提起上诉。⁽¹⁸⁷⁾

这个程序试图"处理在涉及国家安全问题的案件中必然出现

⁽¹⁸⁴⁾　移民规则,第 364 – 380 段。

⁽¹⁸⁵⁾　例如,英王(拉兹加)诉内政大臣案,《上议院案例汇编》,2004 年,第 27 页起,《上诉案例汇编》,2004 年,第 2 卷,第 368 页起(*R* (*Razgar*) v *Home Secretary* [2004] UKHL 27, [2004] 2 AC 368)。哈利女士(Lady Haly)在第 41 – 57 段([41] – [57])考察了有关第 8 条的案例法。

⁽¹⁸⁶⁾　1997 年特别移民上诉委员会法案;2003 年特别移民上诉委员会(程序)规则,《行政立法性文件汇编》,2003 年,第 1034 号(Special Immigration Appeals Commission(Procedure)Rules, SI 2003 No 1034)。

⁽¹⁸⁷⁾　1997 年法案,第 7 条。并见内政大臣诉雷曼案,《上议院案例汇编》,2001 年,第 47 页起,《上诉案例汇编》,2003 年,第 1 卷,第 153 页起(*Home Secretary* v *Rehman* [2001] UKHL 47, [2003] 1 AC 153),以及 A 诉内政大臣案,《上议院案例汇编》,2004 年,第 56 页起;《上诉案例汇编》,2005 年,第 2 卷,第 68 页起(*A* v *Home Secretary* [2004] UKHL 56, [2005] 2 AC 68)。

的在个人权利和维护安全信息机密性的需要之间的张力"。[188] 它的创设是因为,斯特拉斯堡法院曾认为,之前1971年移民法案中的程序(涉及获得内政大臣的三个顾问听审的有限权利)[189] 违反了ECHR的第5(4)条,因为它没有给予被拘留者要求由法院裁定拘留决定的合法性的权利。[190]

移民法和欧盟

在建立欧洲共同体的过程中,1957年罗马条约的一个主要目的是,消除成员国之间"人员、服务和资本自由流动的障碍"。[191] 这一目标首先通过为工人创设迁徙自由、创业权利(即个人和公司创办事业的权利)和在成员国之间提供服务的自由而得以实现。[192] 在公约的范围内,基于国籍的区别待遇是被禁止的(欧共体条约,第12条)。在成员国的工人之间,在就业、酬劳和其他劳动条件方

---

　　[188]　内政大臣诉雷曼案,《全英格兰案例汇编》,2000年,第3卷,第778页起,第783页(上诉法院民事庭庭长伍尔夫爵士)(*Home Secretary v Rehman* [2000] 3 All ER 778, 783 (Lord Woolf MR))。

　　[189]　见英王诉内政大臣(申请人:奇布莱克)案,《全英格兰案例汇编》,1991年,第2卷,第319页起(*R v Home Secretary, ex p Cheblak* [1991] 2 All ER 319)。以及利,《公法》,1991年,第331页起(I Leigh [1991] PL 331)和汉普森,《公法》,1991年,第506页起(F Hampson [1991] PL 506)。关于之前的上诉权,见赫普尔,《现代法律评论》,1971年,第34卷,第501页起(B A Hepple (1971) 34 MLR 501)。

　　[190]　查哈尔诉联合王国案,《欧洲人权报告》,1996年,第23卷,第413页起(*Chahl v UK* (1996) 23 EHRR 413)。

　　[191]　欧共体条约,第3(1)(c)条。见麦克唐纳和韦伯,第7章。

　　[192]　欧共体条约,分别见第39、43、49条。

面,基于国籍的区别待遇是被禁止的;为了就业的目的,工人可以在成员国之间流动,但须"根据公共政策、公共安全或公共健康的理由而受到正当限制"(欧共体条约,第 39 条)。欧共体的条例(regulation)和指令(directive)对工人及其家人的迁徙自由作了详细的规定,并为此目的而界定了谁是其家人,要求国家机关对他们实施无差别的平等对待而不得就国籍问题进行歧视,对居住许可的问题也作了规定。[153]

在这个敏感的领域,罗马条约的范围被随后的公约扩展了。在这些公约中特别值得一提的是:1986 年单一欧洲法案(the Single European Act 1986),1992 年欧盟条约和 1997 年阿姆斯特丹条约。正如我们在 A 节所看到的,欧盟条约规定,成员国的每一个国民都是欧盟的公民,都有权利在成员国之间自由迁徙和居住,但要受制于条约和执行措施(implementing measures)中的条件和限制。欧洲的这些措施在各国移民法中均有反映:因此,依照 1971 年移民法案,行使共同体权利的欧盟公民,无须许可就可进入和停留在联合王国内。[154]

这些在欧洲范围内迁徙的看似广泛的权利必须要放在欧洲法的背景下审视。首先,规范个人自由迁徙的共同体法条款在国内

---

[153] 这些条例和指令包括:欧共体条例,编号 1612/68 和 1251/70,以及欧共体指令,编号 64/221、68/360、72/194、73/148、75/34、77/486、90/364、90/365 和 93/96。并见克雷格和德·伯卡:《欧盟法》(Craig and de Burca, *EU law*),第 17 章;怀亚特和达什伍德:《欧盟法》(Wyatt and Dashwood, *European Union law*),第 14 章。也见麦克唐纳和韦伯,第 2371-2488 页的材料。

[154] 1988 年《移民法》,第 7 条;2000 移民(欧洲经济区域)条例,《行政立法性文件汇编》,2000 年,第 2326 号(已修正)。

法中具有直接效力,从而可以修正联合王国中不一样的立法。[195] 第二,共同体法让每个成员国决定谁是能够享有自由迁徙权利的本国国民。1981年不列颠国籍法案生效时,不列颠政府作出了一项宣告,根据此目的承认了三类人:(1)不列颠公民;(2)在联合王国之内拥有居住权的不列颠臣民;(3)来自直布罗陀的不列颠附属领地的公民。[196] 这样,自由迁徙的政策被限制于那些被成员国接受为其国民的人;而并不会使非成员国的公民直接受益,不论这些人是要求得到进入成员国的许可,还是要求在欧洲内部自由迁徙。

在制定单一欧洲法时,大多数成员国认为,创造内部市场这一宏伟目标导致了建立共同的外部边界的需要,这种外部边界将取代欧盟内部各国之间的边界。1985年,申根协定(Schengen Agreement)被制定(在欧洲条约的框架之外),目的是要废除在欧洲签约各国间共同边界上的移民控制。联合王国和爱尔兰选择不加入申根协定。

1992年欧盟条约的标题六(Title VI)规定,在司法和内政事务(欧盟的第三根支柱)上,成员国应当(在共同体的框架外)相互合

---

[195] 见第8章C;例如,案例41/74,范·迪英诉内政部案,《衡平法院案例汇编》,1975年,第358页起(Van Duyn v Home Office [1975] Ch 358)(涉及驱逐荷兰的科学教派成员(Dutch scientologist))。也见案例C-370/90,英王(申请人:内政大臣)诉移民上诉裁判所案,《全英格兰案例汇编》,1992年,第3卷,第798页起(R v IAT, ex p Home Secretary [1992] 3 ALL ER 798)。

[196] 《政府文件》,1983年,第9062号(Cmnd 9062, 1983);麦克唐纳和韦伯,第266-268页。该宣告在英王(考尔)诉内政大臣案(《全英格兰案例汇编》(欧共体),2001年,第250页起(R (Kaur) v Home Secretary [2001] ALL ER(EC)250))中得到了支持(见案例C-192/99)。

作。这些事务包括避难政策、移民政策和涉及第三国国民的政策（包括这些国民进入欧盟成员国的条件和在成员国内居留和迁徙的条件）。1997年,依照阿姆斯特丹条约的一个议定书,申根协定和执行公约及相关的判决和宣告（总称为申根总协议（Schengen acquis）),被直接引入了欧盟框架。[197] 议定书设想,在避难和移民政策等事务上,申根协定之成员国之间应该确立更加密切的合作措施;它规定,联合王国和爱尔兰虽然不受申根总协议的约束,但是可以要求这两国在某些或全部申根条款的基础上予以合作。

根据1997年阿姆斯特丹条约,欧共体条约在其标题四下面（Title IV）规定,部长理事会必须采取措施,不仅要确保将人员的迁徙自由和外部边界控制、避难和移民的相关措施结合起来,而且要确保满足与下列事项相关的最低标准：对寻求避难者的接受、授予或剥夺难民地位的程序和对来自第三国的未有定所者的暂时保护。在涉及诸如居住许可和非法入境者之遣返问题等移民政策方面,部长理事会也将采取措施。[198] 但是,在对联合王国、爱尔兰和丹麦的单独地位的一项重要认可之中,标题四的规定及其措施不约束上述国家,除非这些国家通知理事会,表示愿意接受这种措施的约束。[199] 在标题四下,联合王国如今已经参与了一系列的措施（但爱尔兰和丹麦不必然）,设定了最低的标准、统一了程序,以满

---

[197] 但是要在申根规定与欧盟和欧共体法律相一致的范围内：见1999年第435、436号理事会决议（Council Decision 1999/435 and 1999/436）。

[198] 欧洲共同体条约,第63条。

[199] 欧洲共同体条约,第69条。一般见皮尔斯：《欧盟司法和国内事务法》（Peers, *EU justice and Home Affairs Law*）。

足欧盟框架的要求。[200]

C. 引渡[201]

引渡的目标是确保那些被控诉或被判犯有严重罪行的人不至于通过跨越国界的行为而逃避司法制裁。引渡是这样一套程序：借助它,处于 A 国之人可以被该国的机关逮捕且被移交给 B 国,这样做的理由或者是 B 国要让他或她回去接受审判;或者是他或她已在 B 国被判有罪, B 国要让他回去接受合法的惩罚。这套程序导致了国际法和国内法两个层面的问题。引渡请求也会引发一些国内或国际政治上的敏感问题。有时,一个对引渡的替代方案可能是, A 国,即被要求引渡之人被发现所在的国家,将此人放到自己的法院中来审判,而不是把他或她送回 B 国去接受审判。当 A 国的法律允许对其中所指控的违法行为行使治外法权(extrater-

---

[200] 见欧盟理事会指令,2001 年第 55 号/欧共体(暂时保护)(Council Directive 2001/55/EC(temporary protection));欧盟理事会指令,2003 年第 9 号/欧共体(接纳寻求避难者)(Council Directive 2003/9/EC(reception of asylum seekers));欧盟理事会条例(欧共体),2003 年第 343 号(决定由哪个国家对审查避难申请负责的标准和机制)(Council Regulation(EC)No 343/2003(criteria and mechanisms for determining the state responsible for examining asylum application))(以及欧共体委员会条例(欧共体),2003 年第 1560 号(Commission Regulation(EC)No 1560/2003));以及欧盟理事会指令,2004年第 83 号/欧共体(第三国国民作为难民的资格和地位)(Council Directive 2004/83/EC(qualification and status of third country nationals as refugees)))。

[201] 见琼斯和杜拜:《引渡和相互协助》(Jones Doobay, *Extradition and Mutual Assistance*);桑贝和埃文斯,《引渡法手册》(Sambei and Evans, *Extradition Law Handbook*)。也见吉尔伯特《引渡法诸问题》(Gilbert, *Aspects of Extradition Law*)。

ritorial jurisdiction)时,这种做法是可能的。[202]

近年来最为引人关注的引渡案件当属 1998－2000 年间皮诺切特将军被要求引渡的案件了。当这位前智利总统在伦敦就医时,一名西班牙检察官要求将他引渡到西班牙,就其所涉嫌的国际酷刑罪行接受审判。1988 年 9 月 29 日,1988 年刑事司法法案将 1984 年联合国酷刑公约纳入了国内法,自那时起,这种犯罪就已成为联合王国法律上的一种罪名。虽然皮诺切特具有国家前首脑的身份,但上议院仍然判定他要因为 1988 年 9 月之后被指控的罪名而被引渡。[203] 不过,内政大臣决定,鉴于他的健康状况而不对他实施引渡。

1870 年《引渡法》(Extradition Act 1870)以来,引渡存在于联合王国与联合王国签订了引渡协议的国家之间:引渡规则所根据的除了使上述引渡协议生效的枢密院君令(Orders in Council)外,还包括 1870 年法案。在英联邦内部国家之间,引渡受 1967 年《逃犯法》(Fugitive Offenders Act 1967,该法案取代了早先的 1881 年法案)

---

[202] 例如,1978 年《镇压恐怖主义法》(Suppression of Terrorism Act 1978),第 4 条(使 1977 年关于镇压恐怖主义的欧洲公约(European Convention on the Suppression of Terrorism 1977)生效);以及《1988 年刑事司法》(Criminal Justice Act 1988),第 134 条,将 1984 年《联合国酷刑公约》(UN Torture Convention 1984)纳入联合王国法律。

[203] 英王诉弓街治安法官(申请人:皮诺切特·乌加特)(第三)案,《上诉案例汇编》,2000 年,第 1 卷,第 147 页起(R v Bow Street Magistrate, ex p Pinochet Ugarte(No 3)[2000] 1 AC 147)。多数意见的推理不同于皮诺切特·乌加特(第一)案(《上诉案例汇编》,2000 年,第 1 卷,第 61 页起(Pinochet Ugarte(No 1)[2000] 1 AC 61))中的意见。见布罗迪和雷纳(编):《皮诺切特报告》(Brody and Rainer(eds),The Pinochet Papers);伍德豪斯(编):《皮诺切特案》(Woodhouse(ed),The Pinochet Case)。也见桑兹:《无法世界》(Sands, Lawless World),第 2 章。

的调整。而就爱尔兰共和国而言,在逃罪犯的遣返,是根据1965年令状支持(爱尔兰共和国)法案(Backing of Warrants (Republic of Ireland) Act 1965)授权(在联合王国境内)的简单程序而实施的。[204] 除了有关爱尔兰的案件以外,引渡程序的特征在于,它是由一系列复杂的程序构成的:首先通过司法判决(先由指定的治安法官处理,然后根据人身保护令在高等法院接受审查,再据此而向上议院上诉)处理该人在法律上是否应该被引渡的问题,然后由行政决定(由内政大臣作出)来处理该有罪之人是否应该在事实上被引渡的政治问题。

由于1988年刑事司法法案对引渡法作了一些修改,1989年《引渡法》(Extradition Act 1989)在很大程度上重新对引渡作了规定。1989年法使得联合王国批准了关于引渡的欧洲公约(European Convention on Extradition),[205] 结果就是,向大多数欧洲国家引渡,以及从这些国家引渡,都可以在该公约的基础上实施。至于英联邦国家,1967年逃犯法通过英联邦国家间的非正式协议而得以实施。1990年,英联邦采纳了一个修正后的机制,这使得1989年引渡法也能够在其中得到适用。[206]

---

[204] 联合王国的案例法包括基恩诉布里克斯顿监狱长案,《上诉案例汇编》,1972年,第204页起(*Keane v Governor of Brixton Prison* [1972] AC 204)和英王诉文森·格林监狱长(申请人:利特尔约翰)案,《全英格兰案例汇编》,1975年,第3卷,第208页起(*R v Governor of Winson Green Prison, ex p Littlejohn* [1975] 3 All ER 208)。关于爱尔兰案例法,见德拉尼和霍根,《公法》,1993年,第93页起(H Delany and G Hogan [1993] PL 93)。

[205] 《行政立法性文件汇编》,1990年,第1507号(SI 1990 No 1507)。

[206] 英联邦交付逃犯的安排(Commonwealth Scheme for Rendition of Fugitive Offenders),1990年修正。

由于1989年引渡法案保留了许多陈旧的法律规定,因此,联合王国的引渡法律反复给予个人机会,以使其能在法院中挑战对他或她的引渡请求,整个程序显得累赘而冗长。

1997年之后,政府支持建立一个欧洲范围之内的引渡机制,以对严重犯罪的挑战提供一个更有效率的回应,特别是基于欧洲国家间相互对司法体制和"欧洲逮捕令"概念的承认,创建了一个引渡的"快速通道"(fast track)程序。[207] 2001年9月11日针对美国的恐怖主义袭击发生一周之后,欧共体委员会发布了一项关于欧洲逮捕令的详细建议书。2003年6月13日,欧盟理事会采纳了成员国之间关于欧洲逮捕令和移交程序的"框架决议"。[208] 为了达到使欧盟"成为一个自由、安全和正义的地区"的目标,新的制度试图基于已有的欧洲公约取消欧洲国家之间的引渡,而"代之以司法机关之间的移交体制",并且在此过程中完全消除行政裁量的任何余地。

2003年引渡法案是在广泛的讨论磋商之后制定通过的,在此过程中威斯敏斯特的许多委员会都对该提案表达了许多意见。[209]

---

[207] 见1999年10月欧盟理事会坦佩雷备忘录(proceedings of the Tampere EU Council in October 1999);以及《引渡法:一个评论》(内政部,2001年3月)(*The Law on Extradition: A Review*(Home Office, March 2001))。

[208] 见司法和内政部,2002年,第584号决议(2002/584/JHA)。该决议从达到的结果方面约束成员国,但是将形式和方法的选择权保留给各成员国。

[209] 见国内事务委员会(Home Affairs Committee)报告,《下院文件》,2002-2003年,第138号(HC 138 (2002-2003));欧洲审查委员会(European Scrutiny Committee)的报告,《下院文件》,2001-2002年,第152号(HC 152 (2001-2002));人权联合委员会(Joint Committee on Human Rights)的报告,2001-2002年,《下院文件》第1140号(HC 1140, HL 158 (2001-2002));欧盟委员会(European Union Committee)的报告,《上院文件》,2001-2002年,第34、89号(HL 34 and 89 (2001-2002))。

该法案废除了 1989 年引渡法案和 1965 年令状支持(爱尔兰共和国)法案。法案的第 1 部分(Part 1)基于 2003 年 6 月 13 日的欧盟理事会框架决议,为第一类国家(category 1 countries)创设了一种新的引渡程序。第 2 部分(Part 2)为第二类国家(category 2 countries)设置了另一套引渡程序;这个程序与 1989 年法案的程序有类似之处,[20] 但是从欧洲内部新的移交体制中引入了重要的修正。枢密院令所指定的第一类国家主要就是欧盟成员国;其他国家也可以通过枢密院令被添加到这一类之中,但是不包括在其一般刑法中仍然存在死刑的那些国家(第 1 条)。第二类国家也是由枢密院令指定的,即指其他可能从联合王国引渡罪犯的国家。[21]

下文对法案的说明并不广泛;作者只是试图强调两种引渡体制之间的某些区别,以及某些共同的规定。但是并不涉及对以下事项的相关规定:个人对引渡的同意,引渡请求的撤回,对已经在联合王国接受审判或已经在监狱里服刑的人的引渡请求,以及数个国家要求引渡同一人的情形。也不涉及该法案的第三部分(Part 3),该部分适用于从其他国家——无论是第一类还是第二类国家——引渡某人到联合王国的情形。

引渡至第一类地区(category 1 territories)

当联合王国的指定机构(要么是有组织重罪局(Serious Organ-

---

[20] 对于 1989 年法案的程序,见本书的第 13 版,第 450—455 页。
[21] 主要的指定法令,见《行政立法性文件汇编》,2003 年,第 3333、3334 号(SI 2003 Nos 3333 and 3334),都已修正。

469 ised Crime Agency),要么是苏格兰的刑事办公室(Crown Office)[21] 收到由第一类地区或国家(该法案全文使用地区(territory)这个术语)的适当司法机构发出的逮捕令(该法案称为"第1部分令状"(part 1 warrant)),引渡程序就开始了。该逮捕令必须指明要追捕的人的姓名,无论他或她是因为被指控某一特定的罪名——在此情况下要提供细节情况——以将其逮捕和起诉,或者还是在被判某具体罪名之后非法脱逃(第2条)。如果联合王国指定机关证明了相应的情况,该逮捕令就可以由警官(constable)或海关官员在联合王国内执行(第3条)。基于此逮捕令被逮捕的人必须尽可能快地被带至适当的法官——在英格兰和威尔士,是指大法官指定的高级地区法官(senior District Judge)(治安法庭);在苏格兰,则是洛锡安和博德斯的郡长(sheriff of Lothian and Borders)——的面前(第67条)。如果有合理理由相信,第1部分令状即将被颁发,也可以在没有逮捕令的情况下逮捕某个人(临时逮捕),但是逮捕令和证明必须在48小时之内提交给法官(第5、6条)。

在初审(initial hearing)中,法官首先要确定的是被逮捕的这个人是否是其名载于逮捕令之上的那个人(第7条)。如果是,法官必须将他或她收押或者准予保释,必须告知其逮捕令上的内容,必须确定一个"引渡听证"的日期(第8条)。在引渡听证中,法官首先要判断逮捕令上的特定犯罪是否属于"引渡犯罪"(extradition offence)(第10(2)条)。在最简单的案件中,就此目的而言,一个引

---

[21] 《行政立法性文件汇编》,2003年第3109号、2006年第594号(SI 2003 No 3109 and SI 2006 No 594)。

渡犯罪要满足以下条件：如果(a)该行为发生在请求国境内而非联合王国境内，(b)该国要证明(1)此行为载于欧洲逮捕令框架决议中所确定的"欧洲框架列表"之上，[23] 以及(2)该行为在该国可能会被判3年或3年以上的监禁刑。如果这些条件得以满足，法官就不必考虑该行为如果发生在联合王国是否也构成刑事犯罪。但是"双重犯罪性(dual criminality)"的标准可能与其他情形相关：比如(第64(3)条)，如果(a)该行为发生在请求国；[24] (b)该行为如果发生在联合王国，也构成刑事犯罪；以及(c)该行为在请求国可能被判入狱12个月或更长。引渡犯罪包括国际刑事犯罪，比如在联合王国之外发生的种族屠杀、反人类的犯罪、战争罪等(第64(6)、(7)条)。同样的标准适用于在请求国被判有罪之后非法脱逃的那些人(第65条)。

如果逮捕令明确说明了某个犯罪，法官就不必考虑是否存在能够初步证明案件以支持起诉的证据。但是他或她必须考虑是否存在法案所设定的阻止引渡的情形(第11-19条)，包括禁止双重追诉(double jeopardy)的规则(第12条)以及时效是否已过等导致不公正或压迫性引渡的因素(第14条)。[25] 法官还必须考虑(根据

---

[23] 该列表见法案的附件2。它包括了诸如参与犯罪组织、恐怖主义、与计算机相关的犯罪、环境犯罪、种族歧视、排外以及诈骗等模糊的术语。

[24] 在这种情形下，行为的某一部分发生在联合王国也不重要：布鲁塞尔皇家检察署诉坎多·阿马斯案，《上议院案例汇编》，2005年，第67页起，《全英格兰案例汇编》，2006年，第1卷，第647页起(*Office of the King's Prosecutor, Brussels v Cando Armas* [2005] UKHL 67, [2006] 1 ALL ER 647)。

[25] 见科休考诉波兰司法机构案，《英格兰及威尔士高等法院(行政)案例汇编》，2006年，第56页起(*Kociukow v Polish Judicial Authority* [2006] EWHC 56(Admin))。

制定法上委婉地说法,这些都是"无关的考虑"(extraneous considerations))(a)该逮捕令是否是"基于其种族、宗教、国籍、性别、性取向或政治观点"而颁发以追诉或惩罚个人的,或者(b)如果准予引渡,此人是否会"因为其种族、宗教、国籍、性别、性取向或政治观点"而遭受偏见或惩罚(第13条)。如果在联合王国与请求国之间,没有确保被引渡之人在该国只会因为逮捕令上载明的事实所限定的犯罪(在法案中被称为"确定性"规则(rule of "speciality"),第17条)进行定罪处罚,那么,法官必须阻止此人被引渡到该国。[216] 如果引渡没有被这些因素阻止,法官必须进入下一个程序:判定引渡是否与此人的公约权利相一致(第21条),[217] 是否因为个人的身体或精神状况而导致不公正或压迫性的引渡(第25条)。

面临引渡的个人或者请求国的机构,如果不服法官的判决,都有权就法律和事实问题向高等法院(在苏格兰是苏格兰高等刑事法院(High Court of Justiciary))提出上诉(第26-31)条。上诉审理中,高等法院的职责与初审法官相同,也要判定制定法上允许或阻止引渡的条件是否满足。对于英格兰和威尔士的高等法院,还存在着向上议院上诉的可能,但是必须满足下面的条件才能获得上诉的许可:如果高等法院证实该案涉及一个普遍性的重要的法律问题,而且授予许可的法院认为该法律问题应该由上议院来考察(第32、33条)。除了这些制定法上的上诉规则外,法官的判决不

---

[216] 2003年法案之前,引渡法上的这条规则通常以"专门规则"(specialty rule)之名为人所知。

[217] 比较索林诉联合王国案,《欧洲人权报告》,1989年,第11卷,第439页起(Soering v UK (1989) 11 EHRR 439)。

能在法律程序中受到质疑(第34条)。但是,在一个案件中,某人被基于"第1部分令状"逮捕,但没有被尽可能快地带到合适法官面前,法官也没有命令释放此人,申请人身保护令的权利在该案中得到了支持。[218]

法案第1部分的程序有一个重要的特征,即它排除了内政大臣予以干预的任何角色。在该法案实施的头两年中,当提起引渡程序的逮捕令符合制定法要求时,法院在决定是否引渡的过程中发挥了重要的作用。[219] 一个困难是,该法案第1部分不仅赋予了欧洲逮捕令框架决议效力,而且规定了详细的条款将欧洲框架中的内容转换入英国法当中。这样,某个欧洲国家只是按照框架决议的模板制作的逮捕令,可能并不满足法案的要求。[220]

---

[218] 尼科诺夫诉布里克斯顿监狱长案,《英格兰及威尔士高等法院(行政)案例汇编》,2005年,第2405页起,《全英格兰案例汇编》,2006年,第1卷,第927页起(*Nikonovs v Governor of Brixton Prison* [2005] EWHC 2405(Admin), [2006] 1 ALL ER 927)。

[219] 见平托诉布里克斯顿监狱长案,《英格兰及威尔士高等法院(行政)案例汇编》,2004年,第2986页起(*Pinto v Governor of Brixton Prison* [2004] EWHC 2986(Admin));帕拉诉布鲁塞尔初审法院案,《英格兰及威尔士高等法院(行政)案例汇编》,2005年,第915页起(*Palar v Court of First Instance of Brussels* [2005] EWHC 915(Admin));亨特诉比利时案,《英格兰及威尔士高等法院(行政)案例汇编》,2006年,第165页起(*Hunt v Belgium* [2006] EWHC 165(Admin));布德伊巴诉西班牙案,《英格兰及威尔士高等法院(行政)案例汇编》,2006年,第167页起(*Boudhiba v Spain* [2006] EWHC 167(Admin));霍尔诉德国案,《英格兰及威尔士高等法院(行政)案例汇编》,2006年,第462页起(*Hall v Germany* [2006] EWHC 462(Admin))。

[220] 布鲁塞尔皇家检察署诉坎多·阿马斯案,亨特诉比利时案,帕拉诉布鲁塞尔初审法院案(见上)。

引渡至第二类地区

对于这类地区或国家的引渡,其适用的国际法依据来自条约或源自其他的协议(就不列颠的海外领地而言)。2003年引渡法的第2部分包含了一套规则(可以超越存在的条约规定),[⑳] 以规范导致从联合王国引渡的情形、所遵循的规则以及防止滥用的保障措施。第二类国家的最初引渡请求要向内政大臣提出,一般是通过外交或领事途径。如果请求是有效的,内政大臣必须因此发出一个确认证明(第70条),而这个确认证明会赋予某个法官[㉒]在满足下列合理根据的情况下发出逮捕令的权利:(a)某个引渡犯罪被确定,以及(b)对该申请有足够的证据支持以使得逮捕合法化(第71条)。有一些被指定的国家可以被只要求提供犯罪信息而不必提供证据来支持逮捕(第71(4)条)。[㉓] 逮捕之后,此人必须尽可能快地被带到法官面前,然后必须确定一个"引渡听证"的日期。法官在听证中享有与基于某个犯罪信息针对被逮捕者进行的简易审判中同样的权力(第77条)。如果被逮捕者的身份并没有被证实或者证明材料并不齐全,法官必须命令释放此人(第78条)。与该法案第1部分的引渡一样,此处的引渡犯罪也要接受不同方面

  [㉑] 见英王(诺里斯)诉内政大臣案,《英格兰及威尔士上诉法院刑事案例汇编》,2006年,第280页起(*R*(*Norris*) v *Home Secretary* [2006] EWCA Crim 280)(见下)。
  [㉒] 高级地区法官(治安法庭);在苏格兰,则是洛锡安和博德斯的郡长。
  [㉓] 见《行政立法性文件汇编》,2003年,第3334号,第3条(SI 2003 No 3334, art 3)。也见英王(诺里斯)诉内政大臣案,《英格兰及威尔士上诉法院刑事案例汇编》,2006年,第280页起(*R*(*Norris*) v *Home Secretary* [2006] EWCA Crim 280)(见下)。

的审查(第137条)。最简单的情形(坚持双重犯罪性规则(dual criminality rule))是,该被指控的行为(a)发生在第二类地区内,(b)如果该行为发生在联合王国境内,也会构成犯罪,并可能被判入狱至少12个月,以及(c)在第二类地区内也会受到同样的刑罚(第137(2)条)。㉔

与引渡至第一类国家一样,法官必须考虑是否存在阻止引渡的因素,诸如双重追诉危险,时效届满,或者"无关的考虑"(第79-83条)。但是(不同于第1部分的引渡)如果必要,法官必须判定是否存在足够的证据,以至于构成一个需要通过简易审判来获得答案的案件(第84条)。㉕ 如果有的话,个人的公约权利(第87条)、身体或精神状况(第91条)㉖ 等因素也要加以考虑。假设这些因素都解决了,都不构成对引渡的阻碍,法官也不能作出引渡的命令,而要将案件提交给内政大臣,由后者判断是否可以基于其他某种理由,特别是涉及死刑适用的可能性,而排除引渡(第94条),以及是否存在确保"确定性规则"得到遵循的安排(第95条)。㉗ 与先前的法律不同,2003年法案赋予了内政大臣作出引渡

㉔ 在美国政府诉本特利案(《英格兰及威尔士上诉法院(行政)案例汇编》,2005年,第1078页起(*Government of USA v Bentley* [2005] EWHC 1078(Admin)))中,美国政府并没能证明该涉及的行为构成刑事犯罪。

㉕ 这并不适用于那些被指定只需要提供关于犯罪的信息而不是证据的那些第二类国家(第84(7)条)。见英王(伯明翰)诉严重欺诈办公室首长案,《英格兰及威尔士上诉法院(行政)案例汇编》,2006年,第200页起(*R (Bermingham) v Director of Serious Fraud Office* [2006] EWHC 200(Admin))。以及见注释223。

㉖ 例如麦考伊诉美国案,《英格兰及威尔士上诉法院(行政)案例汇编》,2006年,第248页起(*McCaughey v USA* [2006] EWHC 248(Admin))。

㉗ 对美国法律满足"确定性规则"的方式的完整评论,见Welsh and Thrasher诉内

命令的职责,除非特定的制定法原因与该职责相抵触。内政大臣必须在两个月内作出决定,但是这个期限可以延长(第99条)。对某人的引渡或释放命令可以由内政大臣、其他大臣或者一个高级文官作出(第101条)。[28]

第2部分包含了对批准引渡的决定或释放某人的命令提起上诉的复杂安排(第103-116条)。上诉要向高等法院(在苏格兰是苏格兰高等刑事法院)提出,然后,在英格兰和威尔士只能基于与第1部分同样的原因上诉至上议院。一般而言,如果个人和请求国(根据案件情况,可能如此)不服法官或内政大臣的裁决,都有权就法律和事实问题提起上诉。如果个人反对法院将案件提交给内政大臣,高等法院也只能在内政大臣的决定作出之后再听审(第103(5)条)。和第1部分一样,这些关于上诉的规定被认为是在法律程序中挑战法院和内政大臣决定的唯一途径(第116条)。

第2部分的一个有争议的后果是,它使得某人可能从联合王国被引渡到一个没有互惠或对等待遇(reciprocity or mutuality)的国家,而互惠与对等是引渡协议的传统基础。这样,一个居住在联合王国的不列颠公民很有可能在被指控犯有价格操纵共谋罪,但没有任何证明他或她犯罪的证据的情况下被引渡到美国;但与之没有什么联系的是,根据1972年两国之间的引渡协定,在美国居住

政大臣案,《英格兰及威尔士上诉法院(行政)案例汇编》,2006年,第156页起(*Welsh and Thrasher v Home Secretary* [2006] EWHC 156(Admin))。

[28] 在苏格兰,可以由苏格兰政府的成员、助理大臣(junior minister)或苏格兰行政机关的高级官员作出。

第 20 章 公民资格、移民和引渡 127

的人仍然受益于初步证据规则。[29] 这样,在 2003 年法案中,议会对外国政府提供了比协议所要求的更多的协助,同时减少了对联合王国内居民的保护。

该法案的另外一个后果是在引渡法中排除了"政治性质犯罪"的例外。自从 19 世纪以来,这个例外就一直作为引渡法的一部分,但是多年来,它也是许多困难诉讼的主题。[30] 1996 年,上议院审查了对这个主题的判例法,当时,一个阿尔及利亚人被指控涉及两起恐怖主义事件,但他主张这两起事件是"政治犯罪"而要求避难。[31] 在那个案件中,上议院认为对政治罪行的界定应该同样适用于避难和引渡。尽管 2003 年《引渡法》有效地取消了政治性质的犯罪在引渡案件中的例外,哪怕引渡请求国仍然适用该例外,[32] 但是个人仍然可以(我们已经看到)表明引渡的目的是基于包括他的种族、宗教、国籍和政治观点的原因而追诉或惩罚他,或者如果他被引渡,他将基于同样的原因在审判中遭受偏见或被限制个人自由,由此来反对引渡(第 13、81 条)。这些规定完全与适用于避难申请的标准相一致。

---

[29] 英王(诺里斯)诉内政大臣案,《英格兰及威尔士上诉法院刑事案例汇编》,2006 年,第 280 页起(*R (Norris) v Home Secretary* [2006] EWCA Crim 280)。

[30] 见本书第 13 版,第 451—453 页。

[31] T 诉内政大臣案,《上诉案例汇编》,1996 年,第 742 页起(*T v Home Secretary* [1996] AC 742)。在本书边码第 461 页避难法的内容中简要介绍了该案。

[32] "9·11"袭击之后,这个例外已经在欧盟范围内从引渡中取消了,见欧盟引渡条例,《行政立法性文件汇编》,2002 年,第 419 号(EU Extradition Regulations, SI 2002 No 419)(被 2001 年反恐怖主义、犯罪和安全法案第 11 条所批准)。也见《下院辩论》,2001 年 12 月 19 日,第 326 行(HC Deb, 19 December 2001, col 326)以及内政部公报,2002 年第 10 号(Home Office Circular 10/2002)。

D. 结 论

在本书的上一版中,我们注意到,"尽管1989年《引渡法》作出了一些改革,但是引渡程序仍然显得复杂,在嫌疑犯或罪犯转移到另外一个司法审判区域的情况下,这对给予他们刑事制裁设置了许多障碍"。[23] 1998年,斯泰恩(Steyn)爵士提到了在将被控有严重犯罪的人移交司法过程中的"跨国利益"(transnational interest),并说道,如果可能,应当对引渡条约和制定法作出"宽泛且普遍的解释"。[24] 就2003年引渡法案给人的初步印象而言,目前取而代之的程序似乎也很复杂,但实际上,通过程序改革,特别是该法案第1部分对欧洲逮捕令赋予的效力,已经取消了许多不利于实施跨国司法的障碍。因为自从斯泰恩爵士1998年的评论以来,立法的平衡已经改变,如今不必对引渡立法再作"宽泛且普遍的解释",否则,请求国的愿望就总是会得到满足。事实上,我们业已看到,法院在确保法案的核心要求得到遵循方面发挥了重要的作用。[25] 该法案提出的一个问题是,政府是否愿意将非欧洲国家纳入到第一类国家中;法案第2部分的问题涉及政府作出的政策选择,即为什么要减轻一些非欧洲国家提交初步证据以支持引

---

[23] 本书第13版,2003年,第455页。
[24] 关于伊斯梅尔案,《上诉案例汇编》,1999年,第1卷,第320页起,第327页(In re Ismail [1999] 1 AC 320, 327)。
[25] 见注释219引用的案例。

渡请求的负担。

2003年法案对引渡法作出的改革被证明是有益的,尽管如此,这些改革对某些国家(包括美国)[23]在更多寻求自助而非引渡以抓获出现在别国的罪犯或嫌疑犯的实践中是否具有任何实质性效果,仍然是有疑问的。自从"9·11"事件以及在阿富汗和伊拉克的冲突以来,一直有许多关于所谓"交付"(rendition)(并非国际法上的一个专门术语)的报道,在这些事件中,嫌疑犯未经任何法律程序而被抓获或者被迫从一国转移到另一国,不管其目的是为了通过秘密的程序来审判他们,还是将他们关进诸如关塔那摩海湾(Guantanamo Bay)之类的集中营。考察这些实践是否合法合理已经超出了这本书的范围。就英国法而言,在1993年的一个案件中,被告被通过不规范的程序从南非强行带至英国,上议院判决,高等法院可以基于程序滥用的理由行使终止诉讼的权力。[24] 根据欧洲人权公约,被接受的是合法实施的引渡,而不是挟持和"交付"。[25] 2006年早期,所谓"交付"的运用和合法性——通过飞行器

---

[23] 美国诉 Alvarex-Machain 案,《美国最高法院判决汇编律师版》(第2辑),1992年,第119卷,第441页起(US v Alvarex-Machain 119 L Ed 2d 441 (1992))。(Alvarex 疑为 Alvarez。——译者注)

[24] 英王诉霍斯菲里路治安法庭(申请人:本内特)案,《上诉案例汇编》,1994年,第1卷,第42页起(R v Horseferry Road Magistrates' Court, ex p Bennett [1994] 1 AC 42)。比较关于施密特案,《上诉案例汇编》,1995年,第1卷,第339页起(Re Schmidt [1995] 1 AC 339)(根据1989年引渡法案,当警察通过诡计将施密特从爱尔兰带到英国以便逮捕他时,英国法院没有裁量权阻止将他引渡到德国)。

[25] ECHR 第5(1)(f)条,例如博萨诺诉法国案,《欧洲人权报告》,1987年,第9卷,第297页起(Bozano v France (1987) 9 EHRR 297)(伪装的引渡被判为非法的驱逐。

使用机场的形式——接受了欧洲理事会议员大会(Parliamentary Assembly of the Council of Europe)的审查。[20]

---

[20] 见欧洲国家理事会关于秘密拘留设施和国内囚犯运输的国际法律义务的意见(Opinion on the International Legal Obligations of Council of Europe States in respect of secret detention facilities and inter-state transport of prisoners),威尼斯委员会(Venice Commission)采纳,2006年3月17-18日。

第21章　警察和个人自由

对维持一个有组织的政府来说,维护法律和秩序、预防和侦查犯罪具有极为重要的意义。但同样重要的是,不应把这些关切当作理由,赋予警察超出绝对必要界限之外的权力,因为授予警察的每一项权力,都不可避免地意味着对个人自由的相应限制。在一个自由和民主的社会中,怎么强调"个人自由"的核心重要性都不会有夸大其词之嫌。就像欧洲人权法院(European Court of Human Rights)提醒我们的那样,保护个人自由不受来自国家的任意干涉是"一项基本人权",并受到欧洲人权公约(European Convention on Human Rights, ECHR)第5条的保护。① 随着1998年《人权法案》(Human Rights Act 1998)的发布,该条具有了更为重要的意义,但是这绝不是该公约中与警察行为有关的唯一权利。我们可以看到,第三条(非人道的、侮辱的待遇)、第六条(公正审判)以及第八条(尊重私人生活、家庭和通信)都在个人与警察的关系方面发挥着自己的作用。因此,我们需要确保的是:警察拥有足够的手段来保护公众,同时又不能被授予过多的权力,以至于反而削弱了个人

---

① 布罗根诉联合王国案,《欧洲人权报告》,1989年,第11卷,第117页起,见第134页(*Brogan v UK* (1989) 11 EHRR 117, at 134)。

自由,而保护个人自由正是建立警察组织的目的。

A. 警察的组织[②]

根据1996年《警察法》,英格兰和威尔士划分为三类警区:伦敦警区(the Metropolitan Police district)、伦敦城警区(the City of London police)以及那些列在该法附件1中的警区。伦敦警察创建于1829年,是现代英国最初的警察机构,也是警察当局中由内政大臣负责的唯一警察力量,此责任如今已经转移给了伦敦警察当局(the Metropolitan Police Authority)。[③] 伦敦警区的警察局长(chief officer)是伦敦警察专员(the Commissioner of Police for the Metropolitan),由国王在内政大臣的建议下任命,内政大臣提名时必须考虑伦敦警察当局和伦敦市长的意见。而伦敦城警察是一支独立的警察队伍,其警察局长(chief officer)即警察专员[*],由警察当局即市议会法庭(the Court of Common Council)任命,该任命要经过内政大臣的批准。在伦敦以外,有41个列在1996年法附件1中的警区,

---

[②] 关于该问题有启发性的论述,见勒斯特加腾:《警察的统治》(Lustgarten, *The Governance of Police*);沃克:《变化中宪政秩序下的警察》(Walker, *Policing in a Changing Constitutional Order*)。关于对1954年以来警察机构变化的有洞察力的解说(当然也涉及其他内容),请见T.纽伯恩、R.赖纳,《刑事法律评论》,2004年,第601页起(T Newburn and R Reiner [2004] Crim LR 601)。

[③] 1999年《大伦敦机构法》(the Greater London Authority Act 1999)第319条,修改了1996年《警察法》(Police Act 1996)的第101条。

[*] 这与前面的伦敦警区是一致的。故本章后文将"chief officer"和"commissioner"统一称为"警察局长"。——译者注

所以总共有43个警区。1996年法仍然规定每一个警区都必须有自己的警察当局(该机构会成为一个法人组织),但是1994年引进了一个有争议的措施,导致这些警察当局的组成发生了变化,其明显的表现在于警察当局成员中地方议员数量的减少。在2004年发布的名为《建构社区、打击犯罪》的白皮书中,政府提出还要进一步改革警察当局的组成。尽管地方机构的代表数量仍然占大多数(在基本的17名成员中占有9个名额),但是独立代表的遴选和组成得以简化,以扩大这类代表的规模。④

地方警察当局

1996年《警察法》依然规定了每个警察当局的义务:必须确保本地区有效警察力量的存在(第6条)。在履行该项义务时,警察当局必须考虑由内政大臣设定的任何目标、由警察当局自己设定的地方警务与行动目标,以及任何的地方警务计划(local policing plan)(第6条);除了这类一般性的义务之外,警察当局还必须制订**三年战略计划**(*three-year strategy plans*),在此计划中,要设定每个警察当局的中期——以及长期——警务战略(第6条A);该计划由总警长(chief constable)起草,他必须考虑地方居民的意见,同时总警长和警察当局还必须考虑当时有效的全国警务计划(national policing plan)(见下)(第6条A)。⑤ 第7条规定了警察当局制

---

④ 《政府文件》,2004年,第6360号,第5.99–5.107段(Cm 6360, 2004, paras 5.99–5.107)。

⑤ 2002年《警察改革法》(Police Reform Act 2002)第92条加入。

定**地方警务目标**的义务,每年,这些目标都要经过与总警长磋商、考虑地方意见后予以确定;另外,警察当局每年都必须向地方公众公布一份**地方警务总结**(local policing summary)(第7条A)。[6] 第8条规定了制订**年度警务计划**(annual policing summary)的义务,该计划设定了警察当局当年的优先事项;该计划要与三年战略计划相一致;年度警务计划同样由总警长起草,但和战略计划一样,警察当局并不受总警长草案的约束。警察当局必须制定一份**年度报告**(annual report)并报交内政大臣(第9条)。

总警长负责指挥和控制警察力量,尽管他或她必须要考虑警察当局制订的地方警务计划。[7] 警察当局有权基于效率和有效性(efficiency and effectiveness)的考虑,要求总警长和副总警长辞职(第11、12条)。但是这种权力的行使必须经过内政大臣的批准,内政大臣也可以提议要求警察当局辞退总警长或让总警长自己辞职(第42条)。警察当局或内政大臣要求总警长辞职之前,必须向总警长提供陈述、申辩的机会(第11、42条)。[8] 总警长每年都要向警察当局作出报告,而且警察当局可以要求总警长就有关该地区警务的特定事项提供报告(但在内政大臣的支持下,总警长有权为了公共利益而不公开某些信息)(第22条)。警察当局的这个权力

---

[6] 2005年有组织重罪和《警察法》(Serious Organised Crime and Police Act 2005)第157条加入。

[7] 在伦敦地区同样的设置,见1999年《大伦敦机构法》第314条,将一个新的第59条A补充到1996年《警察法》中。

[8] 比较:里奇诉鲍德温案,《上诉案例汇编》,1964年,第40页起(Ridge v Baldwin (1964) AC 40),见本书第30章B。该处涉及的是根据1964年之前的法律辞退总警长的问题。

(以前包含在1964年《警察法》中)被斯卡曼爵士(Lord Scarman)在对1981年布里克斯顿骚乱(the Brixton disorders)的调查中赋予了重要的意义。布里克斯顿地区的社会秩序,特别是种族关系的崩溃,导致斯卡曼爵士对警察与其所在社区的关系提出了严厉的批评。他指出,在不损害其独立性的前提下,应该加强警察的责任。他主张警察当局应该更加严肃地行使1964年《警察法》中已经规定的要求总警长提供报告的权力,并加强警察当局与警察局长的互相协作。⑨

内政大臣

内政大臣有以"最佳考虑的"方式行使权力的法定义务,以"提高警务效率和有效性"。⑩ 现在,他必须要制订年度全国警务计划,该计划设定了当年英格兰和威尔士地区警务方面的优先事项。⑪ 内政大臣拥有许多影响警察事务的法定权力,下面所讲的条款同样适用于伦敦警察,只是在一些情形下有所修正或限制。根据1996年《警察法》(修订后的),内政大臣可以在征求警察当局中的代表以及总警长的意见之后,(通过命令的形式)为警察当局决定政策目标(第37条),并可以在如此制定的目标方面,指导警

---

⑨ 《政府文件》,1981年,第8427号(Cmnd 8427, 1981)。

⑩ 1996年《警察法》,第36条。这并不是指内政大臣有提高警察效率和有效性的义务。

⑪ 1996年《警察法》,第36条A,由2002年《警察改革法》第1条增加。该计划在经与警察当局和高级警察官员的代表协商后提交议会审查。

察当局设定行动目标。内政大臣拥有对一个、更多或全部警察当局发出指令的广泛裁量权,也可以对不同的警察当局施加不同的要求(第38条)。他还可以就警察当局如何履行职责发布实施细则(第39条),也可以对警察局长发布实施细则(第39条A)。[12] 另外,内政大臣也可以要求警察当局(第43条)或总警长(第44条)提供任何有关履行职责的报告。更进一步,内政大臣有权针对任何地方警察事务要求进行地方调查(第49条),并且有权在他"认为对于促进警务的效率或效益有必要或方便时"提供和保持"这类组织、设备和人力"(第57条)。根据该法规定的新权力,内政大臣可以通过规章(regulation)的形式,规定警察力量所使用的设备,并可以规定任何警察力量所应遵循的"特定程序或方式"。[13] 根据1996年法第50条,内政大臣可以为警察机关的组织、执法和职务条件,特别是在涉及职级、任职和升职资格、试用职位、自动退休、奖惩、义务、薪水、津贴、服装和装备等的方面制定规章。

内政大臣除了拥有这些广泛的法定权力之外,还经常运用重要的财政控制手段。据统计,在全国范围内的这笔费用如今已经超过了110亿英镑。[14] 自从1856年允许国库向地方警察当局拨款以来,现在已被承认的款项,在形式上有51%的数额需要每年由内政大臣在财政部的批准下决定。由于内政大臣可以决定任何一

---

[12] 2002年《警察改革法》第2条增加。

[13] 2002年《警察改革法》,第6、7条,修改了1996年《警察法》的第53条,并增加了第53条A。也见英王诉内政大臣(申请人:北安布里厄警察当局)案,《王座分庭案例汇编》,1989年,第28页起 [A.W.布拉德利,《公法》,1988年,第298页起] (*R v Home Secretary, ex p Northumbria Police Authority* [1989] QB 28 (A W Bradley [1988] PL 298))。

[14] 《政府文件》,2004年,第6360号,第5.69段(Cm 6360, 2004, paras 5.69)。

个警察当局所得款项的多少,因此他"可以通过这种财政控制的方法或其他他所认为合适的规则来行使他的裁量权"(第46条)。御派警察监察员(Her Majesty's Inspectors of Constabulary)被证明在保持警察力量的效率和有效性方面发挥了很大的作用,这些监察员由内政大臣任命并对其报告工作(第54条)。警察监察团(Inspectorate of Constabulary)每年必须向内政大臣提交一份监察报告(第54条),且内政大臣可以直接指挥他们监督任何警察当局。如果监察报告指出某个警察当局在某个方面没有效率、无效,或者除非采取补救措施,否则将会失去效率和有效性,那么,内政大臣就可以指示该警察当局采取报告中提到的补救措施(第40条),或者要求警察当局提交一份行动计划,设定所要采取的补救措施。[15] 内政大臣还有一种专门的权力,可以就警察当局提供年度预算的最低限度作出规定(第41条)。2004年,政府宣布了预算改革提议,也建议允许地方政府探寻新的方式,向商业组织或其他机构寻求对于额外警务的资助。[16] 这些提议可能会在警察的独立、公平和责任方面提出一些棘手的问题。

警察的中央集权化

英国警察体制建立的基础是:地方警察力量对地方社区负责。确实,在1962年,一个有关警察方面的皇家委员会拒绝了建立一

---

[15] 2002年《警察改革法》第5条,增加了1996年《警察法》中新的第41条。
[16] 《政府文件》,2004年,第6360号,第5.74段(Cm 6360, 2004, paras 5.74)。

个由中央政府控制的全国性警察力量的提议。[17] 可是到了 2004年,政府又重新提出了这样的主张。可以明确的是,地方警察的原则已经逐渐碎裂,这不仅反映了英国宪法中地方自治的弱化,而且也反映了 1962 年皇家委员会报告以来对犯罪不断增长的政治敏感性。[18] 所以,尽管我们仍然没有一支全国性的警察力量,但我们有一支越来越服从于中央控制的警察队伍,这一点最明显地表现在"全国性警察计划"上。在《建构社区、打击犯罪》的白皮书中,政府非常明确地承认自己拥有"一项清晰的职能,即为英格兰和威尔士的警察力量设定全国性指导和战略框架"。[19] 同一份文件还认可了内政大臣"对达成高效的警察职能"拥有"完全的责任"。[20] 近些年来,更好的警察管理、预防和侦查犯罪水平的提高、警察部门之间更为一致的协调合作以及社区对警务更大程度的参与,都得到了更多的关注。正如我们将要看到的,作为这些关注的结果,如今内政大臣拥有对地方警察当局相当大的权力,同时政府也明确地负责地方警务安排的所有方面。

内政大臣所拥有的这些与地方警察力量有关的权力伴随着警察组织机构方面重要的变化,这种变化导致了对警务承担全国性责任的机构的产生。这些变化中最重要的一点就是有组织重罪机

---

[17] 《政府文件》,1962 年,第 1728 号(Cmd 1728, 1962)。见 J. 哈特,《公法》,1963年,第 283 页起(J Hart [1963] PL 283)。

[18] 见白皮书:《新世纪警察》,《政府文件》,2001 年,第 5326 号(white papers *Policing a New Century*, Cm 5326, 2001),以及《建构社区、打击犯罪》,《政府文件》,2004 年,第 6360 号(*Building Communities, Beating Crim*, Cm 6360, 2004)。

[19] 同上,第 5.5 段(para 5.5)。

[20] 也见 1996 年《警察法》,第 36 条。

构(Serious Organised Crime Agency, SOCA)的建立,该机构的委员会和总监由内政大臣任命。该机构的功能即是预防和侦查严重的有组织犯罪,致力于减少该类犯罪。[21] 它的另外一个功能是搜集、储存、分析和发布与预防、侦查、调查和起诉犯罪有关的信息。[22] 该机构除了可以为其他警察机构和执法机构提供支持外,还有权提起刑事诉讼。另外,相关法律还规定,"尽管第2条(1)涉及的是严重的有组织犯罪,但如果是为了履行第2、3条中规定的任何职能,SOCA仍然可以对其他犯罪采取行动"。[23] SOCA必须向内政大臣和苏格兰大臣(Scottish Ministers)提交年度报告,该报告将交由议会和苏格兰议会(Scottish Parliament)审查。[24] 在与Scottish Ministers协商之后,内政大臣可以决定该机构的优先战略目标。[25] 内政大臣还有其他裁量和控制权力,[26] 而且负责对该机构提供资金的也正是内政大臣。[27]

B. 个人自由和警察权力

1929年一个研究警察权力和程序的皇家委员会,在考察了警

---

[21] 2005年《有组织重罪和警察法》,第2条。
[22] 同上,第3条。
[23] 同上,第5条(3)。
[24] 同上,第7条。
[25] 同上,第9条。
[26] 同上,第10–15条。
[27] 同上,第17–18条。

察搜查居民(已经颁发了对该嫌疑人的逮捕令状)住处的行为之后,表达了这样的忧虑:"警察在履行自己的基本职责时,依赖的却是合法性似乎有疑问的权力。"㉘ 但是法律并没有因此而改革,1960年一个著名的法官写道:"根据英国法,警察搜查的权力是随意的和欠明了的。"㉙ 该评论几乎可以同样适用于有关逮捕的法律。1978年,工党政府设立了一个调查有关"警察在侦查和追诉犯罪活动中拥有的权力和义务"的皇家委员会。这个委员会被要求同时考虑"将犯罪人绳之以法的公共利益和犯罪嫌疑人或被告的权利、自由"。该委员会的报告试图在刑事司法的系统内"找到个人自由和社会、国家安全之间的平衡"。这份报告所提出的许多改革建议都很有争议,但是人们对该委员会的主要结论——法律亟须及时更新——并没有多少异议。当时的警察权力是从"制定法、普通法、证据法,以及法官们和内政部对警察的指示的混合物中发现的(或者说是困难地挖掘出来的)";关于警察侦查的法律需要"重新制定并在考虑了现实形势之后,以清楚、一致的术语重新加以表述"。㉚

　　保守党政府接受了这个主要结论,并提出了后来成为1984年

　　㉘ 《政府文件》,1929年,第3297号,第45页(Cmd 3297, 1929, p 45)。

　　㉙ 见德夫林:《英国刑事控诉》,第53页(Devlin, *The Criminal Prosecution in England*, p 53)。

　　㉚ 《政府文件》,1981年,第8092页起[菲利普斯关于刑事诉讼程序的报告],第8、110页(Cmnd 8092, 1981 (the Philips report on criminal procedure), pp8 and 110)。对此的评论,见M.英曼,《刑事法律评论》,1981年,第469页起(M Inman, [1981] Crim LR 469);K.W.利德斯通,《刑事法律评论》,1981年,第454页起(K W Lidstone [1981] Crim LR 454);D.麦克巴纳特,《刑事法律评论》,1981年,第445页起(D McBarnet [1981] Crim LR 445);以及B.斯迈思,《公法》,1981年,第184、481页(B Smythe [1981] PL 184, 481)。

《警察和刑事证据法》(Police and Criminal Evidence Act 1984)[31] 的议案。该法经常以其首字母缩略词"PACE"[32] 被提及,并被称为"一部重要的改革性法律"。根据该法[33],若干实施细则也得以颁布,[34] 两者一起构成了一部广泛(尽管并非全面)的有关警察权力的法典。但 2002 年《警察改革法》(Police Reform Act 2002)和 2005 年《有组织重罪和警察法》(Serious Organised Crime and Police Act 2005)对此做了修订。前一个法将警察的权力授予给警察机构的文职雇员(civilian employees),[35] 而且(一个更值得注意的宪法创新)授权私人公司雇员在"社区安全所公认的体制"(community

---

[31] 文斯诉多塞特总警长案,《全英格兰案例汇编》,1993 年,第 2 卷第 321 页起,第 325 页(Vince v Chief Constable of Dorset [1993] 2 ALL ER 321, at 325)。

[32] 见赞德:《1984 年警察和刑事证据法》(Zander, *The Police and Criminal Evidence Act 1984*);另见:《公法》,1985 年,第 388 页起([1985] PL 388),以及《北爱尔兰法律季刊》,1989 年,第 40 卷,第 319 页起([1989] 40 NILQ 319)。

[33] 1984 年《警察和刑事证据法》(Police and Criminal Evidence Act 1984),第 66、67 条。

[34] 一共有五个实施细则,细则 A:《警察实施制定法上拦截和搜查权力细则》(Code of Practice for the Exercise by Police Officers of Statutory Powers of Stop and Search);细则 B:《警察搜查场所和扣押物品实施细则》(Code of Practice for the Searching of Premises by Police Officers and the Sizure of Property Found by Police Officers on Persons or Premises);细则 C:《警察拘留、对待和讯问嫌疑人实施细则》(Code of Practice for the Detention, Treatment and Questioning of Persons by Police Officers);细则 D:《警察实施身份认定细则》(Code of Practice for the Identification of Persons by Police Officers);细则 E:《讯问嫌疑人录音实施细则》(Code of Practice on Tape Recording of Interviews with Suspects)。这些实施细则在 1995 年被修订(revised),并于 1999 年和 2001 年两次被修正(amended)。

[35] 2002 年《警察改革法》,第 38 条和附件(Sch)4。有关背景,请见《政府文件》,2001 年,第 5326 号,以及《政府文件》,2004 年,第 6360 号(Cm 5326, 2001 and Cm 6360, 2004)。也见《下院文件》,2001-2002 年,第 612 号[国内事务委员会](HC 612 (2001-2002) (Home Affairs Committee))。有关评论,见 G.莫里斯,《公法》,2002 年,第 670 页起(G Morris [2002] PL 670)。

safety accredited schemes)下实施警察权力。㊱ 最重要的是,这些条款对总警长所任命的社区援助人员(community support officers)和调查人员(investigating officers)分别授予了警察权力。社区援助人员有权发出固定金额的罚款通知书,(在有限的但正不断扩大的情形下)有权要求相关人员提供姓名、住址,有权将相关人员从某个特定地方转移到其他地方,在等待警察到来之前有权拘留相关人员(同样是在有限制的情形下),但最多不超过 30 分钟,还有权对被如此拘留的人予以搜身。㊲ 与之不同的是,调查人员的权利类似于警察,他们有权申请和执行搜查令,也可以在没有搜查令情况下进入和搜查住所,并有权扣押私人财产。㊳ 其他警察权力,主要是与获得被警察羁押人员的指纹、样本、照片有关的权力,被赋予了相关的拘留官员(detention officers)。�439 而对于护送被逮捕或被看守人员的押送官员(escort officers),他们也被赋予了与押送嫌疑犯相关的警察权力。㊵ 在许多情形下,这些文职雇员被授予使用合理武力的权力,㊶ 但是政府并没有赋予"这些雇员和警官一个单独的法律地位"。㊷

㊱ 同前,第 39-42 条和附件 5。见 S. 奥默罗德、A. 罗伯茨,《刑事法律评论》,2003年,第 141 页起(S Ormerod and A Roberts [2003] Crim LR 141),提出了对"为预防准犯罪而由准警察巡逻准公共领域"的忧虑。

㊲ 2002 年法附件 4,第 1 部分(Part 1)。被 2005 年《有组织重罪和警察法》第 122 条和附件 8 修改。

㊳ 同上,第 2 部分。见本书第 22 章 D。

㊴ 同上,第 3 部分。见本书第 22 章 C。

㊵ 同上,第 4 部分。

㊶ 比如,2002 年法附件 1,第 1 部分,第 4 段。

㊷ 《政府文件》,2004 年,第 6360 号,第 4.23 段(Cm 6360, 2004, para 4.23)。

警察的非逮捕性权力(Police powers short of arrest)

大多数影响个人自由的警察权力都依赖于逮捕权力的实施。在普通法上,警察的先捕权(the pre-arrest powers)非常有限,以下三个案例以不同的方式表明了这一点。在杰克逊诉史蒂文森(Jackson v Stevenson)案[43]中,法院认为,为了确定是否有理由逮捕某人而搜查其人身,是与宪法原则相抵触的、是非法的;在肯兰诉加德纳(Kenlin v Gardiner)案[44]中,法院认为警察在逮捕某人之前没有权力为了讯问而拘禁其人身,任何人反抗此类拘禁不能被认为构成妨碍警察履行职责罪;在英王诉莱姆萨特夫(R v Lemsatef)案[45]中,法院认为警察无权要求公民个人随他们到警局协助调查。在一个有力的判决意见中,劳顿法官(Lawton LJ)写道,如果警察有权为了以上目的而拘禁嫌疑人的观念"正在流行",那么人们应该尽快从这种观念中醒悟。但是,尽管警察在普通法上没有权力拦截某人并搜查其人身、没有权力拘禁某人以讯问,也没有权力要求某人协助调查,[46]但这些普通法上的规则却可能被制定法所改变。

---

[43]《亚当案例汇编》,1879年,第2卷,第255页起([1879] 2 Adam 255)。试比较:洛德威克诉桑德斯案,《全英格兰案例汇编》,1985年,第1卷,第577页起(Lodwick v Saners [1985] 1 ALL ER 577)。

[44]《王座分庭案例汇编》,1967年,第2卷,第510页起([1967] 2 QB 510)。

[45]《全英格兰案例汇编》,1977年,第2卷,第835页起([1977] 2 ALL ER 835)。

[46] 也见赖斯诉康诺利案,《王座分庭案例汇编》,1966年,第2卷,第414页起(Rice v Connolly [1966] 2 QB 414),以及奥劳克林诉埃塞克斯总警长案,《每周法律报告》,1998年,第1卷,第374页起(O'Loughlin v Chief Constable of Essex [1998] 1 WLR 374)。

一个早期的例子是 1893 年《伦敦警察法》(the Metropolitan Police Act 1893),根据该法第 66 条,如果合理怀疑某人偷了别人的财产,伦敦的警察就有权拦下并搜查他的人身或他的汽车。适用于伦敦以外地区的地方法也作出了同样的规定。在少数种族团体受到侵扰成为一种特别忧虑的情况下,这种拦截并搜查的权力有可能被滥用,因此将这种广泛的权力授予警察存在明显的潜在危险。然而在关于布里克斯顿骚乱的报告中,斯卡曼爵士认为,这种权力对于街头斗殴犯罪是有必要的,只要针对"合理怀疑"的防卫措施得到适当和客观的适用。[47]

如今,警察的拦截和搜查权在许多制定法中都能找到。根据 1971 年《毒品滥用法》(the Misuse of Drugs Act 1971)第 23 条,一个警察可以搜查(并可以为了搜查的目的而拘禁)任何人,只要该嫌疑人被合理怀疑非法拥有某种受管制的(controlled)毒品。[48] 同样的权力也适用于对汽车的搜查。PACE 的第 1 部分也规定了拦截和搜查的权力。[49] 据此,一个警察为了查出被盗的或违禁的物品(该术语被界定为包括进攻性武器、用来实施夜盗或相关犯罪的物品、具有破坏性或者能够导致财产损害的物品),可以搜查人员及其汽车,或者车里、车上的任何物品。[50] 这项权力同样适用于某人

---

[47] 《政府文件》,1981 年,第 8427 号,第 7.2 段(Cmnd 8427,1981,para 7.2)。对这些权力的不同适用所导致的问题依然存在,见 L. 勒斯特加腾,《刑事法律评论》,2002 年,第 603 页起(L Lustgarten [2002] Crim LR 603)。

[48] 见威瑟诉里德案,《苏格兰法律时评》,1979 年,第 192 页起[有关逮捕(a)和拘禁(b)中的搜查的区别](Wither v Leid 1979 SLT192)。

[49] 注意是"拦截和搜查"权,而不是"拦截和盘问"权,见赞德,第 11 页。

[50] 2003 年《刑事司法法》,第 1 条。

被怀疑携带刀具[51]或违禁烟火的情形(第1条),[52]但是这些权力都只能在警察"有合理理由怀疑他会找到被盗的或违禁的物品"或者任何违禁的烟火(第1条(3)),或公共场所中某人正持有刀具或其他锋利的器具的情形下实施。[53]实施细则A(关于警察实施拦截和搜查的法定权力)提出了一些如何认定"合理理由"怀疑的指导。第2.2段这样规定:

> 合理的怀疑绝不能建立在没有任何可靠情报、信息支持的个人因素或当事人一些其他特定举止的基础上。例如,个人的种族、年龄、外貌,或者是他曾经有过前科的事实,都不能被单独用来或互相结合起来作为搜查该嫌疑人的理由。合理的理由也不能建立在认为某些团体或某类人更可能犯罪的一般性认识或陈腐观念的基础上。[54]一个人的宗教不能被作为怀疑的合理理由,绝不能够以此为由拦截和搜查某人。

在搜查的过程中,警察如果发现了该法所适用的物品,就可以收缴这些物品(第1条(6))。只是在行使这些权力之前,警察必须将自己的姓名、所在警局以及搜查的理由告知将被搜查的人。该法同

---

[51] 1988年《刑事司法法》,第140条。
[52] 2005年《有组织重罪和警察法》,第115条。
[53] 1988年《刑事司法法》,第139条。
[54] 但是请比较2.6段:"如果有可靠的情报或信息表明,一个团体或一伙人的成员经常携带非法刀具、武器或受管制的毒品,并且他们经常穿着独特类型的服饰或其采取其他形式的身份标志表明其属于该团伙的成员身份,则该类服饰或其他身份形式的标志可以为拦截和搜查权的实施提供合理的理由。"

样要求便衣警察提供证件证明自己的警察身份(第2条)。搜查的详细情况必须记录在案,如果当事人要求,应向其提供一份复印件(第3条)。如果警察的行为没有达到这些要求,则可能导致该行为非法。⑤ 警察可以行使合理的权力,但是在任何逮捕前的搜查过程中,被搜查的人都不得被要求在公众场合脱下外衣、夹克和手套之外的任何衣物(第2条第9款)。⑥ 拦截和搜查权被延伸到1994年《刑事司法和公共秩序法》(the Criminal Justice and Public Order Act 1994)中,以防止合理预见可能发生的严重暴力事件(第60条)。

根据1988年《道路交通法》(the Road Traffic Act 1988)第163条的规定,一个穿制服的警察可以要求一个驾车的人或骑脚踏车的人停下来,如果当事人拒绝停下就构成违法。警察在行使该项权力的时候可以拔掉车钥匙使车辆不能继续行驶。当警察已经要求某车辆停下来,"如果他怀疑该车辆是被盗的物品,他就有权在实施逮捕并向驾车人解释逮捕原因的合理时间内、采取合理的步骤扣押该车辆"。⑦ 在某些情况下,警察可以要求驾车人出示其驾照、说出其姓名、住址和出生日期;⑧但是驾车人没有任何义务回

---

⑤ 奥斯曼诉检察长案,《治安法官案例汇编》,1999年,第163卷,第725页起(Osman v DPP [1999] 163 JP 725)。

⑥ 进一步的内容见实施细则A,第3.1—3.7段。第1条规定的权力的运用,见赞德,第26—28页,此处已经注意到,记录在案的拦截和搜查权的适用数量已经从前些年的895000件下降到2003—2004年间的730000件。

⑦ 洛德威克诉桑德斯案,《全英格兰案例汇编》,1985年,第1卷,第577页起(Lodwick v Sanders [1985] 1 ALL ER 577)。

⑧ 1988年《道路交通法》(Road Traffic Act 1988),第163条。某人如果实施了对抗社会的行为,就可能被身着制服的警察要求说出其姓名和住址,社区援助人员也被授

答警察可能提出的其他问题，“在这种情况下沉默权是有优势地位的”。(59)除了1988年《道路交通法》所授予的权力外，PACE第4条也规定了警察设置道路检查的权力：如果警察相信，在道路检查的期间会有某种犯罪(可导致该罪犯被起诉)的实施者或目击者，或正打算实施此类犯罪的人，或者已经脱逃的囚犯经过该地点的话，警察就被授予行使道路检查的权力。尽管该项权力可能仅仅适用于确定车辆是否载有任何以上各类人等的情形，但是仍然可以认为这是一项相当大的权力。该项权力没有授予警察盘问驾驶员或车上其他人员的任何权力，也没有给这些人施以回答警察盘问的义务。如今，1988年《交通道路法》规定的这些权力都可以被社区援助人员所实施，(60)尽管他们还没有逮捕的权力。(61)

警察的逮捕权力(Police powers of arrest)

1. **逮捕的依据**。逮捕的权力并非被警察垄断，任何人都可以行使某种逮捕权。但是如今绝大多数逮捕都是由警察来行使的。逮捕的重要性在于：在被逮捕的那一刻，个人失去了自由，且如果

予了这项权力(2002年《警察改革法》，第50条；附件4)。

(59) 洛德威克诉桑德斯案，但是再看后面有关“沉默权”的内容。

(60) 2002年《警察改革法》，附件4，第13段。

(61) 但是正如前面已经指出的那样，他们拥有有限制的有权拘留某人30分钟以内的权力，这表明了自由和逮捕之间另一种措施。见2002年《警察改革法》，附件4，第2段。关于另外一种拦截车辆的权力，请见本书第24章(根据1996年《警察法》，第89条)，以及第26章E(根据2000年《恐怖主义法》(Terrorism Act 2000))。2000年法规定的后来这些权力也可以被社区援助人员实施。

该逮捕是合法的话,个人就将被合法拘留。逮捕有两种类型:(a)有逮捕令的逮捕;(b)没有逮捕令的逮捕。

(a) **有逮捕令的逮捕**。大多数逮捕与刑事法院诉讼程序的启动有关。根据1980年《治安法院法》(Magistrates' Courts Act 1980)第1条的规定,诉讼程序的启动既可以从法院传唤开始,要求被追诉的人在某一天到法院参加庭审;在一些比较严重的案件中也可以通过发布逮捕令开始,逮捕令上面载有被追诉者的姓名以及他或她被起诉的犯罪。逮捕令由治安法官(magistrate)颁发,在颁发之前要经过警察书面申请(通知)并且要以誓言为证。[62] 一个逮捕令可以由警察在英格兰和威尔士的任何地方执行。[63] 如果一个逮捕令是针对一个被刑事追诉的人,警察甚至可以在尚未拿到逮捕令的时候就执行逮捕,但是逮捕令必须应当事人的要求尽快向其出示。[64] 尽管法院的意见与此相抵触,[65] 但被逮捕的人似乎还是有权知道自己是根据逮捕令而受到逮捕的。(否则,他或她何以有权要求看到逮捕令?)如果一个警察怀着真诚的信念执行一份表面上看起来合法有效的逮捕令,哪怕该逮捕令实际上超出了颁发此

---

[62] 这项权力不可以被委托出去,见英王诉曼彻斯特领薪治安法官(申请人:希尔)案,《上诉案例汇编》,1983年,第1卷,第328页起(*R v Manchester Stipendiary Magistrate, ex p Hill* [1983] 1 AC 328)。

[63] 现在也可以在苏格兰地区得到执行,见1994年《刑事司法和公共秩序法》,第136条。英国逮捕令跨地区执行的问题,见C.沃克,《剑桥法律杂志》,1997年,第56卷,第114页起(C Walker [1997] 56 CLJ 114)。

[64] 见1980年《治安法院法》(Magistrates' Courts Act 1980),第125条D;见英王诉珀迪案,《王座分庭案例汇编》,1975年,第288页起(*R v Purdy* [1975] QB 288)。

[65] 英王诉库里尼茨案,《王座分庭案例汇编》,1966年,第1卷,第367页起,见第372页(*R v Kulynycz* [1971] 1 QB 367, 372)。

逮捕令的法官的管辖权，该警察也会受到 1750 年《警察保护法》(the Constables' Protection Act 1750)的保护，免除因为非法逮捕产生的责任。⑯ 因此，法官颁发逮捕令，不仅对名字载于其上的当事人有保护作用，同样对执行逮捕的警察也有保护作用。当一个逮捕令颁发之后，警察就可以采取合理的必要手段，进入和搜查房屋并执行逮捕。⑰

(b) PACE 规定的无逮捕令的逮捕。2005 年《有组织重罪和警察法》修订了有关无逮捕令逮捕的法律规定，废除了可逮捕罪犯(arrestable criminals)和不可逮捕罪犯(non-arrestable criminals)的区别。根据 2005 年的修订，PACE 第 24 条规定，警察可以对下列四类人实施无逮捕令的逮捕：(1)任何即将实施犯罪的人；(2)任何正在实施犯罪的人；(3)任何被合理怀疑即将实施犯罪的人；(4)任何被合理怀疑正在实施犯罪的人。在犯罪已经被实施或警察怀疑犯罪已经被实施的情况下也存在逮捕权力的适用。在前一种情形下，警察可以逮捕犯该罪的任何人或者他或她有合理理由怀疑犯该罪的任何人。在后一种情况下，警察可以逮捕他或她有合理理由怀疑实施了该罪的任何人。这些权力包含在第 24 条的(1) – (3)，适用于任何犯罪，而不像以往一样仅适用于严重的可逮捕罪犯。但是，这些权力只能在有逮捕必要的情况下才能实施，"有逮捕必要"即指存在第 24 条(5)规定的任何一种理由。但是在实践

---

⑯ 也见麦格拉斯诉北爱尔兰皇家警察总警长案，《上诉案例汇编》，2001 年，第 2 卷，第 731 页起(*McGrath* v *RUC* [2001] 2 AC 731)。

⑰ 1984 年《警察和刑事证据法》，第 17、117 条。

中很难看到这一规定在多大程度上限制了警察的逮捕权力。[68] 这些原因包括对犯罪迅速而有效的调查，以及防止嫌疑人消失而阻碍起诉。

在奥哈拉诉北爱尔兰皇家警察总警长（*O'Hara v Chief Constable of the RUC*）案[69] 中，上诉人被依据1984年《防止恐怖主义（临时条款）法》(the Prevention of Terrorism (Temporary Provisions) Act 1984)逮捕。该法第12条规定，警察可以在无逮捕令的情况下逮捕"他有合理理由怀疑"涉及恐怖主义行动的任何人，同样的措辞规定在PACE第24条中。争议的焦点在于，该警察在被其他同事简单告知该上诉人涉及一次谋杀案件之后，是否有权逮捕该嫌疑人（本案中，上诉人被拘留了15天而没有被告知任何理由，最后因不起诉而释放）。上议院认为，要构成合理的逮捕，"该警察在逮捕某人的时候应该知道存在导致怀疑其犯罪的情报"。是该警察被授予了逮捕的权力，那么就算导致该警察对上诉人产生怀疑的情报确实"可能来自于其他警察"，他也不能仅仅应其他警察的要求或告知而径行逮捕的权力。但是在本案中，尽管上诉法院对该实施逮捕的警察被简单告知的内容"缺乏足够的证据"，仍然判决：根据本案事实，上诉人败诉，该逮捕为合法逮捕。

---

[68] 也见J.R.斯潘塞，《新法律期刊》，2005年4月1日(J R Spencer, NLJ, 1 April 2005)。

[69] 《上诉案例汇编》，1997年，第286页起([1997] AC 286)。

除了警察实施逮捕的这些权力之外，PACE 第 24 条 A 还规定，警察之外的人也有权在没有逮捕令的情况下逮捕正在实施可起诉犯罪（indictable offence）的任何人，或者他或她有合理理由怀疑正在实施此类犯罪的任何人。进一步，当一项犯罪已经被实施了，警察之外的人也可以在没有逮捕令的情况下逮捕实施了犯罪的任何人，或者他或她有合理理由怀疑实施了犯罪的任何人。⑦ 这项即决逮捕权力被限制在可起诉犯罪的范围之内是一个重要的限制，但是大多数人并不知道哪些犯罪是可起诉的，哪些则不可。第 24 条 A(3)对这种权力规定了进一步的限制（这可能会导致不明智地实施该权力），规定实施逮捕的人必须在有合理理由相信"第 24 条 A(4)中提到的任何一种理由适用于此，有必要逮捕当事人"，而警察却无法实施逮捕。第 24 条 A(4)依次规定了这种即决逮捕权力的正当理由：防止被逮捕的人对自己或他人造成身体上的伤害，防止被逮捕的人自己受到伤害，防止被逮捕的人造成财产的损失或损害，防止被逮捕的人在警察到来接替责任之前逃走。尽管这些权力都被严格限定，但也足以使户主能够逮捕夜盗者（举个简单的例子）。但更可能的是，这些规定在实践中将逮捕的权力赋予了社区援助人员或其他受雇于警察机构的人员。

(c) 普通法上无逮捕令的逮捕权力。除了 PACE 第 24、24 条 A 规定的无逮捕令逮捕的权力之外，一些普通法上的剩余权力仍然有效。在普通法上，警察有权在没有逮捕令的情况下逮捕实施

---

⑦ 见沃尔特斯诉史密斯父子有限公司案，《王座分庭案例汇编》，1914 年，第 1 卷，第 595 页起（*Walters v W H Smith & Son Ltd* [1914] 1 KB595），又见英王诉塞尔夫案，《刑事上诉案例汇编》，1992 年，第 95 卷，第 42 页起（*R v Self* [1992] 95 Cr App R 42）。

了危害安宁行为(breach of the peace)的任何人。但是这种权力——其目的是"应付紧急情况"——"不仅属于警察,而且也属于普通公民"。⑦ 英王诉豪厄尔(R v Howell)一案⑫ 的重要判决确立了以下原则:在三种情形下,逮捕的权力才能予以实施——危害安宁的行为当场发生,或者尽管当事人被逮捕时并没有实施此类行为,但实施逮捕的人合理相信被逮捕的人马上就要实施此类行为,或者危害安宁的行为已经发生,但实施逮捕的人合理相信存在再次发生此类犯罪的威胁。豪厄尔案还确立了这样的规则:除非实施了或威胁实施危害人身或财产的行为——无论这种行为已经造成还是可能造成此种危害,或使人陷入对此种危害的恐惧——否则不能构成对安宁的危害。⑬

484　　在妨碍警察履行职责情形下,构成对安宁的危害是实施无逮捕令逮捕权力的基本要素。

在沃斯霍夫诉伦敦警察局长(Wershof v Metropolitan Police Commissioner)案⑭ 中,一个年轻律师被他的兄弟打电话叫到

---

⑦　见麦奎德诉亨伯赛德总警长案,《英格兰及威尔士上诉法院民事案例汇编》,2001年,第1330页起;《每周法律报告》,2002年,第1卷,第1347页起(McQuade v Chief Constable of Humberside [2001] EWCA Civ 1330; [2002] 1 WLR 1347, at para [20])。

⑫　《王座分庭案例汇编》,1982年,第416页起([1982] QB 416)。也见艾伯特诉拉文案,《上诉案例汇编》,1982年,第546页起(Albert v Lavin [1982] AC 546),以及福克斯诉默西赛德总警长案(Foulkes v Merseyside Chief Constable [1998] 3 ALL ER 705)。

⑬　对安宁的危害可以发生在私人场所,见:麦康奈尔诉大曼彻斯特总警长案,《全英格兰案例汇编》,1990年,第1卷,第423页起(McConnell v Chief Constable of Great Manchester [1990] 1 ALL ER 423)。

⑭　《全英格兰案例汇编》,1978年,第3卷,第540页起([1978] 3 ALL ER 540)。

他们的家庭珠宝商店,因为他的兄弟与警察就一枚戒指发生了争执,警察认为这枚戒指是偷来的。年轻律师赶到后,告诉警察如果能够开一张收据的话,就可以把戒指拿走。但是警察拒绝开收据,于是年轻律师拒绝交出戒指。在一阵争执之后,警察以妨碍履行职责为由逮捕了该年轻律师。警察狠狠地、让人无比痛苦地抓住年轻律师的右臂,反拧着他的胳膊将其押走。后来,年轻律师提起了人身侵权损害赔偿的诉讼并胜诉。在该诉讼中,法院认为,警察只有在故意妨碍履行职务的当事人实际造成了或可能造成对安宁的危害,才有权在无逮捕令的情况下逮捕该当事人。而在本案中,警察清楚这个年轻律师并不会武力反抗没收该戒指。

上诉法院在毕比诉埃塞克斯总警长(*Bibby v Chief Constable of Essex*)案[75]中审查了这些普通法权力,认为这些权力是"例外的"(exceptional)。在考察了一些以前的判决[76]后,希尔曼法官(Schiemann LJ)认为,这种权力的实施必须要满足四个前提条件。第一,"在没有当场实施非法行为的情况下,只有足够真实的、现实存在的对安宁的威胁才能为剥夺一个人的自由提供正当理由";第二,这个威胁必须来自于将被逮捕的人;第三,该行为必须"明确地侵

---

[75] 《泰晤士报》,2000年4月24日(*The Times*, 24 April 2000)。
[76] 见福克斯诉默西赛德总警长案,《全英格兰案例汇编》,1998年,第3卷,第705页起;尼科尔诉检察长案,《治安法官案例汇编》,1996年,第160卷,第155页起(*Nicol v DPP* [1996] 160 JP 155);以及雷德蒙-贝特诉检察长案,《泰晤士法律汇编》,1999年,第562页起(*Redmond-Bate v DPP* [1999] TLR 562)。

犯了他人的权利,而且其自然的后果必然是导致第三方实施并非完全没有道理的暴力行为";最后,被逮捕的人的行为必须是不讲道理的。上诉法院还确认(不同于苏格兰),尽管危害安宁为即决逮捕提供了理由,但其本身并不是一种犯罪,如果"真实的危险"不再存在,即被逮捕的人不会再危害安宁,那么当事人必须被释放。⑦

2. **逮捕的方式**。尽管实施合法逮捕的第一个要素是要具备法律上的依据,但这不是唯一的要素。合法的逮捕还要求以一定的合法方式执行逮捕,这意味着被捕者必须被告知逮捕的事实(即他或她被逮捕了)和被逮捕的原因(PACE,第 28 条),这是"议会提供给个人抵制逮捕权力无节制滥用"的武器。⑱ 在克里斯蒂诉利钦斯基(Christie v Leachinsky)一案⑲ 中也许可以找到后一个规则(要求说明逮捕理由)的起源。该案中的利物浦警方,在明知不符

---

⑦ 威廉森诉西米德兰总警长案,《英格兰及威尔士上诉法院民事案例汇编》,2003年,第 337 页起;《每周法律报告》,2004 年,第 1 卷,第 14 页起(*Williamson v West Midlands Chief Constable* [2003] EWCA Civ 337;[2004] 1 WLR 14)。

⑱ 希尔诉南约克郡总警长案,《全英格兰案例汇编》,1993 年,第 2 卷,第 321 页起(*Hill v Chief Constable of South Yorkshire* [1990] 1 ALL ER 1046)。

⑲ 《上诉案例汇编》,1947 年,第 573 页起([1947] AC 573),第 593 页(西蒙兹爵士[Lord Simonds])。同时也见:佩德罗诉迪斯案,《全英格兰案例汇编》,1981 年,第 2 卷,第 59 页起(*Pedro v Diss* [1981] 2 ALL ER 59)。但是要注意的是 1984 年法高于普通法的地位,见:希尔诉南约克郡总警长案(见注释 78)。关于克里斯蒂诉利钦斯基案持续性的重要意义,请见奥劳克林诉埃塞克斯总警长案,《每周法律报告》,1998 年,第 1 卷,第 374 页起(见注释 26);英王诉乔克利案,《王座分庭案例汇编》,1998 年,第 848 页起(*R v Chalkley* [1998] QB 848),以及泰勒诉泰晤士河谷总警长案,《英格兰及威尔士上诉法院民事案例汇编》,2004 年,第 858 页起,《每周法律报告》,2004 年,第 1 卷,第 3155 页起(*Taylor v Thames Valley Chief Constable* [2004] EWCA Civ 858;[2004] 1 WLR 3155)。

合一项地方法规定的情况下仍然声称要实施该法规定的逮捕权力。当涉案警察后来因非法逮捕和非法拘禁被起诉时,他们主张逮捕是合法的,因为他们后来得知利钦斯基可以因为其他的犯罪而被逮捕。上议院认为原来的逮捕是违法的,因为被捕者有权在被逮捕时知道自己被逮捕的原因,这是构成合法逮捕的一个条件。虽然不需要在逮捕的时候告知最后的指控理由,但是"被捕者有权被告知自己是因为何事而被逮捕的"。有人曾说过,"告知真正的逮捕理由具有最高的宪法意义"。[30]

逮捕的理由必须在逮捕当时告知,或在逮捕之后可能的情况下尽快告知。[31]尽管具体法律并没有规定如何告知,但如果警察不告知的话,逮捕就是不合法的(PACE,第28条(1)、(3))。[32]这一点也被上诉法院在泰勒诉泰晤士河谷总警长案[33]中予以尊重,法院认为"相关的原则仍然是那些在克里斯蒂案中得以确立的原则"。在泰勒案中,一名十岁的小男孩在参加另外一场示威活动时被逮捕,并被告知他是因为6个月前4月18日希尔格鲁夫(Hillgrove)农场的暴力扰乱行为(那时他和他母亲一块参加了一场反对活体解剖的抗议活动)而被捕的。法院认为,被捕的人必须被"以

---

[30] 爱德华兹诉检察长案,1993年,第97卷,第301页起(Edwards v DPP [1993] 97 Cr App R 301)。

[31] 道斯诉检察长案,1995年,第1卷,第65页起(Dawes v DPP [1995] 1 Cr App R 65)。

[32] 尼克拉斯诉帕森尼基案,《道路交通案例汇编》,1987年,第199页起(Nicholas v Parsonage [1987] RTR 199)。

[33] 见注释79。

他能明白的简单的、非技术化的术语"告知"自己被捕的基本法律和事实理由"。[84] 法院也认为,每个案件必须建立在自己的事实基础上,但是"法律从来没有要求向被捕人告知详尽的细节"。[85] 在该案中,尽管法院认为在一些案件中"有必要提供与其他案件相比更多的事实",[86] 但仍然承认本案逮捕之时警察所提供信息是足够的。与警察的拦截和搜查权不一样的是,警察(哪怕未穿制服)在行使逮捕权的时候不存在制定法上表明身份的义务。但阿巴斯诉伦敦警察局长(Abbassy v Metropolitan Police Commissioner)案[87] 却暗示,普通法上可能存在这样的要求。

与 PACE 第 28 条的要求有关,两个有趣的问题被提了出来。第一个问题是,如果警察没有在逮捕的时候告知被捕者逮捕的事实和理由,而事后又没有在可能的时候尽快告知,结果怎样?这种后续行为的不合法是否会导致了之前逮捕行为的不合法呢?在检察长诉霍金斯(DPP v Hawkins)案[88] 中,法院的回答是不:

---

[84] 同上,第[24]段(克拉克法官)(at para [24] (Clarke LJ),引用了福克斯诉联合王国案,《欧洲人权报告》,1991年,第13卷,第157页起(Fox v UK (1991) 13 EHRR 157)。

[85] 同上,第[35]段。

[86] 见墨菲诉牛津案,《上诉法院记录》,1985年,第56页起(Murphy v Oxford [1985] CA Transcript 56)(该案被上述泰勒案所引用)。该案中,"一个因为夜盗罪被捕的人被告知,他是因为被怀疑在 Newquay 实施夜盗而被捕的。正如上诉法院民事庭庭长约翰·唐纳森勋爵(Lord Donaldson MR)所言,既没有提到在 Newquay 被盗的处所是一个旅馆,也没有提到犯罪事实发生的日期"。

[87] 《全英格兰案例汇编》,1990年,第1卷,第202页起([1990] 1 ALL ER 202)(引用了伯恩的《治安法官》(Burn's Justice of the Peace, 1755))。

[88] 《全英格兰案例汇编》,1988年,第3卷,第673页起([1988] 3 ALL ER 673)。

> 当一个警察被合法授权行使逮捕权力,但当场告知事实和理由不切实际的情况下……他有义务执行逮捕,直到切实可行的时候再告知被捕者。如果他在切实可行之时也没有告知被逮捕者,则逮捕就是非法的,但这并不意味着以前已经执行逮捕的行为以及在执行逮捕中履行职责的行为,会溯及地无效。[89]

第二个问题是,如果警察毫无理由地耽搁了告知被捕者事实和理由的时间,是否这种不合法会导致逮捕因此非法,从而后续的整个过程都无效?同样,回答似乎也是否定的。

> 在刘易斯诉南威尔士总警长(Lewis v Chief Constable of South Wales)一案[90]中,两位妇女因为夜盗而被捕,但是并没有被告知逮捕的原因。她们被带到警察局,分别在被逮捕10分钟和23分钟后才被告知逮捕的理由;又过了大约5个小时,她们才被释放。后来她们提起诉讼,主张受到了非法逮捕和非法拘禁。该案提出的问题是,她们是否有权因为分别被延迟了10分和23分钟才被告知被捕理由或5个小时的拘禁而获得赔偿。上诉法院同意一审法院判决的意见,尽管由于这两位妇女没有被及时告知被捕理由而使该逮捕非法,但是

---

[89] 同上,第674页。
[90] 《全英格兰案例汇编》,1991年,第1卷,第206页起([1991] 1 ALL ER 206)。

这种非法在被告知逮捕理由后就被消除了。法院认为这个结果并非与 PACE 第 28 条(3)不一致。

虽然警察在实施逮捕的时候要合理地使用权力,[91] 但是如果没有合理地使用这种权力,并不必然导致整个逮捕行为的非法。[92]

3.逮捕权力的运用。尽管警察实施逮捕权力必须要有依据并且要选择合适的方式,但并不是满足了这两个条件的逮捕都必然合法。逮捕权是一种裁量权,和其他公共官员的裁量权一样,都要受到法院的司法审查以防止该权力被不适当的使用。

在霍尔盖特－穆罕默德诉杜克(*Holgate-Mohammed v Duke*)一案[93] 中,上诉人在警察没有逮捕令的情况下被逮捕,并被带到警察局讯问关于偷窃珠宝的事。逮捕的依据是1967 年《刑法法》第 2 条第 4 款(现在由 PACE 中第 24 条(2)),该条文允许警察只要有合理理由怀疑某人实施了某项有合理理由怀疑已经发生的犯罪,才可以在没有逮捕令的情况下逮捕该嫌疑人。该上诉人后来并没有被起诉就被释放了。随后,她提起诉讼,主张自己受到了非法拘禁。上议院认为,制

---

[91] 1984 年《警察和刑事证据法》,第 117 条。
[92] 辛普森诉南约克郡总警长案(*Simpson v Chief Constable of South Yorkshire Police*),见《泰晤士报》,1991 年 3 月 7 日。又见:希尔诉南约克郡总警长案(注释 78)。
[93] 《上诉案例汇编》,1984 年,第 40 页起([1984] AC 437)。也见卡斯托里纳诉萨里总警长案,《新法律期刊》,1988 年,第 138 期,第 180 页起(*Castorina v Chief Constable of Surrey* [1998] 138 NLJ 180)。

定法授予的逮捕权的行使必须要符合所谓的"温斯布里原则"(Wednesbury principles),该原则的核心在于裁量权不能被滥用。本案的警察在逮捕上诉人时,认为与在她家询问她(如果这样,她可以随时断然命令警察离开她的家)相比,在警察局讯问她会使她作出更为真实地回答。整个案件中并不存在违反"温斯布里原则"的裁量权滥用。因此,上议院驳回了她的上诉。

尽管法院并不愿经常在"温斯布里原则"的意义上判决逮捕权力被不适当的实施,但这个判决确立了一个有决定性意义的原则。而普兰吉诉南亨伯赛德总警长(*Plange v Chief Constable of South Humberside*)案[94] 就是这样的一个案子。

原告被认为伤害了第三人,后者向警察报了案。在知道第三人后来已经不愿对原告提出诉讼的情况下,警察仍然逮捕了原告并把他拘留了四个小时。对于原告来说,可以勉强承认警察逮捕时有合理的理由怀疑自己已经实施了可被逮捕的犯罪。但是即使承认本案的"特殊情况",法庭仍然认为,"就算有足够的证据可以呈给陪审团、就算逮捕的前提条件(如今规定在 PACE 第 24 条(2)中)已经满足,这个逮捕行为仍然是非法的"。

---

[94] 《泰晤士报》,1992 年 3 月 23 日。

普兰吉案在英王诉乔克利(R v Chalkley)案⑮中被区别开来,在后一个案件中,警察同样根据 PACE 第 24 条(2)在没有逮捕令的情况下逮捕了涉及信用证诈骗的被告。这次逮捕的目的是为了能够进入被告的家中安装窃听装置,以便能够掌握他们怀疑的更为严重的犯罪的证据。被告在被捕之后就被释放了,但是通过窃听器录下的被告家中对话的磁带却在针对被告的持械抢劫诉讼中成为证据。上诉法院认为他们并没有被非法逮捕,其原因在于,"本案中有两个理由导致逮捕,其中一个是被说明的充足理由,另一个是附带的理由,后者并不必然导致逮捕非法。"更近些时候,上诉法院暗示,"温斯布里裁量原则下的传统的宽大范围"可能不得不受到适当案件中"人权法学"(human rights jurisprudence)的限制。⑯ 这样,对人权公约的权利(比如自由权)"越实质性的干涉","宽大的温斯布里合理原则的范围就会变得越狭小"。⑰

---

⑮ 《王座分庭案例汇编》,1998 年,第 848 页起([1998] QB 848)。比较英王诉柯克案,《全英格兰案例汇编》,1999 年,第 4 卷,第 698 页起(R v Kirk [1999] 4 ALL ER 698)。也见亨德森诉克利夫兰总警长案,《每周法律报告》,2001 年,第 1 卷,第 1103 页起(Henderson v Chief Constable of Cleveland Police [2001] 1 WLR 1103)。

⑯ 阿尔-法耶德诉伦敦警察局长案,《英格兰及威尔士上诉法院民事案例汇编》,2004 年,第 1579 页起(Al-Fayed v Metropolitan Police Commissioner [2004] EWCA Civ 1579)。

⑰ 也见卡明诉诺森布里亚总警长案,《英格兰及威尔士上诉法院民事案例汇编》,2003 年,第 1844 页起(Cumming v Northumbria Chief Constable [2003] EWCA Civ 1844)。

C. 警察拘留和讯问嫌疑人的权力

对嫌疑人的拘留

警察实施逮捕之后,必须在可能的情况下尽快把被逮捕的人带到警察局(第30条),但是为了在其他地方即刻的调查需要,也可以延后再带到警察局(第30条(10))。这些条款被2003年《刑事司法法》所修正,该法为第30条(1)规定的义务引入了一个例外,针对的是那些在被带到警察局之前任何时间内被警察准予保释的被逮捕者(即所谓的"当街保释"(street bail)(第30条A))。在任何一个为这种拘留而设置的警察局㊳里都必须配置一名拘留官(custody officer),他可能是一名警衔不低于警士(sergeant)的警察,也可能是被任命充当看守的文职雇员(第36条)。㊴ 拘留官的职责就是在有必要获取、保存与犯罪有关的证据或通过盘问嫌疑人以获得此类证据时,授权对嫌疑人予以拘留(第37条)。监管职员必须确保拘留的执行符合1984年法以及实施细则C(《警察拘留、对待和讯问嫌疑人实施细则》)的要求(第39条)。除了拘留官

㊳ 见1984年法,第35条。
㊴ 这种有重要意义的"为保证拘留对象的福利和利益"所设计的措施的局限,见:文斯诉多塞特总警长案(注释31)。对文职雇员充当拘留官的规定见2005年《有组织重罪和警察法》,第120–121条。

外,处于被捕者(尚未被起诉)和调查小组之间的另一中间人是监察官(review officer),他的警衔不低于警督(inspector)且与案件调查没有利害关系。法律要求他们对拘留活动进行常规的监察。第一次监察应该在第一次拘留后不迟于六个小时内进行,接下来的监察应该每隔不超过九个小时进行一次。如果没有设置监察官或监察员可能对调查不利,则监察可以被推迟,但一旦这两种情况转变为可行,则应尽快进行监察(第 40 条)。[100]

1974 年《防止恐怖主义(临时条款)法》(the Prevention of Terrorism (Temporary Provisions) Act 1974)[101] 第一次授予了警察为了讯问而拘留嫌疑人的权力,该法允许拘留时间长达 7 天。这项权力在苏格兰被 1980 年《刑事司法(苏格兰)法》(the Criminal Justice (Scotland) Act 1980)第一次予以规定,授权警察可以拘留(无须逮捕)嫌疑人的时间最多为 6 个小时,该权力被认为是一项即决性权力。[102] 如今,PACE 允许警察在释放或起诉前首先拘留被逮捕的人长达 24 小时(第 41 条);如果是一次可起诉的犯罪,警衔不低于督察

---

[100] 如果没有在正当的时间内监察可能会导致拘留的违法,见:罗伯茨诉柴郡总警长案,《每周法律报告》,1999 年,第 1 卷,第 662 页起(*Roberts v Chief Constable of Cheshire* [1999] 1 WLR 662)。如果合适的监察官在相关的时间没有在警察局内,可以用电话的方式进行监察,见 1984 年法第 40 条 A,也见 45 条(电视通信渠道 video links),这两条都是有 2001 年《刑事司法和警察法》第 73 条补充进去的。新的第 45 条 A 推翻了英王诉肯特总警长(申请人:肯特警察联合会)案的判决,见《刑事上诉案例汇编》,2000 年,第 2 卷,第 196 页起(*R v Kent Chief Constable ex p Kent Police Federation* [2000] 2 Cr App R 196)。

[101] 见第 26 章 E。

[102] 见现在 1995 年《刑事诉讼程序(苏格兰)法》(Criminal Procedure (Scotland) Act 1995),第 14 条。见伦敦、布朗:《刑事诉讼程序》(Renton and Brown, *Criminal Procedure*)。

(superintendent)的警察可以把拘留时间延长为 36 小时(第 42 条),对于这类包括谋杀、过失杀人、强奸、诱拐以及许多其他犯罪的可起诉犯罪,如果治安法院(由**两名或更多**治安法官(justice of peace)出庭,这也是一种可能的重要的权利防卫措施)根据警察的申请,认为延长拘留时间以盘问被拘留者,有助于获得或保存证据,可以把拘留时间由 36 个小时延长到 96 个小时(第 43 条)。被拘留者应该被告知向治安法官申请延长拘留时间的事实,并可以在听证中得到合法代表。如果法院不同意延长拘留,被拘留者必须马上被释放或被起诉。这样,一个可能犯了"可起诉犯罪"的被逮捕者从被带到警察局开始,可能会被拘留、盘问长达 96 个小时。

警察可以在警察局搜查、检查被捕者,取其指纹,对其照相,还可以取得当事人的隐秘性或非隐秘性(intimate or non-intimate)的人体样本。PACE 第 54 条规定了对被捕者和被拘留者的搜查权,并要求拘留官查明该嫌疑人所带的每件东西,[⑯] 并授权拘留官对这些物品予以登记。除了衣物和私人财产外,任何东西都可以被扣押;但如果拘留官有合理理由相信这些衣物和私人财产可能是与犯罪有关的证据,或者认为被捕者可能用这些物品伤己或伤人、损害财产、扰乱取证或帮助逃脱,也可以扣押这类物品。根据第 54 条 A,相当于警官级别的警察可以授权对被拘留的人采取搜查和

[⑯] 搜查权在普通法上的地位,见林德利诉拉特,《王座分庭案例汇编》,1981 年,第 128 页起(*Lindley v Rutter* [1981] QB 128);布拉齐尔诉萨里总警长案,《全英格兰案例汇编》,1983 年,第 3 卷,第 537 页起(*Brazil v Chief Constable of Surrey* [1983] 3 ALL ER 537)。

检查措施,以确定他或她身上是否有可能导致认定他或她是涉及实施该犯罪的团体中一员的任何身份记号。[104] 第55条规定了隐秘性搜查,比如,对除了口腔之外的人体体腔的检查。[105] 但是这个措施必须满足两个条件:第一,有不低于警官级别的警察授权;第二,有合理的理由相信被拘留者可能在身上隐匿了A类药物或藏有其他可能用来伤己、伤人的物品。在这个检查的过程中,警察可以"扣押"任何有理由相信可能导致人身伤害、财物损害、扰乱取证或有助于逃脱的物品。[106] 毒品犯罪搜查必须要征得被搜查人的书面同意后才能进行(第55条(3A)),尽管若是当事人拒绝同意,相反的推论也可能得出。[107]

以前,取得被捕者指纹的正规形式是要征得当事人的同意。但苏格兰的情况不一样,[108] 而英格兰和威尔士的做法也随着PACE的颁布发生了变化。该法第61条允许警察在一个很大的范围内未经当事人同意而取得其指纹,前提是得到警官的授权。[109]

---

[104] 由2001年《反恐怖主义、犯罪和安全法》(Anti-terrorism, Crime and Security Act 2001)第90条最先规定。新规定允许在不经当事人同意的情况下拍照记录下任何此类记号。

[105] 见:英王诉休斯案,《每周法律报告》,1994年,第1卷,第876页起(R v Hughes [1994] 1 WLR 876)(隐秘性检查不是指外表观察,而是指深入体内的检查)。

[106] 进一步请见实施细则C:《警察拘留、对待和讯问嫌疑人实施细则》。特别是第4.1段和附则A(annex A)。

[107] 2005年《毒品法》(Drugs Act 2005)第3条修正了PACE的第55条。

[108] 阿代尔诉麦加里案,《苏格兰法律时评》,1933年,第482页起(Adair v McGarry 1933 SLT 482)。

[109] 根据2001年《刑事司法和警察法》(the Criminal Justice and Police Act 2001)第78条规定的修正案,取得指纹的情形和指纹的性质的范围都扩大了,指纹被界定为包括掌纹。

而第61条A允许警察在很大范围内取得当事人的鞋印。[110] 根据第62条的规定,隐秘性样本还是只能在一个更受限制的范围内得到。隐秘性样本被界定为各种身体体液的样本,包括从人体隐秘部位得到的血液和化验样品(第65条),但是现在不包括从口腔里得到的样本。[111] 除了尿和唾液,这些样本必须由医师或护士取得,齿模必须由牙医取得。然而和指纹取得不同,隐秘性样本的取得必须要取得当事人的同意。但是,如果当事人没有拒绝提供样本的合理理由,就可能导致法庭"从该拒绝中得出推论,认为警察行为是适当的"(第62条(10))。相反,如果当事人被拘留的理由是实施了"可记录犯罪"(recordable offence),那么,只要一个不低于警官级别的警察授权,就可以不需要取得当事人的同意而取得其非隐秘性的样本(例如:头发,从指甲下取得的某种样本,或从口腔里取出的棉球等)(第63条)。如果一个人已经被以触犯"可记录犯罪"为由起诉或宣判有罪,也可以不经他或她的同意取得其非隐秘性样本。[112] 在某些案件中,被警察拘留的人也可能要接受毒品检测,[113] 被逮捕的嫌疑人(以及其他人)也可能在未取得其同意的情况下被照相。[114]

---

[110] 2005年《有组织重罪和警察法》,第118条。

[111] 1994年《刑事司法和公共秩序法》,第58条,修改了PACE第65条。现在请见2005年《有组织重罪和警察法》,第119条。

[112] PACE,第63条(3A、3B),由1994年《刑事司法和公共秩序法》第55条所增加。现在见1997年《刑事证据(修正案)法》(Criminal Evidence (Amendment) Act 1997)。

[113] 1984年法,第63条B,由2000年《刑事司法和法院机构法》(Criminal Justice and Court Service Act 2000)第57条增加。

[114] PACE第64条A(被2005年《有组织重罪和警察法》第118条修正)。

考虑到科技的发展,一个重要的问题提了出来,即从这些样本(隐秘性或非隐秘性的)中获得的信息可能会被警察用来充实全国范围内的个人 DNA 记录。确实,1994 年对 PACE 的改革目的之一就是允许把样本用于 DNA 测试,这将会成为警察的一个有力武器,其目的是要使英国拥有世界上最完备的 DNA 数据库。这可能会对个人隐私产生明显的影响,[115] 虽然预防和侦查犯罪具有相当重要的意义,[116] 但对私人来说,明显需要在警察使用他们信息时加强防卫措施。这些信息是否应该由警察部门而不是一个独立的公共机构收集,是一个值得考虑的问题,[117] 同样,目前的立法框架是否使两种相互抵触的公共利益达到合理的平衡也还有待商榷。PACE 明确授权警察可以把根据该法从上述样本中得到的信息与自己所掌握的或别处代表警察所掌握的其他信息相核对。[118] 除此之外,警察可以保留这些获得的材料并用于"推理性搜查"(speculative searches)——甚至涉及那些没有在任何犯罪中被怀疑、被起诉或被宣判有罪的人,这种情形随着近些年对 PACE 的一系列修改而大大地增加了。[119] 法院认为保留那些被宣告无罪的人的指纹

---

[115] 见 M.雷德梅因,《刑事法律评论》,1998 年,第 437 页起(M Redmayne [1998] Crim LR 437)。

[116] 见《总检察长咨询意见》(1999 年第 3 期),《上诉案例汇编》,2001 年,第 2 卷,第 91 页起(*Attorney-General's Reference* (No. 3 of 1999) [2001] 2 AC 91)。

[117] 见"调查刑事司法的皇家委员会报告",《政府文件》,1993 年,第 2263 号,第 14－16 页(Royal Commission on Criminal Justice, Cm 2263, 1993, pp14－16)。

[118] PACE,第 63 条 A,被 2001 年《刑事司法和警察法》第 81 条增加。

[119] 见 2001 年《刑事司法和警察法》,第 80－82 条,对 PACE 第 62－64 条做了一系列的修改。

和样本并不违反 ECHR 第 8 条的规定。[120]

嫌疑人的权利

1. **沉默权**。[121] 嫌疑人或被告有权保持沉默是刑事诉讼程序中一项重要的原则;获得证明嫌疑人有罪的证据是警察的职责,嫌疑人不需要证明自己的清白。如今,ECHR 中规定"获得公平审判的权利"的第 6 条也强调了这一点。[122] 对讯问阶段权力滥用的控制主要由刑事法院负责。[123] 长久以来确定的是,被告的供认或陈述在审判的时候不被纳入到证据中,除非被告是自愿的,即该供认或陈述不是因为害怕招致有权之人的偏见或希望获得他的袒护而作出的,也不是迫于压力作出的。[124] 进一步地,王座分庭(the Queen's

---

[120] 英王诉约克郡总警长(申请人:S)案,《上议院案例汇编》,2004 年,第 39 页起;《每周法律报告》,2004 年,第 1 卷,第 2196 页起(R (S) v South Yorkshire Chief Constable [2004] UKHL 39; [2004] 1 WLR 2196)。

[121] 这项权利的不同含义,见英王诉严重欺诈办公室主任(申请人:史密斯)案,《上诉案例汇编》,1993 年,第 1 页起,马斯蒂尔爵士(R v Director of Serious Fraud Office ex p Smith [1993] AC 1, per Mustill)。一般请见赞德:《1984 年警察和刑事证据法》,第 303 - 323 页。也见《政府文件》,1972 年,第 4991 号(Cmnd 4991, 1972);以及 S. 格里尔,《现代法律评论》,1990 年,第 53 卷,第 709 页起(S Greer (1990) 53 MLR 709)。

[122] 尽管"不是一项绝对的权利",欧洲人权法院仍然把沉默权"置于公约第 6 条公平程序观念的核心",见:康德伦诉联合王国案,《欧洲人权报告》,2000 年,第 31 卷,第 1 页起,第 20 页(Condron v UK (2000) 31 EHRR 1 at 20)。也见默里诉联合王国案,《欧洲人权报告》,1996 年,第 22 卷,第 29 页起(Murray v UK [1996] 22 EHRR 29)。

[123] 见洛德威克诉桑德斯案,第 580 - 581 页(沃特金斯法官(Watkins LJ))。

[124] 易卜拉欣诉英王案,《上诉案例汇编》,1914 年,第 599 页起(Ibrahim v R [1914] AC 599)。

Bench Division)的法官于1912年首次,第二次是在1964年,[125]创造了一些指导警察获取被讯问人陈述的规则。法官规则(Judges' Rules)并没有法律的效力,但是符合这个规则的自愿陈述经常被纳入到证据之中,而严重违反该规则所获得的陈述可能被排除在证据之外。[126] 1964年的法官规则要求,警察一旦有证据合理怀疑嫌疑人已经实施了犯罪,就要尽快警告被讯问的人。当一个人被以某个罪名起诉,他或她需要被再次警告。法官在说明这个规则的时候,强调这些规则并不是要影响下列原则:任何人在任何形式的调查中都应该可以单独咨询律师(假如并不因此给调查造成不合理的障碍);一旦有足够的证据,任何人都应该被以某个罪名起诉。[127]

1984年法(PACE)并没有直接触动沉默权。从无法追忆的远古以来,大家都已经接受了这样的观念:获得罪证的责任在于警察,嫌疑人没有责任证明自己的清白。然而,就像我们前面已经看到的那样,这个原则已经被1984年法的规定,即允许从被告不提供隐私性样本的行为中得出不利于被告的推论所侵蚀。更严重的是,1994年《刑事司法和公共秩序法》把这种侵蚀的范围扩大了。该法规定,如果被告在被警察讯问时或被以某个罪名起诉后没有

---

[125] "对警察的法官规则和行政指示"(*Judges' Rules and Administrative Directions to the Police*),"内政部通告"(Home Office Circular)1978年第89卷;《政府文件》,第8092-1号(Cmnd 8092-1, app12)。

[126] 例如:英王诉普拉格案,《全英格兰案例汇编》,1972年,第1卷,第1114页起(*R v Prager* [1972] 1 ALL ER 1114)。

[127] 见:英王诉霍姆斯(申请人:舍曼)案,《全英格兰案例汇编》,1981年,第2卷,第612页起(*R v Holmes ex p Sherman* [1981] 2 ALL ER 612)。

提及"辩护中任何可依据的事实",而这些事实在当时情形下是"可以合理认为当事人会提出来"的,那么法院在刑事诉讼程序中就可以得出对当事人不利的适当推论(第34条);[128]该法案还允许法院或陪审团从被告在法庭上不能提出证据或没有合理理由而不回答问题的情形中"得出这类适当的推论";更进一步,法院或陪审团可以从这些情形中得出决定被告是否有罪的适当推论。但是,被告并不因此被强迫要求提出有利于自己的证据,也不会因为没有提出这些证据而被视为藐视法庭(第35条)。[129]后来的修正案将这些权力的使用限制在被告在保持沉默之前已经享有法律代表帮助的情况下。[130]尽管"得出不利于被告的推论"并不违反欧洲人权公约,[131]"但是国内法庭在援引被告的沉默作出对他不利的推论之

---

[128] 这些变化的背景,见:"调查刑事司法的皇家委员会报告"(注释117),该报告支持沉默权。它们的运用,见英王诉阿金特案,《刑事上诉案例汇编》,1997年,第2卷,第27页起(R v Argent [1997] 2 Cr App R 27);英王诉麦加里案,《每周法律报告》,1991年,第1卷,第1500页起(R v McGarry [1999] 1 WLR 1500);英王诉康德伦案,《刑事上诉案例汇编》,1997年,第1卷,第185页起(R v Condron [1997] 1 Cr App R 185);以及康德伦诉联合王国案,《欧洲人权报告》,2000年,第31卷,第1页起(Condron v UK (2000) 31 EHRR 1);英王诉豪厄尔案,《刑事法律评论》,2003年,第405页起(R v Howell [2003] Crim LR 405);以及英王诉奈特案,《英格兰及威尔士上诉法院刑事案例汇编》,2003年,第1977页起;《每周法律报告》,2004年,第1卷,第340页起(R v Knight [2003] EWCA Crim 1977; [2004] 1 WLR 340)。对该案法完整的论述,参见赞德,第480–496页。

[129] 见英王诉考恩案,《王座分庭案例汇编》,1996年,第373页起(R v Cowan [1996] QB 373)。

[130] 1999年《青少年司法和刑事证据法》(Youth Justice and Criminal Evidence Act 1999),第58条。该法是鉴于默里诉联合王国案而颁布的。

[131] 埃弗里尔诉联合王国案,《欧洲人权报告》,2001年,第31卷,第839页起(Averill v UK (2001) 31 EHRR 839)案;比克尔斯诉联合王国案,《欧洲人权报告》,2003年,第36卷,第162页起(Beckles v UK [2003] 36 EHRR 162);以及英王诉奈特案,见注释128。

前必须给予特定的警告".⑫ 根据 1988 年《公路交通法》(Road Traffic Act 1988),警察可以要求车辆主人出示司机的身份证明,这没有构成对公约第 6 条的违反。⑬

2.拘留和讯问。PACE 允许在严重的犯罪案件中拘留、讯问嫌疑人长达 96 小时。为了减少这种权利被滥用的风险,PACE 规定对嫌疑人的拘留和讯问应该符合该法和实施细则 C 所规定的权利防卫措施。该法本身规定了两种防卫措施。第一,当事人不被禁止通信的权利。被拘留在警察局的被捕者,有权要求在可行的情况下尽快将自己被逮捕的事实告知朋友、亲属或其他自己认识的人(第 56 条)。⑭ 第二,被捕者有权要求在任何时间单独咨询律师(第 58 条),⑮ 并且是当事人,而不是警察,来

---

⑫ 比克尔斯诉联合王国案。
⑬ 布朗诉斯托特案,《上诉案例汇编》,2001 年,第 1 卷,第 681 页起(*Brown v Stott* [2001] 1 AC 681)。
⑭ 见英王诉克拉瓦拉案,《刑事法律评论》,1991 年,第 451 页起(*R v Kerawalla* [1991] Crim LR 451)。
⑮ 见英王诉塞缪尔案,《王座分庭案例汇编》,1988 年,第 615 页起(*R v Samuel* [1988] QB 615);英王诉阿勒代斯案,《刑事上诉案例汇编》,1988 年,第 87 卷,第 380 页起(*R v Alladice* [1988] 87 Cr App R 380)。在英王诉南威尔士总警长(申请人:梅里克)案,《全英格兰案例汇编》,1994 年,第 2 卷,第 560 页起(*R v South Wales Chief Constable ex p Merrick* [1994] 2 ALL ER 560)案中,法院认为,第 58 条并不适用于被拘留在治安法院的人在被拒绝保释后得到律师帮助的权利,但是同时认为普通法上存在"先于 1984 年法且并没有被该法废止的权利",该权利可以达到同样的效果。这个普通法上的权利并没有扩大到要求"在警察讯问时律师也在场"。见:英王诉北爱尔兰皇家警察总警长(申请人:贝格利)案,《每周法律报告》,1997 年,第 1 卷,第 1475 页起(*R v Chief Constable of the RUC, ex p Begley* [1997] 1 WLR 1475)。律师的作用,见英王诉帕里斯案,《刑事上诉案例汇编》,1993 年,第 97 卷,第 99 页起(*R v Paris* (1993) 97 Cr App R 99)。

决定向由哪个合适的律师向当事人提供咨询。[136] 在某些因可起诉犯罪而实施逮捕的案件中,如果经一个级别不低于警官的警察同意,可以在 36 个小时内不允许当事人行使这些权利,尤其适用于对证据或证人有危险的情形以及被拘留的人涉及毒品贸易犯罪的情形。PACE 第 56、58 条规定的两种权利都不适用于 2000 年《恐怖主义法》第 41 条(该条规定了一种无须逮捕令即可逮捕的一般性权力)和附则 8(涉及在港口和边境地区的拘留)。2000 年《恐怖主义法》用单独的条款规定了告知第三人和获得法律代表的权利,[137] 并可以在 48 个小时内不允许当事人行使这两种权利;在某些情况下,当事人要在一个穿制服警察的"视力和听力"范围之内咨询律师。[138] 如果警察的行为违反了允许当事人获得法律代表的义务,当事人也没有获得赔偿金的权利,[139] 但是警察从被告处获得的任何可以拒绝法律代表的证据都可能不被接受。[140]

制定法上不被禁止通信和单独会见律师的权利得到了实施细

---

[136] 英王诉诺森伯兰总警长(申请人:汤普森)案,《每周法律报告》,2001 年,第 1 卷,第 1342 页起(R (Thompson) v Chief Constable of Northunbria [2001] 1 WLR 1342)。

[137] 见第 26 章 E。

[138] 2000 年《恐怖主义法》,附件 8,第 9 段。

[139] 卡伦诉北爱尔兰皇家警察总警长案,《上议院案例汇编》,2003 年,第 39 页起;《每周法律报告》,2003 年,第 1 卷,第 1763 页起(Cullen v Chief Constable of the RUC [2003] UKHL 39;[2003] 1 WLR 1763)。

[140] 参见上面的英王诉塞缪尔案(注释 135),以及本章 E。

则 C(《警察拘留、对待、讯问嫌疑人实施细则》)的补充。[40] 只要涉及不被禁止通信的权利,被拘留者经过拘留官同意可以会见他人,也可以在合理的时间内与他人通电话,但是电话的内容(不包括和律师的通话)可以被警察监听并可能被用做后来刑事诉讼中的证据(第 5 部分)。当涉及获取法律咨询的权利时,警察讯问嫌疑人的时候必须允许其私人律师在场。只有在其律师的行为导致调查警察不能适当讯问嫌疑人时,才能要求该律师离开(第 6 部分)。该实施细则也涉及其他诸如拘留条件(第 8 部分)、对被拘留者的警告(第 10 段)、讯问方式(第 11 段)的内容。关于警告,当事人"在被问及……任何有关(被怀疑犯罪)的问题之前应该得到警告"。而由于 1994 年法的生效,警告的内容应该以这样的措辞表述:"你可以不说任何话。但是如果你没有提到今后你在法庭上被审问时所依据的事实,可能会不利于你的辩护。你所说的任何话都可能被视为证据。"而在实施讯问时,讯问人既不能试图"通过施加压力得到回答或诱导陈述";也不能"暗示被讯问者警察会因为他是否回答问题、作出陈述而采取何种措施,除非是回答被讯问者的直接发问"(第 11 段)。从任何时间起算的 24 小时之内,被拘留者一般应被允许有至少 8 个小时的连续休息时间,在这段时间内不受讯问、不被转移,也不受出自于调查的其他措施的干扰(第 12 段)。

3.讯问的记录。尽管有了这些权利防卫措施,但是人们仍然

---

[40] 见 D.沃尔乔夫和 A.希顿－阿姆斯特朗,《刑事法律评论》,1991 年,第 232 页起 (D Wolchover A Heaton-Armstrong [1991] Crim LR 232)。

继续对司法不公表示出忧虑,其矛头大多指向根据嫌疑人被拘留在警察局时提供的证据为基础定罪的情形。[⑫]除了布里奇沃特三人案件、吉尔福德四人案件和伯明翰六人案件(the cases of Bridgewater Three, the Guildford Four, and the Birmingham Six)——这些人都是在1984年法生效之前被宣判定罪的——外,最臭名昭著的案子就属托特纳姆三人案件(Tottenham Three)了。该案中的三个人因在1985年伦敦北部布罗德沃特农场(Broadwater Farm)骚乱中谋杀了一个警察而被判有罪,后来发现导致他们被判有罪的认罪口供是伪造的,于是1991年上诉法院推翻了对他们的有罪判决[⑬](上诉法院参考了内政大臣的一个意见,该意见是根据1968年《刑事上诉法》[the Criminal Appeal Act 1968]第17条作出的)[⑭]。自那时起开始有措施要求在警察局内对讯问过程进行录音,[⑮]但是值得注意的是,这些措施当时并不适用于恐怖主义犯罪。因此,在伯明翰六人案件中,由于没有义务对讯问进行录音,结果以虚假的口供作为证据,导致不公的审判降临在这六个人身上,造成英国司法史上最恶劣的事件之一。现在,2000年《恐怖主义法》规定要对这些案件适用同样的措施。[⑯]内政大臣可以发布命令要求对警察讯

---

⑫ 见沃克和斯塔莫:《错误中的司法》(Walker and Starmer, *Justice in Error*),以及诺布尔斯和希夫:《理解司法不公》(Nobles and Schiff, *Understanding Miscarriages of Justice*)。也见第18章F。

⑬ 英王诉希尔科特、布雷斯维特、拉基普(*R v Silcott, Braithwaite and Raghip*)案,《泰晤士报》,1991年12月9日。

⑭ 见第18章F。

⑮ 《行政立法性文件汇编》,1991年,第2687号;1992年,第2803号(SI 1991 No. 2687; SI 1992 No. 2803)。

⑯ 2000年《恐怖主义法》,附件8,第3段。

问嫌疑人进行录像,也可以通过制定实施细则对如何录像进行指导。[40]

《讯问嫌疑人录音实施细则》(实施细则 E)规定,录音应该公开进行,以逐步灌输对公平、正确的程序的信心。这个程序应被用于所有实施可起诉犯罪的嫌疑人,但根据 2000 年《恐怖主义法》而被逮捕的那些人除外(对他们有前述独立的条款规定)。在某些情形下,拘留官可以授权进行无录音的讯问(比如,从一开始就明显知道不会有起诉),而在一些情形下,也没有必要完全确认讯问警察的身份。如果某人被起诉,正当程序下他应该被提供一份录音的拷贝。该细则一个至关重要的规定是,对讯问的录音要制成两份磁带,其中一份应该在嫌疑人在场的情况下被密封起来。这一份用做法律诉讼中的拷贝,封印只能在有必要的时候,而且有刑事起诉署(Crown Prosecution Service)代表在场、提前通知被录音人并给予合理在场机会的情况下才能打开。目前,还没有对讯问进行录像的法定义务,但这方面的实践受到被粗略称之为《讯问嫌疑人视频录像(包含声音)实施细则》(*Code of Practice on Visual Recording with Sound of Interviews with Suspects*)(实施细则 F)的调整。从条文规定上看,该细则与实施细则 E 非常类似。

---

[40] 2001 年《刑事司法和警察法》,第 76 条,为 1984 年法增加了新的第 60 条 A。关于在恐怖主义案件中进行录像的相同条款规定在 2000 年《恐怖主义法》,附件 8,第 3 段。

D. 警察进入、搜查和扣押的权力[148]

警察进入的权力

卡姆登勋爵在恩蒂克诉卡林登(*Entick v Carrington*)案[149]中说,"根据英格兰法,对私人财产的每一次侵犯,哪怕多么细微,都是非法侵犯。没有我的许可,任何人都不能进入我的领地,就算我没有损失,侵入者也可能被提起诉讼。"这个原则被适用于戴维斯诉莱尔(*Davis v Lisle*)案[150]中,法院认为,两个警察为了调查一辆造成公路堵塞的卡车而进入私人车库,当车库的占有人叫他们离开的时候,他们就成了侵入者。但是在几种情况下,警察可以合法进入私人财产领域。一种情况是,如卡姆登勋爵所暗示的那样,已经得到所有人或占有人的同意。[151]罗布森诉哈利特(*Robson v Hallett*)案[152]认为,像其他公众一样,一个为了合法事务的警察来到房

---

[148] 见斯通:《进入、搜查和扣押之法》(*The Law of Entry, Search and Seizure*);也见波利维欧:《进入、搜查和扣押:宪法和普通法》(Polyviou, *Entry, Search and Seizure: Constitutional and Common Law*)。

[149] 《国家审判案例汇编》,1765年,第19卷,第1030页起,第1066页([1765] 19 St Tr 1030, 1066);第6章。

[150] 《王座分庭案例汇编》,1936年,第2卷,第434页起([1936] 2 KB 434)。

[151] 见实施细则B,第5部分。

[152] 《王座分庭案例汇编》,1967年,第2卷,第939页起([1967] 2 QB 939)。更完整的讨论,请见斯通,上书,第1章。

屋前门询问自己是否可以进入屋内,是从房主那儿得到暗含的许可的;如果房主不同意的话,他应该被给予离开该场所的合理时间,在此时间内他不会被视为一个侵入者。第二种情况是,如果警察有制定法上的权力,那么就算其没有取得所有人的同意,也可以进入私人财产领域。根据 1984 年《警察和刑事证据法》的规定,为了执行搜查令(第 8 条)或逮捕令,为了逮捕某个犯了可起诉的罪[494] 或犯了某些破坏公共秩序或道路交通罪的人,为了重新抓获某个非法脱逃的人,[495] 为了拯救生命或伤员,或者为了阻止对财产的侵害,[496] 警察可以进入私人建筑物(第 17 条)。

一般而言,警察只能在有合理理由相信自己所要捉拿的人就在该场所的时候,才能行使第 17 条所授予的权力。警察也有搜查该场所的权力,但前提是该搜查是进入该场所的理由所必然要求的。所以,警察可以根据第 17 条授予的权力进入私人场所搜捕所要捉拿的人,但不能根据第 17 条规定的权力进入私人场所搜索与犯罪有关的证据。PACE 的其他条款授予了这种权力。[497] 在行使这些权力之前,警察一般应将行使该权力的原因告知占有

---

[494] 查普曼诉检察长案,《刑事法律评论》,1988 年,第 842 页起(*Chapman v DPP* [1988] Crim LR 842)。

[495] 见德索扎诉检察长案,《全英格兰案例汇编》,1992 年,第 4 卷,第 545 页起(*D'Souza v DPP* [1992] 4 ALL ER 545)(除非追捕非法逃脱的人,否则没有进入的权力)。

[496] 为了拯救生命或伤员或者阻止对财产的侵害而进入的权力也可以被指定的社区援助人员所实施:2002 年《警察改革法》,附件 4,第 8 段。

[497] 1984 年《警察和刑事证据法》,第 32 条(2)(b)。其他不需令状即可进入的权力的例子,见怀特洛诉海宁案,《苏格兰法律时评》,1992 年,第 956 页起(*Whitelaw v Haining* 1992 SLT 956)。

人。⑮ 1997年《警察法》第三部分将其他的进入权力授予了高级警官(senior police officers)。高级警官(主要是)为了监视的目的,比如安装窃听装置,可以授权进入私人场所和移动私人物品。由于上议院对政府议案的强烈反对态度,这些有争议的规定在很大程度上被修改了,所以在许多情况(比如,关于家庭或办公场所)下,这种授权只有在得到司法委员会委员(judicial commissioner)的批准后才有效。⑱

除了上面所讲的得到所有人同意和依制定法授权两种情形外,普通法上还有一种进入权。尽管PACE第17条(5)废止了普通法上授予警察进入私人场所的所有权力,但是却明确指出,该条不影响普通法上任何对付或阻止破坏安宁的进入权。在托马斯诉索金斯(Thomas v Sawkins)案⑲ 中,虽然其合理性还存在争议,但该案似乎认可了这种权力的存在。⑯ 而在麦克劳德诉联合王国(McLeod v United Kingdom)案⑯ 中,这种普通法权力也得到了欧洲人权法院的尊重。该案中,警察为了帮助原告的前夫追回财产,趁她没有在家的时候进入了她的家庭。原告诉称,警察强行

---

⑮ 奥劳克林诉埃塞克斯总警长案,见注释46。

⑱ 进一步的内容见后面的第22章C。

⑲ 《王座分庭案例汇编》,1935年,第2卷,第249页起([1935] 2 KB 249);并见第24章。

⑯ 见A.L.古德哈特,《剑桥法律杂志》,1936年,第6卷,第22页起(A L Goodhart [1936] 6 CLJ 22),以及尤因和吉尔蒂:《为公民自由而奋斗》(Ewing and Gearty, The Struggle for Civil Liberties),第6章。该权力没有限定在针对集会上,见麦克劳德诉伦敦警察局长案,《全英格兰案例汇编》,1994年,第4卷,第553页起(McLeod v Metropolitan Police Commissioner [1994] 4 ALL ER 553)。

⑯ 《欧洲人权报告》,1998年,第27卷,第493页起([1998] 27 EHRR 493)。

进入她的房屋,表面上是为了阻止对安宁的破坏,实际上却在欧洲人权公约第8条的意义上侵犯了她的家庭和私人生活受到尊重的权利。英国国内的法院认为这种进入是合法的,[18] 欧洲人权法院却支持原告一方。英国政府主张,这种进入可以根据欧洲人权公约第8条第2款合法化。而欧洲人权法院虽然承认根据欧洲人权公约第8条第2款的目的,普通法上的进入权是一种"被制定法承认"的权力,但仍然认为这种进入权的实施在该案中不能被合法化。

警察搜查的权力

495   1. **有搜查令的搜查**。恩蒂克诉卡林登一类案件的判决的影响是,除了根据普通法从治安法官那里得到搜查令而获得搜查被盗物品的权力之外,[19] 警察搜查私人场所的行为都需要制定法上的权力提供合法依据。在 PACE 之前,制定法的规定是随意和不合理的。尽管有大约50个制定法授予了颁发搜查令的权力,但是正如丹宁勋爵(Lord Denning)在贾尼诉琼斯(*Ghani v Jones*)案[20] 中所指出的那样,没有一个法律授权治安法官或法官颁发搜查哪怕是涉及谋杀案件的证据的搜查令。但在这些制定法中却有这样的规定:如果国内税务局有合理的理由怀疑一个严重的税收诈骗犯罪正在发生、已经发生或即将发生,并且在向巡回法官(circuit

---

[18] 麦克劳德诉伦敦警察局长案。
[19] 见现行的1968年盗窃法(Theft Act 1968),第26条。
[20] 《王座分庭案例汇编》,1970年,第1卷,第693页起([1970] 1 QB 693)。

judge)的申请中指出该犯罪的证据可以在某个确定的场所找到,税务局就有权获得搜查令。[165] 这些搜查权力在1989年被修改之前,被斯卡曼爵士描述成"对私人隐私权和财产权令人毛骨悚然的侵犯"。[166] 根据1971年毒品滥用法第23条(3)的规定,只要让治安法官相信,有合理理由怀疑某人非法拥有毒品(无论在何种场所),就可以轻易得到一个搜查令。1911年公务秘密法(Official Secrets Act 1911)第9条规定了非常广泛的搜查权力:一个治安法官可以发出一个搜查令授权搜查指定的场所以及在该场所的人,并"扣押任何根据该法已经实施或将要实施之犯罪的证据";在国家利益要求立刻行动的情况下,一个督察(superintendent)也可以授权此类搜查。比如,由于政府担心 BBC 打算播出一个有关英国间谍卫星的节目,就把上述权力用在了对位于格拉斯哥的 BBC 苏格兰部的搜查之中。[167]

如今,PACE 第8条规定了授予搜查令的一般性权力。[168] 在有理由相信一个可起诉犯罪已经被实施,并且在某个场所存在对警

---

[165] 1970年税务管理法(Taxes Management Act 1970),第20条C,已被修正过(as amended)。见英王诉国内税务局局长(申请人:塔莫休斯和帕特拉斯)案,《刑事法律评论》,2000年,第390页起(R v Inland Revenue Commissioners, ex p Tamosius & Partners [2000] Crim LR 390)。

[166] 英王诉国内税务局局长(申请人:罗斯米尼斯特有限公司)案,《上诉案例汇编》,1980年,第952页起,第1022页(R v Inland Revenue Commissioners, ex p Rossminster Ltd [1980] AC 952, 1022)案,同时见《政府文件》,1983年,第8822号(Cmnd 8822, 1983)。进一步的分析请见泰利,《税法》,第88-89页(Tiley, Revenue Law, pp88-89)。

[167] 见尤因和吉尔蒂:《撒切尔统治下的自由》(Freedom under Thatcher),第147-152页。

[168] K.W.里德斯通,《北爱尔兰法律季刊》,1989年,第40卷,第333页起(K W Lidstone [1989] 40 NILQ 333)。

察调查有实质性意义的物品的情况下,治安法官可以根据警察或被指定的调查人员(designated investigating officer)的申请发出搜查令。[169]如今,搜查令可以采取两种形式。"特定场所"令适用于对特定场所的搜查,而"所有场所"令适用于搜查令指向之人所占据或控制的任何场所。[170]后一种形式允许对搜查令上并没有特定化的场所进行搜查,但这种搜查令只有在满足以下条件才能发出:确定搜查令所指向之人的所有场所中究竟哪处需要被搜查不太实际。[171]治安法官发出搜查令的权力不适用于对包含下面三类特殊物品或由这三类物品组成之东西的搜查。这三类特殊物品是:a.受法律特权保护的物品(items subject to legal privilege),包括律师与其委托人之间的通信(第10条);[172] b.免于搜查的物品(excluded material),被界定为包括个人机密记录、[173]秘密保存的为医学治疗目的所用的人体组织或组织液,以及保密的新闻线索或材料(第

---

[169] 也见1984年PACE,第8条第3款;英王诉雷丁法官(申请人:西南肉类有限公司)案,《刑事法律评论》,1992年,第672页起(*R v Reading JJ, ex p South West Meat Ltd*)[1992] Crim LR 672。

[170] PACE第8条(1A),为2005年《有组织重罪和警察法》第113条所增加。

[171] PACE第8条(1C),为2005年《有组织重罪和警察法》第114条所增加。

[172] 比较英王诉中央刑事法庭(申请人:弗朗西斯和弗朗西斯)案,《上诉案例汇编》,1989年,第346页起(*R v Central Criminal Court, ex p Francis and Francis* [1989] AC 346);见英王诉英王案,《全英格兰案例汇编》,1994年,第4卷,第260页起(*R v R* [1994] 4 ALL ER 260);以及英王诉曼彻斯特刑事法院(申请人:罗杰斯)案,《全英格兰案例汇编》,1999年,第4卷,第35页起(*R v Manchester Crown Court, ex p Rogers* [1999] 4 ALL ER 35)。

[173] 关于机密物品,见朱克曼,《刑事法律评论》,1990年,第472页起(Zuckerman [1990] Crim LR 472)。

11条);⑭ c.特殊的程序性物品(special procedure material),指其他形式的新闻材料,⑮同时也包括其他通过任何事务、职业或其他职务地位获得的秘密保存的或负有保密义务的材料(第14条)。治安法官不能对受法律特权保护之物发出任何搜查令,但是法官可以根据该法案的附则1第4段,⑯ 在举行了一个各方参与的听证后,发出命令要求把排除物或特殊的程序性物品在7天内交给警察或指定的调查人员。⑰ 如果这个命令未得到遵守,法官就可以发出搜查令授权警察或指定的调查人员进入和搜查该场所并扣押所涉物品(附则1,第12段)。特定场所和所有场所两种形式的搜查令都可以由法官发出。

---

⑭ 医院保留的病人入院和出院的记录属于被排除的物品。见英王诉加迪夫刑事法院(申请人:凯拉姆)案(*R v Cardiff Crown Court, ex p Kellam*),《泰晤士报》,1993年5月3日。

⑮ 关于新闻材料,见第13条。也见英王诉布里斯托尔刑事法院(申请人:布里斯托尔出版经销有限公司)案,《刑事上诉案例汇编》,1987年,第85卷,第190页起(*R v Bristol Crown Court, ex p Bristol Press Agency Ltd* (1987) 85 Cr App R 190);英王诉米德尔塞克斯刑事法院(申请人:塞林杰)案,《王座分庭案例汇编》,1993年,第564页起(*R v Middlesex Crown Court, ex p Salinger* [1993] QB 564);英王诉曼彻斯特领薪治安法官(申请人:格拉纳大电视有限公司)案,《上诉案例汇编》,2001年,第1卷,第300页起(*R v Manchester Stipendiary Magistrate, ex p Grannda Television Ltd* [2001] 1 AC 700);英王诉中央刑事法庭(申请人:布赖特)案,《全英格兰案例汇编》,2001年,第2卷,第244页起(*R v Central Criminal Court, ex p Bright* [2001] 2 ALL ER 244)。

⑯ 此处的法官即指,高等法院法官(High Court judge)、巡回法官(circuit judge)、记录法官(Recorder)或地区法官(District Judge)(治安法院)。PACE1984,附件1,第17段。该法最初生效时,仅指巡回法官。

⑰ 如果某人未经相关人的同意而占有某物品,那么他可以自愿把该物上交。见英王诉辛格尔顿案,《刑事上诉案例汇编》,1995年,第1卷,第431页起(*R v Singleton* [1995] 1 Cr App R 431)。

在某些情况下,警察可以跳过第 4 段规定的发出命令阶段,直接根据第 12 条取得搜查令。但是这种做法在英王诉梅德斯通刑事法院(申请人:韦特)(*R v Maidstone Crown Court, ex p Waitt*)案[17] 中受到了强烈的抨击。该案中写道:"第 9 条和附则 1 规定的特殊程序是对当事人自由的严重侵犯。保证这个程序不被滥用的责任落在巡回法官们的肩上……当巡回法官被要求根据第 12 段发出一个搜查令的时候,这个责任是最大的。对扣押物品的授权原因是清楚的,这一点必不可少。为了得到警察调查所需的物品,更好的做法应该是在根据第 8 段的规定发出申请公告后,根据第 4 段规定发出各方参与的命令。根据第 12 段采取的单方申请方式绝不能成为一种通常的方式,并且法院对其条件达成的满足有着重要的实质意义。"

PACE 除了扩大了发出搜查令的理由之外,也相应地规定了权利防卫措施。[19] 这些措施规定在第 15、16 条,不仅适用于根据 PACE 发出的搜查令,也适用根据任何法令(包括那些在 PACE 之后通过的法令)向警察或指定的调查人员发出的搜查令。[18] 单方申请必须以书面的形式提出,必须解释申请的理由和将要搜查的地点。警察或指定的调查人员必须在宣誓之后回答治安法官或法官提出的问题。特定场所搜查令必须指定要搜查的场所,而对于

---

[17] 《刑事法律评论》,1988 年,第 384 页起([1988] Crim LR 384)。
[19] 进一步的防卫措施规定在实施细则 B 中。
[18] 1984 年《警察和刑事证据法》,第 15 条第 1 款。

所有场所搜查令,如果实际可行,也应该指定特定的场所。[181] 搜查令必须在发出之日起3个月内执行。进入和搜查必须在合理的时段里完成,警察可以在非警察职员(non-police officer)的陪同下执行搜查令,后者可以提供技术上的支持。[182] 如果场所的占有人当时在场,警察或指定的调查人员必须证明自己的身份,出示搜查令,并向占有人提供一份搜查令的副本。[183] 搜查时,警察可以在搜查房间的时候将其他人限制在另一间房里,必要的时候可以采取合理的强制力。[184] 如果当时无人在场,必须在该场所的某个显著位置留下一份搜查令的副本。根据一个搜查令,搜查的范围只限于发出搜查令之目的所必需的场所范围,而不能对该场所进行总体性搜查(第16条)。

在英王诉朗曼(*R v Longman*)案[185] 中,警察虽然有搜查

---

[181] PACE第15条(2A),为2005年《有组织重罪和警察法》第113条所增加。

[182] 2003年《刑事司法法》第2条,修改了PACE第16条。在苏格兰的法律地位见《总检察长咨询意见》(2002年第1期),《苏格兰法律时评》,2002年,1017页起(*Lord Advocate's Reference* (*No 1 of 2002*) 2002 SLT 1017)。

[183] 见英王诉兰开郡总警长(申请人:帕克)案,《王座分庭案例汇编》,1993年,第577页起(*R v Chief Constable of Lancashire Parker* [1993] QB 577)(必须要出示搜查令和清单目录;一个没有证明力的影印件不被允许,会导致搜查非法并要退还任何被扣押的物品)。

[184] 检察长诉米登案,《英格兰及威尔士高等法院行政案例汇编》,2003年;《全英格兰案例汇编》,2004年,第4卷,第75页起(*DPP v Meaden* [2003] EWHC (Admin); [2004] 4 ALL ER 75)。

[185] 《每周法律报告》,1988年,第1卷,第619页起([1988] 1 WLR 619)。也见莱恩汉诉检察长案,《刑事法律评论》,2000年,第861页起(*Linehan v DPP* [2000] Crim LR 861)。

令,但是由于开始遇到过困难,所以通过采取欺骗的方式达到了进入的目的。首先由一个便衣女警假装送花,当门打开后,其他身着便装的警察马上一拥而进,其中一个警察手里拿着搜查令,叫道:"警察,有搜查令!"上诉法院认为这种进入的方式和程序符合 PACE 第 15、16 条的规定。原告的争辩意见是:"警察进入该场所之前不仅必须证明自己的身份、出示他的证明卡片,还必须出示他的搜查令以及给房主一份搜查令的副本。"但该意见被法院驳回。法院认为这些要求只要在进入该场所之后完成就足够了。首席法官莱恩爵士(Lord Lane CJ)指出,如果支持原告的意见,则意味着更重要的整个搜查的目的都无法实现了。

2. **没有搜查令的搜查。**在三种没有搜查令的情形下,警察有权行使搜查权力。第一,逮捕某人之后的搜查。普通法承认警察拥有这种权力,同时警察也有权扣押与该犯罪有关、可能成为证据的物品或可能有助于被逮捕人逃脱或导致伤害的物品。[186] 但是警察对此有自由裁量权,不必在每次逮捕后就自动实施搜查。[187] PACE 扩大了这些权利,但是在 PACE 并不适用的情形下,普通法上的权力依然有效。[188] 第 32 条规定,"如果有合理的理由相信被捕

---

[186] 狄龙诉奥布赖恩案,《考克斯刑事法院案例汇编》,1887 年,第 16 卷,第 245 页起(*Dillon v O'Brien*(1887)16 Cox CC 245)。

[187] 林德利诉拉特案,《王座分庭案例汇编》,1981 年,第 128 页起(*Lindley v Rutter* [1981] QB 128);布拉齐尔诉萨里总警长案,《全英格兰案例汇编》,1983 年,第 3 卷,第 537 页起(*Brazil v Chief Constable of Surrey* [1983] 3 ALL ER 537)。

[188] 英王诉伦敦警察局长(申请人:罗特曼)案,《上议院案例汇编》,2002 年,第 20

者可能对自己或他人有危险,警察(也只限于警察)"有权在警察局以外的地方搜查该被捕者。警察(也只限于警察)有权搜查该被捕者可能用来逃脱合法看守的任何物品或者任何与犯罪有关、可能成为证据的物品(第32条第2款),但是在这两种情况下,搜查的权力都只限于发现"任何该类物品或该类证据"之目的所需要的合理限度(第32条第3款)。另外,警察不可以根据这种权力要求某人在公众场合下脱下除外衣、夹克或手套之外的任何衣物(第32条第4款),但却授权警察检查被捕者的口腔。[18]在搜查过程中,警察可以扣押任何可能导致人身伤害、可能有助于逃脱合法看守,或者与任何犯罪有关的证据(第32条第8款)。唯一不能扣押的是那些享受法律特权的东西(但这里,免于搜查的物品或特殊程序性物品不再是例外)(第32条第9款)。除非是被当场释放或被给予当街保释,被捕者应该被直接带到警察局,在那里他或她可能要重新接受搜查。

第二种没有搜查令的搜查权力是,警察有权为了逮捕某人而搜查某个场所。在狄龙诉奥布赖恩(*Dillon v O'Brien*)这个爱尔兰案件[19]中,法院承认了普通法上存在逮捕之后搜查财产的权力,其目的是保存证明有罪的证据材料。该权力不仅包括取得确认无疑

页起;《上诉案例汇编》,2002年,第2卷,第692页起(*R*(*Rottman*) v *Metropolitan Police Commissioner* [2002] UKHL 20;[2002] 2 AC 692)(该逮捕所依据的逮捕令是根据1989年引渡法案第8条发出的)。在这些情形下,与搜查被捕之人所在场所、扣押证据的权利(right)相关的普通法规则仍然适用。

[18] 1994年《刑事司法和公共秩序法》,第59条。

[19] 《考克斯刑事法院案例汇编》,1887年,第16卷,第245页起((1887) 16 Cox CC 245)。

的证据,还包括必要的时候为了取得证据而使用强制力。这种立场在贾尼诉琼斯案[191]中得以确立:在警察(不管有无搜查令)为了破获一起严重犯罪而合法逮捕某人的情况下,如果有合理理由相信在该嫌疑人身上或在其房屋里发现的某物是该案的证据材料,那么警察有权取走该物。现在,PACE 第 32 条也确立了该权力的地位。因此,警察在逮捕某人之前或之后,有权进入该嫌疑人即将被逮捕或被逮捕时的地点,搜查与该嫌疑人被逮捕有关的证据材料(第 32 条第 2 款 b)。在普通法上,只能在逮捕当时实施附带于逮捕而搜查该场所的权力。所以在麦克洛里诉奥克斯福德(*McLorie v Oxford*)案[192]中,法院认为,就算是在严重的犯罪中,警察在逮捕嫌疑人并已将其拘禁之后,就没有权力再返回其房屋搜查、寻找犯罪工具,即是说,除非他们能得到一个搜查令,否则就无权这样做。但就像我们已经看到的那样,尽管有必要,警察也不一定在所有情形下都能够获得搜查令。然而,虽然警察现在有权获得搜查令的范围较过去扩大了许多,他们附属于逮捕而不需要搜查令的搜查权力也同样扩大了。第 32 条至少留有这样的解释余地:搜查被捕者所在场所的权力可以,但不必要与该嫌疑人被逮捕的时间完全同时。对这种权力的唯一防卫措施是,该权力只能在警察有合理理由相信该场合存在被允许搜查的证据时才能行使,而且这必须是进入该场合的真实原因。[193]

[191] 《王座分庭案例汇编》,1970 年,第 1 卷,第 693 页起([1970] 1 QB 693)。
[192] 《王座分庭案例汇编》,1982 年,第 1290 页起([1982] QB 1290)。
[193] 英王诉贝克福德案,《刑事上诉案例汇编》,1992 年,第 94 卷,第 43 页起(*R v Beckford* (1992) 94 Cr App R 43)。

第三种没有搜查令情况下的搜查权力是搜查被捕者的家,尽管他或她被逮捕时或即将被逮捕之前并不在那儿。在普通法上,法院似乎并不愿承认任何这类权力。

在杰弗里诉布莱克(Jeffrey v Black)案[14]中,被告因为在一个公共场所偷三明治而被捕,然后被带到警察局并被起诉。警察告诉他想去搜查他的家。尽管他不同意,警察也没有搜查令,但他还是和警察一起来到家里,并让他们进入。结果在他家里发现了大麻,于是对他的起诉依据就改变为1971年毒品滥用法。法院认为这种搜查是不合法的,普通法上警察无权在没有搜查令的情况下搜查非逮捕场所。[15]

然而,该案暗示,如果该搜查是为了搜查与该嫌疑人被逮捕的罪名有关的证据,则可能会被允许,但本案实情并非如此,警察是用偷三明治作为搜查毒品的借口。如今,PACE第18条规定,如果警察或指定的社区支援人员有合理理由怀疑,因可起诉犯罪而被捕的任何人所控制或占有的任何场所存在与该案犯罪或与该案犯罪有联系的其他可起诉犯罪相关的证据材料(不包括受法律基本权利支配的物品),就有权进入和搜查该场所。因此,杰弗里诉布莱克一案在今天仍然会得到同样的判决,不过第18条的规定排除了对在合适案件中是否存在该权力的疑问。在一般情况下,这种

---

[14] 《王座分庭案例汇编》,1978年,第490页起([1978] QB 490)。
[15] 但是这些在该公寓找到的大麻被接受为证据。见后面的E。

499 权力的实施需要一个级别不低于警督的警察的书面授权,但在必要时,为了保证案件调查的效率,也可以不必先将嫌疑人带到警察局,不需要上级警察的事先授权。

警察的扣押权力

一般来说,我们前面已经讨论过的搜查权力是与扣押的权力联系在一起的。但是,在不同的案件中,扣押权力的性质并不一样。在为了抓捕逃脱的人或逮捕某人而进入和搜查某场所的案件中(第17条),不存在扣押财产的权力;在有搜查令的搜查中(第8条),只能扣押"搜查行为获得授权所涉及的东西"。[190] 在逮捕之后有权进入和搜查某个被捕者的场所时也是如此(第18条)。在搜查某人被逮捕时或即将被逮捕之前所在场所的情形下(第32条),该条款本身并没有规定扣押的权力,但在人身搜查(personal search)时,如果有合理理由确信某物是某个犯罪——任何犯罪,包括与逮捕理由无关的犯罪——的证据,警察就有权扣押该物。如果在上述情形下,或者在所有者或占有者同意的情形下,警察进入某场所,却偶然撞见一些可能暗示发生了某个犯罪的东西,警察处于什么法律地位? 在什么情形——如果有的话——下,他们有权扣押这些证据? 很明显,如果他们有搜查令且这个证据材料与该

---

[190] 英王诉沃里克郡总警长(申请人:菲茨帕特里克)案,《全英格兰案例汇编》,1998年,第1卷,第65页起(R v Chief Constable of Warwickshire, ex p Fitzpatrick [1998] 1 ALL ER 65),以及英王诉切斯特费尔法官(申请人:布拉姆利)案,《全英格兰案例汇编》,2000年,第1卷,第411页起(R v Chesterfield JJ, ex p Bramley [2000] 1 ALL ER 411)。

搜查令所涉及的案件有关，他们当然有权扣押。但是如果这些证据材料与搜查令所涉案件完全无关呢？同样，如果警察根据第 17 条为了逮捕某人而进入某场所，但却偶然撞上了显示有另外罪行的证据，警察又处于什么地位？普通法上就警察扣押私人所有物的权力提出了这样一些棘手的问题。

在伊莱亚斯诉帕斯莫尔(Elias v Pasmore)案[197] 中，警察突然闯进了"全国失业工人运动(National Unemployed Workers' Movement)"的场所，逮捕因煽动叛乱而被签发逮捕令的沃尔·汉宁顿(Wal Hannington)。逮捕了汉宁顿后，警察还同时带走了大量的文件，尽管他们并没有搜查令。这些文件在后来被当作指控赛德·伊莱亚斯(Syd Elias)教唆汉宁顿犯罪的证据。霍里奇(Horridge)法官认为"国家利益"为警察扣押有关任何人(不只是被逮捕的人)任何犯罪的证据材料的行为提供了合法的理由。

在这个只有微弱说服力的判决中，霍里奇法官认为，尽管扣押物品的行为在当时是不适当的，但是这些物品后来被作为证据使用，就使前面的扣押行为合法化了。上诉法院在贾尼诉琼斯案[198]中并不同意这个观点。该案起因于在对一个谋杀案嫌疑人的调查

---

[197] 《王座分庭案例汇编》，1934 年，第 2 卷，第 164 页起([1934] 2 KB 164)。见 E.C.S.韦德，《法律季刊》，1934 年，第 50 期，第 354 页起(E.C.S. Wade (1934) 50 LQR 354)，又见尤因和吉尔蒂：《为公民自由而奋斗》，第 5 章。

[198] 《王座分庭案例汇编》，1970 年，第 1 卷，第 693 页起([1970] 1 QB 693)。

过程中,警察希望扣押受害者近亲属的护照和一些属于他们的信件。上诉法院命令警察将护照和信件交还所有人,因为不能表明这些物品对该谋杀案的发生有实质证明意义,警察也没有合理的理由相信这些亲属与犯罪有任何牵连。法院确立了一个这样的原则,警察在调查过程中需要取走私人所有物时要符合以下原则:警察必须有合理的理由相信(a)一个严重的犯罪已经发生;(b)该物品是犯罪工具或对证明犯罪有实质性意义;(c)该物的所有人与犯罪有牵连,"或者至少他(对警察)的拒绝具有相当的不合理性";而且(d)警察只能在合理的必要时间内扣押该物品;(e)该行为的合法性必须由当时判断而不能(就像在伊莱亚斯诉帕斯莫尔案中那样)根据后来发生的事来判断。[199]

PACE 第 19-22 条以及现在的 2001 年《刑事司法和警察法》(the Criminal Justice and Police Act 2001)第 50-70 条规定了其他扣押权力。这些制定法上补充的权力并不取代普通法上的权力(PACE 第 19 条第 5 款)。[200] 制定法的规定不及普通法上的权力范围广泛,所以警察可以继续诉诸他们在普通法上的、被贾尼诉琼斯案[201]以及后来的若干案例[202]所承认的权力。PACE 第 19 条规定

---

[199] 比较弗兰克·杜鲁门(出口)有限公司诉伦敦警察局长案,《王座分庭案例汇编》,1977 年,第 952 页起(Frank Truman (Export) Ltd v Metropolitan Police Commissioner [1977] QB 952);沃肖夫诉伦敦警察局长案,《全英格兰案例汇编》,1978 年,第 3 卷,第 540 页起(Wershof v Metropolitan Police Commissioner [1978] 3 ALL ER 540)。

[200] 对普通法的继续适用,见英王诉伦敦警察局长(申请人:罗特曼)案,注释 188。

[201]《王座分庭案例汇编》,1970 年,第 1 卷,第 693 页起([1970] 1 QB 693)。

[202] 例子见加查克尔诉伦敦警察局长案,《刑事法律评论》,1972 年,(Garfunkel v Metropolitan Police Commissioner [1972] Crim LR 44)。

的扣押权力适用于警察或指定的调查人员合法进入某场所进行调查——不管是被允许还是为了逮捕(是警察的话)、搜查,也不管是有令状还是没有令状。在这些情况下,如果警察或指定的调查人员有合理理由相信某物要么是实施犯罪所留下的证据(第19条第2款),要么是与其正在调查的案件或其他案件相联系的证据(第19条第3款),就有权扣押该物品。但不管是在哪种情况下,只有在为了避免该事物被隐匿、改动、损害、摧毁或消失有必要的情况下才可以行使该扣押的权力。对被扣押物品的唯一限制是,不能扣押有合理理由相信是享受法律特权的物品(第19条第6款)。根据第21条的规定,警察或指定的调查人员扣押任何物品,经该物占有人或对该物有照看义务的人的要求,应该在扣押后马上向他们提供一份扣押清单。另外,照看或占有该物的人有权要求在警察监督之下查看被扣押的物品,但是如果负责该案调查的人合理地认为当事人的查看可能会不利于调查,也可以拒绝这种要求。[203] 2001年法案修改的效果是,为了在别处详查该物,警察可以行使扣押权。那些不能合法扣押的物品必须返还,就像受法律基本权利支配的物品必须返还一样,而排除物和特别的程序性物品在有的情形下可以被合法扣押,在其他情况下也应该返还。[204]

---

[203] 有人认为这些条款"除了授予警察可以为了制定法上的特定目的暂时保留被扣押的物品外,没有授予警察对该物品的其他任何财产权利",见科斯特洛诉德比郡总警长案,《每周法律报告》,2001年,第1卷,第1437页起(*Costello v Chief Constable of Derbyshire* [2001] 1 WLR 1437),第1441页(莱特曼法官(Lightman J))。

[204] 2001年《刑事司法和警察法》,第50~70条。在该法之前的法律地位,见英王诉切斯特费尔的法官(申请人:布拉姆利)案,《王座分庭案例汇编》,2000年,第576页起(*R v Chesterfield JJ, ex p Bramley* [2000] QB 576)。

E. 对滥用警察权力的救济

考察完了警察对公民的权利和义务(rights and duties)之后,我们现在来讨论警察逾越权限后公民可以获得的救济或补偿措施。我们要考察非法警察行为可能导致的五种后果或救济:

1. 反抗警察的自我防卫权利(the right to resist the police in self-defence);

2. 人身保护令;

3. 提起法律诉讼以弥补所受任何损失的权利;

4. 向独立警察申诉委员会(Independent Police Complaints Commission)申诉的权利;

5. 如果对警察不当行为的受害者提起刑事诉讼,排除非法所得证据的可能性。[205]

自我防卫[206]

当人身或财产遭到干涉时,公民有自我防卫的权利,这种权利

---

[205] 见《总检察长咨询意见》(2003 年第 3 期),《英格兰及威尔士上诉法院刑事案例汇编》,2004 年,第 868 页起;《每周法律报告》,2004 年,第 3 卷,第 451 页起(Attorney-General's Reference (No 3 of 2003) [2004] EWCA Crim 868; [2004] 3 WLR 451)(看守中的死亡;没有符合过失杀人的例子)。

[206] 见 C.哈洛,《刑事法律评论》,1974 年,第 528 页起(C Harlow [1974] Crim LR 528)。

既涉及民事的,也涉及刑事上的责任(liability)。在一个重要的案件——克里斯蒂诉利钦斯基案[207]中,这一点已经被接受了,该案的理由(我们已经看到过)形成了现在 PACE 第 28 条的基础。西蒙兹爵士(Lord Simonds)在该案理由中说道,"每个公民免受逮捕之权利必然导致他有权抵制逮捕,除非该逮捕是合法的。"[208] 在阿巴斯诉伦敦警察局长案[209]中,伍尔夫法官(Woolf LJ)认为,"被捕者应被告知逮捕理由"这个规则的理由之一就是每个公民有权自我防卫,如果他被告知的理由不能使逮捕合法化,他就能行使"反抗逮捕的权利"。[210] 另一方面,根据 1996 年《警察法》第 89 条的规定,攻击、抵制或故意妨碍警察执行职务是一种犯罪。因此,在公民运用强力抵制其认为对自己或对自己的近亲属的非法逮捕时,也存在一定风险。[211] "法律不鼓励当事人反抗他所知道的作为法律执行者的权威。"[212] 尽管在肯兰诉加德纳(Kenlin v Gardiner)案中,法院认为两个男孩为了从追着要盘问他们的两个警察手中逃脱,有权运用合理的强力或手段,[213]但一般而言,通过自我防卫来

---

[207] 《上诉案例汇编》,1947 年,第 573 页起([1947] AC 573)。
[208] 同上,第 591 页。
[209] 《全英格兰案例汇编》,1991 年,第 1 卷,第 193 页起([1990] 1 ALL ER 193)。
[210] 见爱德华兹诉检察长案,《刑事上诉案例汇编》,1993 年,第 97 卷,第 301 页起(Edwards v DPP [1993] 97 Cr App R 301)。
[211] 英王诉芬纳尔案,《王座分庭案例汇编》,1971 年,第 428 页起(R v Fennell [1971] QB 428)。
[212] 克里斯蒂诉利钦斯基案,《上诉案例汇编》,1947 年,第 573 页起,第 599 页 [帕克公爵](Christie v Leachinsky [1947] AC 573, 593 (Lord du Parcq))。
[213] 《王座分庭案例汇编》,1967 年,第 2 卷,第 510 页起([1967] 2 QB 510)。又见林德利诉拉特案,《王座分庭案例汇编》,1981 年,第 128 页起(Lindley v Rutter [1981] QB

反抗警察的逮捕是不适当的；如果逮捕是合法的，那对警察的攻击就更坏了，因为警察正在执行职务。但是如果一个被告"对警察或法警运用武力，该警察或法警当时可能被合理认为并非警察身份，而被告也相信这一点，那么就算他的这种相信是没有道理的，他仍然有很好的辩护理由"。[214]在英国法上，对妨碍警察执行职务的罪名作了广泛的解释，[215]而在苏格兰法上，同样的罪名被限制解释为仅指对警察实施人身干涉。[216]

人身保护令[217]

如果个人被非法剥夺了自由，他或她可以根据普通民事法律，对非法拘禁自己的人提起要求损害赔偿的诉讼，但这种救济手段并不充分。不管是被一个官员还是被一个私人拘禁，当该民事诉讼(通常来说，是一个很长的过程)启动后，继续拘禁都是非法的。英国法提供了一种人身保护令，被非法拘禁的人可以通过这个手段立即获得释放。对拘禁负责的人也不会因此受到惩罚，但是被

---

128)；佩德罗诉迪斯案，《全英格兰案例汇编》，1981年，第2卷，第59页起 (*Pedro v Diss* [1981] 2 ALL ER 59)；道斯诉检察长案，《刑事上诉案例汇编》，1995年，第1卷，第65页起 (*Dawes v DPP* [1995] 1 Cr App R 65)。

[214] 布莱克本诉鲍尔林案，《全英格兰案例汇编》，1994年，第3卷，第380页起，第384页 (*Blackburn v Bowering* [1994] 3 ALL ER 380 at 384)。

[215] R.C.奥斯汀，《当代法律问题》，1982年，第187页起 (R C Austin [1982] CLP 187)；史密斯、霍根，《刑法》(Smith and Hogan, *Criminal Law*)，第416—419页。

[216] 柯利特诉麦基奇尼 (*Curlett v McKechinie* 1938 JC 176)案。

[217] 见后面的第31章。

拘禁的人被释放之后可提起进一步的诉讼,要求可能的赔偿或对责任人可能的惩罚。被判有罪的人、被羁押等候审判的人、在刑事调查中被警察拘留的人,[21] 根据1971年移民法(the Immigration Act 1971)即将被驱逐的人或因其他理由被拘禁的人,等待被引渡的人,以及精神病人等,都可以申请人身保护令。我们已经看到,权利法案(the Bill of Rights)宣称应该避免过于广泛的保释;但今天的立法鼓励治安法官只要可能就给予等待宣判的人以保释,[21] 尽管这种假定已经被1994年刑事司法和公共秩序法在以下两个方面严重削弱了:一是严重的犯罪(第25条);二是在保释期间的犯罪(第26条)。

人身保护令经常被描述为"对英格兰宪法性法律而言最为重要的令状,它能够——实际上也正是这样做的——对非法拘留和监禁提供快速而有强制力的救济"。[20] 它可能的适用范围非常广泛。就目前的目的而言,可以说任何被警察非法拘禁的人都可以得到它的保护。1981年,唐纳森法官(Donaldson LJ)指出:"所有人都应该知道,人身保护令不仅没有陷入停滞,而且……一种真实的和可得的救济。"[22] 这话所针对的案件还是在 PACE 通过之前。该案中,人身保护令发给了一个被警察拘禁了两天、既没有被起诉也没有被带到治安法官面前的人。然而,由于"适用于拘禁的严格

---

[21] 例如见:英王诉霍姆斯(申请人:舍曼)案,《全英格兰案例汇编》,1981年,第2卷,第612页起(*R v Holmes ex p Sherman* [1981] 2 ALL ER 612)。

[21] 1976年《保释法》(Bail Act 1976)。

[20] 内政大臣诉奥布莱恩案,《上诉案例汇编》,1923年,第603页起(*Home Secretary v O'Brien* [1923] AC 603),第609页(伯肯里德爵士(Lord Birkenhead))。也见第31章。

[22] 英王诉霍姆斯(申请人:舍曼)案,第616页。

时间限制可以被治安法院的令状延长,那么,关于嫌疑人被警察羁押的人身保护令的适用范围应该很有限"。[22] 但是,如果没有令状却拘禁某人长达 36 个小时以上,或者如雷·吉伦的申请书(Re Gillen's Application)[23] 上所说的,有证据表明警察对嫌疑人有人身上的虐待行为的话,就可能导致诉讼。有这样的观点:

> 人身保护令很可能是最古老的特权令状。所有的法官都把在适当案件中颁发该令状作为他们的第一职责,因为我们都被教导要相信,而且也确实相信:公民在法律上的人身自由是所有自由中最基本的。与此相一致,人身保护令的申请与法院其他事项相比,在事实上占有绝对优势地位。[24]

但是尽管人身保护令如此重要,我们也要注意到,它可能会被欧洲人权公约第 5 条规定的获得自由的权利(right to liberty)所替代,因为这部人权法(Human Rights Act)被认为提供了一种更加直接的获得救济的方式。[25]

---

[22] 罗伯逊:《自由、个人和法律》(Robertson, Freedom, the Individual and the Law),第 43 页。但是比较关于梅切尔,《独立报》(Re Maychell, The Independent),1993 年 2 月 26 日(一位国防军官(territorial army officer)被基于 1911 年公务机密法起诉,然后被军队机关以近似于逮捕的方式拘留了 75 天。人身保护令的申请被拒绝了,因为在该案情形下,并不存在过分的延迟)。

[23] 《北爱尔兰法律评论》,1988 年,第 40 页起([1988] NILR 40)。

[24] 英王诉内部大臣(申请人:切布拉克)案,《全英格兰案例汇编》,1991 年,第 2 卷,第 319 页起,第 322 页(R v Home Secretary, ex p Cheblak [1991] 2 ALL ER 319, 322)。

[25] 韦德、佛赛思,《行政法》(Wade and Forsyth, Administrative Law),第 600 页。但是

对警察提起法律诉讼

任何声称自己是非法警察行为受害者的人都可以对总警长（对其所属警察非法行为负责的代理人）提起要求损害赔偿的诉讼。[26]该诉讼的原因可能是因为人身伤害、非法逮捕、非法拘禁、对财产或所有物的侵犯[27]，也可以采取对被非法扣押财产的返还之诉的形式。[28]同样，对恶意获取搜查令的行为也可以提起诉讼，但是要想胜诉的话必须提供恶意的证明。[29]任何被恶意（没有合理的和可能的原因）提起刑事诉讼的当事人都可以对该警察部门提起

见英王诉中西伦敦精神健康（国民保险）信托（申请人：塔戈－汤普森）案，《英格兰及威尔士上诉法院民事案例汇编》，2003年，第330页起；《每周法律报告》，2003年，第1卷，第1272页起（R（Tagoe - Thompson）v Central and West London Mental Health NHS Trust [2003] EWCA Civ 330；[2003] 1 WLR 1272）（涉及人身保护令，尽管并非一个警察拘禁的例子）。

[26] 1996年《警察法》，第88条。见勒斯特加腾，《警察的统治》，第136－138页；也见克莱顿和汤姆森：《对警察的民事诉讼》（Clayton and Tomlinson, Civil Actions against the Police）。对于享有警察权力的警察文官职员以及私人公司的人员的责任，见2002年警察改革法第42条(7)－(10)（在前一种情况下，警察当局作为共同侵权人；后一种情况下，雇主作为共同侵权人）。

[27] 见奥劳克林诉埃塞克斯总警长案（见注释46），也见亚伯拉罕诉伦敦警察局长案，《每周法律报告》，2001年，第1卷，第1257页起（Abraham v Metropolitan Police Commissioner [2001] 1 WLR 1257）。

[28] 韦布诉默西塞德总警长案，《王座分庭案例汇编》，2000年，第427页起（Webb v Chief Constable of Merseyside Police [2000] QB 427）；科斯特洛诉德比郡总警长案，《每周法律报告》，2001年，第1卷，第1437页起（Costello v Chief Constable of Derbyshire [2001] 1 WLR 1437）。见现行2001年《刑事司法和警察法》，第57条。

[29] 基根诉默西塞德总警长案，《英格兰及威尔士上诉法院民事案例汇编》，2003年，第936页起；《每周法律报告》，2003年，第1卷，第2187页起（Keegan v Merseyside Chief Constable [2003] EWCA Civ 936；[2003] 1 WLR 2187）。

198 宪法与行政法

诉讼,但该诉讼很难胜诉。[20] 原则上,公务人员自己对自己的非法行为负责,但是法律对某些官员给予特殊的保护使其不承担某种责任。[21] 我们在这一章前面讨论的很多案例都是有关受到迫害的个人所提起的民事诉讼(civil proceedings)。所以在沃斯霍夫诉伦敦警察局长(Wershof v Metropolitan Police Commissioner)案[22] 中,原告因为其受到非法逮捕而得到了 1000 英镑的赔偿。即使警察并没有暴虐行为或其他加重的情形,也可能有针对警察的惩罚性损害赔偿。[23]

甚至在合法逮捕的情况下,由于开始的逮捕和后来的拘留行为都必须要符合法律,所以还是可能产生民事责任。[24] 在柯卡姆诉大曼彻斯特区总警长(Kirkham v Chief Constable of Greater Mnachester)案[25] 中,法院认为,警察对被他们拘禁的人有一种照顾义务

---

[20] 见格林斯基诉麦基伏案,《上诉案例汇编》,1962 年,第 726 页起(Glinski v McIver [1962] AC 726);沃肖夫诉伦敦警察局长案,《全英格兰案例汇编》,1978 年,第 3 卷,第 540 页起(Wershof v Metropolitan Police Commissioner [1978] 3 ALL ER 540);亨特诉西米德兰总警长案,《上诉案例汇编》,1982 年,第 529 页起(Hunter v Chief Constable of West Midlands Police [1982] AC 529)。

[21] 例如见 1750 年《警察保护法》(Constables' Protection Act 1750),第 6 条。

[22] 《全英格兰案例汇编》,1978 年,第 3 卷,第 540 页起([1978] 3 ALL ER 540)。

[23] 也见库杜斯诉莱斯特郡总警长案,《全英格兰案例汇编》,2001 年,第 3 卷,第 193 页起;《上诉案例汇编》,2002 年,第 2 卷,第 122 页起(Kuddus v Chief Constable of Leicestershire [2001] 3 ALL ER 193; [2002] 2 AC 122);以及第 32 章 A。

[24] 见《关于吉伦的申请书》,《北爱尔兰法律评论》,1988 年,第 40 页起(Re Gillen's Application [1988] NILR 40)。

[25] 《王座分庭案例汇编》,1990 年,第 2 卷,第 283 页起([1990] 2 QB 283)。也见里夫斯诉伦敦警察局长案,《上诉案例汇编》,2001 年,第 1 卷,第 360 页起(Reeves v Metropolitan Police Commissioner [2001] 1 AC 360)——上议院考虑到原告的过错,认为警察只对一半的损害负责。但是比较奥林奇诉西约克郡总警长案,《英格兰及威尔士上

(duty of care)。该案中,一个寡妇的丈夫在被拘禁期间自杀身亡,警察因为自己的过失向该寡妇偿付了损害赔偿。在特雷德韦诉西米德兰兹郡总警长(*Treadaway v Chief Constable of West Midlands*)案[22]中,"原告的双手被铐在背后,脑袋被塑料袋罩住,塑料袋的末端在其脖子后打上结,导致原告挣扎并失去知觉。"警察通过这种手段迫使原告在一份认罪状上签了名。原告后来获得了一笔50000英镑的赔偿金,其中包括7500英镑的加重赔偿金、40000英镑的惩罚性赔偿金。但是,对于被警察逮捕后、从羁押中逃跑而受伤的人,尽管这种逃跑是可以预见的,也不存在对此人的赔偿责任。[23]许多针对警察提起的诉讼在到达法庭之前都和解了。南约克郡警察对39名示威矿工的赔偿和解是其中一个引起公众最多关注的案子。这些矿工参加了1984年在奥格里夫·克金平原发生的警察与示威者之间的冲突。据报道,原告提出了人身伤害、非法逮捕、恶意追诉和错误拘禁的诉讼,而警察总共向这些原告赔偿了425000英镑。[24]2004年,伦敦警察向23名反君主制人士每人支付了3500英镑的赔偿金,他们声称在2002年6月英国女王登基50周年庆典日的时候被非法逮捕和错误拘禁。[25]

诉法院民事案例汇编》,2001年,第661页起;《王座分庭案例汇编》,2002年,第347页起(*Orange v Chief Constable of West Yorkshire* [2001] EWCA Civ 611;[2002] QB 347)。

㉒ 《泰晤士报》,1994年10月25日。

㉓ 维利诺诉曼彻斯特总警长案,《英格兰及威尔士上诉法院民事案例汇编》,2001年,第1249页起;《每周法律报告》,2002年,第1卷,第218页起(*Vellino v Chief Constable of Manchester* [2001] EWCA Civ 1249;[2002] 1 WLR 218)。

㉔ 《卫报》(*Guardian*),1991年6月20日。

㉕ 《卫报》,2004年2月5日。

1997年,考虑到在对警察提起的民事诉讼中赔偿金的数额过大,上诉法院对陪审团作出指示,在惩罚性赔偿金的数额上,对不低于督察级别之警察的特别严重的违法行为才能处以5万英镑的"绝对最高数额"。[240] 两个案子导致了这个决定的产生。这两个案子分别对警察暴行的受害者给予了高达 302000 英镑和 220000 英镑的巨额赔偿。[241] 除了民事诉讼外,受害者还可以对警察的诸如人身伤害之类的非法行为提起刑事诉讼。在英格兰,对警察提起刑事自诉(private prosecution)有时候是一种很有价值的法律保护手段:1963 年,谢菲尔德一起对警察的刑事自诉导致对"犀牛尾"暴行("rhino tail" assaults)的官方调查;[242] 1998 年对高级警官在希尔斯伯勒(Hillsborough)足球惨案中的误杀和失职提起了私人公诉。[243] 然而实际上,就算声称警察的行为造成了严重的不公平,原告对警察提起的刑事自诉以及任何刑事检控都会遇到很大的困难。[244] 另外,在司法审查中挑战警察的一些决定也是可能的。[245] 在一些案件中,这确实可能是唯一的手段,因为上议院曾经认为,如

---

[240] 汤普森诉伦敦警察局长案,《王座分庭案例汇编》,1998 年,第 498 页起(Thompson v Metropolitan Police Commissioner [1998] QB 498);也见第 32 章 A。

[241] 《卫报》(Guardian),1997 年 2 月 20 日。

[242] 《政府文件》,1963 年,第 2176 号(Cmnd 2176, 1963)。

[243] 见英王诉检察长(申请人:达金菲尔德)案,《每周法律报告》,2000 年,第 1 卷,第 55 页起(R v DPP, ex p Duckenfield [2000] 1 WLR 55)。

[244] 比较英王(申请人:检察长)诉鲍街治安法官案,《刑事上诉案例汇编》,1992年,第 95 卷,第 9 页起(R v Bow Street Magistrates, ex p DPP (1992) 95 Cr App R 9)。

[245] 见英王诉诺森伯兰总警长(申请人:汤普森)案,《英格兰及威尔士上诉法院民事案例汇编》,2001 年,第 211 页起;《每周法律报告》,2001 年,第 1 卷,第 1342 页起(R (Thompson) v Chief Constable of Northunbria [2001] EWCA Civ 211; [2001] 1 WLR 1342)。

果警察否定了嫌疑人的法定权利,就不存在针对警察的损害赔偿责任。㉔

对警察的申诉(Complaints against the police)

以前已经存在一些机构负责受理有关滥用警察权力的申诉。现在,当事人可以向独立警察申诉委员会提出申诉。该机构是根据 2002 年《警察改革法》建立的,取代了原来的警察申诉署(Police Complaints Authority)。之所以建立一个新的机构,部分原因是迫于要求建立一个完全独立的警察申诉机构的政治压力,㉔ 部分原因是考虑到斯特拉斯堡法院(即欧洲人权法院。——译者注)对前述警察申诉署独立性的关注。㉔ 该委员会是由内政大臣任命的一个独立机构,㉔ 自 2004 年 4 月 1 日起对警察当局的管辖权生效。㉔ 新机构的目标是加强公众对于警察申诉系统的信心,但是原来的基本程序依然在某种程度上保持不变,即在不严重的案件中,该机

㉔ 卡伦诉北爱尔兰皇家警察总警长案,《上议院案例汇编》,2003 年,第 39 页起;《每周法律报告》,2003 年,第 1 卷,第 1763 页起(*Cullen v Chief Constable of the RUC* [2003] UKHL 39; [2003] 1 WLR 1763)。也见第 32 章 A。

㉔ 《下院文件》,1997 – 1998 年,第 258 号,以及《斯蒂芬·劳伦斯调查》[威廉·麦克福森爵士报告],《政府文件》,1999 年,第 4262 号,第 58 条建议(HC 258 (1997 – 1998), and The Stephen Lawrence Inquiry (Report by Sir William McPherson), Cm 4262 (1999), Recommendation 58)。

㉔ 卡恩诉联合王国案,《巴特沃斯人权案件汇编》,2000 年,第 8 卷,第 310 页起(*Khan v UK* (2000) 8 BHRC 310)。

㉔ 2002 年《警察法》,第 9 条。

㉔ 同上,第 10 条。

构将对申诉的调查交给警察机构自己去办。该委员会的首要义务是确保存在合适的机制,处理针对服务于警务之人的行为的申诉。"服务于警务之人"(persons serving with the police)这个术语的外延广泛到足以包括警员之外的其他人,[21] 但是不包括受雇于私人公司的行使警察权力的人。自那以后,委员会就要"确保"这些申诉机制"有效、并包含和展示合适程度的独立性",以及"确保建立和保持"公众对这些机制及其运行的信心。[22] 该委员会还要负责记录在警察羁押中的死亡和重伤(deaths and serious injuries, DSI)情况。[23]

服务于警务之人的"行为所针对的"群体的成员可以对该行为提起申诉,在某些情形下,受到该行为不利影响或目睹该行为的群体的成员也可以提起申诉。[24] 除了申诉以外,所谓的"行为内容"(conduct matters)、"死亡或重伤情况"(DSI)也是调查的对象。除了下面两种情况之外的其他事项不是调查的对象:(a)指示了某种迹象,暗示或表明服务于警务的某人可能实施了犯罪或者其行为的方式可以为启动纪律追究程序(disciplinary proceedings)提供正当理由;[25] (b)与某人在警察羁押期间的 DSI 情况有关的事项。[26] 两种主体提起的申诉、"行为内容"以及"DSI 情况"都可以通过以下三

---

[21] 同前,第 10 条。
[22] 同上,第 10 条。
[23] 同上,第 10 条(为 2005 年《有组织重罪和警察法》第 160 条、附件 12 所增加)。
[24] 同上,第 12 条(1)。
[25] 同上,第 12 条(2)。
[26] 同上,第 12 条(2A) – 2(D)(为 2005 年《有组织重罪和警察法》第 160 条、附件 12 所增加)。

种方式之一进入到上述机制中来:对警察局长、警察当局或该独立警察申诉委员会提出申诉或通知(notice)。[㉗](DSI 的情况必须由相关警察当局提交警察申诉委员会审查。)一旦事项进入该机制、被纳入程序之后,有以下四种处理方式:不严重的案件可能被警察机构以"地方决议"的程序加以解决,而非常严重的案件将由申诉委员会处理,处于两者之间的案件可能在申诉委员会的监督(supervison)或安排(management)之下加以处理,在后面一种情况(即申诉委员会安排)中,调查人员要服从委员会的"指挥和控制"。[㉘]

申诉委员会无权调查申诉中有关某个特定警察机构的政策:这个程序针对的只是受雇于警察的人们的行为。[㉙]另外还规定,如果对相关警察当局调查某个申诉的决定或某个警察机构调查的结果不满,可以向申诉委员会上诉。如果调查结果显示可能发生了刑事犯罪,则该事项必须要提交检察长,检察长必须决定是否提起刑事诉讼。如果不提起刑事诉讼,则申诉委员会可以指示警察当局对涉案警察采取纪律追究程序,[㉚]但是该法中没有条款规定该警察有权在该指示作出之前得到听证、为自己辩护的机会。在纪律追究程序启动之后,无论是针对什么人,申诉委员会都必须要通知申诉人。[㉛]警察当局和高级警察有义务在调查过程中协助申

㉗ 同前,附件 3。
㉘ 同上,附件 3,第 18 段。
㉙ 同上,第 14 条。
㉚ 同上,附件 3,第 27 段。
㉛ 同上,附件 3,第 28 段。也见 2002 年法,第 20、21 条。

诉委员会,[262] 包括提供信息和相关文件。[263] 申诉委员会还有权进入(发出48小时的通知[48 hours' notice]之后)警察机构的场所进行调查。[264] 针对有嫌疑的不当行为,该机制还引入了特定的程序,即在调查尚未结束的时候,如果公共利益需要,所涉及的警察应该尽快被停职。[265]

证据的可接受性

如果警方非法否认 PACE 规定的公民的任何权利;或者通过非法的手段,比如非法的搜查,获得证据;或者违反实施细则取得嫌疑人的供词,那么通过这些手段获得的证据具有什么样的法律地位? 能不能在诉讼中用作对被告不利的证据? 在美国,非法取得的证据已经被最高法院排除了。最高法院认为,宪法上的自由权和隐私权不应是"警察可以随心所欲地取消的权利,那些警察虽然披着法律执行者的外衣,但却取消(公民)所应享有的权利"。[266] 但事实上,这并不是一个容易解决的问题,因为此处提出了一个原则冲突的问题:一方面,保护公民免受警察非法侵害他们的自由,显然是符合公共利益的;另一方面,保证那些犯严重罪行的人不能

---

[262] 同前,第15条。
[263] 同上,第17条。
[264] 同上,第18条。
[265] 2005年《有组织重罪和警察法》,第159条。
[266] 1961年马普诉欧哈欧案,美国案例汇编第367卷,第643页起(Mapp v Ohio 367 US 643 [1961])(克拉克法官(Clark J))。也见1966年米兰达诉亚利桑那州案,美国案例汇编第389卷,436页起(Miranda v Arizona 389 US 436 [1966])。

仅仅因为一些形式上或技术上的原因而逃脱其行为所应招致的后果,同样显然也是符合公共利益的。[267]在苏格兰的普通法上,取证上的不规范并不必然导致该证据不被接受,但也可能会不被接受;是否接受非法取得的证据取决于裁判的法官,如果法官认为该证据是在对被告不公平的条件下取得的,则该证据便是不可接受的。[268]

现在,非法证据在英格兰和威尔士的法律地位由 PACE 第 76、78 条所规定。[269]第 76 条规定,被告的口供可以被用作对他或她不利的证据,只要该证据与该案有关,且没有被法庭通过行使包含在第 76 条第 2 款的权力所排除。该规定要求法庭排除通过对提供证据之人施压(oppression)所得到的证据,[270]或者"是在当时的条件下任何可能导致不可信赖之供词的言行所造成的证据(该证据可能是后来伪造的)"。[271]如果法庭上有人作出陈述认为供词是通

---

[267] 见劳里诉缪尔案(*Lawrie v Muir* 1950 JC 19),第 26 页(库珀爵士(Lord Cooper))。

[268] 保皇派诉特里布尔案(*HM Advocate v Turnbull* 1951 JC 96);费尔利诉伦敦鱼贩案(*Fairley v Fishmongers of London* 1951 JC 14);保皇派诉赫普尔案(*HM Advocate v Hepper* 1958 JC 39);莱基诉米尔恩案,《苏格兰法律时评》,1982 年,第 177 页起(*Leckie v Miln* 1982 SLT 177);保皇派诉格雷厄姆案,《苏格兰法律时评》,1991 年,第 416 页起(*HM Advocate v Graham* 1991 SLT 416);德拉蒙德诉保皇派案(*Drummond v HM Advocate* 1994 SCCR 789);以及威尔逊诉布朗案(*Wilson v Brown* 1996 SCCR 470)。

[269] 关于背景,见 Cmnd 8092, 1981,第 112 – 118 页。第 78 条受到了 1996 年《刑事程序和调查法》(Criminal Procedure and Investigations Act 1996)附件 1 第 26 段的限制,该处是有关治安法官审查的程序。

[270] "施压",见英王诉富林案,《王座分庭案例汇编》,1987 年,第 426 页起(*R v Fulling* [1987] QB 426)。也见英王诉伊斯梅尔案,《刑事法律评论》,1990 年,第 109 页起(*R v Ismail* [1990] Crim LR 109)。比较英王诉埃默森,《刑事上诉案例汇编》,1991 年,第 92 卷,第 284 页起(*R v Emmerson* [1991] 92 Cr App R 284)。

[271] "不可信赖",见英王诉戈登堡案,《刑事上诉案例汇编》,1988 年,第 88 卷,第

过上述那些方式取得的,则公诉方需要证明证据并非是如此取得的(第 76 条第 1 款)。"施压"被定义为"包括酷刑、非人道或侮辱性的对待,以及使用或威胁使用暴力(不管暴力是否达到酷刑的程度)"(第 76 条第 8 款)。[⑦]在英王诉富林(*R v Fulling*)案[⑦]中,法庭认为,要不然"施压"应该被赋予通常的意义,即权威或权力被以一种恼人的、粗鲁的或不正当的方式行使,或者导致不公或残忍的对待。在该案中,法院认为,某妇女是在警察跟她说有关她爱人和另外一个妇女的事情之后作出口供的,警察的行为并不构成"施压"。[⑦]但是,尽管警察的施压行为受到了第 76 条的限制,第 76 条第 4 款却将这种限制的大部分效果给抹杀掉了。该款规定,某个口供的排除并不影响根据该口供结果所发现的任何事实在证据中的可接受性,或者"如果被告以一种特别的方式(即被施压后。——译者注)说出、写出或表达出的东西表明他必然在很大程度上就是如供词那样做的",也不能排除口供证据。这样,毒树之果在英国法上似乎是可以"吃"的。

---

285 页起(*R v Goldenberg* (1988) 88 Cr App R 285),见英王诉希尔科特、布雷斯维特、拉基普案,《泰晤士报》,1991 年 12 月 9 日,以及英王诉沃克案,《刑事法律评论》,1998 年,第 211 页起(*R v Walker* [1998] Crim LR 211)。

[⑦] 根据第 78 条,口供证据也可能被排除(见下文)。见英王诉梅森案,《全英格兰案例汇编》,1987 年,第 3 卷,第 481 页起(*R v Masom* [1987] 3 ALL ER 481)。

[⑦] 《王座分庭案例汇编》,1987 年,第 426 页起([1987] QB 426)。

[⑦] 另一个令人不安的有关"施压"的例子使上诉法院也感到"惊骇"。在该案中,被告受到了"欺凌和威吓"。见英王诉帕里斯案,《刑事上诉案例汇编》,1993 年,第 97 卷,第 99 页起(*R v Paris* [1993] 97 Cr App R 99)。("警察……并没有向嫌疑人大叫,要他说他们想要他说的。尽管也没有使用暴力,但是很难再想象警察对嫌疑人更有敌意和更有威吓性的对待了。")

第 78 条是在上议院斯卡曼爵士及其他人施压下的结果,该条规定,"如果在法院看来,考虑了所有的情形(包括取得该证据的情形)之后,接受该证据将会对诉讼的公正产生相反的影响",那么,在任何诉讼中法庭都可以拒绝接受起诉所依赖的证据。㉕尽管该条文措辞有失清晰,但是仍有迹象表明,和第 76 条一起,该条促使法官在面对警察的非法行为时应采取更为果敢的态度。因此在英王诉卡纳勒(R v Canale)案㉖中,上诉法院认为初审法官不应该接受讯问警察的讯问笔录作为证据,因为这些记录并非是在讯问当时记录下来的,而是后来写上去的。㉗这些违反实施细则 C 的行为,正如起草该细则时那样,被描述成"不能容忍的(flagrant)"、"蓄意的(deliberate)"和"为人不齿的(cynical)",怀着这样的观点,该案首席法官尖锐地评论道:

> 这个案件是强调 1984 年法重要性的最近一个判决。如果警察们还没有意识到该法以及其所附实施细则的重要性——这一点让我们难以置信——那么现在是他们意识到这一点的时候了。㉘

㉕ 完整的内容见 K.格雷弗宁,《法律季刊》,1997 年,第 113 期,第 667 页起(K. Grevling [1997] 113 LQR 667),也可见《克罗斯和塔珀论证据》(Cross and Tapper Evidence),第 187 - 191 页、第 633 - 636 页。
㉖ 《全英格兰案例汇编》,1990 年,第 2 卷,第 187 页起([1990] 2 ALL ER 187)。
㉗ 也见英王诉基南案,《王座分庭案例汇编》,1990 年,第 2 卷,第 54 页起(R v Keenan [1990] 2 QB 54)。
㉘ 《全英格兰案例汇编》,1990 年,第 2 卷,第 187 页起([1990] 2 ALL ER 187),第 190 页(首席法官莱恩爵士(Lord Lane CJ))。

被告成功地运用第78条的另外一个领域与警察拒绝其会见律师有关。[29] 尽管已经说过,由于"每个案子都应该由它本身的事实来裁决"的缘故,不可能"给出一个笼统的指导告诉法官应该如何根据第78条行使裁量权"。[30]

违反实施细则或者违反被告的制定法权利所获得的证据都是不可接受的,这种观点并没有被完全遵循。在近来越来越多的案子中,法庭已经对第78条采取了一种更为谨慎的态度,特别是上诉法院更因为倾向接受非法取得的证据而受到批评。[31] 在英王诉乔克利案中,上诉法院强调,决定是否接受证据的不是"证据是否为非法或通过施压取得"的标准,而是一种"公正"的标准:不管是"给非法行为标上记号",还是"适用'施压'这个描述符号",都不能"自动使判断证据接受与否的基本'公正'标准无效"。[32] 关于警察的秘密工作有特别的困难,这种活动被认为是通过引诱、密探或阴谋的方式来获得证据,如果条件需要,基于公正标准可以把通过这

---

[29] 英王诉塞缪尔案,《王座分庭案例汇编》,1988年,第615页起(*R v Samuel* [1988] QB 615);英王诉阿布索拉姆案,《刑事上诉案例汇编》,1989年,第88卷,第332页起(*R v Absolam* [1989] 88 Cr App R 332);英王诉贝兰案,《刑事法律评论》,1990年,第185页起(*R v Beylan* [1990] Crim LR 185);英王诉钟案,《刑事上诉案例汇编》,1991年,第92卷,第314页起(*R v Chung* [1991] 92 Cr App R 314)。比较英王诉阿勒代斯案,《刑事上诉案例汇编》,1988年,第87卷,第380页起(*R v Alladice* [1988] 87 Cr App R 380)。

[30] 英王诉斯默思维特案,《全英格兰案例汇编》,1994年,第1卷,第898页起(*R v Smurthwaite* [1994] 1 ALL ER 898)。

[31] A.楚、S.纳什,《刑事法律评论》,1999年,第929页起(A Choo and S Nash [1999] Crim LR 929)。

[32] 《王座分庭案例汇编》,1998年,第848页起([1998] QB 848),第874页(奥尔德法官(Auld LJ))。也见英王诉斯默思维特案,和英王诉库克案,《刑事上诉案例汇编》,1995年,第1卷,第318页起(*R v Cooke* [1995] 1 Cr App R 318)。

种方式获得的证据排除,但是其获取本身并不会让法官排除它们。㉓ 上议院已经认为,通过非法设置监视仪器所取得的证据是可以接受的:㉔ 如果警察行为达到了明显或可能违反欧洲人权公约第8条的程度,这种违反也仅仅"可能被作为判断是否值得这么做的一个考虑因素"。㉕ 现在,特别是在人权法之后,人们提出了很多有关ECHR第6条对证据可接受性的意义的问题。但是欧洲人权法院同样认为非法取得证据也是可以接受的。㉖于是英国法

㉓ 英王诉斯默思维特案。也见英王诉桑案,《上诉案例汇编》,1980年,第402页起(R v Sang [1980] AC 402);英王诉克里斯托案,《王座分庭案例汇编》,1992年,第979页起(R v Christou [1992] QB 979);英王诉拉提夫案,《全英格兰案例汇编》,1996年,第1卷,第353页起(R v Latif [1996] 1 ALL ER 353);以及诺丁汉市议会诉阿明案,《每周法律报告》,2000年,第1卷,第1071页起(Nottingham City Council v Amin [2000] 1 WLR 1071)。相关评论见A.J.阿什沃斯,《法律季刊》,1998年,第114卷,第108页起(A J Ashworth (1998) 114 LQR 108)。见现行的2000年调查权力规则法(Regulation of Investigatory Powers Act 2000)。

㉔ 英王诉卡恩案,《上诉案例汇编》,1997年,第558页起(R v Khan [1997] AC 558)。见现行的1997年警察法,第3部分,见本书第22章。上议院对第78条的态度,见英王诉萨瑟克刑事法院案(申请人:鲍尔斯)案,《上诉案例汇编》,1998年,第641页起(R v Southwark Crown Court ex p Bowles [1998] AC 641);以及英王诉P案,《全英格兰案例汇编》,2001年,第2卷,第58页起(R v P [2001] 2 ALL ER 58)。

㉕ 第582页(诺兰爵士)。有人主张法院应该对排除违反公约权利取得的证据采取更为坚定的态度:D.奥默罗德,《刑事法律评论》,2003年,第61页起(D Ormerod [2003] Crim LR 61)。

㉖ 斯琴科诉瑞士案,《欧洲人权报告》,1988年,第13卷,第242页起(Schenck v Switzerland [1988] 13 EHRR 242)。在特克塞拉·德·卡斯特罗诉葡萄牙案中,《欧洲人权报告》,1989年,第11卷,第117页起(Teixerra de Castro v Portugal [1988] EHRR 101),法院说:"证据的可接受性主要是一国立法的事,普遍的规则是由国内法院来判断证据的可接受性。欧洲人权公约下的法院的工作,不是为接受证人陈述为正当证据提供规则,而是判断作为一个整体的诉讼程序,包括取得证据的步骤,是否是正当的。"(第114—115页)

院的观点是,《1984年法》第78条和《ECHR》第6条的规定在这个方面是相同的。[287] 因此,没有必要根据斯特拉斯堡法院的判决修改第78条。[288] 但是,注意到下面一点仍然是重要的:如今的英国法比过去更加灵活,特别是在涉及诱捕的问题上。上议院称之为"国家制造的犯罪"(State-created crime),并指出:根据第78条,在相关案件中以这种方式取得的证据应该被排除,否则诉讼程序就是对程序的滥用,应该中止。[289]

F. 警察的责任和对警察的控制[290]

不论是在维持公共秩序的领域还是在侦查和追诉犯罪的工作中,由于资源的有限性,警察总会作出包括自由裁量权的行使、各种行动方案的选择以及轻重缓急的安排等各种决定。在一个稳定的社会,警察要扮演一个中立的、非政治性的角色是更加容易的,但甚至这种角色也具有潜在的政治意义。在一个不太稳定的环境下,法律和规章要求具有更为即时的政治内容。在时有不安的20世纪80年代,人们提出了许多有关诉讼上警察责任的问题。包括

---

[287] 英王诉卢斯利案,《上议院案例汇编》,2001年,第53页起;《全英格兰案例汇编》,2001年,第4卷,第897页起(*R v Looseley* [2001] UKHL 53; [2001] 4 ALL ER 897)。
[288] 同上。
[289] 同上。
[290] 警察的责任,见杰弗逊、格里姆肖:《控制警察》(Jefferson and Grimshaw, *Controlling the Constable*);赖纳:《警察政治》(Reiner, *The Politics of Police*);沃克:《宪政秩序变化下的警察》(Walk, *Policing in a Changing Constitutional Order*)。

警察对种族暴力和公众示威,特别是对矿工罢工事件的反应,都加重了对这方面问题的关注,并一直持续到目前警察被授予反恐任务的新形势。某些人将警察事务进一步趋向中央集权的过程视为一个日趋复杂的维度。各个警察部门之间的合作形式有多种多样,但通过诸如警察局长联席会(the Association of Chief Police Officers, ACPO)之类机构的活动,也出现了形成共同政策的可能性。[291] 这种集中化的趋势带来了关于警察责任的新问题,现存的组织结构可能不太适合回应这个问题。但是不能被忽视的是,警察对个别事件的调查可能具有最重要的全国性的意义。伦敦青年斯蒂芬·劳伦斯(Stephen Lawrence)被谋杀后,警察在社会反应中所陷入的处境提出了许多有关警察责任的不同问题,并导致了对警察职务中存在制度化种族歧视的结论。[292]

地方警察当局

警察当局负责确保一支有效益和效率的警察力量,[293] 并且负责对总警长的监督。但实际上,自 1994 年警察和治安法院法(Police and Magistrates' Courts Act 1994)开始进行的改革,却进一步地缩减了地方对警察的控制(这种控制本来就是有限的)。确实,如

---

[291] 制定法上对 ACPO 的承认,见 2001 年《刑事司法和警察法》第 127 条,以及 2002 年《警察改革法》第 96 条。

[292] 《斯蒂芬·劳伦斯调查》,《政府文件》,1999 年,第 4262 号(The Stephen Lawrence Inquiry (Cm 4262, 1999))。

[293] 1996 年《警察法》,第 6 条。也见上文 A。

今警察当局的组成对警察服从于地方民主监督的有效性提出了疑问。可以有把握地说,一个具有大量"独立"因素的警察当局更能保护警察而不是将警察推向公众关注的焦点。警察当局作为责任代表(agents of accountability)的角色日渐减少的程度在题为"警察改革"的白皮书中以相当惊人的措辞反映出来,该白皮书导致了1994年法所引发的改革。该白皮书提出,在未来,警察当局要"为地方民众(作为警察所提供服务的'顾客')的利益发挥作用",㉔但这种作用并非完全没有问题。确实,警察当局现在需要决定地方警务的年度目标,在完成这项职责的过程中,不仅要咨询总警长的意见,还应该考虑依照《1996年法》第96条所规定的各种方式所获得的任何观点,这就要求警察当局要通过一些制度安排来获得地方民众关于地方警务的各种意见。但是该法并没有限定必须做何种安排。目前只有白皮书提出了若干指导原则,警察当局可以这样履行自己的义务:可以采取地方顾问团体(不一定是由选举产生)的形式,并通过各种方式——比如说民意调查——详细讨论这些地方意见。㉕

政府已经表示了对当前社区参与地方警务的制度安排的效果究竟如何的忧虑。㉖ 另外,对"广泛公众对当前警察当局的无知"㉗的忧虑导致政府质疑警察当局是否对自己所履行职务的地方"完

㉔ 《政府文件》,1981年,第8427号(Cmnd 2281, 1994),第20页。
㉕ 同上。
㉖ 《政府文件》,2004年,第6360号(Cm 6360, 2004),特别是第1、2章。
㉗ 《下院文件》,2004 – 2005年,第370号(HC 370 (2004 – 2005))。

全透明或负责"。[298] 但近来政策的发展趋势还是要减小地方警察当局仍然过多的角色,之所以过多是因为他们制定的政策更直接地是对所服务的社区的"回应"。在《建构社区、打击犯罪》[299] 中,警务被定位为公共服务,警务应该回应"顾客"的需要,但是"顾客"是人民而不是代表人民的警察当局。为了回应这些"顾客",政府采取了一项邻里警务(neighbourhood policing)的计划,随之而来还有许多其他的创新措施。这些措施包括按年度向当地公众提供更多有关警务安排的信息,以及从全国政府设定的最低限度开始在警察和社区之间(继续使用市场的隐喻)引入"合同"(虽然没有强制执行的性质)。政府也致力于通过"地方区域计划"发展新的社区参与形式,并已经提出,议员应该被正式确认为社区的代言人,他们有权启动针对特定邻里所面临问题的警务。

对议会的责任

议会对警务的关注既是不可缺少的也是可欲的。对于那些希望在下议院中提出有关警务议题的议员来说,他们经常遇到的一个问题是,没有一个大臣要么对警察的行为、要么对警察当局的决定直接负责。而下议院长久以来就认为内政大臣已经承担了被认为是极其广泛和详尽的伦敦地区警察的责任,所以伦敦警察的法律地位一直是特殊的。[300] 1962 年的皇家调查委员会提出授予中央

---

[298] 《政府文件》,2005 年,第 6600 号(Cm 6600, 2005)。
[299] 《政府文件》,2004 年,第 6360 号(Cm 6360, 2004),特别是第 1 章。
[300] 马歇尔:《警察和政府》(Marshall, *Police and Government*)。

政府更多(警察。——译者注)权力,他们的考虑就是,使内政大臣就全国警务的运作效果向议会负责。1964年警察法并没有走得像皇家委员会提出的建议那么远,但是根据该法以及之后的立法,内阁大臣对伦敦地区之外的警察负责的程度无疑扩大了。因此希望提出关于地方警务议题的议员们,现在可以向内政大臣就是否采取某种措施提出质询,比如要求总警长提出关于该问题的报告、组织一个对此事的调查或者是鉴于警务效率的考虑要求该总警长辞职等。但是事实上,议员们可以提出质询并不等于他们一定会得到所希望的那么圆满地回答。内政大臣可以不向议会说明他或她所认为不宜向公众公开的警务细节,议会监察员(Parliamentary Ombudsman)也没有调查针对警察提出的申诉的权力。[301] 然而,内阁大臣对于特殊的具有重大政治意义的事件,也可能愿意下令调查该事,[302] 或者把总警长的报告提交给议会。[303]

考虑到内政大臣对于警察事务日益增加的权力,那么,内政大臣就自己行使那些权力的方式对议会负责也是一个急迫的问题。过去,国内事务委员会(Home Affairs Committee of the House Commons)一直审查许多一般性警察事务,[304]最近也审查了今年一些与

---

[301] 见第29章D。

[302] 见斯卡曼爵士对红狮广场骚乱(Red Lion Square disorders)和布里克斯顿骚乱的报告,分别载于《政府文件》,1975年,第5919号(Cmnd 5919, 1975)和《政府文件》,1981年,第8427号(Cmnd 8427, 1981)。

[303] 例如:《下院文件》,1974年,第351号(HC 351 [1974]),来自伦敦警察局长对伦农案件(Lennon case)的报告。

[304] 例如:种族关系和"嫌疑人"法律(Race relations and the "sus" law),《下院文件》,1979-1980年,第559号(HC 559 [1979-1980]);警察拘留所的死亡(Deaths in police custody),《下院文件》,1979-1980年,第631号(HC 631 [1979-1980]);特别部门(Special

警察组织结构相关的改革举措。但是该委员会在报告中对这些改革措施的宽泛支持并没有抓住它们所提出来的一些更重大的宪法问题。委员会满足于一种"执行文化"(performance culture)逐渐在警察职务中得以确立,但是对"整体的侦破率"(overall detection rates)感到反感。根据委员会的观点,"最优先的考虑是犯罪的减少,这才是正确的。"③但是,该委员会不仅没有注意到近年来改革的一些宪法意义,而且在控制警察权力增长方面也被证明是无效的。它对刑事司法议案(Criminal Justice Bill)的审查导致它广泛地认可了该议案提出的对 PACE 的修改,唯一的例外就是没有扩大警察可以拘禁公民超过 24 小时而不起诉的情形。⑩但是这一点也被政府所忽略了。⑩该委员会对于 2004 – 2005 年间的有组织重罪和警察议案也没有什么异议,尽管该议案受到了人权联合委员会(Joint Committee on Human Rights)的彻底审查。

法院的角色

警察所拥有的权力并不比普通人所享有的权力多多少,警察

Branch),《下院文件》,1984 – 1985 年,第 71 号(HC 71 (1984 – 1985));伦敦警察部门对公众来电的反应(Metropolitan Police Service responding to calls from the public),《下院文件》,1995 – 1996 年,第 33 号(HC 33 (1995 – 1996));警察惩戒和申诉人程序(Police discipline and complaints procedures),《下院文件》,1997 – 1998 年,第 258 号(HC 258 [1997 – 1998]);以及警察训练和新警招募(Police training and recruitment),《下院文件》,1999 – 2000 年,第 81 号(HC 81 [1999 – 2000])。

㉟ 《下院文件》,2004 – 2005 年,第 370 号(HC 370 [2004 – 2005])。也见《下院文件》,2001 – 2002 年,第 612 号(HC 612 [2001 – 2002])。

㊱ 《下院文件》,2002 – 2003 年,第 138 号(HC 138 [2002 – 2003])。

㊲ 2003 年《刑事司法法》,第 7 条。

只是一个"把执行法律作为一项义务并因此获得薪水的人而已。如果普通人愿意这样做的话,他就能自动做警察所做的事"。1962年的皇家调查委员会依赖于这样一种古老的但是严重不符合实际的认识,得出了惊人的结论:"警察与法院之间的关系并不……比其他任何公民与法院的关系具有更大的宪法上的意义。"[508] 英王诉伦敦警察局长(申请人:布莱克本)(*R v Metropolitan Police Commissioner, ex p Blackburn*)案[509] 提出了这样一个矫正观点:

> 根据 1963 年《博彩法》(the Betting, Gaming and Lotteries Act 1963),某些形式的赌博是非法的。因此,伦敦的一些赌博俱乐部想法设法逃避该法。该法执行中遇到法律上的困难后,伦敦警察局长向高级警官发出了一个秘密通知,作出一个政策决定:不再对赌博俱乐部违反该法采取行动,除非有对俱乐部欺骗行为的投诉或者俱乐部成为犯罪分子的聚集之地。布莱克本请求法院发出一个针对该警察局长的执行职务令(order of mandamus),要求改变那个政策决定。该通知在该案结案之前被收回。上诉法院认为,每一个总警长都对公众负有执行法律的义务,该义务如果必要的话,可以由法院来执行。尽管警察局长拥有法院不能干涉的广阔自由裁量权,但是法院可以审查一个实际上就是违反执行法律之义务的政策决定。法院并没有回答布莱克本对于该案是否有足够利害关

---

[508] 《政府文件》,第 1728 号(Cmnd 1728),第 34 页。
[509] 《王座分庭案例汇编》,1968 年,第 2 卷,第 118 页起([1968] 2 QB 118)。

系以要求发出执行职务令的问题。在布莱克本提起的后一个案子中,他要求执行淫秽物品法(the obscenity laws),法院认为,警察局长已经在尽力利用可能的人力来执行法律,不能再对其要求更多了。[310]

进一步要考虑的是"明确的法律义务"[311]。在希尔诉西约克郡总警长(*Hill v Chief Constable of West Yorkshire*)案中,警察对公众负有明确的法律义务,即执行法律。但法院认为,警察是有打击犯罪的义务,可是该义务并没有这样的责任:如果个人受到犯罪分子的伤害,警察本来可以阻止该犯罪,但他在此情况下却没有做到,则警察应该对个人的损害负责。[312] 法院采纳了这样的观点,公众没

---

[310] 英王诉伦敦警察局长(申请人:布莱克本)3号案,《王座分庭案例汇编》,1973年,第241页起(*R v Metropolitan Police Commissioner, ex p Blackburn (No 3)* [1973] QB 241);也见英王诉德文和康沃尔总警长(申请人:CEGB)案,《王座分庭案例汇编》,1982年,第458页起(*R v Chief Constable of Devon and Cornwall, ex p CEGB* [1982] QB 458);以及英王诉牛津(申请人:利维)(*R v Oxford, ex p Levey*)案,《泰晤士报》,1986年11月1日。

[311] 英王诉伦敦警察局长(申请人:布莱克本)案,《王座分庭案例汇编》,1968年,第2卷,第118页起(*R v Metropolitan Police Commissioner, ex p Blackburn* [1968] 2 QB 118),第138页(萨蒙法官(Salmon LJ))。

[312] 《上诉案例汇编》,1989年,第53页起([1989] AC 53),约克郡碎尸犯萨克利夫的一个受害者的母亲提出了针对警察失职的申诉,但是没有胜诉。也见奥斯曼诉弗格森案,《全英格兰案例汇编》,1993年,第4卷,第344页起(*Osman v Ferguson* [1993] 4 ALL ER 344),也见《公法》,1994年,第4页起([1994] PL 4);安塞尔诉麦克德莫特案,《全英格兰案例汇编》,1993年,第4卷,第355页起(*Ancell v McDermott* [1993] 4 ALL ER 355);以及布鲁克斯诉伦敦警察局长,《上议院案例汇编》,2005年,第24卷起;《全英格兰案例汇编》,2005年,第2卷,第289页起(*Brooks v Metropolitan Police Commissioner* [2005] UKHL 24;[2005] 2 ALL ER 289)。

512 有利害关系要求警察对调查犯罪失职承担责任。在欧洲人权法院一个引起争议的判决中,法院提出了警察的这种免责与 ECHR 第 6 条是否相一致的问题。[313] 但斯特拉斯堡法院后来已经声明,它错误地理解了该事项在英国法上的地位。[314] 法院应该应公众成员的申请指示总警长该如何行使其职责,这样的建议有明显的困难。对于法官来说,推倒总警长所作出的明显非法的指示是一回事;把自己关于如何更好地运用公共资源的观点强加于其上又是另外一回事。[315] 考虑到法院必须允许警察在执行职务中拥有自由裁量权,那么,一个对法律有自己理解的、胜任的总警长应该很容易使自己的行为限制在法律允许的范围之内。对于警察局长为我们解决社会政策中疑难问题的自治的、职业的判断,与其依靠我们必须要把握其中的分寸,然后还要求助于法院来控制他们的决定,还不如重新考虑政治决策以及议会对警察政策进行讨论的合适范围。

---

[313] 奥斯曼诉联合王国案,《欧洲人权报告》,2000 年,第 29 卷,第 245 页起(Osman v UK (2000) 29 EHRR 245);见 C. A. 吉尔蒂,《现代法律评论》,2000 年,第 64 卷,第 179 页起(C A Gearty [2000] 64 MLR 179);T. 韦尔,《剑桥法律杂志》,1999 年,第 4 页起(T Weir [1999] CLJ 4)。

[314] Z 诉联合王国案,《欧洲人权报告》,2002 年,第 34 卷,第 97 页起(Z v UK [2002] 34 EHRR 97)。也见马修斯诉国防部案,《上议院案例汇编》,2003 年,第 4 页起;《上诉案例汇编》,2003 年,第 1 卷,第 1163 页起(Matthews v Ministry of Defence [2003] UKHL 4; [2003] 1 AC 1163),特别是霍夫曼爵士(Lord Hoffmann)。

[315] 见英王诉萨塞克斯总警长(申请人:国际商船航运有限公司)案,《上诉案例汇编》,1999 年,第 2 卷,第 418 页起(R v Chief Constable of Sussex, ex p International Trader's Ferry Ltd [1992] 2 AC 418)。

第22章 对隐私的保护

关于隐私权是否应受英国法律体系保护的争论由来已久,而且现在已演变得愈加激烈。关于隐私的问题,一方面在于对其界定非常困难,也主要因为这一原因,尽管青年隐私委员会(the Younger Committee on Privacy)的委员们赞成"隐私需要额外(特别)的保护",[1] 但在1972年的报告中仍反对将其作为一项权利提出来。这是一份有影响力的报告,引发了一场持续近一代人的争论。保护隐私的第二个困难在于决定保护隐私免受谁的侵犯是必要的。许多人认为国家侵扰的趋势——对一些人来说可能是耸人听闻的——应该包括在内。但是许多与隐私侵犯相关的问题不是由国家所为,而是由其他私方所为——致力于无休止的传媒战的报纸或雇主对雇员的检查(一个著名的案例就是一个起诉雇主性别歧视的雇员打给事务律师(solicitor)的电话被监听)。[2] (对于隐私保护的)第三个困难在于通过一系列装置侵犯个人隐私,现在看来

---

[1] Cmnd 5012, 1972,特别是第651-652页。也可以参见一个有价值但存在争议的评论,瓦克斯(Wacks),《隐私的保护》(*The Protection of Privacy*),还可以参见瓦克斯(Wacks),《个人信息》(*Personal Information*),特别是第一章。

[2] Halford v. UK (1997) 24 EHRR 523.

已经成为打击威胁公共安全和国家安全的有组织犯罪和其他违法行为的必要武器。③ 为达到这一目的——譬如——已经建立了一个国家犯罪记录局,以掌握可能对儿童和易受伤害的成人构成威胁的犯罪人信息。④

A. 保护隐私的理由

虽然这些困难都令人信服,却不是必须接受的。的确,隐私这一概念,不仅范围难以确定,而且与其他可能出现于侵权法(如非法侵入)、衡平法(如泄露秘密)或知识产权法(如版权)领域的概念密切相连。⑤ 但是,隐私对公法学人(public lawyer)同样重要。隐私与自由和免受国家干预的观念密切相关。⑥ 作为一项原则,隐私作为一种增强其他宪法自由(权利)——最明显的就是集会和结社自由权——的方式也是重要的。侵犯那些持非主流意见的个体和组织自由的主要方式之一是监视他们,使他们处于监视之下,占有其成员的资料,并传播有关他们的信息——为压迫和歧视他们

---

③ HC Deb, 2000年3月6日, col 768, Mr Jack Straw. 这些权力现在被正当化,在其主要用于"毒品、恐怖主义、恋童癖或洗钱犯罪时"。ibid, col 834 (Mr Charles Clarke)。

④ 参见 the Bichard Inquiry Report on Child Protection in Humberside Police and Cambridgeshire Constabulary, HC 653 (2003–2004)。

⑤ 参见贝利(Bailey)、哈里斯(Harris)和琼斯(Jones),《公民自由的案例和材料》(*Civil Liberties Cases and Materials*),第九章。

⑥ 参见鲁斯特哥登和莱(Lustgarten and Leigh),《来自冷战》(*In from the cold*),第40页。同时参见 D. 费尔德曼(D. Fledman)[2000] PL 61。

提供刺激因素。⑦ 的确,我们将在 B 小节看到,为《欧洲人权公约》(ECHR)和1998年《人权法案》所保护的隐私的概念在某种程度上超出(beyond)了这种考虑。但是,对公法学人来说,前面所述都是核心考虑,提出了民主社会中个体政治自由的基本问题。

新科技为监视提供了更为广泛的形式,这使得(为隐私)提供某种形式的保护变得刻不容缓(不可抗拒)。但是,不可能有无条件的和不受限制的隐私权。隐私(权)是对表达自由的一种限制,由此产生了这样一种担忧:政府官员和政治家可能会利用隐私权,他们有某些东西需要隐瞒,他们希望避免公开可能会暴露其伪善或对其更不利的信息。隐私(权)也是对警察和刑事司法系统中其他权力机关行为的一种限制,为了公共利益,他们有权采取合法行动对贩毒者和其他对人身构成伤害的不法商人进行侦察。当然,这并不是说不应该有隐私权,而是说应该平衡相互冲突的权利和利益。但是,只有在有明确的法律授权并且为合法目的所必需时,隐私权才可受到限制。同时,公民可能期望国家制止对个体隐私的侵犯,除非这样的侵犯存在合法的理由;同样,公民也可能期望国家采取措施对隐私,特别是弱者和容易受到侵害的人的隐私进行保护,使其免受全球性公司(global corporations)和其他强大组织的商业利用和其他形式的滥用。⑧

---

⑦ 关于对大不列颠共产党的监视,参见尤因和吉尔蒂(Ewing and Gearty):《为公民自由而战》(*The Struggle for Civil Liberties*),第三章。

⑧ 这些要求主要来自《欧洲人权公约》:参见 Spencer v. UK (1998) 25 EHRR CD 105;和《人权法案》(Human Rights Act):参见 Venables v. News Group Newspaper Ltd [2001] Fam 430。

在第 21 章我们已经论及对隐私最具侵害性的侵犯之一:警察进入室内并进行搜查。本章我们将提出侵犯隐私权的其他方式和一些对隐私进行规范和保护的不同途径。基于本章的目的,我们已经对隐私进行了界定,考虑了四个基本问题。即:(1)监视是为了搜集关于个人的信息;(2)对通信的窃听是一种特殊形式的监视,尽管也可能被用于其他目的,如刑事侦察;(3)对个人信息的储存和利用,是计算机时代需要高度关注的问题,尽管工会会员和其他人很早以前就担心被列入黑名单;[9] (4)不必要地公布关于个人的机密信息或私人信息。当然,随着 2006 年《身份证法》对于身份证和国家身份登记的规定,产生了其他一些紧迫问题。其中一些问题涉及登记处保存的个人资料的潜在运用和滥用。[10]

B. 隐私和《欧洲人权公约》

人所共知,英国普通法中没有一般的隐私权,[11] 尽管隐私被

---

[9] 参见 McKenzie v. Iron Trades Employers' Insurance Association (1910 SC 79)。参见现在的 1998 年《数据保护法》(Data Protection Act)和 1999 年《劳资关系法》(*Employment Relations Act*)第三条。

[10] 参见 HL 35, HC 283 (2004–2005); HL 48, HC 560 (2005–2006)。

[11] 参见 *Kaye v. Robertson* [1991] FSR 62。但是这不同于说隐私是完全不受英国法保护的:参见 *Hellewell v. Derbyshire Chief Constable* [1995] 1 WHL 804,在该案中法官劳斯(Laws J)说存在这样的情形即法律可能保护被合理地成为隐私权的权利,尽管它可能因诉讼理由的不同而有不同的称谓。

司法机关描述为"根本性的",[12] 亦有很多人呼吁引入这样一种权利。相反,《欧洲人权公约》中的第8条则规定了隐私权:[13]

1.人人都有私人和家庭生活、住宅、通信受到尊重的权利。

2.该权利的行使不应受到公共机构的侵犯,除非根据法律在民主社会中为国家安全利益、公共安全利益和国家经济健康利益所必需,或是为制止无序、预防犯罪、维护健康或道德,以及保护其他权利和自由所必需。

在英国法上,在对隐私进行拼凑性保护(patchwork protection)的发展过程中,《欧洲人权公约》已经成为其中一个主要渊源。其中,许多案例与警察与安全机构,以及诸如电话窃听、监视和窃听装置的使用等多种实践有关。[14]在所有这些案例中,欧洲人权法院都认为英国的做法违反了公约第8条第1项的规定,而且不能为第8条第2项所豁免。因为在所有案件中上述行为都没有得到法律授权。因此,不能认为对原告私人生活的限制是依法而为;而且

---

[12] Morris v. Beardmore [1981] AC 第446、464页(Lord Scarman);Schering Chemical Ltd v. Falkman Ltd [1982] QB 1 第21页(Lord Denning)。

[13] 参见莫布雷(Mowbray),《欧洲人权公约的案例和材料》(Cases and Materials on the European Convention on Human Rights),第八章。

[14] Malone v. UK (1985) 7 EHRR 14; Hewitt and Harman v. UK (1992) 14 EHRR 657; Khan v. UK (2001) 31 EHRR 1016. Allan v. UK (2003) 36 EHRR 143; *Taylor-Sabori v. UK* (2003) 36 EHRR 248; Armstrong v. UK (2003) 36 EHRR 515; Peck v. UK (2003) 36 EHRR 719; Chalkley v. UK (2003) 37 EHRR 30; and Perry v. UK (2004) 39 EHRR 76.

该法院坚持认为,为了使第8条之下的任何限制正当化,有必要顾及法律的质量。

斯特拉斯堡法院曾认为,私生活是一个"不能被穷尽界定的宽泛范畴"。但该法院接下来赋予了这一概念以包含非常宽泛的内容:

> 例如性别、姓名、性趋向和性生活等方面都是受第8条保护的重要的私人领域。第8条也保护身份和个人发展权,以及建立和发展与其他人和外部世界的关系的权利,这可能包括职业和商业活动。因此,存在一个人与其他人的互动范围,即便在公共领域,也可能属于私生活的范围。[15]

我们在这里考虑的欧洲法院提出的一系列主要问题中的第一个与性别有关。在古德温诉联合王国(*Goodwin* v. *United Kingdom*)一案中,[16]诉状是由一个手术后由男性变为女性的人提出的。原告未能变更一系列包括出生证明在内的官方文件以证明其身份。在认定英国法违反第8条时候,欧洲法院背离了一系列早期的案件,也背离了英国的一些案例——在这些案件中在相似的情形下,法院认定没有违法,并对成员国在这些问题上的做法表示了广泛的理解。[17]在古德温案中,法院认为必须跟上不断变化的社

---

[15] *Perry* v. *UK* (2004) 39 EHRR 76.也可参见 *Pretty* v. *UK* (2002) 35 EHRR 1。

[16] (2002) 35 EHRR 44.

[17] 参见 *Rees* v. *UK* (1986) 9 EHRR 56; *Sheffield and Horsham* v. *UK* (1998) 27 EHRR 163; and *Cossey* v. *UK* (1990) 13 EHRR 622。

会条件,对欧洲理事会内部"向要达到的标准""不断会聚的趋势"作出回应。[18]

第二组案例是有关性欲和性行为的。在达吉恩诉联合王国(*Dudgeon v. United Kingdom*)一案中,[19] 法院认为,将同性间的性行为确定为犯罪的北爱尔兰现行法律侵犯了原告依据第8条享有的权利。该法律的存在被认为是"连续地和直接地"影响了原告的"私生活":"无论他尊重该法律而抑制自己进行(即便是私下与经过同意的男同伴)被法律所禁止的其同性恋倾向引发的性行为,还是因从事这样的行为而要承担刑事责任。"[20] 在勒斯蒂格-普里恩诉联合王国(*Lustig-Prean v. United Kingdom*)一案中,[21] 对性欲为第8条所涵盖并无争论:先前托马斯·宾厄姆爵士(Sir Thomas Bingham MR)就在引发该案的情形在上诉法院审理时承认,"因私人性偏好而解雇一个人,并且盘问他或她有关私人性行为的问题,在我看来是对其私人和家庭生活的不尊重"。[22]但是有人表达了这样的疑问:性虐待狂对经过同意的成年人在私下进行的性活动是否构成为第8条所保护的私人生活。[23]

---

[18] 也参见 *I v. UK* (2003) 36 EHRR 967。

[19] (1981) 4 EHRR 149.同时参见 *Norris v. Ireland* (1988) 13 EHRR 186。

[20] 也参见 *Sutherland v. UK* [1998] EHRLR 117 and *BB v. UK* (2004) 39 EHRR 635(关于同意同性性行为的年纪)。

[21] (1999) 29 EHRR 548;(2001) 31 EHRR 601.还有 *ADT v. UK* (2001) 31 EHRR 803。

[22] *R v. Ministry of Defence*, ex p Smith [1996] QB 517, at 558。

[23] *R v. Brown* [1994] 1 AC 212,per Lords Templeman and Lowry; and *Laskey, Jaggard and Brown v. UK* (1997) 24 EHRR 39, at 56–57.但是对比马斯悌尔(Lord Mustill)和斯莱恩(Slynn) 在皇室诉布朗案中的判决,同时参见 *ADT v. United Kingdom*(前注21)。

法院考虑的第三和第四个问题使我们回到国家对个人住宅和其他房屋的监视与侵扰。关于前者(监视),法院认为,安全机构的监视符合第8条的规定。而且,这同样适用于诸如电话监听等措施。但是,尽管国家的这类监视为第8条所涵盖,但它可以轻易地通过第8条第2项获得正当化。[24]这也同样适合于电话监听。[25]但是,法院也认为,第8条规定的隐私权适用于雇主侦听和监听私人电话。在哈尔福德诉联合王国(Halford v. United Kingdom)一案中,[26]政府辩解此类通信被排除于第8条的保护之外,因为"不存在与隐私相关的合理预期",[27]这一辩解未获成功。就后者(对住宅的侵犯)而言,一个重要的问题是警察未经屋主同意进入室内的权利显然是为了防止破坏治安。在麦克劳德诉联合王国(Mcleod v. United Kingdom)一案中,[28]这一行为符合第8条的规定不存在争议。但是,虽然第8条第2项保留了普通法上侵入(住宅)的权力,可是很明显,在行使这一权力之前必须进行审慎的思索。[29]

第五类案件涉及有关个体的秘密个人信息的披露与传播。在MG v. United Kingdom 一案中,[30]法院认为曾在儿时被送往地方福利机构照顾的原告有权获取其全部的社会服务记录。这些记

---

[24] Leander v. Sweden (1987) 9 EHRR 433; Christie v. United Kingdom (1994) 78A DR 119 (E Com HR). But of Foxley v. Spain (1999) 28 EHRR.

[25] Malone v. UK (见前注14)。And Camenzind v. Switzerland (1999) 28 EHRR 458, and Valenzuela Contreras v. Spain (1999) 28 EHRR 483.

[26] (1997) 24 EHRR 523.

[27] Ibid, at 543.

[28] (1998) 27 EHRR 493.参见 Niemiets v. Germany (1992) 16 EHRR 97。

[29] 参见前文第21章 E。

[30] (2003) 36 EHRR 22.也可参见 Gaskin v. UK (1990) 12 EHRR 36。

录,"包括了关于原告成长过程之关键阶段的主要信息",被认为"与其私人和社会生活相关"。在蒙塞拉特岛诉瑞典(MS v. Sweden)一案中,[31]争议事项不在于原告是否可以获得个人资料,而在于医生在原告不知情或未获得原告同意的情况而将其秘密医疗记录同意披露给了社会保险机构(social security authority)。尽管这一记录除传送给社会保险机构一次外仍处于保密状态,法院仍然认为该信息的披露侵犯了第8条规定的权利。尽管法院承认该记录仍处于保密状态,但"它们已被传送给了另一公共机构,因此也就传送给了更多的公务人员"。法院也考虑到信息是在诊所被搜集和储存,是与医学治疗相关,但是其随后的传递却服务于不同的目的,即用于使社会保险机构能够评估原告因一次工伤而提出的赔偿请求。

C. 监视:获取信息

个人隐私可能受到侵害的首要方式是以获得他或她的信息为目的的各种监视技术的运用。[32] 这可能——由国家、新闻机构或其他主体——通过多种方式作出:包括闯入他或她的住宅和翻查私人物品;使用窃听装置或者对各类通信进行侦听。就普通法而言,监视某人本身并不违法。但是,在一些情况下许多种类的监视可能是非法的,尽管只是在监视侵犯了已为法律所确认的既存权

---

[31] (1997) 28 EHRR 313.
[32] 参见 Robertson v. Keith 1936 SLT 9 and Connor v. HM Advocate 2002 SLT 671。

利时是非法的。以前,对某人隐私的侵犯本身并不成为法院干预的理由。

非法侵入

也许,普通法保护隐私最著名的例子是恩蒂克诉卡林顿(*Entick* v. *Carrington*)案,[33] 约翰·恩蒂克(John Entick)的住宅被非法侵入,他的财产也遭受非法搜查。尽管很明显这是对他的住宅和他的私生活的一种侵犯,但他针对损害提起的诉讼获得了成功,因为这也是对其财产权利的非法侵犯。在普通法上的一项伟大判决中,首席法官卡姆登勋爵(Lord Camden CJ)写下了以下值得纪念的文字:

> 未经我的许可,没有人可以踏足我的领地,即便没有造成损害,他也必须对其行为负责……如果他承认这一事实,他必须通过正当的理由,表明实在法是授权于他还是豁免(免责)于他。

在该案中,既不存在授权也没有豁免。的确,实施这一搜查行为的官员持有由内政大臣签发的搜查令,但这不是免责的理由,因为内政大臣根本就没有签发搜查令的法定权力,这一权力仅由议会行使;例外情形是与偷盗物品相关的搜查令的签发。

---

[33] (1765)19 St Tr 1030;并参见第六章 A。

在现代社会,非法侵入作为保护隐私的一种方式,其价值在莫里斯诉比德莫尔(*Morris v. Beardmore*)[34]一案中得到强调。在这一案件中,被告被怀疑与一场交通事故有关。他离开了现场,警察跟随他来到其住所。警察在得到被告儿子同意的情况下进入住宅。尽管被告知离开住宅,警察为了取得呼吸样本仍然进入了被告的卧室。被告拒绝提供呼吸样本并因此而被捕。上议院认为,如果要求对该当事人进行呼吸检测是在违背当事人意愿的情况下非法侵入其住宅后发生的,那么该要求就是非法的。但是将通过电话窃听等方式进行监视纳入非法侵入法律规制的范围的尝试在马隆案(*Malone Case*)[35]中失败了。这一案件与恩蒂克诉卡林顿(*Entick v. Carrington*)案有着惊人的相似,相似之处在于在该案中窃听是基于内政大臣签发的令状的授权而为的,而内政大臣对该令状的签发同样未获议会授权。然而该案未适用非法侵入的法律:马隆案与恩蒂克诉卡林顿(*Entick v. Carrington*)案关键的不同之处在于,在该案中既没有对原告财产权的侵犯也没有非法侵入。进入原告的住宅安装窃听装置是没有必要的,因为在该案中窃听装置是在电话局安装的。

对财产权的侵犯

在警察使用窃听装置记录刑事犯罪嫌疑人的谈话这一领域,

---

[34] [1981] AC 466.

[35] *Malone v. Metropolitan Police Commissioner* [1979] Ch 344.

非法侵入的法律扮演着新的角色。

在英王诉卡恩(R v. Khan)一案中,[36] 被告涉嫌毒品进口。警察在他当时逗留的房屋外面安装了一个窃听装置,这一行为未获任何制定法的授权,虽然符合内政部关于使用相关设备的指南。尽管如此,政府承认,警察的行为不仅构成非法侵入,而且构成对窃听装置安装之处的财产损害。卡恩被认定犯有被控的毒品进口罪,对其不利的证据大部分来自于窃听装置所获取的录音记录。他针对该有罪判决提起上诉,认为证据(指控其犯罪的证据)不应被采信,因为它是通过非法手段获得的,而且这种获取方式违反了《欧洲人权公约》第8条。上诉未获成功:在决定证据应否被采信时,获取证据方式的非法性并不具有决定性意义。问题在于获取证据的方式是否影响了诉讼程序的公正。但是,尽管上议院不这样认为,该案件还是揭露了该特定行为的违法性。[37]

"没有制定法规制警察使用监视装置"使法官们感到震惊。[38] 1989年《安全机构法》(Security Service Act)规定,安全机构所采取的类似活动需要有内政大臣签发的令状的授权,这就使警察滥用监视装置的状况更加引人注目了(安全机构对监视装置的使用目

---

[36] [1997] AC 558. 参见 Khan v. UK (2001) 31 EHRR 1016.

[37] 同时参见 R v. Loveridge [2001] 2 Cr App R 591 和 Teixeira de Castro v. Portugal (1998) 28 EHRR 101.

[38] [1997] AC 558, at 582 (Lord Nolan).

前由 2000 年《调查权力规制法》(Regulation of Investigatory Powers Act)规制,这我们将在 D 小节讨论)。

欧洲人权法院认为,英国有关警察使用监听装置的法律和实践违背了《欧洲人权公约》第 8 条的规定[39]。警察使用监听装置目前受 1997 年《警察法》(The Police Act)第三部分[40] 的规制,有资料显示该法案在通过时就引起了非常大的争论。[41] 该法案规定,警察根据该部分经过授权书的授权而进入或者侵犯财产和无线电报通信是合法的(第 92 条)。若授权官员相信某种行动是必要的,因为它可能"对预防或者侦察重大犯罪具有实质性价值",便可以授权警察对私人财产采取该行动。同时必须表明"采取该行动与该行动所要实现的价值成比例"(第 93 条)。[42] 为此目的,只有在(a)"某一行为涉及暴力的使用,以获得巨大经济收益或者是由很多人为追求共同目的而为",或者(b)"该犯罪行为是由一个年满 18 周岁没有犯罪前科的人所为且按照一般的合理预期可能被判处至少 3 年的监禁"时,该行为才能被认为是严重犯罪。[43]

授权书可以由警察局长、严重有组织犯罪署署长(或者他或她的代表)、国内收入和关税署署长特别指定的关税官员签发。依据

---

[39] *Khan v. UK*,前注 14。

[40] 关于更好的描述,参见芬威克(Fenwick),《公民权利:新的劳动权利,自由和人权法案》(Civil Rights: New Labour, Freedom and the Human Rights Act),第 372-377 页。

[41] 参见尤因和吉尔蒂(Ewing and Gearty),《太远的法律》(*A Law Too Far*):1997《警察法》的第三部分。

[42] 1997《警察法》(The Police Act),第 75 条第 2 项 b,被 2000 年《调查权力规制法》(Regulation of Investigatory Powers Act)第 75 条修改。

[43] 被 2000 年《刑事正义和法庭机构法》(Criminal Justice and Court Services Act),Sch 7 修改。

2000年《调查权力规制法》,授权书还可以由国防警察部和英国运输警察(the Ministry of Defence Police and British Transport Police)的警察总长以及三军宪兵司令签发。㊹ 授权书在正常情形下应以书面形式签发,但在紧急情况下可以以口头方式作出(第95条)。㊺在一些案件中,授权书只有得到监视专员(a surveillance commissioner)的批准才能生效,监视专员是依据该法的91条获得任命的。㊻ 当授权书中列明的任何财产被当作住所,或者作为旅馆的卧室或者构成办公处所(office premises)时,授权书需要得到监视专员的批准。同样,当授权书可能产生受制于法律特权、秘密的私人信息或者秘密的新闻素材的问题时(第97条),授权书也需要得到批准。㊼ 如果监视专员拒绝批准或者撤销了授权书,授权官员可以向首席监视专员上诉(第104条)。首席监视专员有责任确保这些举措的运行受到审查,并有责任每年向首相汇报(第107条)。㊽ 被授权主体可以依据第93条向根据2000年《调查权力规制法》设立的调查权力裁判所(the Investigatory Powers Tribunal)提出申诉。

㊹ 2000年《调查权力规制法》(Regulation of Investigatory Powers Act)第75条。
㊺ 口头授权在72小时内失效,而书面授权在3个月内失效,尽管它们可以更换。
㊻ 这规定了首席委员的任命和首相在与苏格兰大臣协商后对其他委员的任命(SI 1999 No 1747)。被任命的人必须正在担任或者曾经担任高级法官的职务。
㊼ 第98-100条规定了这些条件。
㊽ S 107(5A),规定于2000年《调查权力规制法》(Regulation of Investigatory Powers Act), Sch 4(1)。

监视和私下运作

在2000年《调查权力规制法》第二部分中还可以发现与监视有关的其他措施。[49] 这些措施不仅适用于警察的监视活动,也适用于大量现在承担执法职能的其他机构的监视活动,包括情报机构和国内收入与关税署。但是这一法案并非适用于所有的监视。[50] 虽然2000年《调查权力规制法》的适用范围不仅限于窃听装置的使用,而是包括了更为广泛的活动,但也适用于使用窃听装置这种监视活动,因此,在目前仍然有效的并进行了若干修正的1997年《警察法》之上,又增加了一些时常会引起混淆的规制。2000年《调查权力规制法》规制所谓的定向监视(directed surveillance)、侵入监视(intrusive surveillance)和秘密人力情报资源的管理和利用。[51] 定向监视是指为了获取某人的私人信息以进行特别使用而进行的隐蔽而不侵入的监视;[52] 侵入监视是隐蔽进行的,而且(1)在居民住宅或者私人机动车内进行,或者(2)让某个人(如一个受雇的告密者或者隐瞒身份的人)出现在居民住宅内,或者通过各种

---

[49] 更全面的处理,参见芬威克(Fenwick),377-385页。苏格兰与之对比的条文,参见2000年《调查权规制法(苏格兰)》(Regulation of Investigatory Powers Act)。

[50] 参见下文第532页。如中央电视台摄像的使用在很大程度上并未受到规制。地方当局行使这样的法律权力要取得1994年《刑事正义与公共秩序法》第163条的授权。

[51] 2000年《调查权力规制法》(Regulation of Investigatory Powers Act),第26条。

[52] 私人信息被定义涵盖任何有关人的个人或者家庭生活的信息:第26条第10项。也存在监视不需要授权的情况:参见 Official Report, Standing Committee F, 2000年3月30日,col 274。

监视装置进行。秘密人力情报资源可能是"情报提供者、特工或者做密探工作的官员"(undercover officers)。[53]

在已经公布的案例中,(监视)活动经常采取不同的形式。[54]但是在2000年《调查权力规制法》颁布以前,监视活动都未获得正式的法律授权(例外情形是依据1997年《警察法》进行的侵入监视)。该法旨在要求该法所适用的不同种类的监视活动事先取得法律授权,从而确保该领域的活动与欧洲人权公约保持一致。[55]当事人也有权就任何授权向依据该法案设立的特别法庭进行申诉。[56]定向监视在必要时可以获得授权,即在存在法案列明的七种情形之一时(其包括国家安全、预防或侦察犯罪、预防秩序混乱),而且假设取得授权的监视与其所要实现的目的是成比例的(第28条)。类似的机制也适用于秘密人力情报资源的授权使用(第29条)。在定向监视的情形下,授权书可以由特定公共机构中被指定的人员签发。[57]可以断定的是,这不仅包括警察和情报机构,还包括各政府部门、地方当局和其他公共机构,如食品标准局。在利用秘密人力情报资源进行监视的情形下,授权书可以由包括健康和安全执行委员会(the Health and Safety Executive)在内的其他特定公共机构签发。

---

[53] Official Report, Standing Committee F, 2000年3月30日, col 274 (Mr Charles Clarke)。参见 Teixeira de Castro v. Portugal (1998) 28 EHRR 101。

[54] 参见 R v. *Smurhwaite* [1994] 1 All ER 898; R v. Latif [1996] 1 WLR 104; and R v. Khan [1997] AC 558。同样参见 Colin Stagg, The Times, 15–19 September 1994。

[55] HC Deb, 2000年3月6日, col 767 (Mr Jack Straw)。

[56] 2000年《调查权力规制法》(Regulation of Investigatory Powers Act), 第65条。

[57] SI 2003 No. 3171.

侵入监视则与此不同。这种监视仅仅在以下三种情形下才能获得授权:国家安全利益所必需;出于预防或侦察严重犯罪的目的;或为了联合王国的经济利益。而且授权必须与实施这一行为所要实现的目的成比例(第 32 条)。授权官员为警察局长(chief constable)、警察专员(commissioners of police)、宪兵司令(provosts marshal)、国内收入与关税署指定的人员、严重有组织犯罪署署长(第 32 条)。在由警察和海关实施的侵入监视中,未经监视专员的批准,授权书不能生效(第 36 条)。[58] 为了应对紧急情况,对侵入监视的启动有具体规定。授权官员针对监视专员拒绝批准授权书,可以向首席监视专员提出上诉。在情报机构、国防部和武装力量实施侵入监视时,授权书必须由国务大臣签发,其决定不需要经过批准,企盼获得授权书者也不能对其决定进行上诉。监视授权书的对象可以向调查权力裁判所(the Investigatory Powers Tribunal)提出申诉。该法案并未排除对律师和他们的委托人之间的对话进行监听时使用监视装置。然而,这样的"绝对违法"行为不会为法院所容忍。[59]

在 R v. Grant 一案中,[60]授权书是允许在警察局训练场地安

---

[58] 在 2004-2005 年中,共有 2210 份财产授权书(共有 493 份被更新),461 份侵入监视授权书(共有 87 份被更新),25518 份由法律执行机构作出的定向监视授权书,6110 份由其他公共机构作出的授权书,以及 4980 份由法律执行机构作出的授权书和 308 份地方当局作出的授权书:《2004-2005 首席专员年度报告》,(HC 444 (2005-2006): SE 2005/100)如此巨大的数字总额大大低于政府作出此报告时警察局单独作出的 60000 份:Official Report, Standing Committee F, 30 March 2000, cols 276-277。

[59] R v. Grant [2005] EWCA Crim 1089; [2005] 3 WLR 437, per Laws LJ, para [52].

[60] Ibid.

装监听装置,允许警察监听一名谋杀嫌疑犯与其律师之间的谈话。尽管在随后的审判中并未运用相关资料,但被告的有罪判决仍然被上诉法院驳回。根据法院的观点,这样一种"对嫌疑人享有法律专业特权的权利的故意侵犯"是"对司法体制完整性,因而也是对法治的如此巨大的公然侮辱,以至于相关起诉构成权力滥用,应当为法院驳回"。

制度重叠(Overlapping regimes)

经1997年《警察法》第三部分授权的大量(监视)活动,现在都属于2000年《调查权力规制法》以及2000年(苏格兰)《调查权力规制法》所界定的侵入监视的范围。因此,一方面,1997年《警察法》允许在仅仅获得警方授权的情况下在机动车内安装监视装置;另一方面,2000年《调查权力规制法》要求此类活动应该得到监视专员的批准。实际上,这两套制度结合在一起的影响在于,通常情况下,许多种类的监视活动都需要获得事先批准:就住宅、酒店卧室和办公室而言,监视活动受到《警察法》的约束;就机动车而言,监视活动应受《调查权力规制法》的规制。只是在个别情况下,窃听装置的使用可以仅仅获得警方的许可:例子之一是对一个已知的犯罪嫌疑人聚会场所(譬如一个仓库或一个酒吧)进行监听。首席监视专员被赋予了额外的职权,即审查《调查权力规制法》第二部分的实施(第三部分见后)。[61] 除1997年《警察法》规定的普通监

---

[61] 2000年《调查权力规制法》(Regulation of Investigatory Powers Act),第62条。

视专员外,《调查权力规制法》还规定首相可以任命助理监视专员,其目的从其头衔可以很清楚地看出来。[62] 据首席监视专员说,"尽管偶尔仍会犯错误,而且一些法律执行机构也逐渐偏离了以往的较高标准,但现在所有执法机构都在以可接受标准适用该法律"。[63]

D. 对通信的截取

政府已经承认对通信的截取是对个人隐私的"明显侵犯",只有在法律内适当地予以正当化后才可进行。[64] 随着科学技术的发展,(对通信的截取)不仅包括对邮件和电话的截取,现在还包括对传真、电子邮件和移动电话等的截取。长期以来,未取得由内政大臣签发的授权书就对邮件进行截取被认为构成犯罪。[65] 1937 年,这一状况得到改变,只要警察或安全机构取得内政大臣签发的授权令,他们便可窃听电话。[66] 但这种做法的法律基础至今仍模糊不清。[67] 如前所述,在马隆诉伦敦警察专员 (*Malone* v. *Metropolitan*

---

[62] 如果上述规定得不到遵守,在刑事诉讼过程中仍然有可能采信通过无授权的侵入获得的证据。该事务将受到(PACE 1984)的规制,第78条,参见21章。

[63] 《2004-2005 首席监察专员年度报告》,HC 444 (2005-2006); SE 2005/100。

[64] HC Deb,2000 年 3 月 6 日,col 771 (Mr Jack Straw)。

[65] 1953 年《邮政职位法》(Post Office Act),第 58 条。但是参见现在 2000 年《邮政机构法》(Postal Service Act),第 83、84 条。

[66] Cmnd 283, 1957. 从 1966 年起下院议员的电话不被窃听就已成为历届政府的实践:HC Deb,1997 年 10 月 30 日,col 861(WA)。

[67] Cmnd 283, 1957,p15。

Police Commissioner)一案中,[68]对此种做法的法律挑战未获成功,其原因在于对通信的截取不涉及对原告任何权利的侵犯。这里不存在非法侵入,也不存在泄露秘密,而且在英国法上,也没有可执行的隐私权。罗伯特·梅加里爵士(Sir Robert Megarry V – C)认为这一事件仅仅是在"呼吁立法"。[69]然而,我们可以看到,这种做法违反了欧洲人权公约第8条的规定:尽管第8条第2项允许对一个人的第8条第1项的权利进行限制,但必须通过法律作出规定,当时英国截取通信的做法并不符合这一要求。[70]

制定法框架

欧洲人权法院并未对当时截取通信必须取得由内政大臣签发的授权令这一程序的实质作出评论。实际上,它仅仅请求英国政府制定法律,赋予这一程序以法定约束力。这就是当时的大致情况,尽管 1985 年《通信截取法》(the Interception of Communications Act)考虑到过去电话监听措施被滥用,也提出了一些新的防护措施以防止新的法定程序被滥用。[71]但基于以下两个理由,1985 年的法案必须作出实质性的修改。理由之一是对欧洲人权法院的另一判决作出反应。在哈尔福德诉联合王国(*Halford* V. *United King-*

---

[68] [1979] Ch 344; C.P.Walker [1980] PL 184; V. Bean [1980] PL 431.
[69] [1979] Ch at 380.
[70] *Malone* v. *UK* (1985) 7 EHRR 14.
[71] *R* v. *Home Secretary*, *ex p Ruddock* [1987] 2 All ER 518.

dom)一案中：[72]法院认为联合王国违反了《欧洲人权公约》第 8 条的规定，未能对由雇主实施的通信截取进行规范。理由之二是对新技术和新通信方式的出现作出反应。特别是 1985 年的法案不适用于移动电话的使用。[73]2000 年《调查权力规制法》的第一部分解决了上述和其他一些问题，尽管在该法颁布后不久，有人表达了这样的疑问，即这些新的规定是否足够全面。[74]

2000 年《调查权力规制法》废除了 1985 年法的大部分内容，但新规制框架的结构基本维持原貌。[75] 这意味着"在无合法授权的情况下故意"截取通过邮政或公共电信系统传送的信息是一种刑事犯罪（第 1 条第 1 款）。[76] 现在，在无合法授权的情况下故意截取通过私人通信系统传递的通信，也构成犯罪，除非可以依据第 1 条第 6 项免责。第 1 条第 6 项排除了在取得被截取者明示或默示同意后实施截取行为的私人通信系统的运营商进行截取的刑事责任。除了刑事责任之外，2000 年《调查权力规制法》的一个创新之

---

[72]　(1997) 24 EHRR 523.

[73]　R v. Effik [1995] 1 AC 309.

[74]　参见 Y. Akdniz, N. Taylor and C. Walker [2001] Crim LR 73。

[75]　关于全部内容参见，芬威克(Fenwick)，第 345－370 页；关于尖锐的批评，D. Ormerod and S. McKay [2004] Crim LR 15。

[76]　关于公共通信体系的含义，参见 Morgans v. DPP [2001] 1 AC 315。在此案中，法院认为电话记录装置也包括在内。但在 R v. EFFik [1995] 1 AC 309 一案中，法院认为无线电话不包括在内；而且在 R v. Taylor [1999] 1 WLR 858 一案中，法院认为纸质消息不包括在内。这两类消息都属于私人通信。这意味着根据 1985 年法案，任何截取均不需要获得授权，而且应当在诉讼程序中提供截取的证据。现在对私人通讯的截取需要获得许可证。2000 年《调查权力规制法》第一条与 1985 年法案第一条的规定略有不同。关于其含义，参见 R v. Sargent [2001] UKHL 54；[2003] 1 AC 347. 关于截取的含义，参见 R v. E [2004] EWCA Crim 1243；[2004] 1 WLR 3279。

处在于引入了民事责任。私人通信系统的雇主和其他未经同意而截取信息,应承担民事责任:此种情形下,或者信息的传送者,或者信息的接收者,或者双方,应该承担民事责任。

合法授权

依据2000年《调查权力规制法》,合法授权产生于以下几种情形之一。首先,信息传送者和接受者都同意或者其中一方同意对其信息进行截取,而且截取由一个秘密代理人实施,其活动已经获得该法第二部分的授权(第3条)。[77] 其次,存在该法案第4条列明的理由之一,这些理由授予(截取者)在未获得授权令和没有任何其他正式手续的情况下进行截取的法定权力。这适用于根据国务大臣制定的规则为某种商业举措而实施的通信截取,[78] 适用于依据监狱规则而实施的通信截取;[79]适用于在采取高度保安措施的精神病医院和在苏格兰的国家医院实施的通信截取。第三,由国务大臣签发的授权令可以授予这样的权力(第5条)。在授权令被

---

[77] 政府给出这样一个例子:绑架者给人质的亲属打电话而警察意图记录该电话以识别或者跟踪绑架者。该行为将按照监听授权而不是通过侵入许可证的方式:2000年《调查权力规制法》。解释性注解。同时参见皇室诉拉苏尔(R v. Rasool) [1997] 1 WLR 1092,现在基于一些原因该案件可能会有不同的判决。

[78] Telecommunications (Lawful Business Practice) (Interception of Communications) Regulations 2000, SI 2000 No. 2699.在很多方面都富有争议,不仅因为他们允许在未获同意时进行截取"调查和侦查未获授权的通信系统的使用"。这就是允许对电话和邮件进行截取。但是1998年《人权法案》影响有限,根据该法案任何权力的行使(至少由公共机构行使的权力)必须满足欧洲人权公约第8条的要求。

[79] Cf R v. Owen [1999] 1WLR 949.

签发之前不要求有司法授权。[80] 现在,授权令的签发有四种情况:国家安全利益、预防或者侦察严重犯罪、维护联合王国的经济利益,以及促进国际共同协助协议的实施(第5条第3项)。[81] 经过授权令授权而实施的行为必须与这一行为所欲实现的目的成比例;而且,在签发授权令之前,必须考虑通过其他方式获取信息的可能性(第5条第4项)。

该法未对国家安全作出界定,尽管现在"被普遍理解为与国家和共同体的生存和福利相关,而且包括诸如恐怖主义、间谍活动和颠覆活动对国家安全造成的威胁,但不限于此"。[82] 严重犯罪被宽泛地界定为或者(1)一个年满18周岁的人首次犯下的合理情况下至少被判处3年监禁(有期徒刑)的罪行;或者(2)涉及"使用暴力、导致获得巨大经济收益的行为或者由很多人为追求共同目的而实施的行为"(第81条第3项)。令状可由该法第6条第2项列明的10人中的一个申请:这些人包括警察局长、安全局长、严重有组织犯罪局长、政府通信总局局长、国内收入和关税署署长与国防情报局长。这意味着扩展了先前依据1985年法开展的工作;[83] 据报道,依照1985年法,获得授权令的仅仅是国家刑事情报局(已被严

---

[80] 解释参见 HC Deb, 2000年3月6日, col 770(Mr Jack Straw)。

[81] 按照政府的说法请求"应该必须满足请求国家的法律以及英国的侵入法":HC Deb, 2000年3月6日, col 832(Mr Charles Clarke)。

[82] Cm 4364, 1999,第14段。同样有这样的说法:"一个国家安全许可证的通常对象是为了有助于一个情报图景的建立,例如,受到怀疑的恐怖分子或者恐怖集团。"(ibid)

[83] 不管政府的考虑"它应该仅仅供狭窄而紧密的范围内的机构使用":HC Deb, 2000年3月6日, col 831(Mr Charles Clarke)。

重有组织犯罪局取代)、政治保安处、关税和国内货物税署(已被国内收入和关税署取代)、北爱尔兰皇家骑警队(现在的名称是北爱尔兰警察局)、苏格兰警察局、安全局、秘密情报局(SIS)和政府通信总局,除此之外,再"无其他机构"获得授权令。[84]

(授权令的)申请可以向适当的大臣提出,尽管主要是由内政大臣和苏格兰的大臣签发授权令。有权签发授权令的还包括外交大臣和北爱尔兰事务大臣。[85]通常情况下申请书可以获得批准,尽管存在极少数情况下,申请书虽说是"理智地和负责任地提出的",但大臣却认为其不符合法定标准而拒绝批准。申请书在通常情况下可以获得批准,但并非总是可以获得批准,这不应被认为是一个问题,而是表明国务大臣不是"橡皮图章"。[86]签发的授权令数量急剧上升,从内政大臣和苏格兰事务大臣1988年签发519份稳步增长到1999年签发2022份。[87]数量大幅增长无须担心,这是"严重犯罪率和有组织犯罪率不断上升与对付这些犯罪的设备不断增加"造成的。[88]绝大多数授权令与预防和侦察严重犯罪相关,目前看来,只有少数有效的授权令与反颠覆相关:1997年该领域不存在有效的授权令,也未签发这样的授权令,[89]尽管我们不能

---

[84] Cm 4778, 2000.从未将许可证授予其他任何人:Cm 4364, 1999.
[85] Cm 4788, 2000.第7段。
[86] Cm 4001, 1998.第10、11段。
[87] Cm 4788, 2000.
[88] Ibid,第14段。
[89] Cm 4001, 1998, para 15.在1994年,有人说在1993年"没有实施中的许可证,是应对个人颠覆的,他们代表对议会民主进而对国家安全的威胁"而且只有"现在极少数组织基于这个原因成为侵入的对象"(Cm 2522, 1994)。

假定这种状况将持续存在。官方未公布外交大臣和北爱尔兰事务大臣签发的授权令数量。⑳

防护措施与监督(Safeguards and supervision)

2000年的《调查权力规制法》第一部分包含了许多不同的防护措施,以确保该法授予的权力不被滥用。首先是设置了一批专员来对这些不同权力行使监督权。通信截取专员(the Interception of Communications Commissioner)是依据1985年的《通信截取法》设置的,其职责因《调查权力规制法》第57条的规定而继续。该专员是高级司法官员,由首相任命。第一任是上诉法院法官劳埃德,其继任者为托马斯·宾厄姆爵士,其后是诺兰勋爵和斯温顿·托马斯爵士。该专员拥有审查(该法授予的)权力行使的大量职责,必须每年向首相报告其履行职责的情况。报告必须提交给议会,尽管其中的某些部分可以因公共利益的需要而被排除在外。报告记录了该专员采用的程序(procedures)。该专员应该对与通信截取相关的部门和机构每年进行两次授权令检查,通过对授权令进行随机抽样检查以弄清授权令的签发是否符合《调查权力规制法》的要求,是否遵守了适当的程序,是否采取了相关防护措施和遵守了实施细则。㉑ 尚未发现有哪一授权令不符合要求,尽管承认有一些

---

⑳ 尽管在前面的案件中数量减少了(但是从什么到什么?),在后面的案件中它有了实质性的增长:Cm 2522, 1994。

㉑ Cm 4778, 2000, 第10–12段。在他的最后一个报告中,诺兰勋爵褒奖了历任内政大臣,特别是他们的"堪称楷模的彻底性"(ibid, 第12段)。

"错误"。⑫

　　针对权力滥用的第二个防护措施就是设立了特别法庭，以处理因该法案授予的权力行使而产生的广泛的申诉。此类特别法庭先前是依据 1985 年的《通信截取法》、1989 年的《安全机构法》和 1994 年的《情报机构法》设立的。这些不同的特别法庭现在已合并成一个特别法庭，即调查权力特别法庭，上诉法院法官马默里在 2001 年成为其首任庭长。该特别法庭拥有扩大了的权力，以处理更大范围内的事项，这些事项在 2000 年《调查权力规制法》中有所规定。但是，新特别法庭是仿照依据 1985 年法设立的特别法庭而设立的，该法授权特别法庭调查权力以处理依据该法不适当地签发授权令而产生的申诉。尽管新特别法庭拥有的权力有限，但受理了相当多的申诉。自其 1986 年设立到 1999 年，它共处理了 712 起申诉案件，其中没有发现一例违反该法。正如诺兰勋爵在 1997 年的报告中指出的：没有一个申诉案件胜诉"导致了人们对特别法庭工作成效产生了某种程度的怀疑"。⑬但是，该报告还指出，在由特别法庭处理的 568 个案件中，只有 8 件中的信息截取获得了授权令的授权；而且在每一个案子中，授权令的签发都是正当的。

　　在许多国家，司法干预发生在签发授权令的时候：通常是由法官而非政治家来签发授权令。⑭《调查权力规制法》的颁布提供了这样的机会：即考虑采取司法授权而非司法监督。但内政大臣表

---

⑫　关于这些内容，参见芬威克(Fenwick)，第 354 页。
⑬　Cm 4001, 1998, para 31.
⑭　在该国，基于同样的理由反对提出的建议。参见 HC Deb, 2000 年 3 月 6 日，col 688。

达了这样的观点,即"并不仅仅因为要求司法授权,就必然会对个人提供更好的保护措施"。[55]不过,应该记住,通信截取专员的作用并不仅限于保护个人的权利。内政部和(当时的)苏格兰事务部签发的授权令数量增加的一个原因是,1992年取消了配额制。配额制已经实施多年,一方面是要限制关税和国内货物税署签发的授权令数量,另一方面是要限制警方签发的授权令数量。当时的信息截取专员托马斯·宾厄姆爵士在谈到配额制时,怀疑国务大臣是否应该依据算术标准限制其授权签发授权令的裁量权。"有关申请书的处理,还有许多话要说……应该非常严格地考虑申请的理由,而不应考虑数量限制,除非是有限的设施所必然施加的那些限制。"[56]

法院被排除在外

虽然高级法官(senior judges)可以成为专员,也可以成为特别法庭的庭长,但在该法案的实施过程中,法院几乎不发挥什么作用。特别法庭受到一个法定条款的保护,从而免除了对其判决的司法审查,包括关于管辖权的判决。[57]而且,在法律诉讼中,不得举出证据表明授权令是依据该法案签发的,或者犯罪行为是由政

---

[55] Ibid, col 770.

[56] Cm 2173, 1993, para 14-16.增长的其他原因在于有了更多的电话和犯罪:HC Deb,2000年3月6日,col 830 (Mr Charles Clarke)。

[57] 2000年《调查权力规制法》(Regulation of Investigatory Powers Act),第67条第8项。

府官员、警官、邮政工作人员或者公共电讯接线员实施的(第17条)。[98]这是为了防止"提问时暗示截取通信的授权令已经或者将要被签发":[99]"无论是依据授权令实施的电话侦听还是其结果,都不能在证据中被披露。"[100]在我国,"截取的内容可以告知进行调查的警方,但是在任何随后审判中却不能成为证据的一部分。"[101]这与情报机构和警察通过监听装置或者其他形式的监视获取的证据形成了对照,这些证据不仅可以为了预防或侦察严重犯罪目的而被披露,也可以为了刑事诉讼的目的而被披露。[102]可以这样认为,完全排除截取证据通常有利于被告方,但有时被告方也因此而无法利用截取证据来反驳对自己不利的案情陈述。[103]

E. 储存和加工信息

随着电脑革命的展开以及储存和处理个人信息能力的增大,

---

[98] 通过非法侦听获得的侦听证据并不比通过合法侦听获取的证据更容易令人接受。否则就将有一个"显著而不可接受的例外"。(Morgans v. DPP)[2001] AC 315. 同时参见 R v. Sargent,上注76。关于对这里产生的问题的讨论,参见 Attorney – General's Reference (No.5 of 2002) [2004] UKHL 40; [2005] 1 AC 167.

[99] R v. Preston [1994] 2 AC 130, at 144 (Lord Jauncey).然而第18条中规定了限制条件由此在例外的情形下基于例外的目的一个审判法官可以命令公开资料。通常参见 Standing Committee F, 2000年3月28日,col 228 – 239。

[100] R v. Preston, ibid.

[101] R v. E,上注76,at p 3289 (Hughes J)。

[102] R v. Khan [1997] AC 558, at 576 (Lord Nolan).也可参见 R v. E,上注76。

[103] R v. Preston(同前注99)。

储存和利用个人信息的问题现在已经变得更加重要:

> 信息技术革命的一个不甚受欢迎的影响之一在于侵犯个人隐私成为可能。刺探他人隐私不再需要从锁眼里进行偷窥或躲在别人屋檐下偷听。取而代之的是,运用隐藏的监视摄像头、远距离照相镜头、隐藏的麦克风和电话窃听装置,可以更加轻松和更为安全地获得更为可靠的信息。要发现某人商业或经济事务、健康、家庭、休闲兴趣或与中央和地方政府的交往等的隐秘细节,也不再需要偷拆他人信件、窥视档案或进行精密调查。每个人的大量信息都储存在计算机里,便于传往世界各地,而且只要轻触键盘便可获取这些信息。不过问他人之事的权利和不让他人过问自己之事的权利,正受到信息技术的威胁。[164]

但我们不应忽略这样一个事实,即在电脑发明以前很多年,就存在通过不同方式对私人信息进行的存储和使用。非常明显的例子包括情报机构保存被认为是政治危险分子的档案,[165] 向保险公司和雇主披露医疗信息,[166] 以及支持雇主的组织将工会会员列入黑名单。事实证明,普通法在规制此类活动方面收效甚微,未能形

---

[164] *R* v. *Brown* [1996] 1 AC 541, at 556 per Lord Hoffmann.

[165] 参见 Lustgarten and Leigh, In from the cold, ch 5。

[166] 参见 1990 年《获取医疗信息法》(Access to Medical Records Act)目前的实践受该法的规制,尽管在某种异义上说还存在一些争论,即雇主和保险公司获取过多的信息,虽然征得了个人的同意。

成任何措施来处理此类活动。对上述资料的使用并不必然引发密谋伤害的责任,[107]尽管在信息被散发时可能引发诽谤的责任,但仅限于信息不真实的情形。1989 年《安全机构法》为个人的申诉提供了有限的机会。个人可以就安全机构对他们进行的调查,以及披露的信息"被用于决定他们是否应该被雇用,向依据该法设立的特别法庭提起申诉"。[108] 在写作本书时,依据该法案进行的申请还从未获得成功,不过,特别法庭没有对提交给它的案件进行分类,特别是没有说明有多少案件与安全机构实施的监视和审查有关。[109]

1998 年《数据保护法》

在 1998 年《数据保护法》中可以找到对这方面隐私的重要保护。该法案旨在执行欧洲理事会的 95/46/EC 指令(Council Directive 95/46/EC),取代了 1984 年的同名法案,后者仅仅适用于与计算机有关的数据。[110] 法院认为,该指令并不违背与表达自由相关的共同体义务,尽管成员国在执行该指令时应当考虑表达自由的

---

[107] *McKenzie v. Iron Trades Employers' Insurance Association* 1910 SC 79.

[108] 1989 年《安全机构法》(Security Service Act),Sch1 (2)和(3):参见 Lustgarten and Leigh,第 153－156 页。

[109] 根据 2000 年《调查权力规制法》1989 年法案下特别法庭的工作与 1985 年《通讯截取法》的特别法庭的工作融合起来了。

[110] 接下来的是一个有必定简短的对该法案的描述,它强调了法案主要的特征。更详细的描述参见,班布瑞齐(Banbridge),《数据保护法》(Data Protection Law);和凯里(Carey),《英国的数据保护》(Data Protection in UK)。

需要。[111]同时,该法案应当按照执行该指令的目的进行解释,其基本目标是保障个人的基本权利,[112]特别是隐私权和由他人持有的个人资料的精确性。[113]为了达到1998年法的目的,"数据"被定义为被计算机记录和处理的"信息",以及作为相关文件系统的一部分而记录的任何其他信息。[114]这一法案也适用于某些健康档案、教育档案、地方当局档案和由公共机构持有的其他信息(第1条)。[115]上诉法院对这些词语进行狭义解释,[116]致使信息专员得出这样的结论:"很明显,很少有人工记录能够为1998年法案的条款所涵盖。因而绝大多数以人工形式存在的个人信息并不属于数据保护制度的范畴"。[117]某些数据被称为"敏感的个人数据",这一词语被用来指有关数据主体的、由以下信息构成的个人数据:种族或民族、政治立场、宗教信仰、工会身份、身体或精神健康状况、性生活、犯罪或被控犯罪,或针对个人的任何刑事诉讼(第2条)。[118]这一法案中的另一个关键概念是"特殊目的",被定义为新

---

[111] Case C – 101/01, Criminal Proceedings Against Lindqist [2004] QB 1014.

[112] *Campbell* v. *MGN* [2002] EWCA Civ 1373; [2003] QB 633, Lord Phillips of Worth Matravers, at para 96.

[113] *Durant* v. *Financial Services Authority* [2003] EWCA Civ 1746, Auld LJ.

[114] 一个相关的文件系统被定义为"任何关于个人的信息,到这样的程度,即尽管该信息不是按照基于此目的的说明书自动运作的机器获取的,the set is structured,无论通过个人或是与个人有关的相机,通过这样的方式关于特定个人的特定信息就是可获取的":1998年《数据保护法》,第1条第1项。

[115] 基于此目的的公共权力与2000年《信息自由法》(Freedom of Information Act)中的含义相同。

[116] *Durant* v. *Financial Services Authority* (前注113)。

[117] 信息专员:《Durant案及其对1998年数据保护法解释的影响》(2004)。

[118] 参见 *R(A)* v. *Chief Constable of C* [2001] 1 WLR 461。

闻工作、艺术目的或文学目的(第3条)。

支撑该法案的是保护数据的八项原则,这些原则是数据掌控者必须遵守的(第4条)。在附件1中,它们被述如下:(1)个人数据必须得到公正、合法的处理;(2)只能为了特定的合法目的获取个人数据;(3)就处理个人的目的而言,数据应当是"适当的、相关的和不过分的";(4)个人数据应当是准确的,并且经常更新;(5)个人数据保存的期限不应超过数据处理的目的所必需;(6)个人数据的处理必须与数据主体的权利一致;(7)应采取适当措施防止有人未经授权而非法处理个人数据;(8)个人数据不应被转移到欧洲经济区以外。这些原则要服从于该法的具体解释。而且,关于第一项原则,法案还规定,它必须符合附件2列明的至少六个条件之一。法案规定,数据的处理必须取得数据主体的同意,或者数据的处理是达到以下目的所必需的;这些目的包括实施法律,履行政府、政府大臣或政府部门的职责。法案列明的其他条件是,数据的处理是为了履行数据主体为一方当事人的合同所必需的;数据的处理必须遵守数据掌控者受约束的任何法律义务;必须保护数据主体的重要利益;或处理数据是为了"数据掌控者、第三方或这些数据被披露对象所追求的合法利益"。如果是个人敏感数据,数据的处理至少必须满足附件3列明的十个条件之一。[19]

---

[19] 这些条件是:(1)数据主体已经表示"明确同意";(2)数据掌控者为了行使与雇用相关的权利或履行相关义务,处理数据是必要的;(3)为保护数据主体至关重要的利益,处理数据是必要的;(4)一个不以营利为目的的社团在合法行为中对信息进行处理;(5)数据主体故意采取措施使公众知晓其个人数据所蕴涵的信息;(6)为了与法律诉讼相关的目的,处理数据是必要的;(7)为了实施法律,履行法定职责,或履行政府、大臣或政府部门的职责,处理数据是必要的;(8)为了医疗目的,处理数据是必要的,但必

数据主体和数据掌控者

在该法案两个关键而有实质意义的规定中,第一个与数据主体的权利相关,也即与个人数据被他人储存并使用的人的权利相关。根据该法案,数据主体有权以书面形式请求数据掌控者:(1)告知其个人信息是否正在被处理;(2)对个人数据进行描述,说明使用的目的,以及欲向何人公开;(3)提供正在处理的信息,告知与其相关的(如工作表现)仅仅依据自动化方式处理个人数据而作出的决定的理由(第7条)。最后这一项旨在保护仅仅因为邮政编码而被拒绝贷款的人们和仅仅因为心理测试而被拒绝雇用或晋升的工人。这种知情权的行使存在很多例外情形(特别是在涉及必须公开第三人秘密信息的情况下),而且法案还规定了在信息必须被披露时的披露方式。在某些情况下,数据主体有权以书面通知的形式,要求数据掌控者停止处理其个人数据,而且,有权向法院提出申请,要求法院向数据掌控者下达命令,要求他纠正或销毁其储存和处理的任何不准确的个人数据。

1998年《数据保护法》的两个关键而具有实质意义的条款中的第二个是关于数据掌控者的责任。除非数据掌控者已先向信息专员办理登记,否则不能处理个人数据。信息专员是由该法创设

须由一位医疗专业人士或负有同等保密责任的其他人实施;(9)为了种族监控的目的而对数据进行处理;(10)国务大臣签发的命令列明的其他条件。最后一条,参见2000年《数据保护(敏感个人数据的处理)命令》(Data Protection (Processing of Sensitive Personal Data) Order), SI 2000 No 417。

的一个职位(第6条)。申请登记的人必须说明所要处理的个人数据、处理的目的以及其欲向何人公开这些数据(第16条)。他们还必须"大致描述为遵守保护数据的第七项原则而准备采取的措施"(第18条第2项b)。此外,与个人数据有关的活动如有重大改变,数据掌控者必须向信息专员通报,这是信息掌控者的又一义务(第20条)。未办理登记而处理个人数据和未向信息专员通报相关改变,都构成犯罪(第21条)。大法官被授权制定规则,规制对数据保护监督者的任命:监督者的职责是,"以独立方式对数据掌控者遵守该法案的情况"进行监控(第23条)。该法案关于监督的最重要规定之一是第4条第4项:正如我们所看到的,该规定对数据掌控者施加了一项义务,那就是"他必须遵守与所有个人数据有关的信息保护原则"。

也许可以预言:存在大量该法案并不适用的情形,或其适用是打折扣的。至少有十大类免于保护的数据,第一类是为维护国家安全而需要免于保护的数据(第28条)。这时所有的数据保护原则都不适用。为此,只要相关的大臣签发一份确认书,说明免于保护是必要的,就可以了,尽管任何人若因这一确认书的签发而受到影响,可以就这一确认书向信息特别法庭(Information Tribunal)提出上诉(第28条第4项)。

在一项重要的判决中,信息特别法庭——开庭审理国家安全上诉案——否定了内政大臣签发的一份一揽子确认书,该确认书免除了安全部门(the Security Service)遵守该法案的众多义务。自由民主党下院议员诺曼·贝克(Norman Baker)写信给安全部门,询问其是否在处理自己的个人数据,如果在处理,那么处理的是什么数据。安全部门未置可否。特别法庭的判决仅仅要求数据掌控者履行1998年法第7条(1)(a)规定的义务,即告知申请者其个人信息是否正在被处理。特别法庭认为,大臣的确认书太过宽泛,因为它会"免除安全部门积极地回应个人依据该法第7条(1)(a)提出的请求的义务,而不论国家安全是否会因为特定情形下的积极回应受到损害"。[120]此判决下达之后,内政大臣根据该法案第28条的规定签发了一份新的确认书,取消了对安全部门的一揽子免除。

个人现在可以向安全部门提出申请,而安全部门只能逐案以国家安全为理由予以拒绝。这一新的确认书规定,"如果安全部门在审议数据主体要求了解是否正在处理相关个人数据的申请时,认为坚持既不肯定也不否认安全部门是否掌握个人数据的原则,并非基于国家安全目的所必需,那么就没有任何数据能够免受1998年《数据保护法》第7条(1)(a)规定的制约。"然而,事实证明,这并没有使个人能更容易地弄清安全部门是否正在处理其个人数据。在 Hitchens v. Home Secretary 一案中,[121]信息裁判所驳回了一名记者的申诉。他曾询问安全部门其是否处理过他的个人数据,以及他能否获得关于他在20世纪70年代作为"一个极端左翼的学生"的档案——他相信这些材料在安全部门手上。特别法庭支持安全部门的

---

[120] *Baker* v. *Home Secretary*, www.dataprotection.gov.uk.
[121] [2003] UKIT NSA 4.

决定——既不承认也不否认这些档案是否存在。[122]

为预防或侦察犯罪,为估税或征税而处理的数据,也免受第一项数据保护原则的约束(第29条)。大法官(the Lord Chancellor)被赋予这样一项权力,即通过签发命令,免除有关数据主体身体或精神状况的个人数据受制于第一项数据保护原则(第30条)。免受保护原则约束的还有规制机构的活动(第31条),以新闻、文学或艺术为目的公开的个人数据(第32条),[123] 为研究目的而处理的个人数据(包括历史学和统计学研究)(第33条),地方当局掌握的手工处理的数据(第33条A),[124] 依据法令数据掌控者有义务公之于众的个人数据(第34条),或者依据法律义务或法院命令公开的个人数据(第35条)。为了避免侵犯议会特权(35A),[125] 以及出于家庭目的(第36条)和许多其他各色目的(第37条)而处理的个人数据,也可以免受保护原则的约束。

信息专员

该法案的实施主要依靠信息专员和信息特别法庭(第6条)。信息专员是对依据1984年《数据保护法》设立的数据保护登记官

---

[122] 也参见 *Hilton v. Home Secretary* [2005] UKIT NSA 5.
[123] 在 *Campbell v. MGN Ltd* 一案中(上注112),上诉法院对这一豁免条款作出了宽泛解释。
[124] 2000年《信息自由法》(the Freedom of Information Act),第70条增加了这一规定。
[125] 2000年《信息自由法》(the Freedom of Information Act),Sch 6(2)增加了这一规定。

职位的一个补充,由政府任命(按照法定形式,"由英王颁发特许状任命"(Her Majesty by Letters Patent)(第6条);但是,信息专员和其工作班子都不被认为是公务人员。任命是可续期的,期限是固定的,最长五年,不过任何人不得超过两届任期,在例外情形下,若公共利益需要,可以超过两届任期。但是,信息专员一旦获得任命,在任期内便不能被解职,除非两院共同作出撤销其职务的决议。与之不同的是,特别法庭的法官由大法官任命,包括一个具有法定资格的庭长和副庭长,和分别代表数据主体利益和数据掌控者利益的人员。特别法庭由三个部分组成,除非是在涉及国家安全的案件中,三部分成员都要具备法定资格,而且在此类案件中,特别法庭可以秘密审理。[120] 与依据2000年的《调查权力规制法》设立的特别法庭的任命不同,信息专员和信息特别法庭都要接受司法审查:不存在排除法院介入的法定排除条款。

信息专员如果认定数据掌控者违反了数据保护原则,可以向数据掌控者签发一份执行通知(第40条)。通知可以要求数据掌控者采取通知指定的措施或停止实施通知指定的行为。其中包括消除不准确的数据。依据第42条,受到数据处理直接影响的任何人,可以向信息专员提出申请,请求其评定数据的处理是否与法案的要求一致。如果当事人提出了这样的请求,信息专员可以向信息掌控者发出一份信息通知,要求其在指定期限内提供指定信息

---

[120] 2000年《数据保护特别法庭(国家安全上诉法庭)规则》(Data Protection Tribunal (National Security Appeals) Rules),SI 2000 No 206, reg 23。只有得到了当事人和相关大臣的同意,特别法庭会指示应当公开举行听证或某种形式的听证:reg 23(2).参见 *Hitchens v. Home Secretary*。

（第43条）。在涉及用于特殊目的的数据时，信息专员可以签发特别信息通知，以弄清数据的处理是否仅仅用于特殊目的（第44条）。如果没有，信息专员可以作出一项裁定（第45条）。仅仅在依据第45条作出裁定后，信息专员才能签发与用于特殊目的的数据相关的执行通知，甚至此时，在通常情形下，还必须取得法院的许可。未遵守执行通知、信息通知或特别信息通知则构成犯罪（第47条），尽管任何收到此类通知者都可以向特别法庭提出上诉。[127]

除了拥有签发这些不同种类通知的权力之外，信息专员在有理由怀疑信息掌控者正在违反数据保护原则或者其已经实施违背该法案的犯罪时，也可以向巡回法院的法官请求签发授权令。[128] 授权令将授权信息专员进入和搜查相关场所，检查、操作和检测在相关场所内发现的用于处理个人数据的设备。授权令还可以授权信息专员扣押可能成为数据掌控者违反数据保护原则或实施犯罪的证据的任何材料。在涉及为"特殊目的"而处理的个人数据时，不得签发授权令，除非信息专员已经根据第45条规定事先作出了裁定。此外，依据该法案，信息专员还负有敦促数据掌控者良好行为的一般性义务，并有权颁布行为准则以"为数据掌控者的良好行为提供指南"（第51条）。[129] 信息专员必须每年向议会汇报工作，

---

[127] 还可以就特别法庭的判决向高等法院或苏格兰最高民事法院提出上诉（第49条）。

[128] 1998年《数据保护法》(Data Protection Act), Sch 9。

[129] 参见 Information Commissioner, Employment Practices Data Protection Code; and Information Commissioner, CCTV Code of Practice。

而且必须把行为准则提交议会审议(第52条)。信息专员在某些情形下还被授权在法律诉讼中为原告提供帮助,包括承担律师费(s53)。[130]

数据保护与2000年《调查权力规制法》

2000年《调查权力规制法》中有专门条款,处理有关公共机构认为必要时获得通信数据的问题。在该法案生效前,该问题主要靠一种自发的制度(voluntary regime)解决,这一制度是依据1984年《电信法》(the Telecommunications Act)和1998年《数据保护法》建立的。人们认为,"考虑到人权保护的要求,这种'松散管理的'制度是不可接受的;而且在某些情况下,导致了对公共电信运营商难以接受的严格要求"。[131] 因此,《调查权力规制法》第1部分第2章引入一套法定程序。依照此程序,法律执行机构或者其他机构可以要求服务提供者在规定的条件下提供通信数据。[132] 通信数据是有关个人使用邮政服务或者电信系统的数据。[133]现在,只有相关公共机构(如警方或情报机构)中获得授权的官员才可以要求提供此类

---

[130] 同样参见1998年《数据保护法》(Data Protection Act),Sch 10。

[131] HC Deb,2000年3月6日,col 773(Jack Straw)。

[132] 为了国家安全利益,获取数据是必要的,出于预防犯罪或者制止混乱、维护英国经济健康发展利益、公共安全利益、获取或者收取税金、制止死亡或者伤害,以及其他任何在大臣的命令中列明的目的:2000年《调查权力规制法》,第22条。

[133] 2000年《调查权力规制法》第21条第4项和第6项。被认为涵盖了"演员数据,捐献者数据,拨出的电话号码或者特定捐献者曾经访问过网址的详细记录",但是不包括"譬如,语音电话的内容":马尔科姆(W Malcolm)和贝克(D Baker),NLJ,2002年1月25日。

数据。《调查权力规制法》也包含引起争议的规定,根据这些规定,警察机关、情报机构和其他公共机构有权要求持有加密信息的个人提供解开相关信息的密码(第49条)。[135] 在公共机构通过搜查、扣押、通信侦听、监视或其他法律许可的方式获取了信息时,便可行使这一权力。[136] 根据2001年的《反恐怖主义、犯罪和安全法》(Anti-Terrorism, Crime and Security Act)第102条的规定,内政大臣已颁布了一项实施细则,规定通信提供者(被定义为电话公司和网络服务提供者)应保留通信数据,其目的是为了便于获取此类数据,以达到保护国家安全和预防或侦察犯罪的目的。[137]

F. 隐私与报刊

到此为止,本章的重点一直是国家对隐私的侵犯。但是,正如已经指出的那样,私人主体也可能对侵犯个人隐私承担责任。这些私人主体可以包括雇主、保险公司和报刊老板。[138] 的确,报刊的某些哗众取宠行为,可能会遭受某些已讨论过的措施的处罚,特别是电话窃听,根据2000年《调查权力规制法》第3条,如未获同意,

---

[135] 政府回应认为这些程序违背了《欧洲人权公约》第6条的规定,参见HC Deb, 2000年3月6日, col 833。

[136] 该法案的解释规则(The Explanatory Notes to the Act)给出了自愿上交材料的例子(第41页)。

[137] SI 2003 No 3175。

[138] 参见 *McGowan v. Scottish Water* [2005] IRLR 167, and *Martin v. McGuiness* 2003 SLT 1424。

就可能构成犯罪。根据 2000 年《调查权力规制法》,记者使用监视装置并不需要获得授权,但如果其涉及非法侵入,则是非法的。但是,在取得财产所有人同意的情况下,则可以采取"针刺"行动——例如在旅馆的卧室里。[138]就数据保护而言,我们已经看到,1998 年法明确排除了新闻工作者使用的设备。但是,最近几年,报刊对隐私的侵犯已经引起公众的极大关注。的确,令人费解的是,主要是报刊而非公共机构对隐私的侵犯,引发了对法律上可实施的隐私权的需求不断增长。根据欧洲人权公约,(国家)有义务采取积极措施以确保公约规定的权利得到保护,有义务"甚至在涉及个人相互之间的关系方面采取措施"。[139] 在这一小节,我们将讨论这样一种权利的发展,那就是个人有权保护自己免受不希望有的公开造成的对隐私的实际侵犯。[140]

泄露秘密(breach of confidence)

我们从衡平法上的泄密原则开始。[141] 现代诉讼起源于艾伯特

---

[138] *Grobbelaar* v. *News Group Newspapers Ltd* [2001] 1 WLR 3024.

[139] *Spencer* v. *UK* (1998) 25 EHRR CD 105, at 112, citing Plattform "Artze fur das Leben" v. Austria (1988) 13 EHRR 204。也可参见 X v. Netherlands (1985) 8 EHRR 235。

[140] 存在大量纷繁复杂的条款提供此类保护。这些规定是为预防在法律诉讼中公开的机密信息或高度私密性的信息免于被披露。参见 1926 年的《司法程序(报告规制)法》(Judicial Proceedings(Regulation of Reports) Act)和 1933 年的《儿童和青年人法案》(the Children and Young Persons Act),第 39 条;关于后者范围的重要讨论,参见 Re S (a child) [2004] UKHL 47;[2005] 1 AC 593。

[141] 参见 Gurry, Breach of Confidence, H Fenwick and G Phillipson [1996] CLG 447, and (2000) 63 MLR 660, and G Phillipson (2003) 66 MLR 726。

亲王诉斯特兰奇(*Prince Albert* v. *Strange*)一案。[142] 这个案子涉及该亲王的一些以其家庭中的亲密成员为内容的铜版画。亲王将这些铜版画送给了一个印刷商,让他复制它们。被告从这个印刷商的一个雇员处得到了这些铜版画的复制品。亲王向法院申请了一项禁令,以限制被告展览这些铜版画。大法官用稍具倾向性的语言驳回了被告的主张,即他"有权出版这些铜版画的目录,也就是说,有权出版另一个人的作品的目录,而这些作品是为了这另一个人的私人使用而创作和保存的,被告从未被授权出版它们仅仅是通过暗中的不正当方式获得了它们的复制品"。[143] 法院认为,禁令的签发可以以所有权、信托、保密或合同为基础。在阿盖尔诉阿盖尔(*Argyll* v. *Argyll*)一案中,[144] 法院禁止公布夫妻之间的秘密;由此而清楚地表明,"法院在行使其衡平法上的权限时,可以不管法律上的任何权利而禁止泄露秘密"。因此,可以限制公布秘密信息,即使公布秘密信息未违反契约,也未侵犯财产权利。[145]

自阿盖尔诉阿盖尔一案以来,出现了大量的对泄露秘密提起的诉讼,以限制广泛的和种类众多的泄密行为。[146] 在一个案件中,原告私下告诉被告其与另外一个女人(一件谋杀案的受害者)存在

---

[142] (1849) 1 Mac & G 25. 也可参见 *Pollard* v. *Photographic Co* (1988) 40 Ch D 345。
[143] At 42.
[144] [1967] Ch 302. 同样道理,对机密信息的保护并不适用于婚外性关系。A v. B plc [2002] EWCA Civ 337;[2003] QB 195。
[145] 确立侵犯秘密这一制度所需要的要素出现于 *Coco* v. *A N Clark Engineers Ltd* [1969] RPC 41, at 47, and Attorney‑General v. Guardian Newspapers (No 2) [1990] AC 109, at 281。
[146] 参见 *Saltman Engineering Co Ltd* v. *Campbell Engineering Co Ltd* [1963] 3 All ER 413; Fraser *v* Evans [1969] 1 QB 349; Lion Laboratories Ltd v. Evans [1985] QB 526。

性关系,法院认为,只要被告公开了这一事实,原告便可提起诉讼。[147]在另外一个案件中,法院认为,可以限制报刊作这样的报道:两位没有指出姓名的患有艾滋病的医生,被某家卫生机构聘用,尽管他们患有此病,却仍在继续工作。[148]法院还认为,报刊对原告电话的窃听构成泄密,[149]但是,如果窃听是警察在调查刑事犯罪过程中实施,则不构成泄密。[150]正如一位法官所说,"对于邪恶的披露,是没有秘密可言的",而且案例显示,此类披露不会受到限制,即使这一信息最初是在秘密情形下被告知的。[151]还有人指出,"虽然法律保护秘密的基础在于,法律维持和保护秘密符合一定的公共利益,但这样的公共利益有时应让位于披露秘密所促进的另外某种公共利益。"[152]

在斯潘塞诉联合王国(Spencer v. United Kingdom)一案

---

[147] Stepbens v. Avery [1988] Ch 449. 也可以参见 Barrymore v. News Group Newspapers Ltd [1997] FSR 600。

[148] X v. Y [1988] 2 All ER 648.

[149] Francome v. Mirror Group Newspapers Ltd [1984] 2 All ER 408.

[150] Malone v. Metropolitan Police Commissioner [1979] Ch 344.

[151] Fraser v. Evans (上面注 146)和 Hubbard v. Vosper [1972] 1 All ER 1023。

[152] Attorney-General v. Guardian Newspapers Ltd (No 2) [1990] AC 109, at 282. 参见 Initial Services Ltd v. Putterill [1968] 1 QB 396; Lion Laboratories Ltd v. Evans (上面注 146); Woolgar v. Chief Constable of Sussex Police [2001] 1 WLR 25. 对这一方面的全面考虑,参见克里普斯(Cripps),《为了公共利益而公开的法律含义》(The Legal Implications of Disclosure in the Public Interest)。也可参见第 23 章。法律规定在例外情形下允许公开秘密信息和对公开者的保护。参见 1998 年《公共利益公开法》(Public Interest Disclosure Act)(J Gobert and M Punch (2000) 63 MLR 25)。

中,(153)欧洲人权委员会(the European Commission of Human Rights)认为,本案中,泄密构成被控侵犯隐私的适当而充分的根据。原告声称,一系列报纸文章侵犯了他们的隐私,这些文章报道了这位伯爵的婚外情和其妻子的饮食紊乱。原告的请求被法院裁定不予支持,因为其未穷尽国内救济。这一案件被认为推进了这样一种主张,即泄密诉讼现有边界的拓展填补了英国法上的漏洞,在其他发达国家,这一漏洞是通过隐私法律来填补的。(154)

普通法的局限

已报道的案例显示,在个人隐私受到警方侵犯时,依靠不得泄密原则进行救济获得成功基本上是不可能的。(155) 通常情况下,存在必须优先考虑的非常具有说服力的公共利益主张;因而,阻止泄密的门槛被设置得较低。(156) 如果是报刊侵犯了个人隐私,情况则有所不同。此时,不得泄密原则被证明较为具有活力;在大量不同种类的诉讼中,该原则得到成功运用。但是,即使在这里,依然存在局限,即普通法在多大程度上能够保护个人免受那种在司法上被称为对隐私最"凶残"的侵犯。(157)凯诉罗伯逊(*Kaye* v. *Robertson*)

(153) (1998) 25 EHRR CD 105.

(154) *Douglas* v. *Hello*! *Ltd* [2001] QB 967, at 985(Brook LJ).

(155) 参见下文537–539页。

(156) *Hellewell* v. *Derbyshire Chief Constable* [1985] 1 WLR 804. 参见下文第538页。

(157) *Kaye* v. *Robertson* [1991] FSR 62. at 70 (Binghan, LCJ).

一案[158]便是一个非常明显的例子。该案中,一位著名演员在一次意外事故中受伤后住进了医院。一份小报的记者来到医院,对原告进行采访,并拍照,照片随后被发表,假称原告已经同意发表。原告申请法院签发了一项临时性禁止令,以制止其发表。这一诉讼的提起是基于恶意的虚假陈述、诽谤、殴打和假冒。[159]

原告的诉讼请求仅仅是依据恶意的虚假陈述,并获得成功。法院认为,对这一特殊侵权行为提供的保护的性质不符合正义的要求。在一些著名的实例中,报刊的某些栏目受到了严厉批评,因为其记者侵扰了住院的意外事故受害者和其他病人,或者使用了偷来的私人信件或照片,或用低级粗俗的语言(而且经常是错误的)公开了个人的"私生活";发生了这些事情后,隐私法律的问题受到了成立于1989年的考尔科特委员会(Calcutt committee)——该委员会致力于隐私及相关事务——的重视。[160]在凯诉罗伯逊(*Kaye v. Robertson*)一案中[161],上诉法院法官格莱德韦尔(Glidewell LJ)认为,该案的事实是"对议会意图的一个图解说明,议会在考虑是否以及在怎样的条件下可以制定法律条文来保护个人的隐私"。[162]但是,考尔科特委员会与许多人的提议相反,反对引入一种新的隐私

---

[158] [1991] FSR 62.

[159] 没有针对侵犯秘密的诉讼请求:"在一天审判期间(one-day hearing),没有依据有关侵犯秘密的法律向法院提起的诉讼":Douglas v. Hello! Ltd(上文注154)。现在此类诉讼是否会受理的问题,参见劳斯法官(Laws J)在赫勒维尔(Hellewell)案件中关于图片的评论。

[160] Cm 1102, 1990.

[161] [1991] FSR 62.

[162] At 66.

侵权行为,列举的理由是:"对依据的原则存在争论,有实际的担忧和可以利用其他方法处理这一问题。"[163]考尔科特将其希望寄托于自我规制,提议再给报刊一次机会,以证明自我规制能够奏效。为达到这一目的,他建议设立一个新的新闻申诉委员会(Press Complaints Commission)——以广播申诉委员会(Broadcasting Complaints Commission)[164]为模型——取代现在的新闻委员会(Press Council)。[165]利用报纸和杂志出版业的资助,[166]新闻申诉委员会已经制定了一部与隐私相关的行为准则。[167]

1993年,戴维·考尔科特爵士(Sir David Calcutt)得出结论,认为新闻申诉委员会未能奏效,应该建立一个新的法定的新闻申诉特别法庭。他再次指出,先前创设多种罪名(如未经授权侵入私人房屋,以公开为目的意图获取私人信息)的建议会受到以保护公共利益为由的辩护的制约,政府应该充分考虑引入一种新的侵犯隐私的侵权行为。[168]对法定的隐私权的进一步支持来自英国下议院的国家遗产委员会(National Heritage Committee),该委员会承认:"一个自由的社会需要拥有表达对当权者不利意见的言论和出版自由",但同时坚决认为,"在一个民主社会,公民也必须拥有隐私

---

[163] Cm 1102, 1990.

[164] 广播申诉委员会(Broadcasting Complaints Commission)是一个法定机构(1990年《广播法》(Broadcasting Act)),有权调查与隐私相关的申诉。参见23章C。

[165] 与此相关的内容,参见Robertson, The People against the Press。

[166] 新闻申诉委员会由一名独立的主席,多名独立的成员和国家和地方报刊的代表组成。

[167] 但也包括其他内容,与记者道德相关的各种各样的问题。

[168] Cm 2135, 1993.

权",该权利不应被"这样一些人忽视,这些人声称,任何人只要能给出漂亮的借口,就可以做任何事情"。[169]考尔科特委员会反对考尔科特先生提出的设立一个法定的新闻申诉特别法庭的建议,理由是它不赞成制定仅仅适用于媒体而且实际上仅仅适用于新闻业的法律。[170]相反,该委员会建议制定《隐私保护法案》(Protection of Privacy Bill),该法案将为所有公民提供保护,而且将引入"一种新的侵犯隐私的民事侵权行为和因未经授权使用侵入技术并进行骚扰而产生的刑事犯罪"。[171]

新闻申诉委员会(the Press Complaints Commission)

制定此类立法现在看来是希望渺茫,现在对隐私的法律保护首选方式是借助于1998年的《人权法案》。实际上,我们将看到,修改《人权法案》并非为了暗中削弱新闻申诉委员会(PCC)的工作,该法在保护隐私方面仍将扮演主要角色。但是它对隐私的保护将依附于第8条规定的权利,这一权利可以在英国法院得到执行;同时,其必须处于2001年韦塞提交的一份重要报告中,下议院的文化、媒体和体育委员会重申了对新闻申诉委员会的独立和有限权力的关注。新闻申诉委员会制定的行为准则涉及多方面的事项。涉及隐私的是修订后的第3款,规定如下:

---

[169] HC 294-29I (1992-1993).
[170] 但是后来,有人对新闻申诉委员会提出激烈的职责,因为其经常"在被要求进行根本性改革时,对批评的反应就是提供一半的措施"(HC 86 (1996-1997).
[171] 也参见 HC 38 (1993-1994)。

3. 隐私

(1) 人人都有私人和家庭生活、住宅、健康和通信（包括数字通信）受到尊重的权利。编辑未经许可对个人的私人生活的侵犯必须具备正当理由。

(2) 未经许可，不得拍摄私人处所中的个人。

私人处所（private places）被定义为"公共的或私人的房屋，在此处，个人对其隐私存在合理预期"。新闻申诉委员会受理违反行为准则的申诉。在报纸是当事人一方时，其被要求"在适当显著的位置全文"刊登新闻申诉委员会的裁决。但是，新闻申诉委员会在法律上无权"阻止材料的发表，无权强制执行其裁决，无权给予报纸的受害人任何法律救济"。[172]

尽管新闻申诉委员会不是一个法定机构，其行为准则也不具备法律上的执行力，但在1998年《人权法案》制定过程中，曾有过这样的担心：为达到该法案的目的，它有可能是一个公共机构。[173] 这意味着，新闻申诉委员会必须以不侵犯公约权利的方式来履行职责；而且，它会在诉讼方面受到限制，无论是它进行诉讼的方式，还是它作出的裁定，都会受到限制。这也特别意味着，它必须对表达自由的权利给予适当重视。韦克厄姆勋爵（新闻申诉委员会主

---

[172] Spencer v. UK (1998) EHRR CD 105.

[173] 参见 HL Deb, 1997年11月24日, col 772 (Lord Wakeham)。关于该委员会的司法审查，参见 R (Ford) v. Press Complaints Commission [2001] EWHC 683 (Admin); [2002] EMLR 95。

席)在议会中表达的忧虑,导致修改后的《人权法案》引入了现在的第 12 条——该解决方案的突出一点是,不同于在某些国家,在我国,表达自由并非"在每个案件中都是制胜的王牌",这种自由必须受到其他社会价值的限制,尽管"它是一张强有力的牌",法院必须经常对它给予适当的尊重。[14]修正案规定,法院必须重视表达自由(第 12 条第 4 项)——这当然是其无论如何都必须做到的。[15]但它也规定,在涉及新闻、文学和艺术方面的材料的法律诉讼中,法院——除了别的以外——还应考虑材料的公布是否符合公共利益,以及是否符合"其他相关的保护隐私的准则"。

如此规定所欲达到的目的似乎在于,如果原告提起诉讼以制止与其私人生活相关的公布,法院必须考虑两个问题:(1)公布是不是为了公共利益;(2)报纸是否遵守了新闻申诉委员会的行为准则? 如果两个回答都是肯定的,那么,法院判决制止公布的可能性就要小于两个回答都是否定的情形。这样,新闻申诉委员会的行为准则也就具有间接的法律效力:尽管它仍不具有法律上的执行力,但如果报纸未能遵守这一行为准则,将导致其公布行为受到制止。用上诉法院法官布鲁克在 Douglas v. Hello! Ltd 一案判决中的话来说:"在这种情况下,一份蔑视该准则第 3 条的报纸很可能会主张自己享有表达自由的权利,而这种权利原本应让位于第 10(2)条提出的保护隐私的考虑。"[16] 当然,遵守该准则并不具有决定性意义:如果例如法院认为,该准则或者适用该准则的方式不满

---

[14] *Douglas v. Hello! Ltd* [2001] QB 967, at 982 (Brook LJ).
[15] Cf *Douglas v. Hello! Ltd*, ibid, at p1004(Sedley LJ).
[16] Ibid., at 994. 同时参见 *A v. B plc* [2002] EWCA Civ; [2003] QB 195。

足公约第 8 条规定保护的权利的要求,那么一份报纸遵守该准则并不是其行为合法的决定性因素。[17] 因此,新闻申诉委员会自身需要确保以反映公约第 8 条规定要求的方式适用其准则。但是,第 12 条提供的保护现在已被证明在应对媒体名人意图保护他们隐私的命令泛滥方面,非常脆弱,而且,某些人担忧,隐私作为一项法律权利成为《人权法案》保护的对象,不可避免地会削弱新闻申诉委员会的作用。[18]

G. 隐私和《人权法案》

由于《人权法案》的规定,(公约)第 8 条现在得以在国内法院实施,以对抗公共机构。[19] 这意味着,根据《人权法案》的规定,本章 C 小节和 D 小节谈到的不同权力的行使可能受到挑战。实际上,有可能受到挑战的只是与公约规定的权利不能并存的部分法律规定。但是,尽管我们可以假设,不存在无懈可击的立法,但许多挑战要获得成功也不太可能。考虑到监视和侦听的权力已被不适当地行使,同样不太可能出现这样的情形:《人权法案》会为实践中个人的法律武器增加许多内容。由于可以扮演不同的监督角色,高级法官现在可以直接参与不同方案的监督和管理。对这些方案的基本内容,他们看起来大致满意,未支持过一项控告侵犯隐

---

[17] 参见 *Venables v. News Group Newspaper Ltd* [2002] 2 WLR 1038 Fam 430。
[18] 关于增进此种权利的建议,参见 HC 458 (2002–2003)。
[19] 参见第 19 章 C。

私的权力被不适当地授予的申诉。(同样)令人费解的是,人们会非常剧烈地感受到《人权法案》规定的隐私权在私法领域的重要性,感受到它可以保护个人的隐私权不受私人权利行使而非国家权力行使的侵犯,特别是不受报刊权利行使的侵犯。

隐私、《人权法案》和警察

本章前面各小节讨论的问题绝不可能穷尽警察和其他公共机构可能侵犯个人自由的不同方式。搜查住宅是侵犯隐私的另一明显方式,[18]尽管正像第21章中已讨论过的那样,这种对隐私的侵犯是受到法律规制的。这也同样适用于侵犯隐私的其他方式,如抽取样本和要求医生或其他人向警察移交关于个人隐私的详细资料。但是,仍然有一些警察的行为方式,既不需要法定授权,也不受法律形式上的规制。[19] 除了非定向监视(non-directed surveillance)之外,保存私人档案,进入DNA数据库,对游行示威者进行拍照和公布犯罪嫌疑人的照片等其他行为,都构成对私人隐私的侵犯。[20] 倘若有人已实施了犯罪,警察为搜寻犯罪嫌疑人而公布

---

[18] *Mcleod* v. *UK* (1998) 27 EHRR 493.

[19] 参见 *R* v. *Loveridge* [2001] 2 Cr App R 591。

[20] 在拍照的问题上,参见 *Bernstein* v. *Skyviews Ltd* [1978] 1 QB 479——没有规制拍照的法律。同时参见 *Stewart-Brady* v. *UK* (1999) 27 EHRR 284.但是存在例外,*Shelley Films Ltd* v. *Rex Features Ltd* [1994] EMLR 134。*Hellewell* v. *Derbyshire Chief Constable* [1995] 1 WLR 804, 807(Laws J),和 *Creation Records Ltd* v. *News Group Newspaper Ltd* [1997] EMLR 444.被警察监管的嫌疑犯的地位,参见1984年《警察与刑事证据法》,第64条A,和《警察职位遴选行为规则》D部分。

照片可能不会遭到反对。但在警察公布某个在将来可能实施犯罪的人的照片时——如 2001 年在伦敦,政治激进主义分子被认为很可能在五一国际劳动节的抗议活动中制造麻烦——则应当有不同的考虑。[183] 然而,《人权法案》是否会大大增加对遭受上述形形色色侵犯的个人提供的保护,尚难确定。

在赫勒维尔诉德比郡警察局长(Hellewell v. Chief Constable of Derbysbire)一案中,[184]法院认为,"在某些情况下,对照片的公开,可以提起泄露秘密的诉讼。"[185] 警方在警察局内无须征得犯罪嫌疑人的同意,就可以为犯罪嫌疑人拍摄照片;"根据法律,警方不能随意以任何方式使用以此种方式获得的照片"。这样一张照片将传递给每一个看到它的人这样一种信息,即照片上的人为警方所熟知,因而该照片成为一份秘密信息,这对警方施加了一项法律义务,"违反这一义务将引发私法上的诉讼"。但是,"常识和法律都告诉人们,只要警方在与犯罪作斗争的过程中诚实和合理地使用犯罪嫌疑人的照片,警方就不会成为法律制裁的对象。"在此类案件中,警方在对其提起的泄露秘密的诉讼中可以以公共利益为由进行辩护。在英王诉北威尔士警察局长(R v. Chief Constable of the North Wales Police, ex p Thorpe)一案中,[186]原告得到了上诉法院的支持。该案试图通过适用公法而非私法来挑战警察的信息披露。在该案中,警方在按照政策公布被判有罪的恋童癖者身份的详细资

---

[183] Evening Standard, 2001 年 4 月 24 日; The Times, 2001 年 4 月 25 日。
[184] [1995] 1 WLR 804.
[185] Ibid., at 807. 参见 Pollard v. Photographic Co (1989) 40 Ch D 345。
[186] [1999] QB 396.

料时,向原告居住的活动住房停车场的所有者透露了原告的罪行。向他们透露消息是在学校放假之前,放假之后将有大批儿童来这种场所。在该案中,之所以采用司法审查而非提起泄露秘密的诉讼是必要的,仅仅是因为原告已被定罪的事实已经处于公共领域,尽管警方透露此事实的对象可能并不知晓此事实:因此该事实并不具有秘密性。

但这"并不意味着作为公共机构的警方,在与公共利益无关的情况下,可以随意公开关于原告先前实施的犯罪行为的信息"。然而,在驳回原告的诉讼请求时,法院认为,作为行政法的问题,为了保护公众特别是儿童的利益,警方(在考虑了原告的利益之后)若经过理智思考后认定有必要,便有权使用这一信息。[⑰]就公约规定的权利来说,的确,在该案判决作出之时,《人权法案》尚未通过。然而,这并不鼓励那些试图依据该法令来寻求救济的人。首席大法官宾厄姆勋爵(Lord Bingham C J)本应开始就得出这样的结论:依据公约第8条第2项的规定,透露信息是合法的,"只要透露信息是出于善意,并且是为了执行一份谨慎的专业判断,只要透露信息仅仅限于被理智地判定对北威尔士警察局声称的保护公众的目的来说是必要的"。[⑱]法院认为,这些条件得到了满足。[⑲] 在 R (X) v. *Chief Constable of West Midlands* 一案中,[⑳]根据1997年《警察法》,

---

[⑰] Ibid., at 429 (Lord Woolf MR).

[⑱] R v. *Chief Const of the North Wales Police*, ex p AB [1997] 4 All ER 691, at 702.

[⑲] 同时参见 R(A) v. Chief Constable of C [2001] 1 WLR 461.关于审查认定不适合从事儿童工作的人的程序的说明,参见 Bichard Report,上注4,其考察了这些程序的严重缺陷。

[⑳] [2004] EWCA Civ 1068; [2005] 1 WLR 65.

警方被要求提供原告的信息。法院认为，检查此类犯罪记录并不违反《欧洲人权公约》第 8 条，并认为警方也不负有在信息被公布之前允许被调查之人进行申辩的义务。

隐私、《人权法案》和报刊

尽管《人权法案》不允许个人以侵犯隐私为由对报刊提起诉讼，不过该法案旗帜鲜明地为持有这种观点的人——这些人认为报纸产业的自我规制不足以为隐私的保护提供一个足够安全的基础——提供了理由。[191] 的确，法院没有义务"基于公约之要求创造一项独立的诉讼理由"(a free standing cause of action)，但却仍有义务"在基于现行普通法的诉讼理由进行判决时，遵守公约规定的权利"。[192] 斯特拉斯堡(Strasbourg)法庭的法理使得上议院对 1977 年《租赁法》(the Rent Act)作出了这样的解释：同性夫妻中的幸存者是原先承租人中依然健在的配偶。这意味着为了保持法定承租人的持续，同居的异性恋夫妻与同居的同性恋夫妻会被同等对待。[193] 在法院没有可依据的法律的案件中，如果个人主张其依据公约享有的权利受到私方而非公共机构行为的侵犯，法官的处境会更加艰难。[194] 在此类案件中，公约规定的权利的适用范围并不明确。[195]

---

[191] 关于此问题的概括性的评价，参见 N Barber [2003] PL 602。
[192] *Venables* v. *News Group Newspaper Ltd*（上注 177），at 446。
[193] *Ghaidan* v. *Godin-Mendoza* [2004] UKHL 30；[2004] 2 AC 557 (Lord Nicholls)。
[194] *Douglas* v. *Hello! Ltd*（同前注 174），在 1001 – 1002 页(Sedley LJ)。
[195] HL Deb, 1997 年 11 月 24 日, col 785。

在上议院审议人权法案期间,大法官认为:

> 在公约规定的权利受到与之不兼容的立法的侵犯,或者由于缺少立法——譬如,缺少隐私方面的法律——公约规定的权利未得到保护的情况下,法院没有义务通过普通法来矫正立法的失误。在我看来,法院不应扮演立法者的角色,对公约规定的权利受到的侵犯给予新的救济,除非普通法自身使其能够发展出新的权利或救济。[196]

然而,情况依然是,即便在1998年《人权法案》制定之前,法官"不顾加入公约这一事实,仍努力将隐私权发展成为一项受普通法保护的权利"。[197]《人权法案》实施之后,出现了许多引人注目的案件,这些案件由一些在公开场合经常露面的知名人士和其他人提起,他们试图寻求禁令,以制止披露有关他们私生活的信息。在处理这些案件的过程中,法院作出的回应不是创设一种新的有关隐私的侵权行为,而是将公约权利引入由来已久的因泄露秘密而提起的诉讼。[198]这些案件中的第一起是 *Douglas v. Hello! Ltd* 一案,在该案中,原告已经与一份杂志达成发表他们婚礼照片的协议。而另一份与其竞争的杂志则准备发表未经授权的婚礼照片,原告请求法院制止其行为。上诉法院法官布鲁克接受了这样一种观点:

---

[196] Ibid., col 784 (Lord Chancellor).

[197] *A v. B plc*, 本章注释[170], at para [4] (Woolf LCJ). See G Phillipson (2003) 66 MLR 726。

[198] [2001] QB 967.

衡平法可以介入,以防止违反保密义务而获得的摄制的肖像的发表。换言之,如果在某种私下场合,潜在的原告明确地或隐含地表示,不允许摄制其照片,那么,所有在场的人都受到保守秘密的义务的约束,对这种限制的知情或推定知情创造了保守秘密的义务。但是,英国法并不愿意承认,在不存在这些条件时,可以依据保守秘密的义务来阻止这种对人们隐私的不希望有的侵入。

在驳回要求签发临时禁令的请求时,上诉法院法官布鲁克考虑的是《人权法案》第12条的要旨,该条要求法官"在两种相互冲突的考虑之间进行平衡:一方面是表达自由;另一方面是隐私"。[199]但是,他认为,这无助于支持原告,因为他们基于隐私的理由并不是一个强有力的理由。尽管他们试图阻止客人或其他人在婚礼上拍照,但是他们"没有选择举行秘密婚礼"。

在一些根据《人权法案》作出判决的案件中,一些法院强调"隐私权是泄露秘密案件的核心,必须与媒体告知公众信息的权利进行平衡"。[200]但有时这种平衡是支持隐私权的。在 *Venables v. News Group Newspaper Ltd* 一案中,[201]原告因为杀害一名儿童这一臭名昭著的事件,作为未成年犯被法院判决有罪。原告基于泄露秘密向法院申请了一项禁令,以制止报纸在其刑满释放之后公开关于其

---

[199] Ibid., at 995.

[200] *Campbell v. MGN Ltd* [2004] UKHL 22; [2004] 2 AC 457, at para [105] (Lord Hope).

[201] [2001] Fam 430.

身份的信息。这一前所未闻的申请获得了成功,尽管这可能限制第 10 条保护的报刊享有的自由。法院担心的是,如果原告刑满释放后身份被暴露,可能会遇到严重的人身伤害甚至死亡的危险。因此签发了一项"冒天下之大不韪"的禁令,法院认为,在这种例外的情形下,将原告这种基于保密而享有的权利置于媒体公布关于他们的信息的权利之上是必要的。在适用《人权法案》第 12 条时,法院考虑了公约第 2 条和第 3 条的规定:关于第 10 条第 2 项的规定,法院认为,原告享有的这些权利优先于第 10 条第 1 项规定的权利:新闻自由。在另一引人注目的案件中,一名著名模特在对一家报刊——它发表了一篇文章,声称她是一名吸毒者——因泄露秘密而提起的诉讼中获得胜诉。[202] 上议院认为,该报纸有权披露正在接受治疗的原告是一名吸毒者,但不能披露其正在接受治疗的细节。上议院认为,这一结论可以得到新闻申诉委员会《行为准则》第 3(i) 条的支持。

---

[202] *Campbell v. MGN Ltd*,本章注释[200],以及后来的 *Campbell v. MGN Ltd* (No. 2) [2005] UKHL 61;[2005] 1 WLR 3394。

第23章　表达自由

表达自由权,用《欧洲人权公约》第10条的话来讲,包括持有主张的自由,以及"在不受公共机关干预和不分国界的情况下,接受并传播信息和思想的自由"。在民主社会,这种自由是个人生活的基础。① 首先,表达自由具有具体的政治内容。公开和私下接受和表达政治观点的自由,与为了政治目的而组织起来的自由和自由参加选举是密切相关的。

没有选举自由,人民便不能选择政策。没有言论自由,人民便不可能诉求作为民主之基础的理性。没有结社自由,选民和选民代表便不可能结成制定公共政策和实现公共目标的政党。②

表达自由也会影响到宗教信仰自由。律师们都还记得1670年的"布谢尔"(Bushell)案,该案确立了陪审团"依据充分和明白无误之证据宣告被告无罪和对抗法官指令的权利:他们同样应当记

---

① 引人注目的声明,参见女王诉 Shayler [2002] UKHL 11; [2003] 1 AC 247, at para. [21]。

② Jennings, *Cabinet Government*, 第4页。也见 Laski, *A Grammar of Politics* 第三章。

得布谢尔曾担任过宣告贵格会教徒威廉·佩恩(Quakers William Penn)和威廉·米德(William Mead)无罪的陪审团团长。这两个人因在伦敦街头向一大群人传教而被指控违犯了《秘密宗教集会法》(Conventicle Act)。③ 而且,表达自由是艺术、文化和知识自由,是出版书籍或创作艺术作品的自由的不可分割的组成部分,不论这些书籍或艺术作品的内容多么离经叛道,有违常理。④

随着"商业表达自由"这一观念被用于保护公司的活动和抵制政府限制广告的企图,表达自由在现代社会还发展出了新的维度。⑤ 但为什么这种特定的商业活动应当处于受保护的法律地位,却尚未定论。

A. 法律保护的本质

《人权法案》

在1998年《人权法案》的制定和生效之前,表达自由权尽管已经在判例法中赢得了突出的地位,受到了大量有力的司法意见和其他意见的支持,但该项权利还是在1998年的《人权法案》得以正

---

③ 女王诉 *Penn and Mead* (1670) 6 St Tr 951。
④ 也见 *Reynolds v Times Newspapers Ltd* [2001] 2 AC 115, at p.126, per Lord Steyn。为很好理解本章所讨论的一些问题,参见 Barendt, *Freedom of Speech*。
⑤ 参见 C R Munro [2003] 62 CLJ 134。

542 式地巩固。⑥ 确实,在《欧洲人权公约》第 10 条中,表达自由这一明确主张得受:

> 法律所规定的程式、条件、限制或惩罚的约束;并受在民主社会中为了国家安全、领土完整或公共安全的利益,为了防止混乱或犯罪,保护健康或道德,为了保护他人的名誉或权利,为了防止秘密收到的情报的泄露,或者为了维护司法机构的权威与公正性所需要的约束。

从这个意义来讲,在所有的公约权利之间,似乎有点自相矛盾的是,应当受到最严格的限制的权利,却正是斯提恩(Steyn)勋爵将其作为"民主根基"(the lifeblood of democracy)的表达自由。⑦ 尽管如此,《人权法案》还是包含了对表达自由权利的特殊保护。这一点可以从第 12 条第 2 款(S12(2))的规定得到印证。该条规定:在未能确保被告被告知正在进行的诉讼并给予答辩机会的情况下,法院不会对影响被告通过行使《公约》表达自由权,请求提供救济的权利。这一规定在申请禁止某个出版物的禁令方面,尤其重要。同样重要的,还有"法庭不会给予申请人临时司法救济,除非法院确信申请人有可能证实:出版物不应当出版(第 12 条第 3 款)"。在所有的案件当中,法院都应当对《公约》规之表达自由权的重要

---

⑥ 见 Reynolds v Times Newspapers Ltd [2001] 2 AC 127, McCartan Turkington Breen v Times News-paper Ltd [2001] 2 AC 277, Loutchansky v Times Newspaper Ltd [2001] EWCA Civ 536;[2002] QB 321, and 女王诉 Shayler,上文。

⑦ 女王诉 Home Secretary,(申请人,Simms) [2000] 2 AC 115, at 126。

意义,给予特别的眷顾(第12条第4款)。

对这些规定,法院似乎采取了谨慎对待的态度,认为这些规定并没有要求法院"将表达自由置于至高无上的地位,并且与法院过去的做法相比,其目的也并非旨在要求法院更加强调表达自由之重要意义"。⑧ 事实上,除了我们已经提及的法院对表达自由进行辩护的非常有力的司法意见外,《人权法案》对表达自由领域的影响极为有限。⑨ 而之所以如此,其部分原因在于,"1998年的《人权法案》制定之前的很长一段时间内,法院已经强调了表达或言论自由"。⑩ 近年来,有许多重要的判决确实是在完全没有依赖《人权法案》(尽管明显受到其暗示⑪)的情况下,扩大了自由言论的范围,但这种扩大的程度或许还是不能满足许多人的期望。第10条影响有限的另外一个原因,与法院充分考虑其他人的权利和自由的意愿有关。⑫ 于是我们看到:新闻界的权利要服从于版权、⑬ 诽谤、⑭ 公共道德、⑮ 国家安全⑯ 和机密性的要求。⑰ 在最后一种

---

⑧ 参见第19章。

⑨ *Imutran Ltd v Uncaged Campaigns Ltd* [2001] 2 All ER 385, at 391. 也见 *Douglas v Hello!* [2001] QB, 967。

⑩ *Imtran Ltd v Uncaged Campaigns Ltd*,前注9, at 391。

⑪ 例如,*Reynolds v. Times Newspapers Ltd* [2001] AC 127。

⑫ 像女王(*Pro-life Alliance*)诉 BBC [2003] UKHL 23;[2004] 1 AC 185 提示的那样。

⑬ *Hyde Park Residence Ltd v Yelland* [2001] Ch 143; *Ashdown v Telegraph Group* [2002] EWCA, Civ.

⑭ *Loutchansky v Times Newspapers Ltd*,前注6。

⑮ 女王诉 Perrin [2002] EWCA Crim 747。

⑯ 女王诉 *Shayler*,前注1。

⑰ *Douglas v Hello*,注9; *Imutran Ltd v Uncaged Campaigns Ltd*,前注9。

情况下，依据衡平法上的泄密(breach of confidence)原则，通过鼓励某种可实施的隐私权的发展，《法案》确实会有助于形成对传媒自由(press freedom)的新限制。这些发展反映了法官们的某种看法：实力较强的新闻媒体会成为压制言论的工具并且其旗下的所有者、编辑和新闻记者，会在行使他们自己权利的同时，侵犯其他人的权利。

表达自由：权利和限制

《人权法案》并非唯一保护表达自由的法律渊源。有一种观点认为：表达自由是"普通法的一根肌腱"(a sinew of common law)。[18] 因此，如果表达的内容不在其他方面违法的话，个人就可以根据自己的喜好，自由地言说和书写。《议会特权法》(the Law of Parliamentary Privilege)为议会中的讨论[19] (proceedings in parliament)规定了法律保护，并且现在有越来越多的立法，以各种不同的方式来促进和保护表达自由。其中，1998年《数据保护法》(the Date Protection Act of 1998)和2000年《信息自由法》[20] (the Freedom of Information Act 2000)，都规定了自由获取信息的法定权利。这些措施都可以为那些喜欢追根究底的新闻记者(investigative journalist)提供

---

[18] 女王诉 *Advertising Standards Authority*，(申请人 *Vernons*) [1993] 2 All ER 202 (Laws J)。

[19] 参见第11章A。如果在议会之外重复其在议会中说的话，会失去议会特权的保护。*Buchanan v Jennings* [2004] UKPC 36; [2005] 1 AC 115。

[20] 参见第22章E和第13章F相应的部分。

帮助,而法院已在判决中表达了对其作用的认可。[21] 正如第 18 章讨论的那样,尽管 1981 年《蔑视法庭法》(the Contempt of Court Act 1981)被法院狭隘地解释为不利于新闻记者,但在表达自由的保护方面,上述法案第 10 条规定,保护新闻记者拒绝披露新闻来源的权利,同样具有重要的地位。除了这些促进获取信息(facilitating access)和保护信息来源的措施外,1998 年《公共利益披露法》(the Public Interests Disclosure Act 1998)还为"揭发者"(whistleblower)提供了有限的保护,也就是说,对那些把雇主的商业行为公之于众的工人,提供了有限的保护。[22] 但一个不争的事实是:表达自由受到了广泛的限制,许多限制由来已久,而且多数限制很可能会经受得住《人权法案》的挑战。

对表达自由的限制分两种:第一种是在出版或发表前,由国家机关对作品进行审查的制度(censorship),第二种是在某人受到作品具体伤害的情况下,在事件发生后,对造成伤害者施加惩罚或对受害者予以补偿。第一种限制手段经常受到公众的质疑,并且在宪法第一修正案保护之言论自由引起的诉讼中,这种限制还遭到美国最高法院的强烈反对。可是,尽管布莱克斯通(Blackstone)坚决主张:言论自由意即"不对出版施加事先约束"(previous restrains),[23] 但在议会和政府可以对电视和广播的内容施加限制的

---

[21] *Loutchansky v Times Newspapers Ltd*,前注 6。

[22] 参见 J Gobert and M Punch (2000) 63 MLR 25; 和 Hobby, *Whistleblowing and the Public Interest Disclosure Act 1998*。

[23] *Commentaries*, 9th edn, IV, p 151.

情况下,㉔英国仍然存在某些审查制度,特别是电影和音像制品(video recording)审查制度。因此,1998年,内政大臣命令英国广播公司(BBC)和英国独立广播局(IBA)不要播出对某些特定组织成员及其拥护者的采访,这些指定的组织包括恐怖组织,也包括一个合法的政党——新芬党(Sinn Fein)。㉕虽然对新闻(press)已经不再实行事先审查制度(prior censorship),但对于报纸所有权,仍然有一些重要的规定,这些规定意在保证所有权的转让符合公众利益。除此之外,还有其他范围广泛的刑事犯罪上的有关规定,它们同样限制了自由言论。创设这些刑事罪名是为了保护国家安全和维护公共秩序;惩罚淫秽作品的出版并保护公共道德;以及依靠蔑视法庭法来保护司法的权威和公正性。诽谤法施加的限制,是为了保护其他人的权利和名誉,而有关泄密法的发展,旨在防止披露秘密获得的信息。㉖除了第18章讨论过的与蔑视法庭有关的法律外,下面将依次讨论其他不同的限制条款。第24章将讨论与公众集会和示威有关的对自由言论的限制,而第25章将讨论《官方机密法》(The Official Secrets Act)和出于国家安全的考虑对自由言论施加的其他限制。

㉔ 对审查经典的法律研究是 O'Higgin, *Censorship in Britain*。
㉕ 见女王诉 *Home Secretary*,(申请人 *Brind*)[1991] 1 AC 696。
㉖ 在重要的限制方面,同样不应当忽视依据版权法而产生的限制:参见 *Hyde Park Residence Ltd v Yelland*, 前注 13, *Imniran Lte v Uncaged Campaigns Ltd*, 前注 9 和 *Ashdown v Telegraph Group*, 前注 13。

B. 审查制度和事先约束

戏剧[27]

在大英帝国,戏剧和歌剧表演多年来一直要接受张伯伦勋爵(Lord Chamberlain)——一位王室官员的事先审查。1968年《戏剧法》(Theatres Act 1968)取消了戏剧在演出之前须获得许可的规定。[28] 现在,戏剧演出改由地方当局批准,但当局的许可权限也仅止于和公众健康和安全有关的事宜。作为审查制度的替代,针对淫秽内容的规定与1959年《淫秽出版物法》(Obscene Publication Act 1959)的内容规定则相似,都以保护社会风尚为依据。对戏剧表演的其他刑事限制与使用恐吓、辱骂、攻击性的言辞或旨在或很可能激起种族仇恨[29] 或诱发破坏治安的行为有关。[30] 对包括淫秽在内的各种冒犯性行为的起诉,需要英格兰和威尔士总检察长(Attorney-General)的同意。根据普通法,不起诉任何冒犯行为其实是不追究"淫秽、下流(indecent)、令人厌恶(offensive)、令人作呕(disgusting)或有损道德的戏剧表演的责任";也不会依据与猥亵有关的各

---

[27] 关于戏剧审查,参见 Findlater, *Banned*!
[28] 关于背景,参见 HC 503 (1966–1967)。
[29] 1986年《公共秩序法》(Public Order Act),第20条。
[30] 1986年《戏剧法》(Theatre Act),第6条。

种法规(1968 年的法案,第 2 款第 4 项)予以追究的行为——这是反对道德审查的重要措施。然而在 1982 年,当法官裁定 1965 年《性侵犯法》(the Sexual Offences Act 1956)(与男性间粗俗下流有关)的第 13 款可以适用于舞台上模仿同性恋的行为后,对《罗马人在英国》(The Romans in Britain)这部国家剧院的作品的导演提起的自诉,却被驳了。[31]

电影[32]

电影审查制度始于 1909 年的《电影院法》(the Cinematograph Act 1909),这纯属巧合。该法授权地方当局出于公共安全,主要是防火之利益而为电影院发放许可证。经法院批准,[33]地方当局事实上将许可的范围扩大到了其他事务方面,包括对获得许可的电影院所播放的电影内容的许可。在制定 1952 年《影剧院法》(the Cinematograph Act 1952)和更近的 1985 年《电影法》(the Cinemas Act 1985)时,议会确认了电影播放许可的权力并且要求发放许可证的当局制定措施,限制未成年人观看儿童不宜的电影。现在,颁发许可证的当局是地方议会和伦敦的各个自治市议会。它们可以将其权力委派给某个委员会或地方司法官。审查电影的主要工作由英国电影分类委员会(British Board of Film Classification)(其前身是英

---

[31] 《泰晤士报》,1982 年 3 月 19 日。

[32] Hunnings, *Film Censors and the Law*; *Williams Report on obscenity and film censorship*, Cmmnd 7772, 1979; Robertson, *Freedom, the Individual and the Law*, pp 238 - 241.

[33] E.g. *LCC v Bermondsery Bioscope Ltd* [1991] 1 KB 445.

国电影审查委员会(British Board of Film Censor)承担,这是一个经中央和地方政府批准后,由电影业成立的非法人实体。委员会尤其要为涉及儿童和其他未成年人入场观看的电影分类负责。尽管颁发许可证的当局一般许可播放委员会分过类的电影,但它不能将其职责移交给委员会并且必须保留审查委员会决议的权力。[34]因此,颁证机关可以拒绝某个由委员会分类的影片在某个地区播放,它可以改变分类委员会所作的分类决定,它还可以许可播放某个委员会拒绝给予播放许可的电影上映。与电影业相伴的地方审查权并不常见,但为了维护道德问题上的某些地方选择,这样做应当是可以的。

电影审查制度与淫秽和公然猥亵法之间的关系,已经造成了诸多麻烦。根据1977年《刑法法案》(The Criminal Law Act 1977)的第53条,公开放映的电影受《淫秽出版物法》(The Obscene Publication)调整,放映电影必须有利于保护公众道德,此条款同时适用于戏剧、歌剧、芭蕾舞剧,或任何其他艺术的、文学的和学术作品。起诉和没收某些胶片,都要求征得检察官(the Director of Public Prosecutions)的同意。1984年(修订后的)《音像制品法》(The Video Recordings Act 1984),[35] 为音像制品的审查制订了一个方案,它规定(不管是否以营利为目的),向他人提供任何未经生效标准分类的音像制品是违法的。某些(诸如与体育、宗教,或音乐和以教学为目的有关的)音像制品和提供此类音像制品的行为,可以不适用

---

[34] *Ellis v Dubowski* [1921] 3 KB 621; *Mills v LCC* [1925] 1 KB 213.

[35] 根据1993年《音像制品法》和1994年《刑事司法与公共安全法》(The Criminal Justice and Public Order Act 1994)。

该规定。然而,如果某个音像制品有任何描写或旨在鼓励诸如"人类性行为或性暴力或监禁(restraint)行为"(第 2 条第 2 款 a 项)的,[35] 则不能免除审查。同样,如果音像制品有任何描写犯罪活动且有可能激起和鼓励犯罪行为的,也不能排除在外。[37] 英国电影分类委员会制定的分类标准,把影视作品分为适合公众观赏的影片、仅适合年满 18 周岁的成人观赏的影片[38] 或只供给已经获得许可证的性用品商店的影片。[39]

出版:所有权和自律

从历史的角度来讲,出版自由意味着除了受下面将要讨论的民事和刑事法律对出版所作的限制外,任何个人或公司都可以在事先未获官方许可的情况下,出版报纸或杂志。由于经济原因,除了极少数报纸出版商能享受这种自由外,该项权利不太可能在全国范围内有效行使。为了防止出版领域趋向垄断,制定了新的法律规定,以确保不发生与公共利益相冲突的特定规模的报纸合并。当今适用的是 2003 年《通讯法》(Communication Act 2003)修正后所规定的有关媒体合并的规定。它可以在 2002 年的《企业法》(the Enterprise Act 2002)中找到。这一制度取代了依据 1973 年《公平交

---

[35] 见 *Kent CC v Multi Media Marketing*,《泰晤士报》1995 年 5 月 9 日。

[37] 1994 年《刑事司法和公共秩序法》第 89 条,也见第 88 条,增加了对犯罪行为的处罚。

[38] 参见 *Tesco Stores Ltd v Brent London Borough Council* [1993] 1 WLR 1037。

[39] 委员会采用的程序,见 *Wingrove v UK* (1996) 24 EHRR 1。向音像委员会提出的上诉,参见 S Edwards [2001] Crim LR 305。

易法》(the Fair Trading Act 1973)而实施的程序规定。尽管新程序"与过去的程序有较大的不同",内政大臣还是希望"在评估公共利益的问题上尽可能保持连续性"。[40] 依据新制度,发生媒体并购时,应由通讯局(OFCOM)、公平交易局和竞争委员会提出意见、作出的评估和判断,并且是否成立由内政部最后会以公共利益为由,阻止或修改媒体并购。这些理由与报纸上准确报道新闻、在报纸上自由表达意见和报纸市场上具有充足而多样化的观点有关。[41] 依据 1973 年和 2003 年间实施的制度,竞争委员会和它的前身——垄断和并购委员会(the Monopolies and Mergers Commission)——曾经处理过 50 起报纸案。10 起案件受到关注,最著名的一起案件是有关将《布里斯托尔晚邮报》(Bristol Evening Post)转让给大卫·沙利文(David Sullivan)先生的案件。沙利文拥有《星期日体育报》(the Sunday Sport)和《体育报》(the Sport)——据说这两份报纸都处于小报市场上的低端——出版公司 50% 的股份。[42] 然而,尽管做了这些努力,英国报业还是过分集中地掌控在少数几人的手中。在 1995-1996 年,英国主要的四家报纸出版商——新闻国际(News International)、镜报集团(Mirror Group)、联合报业(United Newspapers)和合众报(Associated Newspapers)——事实上控制着全国日报和全国周报发行量的 85% 和 88.7%。[43]

---

[40] DTI, *Enterprise Act 2002: Public Interest Intervention in Media Mergers* (2004), para. 2.5.
[41] Enterprise Act 2002, s 58 (2A) and (2B), 为 2003 年《通讯法》的一部分。
[42] Cm 1083, 1990.
[43] Williams, *Media Ownership and Democracy*, 第 39 页;也见 T Gibbons [1992] PL 279 和 Gibbons, *Regulating the Media*, 第 207-211 页。

表达自由可以被滥用:"报纸有时会不负责任,并且在市场经济条件下,我们不能过高地寄希望于它们纯粹出于经济目的的行为。"[44] 耸人听闻的报道、冒昧的调查以及粗心大意的编排,都可能给私主体造成不法伤害。正如在第 22 章中看到的那样,为了缓解以上矛盾,1991 年成立了新闻投诉委员会(the Press Complaints Commission)。作为对付侵犯隐私权行为的法律机构,该委员会的成立,取代了 1953 年由报业建立的新闻委员会(Press Council),[45] 并且被视为是留给业主证明自律可以发挥作用的最后一次机会。如下文所言,该委员会由报纸和杂志出版商自愿出资而建立,由 17 名委员组成:除了一个独立的主席席位外,还有 9 个与新闻界无关的独立委员和 7 个来自全国和地方报纸和杂志的高级编辑。委员会的主要职责包括:处理诉称违犯《操行准则》(code of practice)的投诉。《操行准则》(由报业在 1991 年公布)意在规范一定范围的报业行为,其处理的对象主要是针对报道内容的准确性和涉及的隐私事宜。《准则》受到了详细的审查,并且自制定以来做过多次修改,如在 1993 年,在使用监听装置方面加入了一个新的条款;1999 年,为迎接 1998 年《人权法案》的生效引入了一个新的条款,2004 年该准则还作出规定,在刑事审判中,报纸不得向证人付费。一旦导致委员会作出正式的裁决,认定当事人违犯《准则》,涉案出版物就必须"在明显版面全文刊载"委员会的批评性裁决,但委员会并不对胜诉方提供赔偿,委员会也无权进行经济处罚。

---

[44] 女王诉 Central Independent Television plc [1994] Fam, 192, at p 202。也见 Reynolds v Times News Papers Ltd [2001] 2 AC 277, at p 202 (Lord Nicholls)。

[45] 参见 Robertson, *People against the Press*。

《操行准则》虽然不具有法律上强制实施的效力,[46] 但1998年的《人权法案》还是承认了它的法律地位及其间接的法律效力。[47] 不过,上诉法院不鼓励上诉人依赖新闻投诉委员会的裁决进行上诉,"因为该委员会的裁决充其量只是说明了是业界如何履行其不同职责的"。[48]

C. 对电视和广播的规范[49]

英国广播公司(BBC)

就广播来讲,技术因素迄今仍然阻碍着它的开放程度,使它不可能像出版业一样向所有人开放。即使所有广播电台都由私有公司运营,也仍然有必要由一个公共管理机构来进行频道和波长的分配。1954年之前,英国广播公司公开垄断了联合王国的所有广播,并且它至今仍提供大量广播服务。BBC是一家根据皇家特许状成立的公司,其董事长和董事均由国王根据首相的提名任命。它按照《无线电报法》,从政府那里获得的许可证,在联合王国的范

---

[46] 关于司法审查的可能性,参见女王(Ford)诉 Press Complaints Commission [2001] EWHC 683 (Admin);[2002] EMLR 545。

[47] 参见第22章 E。

[48] A v B plc [2002] EWCA Civ 337;[2003] QB 195, para [11] (Lord Woolf, CJ).

[49] Barendt, Broadcasting Law; Craufurd Smith, Broadcasting Law and Fundamental Rights.

围内传送广播节目。㊾尽管其经费主要来自财政部的专用拨款，但 BBC 的组建之初所寻求的却是独立于政府的地位。1996 年，BBC 的特许状被展期 10 年，㊿并且公司与政府之间订立了一份新协议，为广播公司设定了许多新义务。这与那些通过立法施加给商业性广播公司的条款相似。于是人们提出了 BBC 是否应该由法律而不是由皇家特权来规范的质疑。但在 1993 年，这一质疑却遭到了国家遗产委员会(The National Heritage Committee)的抵制，委员会的理由是：目前的这种安排"使 BBC 具有灵活性并且有助于其独立"。㊼交由女王在枢密院会议上批准之前，特许状会经过议会两院辩论，㊽而从立法角度来说，这是一招坏棋，因为它会给下议院议员"争论条例的实质和提出详细的修正案的机会"。㊾而文化、媒体和体育委员会(the Culture, Media and Sport Committee)在 1999 年审查 BBC 的执照时，没有重提这个问题。㊿

根据特许状，BBC 有以下义务：它必须播送议会日常的会议情况和任何一位政府大臣可能要求播放的通告。负责广播的大臣（在 2005 年是文化、媒体和体育部大臣)可以要求 BBC 不得播放某些特定的内容。在有关时事和公共政策方面，BBC 可以不发表自己的意见，"在处理与公共政策、政治，或劳资事务有关的节目方

㊾ 关于章程,参见 Cm 3248, 1996, 而许可证和协议, Cm 3152, 1996。并且参见 BBC 诉 Johns [1965],第 32 章。

㊿ Cm 3248,1996 年,参见 HL Deb,1996 年 1 月 9 日,col 13。

㊼ HC77 - I (1993 - 1994),第 51 段。

㊽ the Future of the BBC, Cm 2621,1994 年,第 53 页。

㊾ HC77 - I (1993 - 1994),第 50 段。

㊿ HC 25 (1999 - 2000)。

面,"BBC有义务在所有方面都足够准确和公正地对待有争议的问题,但"足够公正并不要求在每个问题上都保持绝对中立或偏离根本的民主原则",它并没有明确指出根本的民主原则的含义是什么。BBC同样应当尽力确保其节目避免"任何品味低俗或不够庄重,或有可能鼓励甚至诱发犯罪或引发社会动乱或有伤公众感情的内容"。㊹在紧急状态下,政府可以接管BBC的广播设施。除了这些特定的权力外,尽管政府还可以对BBC施加巨大的压力,尽管这会诱发政府和BBC之间的争执,但政府不能控制BBC的节目,就像2003年伊拉克战争时出现的情况那样。那年,一名BBC记者的断言引发了政府与BBC之间措辞强烈的论战。记者声称:政府为了入侵伊拉克,别有用心地夸大了萨达姆·侯赛因制造武器的能力。㊺

商业电视与广播

现在,1990年和1996年《广播法》(Broadcasting Act)以及2003年的《通讯法》(the Communications Act 2003)规范着以广告收入为经费来源的广播和电视服务。通讯局(the Office of Communication-OFCOM)是管理机构,它替代了先前的几个,包括独立电视委员会(The Independent Television Commission)和广播标准委员会(the Broadcasting Standards Commission)在内的管理机构。就此而论,在

㊹ Cm 3152, 1996.

㊺ 参见Lord Hutton, *Report of the Inquiry into the Circumstances Surrounding the Death of Dr David Kelly*, C.M.G. (2004).

英国的公共生活中,通讯局是规模正在增加的管理机构之一,它承担着当下人们所熟悉的职权和责任,有时还要履行过去由国务大臣履行的义务(比如发放和更新许可证)。通讯局的职责不仅适用于广播业,它同样适用于电信业。就广播业而言,通讯局有义务确保"人们在联合王国全境获得范围广泛的电视和无线电通信服务,从整体上来讲,这些服务应当是高质量的并且能满足不同嗜好和不同兴趣的人群"。[58]通讯局同样应当确保"有多个不同的电视和无线电服务提供商可供选择",也有义务适用保护公众免受"令人厌恶和有害"的广播影响。[59]除了这些义务之外,通讯局还有义务制定适当的标准,为公众和"所有其他的人"提供充足的保护,使之不受广播公司不公平的对待和对隐私的无理侵犯。[60]

奇怪的是,通讯局没有促进或维护表达自由权的法定义务,并且前面提到的许多义务事实上是对自由言论的限制。但作为公共机构,通讯局明显受《人权法案》和《欧洲人权公约》第10条确立的义务的约束。同时,通讯局还有义务制定准则,以促进某些与广播标准有关的法定目标的实现。这些法定目标有12项,涉及节目内容和广告,其中包括在有争议的政治或劳资问题上应当采取不偏不倚的立场,新闻报道应该具有"足够的准确性",以及保护公众免受有害和令人厌恶的材料的影响。[61]对广告的主要限制与政治广告有关。政治广告被广义地界定为(a)由为了某个政治组织而刊

---

[58] Communication Act 2003, s 3(2)(c).
[59] 同上,s 3(2)(d)and(e)。
[60] 同上,s 3(2)(f)。
[61] 同上,s 319。

登的广告;(b)具有某种直接政治意图的广告;或(c)与某个劳资争议有牵连的广告。[62] 许可证持有者有义务遵守行为标准,而通讯局则有义务制定程序,用以处理因违反标准而提起的申诉。[63]通信局同样有职责确保许可证持有者遵守由广播标准委员会根据1996年《广播法案》制定的公平行为准则,[64] 通过2003年的《法案》,该义务已由通信局负责履行。[65] 现在,通讯局颁布了一部单独行为准则,用来处理标准和公正问题。[66]

《广播行为准则》

适用于BBC也适用于其他广播公司的《广播行为准则》(the Broadcasting Code)承认:"表达自由是民主国家的本质所在",并且"广播和表达自由天生就联系在一起"。但《准则》还宣称,"此类权利伴随着义务和责任,"并且《准则》应当发挥为广播公司的行为确定界限的作用。立法所确立的界限有两类,一类与标准有关,而另一类与公正有关。广播标准的要求扩大了立法中的具体事务的范围,并且对保护年轻人、保护所有公众成员免受有害和明显令人厌恶材料的影响,以及确保广播中不出现鼓励骚乱或犯罪的内容等方面,都予以了指导。指导还试图明确广播公司在处理宗教问题

---

[62] 同上,s 321. 关于政治广告,参见第九章D节前的内容。
[63] Communication Act 2003, s 325.
[64] 同上,s 326。
[65] 同上,Sch 2, para 14。
[66] OFCOM,《广播准则》(Broadcasting Code) (2005)。

时应履行的职责,并且标明了什么才是与公正相吻合的义务。单独讨论选举和全民公决的那一章除了提醒广播公司注意各种法律义务外,还建议它们"应当在选举期间给予主要政党"应有的重视。这方面需要重视的政党是三个全国性的政党,扩大到苏格兰和威尔士的话,还包括重要的民族主义政党(nationalist parties)。准则还建议广播公司必须给予其他"持有重要观点和看法"的独立候选人"适当的报道"。

公正条款强调的是,需要公正对待节目出镜者,需要获得节目参与者的"知情同意"(informed consent)。这意味着,广播公司应当告知出镜者"节目的性质和意图",节目讲的是什么,并向他们明示为什么要他们出镜。《准则》还规定:通常应当对保密和匿名作出保证。与隐私准则有关的一章规定:任何可能侵犯隐私的行为,都应当有正当理由,并且,如果该行为是为了公共利益的话,广播公司必须能够证明公共利益高于隐私权。针对偷拍行为和导致他人陷入令人痛苦的事件的行为,也有专门的规定。受到不公正对待或隐私权被侵犯的,有权向通讯局提出申诉。[67] 如果提出申诉者没有实质性的利益损失,通讯局可以拒绝受理与不公正或不公正对待有关的申诉。[68]对申诉的其他限有:若申诉的事宜属于法院处

---

[67] 公司可以提起其隐私权受到侵犯的申诉:"公司具有私密性质的活动,这类活动需要保护,以使其免受无正当理由的侵犯。"参见女王诉广播标准委员会,申诉者 BBC [2001] QB885。

[68] 1996年《广播法案》,s 111. *Cf R v Broadcasting Complaints Commission*, *ex p Channel Four Television*, *the Times*, 6 January 1995. ("直接利益"被赋予了很宽泛的含义,它甚至意味着"人们可以提出许多申诉")。但主要参见女王诉 *Broadcasting Complaints Commission*,申诉人 *BBC*, the Times, 24 February 1995 (单亲家庭全国委员会提起的申诉被拒

理，或在通讯局看来受到侵犯的人可以在法院通过诉讼获得救济，通讯局将不受理该申诉。依据2003年《通讯法》享有的额外权力条款规定，若广播公司"故意地、严重地或一再地"违反行为准则的话，通讯局可以对广播公司施加包括罚金在内的法定惩罚。

法院的作用

有些人试图通过法院起诉广播的内容。然而，在挑战BBC时遇到的难题是：它是根据皇家特权而成立的，并且时至 CCSU 案[69]发生之前，尚不清楚那些根据特权行使权力的机构，应在何种程度上应接受司法审查。直到1983年，针对一起工人党就选举节目提起的诉讼中，北爱尔兰高等法院还不愿意执行BBC的政治公正原则。[70]但现在人们公认，BBC也应接受司法审查。[71]因此，在休斯敦诉 BBC (Houston v BBC)[72]一案中，法院颁布了一项临时禁令，禁止公司在苏格兰地方政府选举前三天，向该地区播放对首相的一次深度访谈节目。法院认为：原告提出了一个乍看起来言之有理的观点，即：根据许可证条款，播出采访会违反BBC应负的一项义务，那就是，对有争议的问题应采取公正态度的要求，而且法院认

绝，原因是它与 Panorama 节目没有直接利害关系。据说，该节目通过使用误导和虚假信息，描述了孤独的父亲）。

[69] Council of Civil Service Unions v Minister for the Civil Service, [1985] AC 374.
[70] Lynch v BBC [1983] NILR 193。
[71] 见 C Munro, 14, 1995年, p 518, NLJ, 4, 1996年10月, 第1433页。
[72] 1995 SLT 1305, 也见女王诉 BBC, 申诉人 Referendum Party, 《泰晤士报》, 1997年4月27日。

为，从方便的角度考虑，应该给予司法救济，以阻止节目的播出，一直到大选结束之后才允许播放。从《人权法案》的角度来说，BBC是一家公共机构，这意味着它不仅享受《公约》规定的权利，它还必须尊重其他人所享有的公约权利。

在女王反堕胎联盟诉 BBC[73] 案中，广播当局（broadcasting Authorities）拒绝播放由该联盟提交的一个政党竞选电视片。因为节目包含流产胎儿的图像，"图像播放时间拖得很长，令人感到深深的不安"，广播公司认为播放该节目会违背公司节目应当保持口味和庄重的职责。法院作出了对反堕胎联盟有利的判决，认为广播公司对广播节目的这种"审查"违反了《欧洲人权公约》第 10 条。在上诉法院的一份改判意见中，上议院（多数派）表示了不同意见，霍夫曼（Hoffmann）勋爵在一篇充满活力的讲话中，表达了这样的观点：要求政党遵守原本"不是特别确切"的口味和庄重标准并非没有道理。

与 BBC 的情形形成对照的是，人们对作为法定机构的商业电视和无线电电台应当接受司法审查的观点，从来就没有太大的争议。对于诸如通讯局和其前身独立电视局和独立广播局这样的管理机构来讲，这一点尤其明显。但是，尽管独立广播局像其他机构一样有义务遵守法律，并且，其决定应接受司法审查，但法院却没

---

[73] 前注第 73。关于批评，见 E Barendt [2003] PL 580; J Jowell [2003] PL 529; and A Scott (2003) 66 MLR 224.

有表示出要担当起审查者的角色的意思。[74]在因政选节目及限制政治广告所引起的案件中司法再次明确其无意插手审查的态度，但也有例外，[75] 有些媒体因此而惹上了官司。[76]

在女王诉中央独立电视上市公司（R v Central Independent Television plc）案[77]中，被告即将播出一个节目，讲述伦敦警察局淫秽出版物侦办处的工作，特别是讲述侦探们是如何追踪一个因两项淫秽指控而被监禁过的男人。这个男人先前曾经和 R 女士结婚，该女士给他生了一个孩子。法院认为，该节目中的某些场景会使人认出这位母亲和孩子，从而给孩子带来痛苦。法院通过援引监护权的有关规定，要求被告将将孩子父亲的画面进行了模糊处理。但后来上诉法院推翻了这一判决，认为尽管被定罪者的家庭会因此而背上沉重的负担，并且曝光的结果对孩子的影响或许也十分严重。但报纸和广播或电视公司有权刊登（或播出）刑事审判的结果。

在一起也许不太需要表达自由的案件中，上诉法院法官霍夫曼强有力地表达了对表达自由的辩护，说：

---

[74] *Attorney-General ex rel McWhiter v IBA* [1973] QB 629.

[75] 女王诉 *Radio Authority*，申诉人 *Bull* [1997] 2 ALL ER 561。

[76] *Wilson v Independent Broadcasting Authority* 1979 SLT。参看 *Wilson v Independent Broadcasting Authority*, 1988 SLT 276。也见 C Munro NLJ, 4 October 1996, 第 1443 页, 和 NLJ, 1997 年 4 月 11 日，第 528 页。

[77] [1994] Fam 192.

"公布事实会给个人造成不必要的痛苦、忧伤和伤害或损害公共利益的其他方面。但限制在法官们认为需要负责或符合公共利益范围内的自由,不能算是自由。自由意味着公布政府或法官无论出于多么好的动机都认为不应当公布的东西的权利。自由意味着说出"正常思维的人"(right-thinking people)认为是危险和不负责任的话的权利。这种自由只受普通法或成文法明确界定的例外调整。我们即将讨论的就是一些这样的例外。

D. 危害国家和破坏公共秩序罪

煽动性言论

登载煽动性诽谤内容或发表煽动性言论,在普通法上是犯罪行为。1886年,社会党领导人(Socialist leaders)在特拉法尔加广场(Trafalgar Square)的一次游行示威中发表演讲,这场示威随后演变为一场骚乱。在该案的审判中,煽动性意图被非常宽泛地定义为:

意在煽起人们对女王陛下……或依法建立的政府和体制,议会、司法部门的仇恨、蔑视、不忠,或煽动女王陛下的臣民不通过合法手段改变国家法律确定任何教会或国家事宜,或在女王陛下的臣民间引起不满或不忠的情绪,或在不同阶层的臣民之间引起怨恨和敌意。[78]

但与此同时,它也被解释为:指出联合王国政府或体制中的错误、缺陷;或通过合法手段寻求教会和国家的变革;引起人们注意女王陛下各阶层臣民之间产生怨恨和敌意的事宜以便消除它们的行为,不能被当作是煽动性的。在对煽动性诽谤提起的指控中,强调了引起暴力这一因素。在女王诉阿德雷德(Aldred)案中,伦敦发生了一起印度民族主义分子实施的暗杀活动,随即一份鼓吹印度独立的杂志,刊登了赞成政治暗杀的文章。科尔里奇(Coleridge)法官对陪审团说,煽动罪包含某些形式的暴力或非法行为,并且认为其"标准是,针对某项国家事务的报道,其所使用的语言是不是打算鼓动公众骚乱或引发肉体冲突(physical force)和暴力"。作为杂志的编辑,阿德雷德被判犯有煽动罪。[79]

女王诉考特(Caunt)案中,并没有遵循言辞是否意在(即很可能)引起暴力这一标准,在该案中,法官伯科特(Birkett)指导陪审团时说:意图引起暴力的证据是构成煽动罪的主要要件:

在以色列建国之前的一段时间内,当驻扎在巴勒斯坦的英国军队遭遇恐怖主义分子的暴行并且有士兵被杀害时,《莫特加比和海希姆游客》(Morecambe and Heysham Visitor)的编辑登载了一篇社论,用恶毒的语言攻击英裔犹太人并号召放逐

---

[78] 女王诉 Burns(1886)16 Cox CC 355,引自斯蒂芬 Stephen, *Digest of Criminal Law*,也见 Williams, *Keeping the Peace*,第 8 章。

[79] (1909) 22 Cox CC 1.

犹太人。文章的结尾提出了一个建议:暴力也许是让英裔犹太人承担起他们对居住的责任的唯一方法。尽管极具煽动性,陪审团却没有因为该编辑刊载了这样的言辞而裁定其有罪。[30]

该案为言论自由原则确立了严格的标准。对该判决的一种解释是,陪审团与编辑的观点一致,或至少他们不认为反犹主义对犹太人来讲已经可恶到编辑应当因此受到惩罚。另一方面,鉴于法官对煽动性诽谤法的指导意见,陪审团不能毫无疑问地确信,编辑意在煽动其读者采取暴力行动:在出庭作证时,他在说明其文章中意图时,同样否认自己有任何这样的意图。而且在这样的案件中,陪审团不需给出判决的理由,也不需要每个陪审员以相同方式得出各自的结论。因此,煽动罪的范围似乎已发生了变化,现在在指控时必须证明,煽动暴力和动乱的意图远远超出了对公共事务的严厉批评。[31] 在女王诉首席首都领薪治安官案中,申诉人乔得哈里(R v Chief Metropolitan Stipendiary Magistrate, ex p Choudhury)[32]案中,煽动罪发生了进一步的变化。

此案涉及一次对沙尔曼·拉什蒂(Salman Rushdie)未成立的刑事犯罪指控,拉什蒂是《撒旦诗篇》的作者。该出版物被指控构成煽动性诽谤,因为"该书在女王陛下的臣民之间,引

---

[30] 女王诉 Caunt (1947) 没有报道。参见 An Editor on Trial, 1984; 和 E C S Wade (1948) 64 LQR 203。
[31] Smith 和 Hogan,《刑法》,第 740 页;参看 Boucher 诉女王 [1951] SCR 263。
[32] [1991] 1 QB 429。

起了不满与不忠情绪的广泛传播,该书违犯普通法"。当地方法官拒绝签署传唤令时,申请人请求对地方法官的决定进行司法审查,因而为重新审议煽动性诽谤提供了机会。与地方法官的意见一致,分庭(Divisional Court)遵循了加拿大最高法院在布切尔诉女王(Boucher v R)案中确定的原则,⑧该案认定:"构成对煽动性诽谤予以指控所必需的煽动性意图,是一种意在促成或造成反对女王陛下或政府制度的暴力或公共骚乱的意思表示。"除了对意图促成暴力这种要求的强调,该案还提出了进一步的限定条件即:在不同阶层的国民之间引起怨恨和敌意情绪的意图,已不能作为构成煽动性诽谤的条件。根据上诉法院法官沃特金斯(Watkins)的说法,在此类案件中,不仅必须有煽动暴力的证据,"而且还必须有意使用暴力,以妨碍现有公共机构或抵制其管理。"在这一案件中,由于缺乏攻击、妨碍或破坏任何公共机构的证明要件,法庭因此认定:地方法官没有义务签署传唤令。

因此,将来在诸如考特这样的案件中,或在其他被告以和平方式倡导巨大变革的案件中则不能因煽动而对其提出指控。⑧

---

⑧ [1951] SCR 265.

⑧ 女王(Rusbridger)诉 Attorney-General [2003] UKHL 38,[2004] 1 AC 357(以 1848 年《叛国重罪法案》禁止鼓吹共和政府为由而劝说上议院宣布与习俗权利冲突没有成功。考虑到 1998 年《人权法案》,该诉讼被认为是画蛇添足之举)。

煽动不忠罪[85]

议会多次制定法律,以防止不忠言论的传播。这主要是为了保护武装部队成员,防止有人试图劝说他们,让他们不遵守军令。诺尔(Nore)兵变之后,制定了1797年的《煽动兵变法》(Incitement to Mutiny Act 1797),该法将煽动不忠罪定为重罪,这种罪指试图恶意和故意引诱武装部队成员擅离职守和对国王不忠或煽动军人发动兵变的任何行为。尽管1797年的《兵变法》已经废除,但1919年的《限制外侨(修正案)法》(The Aliens Restriction (amendment) Act)第3条仍然禁止外侨在国民和武装部队中制造骚乱和引发不忠的行为;并且,至少在他们于联合王国善意从事任何职业不到两年的情况下,其在劳资纠纷中的所有鼓动或干涉行为,都属于前面提到的犯罪行为。1996年的《警察法》(The Police Act)第19条替换了1919年当警察内部处于严重动乱时期而首次通过的法律。该法禁止从事在警官中制造不满情绪或引诱其拒绝履行公务或违反纪律的行为。按照在议会通过时争议颇大的1934年《煽动不忠法》(the Incitement to Disaffection Act)的规定,恶意和故意致力于引诱武装部队成员擅离职守或对国王不忠的行为,是犯罪行为。

为了阻止和查明犯罪,1934年的法案设立了非常严厉的规定,包括建立在合理怀疑基础上广泛的搜查权。但搜查证只能由

---

[85] Bunyan, *The Political Police in Britain*, 第28-36页; Ewing and Gearty, *The Struggle for Civil Liberties*, 第2-5章。

高等法院的法官签署发出。进一步来讲,任何意图实施、资助、建议或促成主要犯罪行为的行为,拥有和掌控任何具有此类性质的文件,即在军队的成员中散发会构成犯罪的,都是犯罪行为。尽管该法也有保护性条款,但它还是限制了特定形式的政治宣传;并且可以用来压制或干涉反战主义者散布印刷品。在英格兰,根据该法对煽动不忠罪提起的指控,需要获得国家检察局局长的同意。在1973－1975年间,国家检察局局长同意对某项运动的成员提出指控,他们为推动英国军队从北爱尔兰撤军准备了传单。上诉法院认定了其中的一个有罪判决。⑯但被告有要求陪审团审判的权利:即应由陪审团决定向士兵透露有关离开军队的程序的信息和他作为一名士兵的权利,是不是具有引诱他们擅离职守或不忠于王国的企图。

亵渎罪

虽然宣讲或发表亵渎性言论或作品仍然是普通法中的一种犯罪行为,但认为否定基督教真理或上帝存在就是亵渎的古老先例已经遭到摒弃。"如果遵守了辩论的规则,那么即使是最基本的宗教原则也可以受到攻击,不能判定作者犯了亵渎罪。"⑰在缺乏现代权威的情况下,亵渎罪的基本构成要素已变得模糊不清。但在

---

⑯ 女王诉 *Arrowsmith* [1975] QB 678;也见 *Arrowsmiths v United Kingdom* (1978) 3 EHRR 218(没有违背《欧洲人权公约》)。

⑰ 女王诉 *Ramsay and Foote* (1883) 15 Cox CC 231, 238 (Coleridge CJ)。也见 *Bowman v Secular Society* [1917] AC 406;和女王诉 *Gott* (1922) 16 Cr App Rep 87。

1977年的女王诉莱蒙（Lemon）案中，陪审团却判决《同性恋新闻》（*Gay News*）的出版者构成亵渎诽谤罪（blasphemous libel）。詹姆士·科库比（James Kirkup）用诗歌的形式将同性恋者的实践同基督的生活和受难联系起来。上议院以三比二的比例认定：对出版了亵渎性读物的证明理由充足，且没有必要证明被告亵渎之主观故意。在上议院看来，亵渎性诽谤读物旨在公然违反和侮辱基督徒的宗教情感；而导致破坏社会安宁并非该罪的一个构成要件。⑱ 在更近的乔德哈里（申诉人 *Choudhury*）案中，⑲ 一高等法院分庭确认：该罪只限于基督教而不能将其扩展到其他宗教，如本案中的伊斯兰教。现在，尽管对亵渎罪的指控极为罕见，但此类法律却一点也不显得多余。

温格罗夫诉联合王国（*Wingrove v United Kingdom*）⑳案揭示了亵渎罪的持续意义。在该案中，英国电影分类委员会（由1984年《音像制品法》为此目的而设）拒绝为一部名为《入迷幻想》（*Visions of Ecstasy*）的电影颁发分类许可证，该电影有圣·特丽萨（St Teresa）和耶稣基督间一段炽热的情欲戏。委员会作出这一决定的依据是该电影亵渎神明，并且音像上诉委员会（The Video Appeal Committee）维持了这一决定。原告在申诉中提出这种审查侵犯了表达自由权，欧洲人权法院反对这种看法，认定：根据《欧洲人权公约》第10条第2款，这种审查是合法的；"在道德，特别是宗教领域，当涉及管制容易侵犯个人信仰的表达自由权时，《欧洲人权公约》第10

---

⑱ 女王诉 *Lemon*（1979）AC 406；也见 *Gay News Ltd v UK*（1982）5 EHRR 123。
⑲ [1991] 1 QB 429；Poulter, *Ethnicity, Law and Human Rights*, pp 98–106。
⑳ [1996] 24 EHRR 1。

条第2款许可缔约国在宽泛的范围内自行决定。尽管亵渎法持续招致批评,早在1985年法律委员会就曾建议废除该罪名[91]但在2002年,议会依然并无废除该罪名的真正打算。相反,2006年的《种族和宗教仇恨法案》(the Racial and Religion Hatred Act 2006)却增设了许多有争议的涉及以宗教为由而煽动仇恨的犯罪行为。现在,因宗教原因而有加重情节的犯罪行为与因种族原因而实施的犯罪行为一样,都会遭受更严厉的惩罚。[92]

煽动种族仇恨

人们长久以来一直认为,维持公共秩序,便是对那些在公共场合发表威胁性、辱骂性、侮辱性或可能破坏安宁的言论的人予以刑事惩罚的合法基础。[93]1965年,当议会首次建立对付种族歧视的机构时,[94]煽动种族仇恨罪的创设并不取决于证明公共秩序受到了直接的威胁。创设这种罪名的理由是这样一种信念,即种族仇恨本身孕育着暴力的种子。[95]此信念贯穿1986年《公共秩序法》(Public Order Act 1986),该法将"种族仇恨"非常明确地定义为:"针

---

[91] Law Commission No.145(HC 442(1985)).也见 Law Commission's Working Paper No.79, *Offences Against Religion and Public Worship*。另外参见 St J Robilliard(1981)44 MLR 556。

[92] Anti-terrorism, Crime and Security Act 2001, s 39.

[93] 第24章。

[94] 第19章A。

[95] D G T Williams [1966] Crim LR 320; Lester Bindman, *Race and Law*,第10章; P M Leopold [1977] PL 389。

对基于肤色、种族、国籍(含市民身份)或少数民族成员或不同族裔的群体而产生的仇恨。"(第17条)[36] 该法取代了1976年和1965年的《民族关系法》。[37] 根据1986年法的第18条,意在挑起种族仇恨,或在该威胁可能激化的情况下,发表威胁性、谩骂性或侮辱性言论或行为,或展示任何威胁性、谩骂性或侮辱性的材料,是犯罪行为。[38] 该法适用于此类材料的出版和销售(第19条),戏剧演出(第20条),音像制品的发行、展示或播放(第20条),以及电视和无线电广播(第22条)。

该法第23条的一个新罪与持有特定的材料有关。如果出版或展示这些材料的话,根据该法,这种行为等同于犯罪。若有合理依据怀疑某人拥有此类材料,治安法官就可以给警察签发搜查证,进入房屋搜查,寻找此类材料。但是公正而准确地报道议会的辩论,或公正而准确地报道裁判所或法庭上的公开争议,只要这种报道与讨论记录同时发表,就不构成犯罪(第26条)。在英格兰和威尔士,未经检察总长同意,不得指控此类行为(第27条)。尽管这些限制的范围广泛,但其之所以是正当的,主要是因为减少对个体安全和尊严以及公共秩序的严重威胁,是某些政治和社会表达方式的固有组成部分。令人遗憾的是,此种类型的立法未必会减少街头种族暴力和侵袭的发生。但它会有所帮助,例如(经过修订

---

[36] 依照 the Anti-terrorism, Crime and Security Act 2001 第37条作了修改。

[37] 女王诉 *Britton* [1967] 2 QB 51;女王诉 *Malik* [1968] 1 ALL ER 582;一只鸟(A Dickey) [1968] Crim LR 48。

[38] 和1965年《民族关系法》的规定一样,现在不需要证实被告意在挑起种族仇恨;在实践中,这种对法律来讲如此苛刻的要求,使得它难以成为对种族主义宣传的有效限制。也见 W J Wolffe [1987] PL 85 和 S Poulter [1991] PL 371。

的)1991年《足球(犯罪)法》第3条规定,在足球比赛中发出低俗的或带有"种族主义色彩的"喊叫,是一种刑事犯罪。⑨ 在这种情况下,立法还是有一定帮助的。

E. 淫秽出版物

1959年以前的法律规定

与针对煽动、亵渎和其他诽谤性书籍出版有关的法律一道,英国逐渐产生了在普通法法院判决对淫秽读物进行处罚的淫秽出版物罪。当法院认定出版意在败坏道德和破坏国王赐予的安宁之书籍构成犯罪时,法院便可行使管辖权,卡尔(Curl)案是法院首次行使这种管辖权。⑩ 在维多利亚时代,地下色情业的发达导致了1857年《淫秽出版物法》(the Obscene Publication Act 1857)的诞生。该法授权警察搜查经营场所,没收用于出售的淫秽出版物并由地方治安法官予以销毁。该法没有对"淫秽"进行界定,但该法的倡导者坎贝尔(Campbell)勋爵提出,该法适用于"完全为腐化青少年道德而创作的作品,和有意在任何心智健全者通常正派的情感方

---

⑨ 也见2000年《足球(骚乱)法》,Sch 1,修改后的1989年《足球观众法》(Football Spectators Act 1989)。

⑩ (1727) 17 St Tr 153; Robertson, *Obscenity* 第2章。

面引起震荡的作品"。[101] 1868 年,在女王诉希克林(Hicklin)案中,库克伯恩(Cockburn)法官宣布淫秽出版物的标准是:

> 被指控为淫秽的出版物,是否具有腐化那些思想上对此类不道德影响不存戒心之人的倾向,及是否会因持有而导致当事人的堕落。[102]

这种标准逐渐主导了英国的淫秽法。它要求将出版物的具体情况考虑进去:在希克林案中,库克伯恩法官说,对某篇医学论文的免责,取决于具体情况,因为包含一些医学细节的作品,可能不适合少男少女们阅读。但该项标准却不允许将作者的意图考虑进去。尽管腐化和败坏的倾向常常会从书中人物的言行中予以推断,但如何认定潜在的读者呢?1954 年,在女王诉德国骑兵(Reiter)案中,刑事上诉法院(the Court of Criminal Appeal)认为:陪审团应该把他们的注意力放在书落入青年人之手的后果上。[103]几个月以后,在女王诉塞克尔·沃伯格(Secker Warburg)有限公司案中,斯坦博(Stable)法官却质问道:"难道我们要将文学标准确定为某种适合于正派地长大的 14 岁的年轻女性阅读的作品?"他接着说:

> 从许多方面来看,大量的文学作品、(也包括)伟大的文学作品,都不适宜青少年阅读,但这并不意味着出版商将此类作

---

[101] HL Deb, 1857 年 6 月 25 日, 329 栏。
[102] [1868] LR 3 QB 360, 371.
[103] [1954] 2 QB 16.

品奉献给公众就犯了罪。[104]

法律中的其他难题还包括:缺乏赖以确定表面上看似淫秽但实际上对公众有益的出版物的权威认定标准;1857年法的适用不利于严肃的文学作品;1857年法未能使出版商或作者保护其作品免遭毁坏;并且,检察官们倾向于从某一本书中断章取义地选取几段。出版商和作者们发起的一项旷日持久的运动,导致了1959年《淫秽出版物法》的诞生。[105]

1959年和1964年的《淫秽出版物法》

不适用于苏格兰的1959年《淫秽出版物法》,既力图为文学作品提供保护,又力图强化法律打击色情出版物的力度。为此目的,1959年法规定(但并不是指其他法中所用的"淫秽"一词的含义):[106]

> 从整体来看,如果物品或(由两个以上不同项目组成的物品)其中任何一项的效果,[107] 会腐化或者引诱一个经过多方考虑后仍然会阅读、观看或听取其中内容的人堕落的话,该物品即被认为是淫秽的(第1条第1款)。

---

[104] [1954] 2 All ER 683, 686 (Kauffman 的 *the Philanderer*)。
[105] 见 HC 123 (1957–1958);和 Robertson,第40–44页。
[106] 女王诉 *Anderson* [1972] 1 QB 304, 317 (*Oz, School Kids Issue*)。
[107] 关于每个项目标准,见女王诉 *Anderson*,同上,at 321。

宽泛的"物品"定义(第 1 条第 2 款)包括书籍、图片、电影、唱片、用于制作淫秽物品的底片[108]和录像带。[109]出版淫秽物品,无论赢利与否,只要以谋利为目的私自占有、拥有或控制此类物品,[110]或为了在英国或其他国家出售的,都会被认定为犯罪。[111]"出版"的含义包括发行、流通、出售、出租、展示图片或播放音像制品等各种行为;自 1991 年起,它还包括电视和无线电广播。[112]并且,自 1994 年以后,出版还包括传送以电子方式储存的数据。[113]但当此罪的构成要素是具有淫秽的特质的物品时,在普通法中,任何人都不得因参与出版而被指控为犯罪。[114]如果能证明出版某一淫秽物品是,"基于公共利益,是为了科学、文字、艺术、学术或其他公众所关切的利益,则可获得负责。"专家们关于一件物品之文学、艺术、科学的或其他价值的证词,允许用来确认或否认以公共利益为理由的辩护。[115]

---

[108] 1964 年《淫秽出版物法》第 2 条,Straker v DPP [1963] 1 QB 926 下篇。

[109] A – G's Reference (No 5 of 1980) [1980] 3 All ER 816.

[110] 1959 年《淫秽出版物法》第 2 条第 1 款,在 1964 年作了修改。见女王诉 Taylor [1995] 1 Cr App Rep 131 (描写色情行为的电影出版物有所发展,印刷并返还给它的所有者)。

[111] Gold Star Publications Ltd v DPP [1981] 2 All ER 257;也见 (1983) 5 EHRR 591。

[112] 1990 年《广播法》第 162 条,修改了 1959 年《广播法》的第 1 条第 3 款。

[113] Criminal Justice and Public Order Act 1994, S 168 (1). 参见女王诉 Perrin [2002] EWCA (Crim) 747.

[114] 1959 年《淫秽出版物法》第 2 条第 4 款,这并不能阻止对密谋败坏公共道德罪的指控:见下面。在电影放映案中,这类指控排除在 1959 年《淫秽出版物法》第 2 条 (4A) 之外,这类指控可以依 1977 年《刑法》第 53 条提出。

[115] 1959 年《淫秽出版物法》第 4 条。

1959年《淫秽出版物法》第3条授予搜查、扣压和没收的权力,类似于1857年《淫秽出版物法》中授予的那些权力。为搜查涉嫌用于隐藏出版谋利淫秽物品的特定建筑物、货摊或汽车,警察(或检察长),可以从某个治安法官那里获得搜查证(warrant)。搜查时,可以扣押搜查人员确信为淫秽的物品,以及与买卖或交易有关的文件。所扣压的物品必须交由治安法官处理。届时,建筑物居住者会收到一份通知,说明在何种情况下不没收被扣押的物品。如果地方治安法院确信被扣物品是淫秽物品并且该物是用于出版谋利的话,法院便会将其没收。物品的所有者、作品的作者或制作者,也可以出庭辩护,对法院的没收提出质疑。法庭需要当事人提供出于公共利益进行出版的辩词和专家提供的有关被扣押物品价值的证词。在这类诉讼中,当事人无权要求陪审团作出裁决,但有权将案件上诉到刑事法院或高等法院。由于1959年《淫秽出版物法》存在某些缺陷,为强化法律对付出版淫秽物品的作用,国家通过了1964年《淫秽出版物法》。除其他规定之外,该法把出于出版营利之目的而拥有淫秽物品的行为也定为犯罪,[⑩]并且,根据1959年法的规定,定罪后法院可以下达没收令。

处理淫秽出版物的一个难题是1959年《淫秽出版物法》对淫秽的定义。它将淫秽定义为"腐化和败坏的一种倾向"。这种定义使得依赖诸如"令人反感的"(repulsive)、"污秽的"(filthy)、"可恶的"(loathsome)或"淫荡的"(lewd)[⑪]之类的同义词来判断淫秽变

[⑩] 比较 Mella v Monahan Crim LR 175。
[⑪] 比较女王诉 Anderson [1972] 1 QB 304;比较 Windeyer 法官在 Grove v Grahanm 一案中的透彻分析 (1968) 41 ArLR 402, 409。

得不太可能,并且要求陪审团去考虑一本书的影响,是否足以使相当一部分可能阅读它的人腐化和败坏。"相当一部分究竟是多少,也完全由陪审团决定。"⑲然而,特别是在与互联网有关的案件中,"发布一道指令,要求陪审团弄清相关物品是不是会败坏和腐化相当一部分或并非微不足道的潜在受众",这种做法是不妥当的。⑲韦尔伯福斯(Wilberforce)勋爵说:"不能从物品本身来认定淫秽:只有与物品潜在的读者联系起来的时候,才能予以认定。"⑳经验丰富的警官可能实际上不易被腐化和败坏,㉑但有人却可能不止一次地被腐化。㉒尽管出售物品的具体情况是有关系的,但并不允许书商以多数物品都以热衷于色情作品的中年男人为销售对象而进行抗辩;没有造成读者纵欲过渡的淫秽作品,有可能"败坏和腐化读者的心智"。㉓淫秽并非限定在与性有关的作品方面:一本描写吸毒效果的书也可能是淫秽的,㉔而且,连同口香糖一起出售给儿童并且描写暴力场景的卡片,也可能是淫秽的。㉕另外一些难题因以公共利益作为抗辩理由而引起。除了陪审团需要被告知

---

⑲ 女王诉 *Calder and* Boyars Ltd [1969] 1QB 151, 168。但它比"忽略不计"多一些(女王诉 *O'Sullivan*) [1995] 1 Cr App Rep 445)。

⑲ 女王诉 *Perrin* [2002] EWCA (Crim) 747。对法院来讲,对什么样的比例是有意义的,或什么样的数目可以忽略不计的问题上,这种指导很可能不会为某个请求提供进一步的帮助。

⑳ DPP v *Whyte* [1972] AC 849, 860。

㉑ 女王诉 *Clayton* 和 *Halsey* [1963] 1 QB 163。

㉒ *Shaw* v *DPP* [1962] AC 220, 228 (CCA)。

㉓ DPP v *Whyte* [1972] AC 849, 867。

㉔ *Calder* (*Publications*) *Ltd* v *Powell* [1965] 1 QB 509;女王诉 *Skirving* [1985] QB 819。

㉕ DPP v *A—BC Chewing Gum Ltd* [1968] 1 QB 159。

某物品可能会对儿童产生的影响外,与该物品的文学和其他价值相关的专家证词,不得用来确定该物品是否淫秽;[126] 法院不得确认淫秽物品会对某些个体产生治疗效果。[127]

其他关于下流和色情内容的立法

基于道德理由行使其他约束权遇到的困难较少。但根据1876年《关税合并法》(the Customs Consolidation Act 1876)第42条和1979年《关税和消费税管理法》(the Customs and Excise Management Act 1979)第49条的规定,海关官员可以扣压和销毁进口到联合王国的"下流或淫秽"书籍和其他物品;[128] 而且2000年《邮政法》(the Postal Services Act 2000)的第85条也试图阻止利用邮政来发送"下流或淫秽"物品。这些法令均没有提供以公共利益为由的抗辩理由,而且其标准似乎是某一物品是否违反了当下的道德标准。[129] "下流"的概念无疑与"淫秽"的概念一样具有主观色彩,但包含较少严肃的评判,并且在实践中比淫秽更容易适用。[130] 在欧共体法律的语境下,出现了一个与关税限制相关的难题。《欧共体条约》(EC Treaty)第28条通过禁止限制从其他欧共体国家进口的办法,

---

[126] 女王诉 *Anderson*,前注113。也见女王诉 *Stamford* [1972] 2 QB 391。

[127] *DPP v Jordan* [1977] AC 699;也见 *A - G's Reference (No.3 of 1977)* [1978] 3 All ER 1166。

[128] *Derrick v Commissioners of Customs and Excise* [1972] 2 QB 28; C [1981] Crim LR 531, [1983] Crim LR 64。

[129] 女王诉 *Stamford* [1972] 2 QB 391。

[130] *McGowan v Langmuir* [1931] JC 10 (Slands 勋爵)。

来促进货物的自由流动。尽管第 30 条允许以公共道德为由对进口进行限制,但在康根特有限公司诉关税和国内货物税专员案(121/85 Conegate Ltd v Customs and Excise Commissioners)中,[131]法庭认定:公共道德不能用来限制可能在英国制造和销售的下流作品的进口,但可以用来限制淫秽制品的进口。[132]合法产品只有在经过授权的经营场所出售,才不会违反第 28 条。[133]

1978 年《未成年人保护法》[134](the Protection of Children Act 1978)加强了对涉及未满 16 周岁的少年儿童的下流照片(包括电影和录像制品)的控制。该法规定的罪名包括拍摄、分发、展示儿童的下流照片(或合成照片)。但指控要求获得检察长的同意。根据 1988 年的《刑事审判法》(the Criminal Justice Act 1988),[135]一个人持有儿童的下流照片,是一种犯罪行为。1981 年《下流展示(控制)法》(the Indecent Displays(Control)Act 1981)涉及色情对公众的滋扰行为,该法使得在公开场合展示任何下流物品都变成了犯罪。[136]公共场所是公众出入的地方,而付费展览或在公众通过处

---

[131] [1987] QB 254.

[132] 关于这个方面,见 Henn v DPP [1981] AC 850。比较女王诉 Bow Street Metropolitan Stipendiary Magistrate,申请人 Noncyp Ltd [1990] 1 QB 123(即便根据 1959 年《淫秽出版物法》第 4 条因公共利益抗辩而不是违法的出版物,根据海关立法也会没收从欧共体国家进口的淫秽物品)。也见 Wright v Commissioners of Customs and Excise [1999] 1 Cr App R 69 and 女王诉 Forbes [2001] 3 WLR 428。更好的讨论,有益的讨论,见 Weatherill and Beaumont, *EU Law*, pp 528 – 530.

[133] Case C – 28/79, *Quietlynn Ltd v Southend-on-Sea BC* [1991] 1 QB 454.

[134] 1994 年《刑事正义法》和《公共秩序法》作了修改。

[135] 第 160 节,即,参见女王诉 *Murray* [2005] Crim LR 387.

[136] 见 K D Ewing (1982) SLT (新闻)55.

设有警示,将出入者限定在18周岁以上的地方除外。该法规定的例外包括:在展览厅之外无法看到的内容及电视广播、艺术画廊或博物馆中的展品和包含在戏剧表演和电影之中的内容。鉴于该法并没有对"下流"一词予以界定,因此"下流"应当接受与关税法和邮政法中的规定相同的解释。[137] 1982年,(法律)授权地方当局对性用品商店和性电影院颁发执照,试图通过颁发执照的方法来解决问题。[138] 地方当局拒绝颁发执照的理由包括:该区域现有此类商店和电影院的数量已达到或超过了地方当局所认为的适当数目。

普通法中的犯罪

近年来制定法律明确目标,是防止上述法律成为表达自由的严重限制。普通法中的密谋败坏公共道德罪则不在此限。在肖诉检查官(Shaw v DPP)案中,上诉人曾经出版了《小姐指南》。这是一本包括妓女姓名、住址、其他情况和她们所提供的服务在内的插图杂志。上议院以密谋败坏公众道德罪,维持了对肖的有罪判决。考虑到基本的人类价值和社会宗旨,西蒙兹(Simonds)勋爵承认:法律必须同变化着的生活标准相联系;他说:"法庭保留了执行法律至上及其根本宗旨的最后权力,法庭维护的不仅仅是安全和秩

---

[137] 见 J L Lambert [1982] PL 226 和 R T H Stone (1982) 45 MLR 62。
[138] Local Government (Miscellaneous Provision) Act 1982, 第2条和Sch 3。

序,同样还有国家的道德健康。"⑲ 正是陪审团保护了非正统、非流行的观点,使之免受无端指控。持异议的里德(Reid)勋爵反对法院是公众道德卫士的观点。这种引起争议的裁决部分源于假想的密谋损害公众罪,法院后来认定该罪并非刑法的组成部分。⑭

尽管肖也因一本淫秽书的出版而被判有罪,但不同于1959年的《淫秽出版物法》,肖案使得对阴谋罪的指控可以依据普通法,而不是因为违犯了1959年《淫秽出版物法》。此后,检察官向下议院保证:密谋败坏公众道德的行为将不会受到指控,以便绕过1959年《淫秽出版物法》中以"公共利益"为由的抗辩。⑭ 在克拿勒诉检察官案(*Knuller Ltd v DPP*)中,上议院重申了肖案的判决。上诉人曾经出版过一本有男同性恋者所做广告的杂志,以满足其他同性恋者的需要。上议院维持了以密谋败坏公共道德罪对上诉人做出的有罪判决,驳回上诉人根据1967年《性犯罪法》(the Sexual Offences Act 1967)提出的抗辩,该法规定成年男子之间私下的性行为不再是一种犯罪行为。第二起以密谋践踏公众礼仪(conspiracy to outrage public decency)判罪的案件因法官给陪审团的指示错误而被取消,但上议院中的多数人却认为:践踏公众礼仪是一种犯罪行为,密谋践踏公众礼仪同样也是犯罪行为;而且此类阴谋可以采用的方式得以实践,在某份公开出售的杂志的内页,插入下流的内

---

⑲ [1962] AC 220, 268; D Seaborne Davies (1962) 6 JSPTL 104, J E Hall Williams (1961) 24 MLR 626, 和 Robertson,《淫秽》第8章。
⑭ *DPP v Withers* [1975] AC 842。
⑭ HC Deb,1964年6月3日1212栏。

容。⑭ 里德勋爵和狄普洛克(Diplock)勋爵不认为"践踏公众礼仪"是一种犯罪行为;里德勋爵说:"承认这种新罪,违背了最近一段时间内议会所遵循的全部政策主张。"⑭

1977年《刑法法案》(the Criminal Law Act 1977)创立了新的法定密谋罪,更新了普通法中的密谋罪。但普通法废除密谋罪时并没有改变涉及参加意在败坏公共道德或践踏公共礼仪的协议的密谋行为的犯罪性质。⑭ 然而,自克拿勒案以来,鲜有以密谋败坏公共道德或践踏公众礼仪而提出指控。但女王诉吉布森(Gibson)⑭ 却是这样的一个特例。在本案中,一名艺术画廊的老板和一名艺术家都被判有罪,因为他们展出了一个模特儿的头部,模特儿佩戴的耳环是用一个妊娠三到四个月的冻干的胎儿制作而成。此案提出的问题是,1959年《淫秽出版物法》第2条第4款是否不准根据普通法对践踏公众礼仪提出指控,因为根据该条款的规定,若该罪的实质是内容淫秽,则不得提起普通法诉讼。上诉法院认定:主要有两种涉及淫秽的犯罪,而1959年《淫秽出版物法》只适用于其中的一类(那些与败坏公共道德有关的犯罪),而不适用于另外一种(那些不管是否涉及败坏公共道德的践踏公共礼仪罪)。这一判决使政府更容易依据普通法提出指控,而根据《淫秽出版物法》提出的指控中,法定抗辩理由就会因此而无法运用。在这些抗辩理由当中,最重要的无疑是第4条中规定"以公共利益"为由的抗辩。

---

⑫ 参见现在的女王诉 *Walker* [1996] Cr APP Rep 111.
⑬ *Knuller Ltd v DPP* [1973] AC 435, 459.
⑭ 1997年刑法第5条第3款;比较第53条第3款。
⑮ [1990] 2 QB 619; M Childs [1991] PL 20.

法律改革

淫秽和下流出版物法受到了内政部委员会(Home Office Committee)(主席为伯纳德·威廉斯(Bernard Williams)教授)的审查。⑭该委员会于1979年提交了一份报告,分析了淫秽出版物管制行为的合法意图。委员会认为:现有的法律应当报废,而且应当重新开始制定一部全新的法律。尤其应当丢弃像"淫秽"、"下流"、"败坏和腐化"这类陈旧而无用的术语。政府没有接受这些建议,而日新月异的技术对立法也提出了更多新的挑战。正如我们看到的那样,自1979年以来,议会零敲碎打的立法行为,在许多重要的方面都与威廉斯的报告背道而驰。其他趋于更严格控制的证据,集中在1994年《刑事审判和公共秩序法》(the Criminal Justice and Public Order Acts 1994)的规定之中。藉此,按照1959—1964年《淫秽出版物法》所规定的违法行为,伴随着2005年法律对警察权力的革新,已不再有效,但类似行为还是会根据1984年《警察和刑事证据法》(the Police and Criminal Evidence Act)而被认为是有必要逮捕嫌疑人的严重犯罪。某些法院判决中有欠公允的措辞,如"根绝这种丑恶行业的唯一办法是将首犯和所有卷入色情作品商业开发的人判处监禁",同样反映了这种严格控制的倾向。⑭法官们继续对立法

---

⑭ Cmnd 7772, 1979, 见 Simpson, *Pornography and Politics-the Williams Report in Retrospect*。

⑭ 女王诉 *Holloway* (1982) 4 Cr App Rep (s) 128, 上诉法院明确否定了威廉斯委员会:"在这种色情中蕴涵着某种罪恶。在我们看来,这是一种不得不终止的罪恶。"关

所带来的错综复杂的结果争论不休,[148]而1998年发表的一份研究报告更怀疑立法在阻止色情作品出版方面的效率。[149]

但是,2005年却看不出政府有着眼于改革并对法律进行审查的意图。与此同时,在该领域还面临来自互联网的严峻挑战。在互联网上,人们确实担心有儿童色情和对儿童的性引诱内容,担心的问题当然还有儿童在互联网上读取不合适的内容。[150]不像其他的电子媒体,英国并没有互联网法规来调整人们接触明显与性有关的内容(尽管互联网服务提供商和用户应当承担普通的民事和刑事责任,比如诽谤和煽动种族仇恨)。[151]在联合王国,该问题通过另一种自律形式(self-regulation),即互联网监视基金会(Internet Watch Foundation),来处理。1996年,联合王国的互联网服务提供商成立了互联网监视基金会,该组织在如何最大程度地限制读取互联网上的有害或令人厌恶的内容方面,为互联网用户提供一般意义上的指导。[152]尽管基金会与政府密切合作,但基金会独立于政府,并且它的一些行为并非法律授权而为之,它是一个纯自律组织。互联网用户向基金会汇报他们所认为是与犯罪有关的材料:尽管大多进行申诉的原因都是基于儿童色情,但它可以以许多其它原因提起。如果调查结果认为举报的材料与犯罪有关,基金会

于法律执行过程中的严重问题的证据,见 NLJ,1996年8月9日,第1179页。

[148] 女王诉 *O'Sullivan*,见前注114。

[149] S Edward [1998] Crim LR 843.

[150] 参见 J Rowbottom [2006] Crim LR 97.

[151] 参见 *Godfrey v Demon Internet Ltd* [2001] QB 201(诽谤)。对这个很有争议的问题的讨论,一般参见 Akdeniz, Walker and Wall (eds),*The Internet, Law and Society*。

[152] 参见 www.iwf.org.uk。

会要求互联网服务提供商将有问题的内容删除，并将相关情况报送到警察局。基金会还会参与内政部互联网特别工作组（the Home Secretary's Internet Task Force）为保护上网儿童而开展的工作。

F．诽谤

刑事诽谤罪[15]

星座法院（Star Chamber）在 1640 年被废以后，以书面形式出版诽谤性文字，成为一种普通法认可的刑事犯罪行为。将书面诽谤当作一种刑事犯罪行为来处罚的合法依据，是人们认为某些书面诽谤给治安带来的威胁。今天，刑事审判程序很少因书面诽谤而启动。即便启动刑事审判程序，也没有必要证明书面诽谤可能会危害治安，[16] 但刑事诽谤罪必须是严重程度足以援用刑法的书面诽谤行为。在普通法中，真相不能作为诽谤指控的抗辩理由，但根据 1843 年《诽谤法》（the Libel Act 1843），假如被告也能证明其出版物是为了公共利益的话，真相就可以作为抗辩理由。根据 1888 年《诽谤法修正案法》（the Law of Libel Amendment Act 1888）第 8 条的

---

[15] 斯宾塞（J R Spencer）[1977] Crim LR 383 和 [1979] CLJ 60。
[16] 女王诉 Wicks [1936] 1 All ER 384; Gleaves v Deakin [1980] AC 477。

规定,在没有某个高等法院法官指令的情况下,不得对某份报纸上的诽谤提出指控。因此,诽谤指控很少发生。但是在1976年,法官维恩(Wien)却签署了一道命令,该命令允许詹姆斯·戈德史密斯(James Goldsmith)爵士对《私人侦探》(*Private Eye*)这份杂志的出版商提起自诉。该书多次毫无根据地宣称:戈德史密斯是一起密谋妨碍司法进程的主犯;法官说:新闻界无权出版毫无事实根据的诽谤和庸俗下流的材料。[155] 1982年,法律委员会(the Law Commission)的临时观点是:应当废除普通法中的刑事诽谤,并代之以一种更加严格的法定罪行,以对付这样一种人,他们故意出版自己明明知道是虚假的、并很可能给受害者带来重大损害的诽谤内容。[156] 尽管枢密院认为诽谤领域不应当涉及刑法,[157] 但它还是认定:诽谤罪与宪法对表达自由的保护并不冲突。[158]

民事责任

诽谤法意在解决的问题,是言论和出版自由权同维护个人名誉不受无端侵害之权利两者之间的冲突。[159] 也可能正是因为这一

---

[155] *Goldsmith v Pressdram Ltd* [1977] QB 83, 也见 *Desmond v Thorne* [1982] 3 All ER 268。

[156] 法律委员会,工作报告第84号,刑事诽谤;也见斯宾塞(J R Spencer) [1983] Crim LR 524 和 Cmnd 5909, 1975年,第16章。

[157] G Robertson [1983] PL 208。

[158] 法院不会去考虑危害被认为是很小的请求(比如如果报纸的发行量有限,参见 *Worme v Commissioner of Police* [2004] UKPC 8; [2004] 2 AC 430)。

[159] 参见 *Reynolds v Times Newspapers Ltd* [2001] 2 AC 127, at 201 [Lord Nicholl] 和

点,诽谤法才成了民事责任中最复杂的一个分支。从原则上说,法律对虚假陈述的受害者提供救济。这种虚假陈述意在将某人置于"被仇恨、遭嘲弄或受蔑视"的境地,或有意贬低其普通"社会成员心目中的形象"。[160]诽谤者出于这种目的,将该言辞传播给"能理解该内容所表达之意思的一般受众"。[161]诽谤主要有两种形式:(a)口头诽谤(通过口头语言和姿势的短时间诽谤)和(b)书面诽谤(永久形式的诽谤,如书写或印刷的文字)。法律规定在剧院的公开表演和广播中进行传播,属于永久形式的出版。[162]法律也规定了某些例外要求,只有当原告能够证明口头诽谤给自己造成了特别的损害时,才能提起诽谤诉讼。然而书面诽谤诉讼的提起,则无需证明损害的存在。尽管有人担心陪审团的作用正在减小,但在诽谤诉讼中,是控辩方都还是有权坚持由陪审团审判,而这类审判形式现在在实践中只适用于有限的几类民事诉讼。[163]当法官认定某项陈述构成诽谤时,则由陪审团来确定原告是否受到侵害和如果受到侵害的话,当事人是否应当获得赔偿。诽谤罪有个假定,即诽谤性言

Kearns v Bar Council [2003] EWCA Cir 331; [2003] 1 WLR 1357, at p 1373 (Simon Brown LJ)。有关诽谤法更全面的叙述,参见侵权法教科书,也参见 Robertson, *Freedom, the Individual and the Law*,第7章和 Mitchell, *the Making of the Modern Law of Defamation*。

[160] *Sim v Streth* (1936) 52 TLR 669, 671 Atkin 勋爵;要在诉讼中胜诉,必须将出版物当作一个整体来读,而不是只看一段或更多相互没有联系的片段。参见 *Charleston v News Group Newspapers Ltd* [1995] 2 AC 65。但责任是严格的: *E Hulton Co v Jones* [1910] AC 20。

[161] *Bonnick v Morris* [2002] UKPC 31; [2003] 1 AC 300。

[162] 1990年《广播法》第166条;和1968年《戏剧法》第4条。

[163] 1981年《最高法院法》第69条,见 *Alexander v Arts Council of Wales* [2001] 1 WLR 1840。也有例外,例如,法院的意见是,审判应当将文件查查的时间延长。

辞会引起伤害,[64]而原告因名誉损害可以获得实质性赔偿金,也可以获得惩罚性赔偿金[65]——这种设计"是为了不让报纸从发表诽谤性陈述而增加的发行量中谋利"。[66]实际上,许多请求都是在庭外解决的,并且报纸通常向那些文章中无意中诽谤的人,刊登更正声明或道歉。

伴随着成文法和法院对诽谤法作出的重大修改,书面诽谤法在近年发生了一系列重大的变化。就立法方面所带来的变化而言,1996年《诽谤法》(the Defamation Act 1996)功不可没,它扩大了诽谤诉讼可以援用的抗辩理由;将提起诉讼的时间期限减至一年;引入了旨在防止各方采取拖延战术的措施;规定了一种新型的"快捷"(fast-track)程序,以便为不那么严重的案子提供快捷和低廉的救济;同时也修改了与绝对特权和有限特权(absolute and qualified privilege)相关的法律。1689年《权利法案》为阻止由议员提起诽谤诉讼而设置了障碍,但1696年诽谤法提供了克服该限制的方法,但这些方法的合理性存在争议。但除了上述成文法带来的改革以外,上诉法院也有重大举措,它现在有权降低由陪审团裁定的过高赔偿额。[67]这些重大举措反映了公众对陪审团裁定的赔偿金数额

---

⑭ *Jameel v Dow Jones & Co* (No.2) [2005] EWCA Civ 74; [2005] QB 904.
⑮ *Broome v Cassell and Co. Ltd* [1972] AC 1027; *Riches v News Group Newspapers Ltd* [1986] QB 256. Cf *John v Mirror Group Newspapers* [1997] QB 586.
⑯ *Thompson v Metropolitan Police Commissioner* [1998] QB 498, at p 512.
⑰ Courts and Legal Services Act 1990, s 8. 参见 *Rantzen v Mirror Group Newspapers* [1994] QB 670, *John v Mirror Group Newspapers* [1997] QB 586。上议院取代高等法院判定赔偿金的权力,参见 *Grobbelaar v News Group Newspapers Ltd* [2002] UKHL 40; [2002] 1 WLR 3024。

的关注。因此，在约翰诉镜报集团案(John v Mirror Group Newspaper)[168]的一份重要的判决中，法院采取的方案是建议法官对审理书面诽谤的陪审团予以更多的指导，这种做法遵循了欧洲人权法院在托尔斯泰案中的裁决。在托尔斯泰案中，法庭裁定：要求上诉人支付奥尔丁顿(Aldington)勋爵150万英镑赔偿金的诉讼违背了《欧洲人权条约》第10条，该条规定：上诉人享有的表达自由权。[169]但陪审团并不一定受到这种指导的约束，而且只有在陪审团实质上作出了有违一个明智的陪审团可以作出之合适的裁决的情况下，上诉法院才会予以干涉。[170]同样是出于保护言论自由的目的，法院认定：尽管公务员可以提起诽谤诉讼，[171]但无论是地方政府(并且也推及中央政府部门)，还是政党，都不得提起诽谤诉讼。[172]尽管表达自由极为重要，但至少还是有一家法院认为：如果实质性损害赔偿可以抑制诽谤性陈述，"它就不是一件坏事情"。[173]

绝对特权与有限特权

在其他情况下的诽谤陈述，如果是在享有绝对特权或有限特

---

[168] [1997] QB 586.

[169] *Tolstoy v United Kingdom* (1995) 20 EHRR 442.

[170] *Kiam v MGN Ltd* [2002] EWCA Civ 43; [2003] QB 281.

[171] 分别参见 *Derbyshire County Council v Times Newspapers Ltd* [1993] AC 534 和 *Goldsmity v Bhoyrul* [1998] QB 459; E Barendt [1993] PL 449。

[172] *Gough v Sunday Newspapers* (North) Ltd [2003] EWCA Civ 297; [2003] 1 WLR 1836 (以无法律资格为由起诉初级律师)。

[173] *The Gleaner Co Ltd v Abrahams* [2003] UKPC 55; [2004] 1 AC 628.

权的情况下发表的,则可以免责。虽然不是全部,但许多普通法范畴的特权,现在都由成文法予以规定。[⑭]尽管上议院在雷诺兹诉《泰晤士报》有限公司案(Reynolds v Times Newspapers Ltd)[⑮]中曾经指出,特权的种类并没有完结,但 1996 年《诽谤法》依然是在此问题上的最新立法。根据普通法,当作陈述的人有利害关系或有义务这样做,而陈述所涉及的人也相应地有利害关系或有义务接受陈述时,就会产生有限特权问题。[⑯]就 1996 年《诽谤法》而言,绝对特权尤其适用于以下几种情形:(a)议会开会期间所作的陈述和在官方辩论报道或根据议会两院之命令而在其他文件上所作的陈述;[⑰] (b)某位政府官员在其履行职务过程中向另一位政府官员所作的陈述,这是一种仅仅适用于高层官员间意见交换的绝对特权;[⑱] (c)由议会巡察官(Parliamentary Ombudsman)起草的报告或向议会巡察官所作的陈述;[⑲] (d)驻外使馆的内部文件;[⑳] 和(e)对联合王国法院的公开诉讼程序所作的公正和准确的报道,但报道必须与诉讼程序的进行是同步的。在这项要求中,法院一词包括所有裁判所或行使国家司法权的机构。[㉑]绝对特权同样也适用于对欧洲法院和欧洲人权法院的公开诉讼程序所作的公正和准确

564

[⑭] *Reynolds v Times Newspapers Ltd* [2001] 2 AC 127, at p 197 (Lord Nicholls).
[⑮] 同上。
[⑯] *Adam v Ward* [1917] AC 309.
[⑰] 第 11 章 A 小节。
[⑱] *Chatterton v Secretary of State of India* [1895] 2 QB 189。
[⑲] 1967 年《议会委员委员法》第 10 条第 5 款,第 29 章 D 小节。
[⑳] *Al-Fayed v AL-Tajir* [1988] QB 712。
[㉑] 1996 年《诽谤法》第 14 条第 3 款 a 项,也见 *Trapp v Mackie* [1979] 1 All ER 498, A-G 诉 BBC [1981] AC 303。

的报道。[182]

与绝对特权不同,如果原告证明被告出于恶意,作为抗辩理由的有限特权便会无效。[183] 根据1996年《诽谤法》附件1(Sch 1),这种有限特权分两类。第一种有限特权由无需"解释或反驳"的报道特权(report privileged)构成,这种特权适用于对世界上任何一个立法机关或国际组织的公开的官方行为所作的公正和准确的报道;[184] 对世界上任何地方的法庭审判行为所作的公正和准确的报道;[185] 或对世界上任何一个地方的政府或立法机关授权而举行的质证听证会议所作的公开和准确的报道。[186] 它同时也适用于对任何公开文件和由世界上任何政府或立法机关出版或授权出版的材料,和由任何国际组织或国际会议在世界上的任何地方出版的任何文件所作的公开和准确的报道。[187] 第二种有限特权由应给予解释或反驳的报道特权构成,即:如果原告证明被告未能应请求而"以某种恰当的方式发表旨在给予解释或反驳的合理函件(letter)或声明"的话,被告则不得援引本抗辩理由。[188] 后一种特权适用针对任何欧盟成员国的立法机关、政府或任何履行政府职能的机关(明显包括警察机构在内)"向公众发布的告示或其他材料的报道";

---

[182] 1996年《诽谤法》第14条第3款a、b、d项。

[183] 同上,第15条第1款;但疏忽大意、一时冲动或不理智,不能算恶意;Horrocks v Lowe [1975] AC0135。

[184] 也见第11章A小节。

[185] 也见第18章B小节,和 Webb v Times Publishing Co [1960] 2QB 535。

[186] Tsikata v Newspaper Publishing plc [1997] 1 All ER 655(报道没有必要是当代的)。

[187] 1996年《诽谤法》附件1,第1部分。

[188] 同上,第15条第2款a项。

也包括对联合王国任何公开会议的进程所作的公正和准确的报道，这些会议指：(a)地方当局或地方当局委员会；(b)治安法官行使的不同于某个法庭履行的司法职能；(c)委员会或裁判所；(d)地方当局的调查；(e)任何其他法定的裁判所、委员会或调查。第二类特权也同样包括对下列会议或新闻材料的公正和准确的报道：(a)公开会议；(b)联合王国上市公司的股东大会；(c)在联合王国上市公司成员间传阅的文件；(d)许多自发性管理机构的调查结果；和(e)由上议院大法官指定的机构或代表作出的裁决或报告。[189] 记者招待会被认为是公开会议，对其所作的报道享有有限特权，并且这种特权适用于散发的但不需要在会议上宣读的书面新闻稿。[190] 选举会议上所作的诽谤性陈述，不包括在有限特权范围之内，不过报纸对这些陈述所作的公正和准确的报道却享有有限特权。[191]

诽谤法中的其他抗辩

诽谤法中也有其他抗辩理由。被告可以试图证明诽谤性陈述的正当性，即在审理过程中证明他或她所言属实。被告只要证明其言论基本上真实即可，而不需证明陈述的每个细节都是完全真实的。[192] 以公正评论（fair comment）为由的抗辩保护与公共利益有关

---

[189] 同上，附件1，第二部分。这种保护不适用于那些不是公众关注的事务或不是为了公众利益的出版物（第15条第3款）：见 *Kingshott v Associate Kent Newspaper* [1991] 1 QB 88。

[190] *McCartan Turkington Breen v Times Newspapers Ltd* [2001] 2 AC 277。

[191] 1952年《诽谤法》第10条，撤销的 *Braddock v Bevins* [1948] 1 KB 580。

[192] *Polly Peck (holdings) plc v Trelford* [1986] QB 1000；*Prager v Times Newspapers*

的意见性内容的表达。无论意见本身多么偏激、夸张甚至有失公允,但只要其能为公正、诚实之人所得,即可。同样重要的还有:评论不得包含任何虚假事实、[193]评论的对象事关公共利益,并且被告方无恶意。[194]政策和政治家们的行为明显涉及公共利益。迪普洛克(Diplock)法官认为赛尔金诉比弗布鲁克报纸有限公司(*Silkin v Beaverbrook Newspapers Ltd*)案是一个重要案件,因为该案涉及"讨论和批评公共人物的言论和行为的权利",一个前内阁大臣起诉一个政治专栏作家在《星期日快报》(*the Sunday Express*)上发表的过激评论,这篇评论的矛头指向原告在议会中的言论与其商业利益间的矛盾:陪审团认定以公正评论得以适用于此,由此可见,公正评论作为抗辩理由早已有之。[195]在斯利姆诉每日电讯(*Slim v Daily Telegraph Ltd*)案中,公正评论亦得以适用,该案源自涉及两封批评某个公司和其法律顾问在河畔小道过度使用汽车的来信;(英国上诉法院)丹宁勋爵(Denning MR)说:"当公民受到不公正事情打扰时,他应当有权'写信给报社'进行投诉;并且报社也应当有权刊登其来信。这通常是纠正错事的唯一办法。"[196]在这两个案子中,法庭都强调:评论依据的事实必须如实陈述,不得歪曲。

在1996年《诽谤法》中,还规定了另外两种抗辩方式。第一种抗辩规定在第1条,即以"无知传播"(innocent dissemination)为由的

[1988] 1 All ER 3000; *Bookbinder v Tebbit* [1989] 1 All ER 1169.

[193] 参见 1952 年《诽谤法》,第 6 条。

[194] 参见 *Telnikoff v Matusevitch* [1992] 2 AC 343。

[195] 参见 [1958] 2 All ER, 516, 在 *Renolds v Times Newspapers Ltd* [1993] 3 WRL 862 (CA)讨论过。

[196] [1968] 2 QB 157。

抗辩,意在取代被认为是过于不确定的普通法抗辩。这种法定的抗辩适用于诽谤作品的作者、编辑或出版商之外的任何人;只要当事人对相关出版物履行了"合理注意"(义务)并且"不知道,也没有理由相信其行为会引起或有助于某诽谤性内容的出版",就可以援用这种抗辩。[⑰]另一种是以"过失诽谤"(unintentional defamation)为由的抗辩,意在取代 1952 年《诽谤法》第 4 条中更复杂(并且因此而很少使用)的规定。根据 1996 年《诽谤法》第 2 条之规定,因发表某项陈述而受到诽谤指控的人,可以提议要么提供总体上的赔偿,要么就提议者承认该表述所表达的特定意思进行赔偿(一种有条件的提议)。作出赔偿的提议包括作出某种适当的纠正和道歉,并向受害方支付议定的补偿费用。如原告未能接受尚未收回的提议,则被告可以将此作为一种抗辩理由,除非提议者知道或有理由知道受指控的陈述:(a)涉及受侵害方或很可能被人们理解为涉及受侵害方,并且(b)既是虚假的,又是诽谤性的。[⑱] 若提议被拒绝,案件将由无陪审团的法官审理。[⑲]

新闻界(The Press)与诽谤法

毫无疑问,新闻界和广播机构对诽谤法从来都不陌生。在美国,新闻界的地位完全不同于英国,那里的《宪法第一修正案》规定:"国会不得制定法律……剥夺言论或新闻(出版)自由",而且

[⑰] 参见 *Godfrey v Demon Internet Ltd* [2001] QB 201(互联网服务提供商的责任)。

[⑱] 参见 *Milne v Express Newspapers* [2004] EWCA Civ 664;[2005] 1 WLR 772。

[⑲] 参见 *Abu v MGN Ltd* [2002] EWHC 2345 (QB);[2003] 1 WLR 2201。

《宪法第十四修正案》规定:"任何州,都不得制定或实施剥夺合众国公民的特权或豁免权的法律。"最高法院的判决对新闻自由的影响,特别是《纽约时报》诉萨利文(New York Time v Sullivan)案,[200]创制了一个与公众事务或公众利益有关的新诽谤法。与英国的新闻界依据英国法所享有的自由相比,美国的新闻界享有更大的发布信息和评论的自由。因此由公众人物提起的诉讼,必须证明出版物的内容是虚假的,并且明知其虚假,或无视于核实其是否虚假之义务的情况下出版的。在澳大利亚高等法院,法官曾经说过,美国模式的巨大优点是"既对名誉受到损害的个人提供了一些保护,同时又对出版商提供了大量的保护"。[201]近年来,在许多英联邦国家,这一问题也产生了大量鲜活的法院判决,在澳大利亚、南非和新西兰,法院为了保护表达自由和政治的民主责任制,在不同的方向发展,给予了新闻界以更大的自由度。[202]

在雷诺兹诉《泰晤士报》有限公司案中,报社请求上议院给予侵害他人名誉的事实陈述一种新的有限特权,试图以此求得普通法的不断发展,但上议院反对采用在某种程度上与萨利文案类似的模式。[203]报社所说的这类事实陈述是一种"政治信息",它被广义

---

[200] 376 US 254 (1964),见 Lewis, *Make No Law*,在本书中,作者争辩说:如果没有本案的判决,新闻界能否像其在洞察现代政府的权力和情报或告知民众政策问题的实质方面发挥这样的作用,仍然是一个疑问。

[201] *Theophanos v Herald and Weekly Times* [1994] 68 ALJR 713 (1 Loveland [1996] PL 126).

[202] 参见 *Lange v Australian Broadcasting Corp* (1997) 145 ALR 96 and *National Media Ltd v Bogoshi* 1998 (4) SA 1196.

[203] [2001] 2 AC 127.

地定义为"影响联合王国人民的、与政府和政治事务有关的信息、意见和争论"。报社争辩说:"不怀恶意"(malice apart)地发表此类信息,可以在"不考虑身份和材料来源以及出版情景的情况下",享有特权。上议院非常清楚,需要保护表达自由,但在一份颇具说服力的判决中认为,这种模式没有为个人名誉不受无根据之流言的玷污,提供足够的保护;上议院还认为,从原则上说,"把政治讨论与对其他公众严重关注之事情的讨论区别开来是没有根据的。"上议院首选的解决办法是:"使言论自由能够限定在案情所需的范围内,"按照此办法,"应考虑公认的或已被确认的事实,"因而出版物是否享受有限特权的问题是"由法官确定的事情"。[204]

在这样认定时,上议院同意这样的观点,即,为了民主进程,新闻界有传送信息的义务或利益,并且对于选民来讲,接受这样的信息可以帮助他们作出精明的政治选择。[205] 在确定有限特权是否适用于任何特定的出版物时,尼克斯(Nicholls)勋爵曾经说过,法官应当考虑十项尚未穷尽的要素,它们是:指控的严重性;信息的性质;信息的来源;确认信息采用的方法;信息的法律地位;事情的紧迫性;是否就评论内容征求原告意见;文章是否包含原告方的诉讼依据;文章的语调;发表文章的原委和时机。在雷诺兹案中,报纸并不享有有限特权,因为报纸并没有从原告方的角度进行报道——尽管这是一个可以灵活掌握的要求。[206] 在发展这些原则时,

---

[204] 对这种模式表示失望的完整讨论,参见 I Loveland [2000] PL 351。这一法律领域的一般评述,参见 Loveland, *Political Libels*。

[205] 也参见 *Loutchansky v Times Newspapers* (Nos 2-5)(上文)。

[206] *Bonnick v Morris*(本章注释[161])。

尼克尔斯勋爵说:"普通法并不想确立比负责任的新闻业的标准——媒体自己也赞成的标准——还要高的标准。"[208]尼克斯勋爵认为:"一方面是在公众关注的事情上的表达自由,另一方面是个人名誉,负责任的新闻业应该在这两之间公正地保持平衡,"而这样做"正是新闻记者为'有限特权'要付出的代价"。[209]所以,上诉法院警告说,既不要在一方面为负责任的新闻业设定太低的标准,也不要在另一方面为负责任的新闻业设定太高的标准;[209]并且,上诉法院还在另外一个场合指出:负责任的新闻业并非检验特权的唯一标准,上诉法院所强调的是,"发表的东西涉及的内容必须具有是为了为公共利益而发表的"。[210]

传媒、诽谤法和议会豁免权

一种意料之外且对传媒自相矛盾的保护,源自1689年《权利法案》(the Bill of Rights)第9条,该条阻止任何法院对言论和争论自由或议会事项提出指控或质疑。对普雷布尔诉新西兰电视有限公司(*Prebble v Television New Zealand Ltd*)[211],原告是新西兰政府的一位内阁大臣,他诉称电视公司诽谤了他。希望通过借助在议会

---

[207] [2001] 2 AC 127, at p 202.
[208] *Bonnick v Morris*, 上文第23段。
[209] *Loutchansky v Times Newspapers* (Nos 205), 上文。
[210] *Jameel v Wall Street Journal Europe* (No.2) [2005] EWCA Cir 74; [2005] QB 904, at para [87] (Lord Phillips of Worth Matravers MR).
[211] [1995] 1 AC 321. G Marshall [1994] PL 509, M Harris (1996) 8 *Auckland UL Rew* 45.

中所说和所做的事情来证明指控的事实,但这样做与《权利法案》相冲突。在支持下级法院提出的第一个观点方面,枢密院认定:"不管从诉讼双方的哪一方开始,都不得(通过直接证据、交叉询问,推断或供认)对在议会上所说的任何话和所做的任何事情提出质疑,不得认为在议会上的言行是由不当动机支配的,或是虚伪的,意在误导人的。"但在第二点上,枢密院却推翻了下级法院依据被告的资格缺失而中止诉讼程序的判决。枢密院的依据是,尽管会有这样的情况,即"根据议会特权而排除一些材料后,便不可能公正地确定双方的争执点",但事实上本案并不属于这种情况。然而,如果诉称的诽谤的全部内容与原告在议会中的行为有关,以致议会特权的作用实质上是将证明诽谤合法的所有必要证据排除在外,那么,中止诉讼程序不只是为了实现被告的正义,而且还是为了避免这样一种"真正的危险",即"媒体会被迫不去如实报道某个议会成员在议会中的不端行为"。

尽管允许原告依据事实提起他的诉讼,但这个国家还是通过两位议会中的保守党议员,很快感受到了普雷布尔案(Prebble)判决的影响。在鲁珀特·奥尔森案(Rupert Allason)中,[212] 终止了针对《今日》报提起的诉讼,被告试图证明:被禁止的东西,也即"早先的动议,至少受到不正当动机的驱使"。支持议会特权但拒绝中止诉讼会对被告造成不公,他会被剥夺唯一的抗辩理由,同时却准许原告在不适当的和不公平的

---

[212] *Allanson v Haines*,《泰晤士报》,1995年7月25日。

基础上继续提起诉讼。根据欧文(Owen)法官的观点,议员们"不得不一并考虑议会特权坏的好坏两种结果"。在尼尔·汉密尔顿(Neil Hamilton)案中,原告诉称,他被《卫报》诽谤,该报声称他收受了某个商人的现金,作为回报,他向大臣询问了一些意在促进那个商人利益的问题。根据这一点,梅(May)法官裁定:该案不能起诉,因为其证据与议会议程有直接关系。[23]

人们认为普雷布尔案和其后受其影响的案件造成了真正的不公,于是霍夫曼(Hoffmann)勋爵在上议院提出了一项《诽谤法修正案》。[24] 然而,也有人指出,假如修正案"被认为在某些方面特别有利于保护汉密尔顿先生或其他任何一位正忙于法律诉讼的议员"的话,那将是一件不幸的事情。这一问题因此而可以当作一个"原则问题"(a "matter of principle");修正案规定:任何人都可以放弃法律规则的保护,法律规则规定,议会里的活动不得被任何法院或议会外的任何机构控告或质疑。这使得个人能够以下列方式去克服《人权法案》第9条所提出的问题:原告为了证明自己所写的东西有合法依据,假如自愿许可以议会中的活动作为抗辩,那就可以以诽谤提起诉讼,为自己的声誉辩护。另一方面,假若原告不准备放弃人权法案第9条提供的保护,那么,普雷布尔案的判决应当继续适用,诉讼应当中止,因为在诽谤罪诉讼程序中,必须准许报纸

---

[23] 详情见 HL Deb 1996年5月7日,第24-25栏,也见第42-43栏(与伊恩·格瑞尔(Ian Greer)先生有关)。

[24] 同上,第24栏。

证明其所言属实。否则，如果这意味着报纸会被起诉而他们又不得不束手就擒地去面对诉讼的话，报纸便会"非常不愿意批评任何人在议会上的言论"。㉕但是，尽管第13条"明确涉及汉密尔顿先生针对《卫报》㉖的案件中出现的情况"，但汉密尔顿先生却放弃他与报纸间的官司。下议院标准和特权委员会(the House of Commons Committee on Standards and Privileges)后来发现，他因提供院外疏通活动而收受了阿尔·费德(Al Fayed)先生的金钱。在第二起诽谤案中，这次针对阿尔·费德先生自己在电视上所提起的指控，汉密尔顿先生援引1996年《诽谤法》第13条，放弃了议会特权。569 这样，人们便可以对其议会中的行为提起诉讼，而且上议院发现，这对应付被告力求借助于议会特权而中止诉讼的企图，提供了一个全面的解决办法。㉗但该诽谤诉讼没有成功。

G. 泄密

在诽谤法中，法庭不愿在案件审判之前，禁止某一本书或某一篇文章的出版，特别是当被告想以行为合法为由进行辩护，并要求公正评论有关公共利益的事项，而且没有迹象显示此类抗辩注定

㉕ 同前，第251栏。
㉖ *Hamilton v Al Fayed* [2001] 1 AC 395, Browne-Wilkinson 勋爵。参见 A.沙兰德(A Sharland)和 I.拉夫兰德(I Loveland) [1997] PL 113, 和 K.威廉斯(K Williams) (1997) 60 MLR 388。
㉗ *Hamilton v AL Fayed*，同上。参见 A W Bradley [2000] PL 556。

要失败的时候,即便是诽谤性作品,法院也不会限制其出版。[21]根据上诉法院法官格里菲思(Griffiths)在赫伯格诉普瑞斯拉姆有限公司案(*Herbage v Pressdram Ltd*)中的观点,这是因为"当权衡其与某个……可以以赔偿金补偿的个体的名誉时,法院所看重的是言论自由和……新闻自由的价值。"[21a]然而,在泄密诉讼中,尽管损害也可以得到补偿,但重点却是掌握在法庭手中的权力,即法院可通过禁令禁止泄密的出版物的出版。我们已经在第22章了解了因泄密而提起的诉讼,怎样为隐私权的产生奠定了基础。但与保密有关的法律并非仅仅适用于与私人生活有关的个人信息的保护。1975年,检察总长援用了同样的诉讼,试图禁止《克罗斯曼日记》(*the Crossman Diaries*)的出版。虽然在那个案件中,检察总长未能得到禁令,但首席法官维杰里(Widgery)勋爵裁定:如果公布某个内阁大臣获得的信息有损于内阁集体责任制,而且公共利益要求限制公布这种信息的话,那么就应该施加这种限制。[22]必须强调的是,贴在某个文件(不管该文件是否出自公共机构)上的"机密"标签并不意味着,假如这个文件的副本被报社得到,法院会限制公开这个文件。在弗雷泽诉埃文斯案(*Fraser v Evans*)中,当《星期日时报》(*Sunday Times*)从希腊人那里搞到作为一个公共关系顾问的弗雷泽为希腊政府准备的一份秘密报告时,法院拒绝禁止该报

---

[21] *Fraser v Evans* [1969] 1 QB 349.
[21a] [1984] 2 All ER 769, 771.
[22] *A-G v Jonathan Cape Ltd* [1976] QB 752. 也见 *Commonwealth of Australia v John Fairfax and Sons Ltd* (1980) 147 CLR 39.

告的出版：弗雷泽与希腊政府的合同要求他而不是政府保守机密。[21]

不过毫无疑问的是：限制泄密诉讼的提起，可以用来限制政府机密的公布。在这方面，作为对不忠的安全服务人员披露机密情报行为的工具，诉讼获得了值得认真对待的显赫地位。不过在这一点上所遇到的棘手问题是确定私人保密义务、保密的公共利益和公开信息的公众利益间的关系。[22] 产生这些困难的最具有轰动效应的案件，是所谓的《间谍捕手》(Spycatcher)案：

> 彼特·莱特先生是一位已退休的安全机构官员，他写了本名叫《间谍捕手》的书，并声称该书会披露一些与英国安全机构的活动有关的机密。该书首先将在澳大利亚出版，英国政府试图用禁令阻止其出版。英国两家报纸(《卫报》和《观察家报》)登载了该书所讲内容的报道，检察总长据此提议签发一项禁令，以阻止报纸刊登任何此类报道。另一项临时性禁令也为了防止出版会造成泄密而签发。但禁止该书在澳大利亚出版的法律程序未能成功启动，[23] 且该书也在美国出版。当该书开始自由进入英国之后，《卫报》和《观察家报》请求解除

---

[21] [1969] 1 QB 349.

[22] X v Y [1988] 2 All ER 648. 其他棘手的案子包括 Schering Chemicals v Falkman Ltd [1982] QB 1. 并且参见克里普斯(Cripps)，《为公共利益披露的法律含义》(the Legal Implications of Disclosure in the Public Interest)。

[23] (1987) 8 NSWLR 341 鲍威尔(Powell)法官；(1987) 75 ALR 353 (新南威尔士上诉法院)；(1988) 78 ALR 449(澳大利亚高等法院)，参见特恩布尔(Turnbull)，《特工捕手审判》(The Spycatcher Trial)。

这道临时禁令。其理由是，鉴于该书的内容已公之于众并且在全世界都可以合法获得，现在维持禁令已无公共利益可言。上议院(以三比二的多数)拒绝了该项请求，理由是为了公共利益，仍需维持禁令(此理由既不明确，也没有说服力)。[24]

然而，检察总长要求对报纸签发永久性禁令的申请，却遭到了拒绝。[25] 上议院认为：安全机构人员负有终身保密的义务并且可以签发禁令阻止他们披露在为政府服务期间获取的任何信息，也可以签发禁令阻止任何不适当地获得了此信息的第三方将之披露出去。然而，该书在美国的易于获得，沉重地打击了政府，为了公共利益维持禁令的主张。借基恩(Keith)勋爵的话来说便是："在我国，出版此书并不会对公共利益带来任何比现有之损害程度更广泛的利益损失。该书可能包括的所有秘密，都已经暴露给了那些联合王国敌对的情报机构。"[26] 尽管检察总长申请永久性禁令之要求未被批准，但随后对几家报纸判定的蔑视法庭罪的判决，却都获得了上议院的确认。上诉人发表的材料，违背了针对《观察家报》和《卫报》的禁令条款，上议院因此确认，它们的行为妨碍了司法。[27]

---

[24] *A-G v Guardian Newspaper Ltd* [1987] All ER 316.

[25] (同样)(第2号) [1990] 1 AC 109.

[26] 对这个复杂事情更完整的处理，见 Ewing 和 Gearty, *Freedom under Thatcher*, 第152-169页, 也 Bailey, Harris 和 Jones, *Civil Liberties Cases and Materials*, 第474-487页; D G T Williams (1989) 12. 上诉法院法官 Dalhousie 209 和 A W Bradley [1988] All ER Rev 55.

[27] *A-G v Times Newspapers Ltd* [1992] 1 AC 191.

欧洲人权法院随后认定：1987年上议院拒绝解除禁令的做法，违反了《欧洲人权公约》第10条的规定，理由是：当该书在美国出版之后，有关的材料已不再具有机密性。[28] 尽管如此，泄密还是成为规范出版安全机构的材料之公认的理由，[29] 尽管有了《人权法案》在后，但该罪名还会继续发挥其作用。

在检察总长诉《泰晤士报》有限公司案（Attorney-General v Times Newspapers Ltd）[30]中，报社向检察总长作出了不出版特工组织（the secret service-SIS）情报的承诺，该情报来自于一个名叫理查德·汤姆林森（Richard Tomlinson）的前特工。当这本书随后在俄罗斯出版后，《泰晤士报》成功地请求法院改变了这一承诺，允许其公开一般公众可以获得的汤姆林森的任何材料。检察总长认为这种变化太大，但上诉法院驳回了他的异议并且拒绝了他的主张，即公开这些材料应当事先征得他的同意，或法院的许可。考虑到《人权法案》，法院并不认为下述做法是合法的，即报社"应当从检察总长或法院那里请求确认书，以证实他们想要重新公开的那些事实已经由先前的出版行为带入公共领域，从而通过这种方式将它们从保密的束缚中解放出来"。但法院强调：报纸得受保密的约束，判决的后果是：报纸应当单独负责决定何时达到了泄密的边缘。假如

---

[28] the Observer v UK (1992) 14 EHRR 153, 又 I Leigh Pl 200。
[29] 参见 Lord Advocate v Scotsman Publications Ltd [1990] 1 AC 812; N Walker [1990] Pl354。
[30] [2001] 1 WLR 885。

报纸违反了保密义务,它就会因藐视法庭罪而受到制裁。

因此,尽管《泰晤士报》成功地改变了自己作出的承诺,但不考虑《人权法案》的话,这一结果很难说是对表达自由的一个响亮的认可。法院同样表明:"在报纸发表可能包括足以伤害秘密情报局或危及那些在其中服役者的材料之前,应与该机构的代表先进行磋商。"事实上,确实有过这样的磋商。若某个出版物被认为泄露了秘密,则可以要求当事人说明从中获得之利益。[23]

---

[23] Attorney-General v Blake [2001] AC 268.

第24章　结社与集会自由

本章将探讨与结社、集会自由相关的法律之主要特征。从传统上讲,这些自由在英国法中受到保护的方式与其他自由(freedoms and liberties)相比并无二致。[1]也就是说,人们可以在其行为不违法的范围内自由结社、集会。这一项原则在关于集会自由的贝蒂诉吉尔班克斯(Beatty v Gillbanks)案[2]具有重大影响的判决

---

① 见贝利、哈里斯和琼斯:《公民的自由权利:案例与材料》(Bailey, Harris and Jones, *Civil Liberties: Cases and Materials*),第4章;罗伯逊:《自由、个人和法》(Robertson, *Freedom, the Individual and the Law*),第2章;尤因和吉尔蒂:《撒切尔之下的自由》(Ewing and Gearty, *Freedom under Thatcher*),第4章;尤因和吉尔蒂:《为公民自由而奋斗》(Ewing and Gearty, *The Struggle for Civil Liberties*),第5、6章;菲尔德曼:《公民自由和人权》(Feldman, *Civil Liberties and Human Rights*),第18章;和C.A.吉尔蒂,载麦克拉登和钱伯斯编:《英国的个人权利和法律》(C A Gearty, in McCrudden and Chambers (eds), *Individual Rights and the Law in Britain*),第2章;芬威克:《公民权利》(Fenwick, *Civil Rights*),第4章。又见摩根:《冲突与秩序》(Morgan, *Conflict and Order*),以及汤曾德:《缔造和平》(Townshend, *Making the Peace*)。关于苏格兰的情况,见尤因和戴尔-里斯克:《人权在苏格兰》(Ewing and Dale-Risk, *Human Rights in Scotland*),第9章。

② 《王座分庭案例汇编》,1882年,第9卷,第308页起([1882] 9 QBD 308)。并见哈特和霍诺雷:《法律中的因果关系》(Hart and Honoré, *Causation in the Law*),第333-335页。比较迪金诉米尔恩案,《雷蒂法庭案例汇编(第四辑)》(高等刑事法院),1882年,第10卷,第22页起(*Deakin v Milne* (1882) 10 R (J) 22)和赫顿诉梅因案,《雷蒂法庭案例汇编(第四辑)》(高等刑事法院),1891年,第19卷,第5页起(*Hutton v Main* 1891 19 R (J) 5)。

中,得到了充分阐述。至少到目前为止,这个案件是法院在该领域中敏感意识到案件相关宪法意义的为数不多的案件之一。

本案缘起于对早期救世军(Salvation Army)的反对活动,救世军的成员不顾"骨干军(Skeleton Army)"的强烈反对和治安法官不准游行的命令,坚持要在滨海韦斯顿(Weston-super-Mare)街头游行。为了阻止救世军的游行,警察以非法集会为由要求其领导人具结保证守法。如果救世军不游行,就不会出现治安混乱。而且,由于先前的游行已经引起了骚乱,救世军也知道同样的结果有可能出现。但是分庭法院(Divisional Court)认为救世军的行为是合法的,骚乱并不是该行为必然的和自然的结果。法院并不接受这样的观念:某人要因自己的合法行为而受到惩罚,即使他知道自己的行为可能会引起他人的非法行为。

这种立场并没有承认一项受到保障的集体示威的权利,但它强调,必须基于现行的法律才能对人们的集会自由施加民事或刑事上的限制。但可能引发争议的是,当这类自由受到竞争性利益(competing interests)的强大压力,而且受制于制定法与普通法上宽泛的限制时,法院的这种立场是否能为自由提供一个足够坚实的基础。实际上,处于与贝蒂诉吉尔班克斯一案类似的情形时,警察如今可以合法地逮捕参加游行的人。正如我们将看到的,后来邓肯诉琼斯(Duncan v Jones)一案[3] 中的判决对贝蒂诉吉尔班克斯

---

[3] 《王座分庭案例汇编》,1936年,第1卷,第218页起([1936] 1 KB 218)。

一案所确立的原则造成了极大的损害。

结社和集会自由受《欧洲人权公约》第 11 条的保护;如今,在国内法中受 1998 年人权法案的保护。④ 但是不应当忽视的是,这些权利受制于一些重要的限制,这些限制容许对结社和集会自由实行广泛的管制。出于对他人权利和利益的尊重可以施加限制,但必须要有人对施行这些限制负最终责任。最近在北爱尔兰发生的事件适时地提醒我们,竞争性利益需要协调,并提供了一个如何协调这些利益的鲜活实例。1998 年《公共游行(北爱尔兰)法》(Public Processions (Northern Ireland) Act 1998)建立了一个管理、规范公共游行事务的游行委员会(Parades Commission)。这个委员会被设计为整个北爱尔兰社会的代表,它负有宽泛的职责,包括促进普通公众对公共游行事件的理解,以及促成有关公共游行争议的调解(第 2 条)。该委员会必须发布与公共游行相关的行为规则(第 3 条)。最后,它要参照一系列制定法的方针,对举行公共游行设定若干条件(第 8 条)。委员会的决定还要接受司法审查。⑤ 在不列颠,目前还不存在与此类似的机构。

---

④ 根据最近的发展,对人权法案在该领域的影响的全面讨论,参见 H. 芬威克、G. 菲利普森,《法律研究》,2001 年,第 21 卷,第 535 页起(H Fenwick, G Phillipson [2001] 21 LS 535)。

⑤ 见关于福克纳的申请,《北爱尔兰判决公告》,1999 年,第 151 页起(Re Faulkner's Application [1999] NIJB 151);关于麦康奈尔的申请,《北爱尔兰判决公告》,2000 年,第 116 页起(Re McConnell'a application [2000] NIJB 116);和《关于特威德的申请》,《北爱尔兰法律评论》,2000 年,第 165 页起(Re Tweed's Application [2000] NILR 165);以及关于墨菲的申请,《北爱尔兰判决公告》,2004 年,第 36 页起(Re Murphy's Application [2004] NIJB 36)。

A. 结社自由⑥

原则上,法律对个人政治结社的自由并未施加限制,因此,人们可以自由地组织政党、行动组织、运动委员会等,而无须事先获得官方许可。通常,人们也可以自由决定与什么人结社;组织也不会接纳自己所不愿意接受的个体作为成员,或保留其成员资格。⑦然而,法律对结社自由权也存在一些限制,除了国家对工会、慈善组织和政党等结社施加的各种各样特别限制之外,可以大体上将这些限制分为两个类型。首先,某些个人不享有结社自由,这主要是出于维护公务的政治中立的需要。比如警察不得积极参与政治活动,⑧这条规则是为了预防"警察从事任何可能影响其中立或

---

⑥ 见 K.D.尤因,载麦克拉登和钱伯斯编:《英国的个人权利和法律》(K D Ewing, in McCrudden and Chambers (eds), *Individual Rights and the Law in Britain*),第8章。

⑦ 见(英国)皇家防止虐待动物协会诉总检察长案,《全英格兰案例汇编》,2001年,第3卷,第530页起(*RSPCA v Attorney-General* [2001] 3 All ER 530)。但是比较1992年《工会和劳资关系(联合)法》(Trade Union and Labour Relations (Consolidation) Act 1992)第64-67条,第174条(为2004年《雇佣关系法》(Employment Relations Act 2004)第33条修正)。相关评论见 J.亨迪和 K.D.尤因,《就业法律杂志》,2005年,第34卷,第197页起(J Hendy and K D Ewing (2005) 34 ILJ 197),以及(相反地)《上院文件》,2003-2004年,第102号,《下院文件》,2003-2004年,第640号(人权联合委员会)((*contra*) HL 102, HC 640 (2003-2004) (JCHR))。

⑧ 2003年警察规章,《行政立法性文件汇编》,2003年,第527号,规则6以及附件一(Police Regulations 2003, SI 2003 No.527, reg 6 and Sch 1);另见1996年《警察法》(Police Act 1996),第64条(1),对警察加入工会自由的限制。

中立表象的活动"。⑨ 其职位在政治上受到限制的地方政府官员不得积极参与政党政治,虽然法律对于他们作为政党成员的资格似乎没有什么限制。⑩ 本书第13章第四节已经讨论了文官(公务员)的地位。鉴于颠覆的威胁和对外在安全的恐惧,根据1948年颁布的程序,共产党和法西斯(但主要是前者)的同情者被清除出了文官队伍。另外一个针对颠覆威胁的措施是安全审查程序,它试图将持不同政见组织的成员或支持者排除在"被认为对国家安全至关重要的岗位之外;另外,在文官的可信度基于安全的考虑受到质疑时,该程序也将被启动"。⑪ 随着冷战的结束,这些限制已显得多余,但主要是为了避免恐怖组织成员和支持者的渗透,对文官的审查仍然得以继续。对外在安全的担心也导致了1984年一项富有争议的禁令,即对政府通讯总部(Government Communications

---

⑨ 钱皮恩诉格温特郡总警长案,《全英格兰案例汇编》,1990年,第1卷,第116页起(Champion v Chief Constable of Gwent [1990] 1 All ER 116)。

⑩ 1989年《地方政府和住房法》(Local Government and Housing Act 1989),第1、2条;1990年《地方政府官员(政治限制)规章》,《行政立法性文件汇编》,1990年,第851号(Local Government Officers (Political Restrictions) Regulations 1990, SI 1990 No.851)。也见《行政立法性文件汇编》,1990年,第1447号(SI 1990 No.1447)。见 K.D.尤因,《就业法律杂志》,1990年,第19卷,第111页起,第192页(K D Ewing [1990] 19 ILJ 111, 192);全国和地方政府官员协会诉环境大臣案,《泰晤士报法律报告》,1992年12月2日(NALGO v Environment Secretary, The Times, 2 December 1992);以及达罗克诉斯特拉思克莱德地区议会案,《苏格兰法律时评》,1993年,第1111页起(Darroch v Strathclyde Regional Council 1993 SLT 1111)。法院认为这些规定没有违反欧洲人权公约第10条的规定:参见艾哈迈德诉联合王国案,《欧洲人权报告》,2000年,第29卷,第1页起(Ahmed v UK (2000) 29 EHRR 1)。见 G.莫里斯,《公法》,1998年,第25页起;1999年,第211页起(G Morris [1998] PL 25; [1999] PL 211)。

⑪ 弗雷德曼和莫里斯:《国家作为雇主》(Fredman and Morris, The State as Employer),第23页。

Headquarters)*人员加入工会的限制。这是对下述顾虑的回应,即担心工会组织的劳工行动(industrial action)会危及国家安全。这一禁令在1977年被废除,但是对于政府通讯总部的工会的自由施加了一些限制。

其次,某些形式的结社活动是被禁止的。根据1936年《公共秩序法》(Public Order Act 1936)的第1条,在公共场所或公共集会中穿着特定制服,表明其与某些政治组织有联系或支持某种政治目的将构成犯罪。⑫ 针对20世纪30年代法西斯分子的活动,同一法的第2条规定,如下行为构成犯罪:(a)组织或训练结社组织的成员或支持者,以使他们能够篡夺警察或军队的权力,或者(b)组织、训练(或装备)上述人员,要么是为了推进某一政治目的,而使他们具备使用或展示武力的能力,"要么以这种方式使人们合理地认识到,他们已经为了该政治目的而组织起来并进行了训练或得到装备"。1963年,所谓"先锋"运动——该组织成员身着制服并互相致纳粹礼——的领导人就被依照该条款定罪,虽然并无证据表明他们为攻击反对者而进行了特殊训练。⑬ 一个旨在紧急情况下维持秩序的志愿队的组织者也冒有与本条相抵触的危

---

* 简称GCHQ,是英国的一个情报和安全组织,作为一个文官部门,向外交大臣汇报工作并与其他情报部门紧密合作。更多信息,参见其官方网站 http://www.gchq.gov.uk/。——译者注

⑫ 见奥莫兰诉检察长案,《王座分庭案例汇编》,1975年,第864页起(*O'Moran v DPP* [1975] QB 864)。见现在2000年《恐怖主义法》(Terrorism Act 2000),第13条。

⑬ 英王诉乔丹和廷德尔案,《刑事法律评论》,1963年,第124页起(*R v Jordan and Tyndall* [1963] Crim LR 124);D.G.T.威廉斯,《剑桥法律杂志》,1970年,第96页起,第102-104页(D G T Williams [1970] CLJ 96, 102-104)。

险,即使他们对外宣称其目的在于需要时为警察与军队提供帮助。[14] 1974 年,几个由前军官创办的此类组织基于这一理由而遭到严厉抨击。最近,2000 年《恐怖主义法》(Terrorism Act 2000)再次对加入和参与恐怖组织活动施加了广泛的限制。[15] 该法规定,仅仅作为某一特定组织的成员便构成犯罪。这在英国法中似乎是独一无二的规定;[16]这些被指定的组织除了几个"爱尔兰组织(Irish Groups)"外,还包括基地组织(AL Qaida)和哈马斯(Hamas)。[17]

B. 公共聚会的权利

聚会或集会(meetings or assemblies)可以是私下的,也可以是公共的,《欧洲人权公约》第 11 条的保护对象涵盖了范围宽泛、类型多样的聚会和集会情形。公共聚会可以在公众自由出入的露天场所举行,但在这种情况下,一般必须征得土地所有者的事先同意。许多地方当局制定了地方法规,管理因各种目的——包括公共聚会——而对公园、海滩等的使用。违反这些地方法规将构成刑事

---

[14] 苏珀尔斯通:《布朗利公共秩序和国家安全法》(Supperstone, *Brownlie's Law of Public Order and National Secretray*),第 185 页。

[15] 2000 年《反恐怖法》第二部分。

[16] 尤因,注释 6。

[17] 实际上,2000 年《反恐怖法》附件二列举了 14 个被禁组织。该法包含了在该名单上新增组织的权力(第 3 条),这导致了其他 40 个组织被指定。见本书第 26 章。

犯罪，除非法庭愿意认定该地方法规越权无效；[18] 为了抑制持续地违法，地方法规还规定了民事救济。[19] 以伦敦特拉法尔加(Trafalgar)广场为例，法律已经规定，在该广场举行任何公众集会都必须向国家遗产部(Department of National Heritage)提交申请；[20] 但这项职责目前已经转移给大伦敦当局(Greater London Authority)和代表其履行职责的市长。[21] 在海德公园(Hyde Park)也类似，[22] 尽管"演讲者角落(Speaker's Corner)"可由任何希望在那里演讲的人使用，但任何人都不能将在此聚会视为自己的当然权利，法律在这里"和在其他的地方一样得到完全的"适用。[23] 更近的时候，为

---

[18] 德莫根诉伦敦工人委员会案，《王座分庭案例汇编》，1880年，第5卷，第155页起(De Morgan v Metropolitan Board of Works (1880) 5 QBD 155)；奥尔德雷德诉米勒案，《高等法院案例汇编》，1925年，第21页起(Aldred v Miller 1925 JC 21)；奥尔德雷德诉兰米尔案，《高等法院案例汇编》，1932年，第22页起(Aldred v Langmuir 1932 JC 22)。并见英王诉巴奈特议会(申请人：约翰逊)案，《地方政府法律报告》，1990年，第89卷，第581页起(R v Barnet Council, ex p Johnson (1990) 89 LGR 581)(在社区节日排除"政治活动"的限制被判无效)。

[19] 参见兰达诺UDC诉伍兹案，《衡平法院案例汇编》，1899年，第2卷，第705页起(Llandudno UDC v Woods [1899] 2 Ch 705)。

[20] 《行政立法性文件汇编》，1997年，第1639号(SI 1997 No.1639)，参见申请人刘易斯案，《王座分庭案例汇编》，1888年，第21卷，第191页起(Ex p Lewis (1888) 21 QBD 191)，在检察长诉琼斯案，《上诉案例汇编》，1999年，第2卷，第240页起(DPP v Jones [1999] 2 AC 240)。

[21] 1999年《大伦敦当局法》(Greater London Authority Act)，第383条；《行政立法性文件汇编》，2000年，第801号(SI 2000 No.801)。

[22] 贝利诉威廉森案，《王座分庭案例汇编》，1873年，第8卷，第118页起(Bailey v Williamson (1873) 8 QBD 118)；1977年皇家和其他公开场所规章(Royal and Other Open Spaces Regulations)，《行政立法性文件汇编》，1997年，第1639号(SI 1997 No.1639)(为《行政立法性文件汇编》，2004年，第1308号(SI 2004 No.1308)所修正)。

[23] 雷德蒙－贝特诉检察长案，《人权法律报告》，2000年，第249页起(Redmond-Bate v DPP [2000] HRLR 249)。

了限制在议会附近举行的示威活动,法律规定,如果事先未取得伦敦警察局长的许可,在议会附近组织、参与或继续举行示威活动将构成犯罪,而且警察局长可以根据各种理由拒绝此种申请。[24] 另外,如今无须事先征得同意就可以在干道上举行集会。[25] 但是这项权利的范围不能任意扩大,"根据集会的规模、持续的时间以及干道的性质",集会应当是"合理的和不会引起阻塞的"。此外,它"不得与公众通行和再通行的基本权利相冲突"。[26]

对于并非在露天举行的聚会、聚集(rallies)或集会,实践中要找到开会的场所已是一个主要的限制,更不用说租借大会议厅的费用和处理相关安全问题了。[27] 一个动机不受欢迎的组织者很难租到合适的会议厅,无论这些场所是属于私人所有还是公共当局,如地方议会所有。然而,参与地方选举和议会选举的候选人,有权使用学校和其他公共场所举行竞选会议。[28] 地方当局拥有广泛的

---

[24] 2005年《有组织重罪和警察法》(Serious Organised Crime and Police Act 2005),第132条。该条款广受批评,根据此条款定罪的第一个案件,请见《每日电讯报》,2005年12月12日(Daily Telegraph, 12 December 2005)。

[25] 在检察长诉琼斯案,《上诉案例汇编》,1999年,第2卷,第240页起(DPP v Jones [1999] 2 AC 240)。见下文第579页。

[26] 同上,根据欧文勋爵(大法官)(Lord Irvine (Lord Chancellor))。

[27] 根据1994年《刑事司法与公共秩序法》(Criminal Justice and Police Act 1994)第170条,政党会议的安全支出可以由国库支付。

[28] 1983年《人民代表法》(Representation of the People Act 1983),第95、96条,见韦伯斯特诉南沃克议会案,《王座分庭案例汇编》,1983年,第698页起(Webster v Southwark Council [1983] QB 698);埃特里奇诉莫雷尔案,《地方政府法律报告》,1986年,第85卷,第100页起(Ettridge v Morrell (1986) 85 LGR 100)。也见《行政立法性文件汇编》,1999年,第450号(威尔士议会)(SI 1999 No.450 (Welsh Assembly));《行政立法性文件汇编》,1999年,第787号(苏格兰议会)(SI 1999 No.787(Scottish Parliament))。

裁量权决定谁可以租用它们的会议厅,尽管这种裁量权现在要受到法律的限制,即根据1998年《人权法案》可以在法院挑战其合法性。㉙但是,即使是1998年《人权法案》也没有完全采取下述观点,即地方当局应该特别承担允许所有团体——无论这些团体是受欢迎的还是不受欢迎的——使用其会议厅的一般义务,并且不得以政治或其他理由加以歧视。㉚而根据1986年《教育(第2号)法》第43条的规定,综合大学、理工院校和职业学校(universities, polytechnics and colleges)却负有这样的义务,这些机构的管理部门必须"采取合理措施,使得学校成员、学生、雇员和访问演讲者在法律范围内的言论自由得到保障"。该义务包括,管理机构有责任"保证在合理可行的情况下,不得根据与下述因素相关的理由拒绝任何个人或团体使用机构的任何场所:(a)个人或团体成员的信仰或观点,或(b)该团体的政策或目标"。管理部门必须出台并适时更新其实施规则以履行这些义务。㉛

在英王诉利物浦大学(申请人:西泽-戈登)(*R v University of Liverpool, ex p Caesar-Gordon*)㉜一案中,大学当局拒绝

㉙ 如果拒绝使用大厅在温斯布里原则的意义上是不合理的,则此类判决也容易受到挑战:惠勒诉莱斯特议会案,《上诉案例汇编》,1985年,第1054页起,第1065页(*Wheeler v Leicester Council* [1985] AC 1054, 1065)。比较维罗尔诉大雅茅斯自治市议会案,《王座分庭案例汇编》,1981年,第202页起(*Verrall v Great Yarmouth BC* [1981] QB 202)。

㉚ 《街道、自由、个人和法律》(*Street, Freedom, the Individual and the Law*)(第5版),第56页。

㉛ 见E.巴伦德特,《公法》,1987年,第344页起(E Barendt [1987] PL, 344)。

㉜ 《王座分庭案例汇编》,1991年,第1卷,第124页起([1991] 1 QB 124)。

许可南非大使馆两位一等秘书在大学举行演讲。这样做的原因是担心在演讲的过程中,可能会在与大学相毗邻的托克斯特斯(Toxteth)居民区引发公共暴力事件。当学生保守党联合会主席申请司法审查时,分庭法院认为,对第43条(1)的正确解释应当是,施加给大学的义务局限于大学的成员和它的场所,即它的义务是确保在合理可行的情况下,那些它可以控制的人,也就是它的成员、学生和雇员,不妨碍其他成员、学生、雇员和访问演讲者在它可以控制的地点行使法律范围内的言论自由。但是根据该条款,大学没有被授权应当考虑在大学之外由它不能控制的人所造成"公共混乱"的危险。法院宣布,大学不允许举行聚会的决定越权无效。但法院暗示,如果大学当局拒绝同意的理由是基于"在大学的场所和大学成员之间造成混乱的危险",法院就不能对它们的决定提出任何异议。

C. 公共游行和集会

公共游行

与在干道上举行静止聚会相比,在普通法上,街道游行毫无疑问是合法的,这只不过是公众按照干道的本来目的集体行使其使用干道的公共权利而已。㉝ 但这并不意味着众多示威者并肩沿街游行以至于干扰了他人使用干道的权利，或一大群示威者决定阻断干道，也是对干道的合理使用："如果该权利被不合理地行使或行使时不顾及他人的权利"，游行就构成一种妨害。㉞因为游行是先定合法的，所以警察如果要予以控制就需要有制定法授予的权力。1936年《公共秩序法》规定了警察的一般权力，该法通过时，正值法西斯分子在伦敦东区(East End of London)的游行对公共秩序构成严重威胁之际。根据该法第3条，如果警察局长在考虑了实际或计划中的游行的时间、地点或路线因素后，合理地认为该游行会引起严重的公共骚乱，他或她可以发布指令，对游行的组织者或参与者施加在他或她看来是为了保持公共秩序所必需的限制条件，包括规定游行路线以及限制进入某些指定的公共场所；但是他或她不能限制展示旗帜、横幅或徽章，除非这些限制也是出于防止破坏治安的合理需要。违反这些条件就构成违反1936年《公共秩序法》的犯罪。㉟ 如果这些权力不足以预防城市游行造成严重的公共骚乱，警察局长就可以向地方当局申请发布一项禁令，禁止在一定时期内所有或某个群体的游行，但这一期限不得超过三个月；

㉝ A.古德哈特，《剑桥法律杂志》，1937年，第6卷，第161页起，第169页(A Goodhart (1937) 6 CLJ 161, 169)。

㉞ 洛登斯诉基夫尼案，《爱尔兰案例汇编》，1903年，第2卷，第82页起，第90页(*Lowdens v Keaveney* [1903] 2 IR 82, 90)(吉布森法官(Gibson J))；并见英王诉克拉克2号案，《王座分庭案例汇编》，1964年，第2卷，第315页起(*R v Clark* (No.2) [1964] 2 QB 315)。

㉟ 见弗洛克哈特诉罗宾逊案，《王座分庭案例汇编》，1950年，第2卷，第498页起(*Flockhart v Robinson* [1950] 2 KB 498)。

这样的禁令只得由地方议会在得到国务大臣的批准后作出。对于伦敦,伦敦警察局长可以在得到内政大臣的许可后自己发布禁令。因为需要取得国务大臣的许可,所以议员可以在议会中提出对此种禁令的异议。

这些权力在1986年《公共秩序法》(Public Order Act 1986)中得到了扩展。首要的变化是,公共游行的组织者应预先通知警方(第11条)。这项义务适用于下列目的的游行:(a)为了表示对某个人或某团体的观点或行为的支持或反对;(b)宣传某种事业或运动;或(c)纪念或缅怀某个事件。对通知义务的适用也有一些例外,[38]但是大多数为政治目的而举行的游行都要受到这些要求的限制。通知的内容必须列明游行计划的时间、日期和路线,并提前至少6个完整工作日送达(游行将开始区域所在的)警察局。除了预先通知的要求外,1986年法还扩展了可以给公共游行施加限制条件的理由,以及可以禁止游行的情形。因此,甚至在并不可能引起严重骚乱的情形下,只要高级警官(senior police officer)合理相信游行可能造成对财产的严重损害或对社区生活的严重破坏,他或她就可以对游行施加限制条件。如果游行组织者的目的是威胁他人,他或她也可以对游行施加限制条件(第12条)。警察应基于必要发布指令以防止骚乱、损害、破坏或威胁,其施加的限制条件包括规定路线和禁止进入指定的区域。与1936年法不同,现在对展示旗帜、横幅、徽章的禁令并无限制。如果这些施加限制条件的权力不

---

[38] 根据第11条(2),如果"是在计划的警察区域(或多个区域)内正常地或依照惯例地举行游行,或葬礼主持者按照履行其事务的正常程序组织的葬礼游行",则组织者无须承担通知义务。

足以预防严重的公共骚乱,警察局长可以根据1986年法第3条第(2)款申请禁令。这里的程序类似于1936年法的第3条第(2)款,申请禁令的权力仅适用于严重的公共骚乱,不容许基于如今可以施加限制条件的宽泛理由而发布禁令。

在苏格兰,1982年《市镇政府(苏格兰)法》(Civic Government (Scotland) Act 1982)(该法被1994年地方政府及其他(苏格兰)法(Local Government etc. (Scotland) Act 1994)修正)规定了类似的权力。㊲ 根据该法的第62条,公共游行的组织者必须提前(至少7天)通知游行区域内的警方与地方当局。在咨询了总警长后,地方当局可以禁止举行游行或对游行施加限制条件。这些措施是对扩展适用于苏格兰的1986年公共秩序法中第12条的补充。㊳ 因此,苏格兰地方政府似乎可以禁止某次特定的游行,而在英格兰和威尔士,相应的禁令则必须要么禁止举行所有的公共游行,要么禁止被特别指定的某一群体的公共游行。苏格兰法律与1986年法之间另一个重要的区别就是1982年市镇政府(苏格兰)法第64条中规定的上诉程序。个人如果业已根据第62条的规定提交了游行通知,那么他可以在14日内对禁止游行或对游行施加限制条件的命令向郡长(sheriff)提出上诉。根据制定法,上诉的理由限制在法律适用错误、事实认定错误、不合理运用自由裁量权,或者地方政府"越权行事"。在1986年《公共秩序法》中并没有与此相应的条

㊲ 见尤因和戴尔－里斯克书,注释1,第9章。也见W.芬尼,载于芬尼、希姆斯沃思和沃克(编):《爱丁堡公法论集》(W Finnie, in Finnie, Himsworth and Walker (eds), *Edinburgh Essays in Public Law*),第251－277页。

㊳ 1986年《公共秩序法》,第11条和第13条,并未扩展适用至苏格兰。

款。当然，游行的组织者也可以针对禁令或施加限制条件的命令寻求司法审查。㊴ 但是，与在苏格兰不同的是，这是司法审查而非上诉；它将依据司法审查的程序在高等法院进行而非在地方郡治法院进行；无论如何，对涉及根据1936年法第3条第(2)款发布禁令的案件，上诉法院已经明确表态，法院并不愿意鼓励这种申请。㊵ 此外，还存在一个现实问题，即如何保证在游行应当举行之前有足够的时间进行司法审查。警察并无义务"尽可能早地"告知游行应遵循的条件，而苏格兰的地方当局却要这样做。㊶ 如果警察不合理地行使权力，因违反游行的限制条件而被捕的人就可以在刑事诉讼中将其作为抗辩理由来挑战警察行为的合法性。但是这并不会恢复他们参与游行以及按原来的计划指挥游行的权利。

公共集会

警察的权力，特别是规制公共集会的权力规定在1986年《公共秩序法》(第14条)中。一位高级警官可以在集会中(或者一位总警长在集会举行之前)对集会的地点、持续时间，以及参加的人数施加限制条件，但前提是，警方必须有合理理由认为具备如下情

㊴ 原则上，也可以通过司法审查的途径来挑战根据1936年《公共秩序法》第3条(2)发布的禁止命令。见肯特诉伦敦警察局长，《泰晤士报法律报告》，1981年5月15日(*Kent v Metropolitan Police Commissioner*, *The Times*, 15 May 1981)。关于《欧洲人权公约》的观点，见 Plattform "Ärzte für Das Leben"诉奥地利案，《欧洲人权报告》，1991年，第13卷，第204页起(*Plattform "Ärzte für Das Leben" v Austria* (1991) 13 EHRR 204)。

㊵ 肯特诉伦敦警察局长案，注释39。

㊶ 1982年《文官政府(苏格兰)法》(Civic Government (Scotland) Act)，第63条。

形:(a)集会可能导致严重的公众骚乱、严重的财产损失,或对社会生活构成严重干扰;或(b)组织集会的目的在于威胁他人。公共集会被界定为2人或更多人在全部或部分露天的公共场所举行的集会(第16条)。[42] 在该法中,没有规定挑战依据该权力所作指令的程序。虽然,如果警方提前足够长时间作出指令,原则上当事人可以提出司法审查,但法庭并不鼓励对此种决定进行审查。其他对抗指令的唯一途径也是间接的,即在因违反依据该法所作出的指令的刑事诉讼中,它可以作为一种抗辩。例如,可以主张警察超出他们的权力范围,因为集会的目的仅仅是给第三方造成不方便和难堪,而非恐吓。[43] 尽管如此,该条还是赋予了警察控制公共集会的广泛权力,警察可以依据该权力发布命令以挫败集会的目的。

与1986年法第13条规定的有关公共游行的权力相比,1994年《刑事司法和公共秩序法》(Criminal Justice and Public Order Act 1994)在公共集会方面对警察增加了新的权力。[44] 这种新的权力适用于"非法侵入的集会(trespassory assemblies)",即"在公众无权进入或仅有有限进入权利的场所上进行"的集会,该界定涵盖广泛,公共干道上的集会也包括在内。根据1986年法第14条A款的规定,如果警察局长合理地相信20人及以上人数的集会有如下情形时,警察权力得以适用:(a)集会有可能没有取得土地占有人的允

---

[42] 为2003年《反社会行为法》(Anti-social Behaviour Act 2003)第57条所修正。之前,公共集会的人数被界定为至少20人。

[43] 警察诉洛娜·里德案,《刑事法律评论》,1987年,第702页起(Police v Lorna Reid [1987] Crim LR 702)。

[44] 关于1994年法,参见M.J.艾伦和S.库珀,《现代法律评论》,1995年,第59卷,第364页起(M J Allen and S Cooper [1995] 59 MLR 364)。

许,并(b)可能对社会生活造成严重干扰,或对土地、建筑物,以及具有重要历史、建筑、考古、科学意义的纪念物造成显著损害。如果满足了这些条件,警察局长可以向地方当局申请禁令,禁止在该地区全部或一部分范围内所有的"非法侵入的集会",该禁令只能适用于以某个指定点为中心、半径5英里内的区域,所指定的期限最多为4天。该禁令在到期前可以被改变或撤销,作出之前可以咨询国务大臣(必须在命令作出之前取得国务大臣的同意),禁令的内容可以按照警察的要求作出,或者对警察的要求作出一些修正。在苏格兰,作出(或换种说法,批准)这样的命令无须征得大臣的同意,而在伦敦,此种命令要在征得内政大臣的同意后由伦敦警察局长作出。

组织或参加明知是被禁止的集会将构成犯罪,身着制服的警官如果合理确信某人是正要参加"可能是被禁止的集会"的人,就可以予以制止,并"命令他[或她]不向集会的方向前行"。违反这样的命令将构成犯罪。

检察长诉琼斯(*DPP* v *Jones*)[45]案中,一项禁令规定,从1995年5月29日到6月1日期间,禁止在以巨石阵(Stonehenge)*为中心、4英里为半径的范围内举行集会。在该禁令

---

[45] 《上诉案例汇编》,1999年,第2卷,第240页起([1999] 2 AC 240);G.克莱顿,《现代法律评论》,2000年,第63卷,第252页起(G Clayton (2000) 63 MLR 252)。

* 指英国南部索尔兹伯里附近的一组立着的石群,可上溯到公元前2000－公元前1800年。该巨石阵被可上溯到公元前2800年的一个圆形沟槽和堤围围住。巨石的排列表明当时巨石阵是一个宗教中心,也被用作星象观测台。现已被联合国列入世界文化和自然遗产的名册。——译者注

有效期内,有人在该命令所规定的区域内举行了一次和平集会。当参加集会的人拒绝解散时,他们遭到逮捕并被以"非法侵入的集会"为名定罪。该项罪名被刑事法院推翻;经过上诉,法院认为,即使集会是和平的且并未阻塞干道,该行为也可构成"非法侵入的集会";当本案进一步上诉到上议院时,引起争执的问题在于,该集会是否为了"非法侵入的集会"所界定的目的而超越了公众进入干道的权利:如果公众有权如此使用干道,根据修正后的 1986 年法则并无"非法侵入"的问题。上议院(以 3∶2)恢复了刑事法院的判决。大法官(Lord Chancellor)认为,使用干道的权利并不局限于在道路上来回通行:"公共干道是一个公共场所,公众可以以合理的目的利用,如果这样的行为没有达到对公众或私人造成妨害的程度,没有以不合理妨碍公众的来回通行的基本权利的方式阻塞干道,那么,在这些限度范围内,在干道上和平集会是一项公共权利。"㊻

虽然,1986 年《公共秩序法》的第 14 条似乎是第一个专门规定警察管制公共集会权力的条款,但实际上警察拥有很多可以服务于这一目的的一般警察权力。首要的一个,便是制定法规定的妨碍警察履行职务的罪名,㊼ 我们将在后面讨论它,在实践中,它会给予警察与 1986 年法第 14 条所授予的同样大的权力。此种犯罪

㊻ 同前,第 257 页。
㊼ 1996 年《警察法》,第 89 条(2)。

的规定并未受到1986年法的影响,因此,有人强烈认为,相比于之前的法律,第14条在实践中并未增加更多的警察权力。

D. 集会自由和私人财产权

纠察(picketing)*

纠察的目的是,纠察员可以向那些进入或离开某场所的人传递信息或意见,或在一些情况下首先说服他们不要进入某场所。有人认为人权法案"在《欧洲人权公约》第11条保障和平集会权利的范围内,有根据地创设了'纠察权利'"。[48] 但是,纠察员也要遵守警方根据1986年《公共秩序法》第14条发布的指令。警察可以发布指令防止治安被破坏;不遵守此项指令可能因妨碍警务而被逮捕。[49] 但是即使纠察行为完全和平,不受警方上述指令的限制,参与人员也可能依法构成犯罪且无须令状即可被逮捕。根据

---

* Picketing,(罢工)纠察,指发起罢工或联合抵制(boycott)的一种方法。即由一名或多名雇员或其他人在雇主企业门口向进出者及公众宣传劳资纠纷或通知罢工,以促使雇工罢工,促使顾客拒绝与雇主交易,或表达工会代表雇员的意愿。通常伴有手持标语牌的巡逻行动。参见薛波主编:《元照英美法词典》,法律出版社2003年版,第1054页。——译者注

[48] 盖特美食伦敦有限公司诉交通运输与普通工人工会案,《英格兰及威尔士高等法院(王座法院)案例汇编》,2005 年,第 1889 页起(*Gate Gourmet London Ltd v TGWU* [2005] EWHC 1889 (QB)),第22段(富尔福德法官)(para 22 (Fulford J))。

[49] 同上。

1992年《工会和劳资关系（联合）法》(*Trade Union and Labour Relations (Consolidation) Act 1992*)第 241 条的规定，如果某人"错误地且无法律授权地""监视或包围"人们工作或碰巧经过的场所，并有意强迫他或她放弃其有权利所做的事情，这种行为将构成犯罪。虽然此种罪名一度未予适用，但在 1984、1985 年的煤矿工人罢工期间，作为警方对付当时出现的大规模纠察活动的武器之一，这一罪名又得以复活。⑩ 也许更为普遍的是，纠察人员可能会因阻塞干道而遭到逮捕，依据的是 1980 年《公路法》(*Highway Act 1980*)第 137 条。相对于其他形式的集会，纠察行为不再是对干道的一种合法使用了。⑪

除了可能承担的刑事责任外，纠察组织者还面临着民事责任，这一责任可能会由工会承担。⑫ 权威的意见认为，对某个场所进行纠察会对这些场所的所有者或占有者的私益构成妨害。对于依据原告的申请发布中间禁令(interlocutory injunction)这一问题，至少法律并未规定得十分清楚。

在哈伯德诉皮特(*Hubbard v Pitt*)案中，一个社区行动小

---

⑩ 见 P. 沃灵顿，《就业法律杂志》，1985 年，第 14 卷，第 145 页起 (P Wallington (1985) 14 ILJ 145)。

⑪ 见布鲁姆诉检察长案，《上诉案例汇编》，1974 年，第 587 页起(*Broome v DPP* [1974] AC 587)；卡瓦纳诉希斯科克案，《王座分庭案例汇编》，1974 年，第 600 页起(*Kavanagh v Hiscock* [1974] QB 600)；赫斯特诉西约克郡总警长案，《刑事上诉法院案例汇编》，1986 年，第 85 卷，第 143 页起(*Hirst v Chief Constable of West Yorkshire* (1986) 85 Cr App Rep 143)。

⑫ 1992 年《工会和劳资关系（联合）法》，第 20 条。见盖特美食伦敦有限公司诉交通运输与普通工人工会案，注释 48。

组(a community action group)在伊斯林顿(Islington)的房地产代理商办公室外组织了一次和平纠察,通过散发传单和展示标语以抗议公司牺牲工人阶级居民的利益、提高房产价格的立场。在是否应当向该公司发布一项针对纠察行为的中间禁令的问题上,福布斯(Forbes)法官认为纠察是非法的,因为它既不是深思熟虑的,也不是为了促进行业争议(对于这一点的意义,请见下文)的解决,并且与使用干道来回通行的公共权利不相容。但是在上诉法院,多数法官支持临时禁令的理由却大不相同,他们只是判定,原告对在诉讼中最终达到以下结果有真实的预期:抗议者正在对他们造成私益妨害,法院应该在诉讼的主要听审(main hearing)开始后才能考虑对纠察有利的便利权衡(balance of convenience)*。丹宁勋爵(Lord Denning MR)不同意该意见,他认为使用干道的纠察行为并非不合理,并不构成普通法上的妨害;除了为解决行业争议的目的之外,只要纠察仅仅是为了获取或交流信息或和平劝说,它就应该是合法的。㉝

在1984、1985年的煤矿工人大罢工中,法院进行过一个尝试

---

* 便利权衡(balance of convenience),在以禁令(injunction)给予原告救济时,应考虑到因此可能会给被告造成的损害、痛苦或不便等因素。参见薛波主编:《元照英美法词典》,法律出版社2003年版,第129页。——译者注

㉝ 《王座分庭案例汇编》,1976年,第142页起([1976] QB 142)。见 P.沃灵顿,《剑桥法律杂志》,1976年,第82页起(P Wallington [1976] CLJ 82)。但是纠察并不一定构成侵害:见 K.米勒和 C.伍尔夫森,《就业法律杂志》,1994年,第23卷,第209页起,第216 - 217页(K Miller and C Woolfson (1994) 23 ILJ 209, at pp 216 - 217)。

——在短期内是成功的——即扩大私益妨害侵权的范围。所以在托马斯诉全国矿工联盟(南威尔士地区)(*Thomas v NUM (South Wales Area)*)案㊹中,斯科特(Scott)法官认为纠察人员不仅应对住宅的占有者或所有者承担责任,也应对因进入该住宅而遭到"不合理骚扰"的工人(或可能还有其他人)承担责任。随后,这种对侵权责任的扩展在1985、1986年发生在沃平(Wapping)的一起行业争议案中遭到了斯图尔特-史密斯(Stuart-Smith)法官的反对。㊺

为了规制行业争议情形下的纠察行为,制定法制定了如下特殊规则:

> 如果个人在考虑或促进行业争议㊻的解决的过程中,仅仅是为了和平地获取或交流信息,或和平地劝说任何人工作或不工作,而参加位于或接近下述两种场所中的纠察活动,则该行为是合法的:
>
> (a) 他自己的工作场所;或
> (b) 如果他是工会官员,他所合作或代表的该工会成员

㊹ 《衡平法院案例汇编》,1986年,第20页起([1986] Ch 20)。见K.D.尤因,《剑桥法律杂志》,1985年,第374页起(K D Ewing [1985] CLJ 374),见现在的1997年《保护免受侵扰法》(Protection from Harassment Act 1997),以及亨特诉坎纳里·沃夫案,《上诉案例汇编》,1997年,第655页起(*Hunter v Canary Wharf* [1997] AC 655)。

㊺ 新闻集团报纸有限公司诉书画刻印及有关行业协会1982年(2号)案,《就业案件报告》,1987年,第181页起(*News Group Newspapers Ltd v SOGAT 1982* (No. 2) [1987] ICR 181)。

㊻ 关于"行业争议"一语的意义,见1992年《工会和劳资关系(联合)法》,第244条。

的工作场所。[57]

不同于先前的规定,该条款将行业争议中的纠察自由局限于工人自己的工作场所。二级纠察(Secondary picketing)——在其他工作场所进行的纠察——则被排除在外。[58] 该法对这种形式的纠察人数没有作出限制,但当时的劳工部(Department of Employment)(经议会同意)所发布的《纠察行为规则》[59]则建议,在任何特定地点的纠察人数不得超过6人,但是,如果警察为了防止破坏治安认为有必要减少人数时,这一数字还可能被削减。[60] 即使满足了这些要求,纠察一方也没有权利阻止车辆并强迫司机和乘客聆听他们的演说。在布鲁姆诉检察长(Broome v DPP)案[61] 中,上议院拒绝将该法之前的规定解读为包含此项权利,因为这样将把严重削减相对人自由的文字塞入该法。任何人都有权自由使用干道,不

---

[57] 1992年《工会和劳资关系(联合)法》,第220条,并见根据1992年法发布的纠察行为规则(Code of Practice on Picking),见注释59。

[58] 关于旧法下的二级纠察,见杜波特钢铁有限公司诉瑟斯案,《全英格兰案例汇编》,1980年,第1卷,第529页起(Duport Steels Ltd v Sirs [1980] 1 ALL ER 529)。

[59] 《行政立法性文件汇编》,1992年,第476号(SI 1992 No.476)。不遵守指令并不会必然导致诉讼,但法庭或裁判所会对此加以考虑。见托马斯诉全国矿工联盟(南威尔士地区),注释54。

[60] 纠察行为指令,第51段。但是,这些限制并不禁止罢工者及其支持者在工作场所附近而不是当地参加示威:见盖特美食伦敦有限公司诉交通运输与普通工人工会案,注释48(该案中,有200人在离工作场所大约500米的地方示威)。

[61] 《上诉案例汇编》,1974年,第587页起([1974] AC 587)。也见卡瓦纳诉希斯科克案,《王座分庭案例汇编》,1974年,第600页起(Kavanagh v Hiscock [1974] QB 600)。

被任何私人强行拦阻并被强迫聆听自己不愿听的内容。[62] 因此，纠察人员有权寻求信息交流或进行和平劝告，但无权拦阻行人或车辆。

这些规定的目的就是给予工人和工会官员有限的保护，使其免于刑事或民事责任。就刑事责任而言，和平从事被法律许可之目的的纠察活动的人将免于根据 1980 年《公路法》第 137 条和 1992 年《工会和劳资关系(联合)法》第 241 条而承担刑事责任。这是因为后一个法律通过第 220 条(如果纠察"是合法的")对阻断公路、监视和包围给予了法律上的授权。但是，如果纠察的目的是为了引起阻塞而非和平交流信息，则 1992 年法第 220 条将不会使参与者免于被逮捕和控告。就民事责任而言，第 220 条对和平纠察的参与者赋予了妨害私益民事责任的豁免权。[63] 但是它并没有规定在纠察目的被判定为骚扰他人时也免责，正如托马斯诉全国矿工联盟(南威尔士地区)(*Thomas v NUM（South Wales Area）*)一案[64]的情形。与 1992 年法第 219 条的规定一起，第 220 条也豁免了纠察者的合谋侵权责任，包括违反合同和胁迫。[65] 但这种保护的价值被大打折扣，因为其适用的前提是遵守对劳工行动日趋严密的

---

[62] 《上诉案例汇编》,1974 年,第 587 页起,第 603 页([1974] AC 587, 603)。

[63] 哈伯德诉皮特案,《王座分庭案例汇编》,1976 年,第 142 页起(*Hubbard v Pitt* [1976] QB 142)。

[64] 《衡平法院案例汇编》,1986 年,第 20 页起([1986] Ch 20)。

[65] 要全面考察这些问题，得查阅关于劳动法的教材。如柯林斯、尤因和麦科尔根：《劳动法：文本和材料》(Collins, Ewing and McColgan, *Labour Law: Text and Materials*)；迪金和莫里斯：《劳动法》(Deakin and Morris, *Labour Law*)；以及史密斯和托马斯，《就业法》(Smith and Thomas, *Industrial Law*)。

限制,包括对举行秘密投票的限制和要求合理通知雇主。但是也可能存在这样的情形,即在行业争议中的纠察并不涉及侵权行为,责任豁免并无必要。虽然这样的案例很少见,但也并非没有。

在米德布鲁克蘑菇有限公司诉运输和一般工人联盟(*Middlebrook Mushroom Ltd v Transport and General Workers' Union*)[66]案中,原告雇主们同他们的一些雇员存在纠纷,雇员举行罢工后被解雇。被解雇的前雇员于是组织起来在超市外散发传单,劝告购物者不要购买原告的蘑菇。初审法院颁发禁令要求被告不得直接干扰雇主的交易,但是该禁令在上诉中被撤销。双方都没有依据1992年法。法院认为,要证明被告的行为具有侵权性质,必须证明其劝说行为直接针对被认为受到干扰的合同(在本案中即超市与雇主之间的合同)的一方。此处,"暗示性的影响,如果存在的话,是通过可以自由抉择的第三方的行为或可预期的行为发挥作用的"。因为传单是直接发给了顾客,且并不包含直接针对超市经理的信息。

不过,1992年法所赋予的自由实际上非常狭窄,而且像警察在规范纠察者和其他人的竞争性主张方面被授予了广泛的自由裁量权这样关键性的问题,并没有得到处理。

---

[66] 《就业案件报告》,1993年,第612页起([1993] ICR 612)。

静坐、擅自占有和强行进入
(sit-ins, squatting and forcible entry)

近年来,人们表达抗议经常采取进入私人领地的方式,特别是动物权利主张者和环保主义者。前者抗议野外运动和活体解剖;后者抗议修建新的高速公路,因为在修路的过程中会污染或破坏自然的或者已经成型的环境。其他组织也以这类形式展开抗议活动,如工人抗议失业威胁,和平运动者对核武器或者英国出兵伊拉克表示担忧。法律上不存在因这些目的进入私人财产的权利,[67]而且这种抗议活动的形式可能与前面已经讨论过的若干措施发生冲突,尽管也有其他一些规定与之相关。在钱德勒诉检察长(Chandler v DPP)一案[68]中,废核主义者试图进入某英国皇家空军(RAF)基地并静坐,法院判定这一行为违反了1911年《官方机密法》(Official Secrets Act 1911),构成了其第1条第1款规定的共谋。该条款规定,为了任何有害于国家安全的目的,接近或进入"任何禁止区域"即构成犯罪。在高尔特诉菲尔普(Galt v Philp)一案[69]

---

[67] 阿普尔比诉联合王国案,《欧洲人权报告》,2003年,第37卷,第38页起(Appleby v United Kingdom (2003) 37 EHRR 38)(该案中,法院认为,将抗议者阻挡在购物中心之外并不违反《欧洲人权公约》)。见J.罗博顿,《欧洲人权法律评论》,2005年,第186页起(J Rowbottom [2005] EHRLR 186)。

[68] 《上诉案例汇编》,1964年,第763页起([1964] AC 763)。

[69] 《就业关系法律报告》,1984年,第156页起([1984] IRLR 156)。参见K.米勒,《就业法律杂志》,1984年,第13卷,第111页起(K Miller (1984) 13 ILJ 111)。根据1992年法规定的犯罪,见上文第580页。

中,一些科技职员在医学实验室静坐,法院认定该行为违反了1875年《共谋和财产保护法》(Conspiracy and Protection of Property Act 1875)的第7条(现在是1992年《工会和劳资关系(联合)法》第241条)的规定。

在某种程度上,这一类型的行为也受到1977年《刑法法案》(Criminal Law Act 1977)的规范。该法在法律委员会的推动下进行了广泛的修订。[70] 该法的第一部分(Part I)创设了一种法定的共谋犯罪,该罪名被适用于英王诉琼斯(R v Jones)案[71] 中,该案发生于伊拉克战争时期,被告进入某英国皇家空军基地,并试图实施破坏军备的罪行。伊拉克战事违反了国际法并不能为本案被告提供辩护,法院基于1971年《刑事损害法》(Criminal Damage Act 1971)拒绝了这种主张。1977年法第二部分创造了一些与财产相关的进入和逗留的罪行,包括:(a)未经合法授权,在他人在场并违背其意愿的情况下,使用暴力或以暴力相威胁寻求进入他人场所(第6条);(b)在被原占有者或其代表要求离开后,侵犯者仍然逗留在他人的居住场所内(第7条);(c)未经合法授权,侵犯者在进入他人场所后持有攻击性武器(第8条);(d)侵犯者进入外国使馆或其他外交场所(第9条);以及(e)反抗或阻挠郡长(sheriff)或执行官(bailiff)执行法庭有关占有的命令(第10条)。针对"为了逗留一

---

[70] 《下院文件》,1975－1976年,第176号(HC 176 (1975－1976))。
[71] 《英格兰及威尔士上诉法院刑事案例汇编》,2004年,第1981页起([2004] EWCA Crim 1981);《王座分庭案例汇编》,2005年,第259页起([2005] QB 259);现在的《上议院案例汇编》,2006年,第16页起([2006] UKHL 16);《全英格兰案例汇编》,2006年,第2卷,第741页起([2006] 2 ALL ER 741)。

段时间的共同目的"而侵入私人领地的其他措施规定于 1986 年《公共秩序法》当中。⑫

然而,1994 年《刑事司法和公共秩序法》对这些行为作出了进一步的限制。事实上,虽然该法的第五部分题目是"公共秩序:共同侵入或妨害土地",但其中规定了内容宽泛的诸多事项,并非所有规定都涉及集会自由。例如,这一部分规定了:"为了逗留一段时间的共同目的"而侵入私人领地(第 61 条);⑬ 20 人或更多人夜间在露天场所集会(无论其是否侵入私人领地),放着声音巨大的音乐(所谓的狂欢舞会)(第 63 条);⑭ 驱逐擅自占有者(第 75、76 条)和未经占有者同意在其土地上露宿的露营者(第 77 条)。但是,该法的确是在明确规定有关集会和公共抗议的自由等问题,特别是我们前面已经讨论过的有关"非法侵入的集会"的规定。另外,第 68 条规定了所谓的"破坏性侵入者",其针对的主要对象很明显是动物权利保护者,他们侵入别人领地破坏猎狐活动。但是第 68 条并不局限于此项活动。反对者意图修改立法,将他们的范围局限于乡村运动。政府拒绝接受这一建议,因为没有理由认为诸如宗教祭祀、公共赛马大会或露天的政治会议就"应该受到那些试图威胁、阻挠或破坏这些活动进行的人的侵入"。⑮因此,任何人

---

⑫ 参见克鲁姆帕诉检察长案,《刑事法律评论》,1989 年,第 295 页起(*Krumpa* v *DPP* [1989] Crim LR 295)。

⑬ 英王诉多塞特郡总警长(申请人:富勒)案,《英格兰及威尔士高等法院行政案例汇编》,2002 年,第 1057 页起;《王座分庭案例汇编》,2003 年,第 480 页起(*R* (*Fuller*) v *Dorset Chief Constable* [2002] EWHC Admin 1057; [2003] QB 480)。

⑭ 为 2003 年《反社会行为法》第 58 条所修正。

⑮ 官方报告,B 常任委员会,1994 年 2 月 8 日,第 614 卷(Official Report, Standing

侵入露天领地,威胁参加合法活动的人或阻挠、破坏此项活动即构成(严重非法侵入的)犯罪。⑯在场的高级警官有权要求任何实施或参与严重非法侵入活动的人离开相关场所;违背这些命令也构成犯罪。⑰更近一些时候,出于对在王宫所在地或附近土地上的示威的忧虑,法律引入了一项新的刑事罪名,将进入或逗留在任何被指定的地点规定为一种侵入犯罪。⑱

正如在纠察问题上一样,⑲私法责任在此也扮演了重要角色。

Committee B, 8 February 1994, col 614)。

⑯ 参见温德尔诉检察长案,《泰晤士报法律报告》,1996 年 8 月 14 日(希尔曼法官)(Winder v DPP, The Times, 14 August 1996 (Schiemann LJ));检察长诉巴纳德,《泰晤士报法律报告》,1999 年 11 月 9 日(劳斯法官)(DPP v Barnard, The Times, 9 November 1999 (Laws LJ))。检察长诉蒂莉案,《刑事法律评论》,2002 年,第 128 页起(DPP v Tilly [2002] Crim LR 128);以及麦克亚当诉厄克特案,《苏格兰法律时评》,2004 年,第 790 页起(McAdam v Urquhart 2004 SLT 790)。被妨碍的活动在国际法上的非法性,并不构成对依据第 68 条所提出的控诉的抗辩理由:艾利夫诉检察长案,《刑事法律评论》,2005 年,第 959 页起;现在的《上议院案例汇编》,2006 年,第 16 页起;《全英格兰案例汇编》,2006 年,第 2 卷,第 471 页起(Ayliffe v DPP [2005] Crim LR 959; now [2006] UKHL 16; [2006] 2 ALL ER 471)。

⑰ 被告(本案中指反对经过基因改良作物的抗议者,他们妨碍改良玉米的播种)正直而真实地认为此类作物具有危险性,并不构成对依据第 68 条所提出的控诉的抗辩理由:检察长诉拜尔案,《英格兰及威尔士高等法院行政案例汇编》,2003 年,第 2567 页起;《每周法律报告》(分庭法院),2004 年,第 1 卷,第 2856 页起(DPP v Bayer [2003] EWHC 2567 (Admin); [2004] 1 WLR 2856 (DC))。

⑱ 2005 年《有组织重罪和警察法》(Serious Organised Crime and Police Act 2005),第 128 条。"被指定的地点"由国务大臣指定,可以包括任何皇家土地,由女王、威尔士亲王私人所有的任何土地,以及为了国家安全而指定的任何土地。

⑲ 哈伯德诉皮特案,《王座分庭案例汇编》,1976 年,第 142 页起(Hubbard v Pitt [1976] QB 142),见本书边码 580。

在运输部诉威廉斯(Department of Transport v Williams)[80]一案中,原告向法院申请一项禁令,以制止被告为了破坏将M3高速公路的范围扩展至特怀福德-唐(Twyford Down)的修建活动而实施的抗议活动。阿利奥特(Alliott)法官批准发布了这项中间禁令,制止被告(1)进入禁令所指定的区域;(2)干涉命令所指定的干道的使用;以及(3)干涉原告从事《M3高速公路计划》(SI 1990 No 463)所授权的事项。对于第一类禁令,法院认为,这些命令可以基于非法侵入而发布,但是第二类禁令应当被撤销,因为它们并未在第一类禁令的基础上增加任何东西。第三类禁令则要求下述判决具有法律上的基础,即判决对交通部履行制定法文件所授权职务的阻止或干涉构成侵权。法院认为,在本案中,可以基于非法干涉公务而发布一项禁令,而构成此种干涉公务的非法方式可以在1980年《公路法》中找到:该法第303条规定,故意阻止任何人履行依据该法所负职责构成犯罪。[81]

美国氨基氢公司诉艾西康有限公司(American Cyanamid Co v Ethicon Ltd)[82]一案确立了下述原则:如果诉讼涉及的问题非常严重,法院就可以发布一项中间禁令,而且在正式审判过程中,便利

---

[80] 《泰晤士报法律报告》,1993年12月7日(The Times, 7 December 1993)。

[81] 也参见 CIN 资产有限公司诉罗林斯,《泰晤士报法律报告》,1995年2月9日(CIN Properties Ltd v Rawlins, The Times, 9 February 1995);以及菲思托斯船运有限公司诉库尔米亚万,《苏格兰法律时评》,1983年,第388页起(Phestos Shipping Co Ltd v Kurmiawan 1983 SLT 388)。

[82] 《上诉案例汇编》,1975年,第396页起([1975] AC 396)。

的权衡更倾向于救济。⑧ 根据这一原则,被告承担民事责任的风险相当严重。所以,被告不必从事受到抑制的非法之事,只要出现骚乱的威胁,便利权衡就可能会偏向原告(而且确实如此)。另一方面,法院认为,如果是否发布中间禁令关系到所涉事项的终结与否⑭——比如在一个有关抗议的案件,抗议的事由可能在案件进入审判之前就早已过去——那么,并不适用美国氨基氢案的原则。在这些情形下,法院认为,"如果诉讼进入审判阶段,原告在确认其获得禁令的权利方面胜诉的可能性程度,要作为(是否授予中间禁令的)一个考虑因素"。⑮ 申请禁制令以限制各种各样的集会可能会与以1998年《人权法案》为基础的主张发生冲突,因为该禁制令会侵蚀自由集会的权利。在这些情形下,法院可能会相对于其他情形更为重视被告方的辩护。⑯

---

⑧ 在苏格兰也有类似的立场,请见麦金太尔诉谢里登,《苏格兰法律时评》,1993年,第412页起(*McIntyre v Sheridan* 1993 SLT 412)。

⑭ NWL有限公司诉伍兹案,《就业案件报告》,1979年,第867页起(*NWL Ltd v Woods* [1979] ICR 867)(本案是一起贸易争议案件,其中,美国氨基氢公司案的判决为制定法所修正)。

⑮ 同上,第881页(迪普洛克勋爵(Lord Diplock))。

⑯ 见本章注释48的盖特美食伦敦有限公司案。如果案件提出了有关表达自由的问题,见1998年《人权法案》第12条,第19章第三节讨论了该条款。

E. 破坏公共秩序罪

暴乱(riot)与暴力骚乱(violent disorder)

除了与集会和游行相关的规则之外,其他一些破坏公共秩序的行为也会构成犯罪。这些犯罪最初从普通法中发展而来,但在法律委员会提出 1983 年建议⑰之后,这些普通法上的犯罪就被废止,取而代之的是 1986 年《公共秩序法》中的新的犯罪。⑱ 第一个罪名便是暴乱,1986 年法第 1 条将其界定为:12 人或更多的人为了某种共同的目的,使用或威胁使用非法暴力,他们的行为"将引起在场的有坚定理性的人在此情况下为自己的人身安全担忧"。⑲ 这种犯罪的范围被显著拓宽了,因为:首先并不需要理性坚定的人真的处于那种情景中;其次,不同于普通法,此处法定的暴乱可以

---

⑰ 刑法:与公共秩序有关的犯罪(法律委员会,第 123 号)(Criminal Law: Offences Relating to Public Order (Law Commission 123))。

⑱ 1986 年法,第一部分。关于 1986 年法案的背景,参见《政府文件》,1980 年,第 7891 号;《下院文件》,1978 – 1980 年,第 756 号;《政府文件》,1985 年,第 9510 号(Cmnd 7891, 1980; HC 756 (1978 – 1980); Cmnd 9510, 1985)。也参见法律委员会,刑法:与公共秩序有关的犯罪(见上)。

⑲ 普通法上的界定,见菲尔德诉伦敦警察接待员案,《王座分庭案例汇编》,1907 年,第 2 卷,第 853 页起(Field v Metropolitan Police Receiver [1907] 2 KB 853)。普通法上的暴乱可由三个或更多的人发动。对于法律在实践中的一般情况,参见沃格勒:《解读暴乱法》(Vogler, Reading the Riot Act)。

发生在私人领地,也可以发生在公共场合。[90] 虽然现在以暴乱为名的指控已不多见,[91] 但却被频繁适用于 1984、1985 年的煤矿工人大罢工,不过在当时富有争议的情形下,其中的许多指控都没有成功。[92] 发生暴乱时,警察和其他公民可以使用在当时情景下被认为合理的武力予以制止。[93] 任何被证明犯有暴乱罪的人都要受到最高达十年的监禁或罚金,或二者并罚,[94] 同时,任何在暴乱中遭受财产损失的人可以根据 1886 年《暴乱(损失)法》(Riot (Damages) Act 1886)向警察提出赔偿请求。[95] 以下是警察给予赔偿的两个例子:庆祝第一次世界大战结束的人群所造成的损害;[96] 莫斯科迪纳莫(Moscow Dynamo)战后到英国巡回比赛,球迷试图爬进斯坦福桥球场观看他们与切尔西的比赛所造成的损害。[97]

---

[90] 1986 年《公共秩序法》第 1 条(5)。

[91] 在 1972 年煤矿工人罢工期间罢工者用武力阻止煤炭运抵电厂,但以聚众滋事和暴乱为名对该行为提起的指控并没有成功。见 P.沃灵顿,《就业法律杂志》,1972 年,第 1 卷,第 219 页起(P Wallington (1972) 1 ILJ 219)。

[92] 见麦凯伯和沃灵顿:《警察、公共秩序和公民自由》(McCabe and Wallington, The Police, Public Order and Civil Liberties),第 163 页。

[93] 1967 年《刑法法》,第 3 条。1714 年暴乱法如今在英格兰、苏格兰和威尔士都已经失效。

[94] 1986 年《公共秩序法》,第 1 条(6)。

[95] 见注释 89 的菲尔德诉伦敦警察接待员案;芒迪诉伦敦警察接待员案,《全英格兰案例汇编》,1949 年,第 1 卷,第 337 页起(Munday v Metropolitan Police Receiver [1949] 1 ALL ER 337)。在苏格兰,根据 1822 年《骚乱集会(苏格兰)法》第 10 条(Riotous Assemblies (Scotland) Act 1822,为 1994 年《地方政府等(苏格兰)法》(Local Government etc. (Scotland) Act 1994)所修正),可以获得赔偿。出于对格伦伊格尔斯(Gleneagles)八国集团首脑会议发生骚乱风险的担心,政府起草这些条款以引起当地居民的注意。

[96] 福特诉伦敦警察接待员案,《王座分庭案例汇编》,1921 年,第 2 卷,第 344 页起(Ford v Metropolitan Police Receiver [1921] 2 KB 344)。

[97] 芒迪诉伦敦警察接待员案,见注释 95。

1986年《公共秩序法》第 2 节用新的暴力骚乱罪取代了普通法上古老的非法集会(unlawful assembly)罪。非法集会罪的历史是公共秩序法律历史的重要部分。在 1817 年《煽动性集会法》(Seditious Meetings Act 1817)失效后,就开始由法院来发展对非法集会的界定了,警方控制和驱散此类集会的权力也依赖于此。⑱新的制定法澄清了旧法中的一些混淆之处。⑲暴力骚乱是指,3 人或 3 人以上一起使用或威胁使用非法暴力,该行为(共同所为)会使具有坚定理性的人在此场合下担心自己的人身安全。与暴乱相同,该罪的构成并不需要有坚定理性的人真的处于现场,且该罪行在私人领地或公共场合都可以成立。根据普通法古老的规则,一次以合法聚集开始的集会,如果发生骚乱,其中有武器被使用,或者演讲者使用了煽动性语言,则该集会可能转变为非法集会。但是与普通法规则不同,依据新制定法的规定,当出现这种转化时,位于当场但不具有非法目的的人不能被认为犯有暴力骚乱罪。只有当一个人意图使用或威胁使用暴力,或者确信自己的行为具有暴力性或暴力威胁性,他或她才能被认为构成了暴力骚乱罪。⑳被庭审判处该罪的人最高可能面临 5 年的监禁,通过简易程序定罪的

---

⑱ 代表性的案例包括英王诉维森特案,《卡灵顿和佩恩案例汇编》,1839 年,第 9 卷,第 91 页起(*R v Vincent* (1839) 9 C & P 91),以及英王诉弗斯伊案,《卡灵顿和佩恩案例汇编》,1833 年,第 6 卷,第 80 页起(*R v Fursey* (1833) 6 C & P 80)。又见霍金斯:《王国政府的辩护》(Hawkins, *Pleas of the Crown*, c 63, s 9)。

⑲ 见英王诉德文郡和康沃尔郡总警长(申请人:中央电力局)案,《王座分庭案例汇编》,1982 年,第 458 页起(*R v Chief Constable of Devon and Cornwall*, *ex p CEGB* [1982] QB 458)。又见《下院文件》,1983 – 1984 年,第 85 号(HC 85 (1983 – 1984)),第 38 页。

⑳ 1986 年《公共秩序法》,第 6 条(2)。暴乱也一样,见第 6 条(1)。

话,最高可以判处6个月的监禁。[101] 在两种情形下,既可以单处罚金,也可以并处监禁。普通法上,当某非法集会正在举行的时候,每个公民有义务协助恢复秩序,例如自动散开或作为警察的助手等。[102] 可以推定,尽管普通法上非法集会罪被暴力骚乱罪取而代之,但该义务仍得以保存。[103]

在现代社会也发生过以非法集会或暴力骚乱为名进行起诉的案子。人们集会抗议在剑桥花园家园饭店(Garden House Hotel)举行的希腊宴会(当时希腊政府在激进团体中很不受欢迎),在此示威过程中发生了严重的骚乱,冲在最前线的学生被判暴乱和非法集会罪。[104] 在卡马拉诉检察长(Kamara v DPP)[105]案中,塞拉里昂学生占领了伦敦的塞拉里昂高级委员会(Sierra Leone High Commission),将工作人员锁在一个房间内,并用一支仿制枪威胁他们。他们被判非法集会以及其他罪行。这一判决得到了上议院的支持,

---

[101] 同前,第2条(5)。

[102] 对布里斯托尔大陪审团的指控,《卡灵顿和佩恩案例汇编》,1832年,第5卷,第261页起(Charge to the Bristol Grand Jury [1832] 5 C & P 261);英王诉布朗案,《卡灵顿和马什曼的初审法律报告》,1841年,第314页起(R v Brown (1841) Car & M 314)。并见德夫林诉阿姆斯特朗,《北爱尔兰法律评论》,1971年,第13页起(Devlin v Armstrong [1971] NILR 13)。

[103] 比较总检察长对北爱尔兰的咨询意见(1975年第1号),《上诉案例汇编》,1977年,第105页起(A-G for Northern Ireland's Reference (No.1 of 1975) [1977] AC 105)。

[104] 英王诉凯尔德案,《刑事上诉法院案例汇编》,1970年,第54卷,第499页起(R v Caird (1970) 54 Cr App Rep 499)。并见《听众》,1970年10月8日(S. 塞德利)、1970年11月26日(A.W.布拉德利)(The Listener, 8 October (S Sedley) and 26 November 1970 (A W Bradley))。

[105] 《上诉案例汇编》,1974年,第104页起([1974] AC 104)。关于劳工纠纷中的非法集会,见英王诉琼斯案,《刑事上诉法院案例汇编》,1874年,第59卷,第120页起(R v Jones (1874) 59 Cr App Rep 120)。

上议院判定,非法集会不一定要在公共场所发生。正如我们所见,为制止暴力骚乱,这一判定被赋予了制定法上的效力。[106] 非法集会的控告在 1984、1985 年煤矿工人大罢工时被适用,这反映了"一种特定的检控政策,即试图在甚至控告被证明和判决被宣布之前就产生威慑作用"。许多指控在第一次聆讯之前就被撤销,而在那些确实继续进行的诉讼中,也仅仅有"小部分以非法集会罪起诉的案件被最后定罪"。[107] 那次罢工中,一些有关斗殴罪(affray)的起诉也被提起。这一古老的罪行包括了非法斗殴或 1 人或多人在公共场合或私人住宅展示武力,达到使在场的具有坚定理性的人产生恐惧的程度。[108] 1986 年《公共秩序法》对该犯罪赋予了制定法上的地位(第 3 条)。[109]

---

[106] 1986 年《公共秩序法》,第 2 条(4)。
[107] 麦凯伯和沃灵顿:《警察、公共秩序和公民自由》,第 99-100 页。
[108] 巴顿诉检察长案,《上诉案例汇编》,1966 年,第 591 页起(Button v DPP [1966] AC 591);泰勒诉检察长案,《上诉案例汇编》,1973 年,第 964 页起(Taylor v DPP [1973] AC 964)。
[109] 根据 1986 年法第 3 条,某人如果对他人使用或威胁使用非法暴力,并且他的行为将引起一般心理坚强程度的在场人士担心自己的安全,则构成斗殴罪。两个或更多的人使用或威胁使用非法暴力时,必须考虑他们所采取的共同行为。见 I 诉检察长案,《上议院案例汇编》,2001 年,第 10 页起;《上诉案例汇编》,2002 年,第 285 页起(I v DPP [2001] UKHL 10;[2002] AC 285)(挥舞汽车炸弹构成犯罪;但是该行为要针对在场的个人或人群)。

威胁、辱骂和侮辱(threatening, abusive and insulting)的行为

除了暴乱、暴力骚乱和斗殴罪之外,1986年《公共秩序法》规定的另一种罪行所针对的是威胁、辱骂和侮辱的行为。该犯罪——看起来相当于苏格兰普通法上的破坏治安(breach of the peace)罪——最初规定在1936年《公共秩序法》中的第5条。它规定,使用威胁、辱骂或侮辱的言语或行为,意图挑起破坏治安的行为或可能因此而引发破坏治安的行为,则构成犯罪。如果1936年法的第1-4条的目的在于规范20世纪30年代法西斯分子的示威行为,那第5条的目的,看起来就是对付那些意欲破坏法西斯分子集会的共产党人的反示威活动。1936年法的第5条已经被1986年《公共秩序法》第4、5条替换。第4条规定:

> 一个人如果从事如下行为,则构成犯罪:
> (a)对他人使用威胁、辱骂或侮辱的语言或行为,或者
> (b)对其他人散发或展示任何具有威胁、辱骂或侮辱性质的书法作品、符号或其他可视物。
> 意图使他人相信立刻有人会对他或对其他人使用非法暴力,或立即引发他或其他人非法使用暴力;或者,他人据此有可能相信要发生此种暴力,或这样的暴力有可能据此被引发。

1994年《刑事司法》和《公共秩序法》给1986年法的该条款增

加了新的一款,即第4A条。它规定,(a)使用或实施"威胁、辱骂或侮辱的语言或行为,或违反治安的行为",或(b)展示任何具有威胁、滥用或侮辱性质的书法作品、符号或其他可视物,意图使他人受到骚扰、感到惊恐或紧张,并因而导致他人或其他人(无须是行为的对象)"受到骚扰、感到惊恐或紧张",则该行为将构成犯罪。这个规定补充了1986年法第5条的规定,后者规定,任何人使用或实施第4条(a)规定的语言或行为,或展示第4条(b)指定的物品,在他人听力范围内"可能导致他人受到骚扰、感到惊恐或紧张",则该行为构成犯罪。⑩ 这三种犯罪既可以发生在公共场所,亦可发生于私人住宅内,尽管如果某人在私人住所内使用或实施这些语言或行为,而被引起骚扰、惊恐、紧张的人也在该住所内,那么在该私人住所内的行为并不构成犯罪。根据第4A条和第5条,如果被控行为发生在住所内,那么他或她可以以自己没有任何理由相信会被外边的人听到或看到作为抗辩理由。同样是根据第4A条和第5条,被控行为是合理的也可以作为抗辩理由,⑪ 而根

---

⑩ 第5条并不要求暴力威胁(实际上第4A条也不要求),而且"警察可以作为可能遭到骚扰等针对的对象"(检察长诉奥鲁姆案,《全英格兰案例汇编》,1988年,第3卷,第449页起(*DPP v Orum* [1988] 3 ALL ER 449))。

⑪ 关于这一点,见检察长诉珀西案,《刑事法律评论》,2002年,第835页起(*DPP v Percy* [2002] Crim LR 835)。该案考察了合理性抗辩理由与公约权利——特别是第10条——之间的关系。下级法院判决,在美国士兵在场的情况下侮辱美国国旗的行为构成犯罪。该判决被推翻,因为地区法院法官(district judge)没有对公约权利给予足够的考虑。但似乎明确的是,如果他更全面地考察了这种抗辩,他就会完全正当地予以定罪。见哈蒙德诉检察长案,《刑事法律评论》,2004年,第851页起(*Hammond v DPP* [2004] Crim LR 851)。有关《欧洲人权公约》的限制,见史密斯、霍根,《刑法》(Smith and Hogan, *Criminal Law*),第984页。

据第5条,被告可以主张自己没有任何理由相信在可见或可视范围内有任何人可能会受到骚扰、感到惊恐或紧张,这也可以作为抗辩理由。[112] 此外,根据第4条和第5条的规定,只有当某人故意实施威胁、辱骂或侮辱的行为,或者知道自己的行为具有此种性质但仍然为之,其行为才将构成犯罪。[113]

与1936年法第5条的规定一样,该法对关键性术语,即"威胁、辱骂或侮辱的",也并未界定。[114] 因此,根据1936年法第5条作出的判决有助于解释1986年法第4、4A条和第5条。关于"侮辱的"一词的含义,布鲁特斯诉科曾斯(Brutus v Cozens)案是具有代表性的案例。[115]

在温布尔登网球赛上,布鲁特斯和其他反种族隔离的示威者跑进场地,散发传单并坐在场地内。观众对比赛被他们

---

[112] 见莫罗、吉奇和托马斯诉检察长,《刑事法律评论》,1994年,第58页起(Morrow, Geach and Thomas v DPP [1994] Crim LR 58)(本案是一起在堕胎诊所外的抗议——抗议者通过"喊口号、挥舞旗子,并阻止工作人员和病人进出",造成了病人的紧张——此种抗辩理由在该案中没有奏效)。

[113] 见检察长诉克拉克案,《刑事上诉法院案例汇编》,1992年,第94卷,第359页起(DPP v Clark (1992) 94 Cr App R 359)(该案中,被告在堕胎诊所外展示某些图片。尽管被告肯定知道这些图片会导致惊恐或紧张,也并不能据此推论出他们试图通过使用这些图片而产生威胁、谩骂或侮辱的效果或他们知道这些图片可能导致这样的效果)。另一方面,某人已经受到骚扰、感到惊恐或紧张也不是必须的:诺伍德诉检察长,《刑事法律评论》,2003年,第888页起(Norwood v DPP [2003] Crim LR 888)(在平滑的窗户上展示的宣传画写着:"伊斯兰教滚出英国")。

[114] 《上诉案例汇编》,1973年,第854页起([1973] AC 854)。

[115] 同上。比较科尔曼诉鲍尔案,《澳大利亚法律报告》(澳大利亚高等法院),2004年,第209卷,第182页起(Coleman v Power (2004) 209 ALR 182 (High Ct of Australia))。

打断感到强烈不满。布鲁特斯被控实施了可能破坏治安的侮辱行为。法官驳回了这项指控,判定该行为并非是"侮辱的"。检察官提出上诉,分庭法院对治安法官发出指令,如果该行为冒犯了他人,并表示出对他人权利的不尊重或藐视,则该行为就构成了侮辱,因而有可能会引起观众在温布尔登所表示出来的那种憎恶。而上议院则一致同意布鲁特斯对该指令的上诉,认为应赋予"侮辱的"一词它本来的意义,某行为是否是"侮辱的"属于需要法官确认的事实问题。里德(Reid)法官指出,1936年法第5条并不禁止所有可能破坏治安的演说或行为。充满激情的、令人憎恶的和没有礼貌的演说都没有被禁止。不可能对"侮辱的"下一个明确的定义:"一个普通的有感觉的人通过自己的耳朵和眼睛就知道什么是侮辱。"

被告的行为被认定为"侮辱的",也并不足以定罪。根据该法,例如第4条规定的情形,被告的行为还必须要有可能引起骚乱。这与1936年法第5条的要求一致,该条款规定被诉行为要有可能破坏治安。在乔丹诉伯戈因(*Jordan v Burgoyne*)⑪案中,被告被认定违反了该法第5条,因为他在特拉法尔加广场发表的挑衅性演讲,"超出了"犹太人、黑人和退役军人可以"容忍的限度"。法院认为该演讲中的用词是"侮辱的",下级法院的下述解释,即认为被告所使用的语言不可能使普通的有理性的人作出破坏治安的行为,被分庭法院驳回。在分庭法院看来,被告"见到听众后"就必须"认

---

⑪ 《王座分庭案例汇编》,1963年,第2卷,第744页起([1963] 2 QB 744)。

真对待听众,如果对听众或其中一部分听众讲出的话可能导致破坏治安,则演讲者将构成犯罪"。⑪ 根据 1986 年法也可得出类似的结论。

根据 1986 年法第 4 条,一个非常重要的问题在于:可能被引发的暴力行为必须在侮辱行为作出后多久之内发生。1936 年法的第 5 条"并未要求对秩序的破坏,无论是故意的还是可能被引发的,必须在被告行为作出之后立刻发生"。现在是否存在这样的要求,这个问题已经在英王诉霍斯菲里干道治安法官(申请人:P.塞厄达坦)(*R* v *Horseferry Road Magistrate, ex P Siadatan*)⑱ 案中得到了考察。

  原告起诉企鹅书业(Penguin Books)和萨曼·拉什迪(Salman Rushdie)先生,他们是《撒旦诗篇》(*The Satanic Verses*)的出版商和作者,许多虔诚的穆斯林认为受到了该书的冒犯。被告发行该书的行为被指控违反了 1986 年法第 4 条(1),因为该书包含了辱骂和侮辱的内容,有可能会导致非法暴力。分庭法院严格解释该法,认为治安法官拒绝发出传票是正确的。在法院看来,该法要求被侮辱的人应"可能相信该暴力将被使用",指的是被侮辱人可能相信暴力会立即发生。沃特金斯(Watkins)法官评论道:"将第 4 条(1)中的'这种暴力'一词解释为'立即地非法使用暴力'的后果将是:一个极端运动通

---

⑪ 同前,第 749 页。
⑱ 《王座分庭案例汇编》,1991 年,第 1 卷,第 260 页起([1991] 1 QB 260)。

过其信徒在公共场所散发传单或展示所携带的横幅,虽然他们故意使传单或横幅上的文字具有威胁、辱骂和侮辱的性质,而且传单或横幅上的文字将可能引起非法暴力,但依据第 4 条(1)的规定,其领导者却不构成犯罪。"[119]

虽然 1986 年法第 4 条看起来比 1936 年法相应的条款更为狭窄,但警方拥有的其他权力可以在某种程度上弥补"法律中的空白,而这些空白在 1936 年法并不存在"。[120] 这些权力包括 1996 年警察法第 89 条(2)赋予警方的权力,我们将在后文予以讨论。此外,如果 1986 年法第 4、4A 条或第 5 条规定的前述犯罪在种族或宗教信仰方面被激化,则会构成单独的罪行。[121]

其他罪行

1. **阻塞干道**(Obstruction of the highway)。我们已经在本章中

---

[119] 比较检察长诉拉莫斯,《刑事法律评论》,2000 年,第 768 页起(DPP v Ramos [2000] Crim LR 768)。

[120] 《王座分庭案例汇编》,1991 年,第 1 卷,第 260 页起,第 266 页([1991] 1 QB 260, at 266)。

[121] 1998 年《刑法和骚乱法》(Crime and Disorder Act)第 31 条,为 2001 年《反恐怖主义、犯罪和安全法》(Anti-terrorism, Crime and Security Act)第 39 条所修正。关于"在种族或宗教信仰方面被激化"的含义,参见第 28 条,注释 113 中的诺伍德诉检察长案考察了这一点,同样的案件还包括检察长诉 M 案,《英格兰及威尔士高等法院行政案例汇编》,2004 年,第 1453 页起;《每周法律报告》,2004 年,第 1 卷,第 2758 页起(DPP v M [2004] EWHC 1453 (Admin); [2004] 1 WLR 2758)。在被认定的足球比赛中唱下流的或种族性质的歌曲也构成犯罪:1999 年《足球(犯罪和骚乱)法》(Football (Offences and Disorder) Act 1999),第 9 条。

讨论过此项罪行。根据1980年《公路法》第137条的规定,"如果一个人没有法定授权或理由,以任何方式故意阻塞干道的自由通行",则构成犯罪。在此意义上,在干道(此处不仅包括公路,还包括铁路)上举行聚会或集会也将构成对干道的阻塞。就算阻塞的仅仅是干道的一部分,而另一部分可以自由通行,也不能构成抗辩理由。[122]同样,被逮捕的人仅仅是造成阻塞的许多人中的一人,[123]或者被告相信她有权在此地举行这样的会议或者其他会议曾经在此地举行过,[124]也不构成抗辩理由。因此,该罪名赋予警察驱散可能是和平集会的广泛权力,并得到广泛适用。但是,在检察长诉琼斯[125]一案之后,法院现在承认干道可以为某些政治目的合法地使用,只要其不影响干道来回通行的主要目的。此种使用可以针对任何阻塞指控提供合法的辩解理由。该结论已经在涉及1980年《公路法》的赫斯特诉西约克郡总警长(Hirst v Chief Constable of West Yorkshire)[126]一案中由分庭法院得出,并得到了琼斯(Jones)案的明确支持。

一个动物权利支持者群体在一家毛皮商店门前举行示威

---

[122] 霍默诉卡德曼案,《考克斯刑事法院案例汇编》,1886年,第16卷,第51页起(Homer v Cadman (1886) 16 Cox CC 51)。

[123] 阿罗史密斯诉詹金斯案,《王座分庭案例汇编》,1963年,第2卷,第561页起(Arrowsmith v Jenkins [1963] 2 QB 561)。

[124] 同上。比较剑桥市议会诉拉斯特案,《王座分庭案例汇编》,1972年,第2卷,第426页起(Cambs CC v Rust [1972] 2 QB 426)。

[125] 《上诉案例汇编》,1999年,第240页起([1999] AC 240);上文第579页。

[126] 《刑事上诉案例汇编》,1987年,第85卷,第143页起((1987) 85 Cr App R 143),参见S.贝利,《公法》,1987年,第495页起(S Bailey [1987] PL 495)。

活动,并且散发传单。他们被控阻塞干道,违反了1980年《公路法》第137条的规定。这一定罪在上诉中被推翻,格莱德威尔(Glidewell)法官认为,认定某人造成干道阻塞有无合法理由,应该通过判定被告参与的活动是否是对干道的合理使用来回答。这本应当由治安法官来判定,但可以很清楚地预见,散发传单应该是一种合理使用。

2002年,威斯敏斯特城市议会(Westminster City Council)无法获得一项禁止令,以阻止一位反战抗议者(布赖恩·霍,Brian Haw),此人已经多年在议会广场(Parliament Square)守夜度过。[127] 除了1980年《公路法》之外,阻塞干道还构成公共妨害(public nuisance),这在普通法上是一项可以受到追诉的罪行。[128]

2. 预防骚扰(Protection from harassment)。与1986年《公共秩序法》密切相关的是,该法第4、4A、5条构成了1997年《预防骚扰法》(Protection from Harassment Act 1997),据说其所针对的是"那些过去被看作过于琐碎或过于含糊而难以给予其刑事……或民事责任的反社会的行为"。[129] 本章中,我们已经简要考察过该法,因为该法

---

[127] 《卫报》,2002年10月5日(*The Guardian*, 5 October 2002)。见如今的2005年有组织重罪和警察法案,第132–138条。

[128] 英王诉克拉克(2号)案,《王座分庭案例汇编》,1964年,第2卷,第315页起(*R v Clark* (No.2) [1964] 2 QB 315),也参见新闻集团报纸有限公司诉书画刻印及有关行业协会1982年(2号)案,《就业案件报告》,1987年,第181页起(*News Group Newspapers Ltd v SOGAT* 1982 (No.2) [1987] ICR 181)。关于公共妨害和《欧洲人权公约》,见英王诉英王案,《英格兰及威尔士高等法院刑事案例汇编》,2003年,第3450页起;《每周法律报告》,2004年,第1卷,第2878页起(*R v R* [2003] EWHC Crim 3450; [2004] 1 WLR 2878)。

[129] 芬威克:《公民权利》(Fenwick, *Civil Rights*),第162页。

已经被适用于抗议者(特别是动物权利抗议者),而且被作为规范行使集会自由权利的一种方式。如果所从事的行为会骚扰他人,或者从事该行为的人知道或应该知道此种行为会骚扰他人,那么从事这种行为就是非法的(第1条(1))。该规定后来得到了补充,以至于某人不得从事下列两种行为:(a)涉及骚扰的行为,以及(b)意图说服他人"不做他有权或必须做的事",或者"做他没有任何义务做的事"(第1条(1A))。[130] 在此情况下,该行为具有合理性构成抗辩理由(第1条(3))。[131] 从事违反第1条和第1条(A)的行为不仅会导致犯罪(第2条),而且还可能引起民事诉讼:受害者可以申请禁制令以制止一个非法行为,也可以为该行为对自己造成的后果要求赔偿(第3条)。[132] 违反第1条或第1条(A)也可能导致禁制令的发布(第3A条)。根据第4条的规定,某人参与一项行为,如果会引发他人至少在两种情形下害怕自己成为暴力侵害的对象,此人的行为也构成犯罪。法院可以对根据第2条或第4条被

---

[130] 由2005年《有组织重罪和警察法》第125条增加。也见第126条(与某人在其自己家中的骚扰行为有关的类似规定)。

[131] 参见检察长诉塞尔瓦纳亚甘姆,《泰晤士报法律报告》,1999年6月23日(*DPP v Selvanayagam*, *The Times*, 23 June 1999)(违背法院禁制令的行为不是合理行为)。

[132] 参见亨廷顿生命科学有限公司诉柯廷,《泰晤士报法律报告》,1997年12月11日(*Huntingdon Life Sciences Ltd v Curtin*, *The Times*, 11 December 1997);托马斯诉新闻集团报业有限公司案,《娱乐和媒体法律报告》,2002年,第78页起(*Thomas v News Group Newspapers Ltd* [2002] EMLR 78);达伊奇医药品(英国)有限公司诉"阻止亨廷顿虐待动物"案,《英格兰及威尔士高等法院案例汇编(王座)》,2003年,第2337页起;《每周法律报告》,2004年,第1卷,第1503页起(*Daiichi Pharmaceuticals UK Ltd v Stop Huntingdon Animal Cruelty* [2003] EWHC 2337 (QB); [2004] 1 WLR 1503);以及牛津大学诉布劳顿案,《英格兰及威尔士高等法院案例汇编(王座)》,2004年,第2543页起(*Oxford University v Broughton* [2004] EWHC 2543 (QB))。

控犯罪的人签发一项禁止性命令,以禁止被告从事命令中所确定的会导致骚扰或引发对暴力的恐惧的事项(第5条)。对此种命令的违反也构成犯罪。[133] 经过修正后,该法也适用于苏格兰(第8条)。

为公众所熟知的牛津大学诉布劳顿(*Oxford University v Boroughton*)[134] 案的判决阐明了(修正后的)1997年法中的权力的范围。该案中,牛津大学根据该法获得了禁制令,以对抗许多有名的动物权利积极分子以及相关团体。被告的行为危及新实验室的建成,因为据信这些实验室将被用于实施动物实验。禁止令禁止抗议者侵扰被保护者(protected persons),除了每周一次,且时间为该禁制令批准外,禁止他们进入建筑地点周围的独占地区。该命令最有争议的一点就在于"被保护者"的界定。它延伸至:大学的成员和雇员及其家庭,合同承包者的雇员和股东以及他们的家庭,勤杂人员或代理人,以及试图访问该实验室或任何属于或被保护者占有的场所或住宅的任何人。高等法院反驳了下述主张,即这些(对游行的)限制是对公约权利的不正当约束。

---

[133] 参见英王诉埃文斯案,《英格兰及威尔士上诉法院刑事案例汇编》,2004年,第3102页起;《每周法律报告》,2005年,第1卷,第1435页起(*R v Evans* [2004] EWCA Crim 3102; [2005] 1 WLR 1435)。

[134] 《英格兰及威尔士高等法院案例汇编(王座)》,2004年,第2543页起([2004] E-WHC 2543 (QB))。

2001 年《刑事司法和警察法》(Criminal Justice and Police Act 2001)——2005 年修正[133]——对于在某人住宅外的示威活动规定了一些其他限制,这些规定针对的是动物权利抗议者的活动,他们在据说参与了活体解剖的公司的主管和雇员的家庭周围举行纠察。[134]在 2005 年有组织重罪和警察法第 145 条中,还能发现对于动物权利组织的进一步限制。这些条款规定,以破坏动物研究为目的、妨碍他人的商业关系将构成犯罪。

3.**破坏治安**(Breach of the peace)。在有关逮捕的法律中,以及为了具结保证(binding over)的目的(见下),理解破坏治安的含义非常重要,但普通法上破坏治安的概念并不清晰。[135]英格兰法并不承认破坏治安构成独立的犯罪。相反,在苏格兰普通法中存在非常宽泛的破坏治安罪,[136]包括在公共场合使用暴力和威胁性语言,破坏公共秩序和礼仪,甚至还包括私下向年轻人做下流暗示,但不包括在街道上的祈祷会中和平地吟唱赞美诗。[137]近来,该项

---

[133] 2005 年《有组织重罪和警察法》,第 126、127 条。

[134] 2001 年《刑事司法和警察法》(Criminal Justice and Police Act 2001)第 42 条。同一法案也允许这些公司的董事不公开他们的家庭地址。

[135] 见英王诉豪厄尔案,《王座分庭案例汇编》,1982 年,第 416 页起(R v Howell [1982] QB 416);英王诉德文郡和康沃尔郡总警长(申请人:中央电力局)案,《王座分庭案例汇编》,1982 年,第 458 页起(R v Chief Constable of Devon and Cornwall, ex p CEGB [1982] QB 458);麦康奈尔诉大曼彻斯特总警长案,《全英格兰案例汇编》,1990 年,第 1 卷,第 423 页起(McConnell v Chief Constable of Great Manchester [1990] 1 ALL ER 423)。

[136] 参见克里斯蒂:《破坏治安》(Christie, Breach of the Peace)。

[137] 弗格森诉卡诺坎案,《怀特司法报告》,1880 年,第 2 卷,第 278 页起(Ferguson v Carnochan (1880) 2 White 278);杜格尔诉戴克斯案,《欧文关于高等法院和巡回法院的司法报告》,1861 年,第 4 卷,第 101 页起(Dougall v Dykes (1861) 4 Irv 101);扬诉希特利案,《高等法院案例汇编》,1959 年,第 66 页起(Young v Heatly 1959 JC 66);麦凯诉海伍德案,《苏格兰刑事案件报告》,1998 年,第 210 页起(Mackay v Heywood 1998 SCCR 210)。

犯罪被更多地用来对付激动的球迷[140]以及在足球场外销售《民族前线报》(*National Front newspaper*)的个人。[141]该犯罪的宽泛性质大致解释了在与贝蒂诉吉尔班克斯案非常相似的情形下,为什么苏格兰法庭会判决组织救世军游行的当地领导人破坏了治安。[142]警方经常在有关公共秩序的场合适用破坏治安这一名目。在1984、1985年煤矿工人大罢工期间,在苏格兰的1046起指控中,有多达648起采用的是破坏治安的名义。[143]虽然该罪名对付的是种类广泛的反社会行为,但它同时也可以作为对付不同形式公共抗议的一种具有弹性、适应性强的限制手段。

科尔霍恩诉弗里尔(*Colhoun v Friel*)[144]案涉及对M77高速公路的抗议。上诉人骑坐在一棵被伐倒的树上,而一名工人正在用电锯锯树。上诉人被要求离开,但他拒绝了。于是警察以破坏治安为名逮捕了上诉人,法院也以该罪名对其定罪。该判决在上诉中得到了支持,理由是,"该被证实的行为是否可以被合理地认为会使在场的人受到惊吓、感到不安或烦恼,或引发骚乱,其适用的判断标准是已经被确立的"。"在

---

[140] 《苏格兰刑事案件报告》,1988年,第511页起(*McGivern v Jessop* 1988 SCCR 511)。

[141] 亚历山大诉史密斯,《苏格兰法律时评》,1984年,第176页起(*Alexander v Smith* 1984 SLT 176)。

[142] 迪金诉米尔恩案,《雷蒂法庭案例汇编(第四辑)》(高等刑事法院),1882年,第10卷,第22页起(*Deakin v Milne* (1882) 10 R(J) 22)。

[143] 见麦凯伯和沃灵顿:《警察、公共秩序和公民自由》(McCabe and Wallington, *The Police, Public Order and Civil Liberties*),第164页。

[144] 《苏格兰刑事案件报告》,1996年,第497页起(1996 SCCR 497)。

工人继续执行用电锯锯树的任务时,上诉人拒绝离开,就会导致他自己和工人处于一种危险的境地。这是一种制造混乱的行为,如果上诉人在工人继续工作时停留不动,可以合理地引发别人对随之而来的后果产生恐慌。"

对公约权利的纳入提供了一种在苏格兰法庭前争辩的可能性,即破坏治安罪名的模糊性违反了《欧洲人权公约》的第7条。但是,正如基于公约第10、11条挑战破坏治安罪一样,这种主张并没获得成功。⑭ 在琼斯诉卡内基(*Jones v Carnegie*)⑮ 案中,苏格兰高等刑事法院(High Court of Justiciary)拒绝了将该罪名的范围限制于"有证据证明事实上存在惊恐或侵害"的情形的努力。该行为只要满足"对于任何有理智的人而言具有真实的惊恐性和侵扰性",就足够了。

---

⑭ 史密斯诉唐纳利,《苏格兰法律时评》,2001年,第1007页起(*Smith v Donnelly* 2001 SLT 1007)。

⑮ 《苏格兰法律时评》,2004年,第609页起(2004 SLT 609)。该案肯定了上述的亚历山大诉史密斯案、麦吉文诉杰索普案,尽管也说道"和平的抗议,如果被告只是散发传单、高举标语,不包含任何挑衅……那么定破坏治安罪是不正当的"(第616页)。对于更广泛的问题的讨论,请见P.弗格森,《爱丁堡法律评论》,2001年,第5卷,第145页起(P Ferguson (2001) 5 *Edin Law Rev* 145)。

F. 警察和法院的预防性权力

进入集会

在一个像特拉法尔加广场那样的公共场所,毫无疑问,警察有权出席集会,如果发生骚乱,他们有权处理。如果公共集会是在私人住宅内举行的,警察出席集会的权力就不那么确定了。内政部曾经持有的官方观点是,除非集会的发起人邀请,否则警察不得出席集会,但如果警察有理由相信在集会中确实有破坏治安的行为正在发生,则他们有权进入。[147] 这一观点出台的背景是,在伦敦奥林匹亚(Olympia)地区举行的一次法西斯分子集会中发生了骚乱,集会的组织者对听众中的反对者施以暴力。尽管在临近的街道上聚集了大量人群,但现场并没有警察维持秩序。不到一年,法院就否决了内政部对该法律的观点。

在托马斯诉索金斯(*Thomas v Sawkins*)[148] 一案中,有广告说在威尔士(Welsh)镇将举行一次集会,以(1)抗议正在议会

---

[147] 《下院辩论》,1934 年 6 月 14 日,第 1968 行(HC Deb, 14 June 1934, col 1968)。
[148] 《王座分庭案例汇编》,1935 年,第 2 卷,第 249 页起([1935] 2 KB 249)。参见尤因和吉尔蒂:《为了公民权利而斗争》(Ewing and Gearty, *The Struggle for Civil Liberties*),第 6 章。

审议的煽动愤懑条令(Incitement to Disaffection Bill),以及(2)要求解雇格拉莫根郡(Glamorgan)的总警长。该集会免费对公众开放,警察安排了他们的一些人参加,但集会发起人要求警察离开。一位警官对发起人实施了专业攻击(technical assault),因为他认为发起人正要使用暴力迫使警察离开该房间。警察并没有主张集会中发生了任何刑事犯罪或任何破坏治安的行为。会议发起人以攻击为由起诉那位警官,治安法院认为,警察有合理理由相信,如果他们不在场,演讲中可能出现煽动性的言论和其他引发暴力的煽动行为,并且可能破坏治安;因而在整个集会过程中警察有权进入大厅并在此逗留,这位警官的行为也并未构成非法攻击。在分庭法院,该判决得到了支持。首席法官休厄特(Hewart)勋爵的意见是,在警察有合理理由相信犯罪即将发生或有可能发生时,他们有权进入私人住宅并在此逗留,而且他并未将他所说的犯罪局限于破坏治安。阿弗里(Avory)法官的意见是,"根据法庭上的材料,法官们主张,此案中的警察有合理理由相信,如果他们不在场,集会中可能出现煽动性的演讲或可能发生破坏治安的行为。为预防这样的犯罪或防止破坏治安,警察有权进入该场所并在此逗留。"[⑭]

尽管托马斯诉索金斯案中的集会的第二个目标是公然挑衅地 593

[⑭] 《王座分庭案例汇编》,1935 年,第 2 卷,第 249 页起,第 256 页([1935] 2 KB 249, at 256)。

方警察,但这并不意味着煽动暴力,而煽动暴力是构成煽动罪(offence of sedition)的一个必要条件。对条令的抗议也不涉及破坏治安。休厄特勋爵的观点是否仅仅局限于在私人住宅举行的公共集会,还是也适用于在私人住宅内举行的私人集会或其他活动,这一点并不清楚。只要警察合理地相信即将发生或很有可能发生犯罪时,他们是否都可以进入任何私人场所呢?该案判决缺乏对下述主张的考虑,即一旦发起人要求警察离开该场所,就撤销了对公众(包括警察)所作出的公开邀请,根据前述观点,这是否会导致警察的行为构成对私人场所的侵入呢?[150] 问题可能在于,为了公共利益,警察应有权进入任何公共集会并在此逗留;但是为何类似的权力也要适用于私人集会呢?有关托马斯诉索金斯一案适用范围的疑问被1984年《警察和刑事证据法》(Police and Criminal Evidence Act 1984)解决了,该法保留了警察进入场所以处理或预防破坏治安行为的权力,但另外也废除了普通法上警察未获令状而进入场所的所有权力。[151]

妨碍警务

妨碍警察执行公务的法定犯罪在与逮捕有关的法律中已有所

---

[150] 戴维斯诉莱尔案,《王座分庭案例汇编》,1936年,第2卷,第434页起(*Davis v Lisle* [1936] 2 KB 434);罗布森诉哈利特案,《王座分庭案例汇编》,1967年,第2卷,第939页起(*Robson v Hallett* [1967] 2 QB 939)。

[151] 1984年法,第17条(5)、(6);第21章第四节。

涉及,⑬ 在公共秩序的法律中,它也同样重要。它的代表性案例是1936年邓肯诉琼斯(Duncan v Jones)⑭案,该案引发了对警察对付犯罪可能适用的手段的恐惧。

邓肯太太被琼斯警官禁止在失业者培训中心对面举行街道集会,因为14个月前,邓肯太太曾在相同地点举行过一次集会,随后该中心发生骚乱,该中心的管理者将其原因归之于此次集会。但她拒绝在175码外的另一条街道上举行集会。邓肯太太登上干道上的一个箱子准备开始集会,随后被逮捕并被指控妨碍警察执行职务。她并未被指控阻塞干道或煽动破坏治安。下级法院认为:(a)邓肯太太应该已经知道她举行集会的可能的后果,即引发扰乱和可能破坏治安,但她却放任该结果的发生。(b)琼斯警官合理地认为集会可能破坏治安。(c)在法律上,防止这类集会的举行是他的义务。(d)邓肯太太试图举行会议的举动妨碍了琼斯执行职务。分庭法院支持这一判决。汉弗莱斯(Humphreys)法官根据已知的事实指出,琼斯合理地认为集会可能破坏治安,于是"阻止任何在他看来可能引起破坏治安的行为"便成为他的责任。

从各个方面,该判决都受到了强烈的批评。首先是原则上的

---

⑬ 1996年《警察法》,第89条(2)。见第21章第二节。
⑭ 《王座分庭案例汇编》,1936年,第1卷,第218页起([1936] 1 KB 218);尤因和吉尔蒂(Ewing and Gearty),第5章。

理由。古德哈特(Goodhart)指出：

> 如果某行为构成可以惩罚的犯罪，警官却不能采取措施预防该行为发生，乍看之下这似乎不甚合理。但是正是基于预防与惩罚的不同，言论自由、公共集会自由和出版自由才会出现。[154]

而且，该判决导致人们对于赋予警察的权力的性质产生担忧。一种观点是，这将会赋予警察官员阻止举行合法集会的权力，但是警察这样做的理由并不是怀疑集会本身将引发骚乱，而是集会的结果可能破坏治安，且无论这种破坏治安的行为是由演讲的支持者还是反对者实施的。汉弗莱斯法官的推理及时提出了警察的预防性权力，并将其扩展到对集会自由实施难以容忍的限制的程度。据此，警方可以禁止大学里的学生会举行集会，仅仅是因为先前在类似的大学集会后发生过"骚乱"。

尽管存在上述批评和担忧，"妨碍警察执行职务"目前仍然是警察控制公共抗议的各种权力中一项重要的武器。虽然邓肯诉琼斯案只是表明，对于对维护治安有必要的集会地点，警察可以发出指令，但其他案例则表明该权力还可以针对集会参与者的数量发布指令。在皮丁顿诉贝茨(*Piddington v Bates*)[155]案中，伦敦北部

---

[154] 《剑桥法律杂志》，1937年，第6卷，第22页起，第30页([1937] 6 CLJ 22, 30)。也参见 E.C.S.韦德《剑桥法律杂志》，1937年，第6卷，第175页起(E C S Wade [1937] 6 CLJ 175)，和 T.C.丹蒂斯，《公法》，1966年，第248页起(T C Daintith [1966] PL 248)。

[155] 《全英格兰案例汇编》，1960年，第3卷，第660页起([1960] 3 ALL ER 660)。

的一家工厂发生劳工纠纷,一名警察指示,在此期间每个入口外只准有两个纠察员。当上诉人不顾警官的禁令,坚持增加纠察员时,他被警察逮捕,理由就是妨碍执行职务。他在上诉中主张,警察将纠察的人数限制为两个的决定是武断和非法的,但分庭法院驳回了他的上诉。按照首席法官帕克(Parker)勋爵的看法,"警察负有维护女王治安之责,他必须被允许采取某些手段,诸如根据目前的证据,采取他认为适当的方式"。[156] 但是除了这种对示威或纠察应该如何进行发布指令的广泛权力之外,最近的发展表明,此种权力不仅允许警察发布驱散示威的指令,而且还允许警察事先禁止或防止此类示威的发生。

在莫斯诉麦克拉克伦(*Moss v McLachlan*)[157] 案中,被告在高速公路出口处被警察拦截下来,因为警察怀疑他们正要前往几英里外的一处煤矿参加纠察。他们拒绝返回,随即因为妨碍警察执行职务而遭到逮捕。他们对初审判决的上诉被驳回,斯金纳(Skinner)法官发表了意见,"当时的情势必须要由在场的高级警官来评价。如果他们诚实且合理地形成自己的看法,认为在时间和空间上都濒临存在治安遭到破坏的风险,那么,采取合理预防措施的条件就满足了,这些措施包括——

---

[156] 同前,第663页。
[157] 《就业关系法律报告》,1985年,第76页起([1985] IRLR 76)。见 G.S.莫里斯,《就业法律杂志》,1983年,第14卷,第109页起(G S Morris [1983] 14 ILJ 109)。又奥凯利诉哈维案,《考克斯刑事法院案例汇编》,1883年,第15卷,第435页起(*O'Kelly v Harvey* (1883) 15 Cox CC 435)。

如果必要的话——本案所采取的方式。"[158]

上诉法院在英王(拉波特)诉格洛斯特郡警队总警长(*R (Laporte) v Chief Constable of Gloucestershire Constabulary*)[159]案中强有力地肯定了莫斯诉麦克拉克伦案的判决。在英王(拉波特)诉格洛斯特郡警队总警长案中,警察拦下一辆承载着反战示威者的卡车,阻止他们前往大约3英里之外菲尔福德英国皇家空军基地(RFA Fairford)的抗议现场。

具结维护治安以及反社会行为命令[160]

英格兰和威尔士的治安法官拥有命令任何人具结保证书(承诺)——无论是否提供担保——以维护治安,或要求任何人——无论是针对特定人还是不特定人——做出良好行为的广泛权力。

在女权参政权论者(suffragette)抗争的时期,曾发生了许多损害财产的行为,乔治·兰斯伯里(George Lansbury)发表演

---

[158] 《就业关系法律报告》,1985年,第76页起,第78页([1985] IRLR 76, at 78)。有关被苏格兰警方所接受的行为证据(虽然这种接受必然是建立在不同的法律基础上,比如可能是破坏治安),见米勒和伍尔夫森,注释53,第220-221页。

[159] 《英格兰及威尔士上诉法院民事案例汇编》,2004年,第1639页起;《王座分庭案例汇编》,2005年,第678页起([2004] EWCA Civ 1639; [2005] QB 678)。

[160] 威廉斯:《维护治安》(Williams, *Keeping the Peace*),第4章,以及《刑事法律评论》,1977年,第703页起([1977] Crim LR 703);A.D.格鲁尼斯,《公法》,1976年,第16页起(A D Grunis [1976] PL 16);D.菲尔德曼,《剑桥法律杂志》,1988年,第101页起(D Feldman [1988] CIJ 101)。

讲鼓励妇女继续战斗。治安法官要求他具结保证其行为良好（以 1000 英镑为限额）并提供保证人，否则，违反了保证就要入狱三个月。分庭法院支持该命令，判决可以要求煽动破坏治安的个人具结保证，即使没有特定人受到威胁。[161]

该权力的来源是模糊的：它可能依赖的是 1361 年《治安法官法》(Justices of the Peace Act 1361)，或者是治安法官维持秩序的职责中的应有之意。但不管该权力来源如何，它都被广泛地加以适用，仅在 2001 年就有 20000 多人被要求具结保证。[162] 在一个案件中，被告被判实施了破坏治安的行为，然后法院发布了要求具结保证的命令，这一权力被认为并未违背《欧洲人权公约》，尽管对此存在争议。[163] 但是在后来的一个涉及反狩猎抗议者的案例中，尽管案情中并未发生破坏治安的行为，但治安法官发布具结保证命令，要求被告今后不能实施破坏治安，或违反道德和礼仪的行为。结果，治安法官的行为被判违反了公约第 10 条。[164]

---

[161] 兰斯伯里诉赖利案《王座分庭案例汇编》，1914 年，第 3 卷，第 229 页起（Lansbury v Riley [1914] 3 KB 229）。又见怀斯诉邓宁案，《王座分庭案例汇编》，1902 年，第 1 卷，第 167 页起（Wise v Dunning [1902] 1 KB 167）。

[162] 内政部：《具结保证——21 世纪的一种权力（2003 年）》(Home Office, Bind Overs-A Power for the 21st Century (2003))，第 2 页。

[163] 斯蒂尔诉联合王国案，《欧洲人权报告》，1999 年，第 28 卷，第 603 页起（Steel v UK (1999) 28 EHRR 603）。

[164] 哈斯曼诉联合王国案，《欧洲人权报告》，1999 年，第 30 卷，第 241 页起（Hashman v UK (1999) 30 EHRR 241）。（原文如此，但本书第 19 章注释 93 中为 Hashman v UK (2000) 30 EHRR 241，第 19 章处应为正确索引。——译者注）

鉴于这种权力在法律上的地位并不确定,治安法官可以在认为某人可能破坏治安,或作出违反道德和礼仪或有悖于法律的行为时,要求其具结保证,所以这仍是一种比较宽泛的权力。[165] 但是在破坏治安的情况下,现在必须要表明某人已经实施了意图会引起人身暴力的行为。[166] 在珀西诉检察长(Percy v DPP)[167]案中,被告针对具结保证命令的上诉获得了成功。法院认为,这次发生在英国皇家空军基地的非暴力抗议没有破坏治安。"私法上的非法侵入本身并不等于破坏治安","虽然很容易设想这样的情景,即非法侵入的自然后果便是引起暴力",但非暴力的侵入行为是不大可能"引起受过训练的人员予以暴力回应"的。另外,法院还认为,能够引起暴力的行为(所以是破坏治安的行为)必须是非理性的,这就将"被告适当地行使他的基本权利,无论是集会、示威还是自由演说"的行为排除在外了。[168] 如果治安法官发布命令要求某人具结保证以保证其行为良好,而此人拒绝具结,他可能被判处不超过六个月的监禁。[169] 尽管要求具结保证的命令并不构成一项定罪,

---

[165] 休斯诉霍利案,《刑事上诉法院案例汇编》,1986年,第86卷,第130页起(Hughes v Holley (1986) 86 Cr App R 130)。

[166] 英王诉桑德巴奇(申请人:威廉斯)案,《王座分庭案例汇编》,1935年,第2卷,第192页起(R v Sandbach, ex p Williams [1935] 2 KB 192);比较英王诉奥布里-弗莱彻(申请人:汤普森)案,《全英格兰案例汇编》,1969年,第2卷,第846页起(R v Aubrey-Fletcher, ex p Thompson [1969] 2 ALL ER 846)。

[167] 《全英格兰案例汇编》,1995年,第3卷,第124页起([1995] 3 ALL ER 124)。见注释163的斯蒂尔诉联合王国案。

[168] 尼科尔诉检察长案,《治安法官案例汇编》,1996年,第160卷,第155页起,第163页(Nicol v DPP [1996] 160 JP 155, at 163)。

[169] 1980年《治安法院法》(Magistrates' Courts Act 1980),第115条。

但个人有权针对该命令向刑事法院提起上诉。[⑩] 具结保证的命令在1984、1985年煤矿工人大罢工期间得到广泛适用,[⑪] 该事件也同时见证了一项新的、与具结保证有密切联系的预防权力的产生,即把保释条件作为一种使人们远离纠察地点或其他抗议区域的手段。[⑫] 尽管自从煤矿工人罢工之后,这些权力被予以广泛适用,但这种对公约权利的限制如何能一直被正当化——特别是在被告没有被判任何罪行的情况下——并不清楚。[⑬]

治安法官的另外一种相关权力是发布反社会行为命令(anti-social behaviour orders, ASBOs)的权力。[⑭] 警察、地方当局或住房供给机构(housing authority)可以申请此项命令。当被告做出"某种反社会的行为,即此种行为方式将会,或可能会给其家人之外的其他

---

⑩ 1956年治安法院(对具结保证令的上诉)法(Magistrates' Courts (Appeals from Binding Over Orders) Act 1956,为1971年法院法(*Courts Act 1971*)修正);肖诉汉密尔顿案,《全英格兰案例汇编》,1982年,第2卷,第718页起(*Shaw v Hamilton* [1982] 2 ALL ER 718)。见法律委员会,工作文件第103号(Law Commision, Working Paper 103),第26-28页。这里涉及的也是司法审查的可能性问题。在注释167的珀西案中,诉讼程序被认为是刑事的而非民事的。

⑪ P.沃灵顿,《就业法律杂志》,1985年,第14卷,第145页起(P Wallington (1985) 14 ILJ 145)。

⑫ 英王诉曼斯菲尔德自治镇法官(申请人:夏基)案,《就业关系法律报告》,1984年,第496页起(*R v Mansfield Justices*, *ex p Sharkey* [1984] IRLR 496),该案中,此种权力的适用得到支持。

⑬ 见麦凯伯和沃灵顿,第145-146页。关于1994年发生在邓迪(Dundee)的蒂米克斯(Timex)纠纷中保释条件的适用,请见米勒和伍尔夫森,注释53。2005年7月爱丁堡发生了针对G8集团的抗议,在此过程中,保释条件也被予以适用。

⑭ 1998年《犯罪和骚乱法》(*Crime and Disorder Act 1998*),第1条,为2003年反社会行为法案第85条所修正。2003年法包括了对付大量"反社会行为"的其他许多权力。见P.拉姆齐,《刑事法律评论》,2004年,第908页起(P Ramsey [2004] Crim LR 908)。

人(单个人或多人)造成侵扰、惊吓或痛苦",有关机构就可以申请此项命令。[175] 申请人还必须表明,该命令"对于保护相关人等避免遭到行为人进一步反社会行为的侵害"是必要的。[176] 如果申请被同意,反社会命令可以禁止被申请对象从事该命令载明的行为。法院认为该命令是预防性而非惩罚性的;但尽管该程序的性质是"民事"的,治安法官在决定被告是否从事了反社会行为的程序中还是要适用刑事的证明标准。[177] 命令上的禁止事项要对保护该命令所指向区域的人群是有必要的,尽管也可以包含意欲保护其他地域人群的措施。[178] 命令最少适用两年,但是可以向治安法官申请修改。没有合理理由违反该命令将构成犯罪,经过简易审判可能被判最长 6 个月的监禁或罚金,或经过正式起诉、审判后被判最长 5 年的监禁或罚金。该项命令被适用于那些顽固的政治抗议者,也由于多种理由而引发了相当大的争议。但这些权力仍然得到了扩展,[179] 2003 年《反社会行为法》(Anti-social Behaviour Act 2003)对警察赋予了新的权力,在反社会行为已经成为一种长期性

---

[175] 1998 年法,第 1 条。

[176] 同上,第 2 条,为 2002 年《警察改革法》(Police Reform Act 2002)第 61 条所修正。关于这种可以不告知被告即作出中间禁令的权力,请见英王(M)诉宪法事务国务大臣案,《英格兰及威尔士上诉法院民事案例汇编》,2004 年,第 312 页起;《每周法律报告》,2004 年,第 1 卷,第 2298 页起(R (M) v Secretary of State for Constitutional Affair [2004] EWCA Civ 312; [2004] 1 WLR 2298)。

[177] 英王(麦卡恩)诉曼彻斯特刑事法院案,《上议院案例汇编》,2002 年,第 39 页起;《上诉案例汇编》,2003 年,第 1 卷,第 787 页起(R (McCann) v Manchester Crown Court [2002] UKHL 39; [2003] 1 AC 787)。该案对这些权力也给予了有力的辩护。

[178] 1998 年法案,第 1 条(6),为 2002 年《警察改革法》第 61 条所修正。

[179] 2003 年《反社会行为法》,第 85 条。

问题的背景下,为了避免公众受到侵扰、惊吓或痛苦,警察有权驱散两人或更多人组成的群体。[180]

G. 集会自由和1998年《人权法案》

近年来,法院越来越意识到了集会自由的重要性,[181]并且已经出现了许多大胆主张其价值的案例。[182] 这些案例反映了司法态度的一个重要变化,在此之前,法院只是单方面地考虑公共秩序,而忽视了对其他因素的考量。英国法院的变化在某种程度上可以通过欧洲人权法院的发展体现出来,[183]但是,一种似乎已经非常独立于1998年《人权法案》的自由化倾向正不断发展,[184]尽管这种发展很明显仍处于该法案的荫庇之下。根据目前正在出现的趋势作出太多的结论可能并不成熟,[185] 特别是我们一直被告诫,"在一

---

[180] 同前,第30条。
[181] 关于这一方面,参见H.芬威克(H Fenwick)写的一篇有价值的文章,《现代法律评论》,1999年,第62卷,第491页起([1999] 62 MLR 491),特别是第492—495页。
[182] 雷德蒙-贝特诉检察长案,《人权法律报告》,2000年,第249页起(Redmond-Bate v DPP [2000] HRLR 249),以及检察长诉琼斯案,《欧洲人权报告》,1999年,第30卷,第241页起(DPP v Jones [1999] 30 EHRR 241)。
[183] 斯蒂尔诉联合王国案,《欧洲人权报告》,1999年,第28卷,第603页起(Steel v UK [1999] 28 EHRR 603);哈斯曼诉联合王国案,《欧洲人权报告》,1999年,第30卷,第241页起(Hashman v UK [1999] 30 EHRR 241)。
[184] 特别见检察长诉琼斯案,《上诉案例汇编》,1999年,第2卷,第240页起(DPP v Jones [1999] 2 AC 240)。
[185] 参见D.米德,《公民自由期刊》,1998年,第206页起(D Mead [1998] J Civ Lib 206)。

个民主的社会,保护公共秩序对于良好政府而言居于核心地位"。[186] 但是,对集会自由重要性的理解与对表达自由不断发展的重视相得益彰,而后者已经出现于当代的某些判例法中。[187] 在某种意义上,这种理解也可以从某些法官的意愿中得到解释,他们愿意将集会自由视为本质上是实现表达自由的一种手段。[188] 特别重要的是,在表达自由的代表性案例中,大法官(Lord Chancellor)认为,"公众使用公共干道的权利"是"具有根本宪法意义的事项"。[189]

不断变化的司法态度体现在许多方面。首先,法院现在不再认为来回通行是对干道的唯一合法使用了。正如我们已经看到的,法院在检察长诉琼斯一案中承认,"在干道上举行公众集会可以构成对干道的合理使用,因此,并不构成非法侵入",即使这并不必然推导出,"在干道上举行和平的与非阻塞性的公众集会总是合理使用,所以不会构成非法侵入"。[190] 这种对在干道上合法集会的权利的最高层次认可表明,法院新近开始准备否定(read down)惯于对集会自由施以无根据限制的立法了。

在亨廷顿生命科学有限公司诉柯廷(*Huntingdon Life Sci-*

---

[186] 英王(麦卡恩)诉曼彻斯特刑事法院案,注释 177,第 41 段(霍普勋爵(Lord Hope))。

[187] 参见第 23 章。

[188] 关于这两种不同自由的联系有价值的论述,和对检察长诉琼斯案的全面分析,参见 H.芬威克、G.菲利普森,《公法》,2000 年,第 627 页起(H Fenwick and G Phillipson [2000] PL 627)。

[189] 检察长诉琼斯案,第 251 页,见注释 184。

[190] 同上,根据赫顿勋爵(per Lord Hutton),第 293 页。

ences Ltd v Curtin)[191]一案中,"废除活体解剖英国联盟(British Union for the Abolition of Vivisection)"被(单方面发布)了一项禁令,该禁令制止三名被告骚扰原告。原告是一个从事动物研究的公司,它控诉被告对它和它的雇员实施了持续的和威胁性的活动。法院判决对被告解除该项禁令。该禁令是依据1997年《预防骚扰法》(Protection from Harassment Act 1997)作出的。就同意变更该禁令,伊迪(Eady)法官说道,"议会明显没有打算将"1997年法"用来制止涉及公共利益的讨论,或取消政治抗议和公众示威的权利,因为这些构成我们民主传统如此重要的一部分"。他"对法院在此类问题产生时会抵制对该法的任何宽泛解释很有信心",并且认为,"如果将表述该法条款的措辞视为对此种限制的支持,那将是不幸的"。[192]

另外,至少某些法官怀有更大的愿望挑战警察——为了维持治安而采取相关措施,包括逮捕、驱散集会——裁量权的行使。在雷德蒙-贝特(Redmond-Bate)一案中,法院认为:

> 自由的言论不仅包括不令人讨厌的言论,还包括那些令人愤怒的、引起争议的、偏执的、异端的、不受欢迎的和煽动性

---

[191] 《泰晤士报法律报告》,1997年12月11日(The Times, 11 December 1997)。也见注释48中的盖特美食伦敦有限公司诉交通运输和普通工人工会案。但是,比较注释132中的牛津大学诉布劳顿案。

[192] 但是,参见检察长诉塞尔瓦纳亚甘姆,《泰晤士报法律报告》,1999年6月23日(DPP v Selvanayagam, The Times, 23 June1999)。

的言论,只要它们不是试图煽动暴力即可。只能发表不令人讨厌的言论的自由没有任何价值。[⑬]

但是不应忽略的是,这最后一段来自于一个涉及个人的案例,该案中,警察要求所涉个人停止在韦克菲尔德大教堂的台阶上传教,但他们拒绝停止,因此遭到逮捕。这种对集会自由积极有力的态度在其他案例中——比如涉及纷纷扰扰的反全球化或愤怒的反战抗议者——并不总是被采纳。在这样的案例中,公约权利屈服于其他考虑,特别是普通法规则下维持公共秩序的需要,这些普通法规则在1998年《人权法案》之前很久就已经存在了。[⑭]再加上限制集会自由的持续性立法潮流,[⑮]上述案例趋向于表明,公约权利在该领域的主要影响不在于质疑实体性法律,而在于约束其实施的方式。[⑯]这意味着公共机构——地方当局和警察——在行使诸如警察的逮捕权力等裁量权力时,要受到第10、11条的约束。对2001年伦敦劳动节示威活动的警察管制活动的批评——抗议

[⑬] 注释182中的雷德蒙-贝特诉检察长案(塞德利法官(Sedley LJ))。

[⑭] 注释159中的英王(拉波特)诉格洛斯特郡警队总警长案,以及奥斯汀诉伦敦警长局长案,《英格兰及威尔士高等法院案例汇编》(王座分庭),2005年,第480页起,《泰晤士报法律报告》,2005年4月14日(*Austin v Metropolitan Police Commissioner* [2005] EWHC 480 (QB); *The Times*, 14 April 2005)。

[⑮] 比如2005年有组织重罪和警察法。

[⑯] 有关欧洲人权公约在此领域的潜在重要性以及人权法案的可能意义的论述,请见D.米德,《公民自由期刊》,1998年,第206页起(D Mead [1998] J Civ Lib 206)以及H.芬威克,《现代法律评论》,1999年,第62卷,第491页起(H Fenwick [1999] 62 MLR 491)。关于人权法案对集会自由的实际影响,一个非常冷静的评述请见A.格迪斯,《公法》,2004年,第853页起(A Geddis [2004] PL 853)。

者控诉他们被警察纠集在一起并扣留长达 7 个小时[197]——表明,该法案还只是在缓慢地产生影响,在实践中发生切实变化之前还有相当一段路要走。

---

[197] 《泰晤士报法律报告》,2001 年 5 月 2 日(*The Times*, 2 May 2001);以及注释 194 中的奥斯汀诉伦敦警长局长案。

第 25 章　国家安全和官方机密

　　维护国家安全是政府的首要职责。但非常重要的是,在履行这一职责时,政府对个人自由的侵犯不能超出任何合理必要的限度。现今,大量成文法涉及国家安全,这些法律都对与国家安全有关的事务作出了特别规定。因而,议会调查专员就不能对依据国务大臣授权作出的旨在保护国家安全的行为① 进行调查;而且基于维护国家安全的目的,1998 年《数据保护法》(Data Protection Act 1998)中规定的权利也可能被排除。② 记者保护他们信息来源的权利可能必须服从于国家安全的利益,③ 2000 年《信息自由法》(Freedom of Information Act)中获取官方信息的权利也可能如此。④ 初看起来普通法似乎极少考虑国家需要,⑤然而,法院对于国家安全还是给予了足够重视的。⑥ 但是,这并不意味着只要一提及国

---

①　1967 年《议会调查专员法》(*Parliamentary Commissioner Act*),第 3 章第 5 条。
②　见第 22 章 E 小节。
③　1981 年《藐视法庭法》(*Contempt of Court Act*)第 10 条;*Secretary of State for Defence v Guardian Newspapers Ltd* [1985] AC 339。
④　参见第 13 章 F 小节。
⑤　Entick v. Carrington (1765) 19 St Tr 1030。
⑥　如 Conway v. Rimmer [1968] AC 910, at 955, 993; A-G v. Jonathan Cape Ltd [1976] QB 752, 768。

家安全法官就应当有意回避:这样做可能会严重危及法治。[7] 2001年9月美国遭受的恐怖袭击看来已促使英国法官更加关注引发国家安全的背景。[8]但是在最近的案件中,上议院已经明确指出,不能把"反恐战争"当作借口,以此歧视性地侵犯公约权利,或者违反禁止使用刑讯逼供取得的证据这些普通法的基本规则。[9]

安全与情报

在英国,有三个职责相互交叉的安全和情报机构。它们是安全局、秘密情报局和政府通信总局(GCHQ)。国防部情报局(The Defence Intelligence Staff)也具有情报职能。联合情报委员会为上述四个机构向政府提供情报提供了正式的机制,该委员会成立于1936年,是帝国国防委员会的一个小组委员会。[10]1957年后,作为内阁办公室的一部分,联合情报委员会(JIC)每周都会开会,其主要职责是,"在对国家利益,特别是安全、国防和外交事务领域有直接或长期重要性的一系列问题上,向大臣和高级官员提供经过协

---

[7] 关于在有关国家安全案件中司法功能的精彩论述,参见 A Barak (2002) 116 Harv L Rev 19。

[8] Home Secretary v. Rebman [2001] UKHL 47; [2003] 1 AC 153. A Tomkins (2002) 118 LQR 200.

[9] A v. Home Secretary [2004] UKHL 56, [2005] 2 AC 68 (第 26 章 E); and A v Home Secretary (No. 2) [2005] UKHL 71; [2006] 1 All ER 575 (第 19 章 A)。也可参见 Lord Bingham (2003) 52 ICLQ 841, Lord Steyn (2004) 53 ICLQ1, and Lord Hope (2004) 53 ICLQ 807. 但是可以比较 Home Secretary Rebman (注 8),特别是 Lord Hoffmann 的观点。

[10] Lord Butler (Chair), Review of Intelligence on Weapons of Mass DestructionL Report of a Committee of Privy Counsellors, HC (2003 – 2004), para 41.

调的情报评估"。⑪除了情报机构("提供者"),该委员会还包括各种情报"使用者",特别是国防部、外交部、财政部、贸易和工业部、内政部。其他部门在涉及自身利益时也可以出席该委员会的会议,而且美国、加拿大和澳大利亚的情报机构代表也可以出席。联合情报委员会是一个由政府官员组成的委员会(由安全和情报协调人主持),其每周经过协调的情报评估都呈送各部大臣。根据2004年巴特勒委员会的报告:

在日常会议中,联合情报委员会召集那些负责情报搜集、评估和使用的主要部门的高级官员,对目前最关注的问题进行阐释和提供评估。评估过程十分稳健,由此产生的评估结果会受到各级政府重视和利用。⑫

在国内外搜集这些情报都会引发关于安全措施的有效政治责任的严重问题。然而,近年来出现了受人欢迎的揭开长期以来一直围绕着安全和情报部门的保密面纱的情况。这部分体现在巴特勒的调查对联合情报委员会及其情报评估所作的公开讨论中,巴特勒于2004年被任命,负责调查关于大规模杀伤性武器的情报的来源和准确性。更为显著的表现是,立法在规制安全机构方面发挥了更大的作用,特别是扩展适用了司法监督原则以及司法专员必须公布年度报告。这一转变也进一步表现为安全和情报机构的

---

⑪ Ibid., Para 43.
⑫ Ibid.

财务具有了更高的公开程度和责任程度。虽然还有一些路要走,[13]但自从1994年以来,政府已通过一次公开的投票表决公布了全部三个机构的总开支,这些开支应当"全面接受主计审计长的审查,除了为保护某些消息来源和特别敏感行动的细节而设定的有限限制外"。[14]揭开保密面纱的行动更进一步地反映在如下步骤中,如公布各种安全和情报机构首脑的姓名,军情五处(MI5)于1993年出版小册子概述了其活动,安全局长在之后的一年作了迪姆布里拜演说[15]并于2001年出版她的回忆录。[16]安全机构的网站还提供了一些关于其活动和经费的基本信息。[17]

近年来的许多改革是由《欧洲人权公约》推动的,而更近的改革被认为是根据1998年《人权法案》可能产生的要求引起的。如我们所看到的,[18]公约的许多条款允许存在例外,这些例外一般包括国家安全,只要这种限制是由法律所规定的,而且在一个民主社会是必需的。例如,第8、9、10条和第11条的规定就是如此。

---

[13] 关于现行制度中缺乏透明度的极端例证,参见情报与安全委员会恶劣的扭曲事实的报告,Cm 6510,2005。

[14] HC Deb,1993年11月24日,Col 52(WA).在2005年《预算法案(第二号)》(*Appropriation* (No.2) *Act*)中,安全与情报部门2005-2006年度从统一基金中获得了489312000英镑的经费。在2005年《预算法案(第三号)》中,它们得到了更多的经费,646646000英镑。这反映了安全与情报部门可利用资源的显著增加:参见Cm 6510,2005。

[15] 分别参见M15,*the Security Service and Rimington*,*Security and Democracy-Is there a Conflict*?

[16] Rimington,*Open Secret*。

[17] www.securityservice.gov.uk.

[18] 参见第19章B。

我国的程序和实际操作的困难之一在于,它们的相对非正式性和缺乏明确的法律规则来为安全和情报机构设定职责与权力。[19]所以,就安全机构侵犯个人私人生活的行为而言,直到最近法律才作出限制。但是当然,对于这种限制只有法律授权还是不够的。同样重要的是法律的性质和质量:为满足公约的要求,任何对公约中规定的权利的限制都必须与其欲达到的目标成比例;不仅出于其他理由限制公约权利是这样,而且出于国家安全的理由限制公约权利亦是如此。

安全局

安全局创立于1909年,隶属陆军部,其目的是为了应对"一战"前夕对于德国间谍活动的担忧。这个机构先被称为陆军部军事行动局第五处(MO5),后来被叫作军情五处(MI5)。1935年,军情五处与伦敦警察局中负责反颠覆的部门合并,并在同年更名为安全局。[20]然而,国内安全部门仍然称为军情五处。这些变迁的一个显著特征是它们的发生没有法定授权。这个机构是由行政决

---

[19] Malone v. UK (1984) 7 EHRR 14; Hewitt and Harman v. UK (1992) 14 EHRR 657; and Khan v. UK (2001) 31EHRR 1016.

[20] 关于其起源的详细论述,可参见安德鲁(Andrew),《特工处》(Secret Service)。还可参见韦斯特(West),《军情五处:英国安全局的活动(1909-1945)》(MI5: British Security Service Operations 1909-1945);和《事关信任:军情五处》(A Matter of Trust: MI5)1945-1972。更深入的分析参见吉尔(Gill),《维持治安的政治学》(Policing Politics);勒斯特加藤和利(Lustgarten and Leigh),《来自冷战》(In From the Cold);威廉姆斯(Williams),《并非为了公共利益》(Not in the Public Interest)第二部分;布尼安,《英国的政治警察》(The Political Police in Britain),第3、4章。

定设立的(可能是依据君主特权),其职能由行政部门设定,并且只对行政部门负责。1963年普罗富莫(Profumo)丑闻后,在针对安全局的报告中,丹宁勋爵写道:

> 我国的安全局并非是依据成文法设立,普通法对其也不承认。甚至《官方机密法》(the Official Secrets Acts)也否认其存在。从法律的角度看,安全局的成员只是普通公民,并不拥有比任何其他人更大的权力。他们没有警察所拥有的拘捕的特别权力。他们并没有被授予搜查的特别权力。即使他们怀疑房屋中有间谍,但如果没有屋主的许可,也仍然不能进入该房屋。在一名间谍要逃出国门的情况下,他们不能拍拍间谍的肩膀并告诉他,他哪儿也不能去。简言之,他们没有执法权。没有执法权,他们也能够很好地运作。我们宁愿情况是这样,而不希望有任何具有"秘密警察"性质的机构存在。[21]

丹宁勋爵认为,安全局与警方,尤其是与政治保安处(Special Branch)之间的密切合作弥补了其缺乏法定权力之不足。[22] 安全局可以依赖于技术资源和专业领域力量进行初期调查。然而一旦存在可能逮捕的情形,就需要警方参与协商,并且从此时起两方力量就结成一体协同合作。由于安全局缺乏执法权,逮捕就需要由警方实施。而且,如果需要搜查证的话,也要由警方申请。[23]

---

[21] Cmnd 2152, 1963.
[22] 参见本书边码第609页。
[23] Cmnd 2152, 1963, para 273.

在1989年颁布《安全局法》(the Security Service Act)之前(参见下文),该机构的运作受1952年内政大臣(戴维·麦克斯韦尔·法伊夫爵士)向安全局长签发的一项指令的支配。[24] 该指令指出,尽管安全局并非内政部的一部分,但安全局长个人要对内政大臣负责,并享有在适当时候直接向首相汇报的权利。这项指令还指出,该局是"国防力量的一部分","其任务是保卫整个联合王国,防范来自间谍和破坏活动引发的内外部危险,防范被认定为具有颠覆国家性质的由国内或国外领导的个人或组织的行动"。该机构的工作被严格限定在实现这些目的所必需的范围内,并被明确要求绝对不被任何政治偏见和影响所左右。丹宁勋爵在他1963年的报告阐释了该机构的政治责任问题。[25] 尽管该机构的职能是保卫联合王国,但政治责任并非由国防大臣,而是由内政大臣和首相承担,而首相在涉及安全的问题上则要听取内阁大臣的建议。[26]这一混乱的责任链条在1989年的《安全机构法》中得到了强化。然而,一个尚未解决的问题是,存在什么程度的政治责任,特别是有鉴于这样的传统,即大臣们"并不关心安全局在具体案件中所获得的详细信息,他们只想获得决定某个问题所必需的信息,寻求对决定该问题的指导"。[27]

自1989年以来,安全局的工作作了相应的调整,以应对新的

---

[24] 再现于 *R v. Home Secretary, ex p Hosenball* [1977] 3 All ER 452 一案中首席法官丹宁勋爵的判决。
[25] 还可参见 Wilson, The Labour Government (1964 – 1970, 第481页)。
[26] Cmnd 2152, 1963, para 238.
[27] Ibid.

和不断发展的国际形势,特别是所谓的"反恐战争"。冷战时期,安全局的工作在很大程度上是反颠覆和反间谍。就前者来说,1995年的报告称来自于颠覆组织的威胁已经降到了被评价为"低"的程度。大不列颠共产党(the Communist Party of Great Britain,CPGB)已经不复存在,而尚存的主要组织(英国共产党(the Communist Party of Britain))估计只有1100名成员,与此形成对照的是,20世纪70年代有25000-30000名成员,最高峰的1942年有56000名成员。[28] 安全委员会(the Security Commission)称,各部之间已经达成共识,认为应该减少对颠覆组织的调查,[29]1992年该局承担了一项从政治保安处转来的新任务,对付"爱尔兰共和军的恐怖主义"。虽然看起来采取这一步骤很明显是出于填补因冷战结束对安全机构的工作所造成缺漏的需要而产生,但议会的解释是该机构以前已经负责处理爱尔兰的拥护者和国际恐怖主义以及海外的爱尔兰共和恐怖主义的事务了。[30] 实际上,将对付爱尔兰共和军的恐怖主义的主要职责赋予警方只是历史的偶然,这个决定是1883年作出的,这一年成立了爱尔兰政治保安处(the Special Irish Branch),以调查当时在伦敦放置炸弹的新芬党人。安全局现今对国际恐怖主义给予了极大的关注,尽管仍被北爱尔兰的(主要由持不同政见者的组织搞的)恐怖主义活动所困扰。此外,俄罗斯特工的间谍活动仍是该局关注的一个事情,安全局的网站报告称,较之苏联时期,俄罗斯间谍的数量并未减少。

---

[28] Pelling, The British Communist, p192.
[29] Cm 2930, 1995.
[30] HC Deb, 1992年5月8日, cols 297-306。

秘密情报局、政府通信总局和国防部情报局

1992年5月官方首次承认了秘密情报局(更为常见的名称是"军情六处")的存在。虽然人们认为这一机构于1909年便已成立,但那时却不是以现代的样子存在。尽管冷战已经结束,政府仍然认为"在保护和促进不列颠及其在国内和海外的国民的利益时,除了武装力量和外交机构外",安全和情报机构仍能发挥作用。[31] 使这些机构有必要继续存在的威胁"包括核武器、化学武器、生物武器及常规武器的扩散",以及"恐怖主义和冲突/严重犯罪、间谍和破坏活动对我国武装力量的威胁"。[32] 根据秘密情报局网站的说法,该局是根据联合情报委员会确立的并由大臣审批的要求和优先顺序来搜集情报。为达到这些目的,它可以利用各种"人力和技术"资源,并可以与很多外国情报和安全机构以及英国的其他机构,例如政府通信总局,安全局(即军情五处),武装力量,国防部、内政部和国内收入与关税署进行合作。该局尽管总部设在伦敦,但搜集情报和运作都在海外。

尽管至少从1947年起政府通信总局已经开始运作,但直到对吉尔夫利·普莱姆(Geoffrey Prime)案件审判时该机构的存在才被公开承认。依据1911年《官方机密法》第1条的规定,此人于1982年因向苏联递送情报而被判有罪。接下来安全委员会递交了一份

---

[31] HC Deb, 1994年2月22日, col 155 (Mr Douglas Hurd)。
[32] Ibid (举出军情六处在当今世界上所做的工作的例子)。

报告,该报告不但揭示了该中心的存在,而且还对运作中的安全程序进行了说明,其中包括人身和文件安全的程序。㉝1984年,当政府宣布一项引起争议的工会禁令时,㉞政府通信总局愈发引人注目。具有讽刺意味的是,政府通信总局"在政治圈子中由此变得与军情五处和军情六处一样著名了"。㉟从官方角度看,该中心为政府各部门和军队首长们提供信号情报,以支持政府在安全、防务、外交和经济方面的政策,并且同样是按照联合情报委员会制定的要求进行的。它还在通信和信息技术系统的安全方面为政府各部门和武装力量提出建议并提供帮助。如同秘密情报局的局长一样,政府通信总局的局长个人也向外交大臣负责,并且在情报和安全事宜上对首相负完全责任。政府通信总局和秘密情报局均因1994年的《情报机构法》(见下文)而获得了立法的承认:与其之前的安全局一样,它们也从后台走到了前台。

国防部情报局成立于1964年,受国防情报总长领导。该机构大部分的工作都只与军事事务有关,另外还涉及武器扩散、军火销售及其控制以及国防工业。㊱该机构服务于国防部、军队及其他政府部门,并且对来源广泛的公开的或隐蔽的情报加以分析。国防情报总长对国防大臣负责,并且对首相负完全责任。但是,虽然国防部情报局出现在有关安全情报机构的官方报告中,可是它与

㉝ Cmnd 8876, 1983.

㉞ 参见本书边码第612页。

㉟ 官方报告(Office Report),常务委员会 E (Standing Committee E),1994年3月15日, col 115。

㊱ 参见 HC 115 (1995 – 1996) (Scott Report), para C2. 26。

其他机构不同,其工作并不受成文法规制,也不受单独审查。不过,国防部情报局是由成文法所确认的:在2000年的《调查权力规制法》中,国防情报总长可以申请截取信息的授权令,[37]但是国防部情报局不属于该法案所定义的情报机构(根据该法案的定义,只有安全局、秘密情报局和政府通信总局属于情报机构)。同时国防部情报局也不是国防部从事情报活动的唯一机构,军方的情报机构还包括"整个武装力量中的以及单个军种指挥部之内的情报部门"。[38]其经费来自国防拨款(Defence Votes)。[39]

1989年《安全局法》[40]

当今,安全局在一定程度上受1989年《安全局法》的规制。[41]在规定该机构的存续时,该法案将其职责界定为"维护国家安全,尤其是保护国家免受来自间谍活动、恐怖主义、破坏活动及外国势力活动的威胁,并保护国家免受通过政治、工业或暴力等手段进行的旨在推翻或破坏议会民主制的活动的侵害"。(第1条第2项)虽然一般认为"国家安全"一词的含义比法案中某些标题所具有的

---

[37] 2000年《调查权力规制法》(*Regulation of Investigatory Powers Act*),第6条。

[38] Statement on the Defence Estimates 1994, Cm 2550, 1994, p. 41.

[39] 概要的描述见 Cabinet Office, National Intelligence Machinery (2001)。

[40] 参见 I Leigh and L Lustgarten (1989) 52 MLR 801; also Ewing and Gearty, Freedom under Tbatcher, 175 – 188。

[41] 关于其他国家的制度安排,参见法森(S Farson)[1992] PL 377(加拿大),和李(Lee),汉克斯(Hanks)和莫拉比托(Morabito),《以国家安全的名义》(*In the name of National Security*)(澳大利亚)。也可参见:鲁斯特哥登和莱(Lustgarten and Leigh),上面注15,在澳大利亚和加拿大发展中其非常突出。

含义要广,但法案中并没有为该词下定义。㊷ 该机构的任务还包括保护经济的健康发展,使其免受来自联合王国以外的人的活动和企图的威胁(第1条第3项)。根据1996年的《安全局法》对1989年的《安全局法》作出的一项修正案,支持警方和其他执法机构共同预防和侦察严重犯罪也是安全局的职能。根据政府的意见,最后这项规定反映了这样"一种强烈的意向",即该局应当"被用来对付有组织的犯罪",那些"毒品贩子、洗钱者和诈骗犯们"应当成为该机构的新目标。该机构在这方面的作用应当是"辅助性的"。立法充分表明了"公众和执法机构要承担主要责任的原则"。㊸ 然而,这些规定带来了极大的争议,同时引起了议会和其他一些机构的关注。对于什么是"严重犯罪"并没有一个定义,并且也不能保证该机构的活动会被限制在只针对有组织的犯罪范围内。为这一概念寻找一个定义的努力被放弃了,因为这样会"分散我们对本职工作的注意",并且会造成"被缺乏职业道德的辩方律师加以利用的漏洞,并以此为借口对安全局介入案件的合法性提出质疑"。㊹ 公认的观点是,该安全机构的执法权被"严重犯罪"这一概念所制约,这就使得可能签发的用于干涉财产的授权令的条件受到了限制。但就如同上院在审查议案阶段所指出的那样,这

㊷ Cm 1480, 1991.虽然对其下定义"并不容易",但它应包括:"保卫国家和政府的安全,以及涉及保卫国内和海外的至关重要国家利益的对外政策。"至关重要的国家安全是一个"事实和程度问题",这一概念"在具体情况下考察比预先下定义更容易理解"。

㊸ HL Deb, 1996年5月14日, cols 398-399 (Baroness Blatch)。基于这些目的,侦察的内容被广泛地界定:第1条第5项,正如《调查权力规制法》所规定的那样。

㊹ HL Deb, 1996年5月14日, cols 398-399(Baroness Blatch)。

一范围还是十分广泛的。[45] 除了缺乏有效的法律边界外,该机构在履行其协助警方的职责时责任的缺失也受到了关注:它对地方警察当局没有责任,并且也不受警察申诉独立委员会的监督。[46]

在行使上述广泛权力的时候,安全局仍然要接受由内政大臣任命的该局局长的有效控制(第 2 条第 4 项)。局长必须向首相和内政大臣递交年度报告(第 2 条),其职责包括采取措施确保该机构不会有任何增进任一政治团体利益的举动(第 2 条第 2 项 b 款)。这比在麦克斯韦尔·法伊夫(Maxwell Fyffe)指令中包含的规则要窄,该规则要求安全局不得受"任何政治偏见或影响"的制约,但据说并不阻止安全局监视核裁军运动或卷入工资纠纷的工会。[47] 1989 年的《安全局法》还赋予了安全局一项新的权力,就是可以向内政大臣申请授权令以"闯入或干涉私人财产"(第 3 条)。[48] 迄今尚未签发过授权令,但看起来该机构并没有因缺少授权令而在活动中受到不当阻碍。实际上,在 *Attorney-General* v *Guardian Newspapers*(No. 2)一案中,唐纳森勋爵(Lord Donaldson)似乎乐于对安全机构未经授权闯入私人领地的行为采取不闻不问的态度,并将这种行为视为一种"对隐私的隐蔽侵犯",出于王国安全

---

[45] HL Deb, 1996 年 6 月 10 日, col 149 (Lord Williams of Mostyn)。

[46] 这一点在 HL Deb, 1996 年 6 月 10 日, cols 1500 – 1520 中有具体讨论。特别有力的批评文章请参见 1996 年 6 月 10 日《卫报》(*Guardian*)(社论)。

[47] 一名叫凯西·麦希特(Cathy Massiter)的军情五处的退休官员在 4 频道的电视节目中作了大意如此的发言。对这种活动合法性的未成功的挑战请参见拉多克诉内政大臣一案(*R v Home Secretary, ex p Ruddock*)。[1987] 2 All ER 518。

[48] 关于该权力行使的方式,请参见 Cm 1480, 1991, para 3。

的考虑应当是可以免责的。[49]该法案第三部分被1994年的《情报机构法》第5条和第6条取代了(见下文)。[50]

1989年法案之所以重要,还因为它提出了对安全局进行监督的新程序。这些程序以第22章论及的1985年《通信侦听法》(the Interception of Communications Act)中提出的程序为摹本。1989年法案对任命安全局专员(Security Service Commissioner)作出了具体规定。安全局专员的人选必须是现任高级法官或担任过高级法官的人(第4条)。而且还应设立安全局特别专员法庭(Security Service Tribunal)受理对该部门的投诉(第5条)。1989年法案要求安全局复审内政大臣向安全局签发授权令的权力。安全局专员这一职位从一开始就由上诉法院法官斯图尔特－史密斯(Stuart-Smith)担任。但是与依据1985年《通信侦听法》任命的专员不同的是,安全局专员不提供根据第3条签发的任何一年的授权令的详细数目,其理由是,"依据1989年法案签发的授权令数量相对较少,以及同1985年法案相比,签发授权令的目的更为狭窄"。[51]专员的工作是审查所有签发的、被审查的和被撤销的授权令,[52]以及在某些情况下审查上述活动的结果。[53]他总是发现程序是有序的而且授权令的签发是适当的。一个例外是在1999年,一个案件中一份申请书被认为是"在细节方面空洞和不足"。在会见过负责的官员之后,

---

[49] [1990] AC 109, at 190. Cf Entick v. Carrington(1765) 19 St Tr 1030.
[50] 参见 Cm 3253, 1996。
[51] Cm 1480, 1991.并参见 Cm 3253, 1996。
[52] Cm 4002, 1998, para 5; Cm 4365, 1999, para 7; and Cm 4779, 2000, para 15.
[53] Cm 4365, 1999, para 7.

他得出的结论是：该申请的提出是适当的,有关官员被要求向国务大臣作一个补充的书面说明以阐明当时的情况。尽管这是明显不规范的行为,专员却报告说"国务大臣听取了适当的建议",而且他们"正确地行使了法案规定的职权"。[54]

安全局专员这一职位被 2000 年的《调查权力规制法》所取消,取而代之的是一个依据 1994 年《情报机构法》(the Intelligence Services Act)任命的监督所有情报机构(在某些情况下,包括附属于国防部的情报机构)的新情报机构专员。[55] 情报机构专员(the Intelligence Services Commissioner)被要求监督大臣和情报机构成员行使《调查权力规制法》第二部分和第三部分规定的与情报机构有关的权力的方式。其中包括与监视有关的权力。除专员(他必须每年向首相汇报)的监督外,2000 年《调查权力规制法》还规定,依据该法第 65 条设立的调查权力特别法庭应受理针对任何情报机构的申诉,[56] 这就取代了依据 1989 年法案设立的特别法庭的权限。该特别法庭是处理对情报机构关乎原告财产或者通信的行为的申诉的适当场所。这意味着,特别法庭的受案范围并不局限于安装窃听器或者电话窃听,而是可以想象,包含所有形式的针对个人的行为,其中包括安全审查(security vetting)。一旦原告的诉求得到支持(这几乎不大可能,还从未出现过这种情况),特别法庭可以判定赔偿或者下达它认为合适的其他命令,包括撤销授权令或者授权

---

[54] Cm 4779, 2000, para 16 and 17.
[55] 2000 年《调查权力规制法》(Regulation of Investigatory Powers Act),第 59 条。
[56] 在 1989－1999 年之间,依据 1989 年法案设立的特别法庭共受理了 338 件申诉：Cm 4779, 2000, para 37。其中 42 个案件是针对由安全部门控制的个人文件的。

书，以及销毁任何关于原告的记录。国务大臣被授权制定规章，对不服特别法庭的判决而提出上诉作出规定。

1994 年《情报机构法》

秘密情报局的活动受 1994 年《情报机构法》调整，同时该法案还适用于政府通信总局（GCHQ）。该法第 1 条第 1 项规定了秘密情报局的职能：(1)获取并提供与英伦三岛之外的人们的活动和意图有关的情报；(2)执行“与这些人的行为和意图有关的其他任务”。这些极为宽泛的规定受到第 1 条第 2 项的限制，并规定只有在如下情况中才能行使这些职能：(a)为了国家安全利益（特别是“涉及女王陛下政府的国防和外交政策”）；(b)为了联合王国的经济福利；或(c)有助于预防和侦察严重犯罪。(57) “国家安全利益”未被另行界定，同样（这点更加令人吃惊）对什么是“严重犯罪”也未作界定。(58) 尽管是“一条老掉牙的规定”，但人们还是认为，为了联 607
合王国的“经济福利”而采取行动的权力“有时会使人感到困惑，不知道这究竟指的是什么”。(59) 然而，据有人解释，当“英国的实际经济利益处于危险之中时，或者在发生经济危机，或持续供给我们的经济所依赖的某种商品出现巨大困难时”，这种权力“还是有用

(57) 基于上述目的的预防和侦察的含义是被宽泛界定的：s11(1A)，就如被 2000 年的《调查权力规制法》(Regulation of Investigatory Powers Act)所承载的那样。

(58) 参见 Cm 3288，1996，para 8。

(59) HC Deb，1994 年 2 月 22 日，col 157 (Mr Hurd)。

的"。[60]根据这一法案,尽管这些机构可以获取与国内事务有关的情报,但它们却不能涉足国内的经济、商业和金融事务。[61]

该法案也赋予了政府通信总局以成文法上的地位,该局接受外交大臣的领导。根据第 3 条的规定,政府通信总局的职能包括两个方面。第一项职能是:"监控或干扰电磁波、声波和其他发射物以及任何发射这些东西的设备"(以及"获取并提供来自于或与这些发射物或设备相关的情报");第二项职能是:提供有关语言或密码的建议和帮助,接受建议和帮助的对象是武装部队、政府部门或任何其他得到首相批准的组织。正如秘密情报局那样,只有为了国家安全利益(特别是涉及政府的国防和外交政策时),或"为了联合王国的经济福利而涉及英伦三岛以外的人们的行为或意图";或者有助于预防和侦察严重犯罪,才能行使这些职能。这些规定在常务委员会中遭到了猛烈抨击,因为它们提供了"宽泛而全面的"授权,认为为国家安全利益行使职能这一"偏向一方的限制"不足以对其进行制约。[62] 然而,作为回应,有人指出,为防止权力滥用,该法案规定了许多防护措施(根据相关大臣的看法,共有 11 项)。协助预防和侦察犯罪并不是政府通信总局的新职能,而是已存在了"数十年"。当罪犯用"复杂的通信手段犯罪"时,政府通信总局就会介入,并协助破译罪犯用复杂的密码记的日记和在笔记本上写的东西。[63]

---

[60] Ibid.
[61] 参见 HC 115 (1995 – 1996) (Scott Report)。
[62] 参见 Official Report, Standing Committee E, 1994 年 5 月 15 日, col 17。
[63] Ibid., col 132。

该法案授予三个安全与情报机构之中的任何一个"侵入或干涉私人财产或无线电报"的权力,前提是采取任何这样的行动时都有国务大臣(或者在一些案件中的苏格兰大臣)签发的授权令;[64] 如果没有授权令,虽然与未经授权而截取通信的行为不同,并不是犯罪,但也是"不合法"的。国务大臣只有在认为采取这些行动对提出申请的机构履行其职能是"有必要"的时候,并且只有在采取的行动与所欲达到的目的成比例时,才能签发授权令(第5条)。秘密情报局或政府通信总局申请的授权令不一定与英国的财产有关,这与签发给安全局的授权令不同,后者的签发可基于两种与财产有关的目的。目的之一与该机构的传统职能相关,1989年《安全局法》第1条第2项和第3项对此作了规定,认为授权令可与在英国的财产有关,并没有更多的限制。目的之二与1996年《安全局法》为该机构新增加的职能有关,即协助警方和执法机构预防和侦察严重犯罪。在这种情况下,授权令可以准许采取与在英国的财产有关的行动,但该行动的实施必须是针对暴力犯罪、违法收入巨大的犯罪,或多人为共同目标共同实施的犯罪;或初犯即可能被判处三年徒刑的犯罪。[65] 通常情况下授权令都由国务大臣签发(或者在一些情况下由苏格兰行政部门的成员签发),[66] 其有效期为六个月,但在有效期届满前有可能(但并不一定)被撤销(第6条)。

除了干涉财产的权力(尽管必须有授权令的授权),1994年的

---

[64] 参见 SI 1999 No. 1750。
[65] 1994年法案,第5条,1996年《安全机构法》(*the Security Service Act*)加以修正。
[66] SI 1999 No. 1750.

法案还规定国务大臣拥有一项引人注目的权力,即授权一个人在"英伦三岛之外"实施"依据联合王国任何地区的刑法和民法"可能是违法的行为(第7条)。虽然只有在实施该行为"对情报机构正常行使某一职能是必要的"时候才能予以授权,但该授权的结果是,使实施了犯罪行为(或其他非法行为)的个人在我国(但不是在可能实施犯罪或非法行为的国家)免于承担法律责任。可以想象,这些权力已经引起了议会一定程度的担心,正如一个反对党成员指出的,这将赋予"国务大臣授权违反其他国家及联合王国法律的绝对权力"。对于可以授权的范围并没有限定。在极端情况下会允许使用致命的暴力。[67] 然而大臣们对行使这些权力的方式却不愿表态,似乎认为只要使议会确信"安全机构只有在大臣的特别授权下才能实施某些行为"就足够了,[68] 并且,他们甚至不愿意考虑向情报和安全委员会(the Intelligence and Security Committee)(见下文)作年度报告来汇报根据该款授权实施的所有行为的数量和总体情况的义务,理由是为了确保大臣正当行使权力,法律已对司法专员的任命作出了规定。[69]

情报机构的政治责任"主要""由首相领导下的"外交大臣承担。[70] 然而,根据该法案,秘密情报局的运作仍然由情报局长控制(第2条),而政府通信总局也仍由其局长控制(第4条)。二者负责保证其各自机构的高效运转,并保证除正常行使职能必需之外

---

[67] Official Report, Standing Committee E, 1994年3月17日, col 174。
[68] HC Deb, 1994年2月22日, col 160。
[69] Official Report, Standing Committee E, 1994年3月17日, col 175。
[70] HC Deb, 1994年2月22日, col 154。

这些组织不能获得其他情报。他们还必须确保除非是为正当行使其职能"所必需",否则各自机构不能披露情报,并且保证各个机构不"采取任何行动促进联合王国任何政党的利益"(ss 2(2)(b),4(2)(b))。很奇怪,法案起草造成的结果是(虽然并不一定不是有意的),即使并非为"正当行使其职责"所必要,每个机构也可以披露情报。因此,秘密情报局可以(在不违反情报局长职责的情况下)出于如下其他(但并非必然是重要的)理由披露情报:为国家安全,为预防和侦察严重犯罪,或为了任何刑事诉讼的目的(s 2(2)(a))。政府通信总局可以披露属于这三项分类中最后一类的情报,这是一项比秘密情报局所拥有权力范围窄得多的附随权力。情报局长和政府通信总局局长都需要向首相和外交大臣提交年度报告,并且他们可以就与各自机构的工作相关的任何事情在"任何时间"向任何一方提交其报告(ss 2(4) and 4(4))。

沿袭1985年和1989年确立的先例,1994年法案规定设置一名情报机构专员(Intelligence Services Commissioner)(由首相任命,由一名现任或前任司法高级官员担任),并设立一特别法庭受理针对秘密情报局和政府通信总局的投诉。专员和特别法庭的决定(包括关于受案范围的决定)不可上诉,也不会在任何法院受到质疑。2000年《调查权力规制法案》合并了情报机构专员和安全局专员的管辖范围,并且将安全和情报特别法庭的管辖权转移给了调查权力特别法庭。从2000年至2006年,情报机构专员一职由布朗勋爵担任(2004年至今他是上议院上诉事务议员),此人作为上诉法院法官,还担任前述1994年法案设立的特别法庭的第一任庭长。布朗勋爵对程序的运作基本满意,尽管在连续的年度报告中,他对几个"错误"表示了关注,即秘密行动没有获得授权令或者授权书。例如,2004年有8起这样的案件。[71]然而,与他的前任相同,布朗勋爵不愿意公布根据1994年法案签发的授权令或授权书的数量。就向调查权力法庭提出的申诉而言,其管辖范围的性质是这样的,即不可能准确地描述对安全和情报部门具体有多少个申诉。然而,从其创立的2000年到2004年底在其全部管辖范围内不少于431个。所有这些案件中,没有一件被认定为违反了《调查权力规制法》,或者违反了亦属于该法庭管辖范围的《人权法案》。[72]

政治保安处[73]

另外一个从事与国家安全有关的工作的机构是警方的政治保安处,如我们所知,该机构成立于1883年,是针对新芬党人在伦敦从事的爆炸活动而产生的。三年以后,"爱尔兰"的字样从该机构的名称中消失,其职责也扩展至处理其他安全问题。1945年以后,地方警察部队成立了自己的常设政治保安处;并且现在,每一警察部队都拥有一个在其警察局长领导下的政治保安处。依据内

---

[71] Cm 548, 2005, para 45.

[72] HC 1244 (2001–2002); HC 1048 (2002–2003); HC 884 (2003–2004); HC 548 (2004–2005).

[73] 参见 Bunyan(本章注释[20]), and Allason, *The Branch: A History of the Metropolitan Police Special Branch 1883–1983*。

政部的指导规则,"每一个政治保安处都是地方警察部队的组成部分,对主管官员个人负责并通过他们的调遣来执行任何由其保卫女王安全的责任产生的任务"。[74]该机构的规模及其领导的级别取决于所属警察部队的规模,以及该机构在所在地区所负职责的性质和范围。[75]虽然还没有出现全国性的政治保安处,指导规则还是明确指出"国家安全使得全国性的支持和合作成为必要",[76]并且,基于这个目的,还发展了一些机制。警察局长协会(ACPO)联合了在政府部门和情报机构中具有高级职位的警官,以发展"全国性的关于政治保安处的战略和政策,为大臣提供建议,回应关于立法和指导方面的咨询"。还负责"使警方做好准备工作以调查和回应恐怖活动"。[77]此外,由警察局长协会任命并对其负责的政治保安处全国协调人,与内政部和安全机构密切合作以"协调和公布"政治保安处的政策。[78]反恐的其他举措则试图确保在大量专门机构拥有"全国性职权范围"的同时,也确立一种"真正的全国性视角"。[79]

政治保安处的职责近年来有所改变。尽管爱尔兰恐怖主义被认为仍然是一种"真实而严重的威胁",但关注对象现在还包括国

---

[74] 《英国内政部政治保安处工作指导规则》(*Home Office Guidelines on Special Branch Work In United Kingdom*)(2004), para 2。

[75] Ibid., para 17.

[76] Ibid., para 11.

[77] Ibid., para 9.

[78] Ibid.; para 12.

[79] Ibid., para 14.

际恐怖主义、公共动乱(包括"有政治性动机的暴力")和外国情报力量的工作。[30] 根据内政部指导规则,政治保安处的职责"主要是获取情报,评估情报的潜在的运作价值,并较为概括地对情报进行解释"。[31]政治保安处由此也就协助了安全局和秘密情报局履行其法定职责。指导规则强调,高级情报的获取是政治保安处工作的关键,并解释了搜集情报的不同方式:"操纵秘密人力情报源、搜集情报、现场质询、从警察机构的其他部门获取情报以及通过传统的技术方式进行监视。"[32]尽管对政治保安处而言,恐怖主义是"应予以优先考虑的关键事情",[33]但人们还承认,政治保安处有责任搜集个人出于"种族仇恨或者政治信念"而对公共秩序和共同体安全构成威胁的情报。此外,政治保安处还搜集关于"政治和动物权利极端主义活动、反全球化和环境极端主义者"的情报。[34]除了上述情报搜集职能外,政治保安处还为可能成为恐怖主义者袭击对象的"名人"提供保护。[35]在执行这些任务时,政治保安处的官员并无特别权力,要受适用于其他警察的相同法律规则的制约。

---

[30] Ibid., paras 6 and 7. 同时可参见第26章。
[31] Ibid., para 18.
[32] Ibid., para 19.
[33] Ibid., para 20.
[34] Ibid., para 27.
[35] Ibid., para 28.

文职机构的安全程序[86]
(Security procedures in the civil service)

1948年起就订立了以将那些被察觉对国家安全构成威胁之人从文职机构的敏感职位上清除出去为目的的程序。其中的第一个程序,即所谓的清除程序(purge procedure),是在战后初期(1948年)由于一些重大间谍丑闻的发生而在美国的压力下采用的。这样做的目的是为了确保"任何共产党员,或由于与共产党有联系而使他或她的可信任度受到合法怀疑之人都不能受雇从事性质上对国家安全至关重要的工作"。[87]1952年积极审查制度(positive vetting)由此产生。该制度至少从1950年克劳斯·富克斯(Klaus Fuchs)因向苏联透露原子武器的秘密而被捕并被判有罪时起就被提上了议事日程。福赫斯因此被判了14年监禁。积极审查制度的实施是唐纳德·麦克莱恩(Donald MacLean)和盖尔·伯吉斯(Guy Burgess)变节并出逃莫斯科事件的直接结果,这一事件以后外交大臣设立了一个以亚历山大·卡多根爵士(Sir Alexander Cadogan)为主席的委员会来负责审查外交部安全部署的所有方面。该委员会在1951年11月的报告中批准了已经开始准备的积极审查制度的

---

[86] 参见弗里德曼和莫里斯(Fredman and Morris),《作为雇主的国家》(*The State as Employer*),第232-236页;罗伯森(Robertson),《自由,个人与法律》(*Freedom, the Individual and the Law*),第148-152页。

[87] HC Deb, 25 1948年3月25日, cols 3417-3426。参见 ML 吉尔恩(Joelson)[1963] pl. 51。虽然共产党是其真正的目标,但该程序也适用于法西斯分子。

计划,并建议在外交部广泛适用。委员会建议审查不仅应包括"政治上的不可信性",而且还应包括"性格缺陷的问题,这有可能使一名官员易受讹诈,或减损他的忠诚和责任感"。1952年初,积极审查制度被作为一项"常规制度"(regular system)提出,而没有采取立法形式,甚至也没有通知议会或寻求议会的批准。[89] 自此,积极审查制度的适用已经大大超出了外交部的范围。

1985年该程序被修改,接着是1990年,最近的一次修改是在1994年。有关审查政策的一项声明认为:[90] "为了国家安全的利益,为了保护议会民主制和保证政府重要活动的适当安全,任何属于以下五类范围之一的人都不能受雇从事在性质上对国家利益至关重要的工作,这是英王陛下政府(HMG)的宗旨。"第一类是那些现在或以前从事间谍活动、恐怖活动、破坏活动或采取政治、工业或暴力方式企图推翻或破坏议会民主制的活动的人,或与之有牵连的人。第二类是那些现在是或以前曾是支持上述活动的组织的一员,或与任何这类组织或其成员有牵连"以至于使他或她的可信度受到合理怀疑"的人。第三类和第四类是指那些"不能承受压力或容易被不当影响所支配的人们",以及那些曾表现出"不忠或不诚实而使其可信性受到怀疑"的人们,而第五类是指参加过游行示威或"易受环境影响而表现得不可靠"之人。对可以经常而且无限制地接近机密(SECRET)情报之人所进行的调查没有对接触绝密

---

[89] "彻底审查制度应用于对文职机构中敏感职位的新的受雇者进行审查已经超过30年了,清除程序的重要性由此随之降低也就不足为奇了。"鲁斯特戈登和利(Lustgarten and Leigh):《来自冷战》(*In from the Cold*)。第131页。

[90] HC Deb, 1994年12月15日, col 765(WA)。

(Top Secrect)情报之人进行的调查严格。前者需要接受一种安全检查,而后者需要接受的检查级别被称为是高级审查,并且其中还包括对熟悉他们的人进行询问。对许多敏感的岗位还要进行反恐怖调查。

近年来的一个重要变化是,同性恋是接触高度机密信息的职位获得安全许可的自动限制这一规则有所缓和。受到勒索或者来自外国情报部门的压力时的易受影响性仍然是审查所有这些职位的候选人时要考虑的因素。[90]

1997年公布的一套上诉机制补充了这些非成文法规定的程序。[91]安全审查上诉法庭(Security Vetting Appeals Panel)(由高等法院的法官担任庭长)现在受理因不服拒绝给予或者撤销安全许可而提出的申诉。该法庭每年处理5到6个案件,对涉及新人员招募的案件没有管辖权,也不适用于安全和情报机构的成员,但适用于要接受安全审查的"任何……公共或私人部门或军队中的人",只要他们已经"穷尽各自组织内已有的申诉机制,但仍然对结果不满意"[92]。对安全许可不满的安全和情报机构成员可以向调查权力特别法庭申诉,实际上任何其他人亦可提起申诉,只要他相信拒

---

[90] HC Deb, 1991年7月23日,col 476(WA)。同时参见 HC Deb, 2000年1月12日,col 287 et seq。

[91] 对在此之前运作程序的描述,参见 Lustgarten and Leigh: *In from the Cold*, pp 139-149; Fredman and Morris, *The State as Employer*, p233。

[92] HC Deb, 1997年6月19日,col 243(WA)。

绝给予安全许可是由这些机构中的一个所为。相关部门通常要向被拒绝给予安全许可的人们说明理由,除非国家安全作出其他要求。向该法庭陈述理由的申诉可以书面方式作出;相应的部门应给出书面答辩;而且还可能举行一个口头听证会。部门官员或他们的信息来源(出于显而易见的理由)都不是由庭长主持的交叉质证程序的对象。上诉人可以有一个朋友陪同,这个朋友可以是律师。该法庭程序原则上要接受司法审查,但在过去的实践中法庭极少表现出对安全审查决定进行审查的兴趣。[93]

安全机构和就业法

被安全和情报部门雇用的人员传统上被拒绝给予通常情况下其他劳工拥有的权利。[94] 1992年《工会和劳资关系(合并)法》(the Trade Union and Labour Relations (Consolidation) Act)规定了与工会成员有关的权利,和其他一些内容;1996年《就业权利法》(Employment Rights Act)涵盖了更为广泛的内容,包括与不公平解雇有关的权利。这两部成文法都适用于公务员(Crown servants),[95] 但是在两部法案中都存在一种例外情形,即"为了维护国家安全的目的",

---

[93] R v. Director of GCHQ, ex p Hodges, The Times, 1988年7月26日。同时参见 R v Home Secretary, ex p Hosenball [1977] 3 All ER 452,460。

[94] 对公共部门劳资法的完整描述,包括文职机构的职位,参见弗里德曼和莫里斯(Fredman and Morris),前注85。

[95] 1992年《工会和劳资关系(合并)法》(Trade Union and Labour Relations (Consolidation) Act),第273条;1996年《就业权利法》(Employment Rights Act),第191条。同时参见第32章第二部分。

大臣可以签发一份证书,排除政府雇员的就业受到立法保护。[96] 已经签发证书排除了安全机构的成员和随后政府通信总局的雇员,在有争议的情况下,1984 年与工会成员资格有关的权利被单方面取消。[97] 这个相当愚蠢的决定让政府通信总局和它所从事的工作受到人们关注,并且引起国际上谴责英国侵犯了 1987 年《国际劳工组织公约》中保障的结社自由,而英国是该国际公约的缔约国。[98] 政府通信总局雇员的工会权利在 1997 年被大体上(但不是完全)恢复。[99]

根据 1999 年《就业关系法》(the Employment Relations Act)之规定,几乎所有就业权利现在均适用于安全机构的成员,当然有一些例外和限制条件。[100] 该法案明确规定 1998 年《公共利益公开法》(the Public Interest Disclosure Act)规定的对告密的保护不适用于安全局、秘密情报局或者政府通信总局的雇员。然而,在《间谍捕手》事件之后引入了一些程序,以使安全机构成员能够在机构内部提出自己关切的问题。[101] 但是,工人在申诉时或在工作场所遭受惩

---

[96] 1992 年《工会和劳资关系(合并)法》(*Trade Union and Labour Relations (Consolidation) Act*),第 275 条;1996 年《就业权利法》(*Employment Rights Act*),第 193 条。

[97] 参见 *Council of Civil Service Unions v Minister for the Civil Service* [1985] AC 374; G S Morris [1985] PL 177。

[98] 但是它并未违反《欧洲人权公约》第 11 条:CCSU v. UK (1988) 10 EHRR 269; S Fredman and G S Morris, (1988) 17 ILJ 105。

[99] 更全面的描述参见本书第 12 版,第 647-648 页;同时参见 Ewing, Britain and the ILO。

[100] 参见 1999 年《就业关系法》(*Employment Relations Act*),Sch 8,分别修正了 1992 年和 1996 年的法案。

[101] 参见 *R v Sbayler* [2002] UKHL 11; [2003] 1 AC 247。也可参见雷明顿(Rimington),《公开的秘密》(*Open Secret*),第 176-177 页。

处时必须有工会官员相伴随的权利,却不适用于情报机构的成员。[102] 它同时规定,在某种情形下,如果被诉行为是出于维护国家安全之目的,则与就业有关的申诉必须被就业特别法庭(employment tribunal)驳回。该规定特别适用于原告诉称其因工会成员资格或者行为而受到损害,或者已经被不公正地解雇的案件。[103] 但是并不仅仅只有在个人被以国家安全为由解雇的情形下,特别法庭的诉讼程序会涉及敏感的安全事务。这样就存在一种担心,即当某人因错误的行为而被解雇或者声称他或她由于种族或性别原因而受到歧视时,安全问题可能在审理过程中被公开。

为回应上述担心,1999年《就业关系法》在程序上作出了一些改变,不过这些程序略微引起了一些争议,而且招致了情报和安全委员会对政府的批评(叫人感到自相矛盾的是批评政府没有为保护官员作出更多的努力)。[104] 这些改变首先涉及的是特别法庭的三分结构,国务大臣在以下情况下有权制定规章改变就业特别法庭的正常组成:(1)在涉及政府雇用程序的案件中;(2)并且这样做有利于国家安全利益。其次,它们关乎特别法庭采用的程序,国务大臣同样有权制定规章授权他或她就政府雇用程序向就业特别法庭发布命令,只要这样做有利于国家安全利益。这些命令可能要

---

[102] 1999年《劳资关系法》(Employment Relations Act),第15条。参见 HL Deb, 1999年7月8日,col 1101。政府称"安全和情报部门已经有很好的申诉和纪律程序"(col 1101)。

[103] 1996年《就业特别法庭法》(Employment Tribunals Act),第10条第1项,被1999年《就业关系法》(Employment Relations Act)第八章登载。但是参见 *Deulin v UK* (2002) 34 EHRR 1029。

[104] Cm 4532, 1999.同时参见 Cm 4777, 2000。

求法庭秘密审理,不允许上诉人或者他(或她)的代理人参加全部或者部分程序,采取措施对特定证人的身份或者其判决的理由保密。如果下达了后两个命令中的任一个,那么公开任何有可能导致证人身份或者判决理由的东西就是一种犯罪。[105] 在按照这些措施作出的劳工法庭规则之下,检察总长可以任命一个特别律师代表某个被排除在任何程序之外的人(包括原告)。[106]

1911－1989 年的《官方机密法》[107]

1911－1989 年的《官方机密法》服务于两个独立却相互联系的目的:

(a) 保护国家利益免受间谍活动和其他一些可能对敌人有用并因此会对国家安全造成危害的活动;

(b) 防止国家公务员因职务原因掌握的情报未经授权而被泄露,无论这些情报是否与国家安全有直接联系。

(b)项中规定的法律制裁措施有助于制裁间谍行为,因为在某一具体案件中不需要证明间谍行为这一构成要素便可以证明未经

---

[105] 1996 年《就业特别法庭法》(Employment Tribunals Act),第 10 条 B 款,被 1999 年《就业关系法》(Employment Relations Act)Sch 8 登载。相关规章可参见 SI 2001 Nos 1170 and 1171。

[106] SI 2001 Nos 1170 and 1171, Sch 2。

[107] 尤因和吉尔蒂(Ewing and Gearty):《为公民自由而斗争》(The Struggle for Civil Liberties),第二章;拜列夫(Bailey),哈里斯(Harris)和琼斯(Jones),《公民自由:案例和资料》(Civil Liberties Cases and Materials),第 8 章;安德鲁(Andrew),《秘密机构》(Secret Service);威廉姆斯(Williams),《不是为了公共利益》(Not in the Public Interest),第一部分。

授权的情报泄露行为。它们还能够被用于保护权力中心免受可能给政府带来政治上感到尴尬和不便的信息披露或者公开。作为以后法案立法蓝本的 1911 年《官方机密法》在议会得到了迅速的通过,其背景是大臣们强调宗旨(a)为该法案的主要目的,但却没有提及宗旨(b)。1972 年,为审查 1911 年法案第 2 条而成立的弗兰克斯委员会(Franks committee)发表评论,认为应当引入新的立法将反间谍活动法律从对官方情报的一般保护中分离出来。[108]

1911 年法案中的第一条(1)设定了一组犯罪行为,主要涉及间谍活动。这种犯罪行为可被判处 14 年的监禁。

> 如果任何人基于任何目的对国家安全造成危害——
> (a) 接近、检查、经过或毗邻,或进入任何在本法案所规定的含义范围内的禁区,或
> (b) 做任何有可能或意在直接或间接助敌的速记、平面图、模型或笔记;或
> (c) 获取、收集、录制、出版或与其他任何人交流任何有可能或意在直接或间接助敌的机密的官方密码或任何速记、平面图、模型、文章或笔记或其他文件或信息。

在 *Chandler v DPP* 一案中,当由于反对英国皇家空军(RAF)基地的非暴力政治性示威而引发第 1 条下的指控时,斜体字部分

---

[108] Cmnd 5104, 1972.

的规定造成了麻烦。[109]

一些反核武器的示威者试图在飞机跑道上静坐示威，以阻止一个英国皇家空军轰炸机基地的使用。他们在接近基地时遭到了逮捕并以违反1911年法案第1条阴谋进入禁区危害国家安全和利益的罪名被起诉。庭审法官不允许被控者出示证据来证明政府放弃其核政策对联合王国是有利的。出于许多相互关联的原因，上院一致支持这一判决。示威者公开表示希望阻止使用空军基地，而他们坚信这样做会最终有益于国家这一点则并不重要。1911年法案创设的罪名并不限于间谍活动，而是包括了破坏活动及其他一些身体冲突行为。

这一判决受到了批评，[110]但是，似乎不可能就此认为议会意图让一名将军事秘密泄露给外国势力的间谍的辩护理由——即他或她这么做的目的在于迫使英国政府改变其政策——得以成立。如果示威者的意图仅仅是在空军基地外面的道路上举行一次游行的话，钱德勒的案子就会是另一种结果，这是因为那样对示威行为的起诉将不得不证明抗议核政策行为本身对国家安全是具有危害性的。在钱德勒案中，只有德夫林勋爵(Lord Devlin)强调应当由陪审团决定所有的事实问题，其中包括被告的目的及其对国家安全有可能产生的影响等。在1978年一次涉及官方机密的审判中，马尔

---

[109] [1964] AC 763.
[110] D Thompson [1963] PL 201.

斯-琼斯法官(Mars-Jones J)指出,在不构成间谍和破坏活动的情况下适用第 1 条将会过于苛刻。[111] 后来的案件主要关注间谍活动,其中包括 1983 年对吉弗里·普赖姆(Geoffrey Prime)、[112] 1984 年对迈克尔·贝塔尼(Michael Bettaney),[113] 和 1993 年对迈克尔·史密斯(Michael Smith)的定罪,[114] 这些人都曾将秘密情报泄露给苏联。另一起在 20 世纪 80 年代根据第 1 条被提起的著名诉讼涉及八名驻塞浦路斯的信号情报官员。[115] 但与普赖姆、贝塔尼和史密斯的案件不同的是,该起诉以失败而告终。随后的一项由王室顾问戴维·凯尔卡特(David Calcutt)进行的调查表明,在警方和安全机构进行调查的过程中被告曾遭到强制性的非法扣留。[116]

1911 年法案的第 2 条创设了与滥用官方情报相关的超过 2000 种不同类型的罪名。[117] 特别是第 2 条第 1 项规定的是一种应当判处两年监禁的犯罪行为。

> 如果拥有或掌握……由在女王陛下属下任职的官员交付其秘密保管的……任何文件或情报的任何人……将该文件或情报泄露给了其被授权可以交付的人或其出于国家利益有义

---

[111] A Nicol [1979] Crim LR 284;奥布利(Aubrey),《谁在监视你?》(Who's Watching You?)。

[112] R v Prime (1983) 5 Cr App Rep 127.

[113] R v Bettaney [1985] Crim 104.

[114] Cm 2903, 1995.

[115] 参见 A W Bradley [1986] PL 363。还可参见 Cmnd 9923, 1986。

[116] Cmnd 9781, 1986.

[117] Cmnd 5104, 1972, para 16.

务交付的人以外的任何其他人。[118]

其他罪行包括未经授权扣留文件及未对文件尽到合理管理的义务。第二款明确扩展到了对与国家安全无关的情报披露。[119]即便所涉文件并非机密情报,[120]即便披露情报是为促进而非损害英国的海外利益,但还是有可能构成犯罪。[121]然而,这一条款的范围——可以很贴切地形容为"一个不漏"(catch all)[122]——通过两条途径得到了缓解。首先,对《官方机密法》中规定的所有罪行提起诉讼时,在英格兰需要经过总检察长的同意(或在苏格兰需经总检察官的同意)。[123] 其次,使披露情报不致构成犯罪的授权可以是完全非正式的,并且在披露情报时不需要明确表明。由于存在自我授权的空间,大臣们和高级公务员能够自己决定可以披露多少情报,至少在涉及他们自己职责的事务方面是如此。[124]因此,私下向记者简要介绍情况(例如,使记者能够在议会公布之前"泄露"一项法案的内容)就不构成对《官方机密法》的违反。人们曾经不止一次强调,不应批评1911年法案第2条增强了政府的保密能力,因为在任何情况下大臣们都可以采取一种更加开放的态度。[125] 然

---

[118] 在 R v. Ponting [1985] Crim LR 318 一案中,审案法官 McCowan 指示陪审团,所谓国家利益就是指由当时的政府所决定的国家利益。而且可参见下文第 617 页。

[119] *Loat* v *James* [1986] Crim LR 744.

[120] *R* v *Crisp* (1919) 83 JP 121.

[121] *R* v *Fell* [1963] Crim LR 207.

[122] Cmnd 5104, 1972, para 17.

[123] 1911 年《官方机密法》(*The Official Secrets Act*),第 8 条。

[124] Cmnd 5104, 1972, para 17.

[125] 例如 Cmnd 4089, 1969。第 11 页,Cmnd 5104, 1972,第五章。

而，1911年法案的这种形式还是给记者们设置了真正的障碍，使他们难于获知哪些内容是可以安全发表的。

《官方机密法》中的其他规定还包括1920年法案中的第7条，该条规定企图实施该法案规定的任何罪行，力图劝说其他人实施该罪行，协助或教唆或为实施该罪行进行准备活动等行为都属于犯罪。根据1920年法案中第8条之规定，原告方可以基于公开证据将危害国家安全的理由申请法庭在审理涉及该法案所规定的罪行时排除公众的参与。根据第1条提起的诉讼[126]和根据第2条审理的案件[127]都适用该方式，这严重违背了要求"庭审应当公开进行"的"英国执法体系"的一般原则。[128]因为如果"在法庭上的所作所为一直处在公众的监督之下，那么这就会防止出现司法中的专断和以个人好恶作出裁决的现象，并使公众对执法活动具有信心"。[129]即使某一诉讼是以非公开方式进行的，被告及他或她的律师也不能被排除在庭审之外，而且判决必须以公开方式作出。[130]国务大臣可以授权警察传召一个可能的证人来询问第1条中规定的罪行，在这种情况下拒绝出庭或拒绝提供信息都将构成犯罪。正是通过了这一规定，1920年法案第6条"成功"地取消了根据1911年法案第1条形成的嫌疑人沉默权。[131]而且，1911年法案第9

---

[126] 例如Bettaney案，见本章注释[113]，and the Cyprus intelligence personnel，见本书边码第615页。

[127] 例如在Ponting案中，见本章注释[140]。

[128] A-G v Leveller Magazine Ltd [1979] AC 440，第449–450页。

[129] Ibid at 450.

[130] 1920年《官方机密法》(*The Official Secrets Act*)，第8条(2)。

[131] 在1939年《官方机密法》(*The Official Secrets Act*)对1920年的法案第6条进行

条赋予了广泛的搜查权和扣押权,规定地方法官可以签发授权令,允许警察进入并搜查住宅,"并搜查在那里找到每一个人",还可以扣押任何"已经实施或将要实施"的该法案规定的犯罪行为的证据。在"极端紧急"情况下,为了国家的利益需要立即作出行动的时候,可以由警察局长签署书面的搜查令。

据报道,1987年1月BBC广播公司出于国家安全因素的考虑决定不播出一个有关锆石间谍卫星的节目。广播公司否认作出此行为是出于政府压力。两天以后,检查总长取得一项禁令阻止负责这一节目的记者杜坎·坎贝尔(Duncan Campbell)谈论或写作与该影片有关的内容。但该记者未被找到,禁令无法送达,因此《新政治家》(*New Statesman*)杂志刊载了该影片的详细内容。这一事件导致《新政治家》杂志社的办公地点遭到了政治保安处的突击搜查,而且连BBC在格拉斯哥的办公地也未能幸免。对BBC办公地点的搜查持续了28个小时,这是基于根据1911年法案第9条签发的授权令而进行的。⑬警察们在几辆警车中塞满了文件、废弃的胶片和200多盒胶片。从始至终警察们究竟要找什么都不清楚,接下来也没有起诉。这个事件表明了1911年法案可能被严苛适用的

修正之前,拒绝应警探的要求披露以违反该法案的方式所或情报的来源这一行为本身就是一种犯罪。(*Lewis v Cattle* [1938] 2 KB 454)

⑬ 这项授权令是由警官而不是地方法官签发的,因此对它是否不合法存在争议:苏格兰法学会 R Black J 138。

情况,即便没有提出诉讼。[133]

1989年《官方机密法》

617

1911年《官方机密法》第2条的实施受到了一个由弗兰克斯勋爵(Lord Franks)任主席的委员会的仔细审查,委员会于1972年提交了报告。[134]该委员会是在一次针对《星期日电讯》(*Sunday Telegraph*)刊发与工党政府对尼日利亚内战的政策有关的外交部文件的诉讼败诉后成立的。[135]委员会报告称,现行的法律并不令人满意,应该出台一部新的《官方情报法》(*Official Information Act*)来仅仅保护如下一些形式的情报:

(a) 与防务或国内安全、对外关系、货币或储备等有关的机密情报,未经授权而披露它们会对国家安全造成重大损害;

(b) 可能支持刑事犯罪活动或阻碍法律实施的情报;

(c) 内阁文件(为了集体责任制);[136]

(d) 个人或企业交托给政府的情报(例如,为税收或社会保障目的或人口普查信息)。

(a)中列出的情报都必须保密这一要求使创设一个新的文件保密制度成为必要。与现有制度不同的是,新制度将会具有法律

---

[133] 更加详尽的细节请参见 Ewing and Gearty, *Freedom and Thatcher*,第147–152页。还可参见布拉德利(A. W. Bradley) [1987] PL 1, 488。

[134] Cmnd 5104, 1972.

[135] 参见艾特肯(Aitken):《官方机密》(*Officially Secret*)。

[136] 第13章B。

上的效力。拟议中的新法案所包括的犯罪行为被建议包含政府公务员违反其职责而传播法案规定的情报;任何人传播其有合理根据确信是以违反该法案的方式获得的属上述(a)、(b)和(c)规定的情报;以及为了私人获利而使用任何种类的官方情报。

因此,弗兰克斯委员会建议,只在公共利益明确要求时才用刑事制裁的方式来保护官方信息。尽管该法案中的其他不足之处在所谓的1978年ABC案的审判中已经暴露无遗,但《官方机密法》当时未得到改革。[137]1979年,保守党政府出台了《保护官方信息法》(Protection of Official Information Bill),而不是《信息自由法》(a Freedom of Information Bill)。其目的是对涉及安全和情报的信息给予完全的保护,却不管这些信息是否已为公众所知晓。[138]但是这一法案由于披露安东尼·布兰特(Anthony Blunt)为俄国间谍而引发了强烈的政治反应被政府废止,因为若《保护官方信息法案》已被实施,这一披露行为就会构成犯罪。在一些富有争议的案件的推动下,80年代改革的压力依然存在。这些案件包括外交部职员萨拉·蒂斯达尔(Sarah Tisdall)案,她将一份涉及向格林厄姆公地(Greenham Common)运送巡航导弹的机密文件泄露给了《卫报》;[139]和国防部高级官员克立夫·庞汀(Clive Ponting)案,他向一名下院议员泄露了有关福克兰群岛战争期间阿根廷战舰贝尔格拉诺将军号

---

[137] A Nicol [1979] Crim LR 284.
[138] HL Deb, 1979年11月5日, col 612; cf Cmnd 7285, 1978, para 31。
[139] 要了解当时的情况,参见 Secretary of State for Defence v. Guardian Newspapers Ltd [1985] AC 339。

(General Belgrano)沉没事件的文件。[140] 在两起案件中,蒂斯达尔被判有罪,而庞汀被认定无罪,该裁定与麦克恩法官(McCowan J)给陪审团的指令相抵触。[141]

要求改革的压力在制定 1989 年《官方机密法》时达到了顶点,有许多人认为这部法案走得不够远。[142] 在废止 1911 年法案第 2 条的同时,1989 年法案对公认范围较窄的可以未经授权进行披露的信息进行了新的限定。一类需要保密的信息与安全和情报有关,这是因为该法案第 1 条对安全和情报机构人员未经合法授权的披露,与公务员和政府供应承包商未经合法授权的披露进行了区别。[143] 就前者来说,任何这样的人员披露在其受雇期间获得的任何信息都将被认为是犯罪;而后者只有在对安全和情报机构的工作造成"损害"时其未经授权的披露行为才是违法的。法案的第 2 条和第 3 条规定,如果公务员和政府供应承包商未经合法授权而披露了任何与国防和国际事务有关的信息,且造成了损害,那么其行为就构成犯罪。就国防而言,如果披露消息会对武装部队执行任务的能力造成损害,则披露行为就是损害性的,而就国防和国际事务两者共同而言,如果披露消息会对联合王国的海外利益或海外英国公民的安全造成危险,则这种披露行为就是具有损害性的(第 2 条第 2 项)。该法案第 4 条规定,公务员和政府供应承包商

---

[140] 参见 Ponting: *The inside Story of the Belgrano Affair*。还可参见托马斯(R Thomas) [1986] Crim LR 318。

[141] *R v Ponting* [1985] Crim LR 318.

[142] 背景情况参见 Cm 408, 1988。关于分析,参见 S Palmer [1990] PL 243; Birkinshaw, *Reforming the Secret State*。

[143] 参见第 12 条该法案的适用范围。

未经合法授权披露任何消息的行为如果导致犯罪,协助逃脱依法拘禁,或阻止预防和侦察犯罪或阻止逮捕和起诉嫌疑犯,那么他们的行为就是犯罪。法案第 4 条进一步规定,披露关于根据 1985 年《通讯侦听法》(the Interception of Communications Act)(电话窃听)、1989 年《安全机构法》(干涉私人财产),或 2000 年的《调查权力规制法》(第 5 条电话窃听),1989 年《安全机构法》(对私人财产的侵犯),或者 1994 年《情报机构法》(干涉财产或在联合王国之外实施非法行为)等签发的授权令而"获取信息"(以及已经获得的消息)的情报也是一种犯罪。因而,尽管按照第 1 条的规定披露未经授权而非法获取的信息是一种犯罪行为,但根据第 4 条的规定却不是犯罪。

只有未经合法授权披露信息才会构成法案所规定的罪行。这一点与之前的 1911 年法案第 2 条的规定一致,该法案规定只有在未经授权的情况下披露信息才构成犯罪。正如我们所看到的,政府公务员在什么情况下才有权披露信息是一个很难解决的问题,对内阁大臣和高级官员们来说更是如此。[14] 根据 1989 年法案第 7 条的规定,披露行为如果是按照大臣或相关的公务员的职责进行的,那么该行为就是经过授权的,不过,如果安全机构的成员要求披露受保护的信息而相关人员予以拒绝的话,则(从原则上说)是

---

[14] 参见 Cmnd 5104.1972, para 18。并参见贝利(Bailey)、哈里斯(Harris)和琼斯(Jones),《公民自由:案例和资料》(*Civil Liberties Cases and Materials*),在这部著作中,作者将对蒂斯德尔(Tisdall)和庞廷(Ponting)的起诉与未能起诉两名内阁大臣的情况进行了对比(第 831 页)。

应接受司法审查的。并非只有披露信息的官员会犯这类罪行,像报纸这样的第三方,如果进行了报道也会构成这类罪行。虽然获得禁止披露的信息已不再是一种犯罪行为(如 1911 年法案第 2 条的规定),但获得者如果知道或有合理理由确信这些信息被禁止披露却未经授权而将其披露,那么其行为就构成了这类犯罪(第 5 条)。结果,如果报纸刊登了未经授权而被泄露的禁止披露的信息,那么报社的行为就构成了犯罪。在这种情况下,而且在其他情况下,是存在以公共利益为由的抗辩,这是有争议的,政府因此否决了这一衡量标准。然而,在这种情况下,报纸只有在披露行为具有损害性或是它知晓或有合理理由确信该行为具有损害性的情况下才应当承担责任。

官方机密与人权

《官方机密法》(Offical Secret Act)中规定的许多犯罪都与公开信息有关。许多起诉都是基于同样的原因。现在出现的问题是这些措施是否与《欧洲人权公约》保障的言论自由一致,以及《人权法案》是否为触犯 1911－1989 年《官方机密法》而被起诉的人们提供了一种辩护理由。近年来,这个问题愈来愈紧迫了,因为 90 年代末又有许多安全和情报机构前成员未经授权公布了其掌握的资料。其中包括理查德·汤姆林森(Richard Tomlinson),他在俄国出

---

⑭ 参见 R v Shayer [2002] UKHL 11; [2003] 1 AC 247。
⑭ Cm 408, 1988。

版的书中和在因特网上公布的资料中指明了安全机构招募的人员；也包括大卫·谢勒(David Shayler)，他在公开披露了安全局的大量活动后逃到了法国。从法国回来以后，谢勒先生便因1989年《官方机密法》被起诉、定罪并入狱。在一些最初的诉讼中，上诉法院认为尽管谢勒有权受到《人权法案》中表达自由的保护，但《官方机密法》是为了保护国家安全而设计的，其对表达自由的限制是正当的。[147] 军情五处前处长于2001年出版了她的被广泛宣传的回忆录，该书同年还在《卫报》上连载，但她并未受到指控。

《官方机密法》与《人权法案》是否兼容这一问题在Attorney-General v. Blake[148]一案中得到了体现。在该案中，法院认为，总检察长有权获得由一名前安全和情报机构成员因公布信息而赚取的收益的账目，这名前特工违反了契约义务，即：不得披露因被雇用而获取的材料。在该案审理期间，有人认为1989年《官方机密法》第1条"描述得太宽泛"了，因为它将没有造成损害后果的信息披露认定为犯罪，关注"披露该信息的个人地位，而非信息本身的性质"。但是尽管上院倾向于不理睬这种观点，尼科尔斯勋爵(Lord Nicholls)还是关注了另一因素，这个因素在一位安全和情报机构的成员依据《人权法案》提起的诉讼中看起来具有决定性意义。这就是承诺不披露布莱克在加入该机构时自愿提供的信息。按照尼科尔斯勋爵的观点，无论是布莱克还是该机构的其他成员都不应

---

[147] *R* v *Shayler*，同上。该事件产生一系列判例法。也可参见 *Attorney-General* v *Punch* [2002] UKHL 50; [2003] 1 AC 1046 and *R* v *Central Criminal Court*, *ex p Bright* [2001] 2 ALL ER 244.

[148] [2001] 1 AC 268.

该有违反该承诺的动机。他接下来说:

> 最重要的是,该机构的成员应该在他们内部的相处中拥有完全的信任,而且那些招募的告密者应该有同样的信任。当进行秘密和危险的活动时,削弱潜在告密者的积极性与该机构合作,或者破坏该机构成员间的士气和信任,将危及该机构的效率。显而易见,一条绝对的反泄密的规则,对所有人来说都极具意义。[149]

对违反 1989 年《官方机密法》的泄密行为提起的诉讼,何时会被认为与保护国家安全不成比例,这一点不甚明确。但是在谢勒案中,上院似乎确信,安全机构存在充分的内部保障规则,能够确保安全机构成员的所有不当行为都处于当局的关注之下,而不需在媒体上未经授权公开披露。尽管《人权法案》不会对依据 1989 年《官方机密法》提出的指控造成严重障碍,但政治环境可能会对这样的指控带来难度。在 Kathryn Gun 一案中,这一点被凸显了出来。一名政府通信总局官员,依据 1989 年《官方机密法》被控非法地将来自美国特工的电子邮件泄露给了其英国同事。指控称,这封邮件——发送于 2003 年 1 月 31 日,被《观察家报》发表——意在表明,美国人希望得到英国人支持,弄清某些联合国安全理事会成员国对即将审议的关于伊拉克问题的决议的表决意向和谈判立场。指控接着被撤回,因为 Gun 女士辩称:泄露这封邮件是"为了

---

[149] Ibid., at 287.

避免人们在战争中丧生"。据 BBC 报道,政府担心这"会说服陪审团并导致《官方机密法》的声誉受到损害"。还有人解释说,"政府已经做了一个政治计算,即随即选取的 12 个陪审员可能会本能地反战,所以很可能宣布被告无罪。"[150]

国防咨询通告(Defence advisory notices)

《官方机密法》通过有效控制可获取信息的范围对新闻自由施加了重要限制。在第 23 章 G 小节我们看到,因泄露秘密引发的衡平法诉讼有能力达到同样的效果。实际上,正是这种衡平法上的诉讼在 1987 年所谓的《间谍捕手》事件中成为控制新闻自由的基础。但对新闻自由还有许多其他以国家安全为名义的限制和束缚。其中之一便是"国防咨询(DA)"通告制度(即以前为人们所知的"D"通告),[151] 这是一种法律制度之外的新闻界与政府合作进行的出版物检查制度。然而,BBC 编辑指南明确指出,"这项制度是自愿的,并未获得法律授权,且最终决定是否发表的权力仍在我们手中"。国防咨询通告是一种向媒体提供有关国防和反恐信息的咨询和指导的方式,公布这种信息可能会损害国家安全。国防通告由国防、新闻和广播咨询委员会(Defence, Press and Broadcasting Advisory Committee, DPBAC)发布,该委员会是一个咨询团体,由高级公务员以及来自国家和地方报纸、期刊、新闻机构、电视台和广

---

[150] http://news.bbc.co.uk(26 February 2004).
[151] 费尔利(D Fairley) (1990) 10 OJL 430;威廉姆斯(Williams),《并非为了公共利益》(*Not in the Public Interests*),第 4 章。

播电台的编辑们组成。委员会由国防部常务副大臣(the Permanent Under-Secretary of State for Defence)任主席。虽然其成员资格可以依据协议变更,但在2005年由四名代表政府机构(内政部、国防部、外交部和内阁办公室(安全情报协调官))的成员和十三名由媒体提名的成员组成(只有出版者协会拒绝提名代表)。通常情况下,委员会每年召开两次会议,审议本年度已发布的通告内容以及由秘书长提供的建议和指导。

鉴于国际形势的改变(特别是苏联的解体和华沙条约组织的终结)以及对政府公开性的日益重视,1993年这一体系得到了仔细审查(在委员会对自身的审查之后)。其结果是日常通告(standing notice)的数量从8个减到了6个,(尽管,如果必要的话,针对特殊事件也有可能发布国防咨询通告)并且对通告的内容和形式加以修改以使其"变得更具相关性,并且使适用者更有一种亲切感"。通告的名称从国防(D)变为国防咨询(DA)也是这次审查的结果,而且委员会的名称也改为了国防、新闻和广播咨询委员会,这一名称"更能体现这一制度的自愿和咨询性质"。[152] 2000年5月进一步的改革使通告的数量由6个减少到5个。这5个国防咨询通告现在公布在委员会的网站上,[153]分别涉及军事行动、计划和能力(DA通告1);核武器和非核武器、装备(DA通告2);密码和安全通讯(DA通告3);敏感装置和地址(DA通告4);王国安全和情报机构以及特种部队(DA通告5)。每一通告都详细给出了要求编辑们

---

[152] HC Deb, 1993年7月23日, col 454(WA)。

[153] www.dnotice.org.uk。

不能公开的信息种类,这些信息往往与国防或者反恐能力有关,或者与可能成为恐怖活动目标的个人有关。这些通告也包括一个解释其目的的"理由说明"。

委员会秘书在就通告的内容向媒体进行说明和解释的过程中扮演了关键角色。最近的任职者包括一位退休的海军少将,更近的,则是一名前英国皇家空军军官。该秘书负责全时向政府部门和媒体就该体系提供建议咨询。2001年9月,他建议媒体尽量减少对即将在阿富汗采取的军事行动进行推测,以防有助于"敌人"。⑬ 这里存在一个问题:虽然国防咨询通告需要适用于一系列需要秘书给予指导的特殊情况,而且起草之前秘书需要咨询适当的政府部门官员,但国防咨询通告的起草还是无法避免地要使用概括性的用语。委员会指出,该秘书"既没有被赋予作出规定的权力,也不享有就国家安全之外的事情提出建议的权力";而且另一方面,通告"并不具有法律地位,而且在其框架内给出的建议可能部分或全部被接受或遭到抵制"。与国防咨询通告制度一致并不能免除编辑依照《官方机密法》所应承担的责任,而且实际上也不一定能阻止为制止任何出版和广播而提起的法律诉讼。⑮ 1967年发生的一件事情显示出了该委员会秘书的重要作用,这一年,《每日快报》发表了一篇报道,宣称根据1920年《官方机密法》第4条的规定,由联合王国发往海外的私人电报的复件通常都要受到安全部门的检查。首相威尔逊(Wilson)先生认为,这篇报道违反了

---

⑬　The Independent, 2001年9月27日。

⑮　参见 A-G v BBC, The Times, 1987年12月18日BBC有关安全机构的系列广播("我的国家是正确还是错误?")。

"D"通告。三名枢密院顾问经过调查认为,实际情况并非如此,而是该委员会秘书造成了一定的误会。[158] 尽管不同报刊对于该框架价值的评价大相径庭,且以法律的标准进行衡量,该框架明显既不完善也不准确,但1980年下院国防委员会审查了"D"通告制度之后,还是认为该制度应该予以保留。[159]

安全委员会[160]

作为普罗福莫(Profumo)事件的一个结果,在1964年采取了一项措施,目的在于应对安全遭到破坏的情况。1964年1月23日,首相亚历克·道格拉斯-霍姆爵士(Sir Alec Douglas-Home)宣布了安全委员会的成立,其职权范围是:

> 根据首相的要求,调查并报告公共机构中安全遭到破坏的情况,以及任何与之相关的各部门安全计划的失当或玩忽职守的情况,并依据该调查对安全计划中是否需要进行某些变更提出建议。

首相还表示,在要求安全委员会调查一件特别案件之前需要

---

[158] Cmnd 3309 and 3312, 1967; Hedley and Aynsley, 1967年"D"通告事件,维尔森首相不认为未出现违反"D"通告的情况,但后来他又承认他对此事的处理不当:《工党政府1964-1970》(*The Labour Government*),第478-482、530-534页。

[159] HC773 (1979-1980): J Jaconelli [1982] PL 37.

[160] 完整的资料请参见鲁斯特哥登和利(Lustgarden and Leigh),见本书边码第476-492页。

先与反对党领袖进行协商。[159]通常委员会应当秘密召开会议,并由委员会决定是否需要由律师代理证人作证以保护其利益。安全委员会的主席是一位高级法官,委员会由文职机构、武装部队和外交机构的人员组成。近期的主席包括迪普洛克(Diplock)勋爵,布里奇(Bridge)勋爵,格里菲思(Griffiths)勋爵、劳埃德(Lloyd)勋爵以及伊丽莎白·巴特勒-斯洛斯(Elizabeth Butler-Sloss)女爵士。[160]

该委员会可能被要求对范围广泛的情况进行调查。因此,例如两位大臣(杰利科伯爵和兰布顿勋爵)在1973年因为不当性行为而辞职后,委员会便开始考虑他们的做法是否已经对安全构成了威胁。[161]1982年,该委员会完成了对政府文职机构中安全的全面审查,[162]并且在1983年提出报告阐述了在有关政府通信总局雇员杰弗里·普赖姆(Geoffry Prime)间谍活动一案的判决所牵连的安全问题。[163]自此以后,委员会报告了根据1911年《官方机密法》第1条的规定对安全机构成员迈克尔·贝塔尼(Michael Bettaney)的判决所涉及的安全问题;[164]报告了对"塞浦路斯8(Cyprus 8)"提起诉讼(未胜诉)之后信号情报方面的安全问题;[165]报告了根据1911年法案第1条定罪(1993年)的迈克尔·史密斯(Michael Smith)案涉及的安全

---

[159] HC Deb,1964年1月23日,Col 1271-1275。随后,职权范围被修正。在处理任何涉及职权范围的事务之前还要考虑委员会主席的意见。

[160] 关于委员会的组成和运作程序的细节,请参见 Lustgarden and Leigh,第476-487页。

[161] Cmnd 5367, 1973.

[162] Cmnd 8540, 1982.

[163] Cmnd 8876, 1983.

[164] Cmnd 9514, 1985.

[165] Cmnd 9923, 1986.

问题。[166]最后这份报告对安全机构的工作给予了引人注目而且十分坦率的评价,报告中称:"1971年11月,当一个住在伯明翰(Birmingham)的名叫迈克尔·史密斯(Michael Smith)的人申请加入大不列颠共产党(CPGB)时,迈克尔·约翰·史密斯(Michael John Smith)第一次引起了安全局的注意。"此时安全局和警方展开了调查,并应安全局的要求核查了史密斯的身份,但没有取得结果。安全委员会不是监督机构,不是监察机构,也不是上诉法院。委员会并不连续地开会,也不特别积极主动(pro-active),与任何部门都没有联系,而且也没有裁判职能。同样,委员会"在任何涉及安全的地方都会介入",并且按照首相的指示行事。[167]但该委员会不能替代议会对安全和情报机构的有效监督,而且它现在很大程度上被1994年成立的情报和安全委员会所遮蔽,尽管首相还继续要求它调查敏感事务,例如最近1999年根据1911年《官方机密法》第1条对一名海军军官定罪之后,和2004年白金汉宫(Buckingham Palace)的安全程序引起人们关注后,该委员会就展开了调查。[168]

议会审查

1. 内政委员会(the Home Affairs Committee)。1999年下议院的内政委员会得出结论,"安全和情报部门对议会负责应该成为民主

---

[166] Cm 6177, 2004.
[167] Lustgarden and Leigh, p 477.
[168] Cm 6177, 2004.

社会中的一项基本原则"[169]。然而,完全实现这一原则还有一些路要走,因为连续几届政府都抵制议会对安全情报部门完全审查的可能性。[170] 1992年,内政委员会邀请安全局长出席委员会会议,可能是秘密出席。在一系列引人注目的交往过程中,安全局长在征询了内政大臣的意见后拒绝了委员会的邀请,在此之后,内政大臣称他将考虑委员会是否可以非正式地会见安全局长,"也许是共进午餐"。根据"有关安全和机密事务的情报不能交由议会处理"这一惯例,该看法得到了采纳;内政大臣认为,这一惯例"对于部门特别委员会(Departmental Select Committees)与对议会本身具有同样的约束力"。根据他的观点,安全机构不应处在任何特别委员会的权力范围之内,尽管这并不一定"阻止安全局长与(委员会主席)及一两名高级成员举行非正式的会谈,在一般意义上讨论安全机构的工作,只要他们明白了政府的立场"。据称,里明顿夫人(Mrs Rimington)(当时的安全局长)同意这一观点,并且将会"因此与(主席)保持联系,并邀请(他)以及一些(他的)高级同僚共进午餐"。然而,正如委员会所称,虽然与里明顿夫人(她被允许与新闻界共进午餐)共进午餐"是迈向公开化的可喜进步",但这并不能"代替议会对安全局的正式审查"。

内政委员会认为,安全机构在其审查范围之内,而且"只要这种审查对安全机构的效率没有影响,则向该机构投入资金的价值和该机构的一般政策便是议会审查的合适对象"。于是,委员会审

---

[169] HC 291 (1998-1999), para 48.

[170] HC Deb, 1989年12月16日, col 36; also HC 242 (1979-1980); 242 (1982-1983); HC Deb, 12 May 1983, col 444 (WA).

查了提高安全机构责任的不同方式,在它看来,议会的审查"符合重要的公共利益,并且有助于防止在未来有可能出现的任何滥用权力的情况"。[17]然而,政府方面作出的回应是,1989年议会已经仔细考虑过了监督的问题。[172]议会得出的结论是,赞成保留当时采用的责任制,根据这种责任制,安全局长对当时的内政大臣负责,而内政大臣自己就安全机构的工作向议会负责。(然而,这是一种按照惯例运作的奇怪的责任制,即不允许将与安全和情报相关的事务提交议会审议)政府还提到了根据1989年《安全局法》通过一名专员和特别法庭对该机构进行司法监督的程序。尽管这又是一种奇怪的监督方式,该方式只检查运用特别法定权力的情况,而不是监督该机构整体的工作情况。更重要的是,这种监督方式在议会中没有基础,但在政府看来这一制度在1989年法案实施以来的三年半时间内却运转良好。政府承认,需要重新审视形势,1994年的《情报机构法》便提供了这样一个机会。尽管就该法案中的规定是否已经走得够远这一问题还可以进行争论,但在该法案中就向民主责任制的方向转变达成了重要妥协。1998年,当时的内政大臣(杰克·斯特劳)拒绝了内政委员会要安全局长在一次公开会议上作证的要求,取而代之的是让安全局长提供一个情况简要说明。[173]

2. 情报和安全委员会[174] 斯特劳先生(Mr Straw)给出的拒绝内

---

⑰ HC 265 (1992 – 1993).
⑫ Cm 2197, 1993.
⑬ HC 291 (1998 – 1999), app 1.
⑰ 参见 M Supperstone [1994] PL 329。

政委员会的请求的理由之一就是,议会已经将监督安全部门的职责授予了情报与安全委员会。根据1994年的《情报机构法》,该议会议员委员会(the committee of parliamentarians)(不是议会委员会(a parliamentary committee))负责审查安全机构、情报机构和政府通信总局(第10条第1项)的"开支、管理和方针政策"。该委员会委员由从上院和下院选出的九名成员组成(虽然其中可能没有一人是政府大臣),并在同反对党领袖协商后由首相加以任命。2005年,该委员会由一名前内阁大臣担任主席,还包括其他八名成员——包括一名上议院议员和来自三个主要政党的下议院议员。该委员会的秘书来自内阁办公室而非议会。根据该法案,委员会需要将其履行职责的情况向首相作年度报告,而后须将该报告提交给议会,不过,如果首相认为将某些事项公之于众将会对安全和情报机构造成损害,经过与委员会协商,可以将报告的某些部分删除。其中一些报告因删节过多而被弄得面目全非。[175]

该委员会在第一份报告中认为,因为其工作的性质,"该委员会必然能接触到有关国家安全的情报",结果是委员们"依据1989年《官方机密法》,全都经过了备案"。从宪法的角度来看,该委员会"现在正运作于'机密圈'之中",直接向首相汇报工作,再由首相将情况传达给议会。1999年报告的一个重要发展是由委员会来任命一名调查员,这样使得它能更加全面地审查安全和情报机构活动的不同方面。[176]委员会的年报表明,它已经审查了范围广泛的

---

[175] 参见 Cm 4309, 1999(Sierra Leone)。

[176] Cm 4532, 1999; and see Cm 4073, 1998; also HC 291 (1998–1999), para 14.

问题。这些问题包括安全和情报机构优先考虑的事项和计划,它们的财政状况和人事管理等。在 1997－1998 年度和 1998－1999 年度报告中提出的一个有趣的问题是安全机构文件的销毁。1998 年的报告提到,1992 年以来已有 110000 份文件被销毁,其中大部分涉及"颠覆活动",或安全机构已不再调查的对象。人们感到忧虑的是,仅仅由安全机构一家负责审查和销毁文件会出问题,因而认为某种形式的"独立审查应该成为这一过程的一部分"。人们普遍认为,档案局(Public Record Office)的官员应该参与对安全机构认为应销毁的文件的审查。[177]

该委员会还就一些有争议的问题提出了特别报告,包括最著名的所谓米特罗欣档案(Mitrokhin Achive)的公开。该档案中有苏联国家安全委员会(KGB)掌握的材料,这些材料被米特罗欣从俄国带到了英国,确认一些英国公民是苏联间谍。接下来其中许多人的姓名被公开,尽管没有任何人被起诉,许多年来他们的身份已被英国有关当局知道或者怀疑。情报和安全委员会的报告令人着迷地展现了情报机构在许多层面的工作情况。例如,据它揭示,安全机构曾未能就其中一个所谓的间谍是否应被起诉请教司法官员(Law Officers),认为起诉并不是基于公共利益,这一决定应由总检察长作出。最近的一些国际事件已促使该委员会去调查与"大规模杀伤性武器"相关的证据的充分性并对其进行评估。据称这些

---

[177] Cm 4073,and Cm 4532, 1999.关于最近的年度报告对其他担心的说明(诸如安全检查、官方机密法以及与媒体的关系等)。参见 Cm 5542, 2002; Cm 5837, 2003; Cm 6240, 2004; and Cm 6510, 2005。

证据在 2003 年入侵伊拉克之前为伊拉克持有。[178]一份单独的报告使人们了解到,美国之所以能把一些英国公民关押在阿富汗、关塔拿摩湾以及伊拉克,英国的特工是发挥了某种作用的。尽管该委员会显然没有能力进行有意义的调查。无论如何,该委员会还是发现了英国情报官员表示担忧的证据,而且还透露,情报官员在未告知大臣的情况下对那些被关押者进行了讯问。[179]

---

[178] Cm 5972, 2003.
[179] Cm 6469, 2005.

第 26 章 紧急权力与恐怖主义

在发生严重国家危机的时候，常规的宪法原则可能不得不让位于应对危机的压倒性需要。用皮尔斯勋爵的话说就是："在被炸建筑物熊熊火光的映衬下，个人权利和正义的火焰必然燃烧得更加微弱。"[①]《欧洲人权公约》第 15 条允许成员国在"威胁到国家生存的战争或其他公共紧急情况"下可以克减（derogate）公约上的义务而行事。英国政府在北爱尔兰问题上就行使了这种克减权，而最近的一次是在美国 2001 年"9·11"事件之后对国际恐怖主义的反应措施中行使该项权力。[②] 但即使是在上述情况下，公约也不允许克减第 2 条（保护"生命权"，战争中合法行为导致的死亡除外）、第 3 条（禁止使用酷刑）、第 4 条第 1 项（禁止奴役）以及第 7 条（禁止溯及既往的刑罚）规定的义务。因此即使在严重危机下国家也有不得逾越的界限。另外，对司法审查有效救济的获

[①] 康韦诉里默案，《上诉案例汇编》，1968 年，第 910 页起，第 982 页（*Conway v Rimmer* [1968] AC 910, 982）。

[②] 见第 19 章 B。

得是否并且在多大程度上应让位于更高的国家利益也还没有定论。③ 本章探讨的是在战争与和平状态下军队的角色以及法定紧急权力的使用,另外还包括对最近反恐立法的考察。重点放在两个方面,一是在危机中被加强的国家权力,二是对国家行为的进一步限制。

A. 运用军队协助警察

在第24章我们研究了警察在维持公共秩序时可以行使的主要权力。在过去的100年左右,虽然因形势的不同而存在或多或少的困难,英国警察还是可以控制和遏制住公众示威,除了在北爱尔兰。自从第一次世界大战以来,除了1919年发生在格拉斯哥的动乱之外,整个英国境内还没有必要派遣军队来维持秩序。④ 但是他们有时也被要求在罢工中维持基本的公共事业(例如,2003

---

③ 英王诉内政大臣(申请人:亚当斯)案,《全英格兰案例汇编》(EC),1995年,第177页起(R v Home Secretary, ex p Adams [1995] All ER (EC) 177),第185页(斯泰恩法官(Steyn LJ));见英王诉内政大臣(申请人:切布拉克)案,《全英格兰案例汇编》,1991年,第2卷,第319页起(R v Home Secretary, ex p Cheblak [1991] 2 All ER 319)。此处,司法审查让步得太容易了。对照塞德利法官(Sadley J)在以下案件中发人深省的探讨,见英王诉内政大臣(申请人:麦奎兰)案,《全英格兰案例汇编》,1995年,第4卷,第400页起,第420-421页(R v Home Secretary, ex p McQuillan [1995] 4 All ER 400, at pp 420-421)。见A诉内政大臣案,《上议院案例汇编》,2004年,第56页起;《上诉案例汇编》,2005年,第2卷,第68页起(A v Home Secretary [2004] UKHL 56; [2005] 2 AC 68),见本章第651页。

④ 见威廉斯,《保持和平》(Williams, Keeping the Peace),第32-35页。

年的消防队员罢工事件),⑤ 并且有时也要应对极端的恐怖活动(例如1980年5月的伦敦伊朗使馆人质事件),以及在2001年英国农场爆发口蹄疫时协助处理大量动物尸体。⑥ 但在19世纪以及更早的时候,那时政治自由更少,警察力量更弱,地方治安法官(local magistrates)在必要时得召集军队特遣部队(detachments of soldiers)以恢复社会秩序。与19世纪的做法相反,召集武装部队的"文职权力(civil power)"如今已不在地方治安法官的手里,而只能由内政大臣经警察局长的要求来行使。⑦ 然后,国防大臣再作出回应。

正如类似1984-1985年矿工罢工和2000年9月的燃料抗议(fuel protests)⑧ 等事件所强调的那样,只有特别严重的事件才可能调动军队来重建和维持秩序。就算存在大规模的骚乱,但由于有了受过新的训练、采取新的行动方式的国内警察之间的协作,则意味着在上述任何一种情形下都不必再调动军队。⑨ 一个召集军

---

⑤ 《政府文件》,1996年,第3223号(Cm 3223, 1996),第27-28页。

⑥ 军队还可以在其他很多方面提供帮助:除了对付毒品活动以外,还包括对渔民的保护以及在遇到自然灾害后提供救援。《政府文件》,2001年,第5109号(Cm 5109, 2001),第3页,也见《政府文件》,2003年,第6041号(Cm 6041, 2003),第1.6段。

⑦ 《下院辩论》,1976年4月8日,第617行(HC Deb, 8 April 1976, col 617)。也见E. 布拉莫尔,《皇家艺术协会杂志》,1980年,第128期,第480页起(E Bramall (1980) 128 Jl of Royal Society of Arts 480);S. C. 格里尔,《公法》,1983年,第573页起(S C Greer [1983] PL 573);以及伊夫利,《在民主社会保持安宁》(Evelegh, *Peach Keeping in a Democratic Society*),第11-21、91-94页。

⑧ 见H. 芬威克、G. 菲利普森,《法律研究》,2001年,第21期,第535页起(H Fenwick and G Phillipson (2001) 21 LS 535)。

⑨ 见麦凯伯和沃灵顿,《警察、公共秩序和公民自由》(McCabe and Wallington, *The Police, Public Order and Civil Liberties*),第49-50页。

队重建秩序的决定意味着——至少在过去是如此——可以使用轻武器镇压骚乱。一个年代相当近的例子,即1893年的费瑟尔斯通(Featherstone)骚乱,可以用来说明对军队的这种使用。[10] 当时警察正在其他地方执勤,所以一小队士兵被派去保卫煤矿,阻止砸窗烧房的暴徒。夜幕降临时,一名治安法官要求暴徒们散去并且宣布了《反暴乱法》(Riot Act)中的声明。但暴徒们不肯散去,于是法官授权士兵们开枪,同时军官也认为保卫煤矿的唯一办法就是向暴徒们开火,结果两名暴徒被打死。后来,一个听证委员会认为军队的行为在法律上是正当的。

当军队被这样使用时,其权力的基础是什么?今天究竟有什么样的条款规定着军队应当被召集的决定?[11] 他们在暴乱时行动的合法权力似乎不是来自制定法或王室的特权权力,而只是来自于所有公民协助平定动乱的责任以及军队协助文职机关的责任。[12] 今天,1967年《刑法法》(Criminal Law Act 1967)第3条作出了如下的规定,取代了运用军队防止犯罪的普通法规则:

> 任何人都可以使用合理武力防止犯罪,实施或帮助实施对犯罪人、犯罪嫌疑人、在逃犯的合法逮捕。

---

[10] 《费瑟尔斯通骚乱调查委员会的报告》,《政府文件》,1893年,第7234号(Report of the Committee on the Disturbances at Featherstone, C 7234, 1893),并见《下院文件》,1908年,第236号(HC 236 (1908))。

[11] 见本章注释[13]引用的文献。

[12] 对布里斯托·格兰特陪审员的起诉,《卡林顿和佩恩案例汇编》,1832年,第5卷,第261页起(Charge to Bristol Grand Jury (1832) 5 C & P 261)。

因此,对武器的使用必须是由于情况的急迫,并不因为调动军队的决定合法而自然合法。实际上,过度或过早使用武力将会使负责军官和有责任的士兵个人对造成的伤亡负责。责任的轻重由事后的刑事或民事法院判定,⑬ 而且可能导致军事法庭的审判。⑭

如今,调动军队可以导致武器使用的主张在两个方面受到了限制:第一,警察必须已经受训并配备武器"以对付不会造成过多麻烦,或可能造成一定程度危险的武装罪犯分子和政治恐怖分子"。⑮ 警察条例规定了何种情况可以携带武器,这可能会导致致命武器的使用。2005 年 7 月伦敦恐怖主义爆炸之后梅内塞斯(Jean Charles de Menezes)的死亡悲剧已经显示了这一点。警察决定的失误可能会导致对该警察的刑事追诉。现在,对致命武器的使用都必须接受独立警察申诉委员会(Independent Police Complaints Commission)的审查,⑯ 因为 ECHR 第 2 条要求对警察(以及其他国家官员)造成的死亡进行有效调查。⑰ 第二,1893 年的时候,士兵只能使用致命武器,⑱ 现在已不再如此。调动军队对付

---

⑬ 见英王诉克莱格,《上诉案例汇编》,1995 年,第 1 卷,第 482 页起(*R v Clegg* [1995] 1 AC 482)。

⑭ 见本书第 16 章。

⑮ 《政府文件》,1981 年,第 8427 号,第 95 页(Cmnd 6496, 1976, p 95)。

⑯ 见本书第 21 章 E。

⑰ 见麦克尔诉联合王国,《欧洲人权报告》,2002 年,第 34 卷,第 20 页起(*McKerr v UK* (2002) 34 EHRR 20);乔丹诉联合王国,《欧洲人权报告》,2003 年,第 37 卷,第 2 页起(*Jordan v UK* (2003) 37 EHRR 2);以及菲纽肯诉联合王国,《欧洲人权报告》,2004 年,第 37 卷,第 656 页起(*Finucane v UK* (2004) 37 EHRR 656)。也见关于麦克尔,《上议院案例汇编》,2004 年,第 12 卷页起;《每周法律报告》,2004 年,第 1 卷,第 807 页起(*In re McKerr* [2004] UKHL 12; [2004] 1 WLR 807)。

⑱ 《政府文件》,1893 年,第 7234 号(C 7234, 1893),第 10、12 页。

社会动乱当然有不可估量的政治意义,但英国军队在北爱尔兰的行动表明,在对付敌意人群时存在比对人群开枪更有效且并不致命的许多其他方式——警棍、防暴盾牌、水龙头、橡皮子弹甚至催泪瓦斯——而且并非只有军队才能使用催泪瓦斯。[19]

B. 在北爱尔兰运用军队

军队介入的性质和程度

在北爱尔兰的军事行动以及可能调用军队来对付政治恐怖分子是军队协助文职机关的一个很好例子。北爱尔兰导致了冷战以来英国最大的一次军事需要,而在此区域内的军事行动也引发了一些政治上和宪法上的难题,不仅仅是在对所谓颠覆性政治组织的认定上。1975年,内政部(Home Office)把"颠覆"定义为"威胁国家的安全与利益,意图通过政治的、实业的(industrial)或暴力的手段破坏或推翻议会民主"的一系列活动。[20] 如今,一个现代的定义可能还要考虑1989年《安全部门法》(Security Service Act 1989)和2000年《恐怖主义法》(Terrorism Act 2000)对何为"颠覆性活动"予

---

[19] 对于警察使用这种手段的可能性,见本书第21章A。
[20] 《下院辩论》,1978年4月6日,第618行(HC Deb, 6 April 1978, col 618)。

以规定的条款。[21] 自1969年以后,北爱尔兰颠覆活动的程度已经让军队不得不与警察共同担负起维持该地区内部安全的艰巨责任,这是一个烫手的山芋。[22] 我们已经提到了对特定被拘留者采取严厉讯问措施中的重大错误。[23] 1972年,北爱尔兰上诉法院根据1920年《爱尔兰政府法》(Government of Ireland Act 1920),判决北爱尔兰议会没有合法权力授予军队逮捕权。这个判决立刻导致了一个法律的制定,这个法律将该权力溯及既往地授予斯托蒙特(Stormont)议会(即北爱尔兰议会——译者注)。[24]

北爱尔兰军事介入的性质和程度在年度防务评估报告(annul statements on the defence estimates)中被较为详细地勾勒出来。北爱尔兰司令官(General Officer Commanding Northern Ireland)就军队调动以维持安全和采取反恐怖行动对北爱尔兰事务大臣(Secretary of State for Northern Ireland)和北爱尔兰皇家警察(the Royal Ulster Constabulary, RUC,现在称为北爱尔兰警署, the Police Service of Northern Ireland, PSNI)[25] 总警长负责,并就军队各部门在北爱尔兰的军事行动向国防大臣负责。[26] 1969年,北爱尔兰和平时期驻军有

---

[21] 分别见第25章(1989年《安全部门法》(Security Service Act 1989))和第26章 E(2000年《恐怖主义法》(Terrorism Act 2000))。
[22] 例如,见伊夫利批评性的研究,见注释7。
[23] 见第6章。
[24] 英王诉伦敦德里法官(申请人:休姆及其他)案,《北爱尔兰法律评论》,1972年,第91页起(R (Hume et al.) v Londonderry Justices [1972] NILR 91);1972年《北爱尔兰法》(Northern Ireland Act 1972)。
[25] 2000年《警察(北爱尔兰)法》(Police (Northern Ireland) Act 2000),第1条。
[26] 1994年防务评估报告,《政府文件》,1994年,第2550号(Statement on the Defence Estimates 1994, Cm 2550, 1994),第38页。

3 000人,但以后军事人员的数额从 1972 年最高的 30 000 多名降到了 1983－1985 年的 17 000 名,在 20 世纪 90 年代的前半期,该地区的军队数量一般为 19 000 人。[27] 尽管军队介入得如此之深,但 1994 年的评估报告还是认为,主要是北爱尔兰皇家警察(RUC)在维持法律和秩序,军队的角色只是帮助 RUC 对付恐怖活动。[28] 而且,

> 军队的行动是为了满足 RUC 的要求,而且事先要征得他们的同意。这类行动大多是共同执行的。RUC 和军队领导人之间有很紧密的联系,他们经常每天开会商量行动计划,由 RUC 方面主持会议。在最高层面——即参加整体联合反恐行动的地方执行委员会(Province Executive Committee)——上,由一个副总警长(Deputy Chief Constable)主持。[29]

1969 年第一次在北爱尔兰执行任务时,军队的任务主要是维护公共秩序。但从那以后军队的角色转变了,如今集中在 3 个方面:1.阻止恐怖活动;2.通过军事存在稳定人心;3.通过逮捕恐怖分子、收缴其实施恐怖活动所用的武器、爆炸物和其他装备以削弱恐怖分子的能力。[30] 1994 年 8 月共和派与保皇派的停火协议使军

---

[27] 1996 年减少到 17 500 人,1996 年防务评估报告,《政府文件》,1996 年,第 3223 号(Statement on the Defence Estimates 1996, Cm 3223, 1996),第 24 页。
[28] 1994 年防务评估报告,第 36 页。
[29] 同上。
[30] 同上,第 37 页。

队在北爱尔兰的存在以"一种谨慎而计划周密的方式"[31]减少,并采取相应措施减少军事力量的活动,扩大不需要常规军队支持只由 RUC 负责的地域范围。这个过程随着 1998 年《贝尔法斯特和约》(*Belfast peace agreement*)以及 2001 年 9 月爱尔兰共和军(IRA, Irish Republican Army)解除武装而继续。[32] 但是根据 1998 年《北爱尔兰法》(*Northern Ireland Act 1998*),公共秩序(包括军队的权力)是一个"保留的"(reserved)而非"转让的"(transferred)事项。军队继续在那里保持相当的——尽管是减少了的——军事存在,以支持北爱尔兰警署(PSNI)维持公共秩序和反恐活动。[33] 但是长远的目标是"达到以下状态,即建立一支永久以北爱尔兰为基地的可调用军队,就像英国其他地方一样"。[34]

军人的法律地位

被调去支援北爱尔兰文职机关以对付恐怖分子和政治暴乱的军人的法律地位,与他或她被调到别的地方协助执行其他任务的同行们并不相同:

在英国法中,有关协助文职机关执行事务的皇家军人的

---

[31] 1995 年防务评估报告,《政府文件》,1995 年,第 2800 号(Statement on the Defence Estimates 1995, Cm 2800, 1995),第 42 页。

[32] 《政府文件》,1999 年,第 4208 号(Cm 4208, 1999),第 8 段。

[33] 国防白皮书,《政府文件》,2003 年,第 6041 号(Defence White Paper Cm 6041, 2003)。

[34] 同上。

权利和义务的法律依据很少,这些少量的根据几乎都是有关军队被调用协助平息骚乱性集会的士兵义务的法律。认为执行这种暂时任务的士兵的法定权利和责任与穿上军装的普通公民没有什么不同的观点也许并非不正确。但我认为,在近来军队在北爱尔兰协助文职机关的情形下,这种观点会令人误解。从理论上说,当一个可逮捕犯罪(arrestable offence)即将发生,每个公民都有义务采取一切可能的手段去阻止犯罪,但这种义务只是一种不完全的义务(imperfect obligation),并不会将他置于必须冒着自己受伤害的危险去履行这个义务的境地。对此相对的是:调去北爱尔兰协助文职机关执行任务的士兵有军法赋予的义务,要根据上级军官的命令去搜寻罪犯、阻止恐怖行动,如果必要,还得冒着自己的生命危险。为履行这个责任,他会配备手枪、自动步枪,如果他用这些武器射击人体的话,肯定会造成死亡或重伤。㉟

然而政府指出,军人被依法授予了特定权力(例如逮捕、搜查),以使他们能有效支持 RUC。在行使这些权力和执行任务时,军人任何时候都要对法律负责。他们没有豁免权,也不能有特殊待遇。如果军队士兵违法,也会被依法逮捕、起诉。这也适用于使用武器,包括致命武器的情况。㊱

㉟ 《北爱尔兰总检察长咨询意见》(1975 年第 1 期),《上诉案例汇编》,1977 年,第 105 页起(A-G for Northern Ireland's Reference (No. 1 of 1975) [1977] AC 105),第 136 – 137 页(迪普洛克爵士(Lord Diplock))。

㊱ 1994 年防务评估报告,第 36 页。

但是,军队使用武力经常会引起极大争议,特别是 1972 年 1 月 30 日的那次事件,当时军队对德里(Derry)示威人群开枪,导致 13 名公民死亡。㊲ 据称,从 1969 年到 1994 年,安全部队要对在北爱尔兰的 357 人的死亡负责。在这 357 人中,141 人是共和派武装分子,13 人是保皇派武装分子,194 人是普通公民。其中,18 人的死亡导致了刑事诉讼,总共有 6 次有罪判决——1 次谋杀未遂、1 次过失杀人、4 次谋杀:㊳

在《北爱尔兰总检察长咨询意见》(1975 年第 1 期)�439㊴ 中,被告是一名徒步巡逻的士兵,他在白天开枪杀死了一名在田野开阔地上的年轻人。士兵先命令该年轻人停步,可是年轻人未停下,反而准备逃跑,于是士兵就开了枪,但开枪前没有

㊲ 吉尔蒂,《当代法律问题》,1994 年,第 47 期,第 19 页起(C A Gearty (1994) 47 CLP 19),第 33 页。见《下院文件》,1971 – 1972 年,第 220 号(威杰里的报告)(HC 220 (1971 – 1972))(Widgery Report))。1998 年对该事件进行了第二次调查,但是直到 2005 年 12 月也没有提出调查报告。见英王诉纽德盖特的萨维尔爵士(申请人:A)案,《全英格兰案例汇编》,1999 年,第 4 卷,第 860 页起(R v Lord Saville of Newdigate, ex p A [1999] 4 ALL ER 860)。

㊳ 吉尔蒂和金博尔,《恐怖活动和法律规则》(Gearty and Kimball, *Terrorism and the Rule of Law*),第 57 – 58 页。

㊴ 《上诉案例汇编》,1971 年,第 105 页起([1971] AC 105),又见法雷尔诉国防大臣案,《全英格兰案例汇编》,1980 年,第 1 卷,第 166 页起(*Farrell v Defence Secretary* [1980] 1 All ER 166)。英王诉波板和坦珀利,《北爱尔兰法律公告》,1979 年,第 5 期(*R v Boban and Temperley* (1979) (5) BNIL);英王诉鲁滨孙案,《北爱尔兰法律公告》,1984 年,第 4 期,第 34 页起(*R v Robinson* (1984) 4 BNIL 34);英王诉麦考利案,《北爱尔兰法律公告》,1985 年,第 10 期,第 14 页起(*R v McAuley* (1985) 10 BNIL 14);又见 R.J.斯皮尤特,《公法》,1986 年,第 38 页起,以及《公法》,1987 年,第 35 页起(R J Spjut [1986] PL 38 and [1987] PL 35)。

警告性鸣枪。当地的军队曾经被爱尔兰共和军攻击过,而突然袭击可能是致命的。当被告开枪时,他认为他是在对付一名 IRA 分子,但他并不知道死者是否涉及或可能涉及任何的恐怖活动。实际上,死者是"完全无辜的,根本未卷入任何恐怖活动"。这个士兵被宣告无罪后,上议院认为,特定的情况("他开枪想杀死或重伤一个没有武装的人,因为他合理地确信那个逃走的人是某个非法组织〔在此案中是临时派爱尔兰共和军*〕的成员,因此他开枪打死了那人")对法院提出了这样的问题,法院是否已经排除了对这次开枪构成不合理使用武力的合理怀疑。迪普洛克爵士(第 138 页)认为,"根据实际情况,陪审团可能会得出这样的观点,即被告有合理的理由认为如果死者逃走的话,将给他和巡逻队带来迫在眉睫的危险……而且允许被告思考的时间太少,以至就算是一个有理智的人也只能依直觉行动"。

另一方面,在英王诉克莱格(R v Clegg)[40]案中,一名士兵在

---

* 英文名为 Provisional IRA。爱尔兰共和军分为正统派和临时派,前者自称奉行马克思主义路线,从事武装斗争,1972 年 5 月宣布休战,以后没有从事什么积极活动,基本上支持以政治行动争取爱尔兰统一。临时派成为主要的共和军,他们具有更浓厚的民族主义色彩,主张进行爆炸、暗杀等暴力活动。一般所称爱尔兰共和军即指临时派。2005 年 7 月,爱尔兰共和军曾宣布放下武器,放弃武装斗争,加入和平进程。9 月 26 日,爱尔兰共和军政治组织新芬党的领袖格里·亚当斯在英国北爱尔兰贝尔法斯特出席新闻发布会。当日,负责监督爱尔兰共和军解除武装工作的国际独立委员会宣布,爱尔兰共和军已完全解除武装。——译者注

[40] 《上诉案例汇编》,1995 年,第 1 卷,第 482 页起([1995] 1 AC 482)。

自卫中过度使用武力导致受害人死亡,他被判谋杀而非过失杀人。过早使用武器导致了对 RUC 和军队"射杀(shoot-to-kill)"政策的指责。[41] 面对这种强烈的指责,大曼彻斯特区的副总警长约翰·斯托克(John Stalker)先生被任命领导进行一次调查。[42] 后来,斯托克先生在争议中离开了该项调查,改由西约克郡的总警长桑普森(Sampson)先生接任。调查没有公布任何证据以证明上述指责是有根据的,[43] 但是随着欧洲人权法庭对麦凯恩诉联合王国(*McCann v United Kingdom*)[44]一案作出判决,争议再一次被引发。在该案中有 3 名 IRA 成员于 1987 年在直布罗陀被枪杀。

4 名 SAS*军人认为 3 个著名的 IRA 成员正要引爆炸弹威胁直布罗陀的人员安全,于是开枪射杀了他们。后来发现这种认识是错误的:嫌犯不仅没有武器,在他们被杀时也没带爆炸设备。在这种高度可疑的情况下他们共被射击了 29 次(其中一个人被射击了 16 次)。法庭以 10 比 9 的多数认定军官的行为违反了公约第 2 条,此条款规定了对生命权的保护、

---

[41] 指出该被指责的政策与欧洲人权公约相抵触。见法雷尔诉联合王国案,《欧洲人权报告》,1983 年,第 5 卷,第 466 页起(*Farrell v UK* (1983) 5 EHRR 466);也见麦卡恩诉联合王国案,《欧洲人权报告》,1995 年,第 21 卷,第 97 页起(*McCann v UK* (1995) 21 EHRR 97)。

[42] 见斯托克:《斯托克》(Stalker, *Stalker*)。

[43] 见《下院辩论》,1988 年 1 月 25 日,第 21–35 行(HC Deb, 25 January 1988, cols 21–35)。

[44] 《欧洲人权报告》,1995 年,第 21 卷,第 97 页起((1995) 21 EHRR 97)。

* Special Air Service,即特别空勤团,英国特种部队。——译者注

"是公约最基本的内容之一"。[45]尽管4名士兵都开枪了,然而没有证据表明"最高层——国防部、政府——有秘密执行计划",根据当时的情况和事实,士兵的行为本身也并没有违反第2条的规定。但法庭认为这个行动从整体的组织和操作来说没有尊重第2条,提供给士兵的信息及命令必然导致了致命武器的使用,没有充分考虑3名嫌疑者的生命权。考虑到当局并没有作出不允许3名嫌疑者进入直布罗陀的决定,且并没有足够注意到他们的情报至少在某些方面可能出现错误,以及这几个军人在开枪时直接诉诸致命的武器,法庭认为,"杀死3名恐怖主义分子并不构成保护民众不受非法侵害的绝对必要"。[46]

在欧洲人权法院,以及根据《人权法》(Human Rights Act)在国内法院,对北爱尔兰安全部门"射杀"政策的指责使得丧失亲属的家庭继续提起诉讼,他们认为有关当局并没有采取适当措施来调查被RUC有嫌疑地杀害的死亡者。[47]

---

[45] 第2条1项认为"所有人的生命都受法律保护",而第2条2项作出了一定限制,规定"由于以下绝对必要的情况,使用武力剥夺他人生命不应被视为对本条款的违反:(a)保护任何人免受不法侵害……"

[46] 对此决定的政治反应对法院的影响很关键。例如见《上院辩论》,1996年1月29日,第1225行(HL Deb, 29 January 1996, col 1225)。比较 C.吉尔蒂,《直布罗陀案之后》,《伦敦书评》,1995年11月16日(C Gearty, *After Gibraltar*, *London Review of Books*, 16 November 1995)。

[47] 见本章注释[17]所引案例。

C. 军事管制法

军事管制法的含义

《军事管制法》一词有许多的含义。早期的军事管制法包含了现在《军法》(military law)的内容。[48] 在国际法中,军事管制法涉及军事长官在外国占领区的权力。而本文中的军事管制法针对的是等同于战争的国内紧急情况,军队可以在此情况下对本国公民施加约束和管制。[49] 在内战或叛乱时,法院通常的职能要让位于军队重建正常秩序的任务,后者的完成才能使正常的政府成为可能。与使用军队在动乱中重建秩序——军队要受文职机关指挥,如果过度使用了武力,就会受到法院的控制——不同,根据军事管制法,军事当局(暂时)就是唯一有权决定应如何行动的法官。这些行动可能包括对民众采取严厉的手段,例如不经正当程序剥夺生命、自由或财产,但是也可能会设立执行简易司法(summary justice)的军事裁判所(military tribunal)。这些军事裁判所与一般适用军法(military law)的军事法庭(courts-martial)不同。

至少从 1800 年以来,英国就再没有出现过适用军事管制法的

---

[48] 见第 16 章 B。
[49] 基尔和劳森,《宪法案例》(Keir and Lawson, *Cases in Constitutional Law*),第三章 C;霍伊斯顿:《宪法论文》(Heuston, *Essays in Constitutional Law*),第 150–162 页。

情况，但是并不能仅仅因为这个原因就将军事管制法的主要部分视为现行法律的一部分。而且，1628 年权利请愿书（Petition of Right 1628）包含着如下禁令：至少是在和平时期，国王被禁止发布有关军事管制法、授予军队针对平民权力的命令，但这个禁令的内容到现在也远非清楚。[50] 今天，如果发生国家危机，议会更倾向于以临时立法的形式授予民事、军事机关广泛的管理权力。因此，如果在英国适用军事管制法，相关讨论都必须首先假定：议会由于情况危急而无法授予军事当局必要的权力。如果议会经过审议，拒绝通过紧急法案，那么从宪法的角度看，军事机关要想依普通法程序获得额外的权力是很困难的。[51] 而且，如果没有发生军事袭击或其他极端情况——在这些情况下，维护人的生命成了唯一的准则——就必须假定政府继续控制着军队并就军队的使用向议会负责。自 1969 年以来，英国政府在北爱尔兰从未援引军事管制法的理论作为免除对军事行为进行司法审查的合法根据；相反，其所依赖的是与军事管制法大不相同的法定权力和普通法上的权力。

要想阐述军事管制法的理论就必须首先对起源于布尔战争（Boer War）、20 世纪 20 年代的爱尔兰内战，以及英国早期殖民地其他事件的判例法有所了解。但是如果一定要讨论这个混杂的判例法是否可以在英国适用，则很可能会造成政治动荡。[52]在两次世

---

[50] 比较马雷诉总司令官案，《上诉案例汇编》，1902 年，第 109 页起，第 115 页（*Marais v General Officer Commanding* [1902] AC 109, 115）。

[51] 比较伊根诉麦克里迪案，《爱尔兰案例汇编》，1921 年，第 1 卷，第 265 页起，第 274 页（*Egan v Macready* [1921] 1 IR 265, 274）。

[52] 比较戴雪在《英宪精义》（Dicey, *The Law of the Constitution*）第 8 章中的观点，军事管制法绝未闻见于英格兰。（可见雷宾南所译之中译本《英宪精义》，中国法制出版

界大战中,民事、刑事法庭继续在英国运转,只是受到了制定法的一些限制,议会也没有颁布军事管制法。1914 年《王国国防法》(Defence of the Realm Act 1914)授权军事法庭(courts-martial)在数个月内对违反国防法的平民拥有审判权。1940 年《紧急权力(国防)(2 号)法》(The Emergency Powers (Defence) (No.2) Act 1940)在迫在眉睫的入侵威胁下得以通过,在考虑到军事行动的需要、刑事司法不得不要比普通法院更迅速的情况下,授权特殊战区法庭(special war zone courts)可以行使刑事审判权。这些法庭无须经过听审。自 1969 年以来,普通民事、刑事法庭继续在北爱尔兰运作,尽管刑事法庭处理恐怖分子犯罪的权力和程序都已作了很大的修改。[53]

军事管制法下法院的地位

如果在内战或叛乱的情况下,法院不能运行、司法无法实现,只要这样的状态一直持续,重建秩序的军事行动事实上就不会在法院受到质疑。正如 1838 年英国司法官员(English Law Officer)*就下加拿大总督(the governor of Lower Canada)公布军事管制法的

社 2001 年版,第 324 页。——译者注)

[53] 2000 年恐怖主义法,第 7 条,见本章 E。

* 司法官员(Law Officers),指英国的总检察长及副总检察长。在近代的实践中,其职责是维护政府、大臣及各个部门的行为的合法性,以及协助指导法律技术性较强的法案在议会通过。以前,司法官员是国王的法律顾问和法律代理人;在现代社会中,他是政府的法律顾问和法律代理人,且经常被召集对国际事务、宪法和政府各部门提出的其他问题发表联合意见。参见薛波主编:《元照英美法词典》,法律出版社 2003 年版,第 791 页。——译者注

权力所解释的那样:"只有在公开叛乱、其他法律的实施已不可能时",军事管制法"才能被容忍"。㊴ 这种情况下政府颁布军事管制法,并不是增加军队的权力,而只是向人民通告了政府为重建秩序所必须采取的措施。1838年,司法官员认为,只要普通法院还在运作,任何被军队逮捕的人都必须被带到法院依法处置:"我们认为,王国内不存在适用任何其他诉讼程序的权利(right)。"㊵

在1902年的马雷案(Marais case)中,枢密院(Privy Council)大大拓展了军事管制法的原则,认为即使在普通法院依然运行的情况下,军事管制法也可实施。该案发生在布尔战争期间,当时军事管制法在南非殖民地(Cape Colony)的一定地区实施。平民马雷向设在开普敦的高等法院起诉,认为他在该地区由于违反军事管制法而被逮捕、拘禁是不合法的。霍尔斯伯里爵士(Lord Halsbury)代表司法委员会(Judicial Committee)宣布:在战争存在的地区,普通法院对军事机构无管辖权,就算对究竟是仅仅存在骚乱或其他动乱还是存在与之相对的战争还存有争议。㊶ 一旦确认战争状态存在,军队就被推定可以像对待国与国交战中被占领土的外国居民那样对待实施军事管制法地区的居民,只有在正常政府重建后才可能应普通法院的传唤说明自己的行为。

英国政府在1920-1921年爱尔兰危机中接受了马雷案对军

㊴ J.坎贝尔和R.M.罗尔夫(J Campbell and R M Rolfe)的意见,1838年1月16日;基尔和劳森书,第231页。

㊵ 同上。

㊶ 马雷诉总司令官;又见蒂朗克诉纳塔尔总检察长案,《上诉案例汇编》,1907年,第93页起(*Tilonko v A-G of Natal* [1907] AC 93)。

事管制法原则的拓展。早在 1920 年,威斯敏斯特议会就通过了《爱尔兰重建秩序法》(Restoration of Order in Ireland Act 1920),该法对当局额外授权,设立了新罪名,规定公民可在适当组成的军事法庭中接受审判,还设定了可判处的最高刑。然而在 1920 年 12 月,爱尔兰地区开始施行军事管制法。总司令官特别宣布,如发现任何个人未经授权而携带武器,即可被判处死刑。司令官还建立非正式的军事法庭掌握简易审判权(summary jurisdiction),以审判那些实施违禁行为的人。在英王诉艾伦(R v Allen)案中,爱尔兰王座分庭(King's Bench Division in Ireland)拒绝对此类军事法庭判处一个携带武器的平民死刑进行干预。法院认为,如果在该地区存在战争状况,即使普通法院依然在运作,军队的行为也不能在其中接受审查;如果军队认为绝对必要,他们可以剥夺一个平民的生命。议会并没有授权可对非法携带武器处以死刑是不重要的。[57]

其他爱尔兰法院的判决并不都对军队如此有利。在伊根诉麦克里迪(Egan v Macready)案中,奥康纳法官(O'Conner MR)将它与马雷案区别开,认为 1920 年《爱尔兰重建秩序法》为军事管制制定了一部完整的法规,排除了军队在议会授权外判处死刑的权力,因此他签发了人身保护令命令释放罪犯。[58] 在英王诉斯特里克兰(申请人:加德)(R (Garde) v Strickland)案中,法院以强烈的措辞

---

[57] 《爱尔兰案例汇编》,1921 年,第 2 卷,第 241 页起([1921] 2 IR 241)。见坎贝尔,《1918 – 1925 年的爱尔兰紧急状态法》(Campbell, *Emergency Law in Ireland 1918 – 1925*);内阁关于爱尔兰军事管制法的讨论,见琼斯:《怀特豪日记》(Jones, *Whitehall Diary*),第 3 卷,第 I 部分。

[58] 《爱尔兰案例汇编》,1921 年,第 1 卷,第 265 页起,第 274 页([1921] 1 IR 265)。该案在霍伊斯顿的《宪法论文》中受到了批评,见该书第 158 页。

主张其有权力和有责任判断战争状态是否存在,并认为,只有在战争状态下,军事管制法的实施才是正当的,普通法院才无权审查军队指挥官在镇压叛乱时的行为。[59] 希金斯诉威利斯(Higgins v Willis)案是由于军队错误摧毁一个平民的房屋而导致的,法院认为,只要战争一结束,原告就可以向普通法院状告军事当局。[60] 在唯一的上议院判例——关于克利福德和奥沙利文(Re Clifford and O'Sullivan)案中,该案情况与英王诉艾伦案相同,上议院认为,它不能签署禁止越权令去审查根据军事管制法所设立的军事裁判所的诉讼程序。[61] 这个判决依据的是禁止越权令的严格适用范围,当时人们认为禁止越权令只适用于审查下级司法机关。[62] 上议院认为该军事裁判所并不是一个常设的军事法庭,而只是一个为指挥官提供建议的顾问机构;而且它的职责也已经完成了。上议院明确避免讨论其他可能的救济手段,例如人身保护令状。结果是,军队剥夺平民生命的决定不会仅仅因为某个军事裁判所只对该平民进行了非正式的听证而受到司法审查。

军事管制法终止后法院的地位

军事管制法实施期满后,法院有权对军事管制期间的行为的合法性进行审查。不可能明确确定法院在追究刑事、民事责任时

---

[59] 《爱尔兰案例汇编》,1921年,第2卷,第317页起([1921] 2 IR 317)。
[60] 《爱尔兰案例汇编》,1921年,第2卷,第386页起([1921] 2 IR 386)。
[61] 《爱尔兰案例汇编》,1921年,第2卷,第570页起([1921] 2 AC 570)。
[62] 见第31章。

所适用的标准。第一,根据普通法,军队所采取的对付战争和叛乱的必要措施毫无疑问是合法的;军队对在战斗过程中偶然给人身、财产造成的损害也不用承担普通法上的责任。[63] 但不清楚的是,"必要措施"的标准是严格的必须或者只是根据善意相信是必须,对某些行为的标准是否应该比对其他行为更严格一些,以及举证责任由谁承担。第二,上级命令的法律后果也存在某种不确定性;[64] 第三,过去,在军事管制法期满后经常通过赦免法(Act of Indemnity)来给予军队有溯及力的保护。根据赖特诉菲茨杰拉德(*Wright v Fitzgrald*)案[65],法院在解释赦免法时,通常假定议会不会对并非由于情况紧迫却采取过度或残忍行为的被告给予保护。可是保护的范围取决于赦免法的条款,但该条款往往是明确而宽泛的。[66]

D. 战时与和平时期的紧急权力

虽然国王根据特权拥有一些紧急权力,特别是在发生战争和

---

[63] 伯玛石油公司诉总检察长案,《上诉案例汇编》,1965年,第75页起(*Burmah Oil Co v Lord Advocate* [1965] AC 75);也见第12章D。

[64] 见第16章。

[65] 《国家审判案例汇编》,1798年,第27卷,第765页起((1798) 27 St Tr 765),P.奥希金斯(P O'Higgins)对此作了讨论,见《现代法律评论》,1962年,第25期,第413页起((1962) 25 MLR 413)。

[66] 一个声名狼藉的例子,见菲利普斯诉艾尔案(*Phillips v Eyre* (1870) LR 6 QB 1);比较1920年赦免法(Indemnity Act 1920)。

受到侵略时尤其如此,但这些权力太不确定,政府并不能依赖于它们。[57] 在两次世界大战期间,为了进行战争以及维持平民生活,议会对政府授予了额外的权力。而在和平时期,则由常设的法定机关来应对紧急状态,现在是内政大臣领导的内阁国内紧急事件委员会(Cabinet's Civil Contingencies Committee)负责在紧急状态下确保社会生活最基本的供给和服务正常运作。国内紧急事件秘书处(Civil Contingencies Secretariat)是另外一个帮助政府对紧急状态作出快速反应的机构。该机构设立于内阁办公厅,其目标是"对困难作出确认、评估和发出警告,并根据以往的经验教训,协助提供最为有效的反应措施"。[58]

战时紧急权力

19 世纪中叶以前,发生国家危机时的惯常做法是颁布一些被称为人身保护中止的法案(Habeas Corpus Suspension Acts)。[59] 这些法案采取不同的形式。有一些法案禁止发布人身保护令以保证快速的审判,或对被控叛国或其他罪名的人不准保释;另一些授予平时不被接受的、广泛的逮捕和拘留权力。危机结束时议会常发布赦免法以溯及地给予官员们保护,免除他们对危机中可能作出的不法行为承担责任。两次世界大战中,人身保护令并没有被中止,但是行政当局被授予了极端广泛的权力。1914 – 1915 年《王国国

---

[57] 见第 12 章 D。
[58] www.ukresilience.info/ccs/aims/index.
[59] 戴雪,第 229 – 237 页。

防法》授权政府以枢密院君令(Order in Council)*的形式制定条例以确保公共和国防安全。⑦ 在英王诉哈利迪(申请人:扎迪格)(*R v Halliday, ex p Zadig*)一案中,上议院认为这种一般性权力如此广泛,以至于国务大臣(Secretary of State)可以不经审讯,仅仅根据某人来自敌国或敌对组织就拘留他或她。⑦ 但在邓弗姆林的肖勋爵(Lord Shaw of Dunfermline)的有力而难忘的异议中,他反对从为了公共和国防安全授予制定条例的一般性权力中推导出可以不经审讯和没有任何罪名地拘留任何人。

虽然行政当局的权力很大,但国防条例(defence regulations)的合法性仍然可能在法庭中受到质疑。

在总检察长诉威尔茨联合乳品公司(*Attorney-General v Wilts United Dairies Ltd*)案⑫ 中,食品监管部门(the Food Controller)试图把一加仑两便士的定价强加为授予营业执照的条件之一。该行为被判无效,因为根据国防条例,食品监管部门

---

* 又称国王会同枢密院令,指国王由枢密院建议并据此建议发布的命令,这是君主特权时代的遗留,在现代,这种立法方式受到限制。制定法有时明确授权发布枢密院君令,但议会有权使之无效。参见薛波主编:《元照英美法词典》,法律出版社 2003 年版,第 1008 页。——译者注

⑦ 有关这些权力及其行使的富有吸引力的描述,见鲁宾:《1914－1927:个人财产、政府征用和宪法》(Rubin, *Private Property, Government Requisition and the Constitution, 1914－1927*);也见尤因、吉尔蒂,《为公民自由而奋斗》(Ewing and Gearty, *The Struggle for Civil Liberties*),第 2 章。

⑦ 《上诉案例汇编》,1917 年,第 260 页起([1917] AC 260)。见 D. 福克斯顿,《法律季刊》,2003 年,第 119 期,第 455 页起(D Foxton (2003) 119 LQR 455)。

⑫ 《泰晤士法律汇编》,1921 年,第 37 卷,第 562 页起([1921] 37 TLR 884)。

管理牛奶供应的权力并没有授予其强行制定价格的权力。即使该条例授予了该项权力,法院也对这种授予是否包含在为公共和国防安全而制定条例的一般性权力之中表示了怀疑。在切斯特诉贝特森(Chester v Bateson)案[73]中,一个国防条例授权军械大臣宣布军火生产区域为特殊区域。这个宣告的目的是,如果军火工人在该地区居住并按时交房租时,未经大臣同意,任何人不能提起归还所有权的诉讼。法院认为,议会并无剥夺公民的诉权的意图;看不出此条例是为了公共和国防安全所必需的,甚至也不是维持公共和国防安全的合理方式,所以该条例无效。

这些判决导致了战后宽泛的1920年赦免法和另一个与非法控诉有关的法案——1925年《战争控诉合法法》(War Charges Validity Act 1925)——的通过。

1939年二战爆发时,1939年紧急(国防)权力法(Emergency Powers (Defence) Act 1939)授权政府以枢密院君令的形式,为了公共安全、国防、公共秩序的维护、国王陛下可能参加的任何战争的有效进行以及社会基本生活用品的供应和服务,制定条例以采取必要或有力的措施;并列举了一系列可能导致制定条例的特定目的,包括为了公共和国防安全而拘留某人。为避免另一个威尔茨联合乳品公司案的发生,国防条例授权财政部可以规定与任何控制计划相关的强制价格。财政部通过条例强行定价需经下院通过

---

[73] 《王座分庭案例汇编》,1920年,第1卷,第829页起([1920] 1 KB 829)。

支持性决议予以批准。其他条例制定出来后要呈交议会,并可在28天内被否定性决议宣布作废。[74]《国家兵役法》(National Service Act)和1940年的紧急(国防)(2号)权力法分别规定了强制兵役和基本的强制军事劳役。虽然诉权并没有被禁止,但法院对行政行为进行司法审查的范围被限制了。结果,法院无法审查一个条例对于其授权法规定的目的来说是否是必须和有利的。[75]但法庭可以认定一个行为并没有经该条例授权,从而判定该行为违法。[76]

司法控制与为公共和国防安全而批准不经审判即实施拘禁的行政权力之间有特别的冲突。根据国防条例18B(Defence Regulation 18B),内政大臣有权拘留那些他有合理理由认为属于特定类别(包括来自敌国或敌对组织)的,并有必要予以控制的人。被拘留的人可向内政大臣任命的一个顾问委员会提出抗议。内政大臣必须每月向议会汇报拘留的人数以及他未听从委员会意见的案件数。被拘留人可申请人身保护令,但根据上议院在利弗西奇诉安德森(Liversidge v Anderson)一案中的观点,这种申请很难成功。[77]在该案中,尽管阿特金爵士(Lord Atkin)强烈反对,上议院仍然认

---

[74] 第28章。

[75] 英王诉专利审计总长(申请人:拜耶产品)案,《王座分庭案例汇编》,1941年,第2卷,第306页起(R v Comptroller-General of Patents, ex p Bayer Products [1941] 2 KB 306);也见波洛克学院诉拉斯哥城职员案(Pollok School v Glasgow Town Clerk 1946 SC 373)。

[76] 如福勒公司(利兹)诉邓肯案,《衡平法院案例汇编》,1941年,第450页起(Fowler Co (Leeds) Ltd v Duncan [1941] Ch 450)。

[77] 《上诉案例汇编》,1942年,第206页起([1942] AC 206),又见C.K.艾伦,《法律季刊》,1934年,第50期,第354页起(C K Allen (1942) 58 LQR 232);以及R.F.V.霍伊斯顿,《法律季刊》,1970年,第86期,第33页起(R F V Heuston (1970) 86 LQR 33)。

为,如果仅仅是因为人身安全的考虑与拘留命令本身所赖以的证据相抵触,法院就不应审查拘留权。"有合理理由相信"仅仅意味着内政大臣在心中有合理的信念。法院不会考察他的合理信念的根据,但是会对有明显证据证明的恶意或弄错身份进行审查。[78]内政大臣对议会的责任才是重点。仅仅在一个案件中,被拘禁的当事人通过人身保护令成功获释。他因为与法西斯组织有联系而被拘留,但被错误地告之该拘留的原因是因为他来自敌国或敌对组织。王座分庭释放了他,但内政大臣随即发出了新命令拘捕了他。[79]

2004年《国内紧急事件法》(Civil Contingencies Act 2004)

上述战时权力的一个特征就是,它们是特定的措施,战争结束之后就可以马上废止。在和平时期,可能出现各种不同的紧急情况。直到最近,政府还忧心于工会组织的大规模的工人运动,这些运动破坏了基本服务的供给。正因如此,1920年《紧急权力法》(Emergency Powers Act 1920)对宣布国家进入紧急状态和制定紧急

---

[78] 怀特爵士(Lord Wright),第261页。利弗西奇诉安德森一案中的主要结论不再被视为权威了,不管是在法律原则的观点还是在法律原则的阐述上。见英王诉内政大臣(申请人:霍瓦亚)案,《上诉案例汇编》,1984年,第74页起(R v Home Secretary, ex p Khawaja [1984] AC 74),第110页(斯卡曼爵士(Lord Scarman));又见里奇诉鲍德温案,《上诉案例汇编》,1964年,第40页起(Ridge v Baldwin [1964] AC 40),第73页(里德爵士(Lord Reid))。

[79] 英王诉内政大臣(申请人:巴德)案,《王座分庭案例汇编》,1942年,第1卷,第14页起(R v Home Secretary, ex p Budd [1942] 1 KB 14);《泰晤士报》,1941年5月28日。关于条例18B,见辛普森,《最高级别丑恶》(Simpson, In the Highest Degree Odious)。

状态条例作出了规定。⑧ 只有在此类性质的事件对整个社会或社会的相当一部分的基本生活造成了严重破坏的情况下,这些权力才能得以实施。尽管这些权力主要是针对工人运动的,但也可以适用于其他原因造成的紧急情况,比如自然灾害或重大的核事故。⑧ 但实际上,该法仅仅在对煤矿工人、码头工人以及电厂工人(power workers)的罢工示威的反应中适用过,最近一次实施是在1974年,总共实施了12次。⑫ 如今,该法被2004年国内紧急事件法第2部分废止了,其目的是为了扩大这些权力适用的范围。

现在,所谓"紧急情况"被界定为威胁英国人民幸福、环境保护或安全的事件或情形(第19条)。这些术语被宽泛地定义以包含诸如生命丧失、财产损失、土地、水、大气污染、洪水、战争和恐怖主义之类的情形。这样导致的结果就是,如果发生战争,政府也不必援用另外的特别权力来对付危机——尽管就算政府要实施那些特别权力也几乎不会让人吃惊。与1920年法不同的是,这些紧急权力的实施并不一定要以国家紧急状态的宣布为前提,也不必请求议会考虑该法的适用。但是,议会仍然有机会审查政府为了对付危机而制定的紧急条例(第20条)。这些条例可以由枢密院会同女王(Queen in Council)制定(第20条(1)),但是在一些情况下,这

---

⑧ 见尤因和吉尔蒂:《为公民自由而奋斗》,第2、4章。

⑧ 见《下院辩论》,1996年2月14日,第629行(HC Deb 1996年2月14日 col 629 (WA))。

⑫ 完整的记叙见莫里斯:《基本服务业的罢工》(Morris, *Strikes in Essential Services*),也见G.S.莫里斯,《公法》,1980年,第317页起(G S Morris [1980] PL 317,以及C.惠兰,《工业法律杂志》,1978年,第8期,第222页起(C Whelan (1979) 8 ILJ 222)。

些条例可以由一个高级大臣(senior minister),即首相、外交大臣、内政大臣以及财政大臣(Chancellor of the Exchequer),予以制定(第20条(2))。当有必要阻止、控制或平息紧急情况,并在采取与所针对的情形"相称(due proportion)"措施的前提下,可以制定相关条例(第21条)。

紧急条例的目的范围很广,例如保护人民的生命、健康和安全,保护和返还财产(第22条),一共有多达12项的目的。为了实现这些目的,可以在条例中规定广泛的权力。其中包括征用或破坏财产(可能有也可能没有赔偿)的权力,以及禁止行动和结社自由的权力(第22条(3))。有些权力是含糊的和没有明确边界的,比如禁止"其他特定行为"的权力(第22条(3)(h)),[83] 以及授予一个法庭或裁判所(包括根据该条例设立的法庭或裁判所)管辖权的权力(第22条(3)(n))。其他权力与调用军事力量有关(第22条(3)(1))。但是紧急条例不会强制征兵或阻止罢工或其他工人运动(第22条(3))。在紧急条例创制刑事犯罪的权力方面,比如对这些犯罪可以施加的刑罚以及改变刑事诉讼程序的能力,也有一些限制(第22条(4))。所有这些犯罪都必须在英格兰和威尔士的治安法院或者苏格兰的郡治法院(Sheriff Court)接受审判(第22条(4))。

不经过议会的批准,紧急条例最多在7天内有效,之后如果议会还不批准就失效(第27条)。议会可以修正条例的规定(第27

---

[83] 接下来被界定为"被或者根据条例特定化":第22条(4)。

条(3))。一旦议会批准,条例在30天内有效,然后被废除(第26条),但是可以再延长最多30天(第27条(4))。除非分别咨询了苏格兰首席大臣(First Minister)和威尔士国民议会(National Assembly for Wales),否则紧急条例不能适用于苏格兰和威尔士(第29条)。一旦制定,条例要接受司法审查,包括根据人权法接受审查。政府最初曾经提议,紧急条例应该拥有首要立法(primary legislation)的地位,以限制司法审查的范围。但是这个提议在议会中遭到了为了审查该法案草案的联合委员会[84] 以及下议院国防委员会(House of Commons Defence Committee)、上议院宪法委员会(House of Lords Constitution Committee)的强烈抨击。[85] 根据联合委员会的意见,基于法院并非完全积极地挑战紧急权力,也不可能阻止政府采取措施保护公共安全,那么,就没有必要通过这种方式排除人权保护。[86] 政府接受了这些批评,草案就被修改为目前的样子,即作为人权法之下的二级立法(secondary legislation)。

---

[84] 《上院文件》,第184号,《下院文件》,2003－2004年,第1074号,第144－156段(HL 184, HC 1074 (2002－2003), paras 144－156)。

[85] 《下院文件》,2002－2003年,第557号,第67－68段(HC 557 (2002－2003), paras 67－68);《上院文件》,第184号,《下院文件》,2002－2003年,第1074号,附件(HL 184, HC 1074 (2002－2003), Appendix)。也见人权联合委员会:《下院文件》,第1005号,《上院文件》,2002－2003年,第149号,第3.11段(JCHR: HC 1005, HL 149 (2002－2003), para 3.11)。

[86] 《上院文件》,第184号,《下院文件》,2003－2004年,第1074号,第149段(HL 184, HC 1074 (2002－2003), para 149)。

E. 紧急权力与恐怖主义[87]

尽管在北爱尔兰适用特别权力对付安全威胁的历史几乎与该地区本身[88]的历史一样长,也确实导致了一些有争议的法院判决,[89]但是对付恐怖主义的特别立法直到1974年才被首次引入到英国。[90]现在的2000年《恐怖主义法》(Terrorism Act 2000)[91]占据了

---

[87] 从一些观点中可以得到关于该问题的说明,请见吉尔蒂:《恐怖》(Gearty: Terror);也可见C.沃克,《刑事法律评论》,2004年,第311页起(C Walker [2004] Crim LR 311)。

[88] 1922年《民事机关(特别权力)法》(Civil Authority (Special Powers) Act 1922)被1973年《北爱尔兰(紧急条款)法》(Northern Ireland (Emergency Provision) Act 1973)代替,并在1975、1977年被修订,在1978、1987、1991和1996年重新制定、颁布。关于1922年法,见卡尔弗特:《宪法在北爱尔兰》(Calvert, *Constitutional Law in Northern Ireland*),第20章;坎贝尔:《1918-1925年在爱尔兰的紧急法》(Campbell, *Emergency Law in Ireland 1918-1925*);以及尤因和吉尔蒂:《为公民自由而奋斗》,第7章;迪普洛克的报告导致了1973年的法案,见《政府文件》,1972年,第5185号(Cmnd 5185, 1972)。对该法的历次审查,见《政府文件》,1975年,第5847号(Cmnd 5847, 1975)(加德纳勋爵(Lord Gardiner));《政府文件》,1984年,第9222号(Cmnd 9222, 1984)(乔治·贝克爵士(Sir George Baker));《政府文件》,1990年,第1115号(Cmnd 1115, 1990)(科尔维尔子爵(Viscount Colville));《政府文件》,1995年,第2706号(Cmnd 2706, 1995)(王室法律顾问J.J.罗(J J Rowe QC));对该法案及其实施的批评,见詹宁斯(编):《火光下的正义》(Jennings (ed), *Justice under Fire*)。

[89] 见麦克尔当尼诉福德案,《上诉案例汇编》,1971年,第632页起(*McEldowney v Forde* [1971] AC 632)。

[90] 1974年《预防恐怖主义(临时条款)法》(Prevention of Terrorism (Temporary Provision) Act 1974)在1976年被重新制定、颁布;审查的情况见:《政府文件》,1978年,第7324号(Cmnd 7324, 1978)(沙科尔顿勋爵(Lord Shackleton))和《政府文件》,1983年,第8803号(Cmnd 8803, 1983)(杰利科勋爵(Lord Jellicoe));在1984年和1989年又两次重新制

反恐特别立法的地位,该法取代并将1989年《防止恐怖主义(临时条款)法》(Prevention of Terrorism (Temporary Provisions) Act 1989)和1996年《北爱尔兰(紧急条款)法》(Northern Ireland (Emergency Provisions) Act 1996)两者放到了一个文本之中。[92]这两个文本的效力每年都要由议会例行延期,而1989年法的两个前身明确规定5年后失效,因此在它们的标题上都有"临时条款"的字样。政府认为恐怖主义的问题足够重要,需要永久立法:这种判断在奥马哈(Omagh)爆炸事件(有29人死亡)中无疑被证明是有价值的。2000年恐怖主义法是为了贯彻贝里克的劳埃德勋爵(Lord Lloyd of Berwick)在"反恐怖主义立法研究"后提出的建议。[93]和其他先行的反恐立法相同,该法也要接受例行的审查才能实施。2006年,贝里的卡莱尔勋爵(Lord Carlile of Berriew)被任命负责审查工作,并要对该法的第7部分提出一个单独的审查报告。[94]

定、颁布。对1984年法的审查见《政府文件》,1987年,第264号(Cm 264, 1987)(科尔维尔子爵(Viscount Colville))。

[90] 该法早期的内容,见芬威克:《民权》(Fenwick, *Civil Rights*);也见J.J.罗,《刑事法律评论》,2001年,第527起([2001] Crim LR 527)。更广泛范围的讨论,见惠蒂、墨菲和利文斯通:《公民自由法》(Whitty, Murphy and Livingstone, *Civil Liberties Law*),第3章。

[92] 1989年法取代了同样文字内容的1984年法(之前是1976年法,再之前是1974年法)。1974年法——伯明翰酒吧爆炸事件发生后紧接不久就通过了——被它的制定者称为"强有力的"手段,见詹金斯:《生命为重》(Jenkins, *A Life at the Centre*),第394页。对这个法案背景的讨论,见詹金斯,第393-398页。关于1989年法,见D.邦纳,《公法》,1989年,第440页起(D Bonner [1989] PL 440);B.迪克森,《北爱尔兰法律季刊》,1989年,第40卷,第250页起(B Dickson (1989) 40 NILQ 250)。也见沃克:《英国法中对恐怖主义的防止》(Walker, *The Prevention of Terrorism in British Law*)。

[93] 《政府文件》,1996年,第3420号(Cmnd 3420, 1996)。也见吉尔蒂和金博尔的重要研究:《恐怖主义和法律规则》(Gearty and Kimball, *Terrorism and the Rule of Law*)。

[94] 卡莱尔勋爵(Lord Carlile)还要负责对2001年《反恐怖主义、犯罪和安全法》(An-

恐怖主义的界定

2000年恐怖主义法最具争议性的一点就是第1条中对恐怖主义的宽泛界定,即恐怖主义就是作出或威胁作出(包括在英国之外)满足下列条件的行为:(a)符合第1条第2项规定的范围;(b)为了对政府施加压力或者威胁公众或部分公众;(c)出于某种意识形态的目的。大多数争议都与第1条第2项所规定的宽泛范围有关,该规定不仅包括严重的暴力,对财产的严重损害,对个人生命的威胁,而且还包括造成了"对公众或公众部门的健康或安全的严重威胁",以及对电力系统的严重破坏。同样,第1条清楚地表明,对于国外的恐怖主义分子活动,如果其针对是英国政府(或其政府部门),该法当然适用。但该条同样适用于针对其他国家政府的恐怖主义行为。这个广泛的界定导致了大量的评论,议会审查该法草案的过程中也提出很多棘手的问题。下面是一个很好的例子:

> 如果某人意图闯进一个养貂农场,把那些貂从笼子里放出来;或者闯进一个研究机构破坏关着动物的笼子。很明显,这些行为是严重的暴力,是一种犯罪行为——我对此深感遗憾。但是为什么这类组织应该被第1条划为恐怖主义者?[55]

---

ti-terrorism Crime and Security Act 2001)第4部分和2005年《预防恐怖主义法》(Prevention of Terrorism Act 2005)的审查。见下文。

[55] 《下院辩论》,1999年12月14日,第155行(HC Deb, 14 Dec 1999, col 155)(道格

内政大臣承认上述行为很可能符合第 1 条的规定,但他认为,对该条款规定潜在适用范围大小的回答取决于公诉机关的自我克制。⑤内政大臣还注意到了 1998 年人权法和 ECHR 的第 5、6 条,认为这些规定是抵制该法中"反恐权力被无节制滥用、意义深远的权利防卫措施"。⑥但是这并不能完全消除对该定义适用于国际恐怖主义时的忧虑。一个被反复提及的问题是:在南非种族隔离制度废除之前,非洲人国民大会(ANC)以英国为基地开展的反种族隔离的活动是否适用该法? 其他问题都与"国际运动"有关,即那些"支持诸如因为修建大坝而被从自己家园赶走的库尔德人的反抗活动;尼日利亚奥贡尼(Ogoni)人反抗自己的土地被侵占或污染的活动;亚马孙印第安人反对其雨林被破坏的活动,所有的这些反抗活动都牵涉到与那些破坏其居住条件和生活的人或组织之间的暴力冲突事件"。⑧但是政府表达了这样的观点:由此类国际因素导

拉斯·霍格先生(Mr Douglas Hogg)) 还有一个某妇女用铁锤攻击鹞式战机的案子, 以及三叉戟 2000 组织(Trident Ploughshares 2000 organisation) 攻击三叉戟潜艇的案子——同上, 第 200 行。

⑤ "我认为我们应该对法律执行机关和司法机关抱有信心, 如果回顾过去的 25 年, 我们可以看到, 尽管面临来自爱尔兰以及国际上可怕的恐怖主义威胁, 但这些反恐怖主义权力并没有被滥用。"《下院辩论》, 1999 年 12 月 14 日, 第 155 行(HC Deb, 14 Dec 1999, col 155), 也见第 165 行(警察、检察长和总检察官的独立性)。提起任何公诉之前都要取得检察长的同意(第 117 条)。

⑥ 同上, 第 160 行。一个来自反对党的前大臣也认为"因为知道有司法审查, 大臣们的正直品质也会得以加强"。《下院辩论》, 1999 年 12 月 14 日, 汤姆·金先生(HC Deb, 14 Dec 1999, Mr Tom King)。

⑧ 《下院辩论》, 1999 年 12 月 14 日, 第 160 行(HC Deb, 14 Dec 1999, col 160)(阿兰·辛普森先生(Mr Alan Simpson))。

致的支持性活动"不会,哪怕是很细微地,适用该法"。

被取缔的组织和恐怖主义分子的财产

1. **被取缔的组织**。2000年恐怖主义法的第2部分通过取缔具体组织来限制该组织在英国的活动自由。这是一种有很长历史的做法。[99] 如今,在附则2上列有14个组织的名字,都与北爱尔兰所发生的事件有关。国务大臣有权通过命令在该表上后增加其他团体的名称(第3条),这种权力的实施导致另外40个组织被列入该名单之后,这40个组织据说都与世界各地的恐怖主义活动有关,且被认为在英国国内或从英国出发开展活动。[100] 在把某组织的名字添加到该表之前,国务大臣应该相信该组织"与恐怖主义有关"(第3条(4)),这意味着不仅包括实施或准备实施恐怖主义活动,还包括煽动和鼓励恐怖主义或"其他与恐怖主义有关"的活动(第3条(5))。国务大臣也有权根据某组织或受到取缔该组织影响的任何个人的申请,从该表中去除该组织的名称(第4条)。因为作为某个被取缔组织的成员是一种犯罪(详见后文),那么个人提出申请无疑是一种大胆的举动,特别是如果该申请被拒绝的话。如果国务大臣拒绝了该申请,申请人可以向"被取缔组织上诉委员

---

[99] 见英王诉Z案,《上议院案例汇编》,2005年,第35页起;《每周法律报告》,2005年,第2卷,第1286页起,第3-8段(R v Z [2005] UKHL 35; [2005] 2 WLR 1286, paras [3]-[8])。

[100] 《行政立法性文件汇编》,2001年,第1261号(SI 2001 No. 1261);《行政立法性文件汇编》,2002年,第2724号(SI 2002 No. 2724);《行政立法性文件汇编》,2005年,第2892号(SI 2005 No. 2892)。

会(Proscribed Organisation Appeal Commission)"申诉,该委员会要适用司法审查的原则(第5条),当事人还可以就该委员会裁决的法律问题根据不同的情形分别向上诉法院(Court of Appeal)、开庭法院(Court of Session)*或北爱尔兰上诉法院提起上诉(Court of Appeal in Northern Ireland)(第6条)。一般来说,取缔某个组织的决定并不接受司法审查。接下来,法院要对被取缔的组织采取"剥夺-禁止(de-proscription)"程序,[101] 在该程序中,该组织可以得到由一个政府司法官员任命的特别律师的代理。[102]

英王诉 Z(R v Z)案[103] 的焦点在于,爱尔兰共和军正统派(Real IRA)是否是一个被取缔的组织。在被取缔组织名单上有爱尔兰共和军(IRA)的名字,但不是爱尔兰共和军正统派的字样,后者是从前者分裂出来新近成立的不接受和平进程的一个派别。在广泛斟酌立法条文之后,上议院认为该法中的"IRA"适用于那些"与之有同样名字的、无论他们之间有何关系(如果有的话)"的组织,尽管这样做会存在将"IRA族系中一个目前并非暴力的组织予以取缔"的风险。宾厄姆勋爵(Lord Bingham)总结道:"我们可能已经形成一贯的认识,即带有IRA或其变形名称的组织绝不可能与议会民主友好相

---

* 即苏格兰最高法院。——译者注

[101] 英王诉内政大臣(申请人:库尔德斯坦工人党)案,《英格兰及威尔士高等法院行政案例汇编》,2002年,第644页起(R (Kurdistan Workers' Party) v Home Secretary [2002] EWHC (Admin) 644)。

[102] 2000年法,附件3,第7段。

[103] 见本章注释[99]。

处。"⑭

根据 1989 年预防恐怖主义(临时条款)法,作为某被取缔组织的成员(或声称是该组织成员)(第 11 条)即构成犯罪,这是一个被称为"特别宽泛"的条款。⑮ 根据第 11 条(2)的规定,作为某个组织的成员,他或她的辩护理由是要证明该组织并没有被取缔。这是上议院解读出来的一个证据方面的负担而非法定的举证责任(to be evidential rather than legal)*。尽管议会在 2000 年法通过之时明确表明了其他意思,但是上议院的这种做法提供了一个人权法第 3 条如何约束未来的或后来生效的法律的适当例子。⑯ 寻求对这类被取缔组织的支持(第 12 条),或者召开集会(无论公开还是秘密)以支持该组织都将构成犯罪。对上诉条款的违反如果被起诉有罪,可能导致长达十年的监禁或罚金或监禁、罚金同时并用(第 12 条第 6 项)。根据第 13 条的规定,如果某人在公众场所穿着某类衣服,或者穿着、拿着或展示某种物品,"以这种方式或在此场合下使人能够合理认为他就是某个被取缔组织的成员或支持者",那么也构成了犯罪(第 13 条(1))。违反第 13 条规定的行为,根据 1936 年《公共秩序法》(Public Order Act 1936)第 1 条也是非法的,

---

⑭ 见英王诉工案,《上议院案例汇编》,2005 年,第 35 页起;《每周法律报告》,2005 年,第 2 卷,第 1286 页起,第 20 段。

⑮ 《总检察长咨询意见》(2002 年第 4 期),《上议院案例汇编》,2004 年,第 43 页起;《上诉案例汇编》,2005 年,第 1 卷,第 264 页起(*Attorney-General's Reference* No. 4 of 2002 [2004] UKHL 43;[2005] 1 AC 264),第 47 段(宾汉姆爵士(Lord Bingham))。

* 参见本章注释⑬、⑭所对应的正文。——译者注

⑯ 同上。

后者规定在公众场合下穿着此类政治性服装即构成犯罪。虽然最初制定1936年法的目的是为了针对奥斯瓦尔德·莫斯利（Oswald Mosley）的法西斯分子，但在1975年，一些爱尔兰共和军成员在英格兰组织了一次葬礼游行，他们穿着黑色的套衫、戴着黑色贝雷帽和黑色眼镜，于是该法被有效地适用于这些爱尔兰共和军成员。[⑩]2000年恐怖主义法（1989年法为其开了先河）的限制范围要比以前宽得多，因此没有必要强调穿着反动政治服装之类的行为就等同于对恐怖主义的支持。

2. **恐怖主义分子的财产**。2000年恐怖主义法的第3部分（被2001年反恐怖主义犯罪和安全法所修改）涉及恐怖主义分子的财产。恐怖主义分子的财产被界定为一切可能用于恐怖主义目的的金钱和财物，包括被取缔组织的所有财源（第14条）。为恐怖主义之目的，无论是筹集、接收或资助钱财都构成犯罪（第15条）。该法也包括1989年"为了打击恐怖主义的经济基础"而提出的新的措施。[⑩]当时，爱尔兰共和军（那时针对的主要目标）每年能获得300万到400万英镑的收入，其来源不仅有抢劫和勒索，还有一些外表上合法的生意活动，这些生意活动使爱尔兰共和军获得了"有保证的收入和更为坚实的基础"。[⑩]所以除了直接资助恐怖主义活动外，为恐怖主义目的而使用和拥有钱财也将构成犯罪（第16

[⑩] 奥莫兰诉检察长案，《王座分庭案例汇编》，1975年，第864页起（*O'Moran v DPP* [1975] QB 864）。

[⑩] 《下院辩论》，1988年12月6日，第212行（HC Deb, 6 Dec 1988, col 212）（道格拉斯·赫德先生(Mr Douglas Hurd)）。

[⑩] 同上，第213行。

条)。尽管该措施所涉及的钱财包括了杂志以及其他文学作品,但法院认为第16条并没有违反ECHR中的第10条*,因为它完全属于第10条(2)的范围。⑩ 如果牵涉到通过"某种安排(an arrangement)"使得恐怖主义分子获得钱财(第17条),也构成犯罪。这个规定意图涵盖包括根据顾客指令进行支付的银行交易,以及通过使某种合法经营能够获得钱财的"某种安排",不管是这些钱财还是经营的收益被"用于恐怖主义目的"。第18条包括了所谓的"洗钱罪",规定下类行为是非法的:进行某种安排——通过隐匿、从管辖地转移、转账给匿名账户或"其他任何方式"——以"便于其他人或其代表能够保管和控制该恐怖主义分子的财产"。正如卡莱尔爵士所指出的那样,这是一个极端宽泛的规定,他解释说:"一个从办公场所收取租金的不动产代理人可能完全不知道最终的受益人是一家为了某恐怖主义组织利益而运营的公司。"但是,卡莱尔爵士也指出,"如果他受到起诉,第18条(2)给他规定了一个倒置的责任,使得他可以为自己辩解,即他要证明'他不知道也没有合理理由怀疑那种安排与恐怖主义分子的财产有关'"。⑪

如果某人怀疑其他人违反了第15-18条的规定,但却不在合理尽快的时间内向警察报告,也将构成犯罪(第19条)。对受雇者有一个例外,如果他们已经根据任何报告此类情况的程序向其雇

---

* 该条规定了表达自由。——译者注

⑩ 奥德里斯科尔诉内政大臣案,《英格兰及威尔士高等法院行政案例汇编》,2002年,第2477页起(*O'Driscoll v Home Secretary* [2002] EWHC 2477 (Admin))。

⑪ 贝里的卡莱尔爵士:《对2000年恐怖主义法2004年实施情况的报告(2005)》(Lord of Carlile of Berriew, *Report on the Operation in 2004 of the Terrorism Act 2000* (2005)),第42段。

用者报告了所知情况,就不用再向警察报告了(但是即使雇用者没有规定任何此类的报告程序,也不能成为不向警察报告的辩解理由)。同样,对于律师在向其代理人提供法律意见的过程中获得的此类信息也有不报告的例外。但是对于新闻记者却没有这样的例外。[112]尽管新闻记者可以从一个一般的"合理性(reasonableness)"辩解理由中获利。[113]第21条规定是有关向警察告密的人的法律地位。根据该条规定,如果得到了警察的特殊同意,他保守第15-18条所规定的信息并不构成犯罪;或者在告知警察某笔财产是恐怖主义分子的财产之后再被卷入洗钱安排,也不构成犯罪。后一个规定可以保护处于非法行为的中介地位的银行或其他机构,也能够给警察提供了解有关安排的信息渠道。2001年反恐怖主义犯罪和安全法引入了其他的一些措施,第21条A、B对金融服务行业施加了披露的义务。如果某人被判违反了第15-18条的规定,那法院可以命令没收用于恐怖主义目的的财产,或者没收为处理、非法转移恐怖主义资金而作出安排所涉及的钱财(第23条)。该法也规定了在民事诉讼中对意图用于恐怖主义目的的现金、作为被取缔组织资源的现金,以及通过恐怖主义活动所得到的财产予以查封、扣押以及没收的权力。没收的权力甚至在没有提起与

---

[112] 这个问题在议会二读该议案的时候被提了出来,见《下院辩论》,1999年12月14日,第181行(HC Deb, 14 Dec 1999, col 181)(菲奥纳·麦克塔格特(Fiona Mactaggart))。也见J.J.罗,《刑事法律评论》,2001年,第527页起,第537-538页(J J Rowe [2001] Crim LR 527, at pp 537-538)。

[113] 《下院辩论》,2000年5月23日,第181行(HC Deb, 23 May 2000, col 181)(巴沙姆爵士(Lord Bassam))。

该笔资金有关的刑事程序的情况下也可以予以实施。⑭

恐怖主义调查、警察权力和恐怖主义犯罪

1. **恐怖主义调查**。该术语被界定为对下列五种事项中任何一项的调查:实施、准备实施或煽动实施恐怖主义活动;可能是为了恐怖主义目的而实施的行为;被取缔组织的财力;根据第3条作出取缔令的可能性;以及实施、准备实施或煽动实施该法本身规定的犯罪(第32条)。第33-36条授予了警察在进行恐怖主义调查过程中的封锁权,警察可以命令人们离开涉案地点、场所,可以将汽车清除出去,该封锁期可以长达28天。对某地实施封锁的命令可以由级别较高的警官(superintendent)作出,但是在有"紧急原因"的必要情况下,也可以由低级别的警察作出(第34条(2))。该权力的实施几乎没有固定形式:如果口头作出封锁的命令,那么应该尽快通过书面的形式予以确认;且第一次只能规定14天以下的封锁,在必要的情况下才可以延长。该权力的实施不需要向内政大臣或任何其他人报告,甚至也没有义务公布每年实施这种权力的次数。⑮

为了在恐怖主义调查中获得情报和信息,该法也授予了警察广泛的权力。由于第37条和附则5的规定,如果治安法官有足够理由相信某场所可能存在对调查有实质意义的材料,就可以发出

---

⑭ 2001年反恐怖主义、犯罪和安全法,第1条和附则1。

⑮ 根据2001年法所作的修正,这些权力在有些情况下也可以由英国交通警察(British Transport Police)和国防部警察(Ministry of Defence Police)实施。

搜查令(第1段(5)),其对象不包括受法律特权支配的物、排除物和特殊的程序性物品(PACE中对这三类物品的含义作了界定)(第4段)。[116] 关于排除物或特殊的程序性物品,警察可以向巡回法官申请发布命令,要求占有该物的人将该物交由警察或允许警察接触该物(第5—10段);与 PACE 不同的是,2000年法并没有规定该获得命令的申请必须在多方参与的情况下作出;[117] 如果命令没有得到遵守,或者有必要更迅速地获得该物,警察可以向巡回法官申请搜查令(第11、12段)。巡回法官也可以作出命令,要求该占有人对其所占有、根据上述条款提交或扣留的物作出解释(第13段)。[118] 根据2001年法所作的修正,如果当事人"知道或相信"某信息对阻止他人实施恐怖主义活动有"实质性帮助",但却不向警察提供该信息,也会构成犯罪。[119]

2. **警察权力**。2000年法的第5部分规定了警察的逮捕、搜查以及"拦截-搜查"权力。这些权力适用于恐怖主义分子,恐怖主义分子被界定为不仅仅是实施该法所规定的犯罪的人,还包括那

---

[116] 另外有单独的条款规定了警察可以从银行得到其所掌握的客户的机密资料,该权力在2001法中被扩大了,包括监控银行账户的权力(前提是得到巡回法官或郡长的授权)和冻结账户的权力。见2000年恐怖主义法附则6,以及2001年反恐怖主义、犯罪和安全法,第4—16条和附则2、3。

[117] 见第21章D,在这类案件中要遵循的程序,见英王诉米德尔塞克斯-吉尔德霍刑事法院(申请人:塞林杰)案,《王座分庭案例汇编》,1993年,第564页起(*R v Middlesex Guildhall Crown Court, ex p Salinger* [1993] QB 564)。

[118] 在紧急情况("非常紧急")下,级别不低于督察的警官可以通过书面的命令,授权在其他情况下需要向治安法官或巡回法官申请令状之后才能实施的行为(第15段)。如果遇到非常紧急的情况,该警官也可以要求占有人解释根据第15段规定发布命令予以扣留的任何物品(第16段)。

[119] 2001年法,第117条,作为新的第38条B补充到2000年法中。

第 26 章 紧急权力与恐怖主义 501

些"与实施、准备实施以及煽动实施恐怖主义活动有关"的人。由于这个目的,"恐怖主义"采取了第 1 条所说明的含义(第 40 条)。第 41 条授权警察有权"在没有逮捕令的情况下,逮捕他合理怀疑可能是恐怖主义分子的人"。[120] 与通常情况下拘留 24 小时或者 36 小时相比,此处被逮捕的人可能会被拘留 48 个小时。任何拘留都要以合法逮捕为前提。[121] 延长拘留应该得到司法机关(在英格兰和威尔士为治安法官;在苏格兰为郡长;在北爱尔兰为郡法院法官或居住地治安法官)所发令状的授权。个人从被逮捕起不能被拘留总共超过 14 天。[122] 根据 1989 年法,经过内政大臣的批准,可以把某人拘留长达 7 天,尽管与之同样效果的更早的法律被认为违反了《欧洲人权公约》第 5 条第(3)项的规定。这说明,被逮捕和被拘留的人"应该被迅速带到法官或其他有权行使司法性权力的官员面前"。[123] 附则 8 规定了适用这些权力所拘留的对象所应受

---

[120] 见奥哈拉诉北爱尔兰皇家警察总警长案,《全英格兰案例汇编》,1997 年,第 1 卷,第 129 页起(*O'Hara v Chief Constable of the RUC* [1997] 1 ALL ER 129)。对逮捕权力的这种描述取代了饱受批评的 1989 年预防恐怖主义法中第 14 条的规定。比较吉尔蒂和金博尔:第 18 - 19 页,以及"对反恐怖主义立法的研究"(劳埃德爵士(Lord Lloyd))(《政府文件》,1996 年,第 3420 号(Cm 3420, 1996)),第 40 - 42 页。第 41 条的规定似乎不符合关于前面几部法律提出的目的,即同意警察逮捕和拘留没有实施也并没有被怀疑实施了犯罪行为的人。这是一个问题,而且还提出了"该权力是否与欧洲人权公约第 5 条相一致"的疑问。见 J. J. 罗,特别是第 532 - 533 页,作者提到了当该法通过时劳埃德在议会中提出的问题。

[121] *Forbes v HM Advocate* 1990 SCCR 69.

[122] 最初通过时是 7 天,2003 年刑事司法第 306 条增加到 14 天。

[123] 布罗根诉联合王国案,《欧洲人权报告》,1989 年,第 11 卷,第 117 页起,见第 134 页(*Brogan v UK* [1989] 11 EHRR 117, at 134);布兰尼根诉联合王国案,《欧洲人权报告》,1993 年,第 17 卷,第 539 页起(*Brannigan v UK* (1993) 17 EHRR 539)。见 S. 利文

的待遇。[124]

除了逮捕的权力外,警察如果基于合理的怀疑,认为在某场所会发现实施、准备实施或煽动恐怖主义活动的人,可以向治安法官申请进入和搜查该场所(第42条)。如果警察"合理怀疑某人可能是一个恐怖主义分子","为了弄清他是否持有任何可能证明他是恐怖主义者的物品",也有权拦截和搜查该嫌疑人(第43条(1));同样,根据第41条逮捕某人之后,警察也有权搜查其人身,"以确定他是否持有任何可能证明他是恐怖主义者的物品"(第43条(2))。该法第44条还规定了随机拦截和搜查(random stop and search)的权力,[125]即高级警官可以设定一项"授权",即在可延长的28天日期内,可以授权身着制服的警察在特定的地点或区域拦截和搜查车辆或行人。[126]一项授权只能在"有利于阻止恐怖主义活动"的情形下才能被给予,获得授权后,"警察无论是否有理由怀

斯通,《北爱尔兰法律评论》,1989年,第40卷,第288页起(S Livingstone (1989) 40 NILQ 288)。

[124] 也见《关于吉伦的申请书》,《北爱尔兰法律评论》,1988年,第40页起(Re Gillen's Application [1988] NILR 40)(错误拘留情况下的人身保护令);关于合法陈述,见默里诉联合王国案,《欧洲人权报告》,1996年,第22卷,第29页起(Murray v UK [1996] 22 EHRR 29),马吉诉联合王国案,《欧洲人权报告》,2001年,第31卷,第822页起(Magee v UK [2001] 31 EHRR 822);埃夫里尔诉联合王国案,《欧洲人权报告》,2001年,第31卷,第36页起(Averill v UK [2001] 31 EHRR 36);英王诉北爱尔兰皇家警察总警长(申请人:贝格利)案,《每周法律报告》,1997年,第1卷,第1475页起(R v Chief Constable of the RUC, ex p Begley [1997] 1 WLR 1475)(没有普通法权利)。

[125] 该条款源于1989年预防恐怖主义(临时条款)法的第13条A(由1994年刑事司法和公共秩序法第81条所补充),第13条B(由1996年防止恐怖主义(补充权力)法所补充)。

[126] 该"授权"在48小时内失去效力,除非得到国务大臣的批准延长(第46条(4))。

疑存在"与恐怖主义有关的物品,都可以行使拦截和搜查的权力。[127]

在英王诉伦敦警察局长(申请人:吉兰)(*R*(*Gillan*) v *Metropolitan Police Commissioner*)案[128]中,一个声势浩大的计划被揭开,根据第 44 条的规定,在国务大臣的批准下,高级警官设定了许多"授权"。该案中,两个人在前往参加一次反对东伦敦武器展销游行示威的路上被警察拦下并被搜身。尽管上诉法院不愿批评该授权及其批准程序,但是却抨击了对警察提供的有关该权力性质的"糟糕的"训练。法院也明确表示,这些权力只能适用于 2000 年恐怖主义法上有限的目的,而不能适用于对任何游行示威的一般性"警察管制"目的。另外,上诉法院也不愿判决该拦截和搜查权力违反了 ECHR 的第 5 条(自由权)或者第 10、11 条(表达和集会自由),也不认为该权力的正当使用是对第 8 条权利(私人生活)的不可接受的侵犯。在他对 2000 年恐怖主义法的年度审查报告中,卡莱尔爵士称第 44 条的"适用可以少一些"。[129]

---

[127] 该权力扩展到可以由英国交通警察和国防部警察实施的情况,见 2001 年法,附则 7。

[128] 《英格兰及威尔士上诉法院民事案例汇编》,2004 年,第 1067 页起;《王座分庭案例汇编》,2005 年,第 388 页起([2004] EWCA Civ 1067;[2005] QB 388)。见现在的《上议院案例汇编》,2006 年,第 12 页起;《每周法律报告》,1998 年,第 2 卷,第 537 页起([2006] UKHL 12;[2006] 2 WLR 537)。

[129] 卡莱尔爵士:《对 2000 年恐怖主义法 2004 年实施情况的报告(2005)》,第 101 段。

3. **恐怖主义犯罪**。2000年第6部分规定了一系列恐怖主义犯罪。第54条规定,指导、训练或者接受指导、训练制造或使用武器、放射性物质、爆炸物或化学、生物以及核武器,将会构成犯罪。指挥与恐怖主义有关的组织实施活动(第56条),以及持有任何与实施、准备实施、煽动实施恐怖主义活动目的有关的物品也都将构成犯罪(第57条)。尽管在某场所人赃并获,并有足够的证据证明某人持有该物,但当事人也有辩护理由,即可以证明其持有该物品的目的并非与恐怖主义有关(该举证责任似乎在被告一方)(第57条)。这个条款是1994年作为1989年防止恐怖主义法第16条A的内容首先规定的。[130] 在英王诉检察长(申请人:凯贝林)(*R v DPP, ex p Kebeline*)案[131]中,上议院考虑了第16条A是否与欧洲人权公约第6条(2)相一致的问题。后者规定每个被刑事起诉的人"都应被假定无罪直到根据法律被证明是有罪的"。

根据库克爵士的看法,"《欧洲人权公约》第6条第2项的规定是否可以被减弱到某种程度,以至于还能包容(1989年法第16条A的规定),这是一个最大的疑问",尽管上议院在凯贝林案中似乎还不愿深究这一点。库克爵士并没有排除"欧洲人权法院(其在反恐方面的司法权还没有得到深入发展)为了第6条第2项起见,可能准备把恐怖主义当做一个特殊对象"的可能性。[132] 然而第57条的规定稍微减弱了第16条A的规定,即施加在被告身上的"并非

---

[130] 1989年反恐怖主义法,第16条A,由1994年刑事司法和公共秩序法所补充。
[131] 《上诉案例汇编》,2000年,第2卷,第326页起([2000] 2 AC 326)。
[132] 同上,第373页;也见霍普爵士(Lord Hope),第385-386页。

是一种证明责任或法定责任,而只是一种证据方面的负担"。[133] 如果发现有关物品在被告的控制之下,就只能得出被告占有该物的"假定",被告可以举证推翻该假定;但根据第 16 条 A 的规定,同样的情况得出的结论是有"足够的证据"证明该人持有该物,尽管这也是可以被推翻的。[134] 第 58 条的规定也源自 1994 年的规定,即如果某些信息具有可能有助于实施或准备实施恐怖主义的性质,则收集和记录该信息就构成了犯罪;同时该条也规定,被告可以提出"自己有这样做的合理理由"来为自己辩护。[135] 第 59 条规定,鼓动国外的恐怖主义也是犯罪,这样规定的目的是为了"防止英国被作为支持国外恐怖主义活动的基地"。[136]

F. 2000 年《恐怖主义法》与北爱尔兰

尽管为北爱尔兰而单独制定的紧急法已经被废除了,但是 2000 年法第 7 部分继续对该地区作出了特殊的规定,其中大多数特殊规定都是从 1996 年北爱尔兰(紧急条款)法中照搬过来的。确实,第 7 部分看起来只不过是用新瓶装上稀释后的老酒。"稀释"是在去掉了一些具有争议性的条款的意义上说的,尤其明显地

---

[133] 见《上院辩论》,2000 年 5 月 23 日,第 754 行(HL Deb, 23 May 2000, col 754)(巴沙姆爵士(Lord Bassam))。

[134] 完整地考虑,见英王诉检察长(申请人:凯贝林)案,见注释131。

[135] 1989 年法第 16 条 B,该条款由 1994 年法所补充。

[136] 《下院辩论》,1999 年 12 月 14 日,第 162 行(HC Deb, 14 Dec 1999, col 162)。

表现在授权未经审判即扣押(internment)、拘留(detention)的条款采取了更干净的形式(more sanitised form)。此外,所谓"新瓶装老酒",是在下面这个意义上说的:许多其他条款都得以保留,而且除非该第 7 部分一年后根据国务大臣的命令继续生效(不管是整体还是部分),否则就会像之前的 1996 年法一样失去效力(第 112 条)。而尽管第 7 部分每年都会续展生效,但也只有五年的期限,也就是说到 2006 年 2 月 18 日就会停止生效。可是根据 2006 年恐怖主义(北爱尔兰)法(Terrorism (Northern Ireland) Act 2006),第 7 部分又被重新通过再生效一年,也许明年还会继续被续展生效一年。但根据 2006 年条款的规定,第 7 部分最终会在 2008 年 8 月 1 日失效,不过,到时候又必然会有另外一部首要立法来重新续展该法的生效时间。在其每年对第 7 部分的审查报告中,卡莱尔爵士敏感地注意到了对北爱尔兰局势"正常化"的需要,但是他也同样谨慎地解释适用于该地区的特殊权力所发挥的作用。[130]

列举的犯罪(Scheduled offences)

第 7 部分规定的第一类特殊权力针对的就是"列举的犯罪"。该类犯罪被界定为既包括普通法上的犯罪(例如谋杀、误杀、骚乱和绑架),也包括制定法(例如 1861 年《针对个人的犯罪法》[Offences against the Person Act 1861]、1883 年《爆炸性物质法》[Explo-

---

[130] 卡莱尔爵士:《对 2000 年恐怖主义法第 VII 部分 2005 年实施情况的报告(2006)》。

sive Substances Act 1883]以及1981年《武器(北爱尔兰)法令》[Firearms (NI) Order 1981])上的犯罪。第67条对违反该类犯罪、正在接受审判的人的保释施加了限制,经由简易程序审理的除外。在这些案件中,保释只能由高级法院(High Court)或上诉法院的法官授权;并且,因犯该类犯罪而被起诉的人都只能在贝尔法斯特的刑事法院(Crown Court)接受审判,除非大法官(Lord Chancellor)在咨询北爱尔兰首席法官之后指示,或者后者独自指示在其他地方审判(第74条)。对这类犯罪的所有审判都"没有陪审团的参与"(第75条),这就是所谓的"迪普洛克"法庭,这种法庭根据迪普洛克爵士1972年的建议而设立,以解决陪审团成员受到恐吓的问题。⑬

但是依照卡莱尔爵士的看法,没有任何证据表明被控违反该类犯罪的任何人在这类法庭面前处于任何不利地位。而实际上一些案件还表明,可能存在对此类被告有利的地方,即要求"判决不仅对法律,而且对事实也要详尽说理"。⑭ 另外,注意到下面这一点很重要,尽管许多犯罪被以这种方式列举出来,但是总检察长在特定案件中有将某种犯罪从附件中去除的裁量权。结果是:"绝大多数"被依照"列举的犯罪"起诉的被告事实上都是按照"在列举的

---

⑬ 《政府文件》,1972年,第5185号(Cmnd 5185, 1972)。对该措施的考虑,见《政府文件》,1995年,第2706号(Cm 2706, 1995)以及《政府文件》,1996年,第3420号(Cm 3420, 1996)。也见吉尔蒂和金博尔,第56-57页;杰克逊、多兰:《没有陪审团的法官》(Jackson and Doran, *Judge without Jury*)。

⑭ 卡莱尔爵士:《对2000年恐怖主义法第7部分2005年实施情况的报告(2006)》,第34段。

审判方式之外"的一般程序接受审判的。[140] 根据卡莱尔爵士的观点,对列举的犯罪采取特殊的审判方式仍然有其正当性,因为陪审团仍然有受到破坏的危险。[141] 其他涉及该类犯罪的条款还包括第77条。该条明确将持有爆炸物质、汽油炸弹和其他武器的案件中的举证问题转移到被告身上。但是,从性质上说,这只是一种证据方面的负担而不是一种证明责任,因为北爱尔兰上诉法院指出,被告要做的"只是举出足够证据提出(这个问题,即自己持有该物品是有合法目的的),而由公诉方承担排除对被告不具有合法目的的合理怀疑的证明责任"。[142]

警察和军队的权力

2000年法第7部分规定警察和军队享有广泛的额外权力。为了弄清某人的身份和行踪、讯问他或她所知道的有关"最近爆炸之类的事件"(危害了人类生活或有人在该事件中被杀)的情况,军队中的任何执勤成员或任何警察"只要有必要",都有权拦截该人并"对他或她进行讯问"(第89条)。PACE第1部分规定的权利防卫措施没有一项可以适用于此。警察只要有合理理由怀疑某人正在实施、已经实施或将要实施一项"列举的犯罪"或该法规定的任何其他犯罪,就可以在没有逮捕令的情况下逮捕嫌疑人(第82

---

[140] 同前,第35段。
[141] 同上,第42—47段。
[142] 英王诉肖克里案(*R v Shoukri* [2003] NCIA 53),第13段。

条)。⑭ 军队中的任何执勤人员有合理理由怀疑某人正在实施、已经实施或将要实施任何犯罪,即使没有逮捕令,也可以逮捕嫌疑人,并可以将其拘留长达4小时(第83条)。因此,该法规定的军队成员执行逮捕的权力比警察的逮捕权力要大得多,而对执行逮捕的合法要求也是不同的。只要一个执行逮捕的军人"声称他作为皇家军队的一员来执行逮捕,就满足了要求他说明逮捕理由的任何法律规则"(第83条第2项)。

在默里诉国防部(*Murray v Ministry of Defence*)案⑭ 中,原告被怀疑为了给爱尔兰共和军购买武器而在美国筹集资金。早上7点,军事人员到她家将其逮捕。一个士兵叫默里夫人穿上衣服,其他士兵则搜查每一个房间,并叫屋里的所有人集中在楼下的一个房间里。原告穿好衣服下楼之后,一个士兵告诉她"我作为一名军人逮捕你",然后她被带到贝尔法斯特的一个审讯中心。数小时后她就被释放了。后来,她提起了"错误监禁"的诉讼,其中的一个争议点是:这些士兵在即将离

---

⑭ 在1978年北爱尔兰(紧急条款)法第11条规定,如果警察怀疑某人是恐怖主义分子,即使无逮捕令也有权逮捕该被怀疑的对象。但是现在已经没有规定这一权力(right)了。在麦基诉北爱尔兰总警长案(《全英格兰案例汇编》,1985年,第1卷,第1页起(*McKee v Chief Constable for Northern Ireland* [1985] 1 ALL ER 1)(这种怀疑不需要是合理的但必须是诚实的))中,上议院认为这种权力违反了《欧洲人权公约》第5条第1项(任何人都不能被剥夺自由,除非被合理怀疑已经实施了某种犯罪):福克斯诉联合王国案,《欧洲人权报告》,1991年,第13卷,第157页起(*Fox v UK* [1991] 13 EHRR 157)。

⑭ 《全英格兰案例汇编》,1988年,第2卷,第521页起([1988] 2 ALL ER 521)。见C.A.吉尔蒂,《剑桥法律杂志》,1988年,第332页起(C A Gearty [1988] CLJ 332);C.沃克,《北爱尔兰法律季刊》,1989年,第40卷,第1页起(C Walker [1989] 40 NILQ 1)。

开原告家的时候才告知原告被逮捕的事实,这是否导致逮捕的非法。上议院认为,该逮捕行为是合法的;在采取了所有合理的预防措施以将逮捕的危险和困难降低到最低程度之后,再告知其被逮捕的事实是适当的。拿格里菲思爵士(Lord Griffiths)的话来说,"如果一进该屋就宣布要实施逮捕,然后才采取预防措施搜查房间和搜寻其他居住者……就会存在一种确实的风险,即可能会响起警报,并可能会引起对逮捕的反抗,而且不仅屋内人会反抗,还可能会导致隔壁邻居聚集起来前来帮助反抗。"[16]

第 7 部分也包括了广泛的进入、搜查和扣留权力。因此,军队的任何执勤人员或任何警察,"只要认为对保持治安或维持秩序是必要的",就有权进入任何场所(第 90 条)。这种权力是对搜查军火、发报机(第 84 条)、爆炸物(第 85 条),以及搜查"非法收留人员"(第 86 条)的权力的补充。但是 2000 年法不仅包括进入、搜查和扣留的权力,还包括征用土地的权力,该权力只能在国务大臣认为"对保持治安或维持秩序是有必要"的情况下才能实施(第 91 条)。该权力可以以最低程度的正规形式予以实施,且无须取得令状。另外,军人和警察还可以在"认为对保持治安或维持秩序有紧急必要"的情况下,命令整体或部分地封锁某条道路,或者禁止、限制通行权的行使(第 92 条)。而国务大臣只需认为"对保持治安或

---

[16] 《全英格兰案例汇编》,1988 年,第 2 卷,第 521 页起([1988] 2 ALL ER 521),第 527 页。在默里(Murray)案中,法院还认为军队可以讯问嫌疑人与其被捕无关的其他事件的问题。

维持秩序有必要",就可以命令封锁整条道路或特定路段(第94条)。这里我们又会看到,在行使这些权力的时候也不需要遵循什么正规形式。但是在原则上,任何决定都要受到司法审查,而且在对违反这些指令的行为的控诉中,这些命令的合法性也会受到挑战。这同样适用于国务大臣通过制定条例"以促进保持治安和维持秩序"的更一般性的权力(第96条)。

警察证据和沉默权

1998年《刑事司法(恐怖主义及其共谋)法》(Criminal Justice (Terrorism and Conspiracy) Act 1998)最初规定的有争议性的条款也被保留在2000年法中的第107-111条之中。这些条款适用于依据第11条(被取缔组织的成员和对被取缔组织的支持)与下列组织有关的犯罪,这些组织在1998年《北爱尔兰(判刑)法》(Northern Ireland (Sentences) Act 1998)中被指明并被予以取缔。1998年法的效果是限定这些条款只适用于以北爱尔兰为基地且没有停火的组织(例如正统派爱尔兰共和军)。[149] 如果某人被以第11条为依据起诉,只要一个级别不低于督察的警察口头证实,"根据他的意见",该被起诉的人属于一个被1998年法所具体指明的组织或在该组织被具体指明的时期内曾经属于该组织,就足以加强对该犯罪嫌疑人的有罪确信(第108条)。无论是在起诉前还是在起诉过

---

[149] 例如见《行政立法性文件汇编》,2005年,第2558号(SI 2005 No. 2558)。根据1998年法第3条,基于其他意图(释放犯人),一些组织也被指明。

程中的讯问中,如果嫌疑人保持沉默,都可能得出对其不利的推论;但在上述两种情形下,嫌疑人都被允许向其律师咨询(第109条)。如果嫌疑人实施第11条规定的犯罪时属于某个被指明的组织,那么他可能会被判处罚金和没收财物,即要求他把他用于或可能用于该组织目的的钱财上缴给法院(第111条)。

这些条款在第一次提交议会的时候激起了议会强烈的反对,[147] 制定法中很难找到类似的先例。[148] 也有特殊的案例,即在紧急情况下督察可以侵犯私人财产。[149] 但是这根本不同于剥夺一个组织成员的人身自由。确实,一个被告"不应该仅仅因为警察的陈述,就被收押审判、抓来回答某个情况,或者被判有罪"。不过,警察的理由并不仅限于"合理"的理由,而且警察也没有义务为这些理由提供正当依据,因为这些理由是建立在通过情报渠道得来的信息基础之上的,警察不愿公开或讨论这些情报渠道。但就算考虑到在凯贝林案中所提出来的涉及恐怖主义问题时权利标准降低的可能性,人们还是集中地提出问题:这条规定是否符合1998年人权法,特别是得到公平审判的权利。因此,该措施在人权法案通过之后仍然得以保留确实令人吃惊。

---

[147] 《下院辩论》,1998年9月2日,第736行及以下(HC Deb, 2 September 1998, cols 736 et seq);也见 s 第848–888行。

[148] 关于1998年法,见 C.坎贝尔,《刑事法律评论》,1999年,第941页起(C Campbell [1999] Crim LR 941),以及 C.沃克,《现代法律评论》,1999年,第62期,第879页起(C Walker [1999] 62 MLR 879)。

[149] 1911年公务机密法(Official Secrets Act 1911),第9条,见第25章。

G. 国际恐怖主义：补充的权力

就像我们已经看到的那样，2000年法中许多条款都适用于国际恐怖主义。对恐怖主义的界定包括意图对政府施压的行为，基于该法的目的，政府被界定为包括英国政府、英国的地方政府或者"英国以外的其他政府"。[150] 根据2000年法，在海外煽动恐怖主义活动也是犯罪。[151] 而根据1977年刑法法（1998年作了修订）[152]，在英国国外共谋实施犯罪活动也构成犯罪。然而，2001年9月11日美国发生的恐怖主义袭击导致特别针对国际恐怖主义的补充权力被予以规定，尽管其中大多数权力——包含在2001年反恐怖主义犯罪和安全法中——被证明比它们所补充的2000年恐怖主义法中的条款还要有争议。[153] 特别是涉及对外国公民未经审判即可无限期拘留的条款，在议会和法院，[154] 以及牛顿爵士（Lord Newton）所领

---

[150] 2000年恐怖主义法，第1条(4)(d)。

[151] 同上，第59-61条。

[152] 1998年《刑事司法（恐怖主义和共谋）法》（Criminal Justice (Terrorism and Conspiracy) Act 1998）第5条。

[153] 见 A.汤姆金斯，《公法》，2002年，第205页起（A Tomkins [2002] PL 205），以及H.芬威克，《现代法律评论》，2002年，第65期，第724页起（H Fenwick [2002] 65 MLR 724）。

[154] 有关议会的忧虑，见《上院文件》，2003-2004年，第38、381号（HL 38, HC 381 [2003-2004]）（人权联合委员会（Joint Committee on Human Rights））。对于法院的立场，见A诉内政大臣案，《上议院案例汇编》，2004年，第56页起；《上诉案例汇编》，2005年，第2卷，第68页起（A v Home Secretary [2004] UKHL 56; [2005] 2 AC 68)，特别是斯科特和霍夫曼爵士（Lords Scott and Hoffmann）。

导的、被任命从整体上审查该法的一个枢密院委员会(a committee of Privy Counselors)中,受到了毁灭性的抨击。⑮

信息的披露

我们已经考察过那些没收恐怖主义分子财产的条款(第1部分)⑯,也考察了财政部对那些被合理相信实施了对英国不利的活动的人,或者实施了威胁英国公民或居民的财产或生命的行为的人,可以作出的冻结其财产的命令(第2部分)。⑰ 特别有争议的是第3部分,⑱ 该部分涉及的是信息的披露。公共机关——比如国家卫生机构和管制性机构(诸如EOC、CRE和事业管制机构〔utility regulators〕)——一般不会披露在其活动中所获得的关于个人的信息,除非有制定法上的根据。在某些情形下,一些立法会授权为了刑事诉讼的目的而披露某些信息。⑲ 2001年法扩展了"为了任何刑事调查的目的"——包括对那些并不与恐怖主义活动或国家安全有关的犯罪的调查——披露相关信息的权力(第17条)。该法还规定了允许税务海关总署(HM Revenue and Customs)披露其

---

⑮ 牛顿委员会是根据2001年法第122条任命的。见枢密院委员会,《2001年反恐怖主义、犯罪和安全法审查:报告》,《下院文件》,2003—2004年,第100号(Privy Counselors' Committee, Anti-terrorism, Crime and Security Act 2001 Review: Report (HC 100 [2003-2004]))。

⑯ 见本书边码651-652。

⑰ 见本书第17章。

⑱ 见枢密院委员会,注释155,第164-166段。

⑲ 例如见1975年《性歧视法》(Sex Discrimination Act 1975),第61条;以及1976年《种族关系法》(Race Relations Act 1976),第52条。

所掌握的信息的广泛权力。后一种权力可以溯及既往地适用于该法案生效之前所获得的信息。

这些措施的效果就是使得情报和警察部门能够通过税务部门得到个人的经济状况信息，只要这是为了满足"情报部门有效履行自己职务的目的"的需要，或者为了满足警察部门"不管正在进行还是将要进行的、不管是在英国国内还是国外的，刑事犯罪调查的目的"的需要(第19条第2项)。[160] 实施这种不寻常的权力之前，不必满足什么形式(指令状或其他司法性授权)上的要求。第19条第3项规定了唯一的限制，"除非决定披露信息的人认为该信息与披露所要达到的目标是适当的"，否则不能披露任何信息。上面已经提到的第17条规定了更为狭窄的信息披露条款，并规定了同样的限制条件。税务机关可以授权第一次信息披露的接收者再次披露信息(第19条(5))，但这个规定存在很多漏洞。2003年，负责审查该法的枢密院委员会要求，在根据这些规定披露信息之前要提供更好的保障。[161]

未经审判的监禁和管制命令(control orders)

2000年法最有代表性的重要条款是废除了1996年北爱尔兰(紧急条款)法关于对恐怖主义嫌疑分子不经审判直接监禁或拘留的规定。尽管直到2000年法生效之前，未经审判的监禁权力还一

---

[160] 第19条规定了信息披露的其他特定目的。
[161] 见枢密院委员会，注释155，第166段。

直存在,[162]但事实上,这种权力在 1975 年就不再实施了,因为这种权力被证明不仅争议性太大,而且效果也有疑问。[163]在爱尔兰诉联合王国(Ireland v United Kingdom)案[164]中,欧洲人权法院认为,除非根据第 15 条获得正当理由,否则这种程序违背了《欧洲人权公约》的第 5 条。[165] 2001 年法第 4 部分又重新授予了未经审判直接拘留的权力,这样,一个新的"损害"又出现了。这个具有高度争议性的条款规定,如果国务大臣认为某人在英国境内的出现是对国家安全的一个威胁,并合理怀疑当事人是一名恐怖主义分子,那么可以针对该人发出一个认定证明(certificate)(第 21 条(1))。此处,恐怖主义分子的界定就与国际恐怖主义联系起来了(第 21 条(2)),该法中对"恐怖主义"的界定也是如此,这和 2000 年法是一致的。

如果一个这样的认定证明被发出之后,该嫌疑人就成为一个国际恐怖主义嫌疑分子,当事人就可能被拒绝进入或留在英国境内,要么就根据移民法被驱逐或移送(removed)(第 22 条)。[166]但是在有些情形下,移送或驱逐的措施会因为"某些与国际协议有关或部分有关的因素"或"一些实际的考虑"而无法实施(第 23 条)。对于前者,《欧洲人权公约》第 3 条——由斯特拉斯堡法院解释——

---

[162] 见《下院辩论》,1996 年 1 月 9 日,第 37 行(HC Deb, 9 January 1996, col 37);比较《政府文件》,1995 年,第 2706 号(Cm 2706, 1995),第 33 页。

[163] 关于背景,见《政府文件》,1990 年,第 1115 号(Cm 1115, 1990)。关于这个过程完整的叙述,见爱尔兰诉联合王国案,《欧洲人权报告》,1978 年,第 2 卷,第 25 页起(Ireland v UK (1978) 2 EHRR 25)。

[164] 《欧洲人权报告》,1978 年,第 2 卷,第 25 页起。

[165] 然而法院仍然认为,对被拘留的嫌疑人的审问中所采取的手段是"非人道的和侮辱的对待",违背了公约第 3 条的规定。

[166] 见本书第 20 章 B。

是一个很好的例子,该条不允许将某人驱逐到其可能受到非人道或侮辱性待遇或惩罚的国家。[167] 在这些情形下,2001年法就规定,可以将这些国际恐怖主义嫌疑分子长期监禁而不予审判(第23条)。那些被认定为国际恐怖主义嫌疑分子的人可以向特别移民上诉委员会(Special Immigration Appeals Commission)提起上诉(第25条),如果该委员会认为不存在合理理由对他们产生怀疑,就必须撤销这种认定。任何认定作出六个月后以及之后每隔三个月,该委员会都必须审查这些认定。当事人也可以提出审查申请,如果该委员会认为由于情形的变化而应该审查,就要接受该申请启动审查(第26条);当事人可以就法律问题向上诉法院或开庭法院提出上诉(第27条)。[168]

在 A 诉内政大臣(*A v Home Secretary*)案[169] 中,这些涉及监禁的条款受到上议院致命的打击。该案由9名外国公民提起,他们未经审判而被或曾经被不定期的监禁。[170] 特别移民

---

[167] 例如见萨博诉联合王国案,《欧洲人权报告》,1996年,第23卷,第413页起 (*Chabal v UK* [1996] 23 EHRR 413)。

[168] 根据2001年法所作的修改,特别移民上诉委员会如今已经成为一个高等存卷法院(a superior court of record)(第27条)[存卷法院的概念可见薛波主编:《元照英美法词典》,法律出版社2003年版,第344页。——译者注]。见本书第20章。

[169] 《上议院案例汇编》,2004年,第56页起;《上诉案例汇编》,2005年,第2卷,第68页起([2004] UKHL 56;[2005] 2 AC 68)。见 A.汤姆金斯,《公法》,2005年,第259页起(A Tomkins [2005] PL 259);T.希克曼,《现代法律评论》,2005年,第68期,第655页起(T Hickman [2005] 68 MLR 655);M.阿登,《法律季刊》,2005年,第121期,第604页起(M Arden [2005] 121 LQR 604)。

[170] 两名获许离开了英国,一名被保释,一名被无条件释放,一名因为精神问题而被转移到布罗德莫(Broadmoor)医院(一家收治囚犯的精神病医院——译者注)。

上诉委员会支持政府克减(derogate from)公约义务的决定,但是承认了原告的申诉,即该立法在对外国公民存在歧视的意义上与ECHR第14条不一致。政府对后面一点提出了上诉并得到了上诉法院的支持,但上议院以8:1的多数判决将该判决更改回来。尽管上议院认可威胁国家生命的公共紧急情况的存在,因此,政府对公约第5条的克减是正当的。但是上议院仍然得出结论,政府采取的对待外国公民的措施是不相称的和歧视性的。因此,该克减命令被宣布无效。[17] 而且,上议院还根据《1998年人权法》发布了一个声明,即2001年法案第23条与ECHR第5条、第14条不一致,"因为该条是不适当的,它允许根据国籍或移民身份对国际恐怖主义嫌疑分子采取歧视性的监禁措施。"

2001年法21-32条被2005年《预防恐怖主义法》(Prevention of Terrorism Act 2005)废除了,尽管后者同样授予内政大臣在高等法院法官的许可下制定管制命令的权力。如果情况紧急,或者某人是根据2001年法的无效条款被监禁的,则内政大臣事先不必取得高等法院法官的许可即可制定管制命令,但是这些命令必须随即提交给高等法院。法官可以拒绝给予许可,没有获得许可的命令可以被撤销,因为内政大臣的行为"明显有瑕疵"。根据这些广泛的权力,不论是英国公民还是外国公民,其人身自由都可能受到严厉的限制(包括事实上的"软禁[house arrest]")。该法草案

---

[17] 见后来的《行政立法性文件汇编》,2005年,第1071号(SI 2005 No. 1071)。

在议会受到了强烈的质疑,政府不得不作出一系列让步以确保其得以通过。⑫ 该法应于 2006 年 4 月 10 日失效(女王签署后一年),但是经由内政大臣提起的二级立法能保证其再生效一年。⑬ 目前,该法的有效期已经被续展了,一共有 9 个现行有效的管制命令。⑭ 政府声称根据 2005 年法第 2 条制定的命令并不妨碍 ECHR 的第 5 条,所以在此意义上它们都不是克减性的管制命令。⑮ 政府还没有试图援引过包含在 2005 年法第 4 条中的适用克减性控制命令的权力,第 6 条规定的法定前提条件也许已经使之成为不可能。

恐怖主义方法

对国际恐怖主义的担忧部分是与对其可能采取的方式有关。2001 年 9 月 11 日发生在美国的恐怖主义袭击增加了人们对炸弹爆炸、枪击形式以外的恐怖主义方式的恐惧,而炸弹爆炸和枪击形式则常常是与北爱尔兰多起事件联系在一起的。由此带来的结果

---

⑫ J. 希伯特,《现代法律评论》,2005 年,第 68 期,第 676 页起(J Hiebert [2005] 68 MLR 676)。

⑬ 《行政立法性文件汇编》,2006 年,第 512 号(SI 2006 No. 512)。

⑭ 第一年一共制定了 18 个管制命令。其中,11 个是针对根据 2001 年法被监禁的人。5 个半月后,当那些被监禁的人被送达了意图驱逐的通知时,其中 9 个命令已经被取消了。在这 18 个命令当中,只有 1 个针对的是英国公民:对 2005 年预防恐怖主义法第 14 条(3)的独立追踪审查第一报告(2006)(*First Report of the Independent Reviewer Pursuant to Section 14 (3) of the Prevention of the Terrorism Act 2005* (2006))。

⑮ 对根据非克减性命令限制自由是否符合公约第 5 条持怀疑论的观点,见《上院文件》,2005 - 2006 年,第 122 号(HL 122, HC 915 [2005 - 2006])(人权联合委员会)。

就是,2001年反恐怖主义犯罪和安全法规定了更进一步的措施,以对付可能预期的国际恐怖主义袭击,这些措施在英国立法中本来是绞尽脑汁也找不出来的。该法的第6部分是针对"大规模杀伤性武器"的,涉及的是生物、化学武器(第43-46条)和核武器(第47-49条)。就后者而言,"导致核爆炸"构成犯罪是人所皆知的(第47条第1项a)。[16]尽管犯了此罪必然也犯了其他罪,假定还有人能够存活下来起诉的话。[17]该法中有一个例外:国务大臣授权的行为,也就是武装冲突中的行为。因为在武装冲突中,是由国务大臣来决定是否采取某种行为(第48条)。[18]

另外还有措施是专门针对防御病原体提出来的。第7部分规定,在任何场所保存或使用被列举的病原体或毒素之前,当事人都有义务向国务大臣汇报。[19]在关于贮藏、使用这类物质的许多条款中,第64条规定,国务大臣有权对任何场所的占有人发出命令,指示其不得允许某个被指名的人进入该场所或接近任何危险物质。这个权力只能在涉及国家安全的情形下行使。任何受根据第64条作出之命令非法侵害的人都可以向一个特别设立的"病原体接触"上诉委员会(Pathogens Access Appeal Commission)提起上诉(第70条)。第8部分规定了有关加强核工业安全的措施,而第9

---

[16] 发展和制造核武器、持有核武器、参与核武器交易、参与意图使用或威胁使用核武器的军事准备也都构成犯罪(第47条第1项b-e)。

[17] 该罪名下,如果被判有罪将被处以无期徒刑(第47条(5))。

[18] 这个例外同样适用于第47条第1项b-e。

[19] 所涉及的物质被列举在附则5上,国务大臣"可以通过命令加以更改"(第58条)。

部分规定了有关加强航空安全的措施。[18] 第 79 条是一条特别重要的、含义广泛的条款,该条规定,"披露任何可能对任何核场所或核物质安全不利的信息或事件"都将构成犯罪。除了要保护这个国家免受国际恐怖主义的威胁外,人们同时也担心该内容广泛的条款会阻挠那些对在全国范围内转移核废料物质不满的合法抗议。

H. 结论:恐怖主义和人权

在 20 世纪及其以后,英国法上紧急权力的性质发生了根本性的变化。最初,特殊的紧急权力是为了对付战争情况(1914 年王国国防法),然后是用来对付大规模的经济动荡(1920 年紧急权力法)。这些措施都是为了一个特定的目的授权在有限的时期内制定二级立法,但是在有的情况下,二级立法也具有深远的意义。而近些年来,威胁安全稳定的性质发生了变化,由此所采取的针对性措施的性质也发生了变化。恐怖主义的威胁——包括国内和国际的——已经见证了下面的变化:以前对付恐怖主义的策略,即针对特定时期进行立法,已经被常规性立法的发展所取代,除此之外,每年还要通过议会重新修订:我们现在生活在一个"永远的紧急时代"(permanent emergency)。这种对恐怖主义的反应付出了相当大

---

[18] 该法涉及面很广,其他部分规定了本章所没有提到的其他方面。见第 16 章(国防警察部的权力);第 21 章(警察权力);第 22 章(通讯记录的保留);以及第 23 章(种族仇恨)。

的代价：牺牲了由欧洲人权公约和人权法所保护的传统自由。除此之外，如今还引入了某些措施，这些措施不同程度地损害了自由权（第 5 条）、隐私权（第 8 条）、言论自由权（第 10 条）以及结社自由权（第 11 条），更不用说私有财产权（第一议定书第 1 条）了。恐怖主义立法和人权之间的这种张力导致了相当数量的诉讼被提交到斯特拉斯堡法院，这些案件涵盖了一系列的问题，包括未经起诉的拘留、监禁以及致命武器的使用等。⑱

一方面无疑会有这样的正当化尝试：把上述措施说成是对特殊情形的必要反应。但另一方面始终存在这样的担忧：许多这样的权力过于宽泛；而且尽管把恐怖活动作为行使这些权力的借口，但这些权力与导致它们产生的公共紧急情况之间实际上却并没有

---

⑱ 爱尔兰诉联合王国案，《欧洲人权报告》，1978 年，第 2 卷，第 25 页起（*Ireland v UK* [1978] 2 EHRR 25)；法雷尔诉联合王国案，《欧洲人权报告》，1983 年，第 5 卷，第 466 页起（*Farrell v UK* [1983] 5 EHRR 466)；麦卡恩诉联合王国案，《欧洲人权报告》，1995 年，第 21 卷，第 97 页起（*McCann v UK* [1995] 21 EHRR 97)；乔丹诉联合王国，《欧洲人权报告》，2003 年，第 37 卷，第 52 页起（*Jordan v UK* [2003] 37 EHRR 52)；菲纽肯诉联合王国，《欧洲人权报告》，2004 年，第 37 卷，第 656 页起（*Finucane v UK* [2004] 37 EHRR 656)；布宾斯诉联合王国，《欧洲人权报告》，2005 年，第 41 卷，第 458 页起（*Bubbins v UK* [2005] 41 EHRR 458)（第 2 条）；布罗根诉联合王国案，《欧洲人权报告》，1989 年，第 11 卷，第 117 页起（*Brogan v UK* [1989] 11 EHRR 117)；布兰尼根诉联合王国案，《欧洲人权报告》，1993 年，第 17 卷，第 539 页起（*Brannigan v UK* [1993] 17 EHRR 539)；福克斯诉联合王国案，《欧洲人权报告》，1991 年，第 13 卷，第 157 页起（*Fox v UK* [1991] 13 EHRR 157)；默里诉联合王国案，《欧洲人权报告》，1994 年，第 19 卷，第 193 页起（*Murray v UK* [1994] 19 EHRR 193)；奥哈拉诉联合王国案，《欧洲人权报告》，2001 年，第 822 卷，第 193 页起（*O'Hara v UK* [2001] 31 EHRR 822)（第 5 条）；默里诉联合王国案，《欧洲人权报告》，1996 年，第 22 卷，第 29 页起（*Murray v UK* [1996] 22 EHRR 29)；埃夫里尔诉联合王国案，《欧洲人权报告》，2001 年，第 31 卷，第 839 页起（*Averill v UK* [2001] 31 EHRR 839)；布伦南诉联合王国案，《欧洲人权报告》，2002 年，第 34 卷，第 507 页起（*Brennan v UK* [2002] 34 EHRR 507)（第 6 条）。

多大联系。尽管如此,鉴于2005年7月7日、25日在伦敦发生的恐怖主义事件,政府甚至还会获得更多的权力。政府已经提议允许警察在起诉之前拘留犯罪嫌疑人至28天。在这样一个行政机关寻求更大权力的时代——无论所意图达到的目的是多么的可欲——议会和法院都有职责确保这些权力所实施的条件应完全满足,而且绝对不能超过当时情形所要求的范围。尽管立法的趋势无情地朝着扩大行政权力干涉的方向发展,但是也有迹象表明:无论是议会还是法院都开始愈发对涉及人权的这类立法感到不安了。[182] 2005年,议会拒绝了诉前羁押90天的提案,这是对政府的一次重大挫败。[183] 而在上面讨论过的2004年的A案[184]中,上议院宣布,未经审讯的监禁违反了人权公约的权利。尽管上议院在该案中承认存在"威胁国家生命的公共紧急情况",依然要求政府为应对该紧急情况而采取的措施必须是相称的和没有歧视的。[185]

---

[182] 对这些情况下法院作用的强有力论述,请见A.巴拉克,《哈佛法律评论》,2002年,第116页起,第19页起(A Barak [2002] 116 Harv L Rev 19)。

[183] 《下院辩论》,2005年11月9日,第382-386行(HC Deb, 9 November 2005, cols 382-386)。

[184] 《上议院案例汇编》,2004年,第56页起;《上诉案例汇编》,2005年,第2卷,第68页起([2004] UKHL 56;[2005] 2 AC 68)。英文原版页码651页。

[185] 比较内政大臣诉雷曼案,《上议院案例汇编》,2001年,第47页起;《上诉案例汇编》,2003年,第1卷,第153页起(*Home Secretary v Rehman* [2001] UKHL 47;[2003] 1 AC 153)。

第四编
行政法

第 27 章 行政法的性质与发展

法院在确保对公共机关的决定进行司法审查方面所发挥的作用是联合王国政府的一个特征，这种特征具有重大宪法意义。在过去 25 年里，这种意义变得日益重要，一方面是因为提交到法院的案件的数量①，另一方面是因为例案的内容。这可用来解释，为什么司法审查法有时被认为是律师应该知道的行政法唯一的构成部分。但是，正如说从事劳工法律事务的律师只需学习不公平解雇法，从事侵权法律师事务的律师只需学习过失行为法一样，上述说法同样是不正确的。当然，司法审查法（见本书第 30 和 31 章）是行政法的关键部分，但是，部分绝对不能被混淆为整体。

行政法的正式定义是，它是公法的一个分支，它规定执行公共政策的政府各不同部门的组成、程序、权力、义务、权利和责

---

① 在 1981 年,全国一共提出了 533 项司法审查的申请,其中有 376 项被接受;在 1994 年,共提出 3208 项申请,有 1260 项被接受。布里奇斯、梅斯扎罗斯、森金:《司法审查透视》,附录 1（Bridges. Meszaros and Sunkin, *Judicial Review in Perspective* app1）。在 1997 年,共提出 3739 项申请,在 1999 年,共有 4437 项:《政府机关明细表回顾》(*Review of the Crown Office List*),2000 年,第 3 页。在 2004 年,共有 4207 项申请,其中有 1036 项被接受（*Judicial Statistics* 2004）。

任。② 这些政策,或者是议会在立法过程中制定的,或者是政府和其他机构在行使行政权的过程中发展的。基于这个宽泛的界定,在一个极端上,行政法包括前面章节中所述的宪法的普遍原则和制度;在另一个极端上,它包括了包含在制定法和大臣规章中的细碎规则,这些规则调控着复杂社会服务的供给(例如社会保障)、经济行为的管制(例如财政服务)、移民的控制和环境法。

显而易见,并不存在"明晰的界线"来划分宪法和行政法。本书该部分在已有的对宪法原则论述的基础上,对关系政府所有领域的行政法的诸多方面进行论述。它们是,行政机关制定次级立法或委任立法的权力;专门的裁判所和调查机构以及议会监察专员作出裁决或就个人冤情提供救济所遵循的程序;对公共机构的司法审查;以及公共机构(特别是中央政府),被诉请提供损害赔偿时需承担的责任。我们旨在确认一些核心制度,帮助确保公共行政的合法而公正的标准能够得到遵守。③

---

② 更充分的论述,可参见凯恩、克雷格、福克斯、韦德和福赛思(Cane, Craig. Foulkes, Wade and Forsyth)就行政法分别写的教科书。也可参阅里查德森和盖恩(Richardson and Genn)编辑的《行政法和政府行为》(*Administrative Law and Government Action*);哈洛和罗林斯(Harlow and Rawlings)所著的:《法律与行政》(*Law and Administration*);塔格特(Taggart)编辑的《行政法的疆域》(*The Province of Administrative Law*);以及比阿特森、马修斯和埃利奥特(Beatson, Matthews and Elliott)合著的:《行政法:文本与材料》(*Administrative Law: Text and Materials*)。

③ 参阅德史密斯、沃尔夫和乔威尔(de smith, Woolf and Jowell)《行政行为的司法审查》(*Judicial Review of Administrative Action*)第1章。

行政法的功能

法律的重要功能之一是,保证政府的任务能够完成。行政机关是依法设立的,并且被赋予了代表国家和公共利益执行公共政策的权力。法律的第二功能是,调整各不同公共机构之间的关系,如大臣和地方政府间④ 或两个地方政府间的关系。⑤ 法律的第三项功能是调整公共机构和个人或私人组织之间的关系——这些公共机构被授予了管理这些个人或私人组织的事务的权力。通过授予公共机构或其他组织履行其任务所需的法律权力,立法者因此设定了控制措施,这是因为,机构没有被允许超越其权力范围之外开展活动。权力的授予既要受制于明确的条件或限制,也需要符合默示的要求,例如善意且不腐败地行使权力的义务。授予权力的范围应当反映社会所认可的社会、经济和政治价值体系。

个人在许多方面会受到行政权力的影响,这种影响有时是一种利益,有时是一种侵害。个人的权利很少是绝对的,因此,当需要占用一个土地所有者的农场以修建一条新公路时,他不享有绝对的权利,来阻止基于社区公共利益的这种征用行为。举个非常棘手的例子,若没有临床诊断结论的建议,父母也没有绝对的权利

---

④ 例如,教育大臣诉泰姆塞德自治市(*Education Secretary v Tameside MB*)案,《上诉法院判例汇编》,1977年,第1014页起([1977] AC 1014);第30章A小节。
⑤ 例如,布罗姆利自治区议会诉大伦敦议会(*Bromley BC v Greater London Council*)案,《上诉判例汇编》,1983年,第768页起([1983] AC 768)。

让身患重病的孩子在国家健康护理处(NHS)接受医疗[6],反过来说,公共机构自身的权力也不应被看做是绝对的。当个人、地方社区和少数群体面对国家强制权力时,他们拥有获得法律保护的权利,这一点很少有人否认。难题在于,如何决定这种保护的形式和程度,以及这些争端凭以被解决的根据。个人受到影响的权力越是基本,保护的程度就应该越高。[7]

行政法的宪法背景

本书在前面的篇章中描述了中央政府的架构;大臣对议会应负的责任;公共机构管制公共事业和其他事务的功能;以及公共权力对个人权利和自由的影响。因为(除了出现与欧共体法律规定的权利相冲突的情形)任何法院都不可以主张说,议会法律创设的机构所享有的权力是无效或无法运作的,尽管根据1998年《人权法案》可能会宣布该法律与欧洲人权公约中的权利不一致,所以,议会的立法至上性与行政法是有关联的。无论法院监督行政行为的角色是否直接立基于议会至上,[8] 毫无疑问,正像它在制定《人权法案》时那样,议会都可以修改司法机关进行立法解释的路径,

---

[6] 英王诉剑桥护理机构(申请人:B)(*R v Cambridge Health Authority ex p B*)案,《全英格兰案例汇编》(ALL ER),1995年,第2卷,第129页。

[7] 这个原则在下述案例的司法审查部分得到明确的肯定,该案例是,英王诉国防部(申请人:史密斯)(*R v Ministry of Defence, ex p Smith*)案,《王座法庭判例汇编》,1996年,第517页,第554页([1996] QB 517, 554)。

[8] 参阅,福赛思(编辑),《司法审查与宪法》(*Judicial Review and Constitution*);以及第726页以下。

并拓宽法院对公共机关的行为和决策进行监督的权力。⑨ 当一个机构的权力并非来源于议会法律,而是源自于其他立法形式(诸如制定法文件,或北爱尔兰、苏格兰或威尔士通过的立法),那么,法院就可以审查该机构权力的合法性,以及依据这些权力采行的决策。

在一个现代法律体系中,行政争议的处理方法具有宪法意义。像德国那样,存在着相互独立的最高法院,一个被授予解释宪法的权力,另外一个则负责处理公民和行政机关之间的争议,这样,行政法和宪法的区分就可以以两个法院所做的实际工作为基础。然而,在英国,不可能作出这样的区分。⑩ 在英格兰和威尔士,高等法院处理司法审查及相关上诉的部门在 2000 年 10 月被更名为行政法庭,但是,这并不意味着高等法院的管辖权发生了变化。具有宪法意义的争议,既来源于涉及私方当事人⑪ 的民事案件,也导生于涉及刑事审判⑫ 和司法审查⑬ 的案件。1985 年,在惠勒诉莱斯特市议会(Wheeler v Leicester City Council)⑭ 案中(一个司法审查

---

⑨ 参阅第 19 章 C。

⑩ 参阅,克雷格(Craig):《公法和民主》(Public Law and Democracy)第一章。

⑪ 汉密尔顿诉艾尔·费德(Hamilton v Al Fayed)案,《上诉案例汇编》(AC),2001年,第 1 卷,第 395 页。

⑫ 博丁顿诉英国交通警察局(Boddington v British Transport Police)案,《上诉案例汇编》(AC),1999 年,第 2 卷,第 143 页。

⑬ 例如,英王诉内政大臣(申请人:消防队协会)(R v Home secretary, ex p Fire Brigades Union)案,《上诉案例汇编》,1995 年,第 2 卷,第 513;英王诉外交部(申请人:世界发展运动组织)(R v Foreign Secretary. Ex p World Development Movement)案,《全英格兰案例汇编》,1995 年,第 1 卷,第 611 页。

⑭ 《上诉案例汇编》(AC),1985 年,第 1054 页。

的案例），上议院认为，市议会因俱乐部的会员在种族隔离期间曾在南非参加过橄榄球比赛，而禁止橄榄球俱乐部使用公共娱乐场所，这么做是违法的。该判决主要依据的是地方政府法和种族关系法的相关部分。如果类似的情形发生在今天，1998年《人权法案》将使俱乐部成员的表达自由权利成为案件的核心。实际上，1998年法案宣称公共机关与公约中的权利不一致的行为违法这一事实，提供了又一条理由，借以说明，为什么行政案件不能与具有宪法影响的案件截然分开。刑法就其本身而言不属于行政法，但是警力调配和刑罚体系经常会导致官员权力行使方面的争端（例如，被定罪之囚犯主张权利，以对抗监狱机关）[15]。议会的议事程序不属于行政法的内容，但是公共预算的规则影响政府机关的运作[16]，议会对委任立法的审查程序也同样如此[17]。

英国行政法（*Administrative law*）和法国行政法（*droit administratif*）

在英国，戴雪的学说主导着早期的行政法研究，戴雪将法国的行政管辖（Le contentieux administratif）体系与英国的普通法作了比较，他认为，在法国，一个专门的行政法院［以国家参事院（Conseil

---

[15] 例如，女王（戴利）诉内政大臣（*R（Daly）v Home secretary*）案，《上诉案例汇编》（AC），2001年，第2卷，第532页。

[16] 参阅，特平（Turpin）：《政府采购与政府合同》（*Government Procurement and Contracts*），以及本书第17章D。

[17] 本书第28章。

d'Etat)即最高行政法院为首]体系处理着与行政权力行使相关的大部分争议。[18] 戴雪比较了行政法院体系处理官员和公民间争议的方式的弊端,和英国采取的普通法院体系处理同类争议的优点。正如戴雪所指出的那样,普通法使行政行为受同样的法院控制,而且,所依据的也是与调整私人间关系相同的原则。戴雪的结论是,与法国的体制相比,在对抗行政专断行为方面,普通法给予了公民更好的保护。不幸的是,戴雪对英国存在行政法(droit administratif)之事实的否定,导致许多人认为,联合王国不存在诸如行政法之类的东西。

传统的信念余韵犹存[19],但是,今天,在英国,行政法再也无须为自己的存在提供证明了。在 1987 年,政府在公务员之中散发了一个小册子,以促使他们认识到所谓的"你肩头上的法官"的存在,与之伴随的是一个名为"降低法律挑战的风险"的秘密内阁备忘录[20]。现在,英国的司法机关已充分意识到,它们控制公共机关行为的权力具有宪法意义。迪普洛克(Diplock)勋爵把"理性且综合的行政法体系"的迅速发展描述为,在他的司法生涯中,"英国法院

---

[18] 《英宪精义》(*The Law of the Constitution*),第 12 章和附录 2。参阅 F. H. 劳森(Lawson):《政治研究》(*Political Studies*),1959 年,第 7 卷,第 109、207 页;布朗和贝尔(Brown and Bell):《法国行政法》(*French Administrative Law*);又,对于戴雪对行政法研究的批评,见 H. W. 阿瑟斯(Arthurs):《Osgoode Hall LJ》,1979 年,第 17 卷,第 1 页。

[19] 莫德林(Maudling)先生,在就任内政大臣期间,在一次围绕 1971 年《移民法案》的一个条款的辩论中指出:"我从未在我们国家中发现有行政法的用处,因为它仅仅意味着另外一些人为了自身而作出政府决定。"(官方报告,常务委员会,1971 年 5 月 25 日,col 1508)

[20] 参阅,A. W. 布拉德利(Bradley),《公法》(*Public Law*),1987 年,第 485 页和《公法》,1988 年,第 1 页;以及 D. 奥利弗(Oliver),《公法》,1994 年,第 514 页。

所取得的最伟大的成就"。[21] 一位法官写道,在普通法的这一领域,"法官们在过去三十年里改变了联合王国宪法的面孔。"[22]

尽管取得了这些发展,但英国和法国对待行政法的路径仍有许多差异。法国体制立基于单独的行政法院的运作,然而英国体制则更依赖于高等民事法院。在两个体制下,司法控制的核心原则都是由法官创造的,而不是源于法典或制定法。但是在法国,独立的行政管辖权的代价是,一个区分民事法院和行政法院(即公法和私法)管辖权的复杂法律体系;管辖权的冲突问题必须通过权限争议法庭或立法得以解决。法国体制的优点在于,行政法院发展出了一套程序规则(例如,关于从政府部门获取证据的规则)和实体责任规则(例如,关于行政合同或由官员行为导致损害的国家责任规则),这些规则考虑到了争端的公法背景(Public Setting)。这些规则可以为行政机关设定特殊义务(例如,在特定情形中的无过错责任)[23],而不只是豁免。

相反,英国的路径是,在判例法和 1947 年的《政府诉讼程序法》中都可观察到,将合同法和侵权法的普遍原则同时适用于公共机构和私人。通过适用一般的过失法律,内政部因脱逃的少年犯

---

[21] Re Racal 通讯有限公司案,《上诉案例汇编》(AC),1981 年,第 374、382 页;以及英王诉国内税收委员(申请人:全国自营联盟)(*R v Inland Revenue Commissioners, ex p National Federation of self-employed*),《上诉案例汇编》,1982 年,第 617、641 页。还可参阅迪普洛克(Diplock)勋爵,《剑桥法律杂志》(CLJ),1974 年,第 233 页;斯卡曼(Scarman)勋爵,《公法》,1990 年,第 490 页。

[22] S. 塞德利(Sedley)爵士,在里查德森和盖恩(注解 2)编辑的书中,第 36 页。

[23] R. 埃瑞拉(Errera),《当代法律问题》(CLP),1986 年,第 157 页。

造成的危害而需承担的责任才得以确定。㉔ 在涉及官方决策的司法审查方面,情形就大不相同了,因为这种管辖在私法中没有直接的对应物。在本章的后边,我们将考察,公法和私法当今在多大程度上存在着区别。无论过去的情形是什么样,如今,联合王国的法官都已认可,他们的任务之一就是裁决个人和政府之间的争议。虽然司法审查浅尝辄止,不能使每一个关涉到政府的问题得到解决,但是,当官方行为的合法性受到挑战时,行政法庭通常都能够提供一个公正且有效的裁决,在需要之时,它所依据的程序可被非常迅速地启动,而且,行政法庭的权威也因存在上诉的可能性而进一步加强。

历史发展

1689年宪法协议的一个后果是,限制英王政府借助于郡治安法官监督地方行政机关的权力。治安法官每三个月聚到一起进行刑事审判,管理他们所在的地方。他们在诸如济贫法、许可和高速公路等方面的权力来源于议会法律。虽然这些法官的活动很少(如果有的话)受到中央的控制,但他们行使权力的行为仍有可能通过求助于特权令(prerogative writs),以合法性和管辖权为理由,

---

㉔ 多西特游艇有限公司诉内政部(Dorset Yacht Co v Home Office),《上诉案例汇编》,1970年,第1004页;本书第32章A小节。还可参阅费尔格里夫、安德纳斯、贝尔(Fairgrieve、Andenas and Bell)编辑:《比较视野下的公共机关的侵权责任》(Tort Liability of Public Authorities in Comparative Perspective)。

在王座法院受到挑战。㉕ 特别是在 1832 年以后,议会设立了诸如济贫法守护者(guardians)、公众健康委员会和学校委员会等许多新的机构。随着现代地方机构的创建,新的中央政府部门的出现,王座法院也扩展了自己的控制管辖权,涵括了所有这些机关。在其 1887－1888 年的演讲中,历史学家梅特兰主张一种宽泛的宪法路径,以包括这些新的政府机关。

> 年复一年,英国的次级政府(subordinate government)正变得越来越重要。新的运动伴随着 1832 年的改革法案而开始:它已经走得很远,而且必将继续深入。我们的国家正在变成一个有大量管制的国家,各种的议会、委员会和官员,无论是中央还是地方的,也不论是高级的还是低级的,都在行使着现代制定法授予它们的权力。㉖

由于这些机关行使着法定权力,与它们权力界限相关的争议常通过求助于特权令而由法院解决。这样,最初用来制约下级法院权力的司法控制的程序,现在被用来审查权力的行使,首先是审查地方政府权力的行使,后来被用于审查中央政府大臣权力的行使。㉗ 从审查郡法官(county justices)为解决修桥资金而制定的

㉕ 参阅,亨德森(Henderson):《英国行政法的基础》(Foundations of English Administrative Law);德史密斯、沃尔夫和乔威尔:《行政行为的司法审查》,第 14 章。

㉖ 梅特兰:《宪法史》(Constitutional History),第 501 页。

㉗ 参阅:教育部诉赖斯(Board of Education v Rice)案,《上诉案例汇编》,1911 年,第 179 页,以及地方政府委员会诉阿里奇(Local Government Board v Arlidge)案,《上诉案例汇编》,1915 年,第 120 页,在这一点上,可参阅戴雪《英宪精义》附录 2。

税率[28],到审查内政部确立的一个新的较低的刑事损害赔偿标准的决定,这是一个极大的飞跃。[29] 然而在两种情形中,法院的作用都是确保行使执行权的人在执行公务时遵守正当的合法性标准。

不可避免的,法院的监督作用已经随着政府模式的改变而发展。对中央政府的司法控制是对大臣的议会责任的补充,而不是替代。司法控制的基础从未在立法中有明确的规定。然而,依据普通法遵循先例的原理(尽管其在运作中并不具有系统性),权力界限之控制和自由裁量权之审查两方面的原则都得到了发展。1992年,一位杰出的新西兰法官曾这样概括行政法:"管理者的行为必须公平、合理、严守法规。这是本质,其余的主要是方法问题。"[30] 这些原则无条件地适用于公共权力的所有场合,无论其法律渊源有何不同。[31]

在苏格兰,法律的历史细节与此有所不同,但它们发展的一般形式是相似的。1707年苏格兰在废除枢密院(Privy Council)并与英格兰联合后,其最高民事法院(the Court of Session)开始履行类似于英格兰王座法院的监督职能。由于特权令从来都不是苏格兰法

---

[28] 英王诉格拉摩根郡居民(*R v Glamorganshire Inhabitants*)案,(1700)1 Ld Raym 580。

[29] 英王诉内政大臣(申请人:消防队协会)(*R v Home Secretary, ex p Fire Brigades Union*)案,《上诉案例汇编》,1995年,第2卷,第513页。

[30] 罗宾·库克爵士(Robin Cooke),英王诉德文郡议会(申请人:贝克)(*R v Devon CC, ex p Baker*)案,《全英格兰案例汇编》,1995年,第1卷,第73、88页。

[31] 例如,CCSU诉文官大臣(*CCSU v Minister for civil service*)案,《上诉案例汇编》,1985年,第374页。

律的组成部分,而且苏格兰也从来没有一个独立的衡平法院,因此,为控制下级法院和行政机关而需要的救济是通过适用于私人之间的民事诉讼程序,经由最高民事法院提供的。但是,其司法控制得以建立之原则与英格兰法律中的原则极为相似。㉜ 在确保许多地方行政争议经由司法解决方面,郡法院(sheriff court)发挥了重要的作用。㉝ 20世纪以来,政府方面的许多发展一直通过制定法在英格兰和苏格兰同时适用,苏格兰法院的反应也与英格兰法院非常相似。

当今,在苏格兰,以及北爱尔兰和威尔士,存在着一系列委任治理机构(devolved government),行政法对它们也进行调控。不仅有委任权力的程度问题,它必须根据委任立法来确定,㉞ 而且,委任治理机构的决定和其他公共机关的决定一样,也要受制于同样的司法审查程序。

行政法的改革

在20世纪,政府经历了空前巨大的发展,英国的律师和学者甚至未能跟上这一步伐,并对行政法获得符合时代要求的理解。

㉜ 参阅,例如,莫斯帝国公司诉格拉斯哥财产评估员(*Moss Evrpires Ltd v Glasgow Assessor*)案,1917年,苏格兰(SC)上议院(HL)文件,第1页。也可参阅《阶梯记忆百科全书》(*Stair Memorial Encyclopaedia*),苏格兰法,第1卷,检索标题为,行政法(2000年再版);克莱德和爱德华兹(Clyde and Edwards):《司法审查》。

㉝ 布朗诉汉弥尔顿特区(*Brown v Hamilton DC*)案,1983年,苏格兰(SC)上议院(HL)文件,第1页。

㉞ 第3章B。

关于该主题的第一批著作在 20 年代末期问世。[35] 起初,对这一主题所做的研究是极其狭隘的,仅局限于委任立法和行政机关行使司法权的行为。只是在后来,才出现了较广泛的行政法定义,它包括了所有的行政权力和义务(duties)及行政的司法控制。

20世纪20年代以来,英国行政法的缓慢发展可借助三个委员会而得到说明,它们是由上议院大法官(Lord Chancellor)设立以调查行政法发展情况的。第一个委员会负责审查那些保护政府和政府部门不受控告的过时法律,该委员会的工作没有取得有效的进展。[36] 第二个委员会是大臣权力委员会,1929年设立,当时,一些法官、律师、牛津大学的法学家和一小部分议员对政府部门提出了强烈的批评。高等法院王座法庭首席法官(Lord Chief Justice)休厄特(Hewart)勋爵出版了一本很尖锐的书——《新专制》,在该书中,他指出:英国正在实行非法行政(administrative lawlessness),而不是法治(the rule of law)。该委员会的职权范围是:

考察政府大臣行使的,或在其指导下行使的(或由其特别任命的人员或机构行使的)(a)委任立法权,和(b)司法或准司法决定权;并报告哪种保障措施是可取的或必要的,以确保议会主权和法律至上的宪法原则。

---

[35] 罗伯森(Robson):《司法与行政法》(*Justice and Administrative law*),以及波特(Port):《行政法》(*Administrative Law*)。同时参阅,G.德鲁里(G Drewry)在索普斯通、古地和沃克(Supperstone、Goudie and Walker)编辑的《司法审查》(*Judicial Review*)一书中的论述,第2章。

[36] 参阅,《敕令书》(Cmd),第2842号,1927年,雅各布(Jacob)法官在《公法》,1992年,第452页有所讨论;还可参阅第32章A。

该委员会为文职部门辩护,使其免受官僚专制的指控,而且它还依据宪法原则,对大臣的立法和司法权作了分析,并建议改进委任立法和行政司法[37]。政府没有采纳它的建议,直到1944年,众议
663 院设立了特别委员会,来审查委任立法[38]。

1955年,政府机器又一次受到了秉持不同政治观念的派别的攻击[39]。议会设立了行政裁判所和调查委员会以审查:

(a)除去普通法院之外的裁判所的组织和运作,它们根据议会法案由政府大臣或为大臣职能之目的而设立。

(b)下述行政程序的运作,如,依申请或因相对方反对或陈述,而由大臣或代表大臣举行的调查或听证,特别是强制购买土地的程序。

该委员会(弗兰克斯委员会)在1957年提出报告。[40] 在调查裁判所和调查所的过程中,它又一次遇到了大臣权力委员已经审查过的理由(凭此,大臣作出或为大臣作出司法和准司法决定),但是,与前者不同,它发现对司法和行政决定进行区分非常困难。它采用了一条更为务实的路径,逐一审查了上述参考意见中涉及的程序,并探究公开、公正和中立原则在每个案件中适用的程度。该

---

[37] 《敕令书》(Cmd),第4060号,1932年(MPR)。

[38] 第28章。

[39] 这种攻击因 Crichel Down 事件而进一步激化:第7章。

[40] 《敕令书》(Cmd),第218号,1957年。

第27章 行政法的性质与发展 541

委员会的结论是,司法控制——不论是直接向法院上诉,还是以特权令的形式进行的审查——都应当继续坚持,必要时还应当扩展其领域。这些建议直接促使了1958年《裁判所和调查法》的产生,该法设立裁判所委员会;还导致了其他一些落实该委员会报告的行为。[41]

弗兰克斯委员会的关注点被局限于下述领域,在其中,裁判所和公开调查之救济途径已经存在。委员会不能涉足这两种救济都不存在的政府权力领域,它也不能插手对受不良行政损害的个人的补偿问题。这两个问题由"司法界"(Justice)设立的一个委员会于1961年进行了调查。[42] 该委员会提供的这份报告,即《公民和行政机关》,建议:(a)除非出于高于一切的政府政策考虑,否则,公民应有权就关于自由裁量权问题的部门决定向公正的裁判所提起上诉;应当设立一个一般性的裁判所(而不是去设立大量的新裁判所),来听取针对自由裁量决定的上诉意见;(b)应设立议会专员(Parliamentary Commissioner)(行政监察专员)(ombudsman)以调查人们对不良行政的申诉。前一个建议没有发生任何效果,但是在1967年,任命了第一个议会行政监察专员。议会行政监察专员制度的设立并没有对行政法的规则产生影响。在1969年,政府决定不再任命皇家委员会对行政法作整体调查,而是要求英格兰和苏

---

[41] 第29章A和B小节,还可参阅J.A.G.格里菲思(Griffith),《现代法律评论》(MLR),1959年,第22卷,第125页。

[42] 关于这一问题的评论,参见I.M.佩德森(Pedersen),《公法》,1962年第15页;J.D.B.米切尔(Mitchell),《公法》,1962年,第82页;和A.W.布拉德利(Bradley),《剑桥法律杂志》,1962年,第82页。(Justice)是国际法学家委员会在英国的分会。

格兰法律委员会分别研究英格兰和苏格兰法院中行政法救济措施的有效性。在 1976 年,英格兰法律委员会提出了重要的程序改革[43]建议,这些建议在 1977 年到 1981 年间得到贯彻落实,创立了当代司法审查的申请程序。[44] 在 1985 年,苏格兰法也引进了类似(但并不完全相同)的程序。[45]

政府继续拒绝对行政法进行普遍调查,这导致了 1979 年"司法界"进一步倡导,并由牛津万灵学院协助,创立一个委员会,以审查联合王国的行政法,该委员会由王室顾问帕特里克·尼尔(Patrick Neill QC)爵士担任主席。但是,该委员会用了 9 年时间才提出报告,而它所有的建议中(处理下述这些事项:为决定说明理由的义务,以及不良行政的受害者应有权获得赔偿),没有一项得到政府的采纳。[46]

1994 年,英格兰法律委员会提交了报告,阐明了司法审查机制,和由低级法院、裁判所和其他机关向高等法院上诉的法定程序。[47] 它建议在程序和术语上(nomenclature)做一些有限的改变,

---

[43] Cmnd 6407, 1976;还可参阅苏格兰法律委员会,《行政法中的救济》,备忘录,第 14 卷,1971 年。

[44] 第 31 章。

[45] 参阅注解 32,以及 T. 马伦(Mullen)、K. 皮克(Pick)和 T. 普罗瑟(Prosser),《公法》,1995 年,第 52 页。

[46] 《行政司法:一些必要的改革》(*Administrative Justice: Some Necessary Reforms*),P. 麦考斯兰(McAuslan),《公法》,1988 年,第 402 页;和 C. T. 埃默里(Emery),《公法》,1988 年,第 495 页,二者对这个文件都做了讨论。

[47] 法律建议(Law Com),第 226 号;《下议院文件》(HC)669 号,1993 至 1994 年。也可参阅沃尔夫(Woolf)勋爵,《公法》,1992 年,第 221 页;R. 戈登(Gordon),《公法》,1995 年,第 11 页;和 C.T.埃默里(Emery),《公法》,1995 年,第 450 页。

这样(除其他措施以外),可以由利益集团对官方决定提起公共利益方面的挑战。直到2000年10月,司法审查程序才取得了有限的改变(包括对传统救济的重新命名,以及冠以此名称的行政法院的出现),继之而起的是对法院行为的又一轮调查。[48] 与此同时,1998年《人权法案》开始生效,为行政法提供了广泛的推论,因为它引入了制定法解释的新规则,要求公共机关的行为与公约中的权利保持一致,因此,为司法审查创设了新的基础。[49] 除了《人权法案》和1977年创设的司法审查程序以外,依旧不变的情形是,近年来,法院角色在公法领域的发展,更多的归功于法官因时而变的态度,而不是法律改革带来的正式程序。

法律和行政过程

政府必须依据法律而行为,这一原则意味着,政府在其运作过程中所做的任何行为都必须有法律的授权。[50] 这种授权经常是明示或默示地来源于制定法,或者有时来源于王室特权。而且,依据

---

[48] 参阅《政府机关明细表回顾》(鲍曼报告),2000年;《民事诉讼规则》,第54部分。也可参阅第30章,和M.福德姆(Fordham),《公法》,2001年,第4页。

[49] 参阅第19章C小节和第30章A小节。也可参阅,A. W. 布拉德利在索普斯通、古地和沃克编辑的《司法审查》第4章中的论述。

[50] 相反的观点,在马隆诉伦敦警察局长(Malone v Metropolitan Police Commissioner)案[1979] Ch 344中得到阐发,但是在英王诉萨默塞特郡议会(申请人:菲因斯)(R v Somerset CC. ex Fewings)案,《全英格兰案例汇编》,1995年,第3卷,第20页,中遭到反驳,而且该观点也会与《欧洲人权公约》相冲突。参阅H.芒特菲尔德(Mountfield)在乔威尔(Jowell)和库珀(Cooper)编辑的《理解人权原则》(Understanding Human Rights Principles)中的论述,第5页。

普通法，政府和其他私人一样，有同样的订立合同和拥有财产等权利。[51] 对于公共机关而言，当其行为（例如征税）对私人的权利或利益产生不利影响的时候，尤其有必要表明自己是依据法律授权而行事。在特殊情况下，公共利益原则要求政府向法院表明其决定是合法的，即使个人并未受到影响，个人只是作为普通大众的成员受到了影响。[52]

行政过程不可能单单从法律的视角进行描述。存在许多任务（如预算、协调和计划），对此，法律并不是首要的考虑。执行机构的创设，和文官领域的许多发展一样，一直就没有得到立法的授权，而是被看作实质上属于各部管理的一种形式。许多政治家和行政人员倾向于从工具主义的立场出发看待法律，把它当做一种实现社会或经济政策的手段。在诸如税收这种政府领域，详细的规则存在于制定法或解释制定法的司法判决中。即使这样，这些规则也不能提供一幅完整的画面，这是因为，在一种议会和政府都无法预料的情况下，税收机关常常需要行使超法律的自由裁量权，来免除赋税的交纳。但是，如果授予超越法律规定的权力这种妥协的做法变得普遍起来，它将违背依法课税的整个目的；借助这种税收妥协，它可以逃避法院的挑战。[53]

---

[51] 参阅，B.V.哈里斯(Harris)，《法律季评》(LQR)，1992年，第108卷，第626页。

[52] 参阅，英王诉外交大臣案，申请人：里斯－莫格（*R v Foreign Secretary，ex p Rees-mogg*），《女王法庭案例汇编》(QB)，1994年，第552页；英王诉外交大臣案，申请人："世界发展运动"组织（*R v Foreign Secretary ex p worldwide Development Movement*），《全英格兰案例汇编》，1995年，第1卷，第611页；还可参阅第31章。

[53] 但并不能逃避司法批评：维斯蒂诉工业改组公司（*Vestry v IRL*）案，《上诉案例汇编》，1980年，第1148页。还可比较，英王诉工业改组公司（申请人：全国自营联合会）

与税收形成对照的是,在政府的许多领域,法律框架有意地只提供一个纲要,以使政府在推进法律规则未作出规定的政策时,拥有广泛的自由裁量权。这样,负责促进国际开发的部就拥有广泛的权力,借以为海外国家提供经济或人道援助,[54]这种权力可被用来推进各种各样的不同政策。在政府的许多其他领域都存在着广泛的自由裁量权,例如对移民的控制,或者授予土地开发的许可。原则上,自由裁量权的行使要受到法院的控制。但在实践中,自由裁量权的行使更经常地受到大臣的政策决定或规定官员如何运用权力的部门规则的严密控制。[55]在一段时期内,这些政策和规则经常秘密保存,不允许在白金汉宫之外公布,但是,如今针对政府的更加公开的路径要求,在个案中,与决策-制定相关的所有政策和规则都必须公布。

因此,许多官员关注的是执行政府的政策而不是法律。而且,我们也很难在现在政策之执行和新政策之制定间作出区分。当一个部门在行使自由裁量权,而且一个具有新特征的案件出现时,基于该情形的决定将会作为未来相类似决定之先例。这样,与先前存在的政策相比,这一过程导致了一个更详尽的政策的形成。

(*R v IRC, ex p National Federation of self-employed*)案,《上诉案例汇编》,1982年,第617页。

[54] 《2002年国际开发法》。还可参阅,英王诉外交大臣(申请人:世界开发运动组织)(*R v Foreign Secretary, ex p World Development Movement*)(上文)。

[55] 关于部门规则和"准立法"的论述,见28章。关于政策在酝酿决定过程中的相关性,参阅,英王诉环境大臣(申请人:阿肯百利开发有限公司)(*R v Environment Secretary, ex p Alconbury Developments Ltd*)案,[2001] UKHL 23,《上诉案例汇编》,2003年,第2卷,第295页。

行政部门内部的决策－制定非常不同于法院解决争端的程序。例如,一个民事案件,是由法官在听取处于对抗程序中的当事人向法庭提出的证据和法律辩论后,才作出判决的。㊄ 这些言辞程序是在当事人和他们的律师都在场的情形下,当着法官的面公开进行的。一个理性的判决是在公开的法庭上宣布的;当判决作出后,对它的挑战只能是上诉至较高级的法院。相反,部门决定主要是秘密作出的,而不存在对抗程序。经常的情形是,人们不知道,该决定是由部门中哪个层级的机构作出的。该部门在作出决定之前和以后都有可能承受政治压力。除非法律作出如是要求,或者如果不提供理由将变得不公正,否则,无须提供决定理由。

虽然行政和司法作出决定的程序是不同的,但是,我们却不应该认为一种方法比另一种更为优越,或部门总是应该努力采用法院那一套方法。大部分程序都取决于欲作出的决定的类型,和从特定视角看,要求决定所实现的结果。当这些决定直接影响个人的民事权利和义务时,就像在授予或拒绝规划许可的情形中,就会引发《欧洲人权公约》第6条第(1)项规定的公平听证权利,但是,这并不禁止大臣在经过公开调查程序之后,对这些问题作出决定,所需保证的是,该决定本身要接受充分的司法审查。㊄ 一个决定,如果是以普遍原则为依据作出的,而且是依据一套能保证特定事实得以查明,竞争性的考虑得以权衡的程序作出的,那么,它便要

㊄ 比较第6条(1),ECHR(第19章B小节),凭此,在决定其民事权利和义务的过程中,每个人都有权获得公平和公开的听证。

㊄ 英王诉环境大臣(申请人:阿肯百利开发有限公司)(*R v Environment Secretary, ex p Alconbury Developments Ltd*)案(上文)。

比没有按照上述要求作出的决定更公正。⑱ 因此,许多种类的决定并不是由各部的公务员作出的,而且由独立的裁判所作出的,在作出决定的过程中,其适用的是修正版的司法程序。在其他情形中,议会规定,行政过程的阶段应当接受公开调查,而最终的决定要由大臣或部作出。⑲

权力、义务和自由裁量

在行政法中,一个重复出现的图景是,权力、义务和自由裁量之间的相互作用。如果某人符合调整议会选举中投票人资格的法律规定,那么,他或她就有权利在选举登记处进行登记,并有权利在其登记的地区投票。相关的官员负有一项对应的义务,以保证这些权利得以实现。在公共行政过程中出现的许多情形并不像上述情况那样确切无疑。因此,大臣可能负有义务去实现某些宽泛的政策目标,对此,法律中并未规定任何特定种类的行为。显然,在履行该类义务过程中采取的行为就牵涉到自由裁量权的运用。正如迪普洛克(Diplock)勋爵所说:

> 自由裁量这一概念涉及,在不止一种可能的行为方式中进行选择的权利,在这些多种可能的行为方式中,何者更为可

---

⑱ 参阅 J.尤威尔(Jowell),《公法》,1973 年,第 178 页,以及(前述作者)在尤威尔和奥里弗(Oliver)(编辑)的《变化中的宪法》(*The Changing Constitution*)一书中的论述,第 1 章。

⑲ 第 29 章 A 和 B。

取,一个理性的人可能会持不同的观点。[50]

当一部法律授予权威,以管理某个政府部门时,它可能会给大臣和其他公共机关规定宽泛的义务,让他们实现特定的政策目标。在特定条件下,它可以给大臣施加具体的义务,同时,也可能赋予有关的机关以权力。在行政法中,"权力"有两种意义,它们并不总是被明确地区分:(a)以特定方式行为之能力(例如,提供图书馆服务的权力,或为公共娱乐的目的而通过合意购买土地的权力);(b)限制或剥夺他人权利之权威(例如,管制城市中小型出租车交易的权力,或者为公共目的的需要而强制购买土地的权力,尽管所有者并不愿意出卖)。因为自由裁量是内生于权力的本质之中的,权力可以通过各种方式行使,所以,权力的运用就不可避免地需要自由裁量权的行使。经常的情形是,行使自由裁量权是一种义务。当一名官员决定以特定的方式履行义务或者运用权力或自由裁量时,该决定可能会使一些人满意,而使另一些人失望。在一个民主社会中,这种决定的选择应该由对选民承担政治责任的人作出,而不是法官。[51]那些权利或利益受到行政决定的不利影响的人可能会认为(或被如此建议),该决定并不是恰当作出的:在这种情况下,他们可能会希望通过政治行为来改变该决定,或者求助于所有

---

[50] 参阅教育大臣诉塔姆塞德自治市(*secretary of state for Education v Tameside MB*)案,《上诉案例汇编》,1977年,第1014页起,第1064页。还可参戴维斯(Davis),《裁量正义》(*Discretionary Justice*),和加利根(Galligan),《裁量性权力》(*Discretionary Powers*)。

[51] 参阅阿肯百利案(上注解),尤其是第48段(斯莱恩(Slynn)勋爵),第70段(霍夫曼(Hoffmann)勋爵),第139-141段(克莱德(Clyde)勋爵)。

既存的上诉权利,或者寻求司法审查。

在财政开支受到严格限制的情况下,当决定是否向个人提供某种利益,或者,例如,决定必须停止某种昂贵的社区服务时,如果公共机关将预算问题纳入考虑范围之内,就会引发一个棘手的问题。在这里,法律上的解决方案取决于:立法对利益或服务的提供所规定的确切条件。[62] 制定法可能会规定一项无论在何种情况下都必须履行的义务,或者它只是带来一项定性的义务或自由裁量权,它们的行使可能取决于个别的具体情况或其他情形。在这种情况下,法院并不关心公共机关政策的政治价值,但是,它必须保护法律赋予的个人权利。在这里,不可避免地会出现下述问题,即,哪些事项应由公共机关去决定,哪些事项应由法官去决定——这二者之间的界限该如何划分。[63]

这些问题将在本书后面的篇章中得到更充分的讨论。在本章的余下部分,我们考察两个一般性的问题,即,权力的分类和公法与私法的区分,它们与司法控制政府的过程相关联。

---

[62] 英王诉格洛斯特郡议会(申请人:巴里)(*R v Gloucester shire CC, ex p Barry*)案,《上诉案例汇编》,1997年,第584页;比较,英王诉剑桥卫生行政当局(申请人:B)(*R v Cambridge Health Authority, ex p B*)案,《全英格兰案例汇编》,1995年,第129页,和英王诉谢弗顿议会(申请人:救助老年人协会)(*R v Sefton Council, ex p Help the Aged*)案,《全英格兰案例汇编》,1997年,第4卷,第532页。

[63] 例如,布罗姆利自治区议会诉大伦敦议会(*Bromley BC v Greeter London Council*)案,《上诉案例汇编》,1983年,第768页,以及阿肯百利案(上注解);还可参阅第30章。也可参阅德夫林(Devlin)勋爵,《现代法律评论》,1978年,第41卷,第501页,和欧文(Irvine)勋爵,《公法》,1996年,第59页。

权力的分类

在以权力分立为基础的成文宪法下,法院必须确定立法或行政行为是否不正当地侵犯了司法权。[64] 虽然联合王国的情况并不是这样,但是在行政法中,存在着若干理由,促使人们依据权力的特点将政府权力分为立法权、行政权和司法权。因此,根据1946年《法定条规法》,当它适用于早期的制定法时,在立法性和执行性文件之间做了区分。[65] 议会行政监察专员之管辖权适用于政府部门在"履行行政职能的过程中所采取的行为",这意味着他的管辖权并不拓展到在特征上属于立法性质的部门的职能。[66] 依据1947年的《政府诉讼程序法》第2条第(5)项,政府不对任何个人为履行司法性质的职责而采取的行为承担责任。[67] 然而,根据1998年《人权法案》第9条,存在这样的情形,在其中,王室必须对那些因司法行为而遭受拘留的人给予赔偿。[68] 出于其他目的,也有必要确定,

---

[64] 利亚纳基诉女王(*Liyanage v R*)案,《上诉案例汇编》,1967年,第1卷,第259页;牙买加独立人权理事会有限责任公司(1998)诉马歇尔·伯内特(*Independent Jamaica Council for Human Rights (1998) Ltd v Marshall Burnett*)案,《枢密院上诉案例汇编》(UKPC),2005年,第3页,《上诉案例汇编》,2005年,第2卷,第356页。以及第5章。

[65] SI 1948 NO 1. reg 2(1);第28章。

[66] 《1967年议会委员法》(Parliamentary Commissioner Act),第5条第(1)项;第29章D小节。

[67] 第32章A。

[68] "法院的司法行为"包括"在法官的指令下,或者代表法官,而作出的行为"(1998年,《人权法案》,第9条第(5)项)。

一种特定的程序是否可以被定性为司法性的。这样,当证人在教师解雇案的法定调查中举证时,可以享有普通法上的绝对特权[69]。藐视法庭法适用于雇工裁判所和心理健康裁判所,[70] 但不适用于地方评估法庭,该法庭处理在估价制度中财产评估引发的争议。[71] 依据欧共体条约第 234 条(177 条除外),只有法院和裁判所有权将预先裁决问题提交至欧洲法院,该规定将不具有司法职能的行政机关排除在外。[72]

以前,在行政法中,强调职能划分有两个原因。第一,人们认为,长期以来被用于控制下级法院和裁判所的禁止令和调卷令这两种特权令状,只有在行政机关被要求"按照司法模式行为"时,王座法院才可以运用它们来控制这些行政机关。第二,人们一度认为,只有行政机关履行司法性质的职能时,它才必须遵守自然正义原则。[73] 如果这些救济方式继续存在,就将抑制当前的司法审查的发展。

虽然许多权力都可以毫无困难地说成是立法性的(如,制定法定规章的权力)、行政性的(如,决定政府部门之办公室建于何处的

---

[69] 特拉普诉麦基(Trapp v Mackie)案,《全英格兰案例汇编》,1979 年,第 1 卷,第 489 页。

[70] 皮奇·格雷公司诉萨默斯(Peach Grey Co v sommers)案,《全英格兰案例汇编》,1995 年,第 2 卷,第 513 页;皮克林诉利物浦每日邮报股票上市公司(Pickering v Liverpool Daily Post plc)案,《上诉案例汇编》,1991 年,第 2 卷,第 370 页。

[71] 总检察长诉英国广播公司(AG v BBC)案,《上诉案例汇编》,1981 年,第 303 页;第 18 章 D。

[72] 埃利斯(Ellis)和特里迪莫斯(Tridimas):《欧共体的公法》(Public Law of the European Community),第 471–478 页;以及第 8 章 A。

[73] 第 30 章 B。

权力),或司法性的(如,对一部有争议的制定法进行解释),但是,还有许多权力,进行如此分类,必会困难重重,而且,另外的一些权力则拒斥这种分类。法律在适用的过程中并不总是普遍的;在个别案件中,立法的形式可能被用来推行政府政策。[74] 政府部门行使着正式和非正式的规则制定权:委任执行权的通告的发布可否被看作是立法行为?[75] 对于建设高速公路的决定,[76] 许可证的撤销[77],或警察局长的解雇[78] 等行为,我们该如何分类? 如果作出决定的权力被授予了政府部门而不是法院,其性质是否也由司法性的而变成行政性的?[79]

尤其在20世纪30年代,公法学界就行政和司法职能的性质曾发生过许多争论。[80] "准司法"(quasi-judicial)这一术语曾风靡一时,它被用来描述一种既不能轻易地划归司法也不能轻易地定性为行政的职能。它因时而异,既用来描述"非法院"机构享有的

---

[74] 霍夫曼-拉罗克公司诉贸易大臣(*Hoffman-La Roche Co v Trade Secretary*)案,《上诉案例汇编》,1975年,第295页。

[75] 布莱克蒲公司诉洛克(*Blackpool Corpn v Locker*)案,《王座法院案例汇编》(KB),1948年,第1卷,第349页。

[76] 布谢尔诉环境大臣(*Bushell v Environment Secretary*)案,《上诉案例汇编》,1981年,第75页。

[77] 纳库德·阿里诉杰亚拉特尼(*Nakkuda Ali v Jayaratne*)案,《上诉案例汇编》,1951年,第120页。

[78] 里奇诉鲍德温(*Ridge v Baldwin*)案,《上诉案例汇编》,1964年,第40页。

[79] 地方政府部门诉阿里奇(*Local Government Board v Arlidge*)案,《上诉案例汇编》,1964年,第40页。

[80] 参阅 D. M. 戈登(Gordon),《法律季评》,1933年,第49卷,第94页,第419页;罗伯森(Robson):《司法与行政法》(*Justice and Administrative law*)第1章,和詹宁斯,《法与宪法》(*Law and Constitution*),附录1。

司法职能,也用来描述公开调查机构享有的权力。就后者而言,"准司法"有时被用来描述公开调查的整个过程和最终决定,有时仅用来描述调查本身。㉛ 幸运的是,今天,司法审查的范围已有很大的扩展,重提当初的争论已没有太大意义,这些争论经常导致循环论证,它使法院陷入为特定职能粘贴标签的过程之中。㉜

有种观点认为,在公共机构的决定能够接受司法审查之前,必须被看做是司法性的,上议院在里奇诉鲍德温(Ridge v Baldwin)案中已抛弃了这种看法。雷德(Reid)勋爵认为,如果官员有权作出影响个人权利的决定,鉴于该决定的性质,他们自然必须履行依司法方式行为的义务;没必要找寻任何明确的司法要素,诸如提供正式听证的义务。㉝ 依据里奇诉鲍德温案的原则,今天,行政职能受到法院管辖权的控制,法院没有必要首先适用恰当的标签㉞:"重要的是行为的特征,而不是该行为所属的确切类别。"㉟ 司法、

㉛ 例如,埃林顿诉卫生大臣(Errington v Minister of Health)案,《王座法院案例汇编》,1935年,第1卷,第249页,第273页(莫姆法律杂志)。

㉜ 一个极端的例子,可参阅,纳库德·阿里诉杰亚拉特尼(Nakkuda Ali v Jayaratne)案,《上诉案例汇编》,1951年,第66页。也可参阅,富兰克林诉城镇规划大臣(Franklin v Minister of Town planning)案,《上诉案例汇编》,1948年,第87页,该案例受到H. W. R. 韦德(Wade)的批评,《剑桥法律杂志》,1949年,第10卷,第216页;第30章B小节。

㉝ 《上诉案例汇编》,1964年,第40页;第30章B小节。

㉞ 参阅,英王诉希灵顿自治区议会(申请人:罗伊科·霍姆斯有限责任公司)(R v Hillingdon BC, ex p Royco Homes Ltd)案,《女王法院案例汇编》,1974年,第720页;英王诉种族平等委员会(申请人:科特雷和罗索恩)(R v Commissioners for Racial Equality, ex p Cottrell and Rothon)案,《全英格兰案例汇编》,1980年,第3卷,第265、271页。

㉟ 珀格蒙出版公司(Re Pergamon Press Ltd)案,《大法官法庭案例汇编》,1971年,第388、402页(萨克斯法律杂志)。

准司法和行政这些术语在一些判决中仍旧能听得到[86],但是,这些职能的区分已丧失了其最初所具有的意义。即使在自然正义原则并不充分适用的某些场合,行政机关仍负有公正行为的义务。[87] 在司法审查的范围这一问题上,1998 年《人权法案》并不会复兴一场过时的争论,但是,它可能会使一种新的分类方法成为必要,借以确定,一种行政职能在什么时候必须根据《欧盟人权公约》第 6 条第(1)项规定的公平听证权利来行使。[88]

公法和私法

一种截然不同的区分问题来源于下述这种趋势,它是法院在 1980 年以来解决管辖、责任和程序问题时引发的,在此处,法院考问,待决事项是属于私法抑或是公法。这种正式的区分反映在许多欧洲国家法律制度的结构中。因此,在法国,它决定了一项争端

---

[86] 例如,英王诉内政大臣(申请人:塔兰特)(*R v Home Secretary, ex p tarrant*)案,《女王法院案例汇编》,1985 年,第 251、268 页。在英王诉陆军防卫部(申请人:安德森)(*R v Army Board. ex p Anderson*)案中,《女王法院案例汇编》,1992 年,第 169 页,防卫部就一名士兵因种族歧视的申诉而进行裁决的权力被认为是司法性的;比较,英王诉卫生部(申请人:甘德希)(*R v Department of Health. Ex p Gandhi*)案,《全英格兰案例汇编》,1991 年,第 4 卷,第 547 页。

[87] 参阅,第 30 章 B。

[88] 《欧盟人权公约》第 6 条第(1)项规定:"在决定其民事权利和义务时……任何人都有权获得……由独立和公正的法庭……主持的公平和公开的听证。"该规定在城乡规划判决中的应用,可以参阅:英王(阿肯百利开发有限公司)诉环境大臣(*R v Environment Secretary*)案,《上议院案例汇编》(UKHL),2001 年,第 23 页,《上诉案例汇编》,2003 年,第 2 卷,第 95 页。也可参阅,布拉德利在索普斯通、古地和沃克编辑的《司法审查》一书中的论述,第 55–62 页。

是由行政法院还是普通法院解决。相反,在英国,高等民事法院对所有可裁判之争端行使不可分割的管辖权,不论它关涉私的公民还是公共机构。[89]

沃尔夫(Woolf)勋爵描述到,公法是"保证公共机构正当地履行其对公众所负义务的法律体系";私法是"保护私的个人之私权利或公共机构之私权利的法律体系"。[90] 这是一种不甚正确的简单区分。即使我们不考虑私有化开始萌生的影响,在公共机构和私人之间也不存在明确的分界;许多公共机构的行为都由私法调整。[91] 而且,在普通法传统中,保护私人的私权的法律体系,在很大程度上,就是强令公共机构履行其对公众所负义务的法律体系,至少,当公众被认为包括所有私人时,情形就是这样[92]。以个人自由为例,个人自由既受人身保护令之保护,[93] 又受侵权法之保护(错误监禁之诉):难道前种救济属于公法(就因为如果对申请人的

---

  [89] 比较,D.B.米切尔(Mitchell),《公法》,1965 年,第 95 页,他倡导创设一种新型的公法管辖范围。

  [90] 参阅《公法》,1986 年,第 220、221 页。也可参阅沃尔夫,《公法》,1995 年,第 57、60 – 65 页。

  [91] 参阅例如,英王诉英国大法官(申请人:希比特和桑德斯)(*R v Lord Chancellor, ex p Hibbit & Saunders*)案《政府职责摘要》(COD),1993 年,第 326 页。韦德在《法律季评》,1985 年,第 101 卷,第 180、195 – 197 页,表达的一个观点认为,国民服务联盟委员会诉国民服务大臣(*Council of Civil Service Unions v Minister for the Civil Service*)案,《上诉案例汇编》,1985 年,第 374 页,涉及了私法问题,但是,这一观点并未获得支持。

  [92] 例如,恩蒂克诉卡林顿(*Entick v Carrington*)案,(1765) 19 St Tr 1030,第 6 章;以及,库柏诉旺滋沃思劳动委员会(*Cooper v Wandsworth Board of Works*)案,(1863) 14 CB (NS) 180,还可参阅,阿里森(Allison):《普通法中的大陆性区分》(*A Continental Distinction in the Common Law*)。

  [93] 参阅第 21 章 E 小节和第 31 章。

监禁不合法,将导致法院命令释放被羁押人),后者属于私法吗(就因为它会导致对被拒捕人的损害赔偿)? 在财产法领域,许多争端(如强制购买)恰恰是在个人的私权利和公共机构的权力和义务之共同范围内发生的。

在这一棘手的问题上,我们应该考虑(1)公法与私法间可能会出现的不同层次的分离,(2)并用这种分析解决法院在行政法领域面临的广泛任务。㉞(a)最极端的分离发生在,由分离的法院和法官,依据分离的实体和程序规则,分别执行两种不同的法律时。(b)相对不太显著的分离发生在,由受相同训练之法官,于同一法院体系之不同分支,依不同的实体和程序规则,适用公法和私法时。(c)更微弱的分离发生在,由相同的法院适用公法和私法,但其程序和实体规则由争议性质(是私人之间的,还是涉及公共权力的)而定的场合。(d)最后,二者之间可能完全没有分离,不管争端的当事人是谁,也不管争端的内容是什么。

在行政法领域,法院必须解决两项宽泛的任务。第一项任务出现于(我们可以称之为司法审查),当个人提请审查公共机构或专门裁判所的决定的合法性,且法院必须行使监督方面的管辖权,以判定维持还是撤销该决定。该项任务在私法中不存在精确的对应物,尽管在信托、公司和商会法领域,受托人、公司董事和商会委员之决议的有效性也可能发生争议,且类似的监督原则可能被适用于审查过程中。㉟第二项宽泛的任务(政府责任)出现于,当公共

㉞ 这种分析出现在,克雷格(Craig):《行政法》,1983年,第11-21页,这一段落在其后的版本中不再出现。

㉟ 参阅奥利弗(Oliver),《共同价值与公-私界分》(*Common Value and the Public-*

机构之不法行为(如侵权或违约)造成个人损失时提出个人损害赔偿。该项任务与一般的侵权、合同和恢复原状方面的法律有诸多相似之处。

当把上述不同层次的分离的分析适用于这两项任务时,法国是下述情形的典型例证(a),把所有的"司法审查"和绝大部分的"政府责任"问题交由一个分离的行政法院解决。德国和意大利属于下述情形(b):将"司法审查"的权力授予行政法院,但是,所有的"责任"问题都由民事法院解决。联合王国则是(c)种类的例子:政府责任问题由普通民事法院解决,而司法审查则交给高等法院(由为此目的而任命的法官处理,他们就职于行政法院)。司法审查在很大程度上,但并非全部,区别于普通民事程序;一些政府责任问题的解决也适用不同于侵权或合同这些普通诉讼的规则。[95] 然而,一个公共机关,诸如社会服务机构,在其履行照料义务的过程中,因个人遭受侵害而需承担的赔偿责任,重要的并不是取决于确定该机关权力的公法原则,而是取决于一个人所共知的检验标准,即,在该机关行使自由裁量权的过程中,是否进行了合理的照料。[97]

Private Divide);以及 P. 克雷格(Craig)在塔格特(Taggart)编辑的《行政法的疆域》(*The Province of Administrative Law*)一书,第 10 章的论述。

[95] 例如,城镇投资有限公司诉环境部(*Town Investments Ltd v Environment Department*)案,《上诉案例汇编》,1978 年,第 359 页(对公法调整的政府职位租让的解释);C. 哈罗(Harlow),《现代法律评论》,1977 年,第 40 卷,第 728 页。

[97] X(未成年人)诉贝德福德郡议会(*X (Minors) v Bedfordshire CC*)案,《上诉案例汇编》,1995 年,第 2 卷,第 633 页;巴雷特诉恩菲尔德议事会(*Barrett v Enfield Council*)案,《上诉案例汇编》,2001 年,第 2 卷,第 550 页;以及第 32 章 A 小节。

相应地，迪普洛克（Diplock）勋爵在奥雷利诉麦克曼（*O'Reilly v Mackman*）案⑱中强调，公私法区分的运用只限于表明：何时必须适用申请司法审查程序，普通令状之诉何时将导致程序的滥用。这种区分的运用产生了所谓的排他性规则，它一度引致了许多因当事人的程序选择而产生的复杂且昂贵的诉讼。最终，法院（并未贬低司法审查程序在处理其管辖范围内的事项上的价值）针对实际上属于程序性的事项，采取了一种更富弹性的路径。⑲

当同样的争端既引起私法权利的问题，又带来公法义务问题时，这些案例中最棘手的问题就牵涉到程序的选择。在戴维诉斯佩尔索尼自治区议会（*Davy V Spelthorne Borough Council*）案中，上院认为：针对地方委员会（Local Council）之疏忽而提起的损害赔偿诉讼是"普通侵权之诉"，它不产生"公法方面的真正争议"。⑳ 在另外一个判决中，韦伯福斯（Wilberforce）勋爵对公/私法区分的适用发出警告：

> 在"公法"这一术语可以被用来否认当事人在其所选择的法院进行诉讼的权利之前，它必须与实际存在的法律命令相关联，该命令可以是制定法或法定性规则。我们不能仅仅因

---

⑱ 《上诉案例汇编》，1983年，第2卷，第237页；第31章。

⑲ 参阅，例如，赖伊退休基金信托公司诉谢菲尔德议事会（*Rye Pension Fund Trustees v Sheffield Council*）案，《全英格兰案例汇编》，1997年，第4卷，第747页；克拉克诉林肯郡大学（*Clark v University of Lincolnshire*）案，《全英格兰案例汇编》，2000年，第3卷，第752页；以及第31章。

⑳ 《上诉案例汇编》，1984年，第262页；以及参阅，P.凯恩（Cane），《公法》，1984年，第16页。

为一个请求是公法请求,就排除普通法院对它的审查。[101]

因此,在罗伊诉肯辛顿家庭开业者委员会(*Roy v Kensington Family Practitioner Committee*)[102]案中,尽管作为一个辩护,国家健康中心委员会依赖它根据减少支付额的法定权力而作出的决定,但上院还是允许一位国家健康中心(NHS)的医生提起普通之诉,以请求其宣称自身有权得到的法定支付额。因循此路径,上院再次肯定,因违反内部规则而被起诉的人,有权利依赖下述抗辩,即,该内部规则是无效的。[103]

苏格兰法律几乎完全避免了该部分所讨论的难题,因为,最高民事法院的监督管辖权并不依赖于私法/公法的区分。[104] 然而,英格兰和苏格兰法律都受到1998年《人权法案》中一个条款的影响,这个条款把该法案的适用范围和公/私之间的区分联系在一起。根据该法案,与个人根据公约所享有的权利相符合而采取行为的义务适用于所有的"公共机关"。像政府各部和地方当局,就其职能的所有方面来说,都属于"公共机关"。但是,一个兼具公共和私

---

[101] 《上诉案例汇编》,1984年,第276页。还可参阅,墨丘里通讯有限公司诉电讯总理事(*Mercury Communications Ltd v Director General Telecommunications*)案,《全英格兰案例汇编》,1996年,第1卷,第575、581页(斯莱恩勋爵)。

[102] 《上诉案例汇编》,1992年,第1卷,第624页;还可参阅P.凯恩(Cane),《公法》,1992年,第193页。

[103] 博丁顿诉英国交通部(*Boddington v British Transport Police*)案,《上诉案例汇编》,1999年,第2卷,第143页。

[104] 韦斯特诉苏格兰事务大臣(*West v Secretary of State for Scotland*)案,《苏格兰法院案例汇编》,1992年,第636页,还可参阅W.J.沃尔弗(Wolffe),《公法》,1992年,第625页。

人职能的机关,只有在其职能具有公共性质时,才被当做是公共机关。[109] 根据 1998 年法,识别公共机关的重要性,在某种程度上,被下述事实所减损,即,在追求该法的目的时,法院和裁判所也是公共机关,因此,它们在裁决私人之间的争议时,有义务根据公约中的权利来行为。[110] 只这一条理由,就不应该假定,诸如合同、侵权、财产和雇工这些私法领域不受人权法案的影响。

地方政府————一个注脚

本书的重点是论述支撑联合王国民主政府的宪政结构。在行政法的语境中,我们关注的是,公共机构如何提供服务、行使管制权力等。在中央一级,政府要照看经济,保护自然环境,提供或监督如国家卫生和教育这些服务,经营国家财政,促进"法律和秩序",并维护司法体制运作。以警察为例,它表明,直接由白金汉宫

---

[109] 1998 年《人权法案》,第 6 条第(1),(2)(b)和(5)项。参阅第 19 章 C 小节。并比较,济贫住房协会有限公司诉多诺霍(*Poplar Housing Association Ltd v Donoghue*)案,《英格兰及威尔士上诉法院民事法庭案例汇编》(EWCA Civ),2001 年,第 595 页,《女王法院案例汇编》,2002 年,第 48 页,英王诉伦纳德·切希尔基金会(申请人:希瑟)(*R (Heather) v Leonard Cheshire Foundation*)案,《英格兰及威尔士上诉法院民事法庭案例汇编》,2002 年,第 366 页,《全英格兰案例汇编》,2002 年,第 2 卷,第 936 页。也可参阅 A.W. 布拉德利在索普斯通、古地和沃克编辑德《司法审查》一书中的论述,第 46–49 页;D. 奥利弗(Oliver),《公法》,2000 年,第 476 页,《公法》,2004 年,第 329 页;森金(M Sunkin),《公法》,2004 年,第 643 页。

[110] 参阅例如,道格拉斯诉哈罗有限公司(*Douglas v Hello! Ltd*)案,《女王法院案例汇编》,2001 年,第 967 页;以及第 19 章 C 小节。也可参阅,M. 亨特(Hunt),《公法》,1998 年,第 423 页,以及该作者在乔威尔(Jowell)和库珀(Cooper)编辑的《理解人权原则》中的论述,第 161 页。

提供所有的公共服务,这既不必要也并非人们所愿。当然,如果允许公共设施的私有化,且采行私人企业可以渗入许多政府部门的政策,那么,就不可能会出现所有的公共服务都由公共机关直接提供的情形。

在联合王国公共行政的历史中,地方当局扮演着一个重要的角色,在重要性上仅次于中央政府,且在行政法的发展过程中,具有重要的特征。自从19世纪以来,地方议会的运作就一直受到诸如越权原则这些基本公法原理的影响,凭此,地方议会有权课征地方税,收取服务费用,且从中央政府获得资助,但只有为了实现制定法授权的目的,它才可以合理地支出这些费用。[107] 然而,近年来,地方政府经历了大量的立法性变更(包括地方行政区划的重组,新形式的地方税收和地方议会内部的新型组织和运作)。[108] 选举产生的议会的宪法重要性一直在于,在地方层面,它们可以促进地方民主,并提供或确保社会服务(例如教育),以及运作管制制度(诸如,根据规划立法和许可来控制开发)。然而,在本书中,我们不打算对地方政府的结构和职能进行描述。

考虑到在地方政府提出的彼此冲突的要求,以及它们的有限资源,地方政府常会陷入行政法的有争议性问题,或是寻求司法审

---

[107] 参阅第30章A。

[108] 相关的法律,参阅贝利(Bailey)编辑,《地方政府法律纵横》(*Cross on Local Government Law*),以及希姆斯沃思(Himsworth),《苏格兰地方政府》(*Local Government in Scotland*)。也可参阅洛克林(Loughlin),《现代国家中的地方政府》(*Local Government in the Modern State*);以及,洛克林,《合法性与地方性:法律在中央-地方政府关系中的角色》(*Legality and Locality: the Role of Law in Central-Local Government Relations*)。

查以对抗中央政府[109]或是其他地方政府[110],它们捍卫由个人[111]、管制机构[112]或政府部门[113]提出的司法审查申请,或是反驳因失职而被提起的侵权损害赔偿。[114]地方议会从来不享有政府部门所拥有的特权和豁免,因为后者代表着王室。[115]地方政府官员不是公务员,地方的管理方法与政府部门有非常大的差别。[116]委员在政治背景下开展工作,政党集团活动的合法性受到承认,[117]但是,这并不能排除下述机制的作用,它们确保了公共机关承担责任,并维系了行为的恰当标准。最后,根据1998年《人权法案》,地方议会也

---

[109] 例如:英王诉环境大臣(申请人:哈默史密斯自治区议会)(*R v Environment Secretary, ex p Hammersmith BC*)案,《上诉案例汇编》,1991年第1卷,第521页。

[110] 例如:布罗姆利自治区议会诉大伦敦议会(*Bromley BC v Greater London Council*)案,《上诉案例汇编》,1983年第1卷,第768页。

[111] 例如:惠勒诉莱斯特市议会(*Wheeler v Leicester City Council*)案,《上诉案例汇编》,1985年,第1054页;英王诉格洛斯特郡议会(申请人:巴里)(*R v Gloucestershire CC, ex p Barry*),《上诉案例汇编》,1997年,第584页。

[112] 例如:英王诉伯明翰议会(申请人:机会平等委员会)(*R v Birmingham Council, ex p Equal Opportunities Commission*)案,《上诉案例汇编》,1989年,第1155页。

[113] 例如:苏格兰检察长诉邓巴顿区议会(*Lord Advocate v Dumbarton DC*)案,《上诉案例汇编》,1990年,第2卷,第580页。

[114] X(未成年人)诉贝德福德郡议会(*X (Minors) v Bedfordshire CC*)案,《上诉案例汇编》,1995年,第2卷,第633页;巴雷特诉恩菲尔德议事会(*Barrett v Enfield Council*)案,《上诉案例汇编》,2001年,第2卷,第550页。

[115] 例如:默西船坞诉吉布斯(*Mersey Docks v Gibbs*)案,《上院文件》,1866年,第1卷,第93页;第32章A小节。

[116] 卡尔特纳有限公司诉劳工专员(*Carltona Ltd v Commissioner of Works*)案,《全英格兰案例汇编》,1943年,第2卷,第560页(第127页以上)中阐述的原则在地方政府并不适用。

[117] 英王诉沃尔瑟姆福里斯特区议会(申请人:巴克斯特)(*R v Waltham Forest BC, ex p Baxter*)案,《女王法院案例汇编》,1988年,第419页;还可参阅I.利(Leigh),《公法》,1988年,第304页。

是"公共机关"。每一个地方当局在行使其职责时,都须遵循下述方式,即与该法案保障的公约中权利相一致,除非,由于首要立法规定,它们不能作出不同行为,或者所做行为是为了首要立法生效,而该法律不可能与公约中的权利相一致。⑩

---

⑩ 1998年《人权法案》,第6条第(1),(2)(a)项。

第28章 授权立法

在第27章，我们看到，在20世纪，人们开始意识到，政府的运作很大程度上并非直接通过议会制定的法律，而是通过行政部门的官员，依据议会委任给他们的权力而制定的规则实现的。这大量的规则被称之为授权立法，但也可以被称为次级（或从属）立法，以与议会法令中包含的基本立法相区别。在有些情形中（尤其是在执行外交政策时），政府依据的不是制定法权力，而仍然是王室特权，即，专属于国王的普通法权力。但是，对特权的依赖长久以来都是例外而非常规，这是因为，自从17世纪以来，人们一直限制普通法去诉诸特权。特别是，"公告案"① 判决指出，国王并不享有剩余权力进行立法，以给人民施加义务或限制。然而，300多年以后，法院又认为，这项基本原则并不禁止国王的下述权力，即，根据特权，对刑事违法的受害者给予金钱上的利益。②

制定法这一术语包括议会法律和授权立法。这两个层次的制定法之间的主要区别在于，授权立法，与议会法律不同，并不是最高议会的作品，因而，要接受司法审查。然而，两个层次的联合效

---

① （1611）12 Co Rep 74，第50页以上；以及第12章 D。
② 英王诉犯罪伤害赔偿委员会（申请人：莱恩）（R v Criminal Injuries Compensation Board, ex p Lain）案，《女王法院案例汇编》，1967年，第2卷，第864页。

果就是,建立公共机关,以执行政府的任务,同时,赋予它们提供公共服务所需的具体权力。在提供一项复杂的服务时,在一项法令中穷尽所有的重要规定是极其少见的。一部法律常常仅勾勒出计划的主要特征,而留下细节由从属立法来填充。在复杂的政府职能领域,例如教育、规划和移民,律师必须获知包括基本立法和从属立法、法律适用规则(codes of practice)、政府部门通告(ministerial circulars)以及案例法摘要的出版物。法定条规的数量已经十分可观。在2003年,就颁布了45部公共普通法(Public General Acts),共计4500页。同年,颁布的法定条规总量达3360多件;尽管很多实际上是地方性的,但印刷出的9卷一般性法律文件已达大约9300页之多。

历史发展

一项议案(bill)变为一项法令(act)的正式过程从来就不是立法的唯一方式。在议会制早期,很难区分国王在议会(King in Parliament)制定的法律和国王在枢密院(King in Council)的立法。即使议会立法已成为一个截然不同的过程,英王仍然有很宽泛的通过公告进行立法的权力。在1539年,通过亨利八世的公告法令,王室为国家的"良好秩序与治理"而发布公告的权力获得认可,而且,这些公告就像议会法令一样得到执行。颁布这项法令的原因之一是,在发生紧急情况时,需要迅速的补救,而无须等待议会的召开;法令中含有保留性词语以保障普通法、生命和财产。1547

年,该项法令被撤销,但并未影响都铎王朝使用公告的权力,而且,亨利八世的名字一直与下述这种广有争议的做法相联系,即,授予执行机关修正议会法律的权力。

议会授权制定法律的权力的做法有长久的历史。一个向排污委员委任权力,以处理河流和土地的排水的例子,可以追溯到1531年。1689年以后,每年的叛乱法赋予国王为了更好的治理军队而制定规则的权力,但是,直到19世纪,宽泛的立法权委任才变得普遍。1833年的第一部现代《工厂法》就授予依该法委任的巡查员制定命令和规章的权力,违反这些命令和规则将受到刑事制裁。③ 有一项非常宽泛的权力,一个多世纪以来一直具有法律效力,这项权力首先授予贫困法专员,它就是,"制定和颁布所有他们认为合适的条例、命令和规章,来管理贫困人口,……并执行该法令"。④

19世纪后期,授予政府部门以及其他机构的立法权力急剧增加,授予的份额随着需求的增加而增长。1893年的《规则公布法》(Rules Publication Act)力图把命令(order)也引入到白金汉宫的权力扩散范围中,它创设了一个一般性术语,"法定规则和命令",而且要求,这些措施(命令)也须公布。在两次世界大战期间,议会通过非常宽泛的条款授权政府就战争行为制定规章。⑤

---

③ 1833年《工厂法》中有关儿童劳工的规定等。参阅现行的,1974年《工作健康和安全法》,第15条和第80条。
④ 《贫困法1834年修正案》(Poor Law Amendment Act),第15条。
⑤ 第26章D。1914年《王国防御法》(Defence of the Realm Act);1939年《紧急状态权力(防御)法》(Emergency Power (Defence) Act)。参阅卡尔(Carr):《考察英国行政法》

1918年后,许多律师和政治家开始关注政府部门具有的广泛立法权力。大臣权力委员会⑥的一项调查得出结论认为,除非议会同意授予立法权力,否则就不能通过现代公众意见要求的这种种类和数量的立法。委员会注意到了授权立法中存在的特定危险,并建议更有效防止滥用的措施。在1946年,《法定条规法》取代了1893年的《规则公布法》,进一步促进了程序的统一。1944年以来,议会定期任命审查委员会,早期是由下院任命,现在是下院和上院联合任命。授权立法的实践一直受到许多议会委员会的审查,⑦但是,从属立法的潮流并没有被遏止的迹象。在1981至1996年之间,接受议会程序审查的文件数量以大约50%的速度增长,也就是说,从一年1000件增长到一年1500件;在所有这些文件中,接受议会否定程序(negative procedure)审查的数量几乎翻了一倍,从20世纪80年代早期的大约700件增加到1944–1999年间的大约1300件。⑧在这种审查期间内,文件内容可能会被改变。正像一个委员会在1986年指出,次级立法制定的法律文件"不再局限于仅仅执行政府政策的具体细节,而是越来越多地用于改变

(*Concerning English Administrative Law*);艾伦(Allen):《法律与命令》(*Law and Orders*);以及(从一个不同的出发点)尤因(Ewing)和吉尔蒂(Gearty):《为公民自由而斗争》(*The Struggle for Civil Liberties*)。

⑥ 第27章。

⑦ 《下院文件》,第310号,(1952–1953年);《上院文件》,第184号,《下院文件》,第475号(1971–1972年),以及《上院文件》,第204号,《下院文件》,第468号(1972–1973年);《下院文件》,第588号,(1977–1978年)第3章;《下院文件》,第152号(1995–1996年),以及《下院文件》,第48号(1999–2000年)。

⑧ 《下院文件》,第152号(1995–1996年),第10段,以及《下院文件》,第48号(1999–2000年),第25段。关于否定程序,参阅第683页以下。

政策,有时是以在基本立法通过时未曾设想过的方式进行的"。⑨

在 1996 年,另一个委员会总结认为,"在议会授予大臣宽泛的立法性权力这方面,存在着太大的自愿性,而且,被授权一方也不缺乏掌握这些权力的热情"。⑩ 这些委员会经常批评议会的下述行事方式,即,它们对次级立法只给予"次等"(second-rate)关注。⑪

授权立法的正当性

授权立法制是现代政府的一个不可避免的特征,原因如下:

议会时间上的压力

如果议会试图自己制定所有的立法,除非根本性地改变法案的审议程序,否则,立法机器就会崩溃。把立法性权力授予提供公共服务的一个部门,可以消除修正法案的需要。尽管许多法定条规都提交到议会面前,但只有其中的一小部分会引起需要某个议院考虑的事项,而且,议会花在与此有关的事务上的时间只占很小

---

⑨ 《下院文件》31 – xxxvii(1985 – 1986 年),第 2 页。

⑩ 《下院文件》,第 152 号(1995 – 1996 年),第 14 段,得到《下院文件》第 48 号(1995 – 1996 年)的认可,第 26 段。

⑪ P.图德(Tudor),《当代法律评论》,1951 年,第 14 卷,第 279、425 页。

的比例。⑫

所涉事项的技术性

有关技术问题的立法,需要事前向专家和相关利益人咨询。授予大臣立法权有助于实施这种咨询。在法案草案一般被视为机密文件,且在呈送议会之前不能公开的时代,这种做法一度是一种非常有意义的要素。如今,法案通常都以草案的形式公布,接受评论和立法前的审查。但是,肯定也有充足的理由认为,应该在法律文书中避免下述这种高度技术性的条款,它们并不涉及原则问题,且只有相关领域的专家才能顺畅地理解。⑬ 而且,处理非常技术性的问题的法案,可能缺乏足够的政治吸引力,因此没必要规定在政府的立法方案中。

灵活性的要求

当一项新的公共服务刚刚建立时,预见所有可能出现的行政管理困难是不可能的,而计划实施后经常求助于议会来修订法案同样是不可能的。授权立法填补了这些需要。当公众课税(community charge),或称人头税(poll tax),根据1988年的《地方政府财

---

⑫ 在2003-2004年间,下议院动用肯定程序来讨论法定条规的时间不超过15小时(占其全部时间的1%多一点),而在动用否定程序的记录上,则根本没有为讨论法定条规而花费时间(会议记录)。但是,这不包括下院的委员会花在法定条规上的时间。

⑬ J.A.G.格里菲思(Griffith),《当代法律评论》,1951年,第14卷,第279、425页。

政法》生效后,在 1989-1991 年间,却制定了不少于 47 套规章。(但即使如此广泛的运用委任权力,仍然不能防止该项税收制度以失败告终。)授予大臣的权力通常是,发布开始生效命令的权力,使该法令的全部或部分生效。一般来说,一项新法令在获得国王通过后并不付诸实施,是出于实际的考虑。大臣并没有义务来运用这种宣布开始生效的权力,但是,大臣不能作出某些行为,来压制议会希望法律生效的预期。⑭

紧急状态

在出现紧急情况的时候,政府需要迅速和超过正常限度地运用权力来采取行动。许多成文宪法包括这样的条款,在紧急情况下,可以中止个人自由的正式保障。尽管王室拥有的不明确的残余特权,可以在国家危险的时刻使用,但 2004 年的《国内紧急状态法》(取代了 1920 年的《紧急权力法》)规定了永久性条款,在某些紧急情况时,使行政部门可以在议会保障下进行立法。⑮ 英国政府于 1972 年恢复对北爱尔兰的直接统治,此后,有关北爱尔兰的广泛立法权力被授予给枢密院中的女王(Queen in Council)。⑯ 在北爱尔兰议会被中止以后,当前这种通过枢密院令来立法的程序

---

⑭ 英王诉内政大臣(申请人:消防队协会)(*R v Home Secretary, ex p Fire Brigades Union*)案,《上诉案例汇编》,1995 年,第 2 卷,第 513 页。

⑮ 第 26 章 D。

⑯ 1972 年《北爱尔兰法(临时条款)》,第 1 条第(3)项和附表,第 4 段;1974 年《北爱尔兰法》,附表 1,第 1 段;也可参阅 1998 年《北爱尔兰法》,第 84-86 条;2000 年《北爱尔兰法》,附表,第 1 段。

不允许进行充分的民主讨论。⑰ 根据人们尚不熟悉的1946年《联合国宪章》,借助于枢密院令,政府可以在必要的时候制定某些条款,使安理会为保持国际和平与安全而主张的制裁(但并不是使用武力)决定在国内发生效力。

授权立法的特殊类型

尽管多数授权立法是必须的,但政府往往试图从议会得到超出必要的权力。批评集中在一些特殊的授权立法类型上。

原则性事务

如果有关一般性政策事务的立法权也可以委任,或者赋予如此广泛的自由裁量,以至于无法确定立法者意图施加何种限制,那么,议会制政府将会面临明显的威胁。对于立法权的委任没有正式的限制,而且议会法律常常通过宽泛的条款授予立法权。原因之一是,如果对权力做更为狭窄的定义,则政府部门将来很可能还需要向议会寻求更多的权力。有人建议议会应采取如下政策,即,仅通过框架性立法,而将细节留给授权立法完成,但这一建议在1978年遭到了下议院程序委员会拒绝,因为这将会更加削弱议会

---

⑰ 参阅哈德菲尔德(Hadfield),《北爱尔兰宪法》(*The Constitution of Northern Ireland*),第5章;以及《霍尔斯伯里英国法》(HEL),第8卷(2),第82页。

的控制。⑱ 但是,政府有时这样描述"骨架性法案",它们"没有比一张立法的许可证"详细多少。⑲ 只有当广泛的规章制定出来以后,这些法案才能运作,而且,议员可以在提交同意之前,参阅这些规章。但是,在这个领域很少有绝对的东西,立法实践通常是对待授权的不同态度之间的妥协。

课税权力的委任

我们已经看到,坚持唯有议会能批准课税⑳对于议会制政府的发展来说是多么至关紧要。这种坚持已经有所削弱,但是现代压力,特别是与经济有关的压力,使议会有必要将一些与税收有关的权力授予政府。特别是,关税系统的运作加上欧洲共同体的发展都需要将减免这些关税的权力进行授权。㉑ 1961年以来,政府还拥有依财政部的命令变更某些种类的间接税收的权力。㉒ 这些权力都服从于议会的控制,征收进口关税和变更间接税的命令如

---

⑱ 《下院文件》,第588-591号(1977-1978年),第2章。

⑲ 参阅,图德(上文注解11),第152页:在1992-1999年,有四部法案被上院授权委员会描述成是骨架性的,两部接近于骨架性的。血肉的缺乏只对一部法案中的一两个条款不合适:《上院文件》,第112号(1998-1999年),第28段。该委员会要求,在使用骨架性法案时,必须提供充分的理由:《上院文件》,第110号(2004-2005),第25-29段。

⑳ 第4章A。

㉑ 1979年《海关及特许关税(一般减免)法》(Customs and Excise Duties (General Reliefs) Act 1979)。

㉒ 1979年《特许关税(附加或减免)法》(Excise Duties (Surcharges or Rebates) Act 1979)。

果在一定的限期内得不到议会下院的决议通过就会失效。

次级授权

当一部制定法通过法定条规将立法权授予大臣,可以推断,议会意图在法定条规本身里就包含具体规定。那么,这些法律文件又将立法权力转而再通过委托其他机构或其他程序制定具体规定来再次授权,这是否是这种权力的正当运用呢？法谚"受权者不得转授"是指,一个被授权人不得转授他或她的权力,但是如果母法中明确表示允许次级授权,正如1939年的《紧急状态权力（防御）法》,则可以超越这一规律。但是,如果母法中没有明确授权,立法权力的次级授权是否有效则值得怀疑。然而,根据2004年《国内紧急状态法》,紧急状态下的条例可以"规定议会法律能够规定的任何事项"(第22条第(3)项),而且,这种权力的范围可能会允许次级授权。在次级授权的场合,议会的控制就更加困难。各部企图通过遗漏法定条规中必要的细节,并授予大臣广泛的自由,来变更规则而不制定新的法律文件来绕开议会,1978年法定条规联合委员会就这一现象提出了批评。㉓ 根据1972年的《欧洲共同体法》,禁止次级授权,但是法院和特别法庭的程序规则除外。㉔

㉓ 《上院文件》,第51号,《下院文件》,第579号(1977–1978年),第10页;还可参阅关税及国内货物税税务局专员诉J.H.科比特(钱币收藏专家)有限公司(*Customs and Excise Commissioners v J. H. Corbitt* (*Numismatists*) *Ltd*)案,《上诉案例汇编》,1981年,第22页。

㉔ 1972年《欧洲共同体法》,第2条第(2)项,和附表2。

溯及既往地实施

根据议会的至高权力可以得出,议会法律可以有溯及力。[25] 即使有溯及力的立法被认为是必需的,这也应该由议会自己完成而不得进行授权立法。[26] 由于《欧盟人权公约》第 7 条的规定(被 1998 年人权法案落实),授权立法溯及既往地创设新的违法行为或克加另外的惩罚已经不再可能。

对法院管辖权的排除

法院审查授权立法的权力仅限于基于实体法或程序法宣布其越权;[27] 现在,这种权力在可能的情况下,还可以给授权立法施加保护人权法案中的权利的义务。尽管对授权立法的性质进行控制的责任在于大臣和议会,但不应该排除法院对其进行控制的可能性。绝对不能由大臣本人来决定他或她自己权力的限度。[28]

---

[25] 第 4 章 B 小节。

[26] 英王诉社会保障大臣(申请人:布里特奈尔)(*R v Social Services Secretary, ex p Britnell*)案,《全英格兰法律汇编》,1991 年,第 2 卷,第 726 页。该案令人不满意的判决维持了这样一个规章,它作为"过渡性条款"被制定,且溯及既往地修正了一部早先的法律。

[27] 参阅本书边码第 687–690 页。

[28] 然而,根据 1973 年的《反通胀法》附表 3 第 1 段,依照该法的第 II 部分发布的命令可以"定义任何该条款中的措辞"。见杰克逊诉霍尔(*Jackson v Hall*)案,《上诉案例汇编》,1980 年,第 854 页。

修改议会法律的授权

尽管在原则上这是不应该的,但是议会经常授予大臣修正议会法律的权力。[29]"亨利八世条款"这一术语就被赋予了这样的含义,而且,在1998年《苏格兰法案》和1998年《威尔士政府法案》中可以发现大量的例证。[30]当一项新法律授予的权力是用于修改新型改革直接影响的早先立法时,与其平日修改该项法案的权力相比,就缺乏客观性。[31]但是一些涉及社会和工业控制计划的法令则使大臣能够根据自己的经验扩大或缩小这些计划的范围。[32]而且,某些制定法不仅授予大臣修改现行法律的权力,还授予他们修改将来法律的权力。[33]

这里可以提供三个授权修改议会法律的例证。1972年《欧洲共同体法》,通过第2条第(2)项,授权枢密院令和部门规章来执行联合在共同体中的义务,实现欧洲条约下的权利以及处理由这些

---

[29] 《大臣权力委员会报告》,第36-38页。卡尔(Carr):《考察英国行政法》(Concerning English Administrative Law),第41-47页。

[30] 参阅1998年《苏格兰法案》,第30部分(2),第79、89、104-108、113(5)、114、124部分和附表7的规定。这些权力被认为对大臣落实委任职责来说是必要的(参阅《上院文件》,第101、124和146号(1997-1998年);这项权力不应混同于苏格兰议会为苏格兰制定法律的权力,后者当然包括在委任事项上修正威斯敏斯特法律的权力。

[31] 参阅,例如,2000年《信息自由法》,第75条(国务大臣可以通过命令撤销或修正在他看来可能阻止信息公开的任何制定法条款)。

[32] 1974年《工作健康和安全法》,第15和80节;1975年《性别歧视法》,第80节,特别是第(3)小节。

[33] 参阅,N.W.巴博(Barber)和A.L.杨(Young),《公法》,2003年,第112页。

权利和义务产生或相关的事务的权利。该法的附表2排除了该项普遍权力中的一些特别事项,包括税赋的设置、有溯及力的立法,以及立法权力的再次授权(除了为法院和特殊法庭制定程序规则的权力)。服从这些限制后,根据第2条第(2)项的规定,就可以制定相当于由议会法法案(第2条第(4)项)的"任何这类条款(在任何程度上)"。使用如此宽泛的语言,其意图是,在基于依据第2条第(2)项制定法律文件的情形中,排除以越权为理由的司法审查。㉞

通过2001年《管制改革法》,它替代了1994年的《去管制化和分包法》(Deregulation and Contracting Out Act),大臣可以修改或撤销至少两年前制定的法律,这些法律对从事所有活动的人们(例如公司、小企业或自愿组织)克加了被认为是不公正的负担,据此,大臣或者可以完全撤销这些负担,或者用一种与服从收益相适合的负担取代它们。这些权力,通过议案(bill)的形式为立法提供了一个替代,使议会内部的新型程序成为必要,以阻止它们的误用。㉟

修改基本立法的权力的第三个例证出现在1998年《人权法

㉞ 参阅,《上院文件》,1976年2月17日,第399-417页,以及《上院文件》,第51号,《下院文件》,第169号(1977-1978年),第17-18页。比较英王诉英国财政部(申请人:斯梅德利)(R v HM Treasury, ex p Smedley)案,《女王法院案例汇编》,1985年,第657页。以及参阅第8章E。

㉟ 参阅,M.弗里德兰德(M Freedland),《公法》,1995年,第21页,和C.M.C.希姆斯沃思(Himsworth),《公法》,1995年,第34页。比较备受争议的2006年《立法和管制改革法案》,下文对此有所讨论。

案》,第10条。㊱当某个高级法院宣布基本立法与一种公约中的权利不一致,或者欧洲人权法案作出类似的认定时,上述规定就授权大臣或枢密院中的女王签发救济令。救济令的目的是修改不适当的立法,以消除这种不一致,而且,与《管制改革法》中的命令一样,该种命令的签发要接受议会监督的充分制约。㊲

命名法

虽然有1946年的《法定条规法》,但命名还是非常混乱。"法定条规"(statutory instrument)这一术语是一个概括性的名称,包括了1946年法下的所有形式的次级立法。㊳在此法案范围内,有众多1946年法实施前通过的法律授权给大臣的立法权力。至于这之后通过的法律,可以分为两类法定条规:(1)授予枢密院会议,并在母法中申明可由枢密令执行的立法权力。(2)授予政府大臣,并申明可由法定条规执行的立法权力。其中第一类,法定枢密令,必须与特权性枢密令相区别,后者根本不是法定条规,尽管为了方便起见,有一些公布在年度法定条规的卷册中。之所以有些立法权力授予枢密院会议而另一些则授予特定大臣,是因为:有些权力是

㊱ 参阅第19章C。

㊲ 参阅,《下院文件》,第472号以及第473号(2001–2002年),其中关于根据《人权法案》第10条制定初步救济令的阐述;以及第19章C。

㊳ 法定条规的官方缩写是SI,后面跟年份和编号。例如:SI 2004 No.252(或者SI 2004/252)。

需要政府的所有部门来执行的；而另一些则只涉及某个部门；此外，更加正式的枢密令对于某一类的立法来说更为合适。"法定条规"这一称谓不包括地方条例，也不包括诸如确认强制征购令之类的法案。另外，还有其他在法定权限下制定的规则也不属于法定条规，例如根据1971年《移民法》制定的移民规则，根据2000年《政党、选举与复决法》由选举委员会制定的规章。

尽管"法定条规"是一个一般性的名称，不同的法定条规还有不同的称谓：规则（rules）、命令（orders）、规章（regulations）、批准（warrants）、方案（schemes），甚至许可（licences）和指示（directions）。几个称谓可能出现在同一个法案中，以区分不同权力行使所需遵循的不同程序。在实践中，"规章"一词主要用于具有普遍重要性的事务。当立法解决程序问题时，通常就会制定规则，例如，《民事诉讼规则》。对于"命令"一词，则没有这么统一的含义；所以，一道枢密令可以实施一部议会法律的全部或部分，根据《城镇规划法》，一道总体开发命令会包括详细的开发控制规则。

更加令人困惑的是，制定法可以授权制定实施细则（codes of practice）、操作指南（guidance）和其他形式的规则，并规定了这些要求未被遵守时各种形式的制裁[39]。这些措施必须与非正式的行政规则区别开（操作指南、公告等），后者的制定没有明确的法定授权，本章的后面部分将考察这个问题。

1998年《人权法案》在该法案所界定的"基本立法"和"从属立

---

[39] 关于实施细则的官方定义，参阅下文第690页。

法"之间做了区分。[40] 之所以做这种区分,是为了保护议会法律,以免法院以其与公约中的权利不一致为由,而搁置或宣布它们无效。然而,这条分界线在下述问题上是非常蹩脚的,即,该法案在"基本立法"中包含了并非议会法律的许多措施。它们包括教区议会的措施、根据修改议会法律的基本立法制定的法律文件,以及根据王室特权制定的枢密院令。[41] 如果某位大臣运用亨利八世条款来修改制定法,并因此导致了与公约中的权利的不一致,那么,很难看出,为什么该大臣的行为应被当作议会法律来对待。

如果授权立法是现代国家的必然现象,那么,下述几点就是至关重要的:(1)它的制定过程应包括向相关利益人的咨询;(2)议会应该检查并监督委任权力的行使;(3)授权立法应该公布;并且(4)它应接受在法院提出的挑战。下文将考察这些问题。

对利益相关者的咨询

通过提案进行立法,当其提交两院审议时,需要在原则和细节上对提案进行公开辩论,与此不同,大多数授权立法一经公布即开始生效,或者立即,或者按照文件中的规定经过短暂间隔后生效。对于事先的公开并没有一般性的规定,而且普通公众是没有多少机会了解立法文件中的详情的。但是,提出新的立法文件的有关

---

[40] 1998年《人权法案》第3条第(2)项,第4条,第21条第(1)项。以及参阅第19章C小节。

[41] 参阅 P.比林斯(Billings)和 B.庞廷(Pontin),《公法》,2001年,第21页。

部门经常采取措施征询有利害关系的各方的意见。有些法律规定,这一步骤是必须的。许多种类的社会保障法规的草案就一定要提交给社会保障顾问委员会,如果后者提出反对意见,该反对意见以及国务秘书的意见也必须和草案一起报告给议会。[42] 同样,在制定裁判所和调查程序方面的规则前,必须咨询裁判所委员会。[43] 另一些法案没有明确须咨询的对象,而是由大臣来决定哪个部门、团体的利益受到影响而应被咨询。[44] 当存在咨询的义务时,该项义务或者是由于制定法义务,或者是一种持续的咨询实践,[45] 法院已经设定了合理咨询的标准:当立法动议处于形成阶段时,必须进行咨询;必须给出立法动议的充分理由,以保证提供合理的回答;必须为回应该项动议留出充足的时间;当做最终的决定时,必须认真考虑咨询的收获。[46] 当存在咨询的义务时,公平性要求,大臣打算依靠的科学建议,必须公布给利益相关人。[47] 即使

---

[42] 1992年《社会保障管理法》,第170条、第172-174条。

[43] 1992年《裁判所与调查法》,第8、9条。关于内阁办公室的《书面咨询实施细则》,参阅《司法审查》,2002年,第35页。

[44] 关于未进行咨询的后果,参阅农业培训部诉爱斯勃雷亚蘑菇有限公司(Agricultural Training Board v Aylesbury Mushrooms Ltd)案,《全英格兰案例汇编》,1972年,第1卷第280页;也可参阅,英王诉社会服务大臣(申请人:首都行政当局协会)(R v Social Services Secretary, ex p Association of Metropolitan Authorities)案,《全英格兰案例汇编》,1986年,第1卷,第164页。

[45] 参阅,国民服务联盟委员会诉国民服务大臣(Council of Civil Service Unions v Minister for the Civil Service)案,《上诉案例汇编》,1985年,第374页。

[46] 参阅,英王诉北德文郡健康当局(申请人:考夫兰)(R v North Devon Heath Authority, ex p Coughlan)案,《女王法院案例汇编》,2001年,第213页,第108卷。

[47] 参阅,英王诉卫生大臣(申请人:美国烟草公司)(R v Health Secretary, ex p US Tobacco Inc)案,《女王法院案例汇编》,1992年,第353页。

在授权立法制定前没有咨询的义务,有关部门也能从咨询那些有可能受到立法提案影响的组织或团体中获得益处,因为,真诚的咨询可以促进意见一致,并且从政府之外获取专业知识。

议会的控制

在多大程度上,议会可以控制或者监督授权立法的制定？这个棘手的问题引发下述各种考虑:(a)所授予的权力的性质;(b)制定法定条规的程序;(c)上院的角色;(d)对法定条规的技术性审查;以及(e)考察法定条规的是非曲直。

权力的授予

既然所有的授权性立法权力都来源于制定法,那么,至少在理论上,当一部法案接受委员会阶段的审查时,总有机会对其中试图委任立法权力的条款进行考察。早在1931年,大臣权力委员会就建议:所有授予立法权力的法案都应提交给两院中的常务委员会,并提出报告,以确定针对它们是否存在原则性的反对。[48] 直到1992年,上院才任命了一个委员会(模仿澳大利亚参议院的一个委员会)来审议法案中授予立法权力的条款,并接受每一个法案的

---

[48] 参阅《大臣权力委员会报告》,第67-68页。比较《下院文件》,第310号(1952-1953)。

政府备忘录,该备忘录意在证明此项提议的正当性。通过对这些提议迅捷地提出报告,该委员会(2001年更名为委任权力与管制改革委员会)意在防止过度授权,并确保在母法中包含适当的防范条款。它的报告并未引起媒体关注,但是它却成功地劝导政府在下述这些问题上接受它的观点,即针对某个具体法案进行议会审查时,选择哪种程序。[49]

制定法定条规的程序

在向政府授予立法性权力时,议会典型的做法是在这些特定权力的运作中规定一些议会性控制或监督。但是,授予立法权力的两个基本原因是,议会在时间上的压力和立法内容的技术特征;如果议会必须详细审查每一个法律文件,也就失去了授权的真正意义。每个法定条规的通过所需遵循的程序取决于其母法的条款。主要程序如下:

(a) 向议会呈交文件草案,在该文件可以被"制定"之前,必须获取赞同性决议。

(b) 提交制定后的法律文件,只有得到赞同性决议的支持后才可生效。

(c) 提交可以立即生效的法律文件,但须在一定时间内通过决议赞成该文件继续生效。

---

[49] 参阅 C.M.G.希姆斯沃思(Himsworth),《公法》,1995年,第34页,P.图德(Tudor),《制定法评论》,2000年,第21卷,第149页,以及参阅《上院文件》,第112号(1998–1999),《上院文件》,第110号(2004–2005),第2章。

(d) 提交可以立即生效的法律文件,但两院中的任一院通过决议废除则该文件无效。

(e) 提交草案,议会可作出"不得采取下一步行动"的决议,其效力相当于命令大臣不得"制定"该法律文件。

(f) 提交议会,没有进一步控制的规定。

我们也应该注意到,在有些情形中,议会可能创设一个"超级肯定"程序,以处理特殊的委任立法;[50] 而且,有些法定条规则根本无须提交议会。

在上述(a)-(c)的情况下(积极程序),一个法律文件要生效或保持继续有效,则须分别获得两院肯定性决议(或者在财政性法律文件的情形下,只需下院通过即可)。而在(d)和(e)情况下(消极程序),除非有针对一个法律文件的反对意见,否则两院都无需采取任何行动。

在以上程序中,目前最常见的是(d)程序(废除则无效);在积极程序中最常见的是(a)情况。在积极程序中,相关的大臣必须寻求肯定性的决议,并且在必要时,政府必须安排时间来讨论该决议;当前的做法是,保证相关的文件在一个"授权立法常务委员会"中进行辩论,尽管非常简短。而在消极程序中,则取决于任何一位"期望"该法律文件被废除的议员。对于一些被搁置的请求撤销的申请,近年来常常找不到时间来与申请人进行辩论。[51] 通过更多地使用常务委员会来讨论法定条规,以及下议院事务在时间

---

[50] 下文,第686页。

[51] 参阅 A. 比思(Beith):《议会事务》(*Parliamentary Affairs*),1981年,第34卷,第165页;格里菲思(Griffith)和赖尔(Ryle):《议会》,第345-352页。

安排上的其他变化,这种情况已经有所好转,[52]但是困难仍未根除。[53]

《1972年欧洲共同体法》作出一项新的规定:依据第2条第(2)款制定的法定条规,除非在制定前其草案已分别获两院的批准,否则两院任何一院的决议都可使其无效。[54]这样,政府可以选择使用消极程序还是积极程序。工党和保守党政府都曾因为在制定修改议会法令的重要议案时选择消极程序而遭到批评。[55]

这些程序的一个共同特点是,上下两院都不能对法定条规进行修改,除非在其少数情况下,其母法明确批准该修改。[56]在可能修改的情况下,可能需要两院对议会授权大臣的事项进行周详的考虑。当两院对一个法律文件不满意时,该大臣必须撤回法案并重新制定。

尽管每一部委任权力的法案都明确了自己的程序,但是1946年的《法定条规法》还是包含了一些一般性的要求。第4条规定:若一个法律文件必须在制定后提交议会,那么一般而言,它必须在其生效前提交;此类法律文件每一份副本都必须在封面上标出三个日期,分别显示其制定、提交和生效的时间。怎样做就构成了向

---

[52] 参阅《下院文件》,第20-Ⅰ号(1991-1992),第22页,以及《下院文件》,第491号(1994-1995),第16页。关于向常任委员会提交法定条规的规则,参阅HC SO118。

[53] 参阅《下院文件》,第152号,1995-1996,以及《下院文件》,第48号,1999-2000。

[54] 参阅《1972年欧洲共同体法》,附表2,第2段。

[55] 《上院文件》,第51号,《下院文件》,第169号(1977-1978年),第36段;《下院文件》,第15-Ⅷ号(1981-1982);以及参阅《敕令书》,第8600号,1982年。

[56] 参阅《1920年人口普查法》,第1条,第(2)项;《2004年国内紧急状态法》,第27条,第(3)项。

议会的提交,这要取决于每个议院的惯例或指示,[57] 而且法律文件可以在议会休会期提交。法律文件必须在生效前提交这一规则是明确的:尽管在这一事项上不存在有约束力的司法权威,但是人们都认可,不进行提交将使该文件无法生效。[58]但在1946年法适用范围外的授权立法场合,这一观点就受到质疑。尽管1946年法规定在法律文件的提交和生效之间间隔一天即可,但是在实践中,各部门都试图保证这一间隔不少于21天。[59]

1946年法第5条规定,对于一个适用上述(d)程序、经废除即告失效的法律文件,请求废除的申请可以在连续的40天内提出,这一期限不包括议会4天以上的延期、议会休会或解散。在程序(e)中,法律文件可以以草案形式提交,适用消极程序,有同样的40天期限可以作出决议。对于那些需要在生效前通过赞成决议的法律文件(程序(b)),则没有固定的期限,而是由政府来决定每个法律文件的紧急程度。在程序(c)中,在多长时间内必须获得赞成决议由其母法作出规定。

---

[57] 《1948年向议会提交文件(解释)法》。参阅,HL SO 71, HC SO 159。以及参阅:英王诉移民上诉法庭(申请人:乔伊尔斯)(*R v Immigration Appeal Tribunal, ex p Joyles*),《全英格兰法律汇编》,1972年,第3卷,第213页。

[58] 比较德史密斯(de Smith)、沃尔夫(Woolf)和尤威尔(Jowell),《司法审查》(*Judicial Review*),第274-275页,以及A.I.L.坎贝尔(Campbell),《公法》,1983年,第43页。这一点在下述案例中已经得到假设但并未判定:英王诉社会服务大臣(申请人:卡姆登自治区)(*R v Social Services Secretary, ex p Camden BC*)案,《全英格兰案例汇编》,1987年,第2卷,第560页。(A.I.L.坎贝尔(Campbell),《公法》,1987年,第328页)

[59] 《上院文件》,第51号,《下院文件》,第169页(1977-1978),第11-12页。同时参阅,《法定条规实施办法》(*Statutory Instrument Practice*)(内阁办公室,2003年),5.4.13-15。

上院的角色

由于政府在下院拥有多数席位,它几乎总能赢得针对法定条规的任何表决。这一态势在上院就截然不同,而且在 2000 年,主持上院改革的皇家委员会认为,改革后的上院在加强对次级立法的审查上应该发挥更大的作用。[60]

尽管母法可能明确将法定条规的控制权交给下院,但是上院往往也被赋予同样的控制权。此外,1911 年和 1949 年的《议会法》所规定的可以不经上院的程序仅适用于法律而不是法定条规。但是上院极少对从属立法行使它的否决权。1968 年 6 月 18 日,上院驳回了一道制裁罗得西亚(今津巴布韦)政府的命令,该命令是根据 1965 年《南罗得西亚法》制定的,[61] 工党因此提出应该撤销上院否决法定条规的权力。[62] 该项动议未获成功,在 1994 年,上院宣称,它有权否决一部法定条规而且不受与此相反的宪法惯例的约束。[63] 在 2000 年,上院行使了这项权力,因在是否为候选人提供免费邮递这一问题上不能达成协议,上院否决了《大伦敦选举规则》

---

[60] 《敕令书》4534 号,2000 年,第 7 章,也可参阅拉塞尔(Russell):《改革上院》(Reforming the House of Lords),第 269-270 页,以及谢尔(Shell):《上院》(The House of Lords),第 8 章。

[61] 一个月之后,1968 年 7 月 18 日,上院批准了一道完全相同的命令。

[62] 《敕令书》,3799 号,1969 年,第 22-23 页;1969 年,《议会法律(第 2 号)》,第 13-15 款,还可参阅第 10 章 B 小节。

[63] 《上院辩论文件》,1994 年 10 月 20 日,第 356 卷。

以及涉及选举花费的一道相关命令。[54] 由此,除了专属下院控制的财政条规外,上院拥有对所有条规的否决权。有一种情形,即上院把否决权转化成搁置权,此时,下院可以通过投票推翻上院的否决,但是,除非作为对上院权力的整体重述的一部分,而且根据强化议会对委任立法的审查的其他变革而作出,否则的话,下院不应采取这种行为。

对法定条规的技术性审查

在对从属立法进行审查时,上下两院都依赖于由合格人员组成的委员会的工作。所有提交议会的一般性法定条规,以及其他的法定命令,都要受到法定条规联合委员会的审查,该委员会由上下议院各派7名成员组成。来自下院的成员还要单独聚在一起审查那些只提交下院的法定条规。联合委员会也会听取下院议长的法律顾问以及委员会主席的法律顾问的意见。

委员会必须考虑:当一部法定条规涉及以下任何事项时,基于一些合法性与程序性的理由,两院是否应对其提起注意。概言之,这些事项包括:

(a) 一部条规在公共收入中征收费用;或者要求向任何政府部门或公共机关支付费用;或者规定这类收费或支付的数量。

---

[54] 《上院辩论文件》,2000年2月22日,第136和182卷。同样的规则后来获得了批准:《上院辩论文件》,2000年3月6日,第849卷。

(b) 它根据某部法案制定,该法案使其免受法院的挑战。

(c) 它声称有溯及力,但母法并未对此进行授权。

(d) 政府部门(在公布或提交议会或者发布其在提交议会之前就已经生效的通知时)出现不当的延迟。

(e) 对该条规是否越权或是否不正常地利用所授予的权力的问题存在疑问。

(f) 无论出于什么原因,须对其形式或主旨加以说明。

(g) 该条规的起草有缺陷。

每年有超过 1500 部法定条规要接受委员会的调查,但是,相对而言,只有少数条规须向两院作报告。⑥ 在作这样的报告之前,相关的政府部门须向委员会就其立场提交一个解释。一个不利的报告并不必然对该条规产生影响;特别是,如果委员会对某项条规的权限产生质疑,那是一个只能由法院判定的问题。

审查法定条规的是非曲直

法定条规联合委员会不会审查某部条规的是非曲直或政策取向。有时候,当整个议院针对赞成决议或者废除决议进行辩论时,可能讨论这些问题,但一般来说,这些辩论在授权立法常设委员会中进行。一些这样的委员会被定期委派,其作用类似于在委员会阶段对法案进行讨论的常设委员会。⑥ 在该委员会中,每部条规

---

⑤ 在 2004 年,两院审查了大约 72 件条规,其中有 59 件存在起草缺陷:《上院文件》,第 40 号,《下院文件》,第 425 号(2005 – 2006)。

⑥ 第 10 章 A。

被允许用一个半小时来研究。[67] 之后,整个议院就会对是否赞成或废除该法律文件进行投票,而不再进行更多辩论。常设委员会的辩论使得重要的问题经受公开的讨论,但许多这类辩论都不过是一种形式。曾有建议指出,两院应该任命一个"详审委员会",以筛选出哪些条规引发了值得议会关注的政策问题,[68] 这样做的目的是,使议会两院可以把注意力集中在最重要的法定条规上面。

近期发展中确定的需要由议会进行特别严格审查的措施与那种新型的"超肯定"法定条规有关,这类条规的制定是为了使得大臣行使"亨利八世"权力来修改基本立法的行为得到正当化。我们可以指出两种这类条规。

其一,根据1998年《人权法案》第10条制定的"补救性命令",据此,政府可以修正基本立法,以消除与公约中权利的不一致。其二,根据2001年《管制改革法》,政府可以修正基本立法,以减轻管制计划的重负。每部母法所要求的程序都规定了比通常更加严格的审查,而且,要让议会两院认可制定该命令的法定条件已经得到满足;其议会审查的期限是60天而不是通常的40天。在前一情形中,人权联合委员会承担主要的审查任务。[69] 在后一情形中,这种权力被授予管制改革委员会(下院)[70] 和委任权力与管制改革委员会(上院)。

---

[67] 在涉及北爱尔兰的条规中,用了两个半小时。《下院文件》,101(4)号。

[68] 参阅《下院文件》,152号(1995–1996),第33段;《下院文件》,第48号 (1999–2000),第52–59段;以及《敕令书》,4534号,2000年,第7章。

[69] 关于该委员会的权力,参阅 HC SO 152B。

[70] 参与 HC SO 141。

在2005－2006年这届议会会期内，又提出了另外两个适用于"超肯定"程序的动议，并引发了激烈的宪法争议。一个是《公司法改革法案》第31条，它试图授予国务大臣广泛的权力，借以根据超肯定程序来通过法定条规改革公司法；这项法案的明显意图就是，使得将来无需通过议会法案来修改公司法。另一个是《立法和管制改革法案》，据称，这部法案有双重动机：(a)拓展《2001年管制改革法》中包含的修改基本立法的权力；(b)使得法律委员为法律改革所提交的报告能够成为法律，在这两种情况下，都是通过按照超肯定程序制定的命令来实现目的。后一项动议在宪法层面遭到批判，这是因为，它将使各大臣通过只受最低限度的保障所制约的命令，就能修改制定法或普通法的任何部分。如果潜在的问题是难以在通常立法程序中为这些改革安排时间，那么，政府就应该在确定它的立法提案时重新考虑哪个优先，而不是获取(比如说)使得议会无法修改大臣动议的权力。[71]

为保证两院对欧共体的次级立法有所了解，已经设立了两院共同的委员会，其职责相当于审查法定条规的委员会。[72]

对次级立法的这些阐述只限于威斯敏斯特议会。根据1998年《苏格兰法》，就那些处于苏格兰议会委任权限范围内的事项而言，制定从属性条规的责任被转移给苏格兰行政部门的官员，而审

---

[71] 相关的议会报告包括，《下院文件》，第878、894号，和《上院文件》，第86、140、151和194号(2005－2006)。在起草的时候，动议仍应该提交给议会。

[72] 第8章C。

查这些条规的任务则由苏格兰议会承担。[73] 相反,威尔士国民大会无权制定基本立法,但有责任制定影响威尔士的从属性立法,该责任以前是由威尔士国务大臣及其他大臣承担的。[74]

法定条规的公布

尽管最理想的情况是所有的立法都应在生效前公开,但是在有些情况下,例如间接税的调整,在生效前公开会使立法的目标受到损害。《法定条规法》允许,有必要的原因时,一个法定条规甚至可以在提交议会前生效,作为保障措施,必须向大法官和下院议长提供及时的解释。除此以外,对于法定条规的编号、印刷、公布和引用有一套统一的程序。[75] 根据其所涉对象而被划归为地方性的法定条规和某些类别的普通法定条规可以不做印刷和销售的要求。每年都会出版一份当年制定并仍然有效的法定条规汇编。在被控违反法定条规的诉讼中,如能证明该条规在被控的违反行为发生之日前还没有由文书局发行,则可以成为抗辩理由,除非检察官可以表明,已经采取了合理步骤使该法律文件被公众、相关的人

---

[73] 1998年《苏格兰法》,第52、117、118条,以及附表4,第11段;《苏格兰议会委任书》,第10章。

[74] 1998年《威尔士政府法》,第44、58、64-67页。如果获得通过,那么,《2006年威尔士政府法案》将改变这种现状(参阅第3章B小节)。

[75] 1946年《法定条规法》,第2部分,1996年《法定条规(印刷与销售)法》对其作出修正。

或被告知悉。[76] 因此，对一部法定条规不知情不能成为抗辩理由，但在某些情况下，该法定条规没有公布则可以成为抗辩理由。如果条例对公约中的权利施加了限制，就存在一个强有力的理由，可以要求这些限制在宣称已经"得到法律效力"之前必须公布。[77]

法院的挑战

如果法定条规是根据上述程序制定的，而且在其母法的授权范围内，该法定条规就和制定法一样是法律的一部分。制定法和法定条规之间最根本的区别在于：和议会不同，大臣的权力是有限的。因此，如果一个部门试图针对个人实施一部法定条规，作为一种防御方式，该个人可以质疑条规的有效性。即使议会两院的决议都已对条规表示赞成，法院仍然有权力对这一质疑作出裁决。[78]

法定条规的有效性可能在两个层面上受到挑战：(a)该条规的

---

[76] 1946年《法定条规法》，第3(2)部分；英王诉米塔尔克拉夫特公司案（*R v Sheer Metalcraft Ltd*），《女王法院案例汇编》，1954年，第1卷，第586页，对于下述观点，即根据普通法，授权立法在生效之前必须公布，参阅 D.J.拉纳姆（Lanham）：《当代法律评论》，1974年，第37卷，第510页，和《公法》，1983年，第395页；比较 A.I.L.坎贝尔（Campbell）：《公法》，1982年，第569页。

[77] 参阅例如，西尔弗诉联合王国（*Silver v UK*）案，《欧盟人权法院案例汇编》，1983年，第5卷，第347页；以及，A.W.布拉德利在索普斯通、古地和沃克编辑的《司法审查》一书中的论述，第62—65页。

[78] 拉－霍夫曼罗奇诉贸易大臣（*Hoffmann-La Roche v Trade Secretary*）案，《上诉案例汇编》，1975年，第295页。

内容或者主旨超越了其母法的权限;(b)在制定法定条规时没有遵循正确的程序。这种挑战的成功几率很大程度上取决于其母法的条款,它们的含义由法院作出解释。[79] 根据1998年《人权法案》第3条第(1)项,在条件许可的情况下,以与《欧盟人权公约》中的权利相一致的方式解释立法的义务,极大地拓宽了对授权立法的有效性进行挑战的范围。这个复杂的问题可以概括为,除非母法明确地或者通过必然的暗示,授权制定那些侵害公约中权利的规章,否则,针对特定的对象制定规章的普遍权力应被解释为,不包括那种制定侵害公约中权利的规章的权力。[80] 因此,当对条规的解释不能和公约中的权利相一致时,《人权法案》就拓宽了法院推翻次级立法的权力,即使不考虑1998年的《人权法案》,规章也应该处于母法授权的范围之内。但是,如果基本立法禁止次级立法使用任何其他术语,那么,法院就不能推翻该次级立法。[81] 在后文的情形中,根据1998年法案第5条,法院可以宣称规章与一种公约中的权利不一致。

与《人权法案》毫不相关,存在一个确立已久的解释假定:除非通过明确的语言或必要的暗示来授权,否则,议会无意让委任权力为特定的目的而行使。除非有议会明确的表示,否则不应剥夺任

---

[79] 参阅英王诉环境大臣(申请人:斯帕思-霍尔姆有限公司)(*R v Environment Secretary, ex p Spath Holme Ltd*)案,《上诉案例汇编》,2001年,第2卷,第349页。

[80] 参阅 A.W.布拉德利(Bradley),R.艾伦(Allen)和 P.塞尔斯(Sales):《公法》,2000年,第358页。也可参阅 D.斯夸尔斯(Squires):《欧洲人权报告》,2000年,第116页。以及,A.W.布拉德利在索普斯通、古地和沃克编辑的《司法审查》一书中的论述,第43-45页。

[81] 1998年《人权法案》,第3条第(2)项。以及第19章 C。

何人获得司法救济的权利;在不经明确授权的情况下,没有任何征税的权力,这些原则在第一次世界大战时制定的防御规章中得到充分体现。㊳ 前一原则在 1997 年得以适用,当时,上院大法官发布一道命令,增加法院的诉讼费用,并且要求由人们以收入为基础来支付,这道命令被认为是剥夺了公民获得司法救济的宪法权利。㊴ 基本原则甚至可以对"大臣在认为必要时有权力制定规章"这样的表述加以限制,这在"关税和国产税专员诉柯尔与迪利有限公司"(*Commissioners of Customs and Excise v Cure and Deeley Ltd*)案中有所体现。

1940 年的《金融(第 2 号)法》授权专员制定规章,来规定任何在他看来为使有关购买税的法定条款产生效力而必需的事项。该规章规定:如果制造商没有递交适当的报税表,专员可以决定应缴纳的税额,"该税额应被认为是恰当的税额",除非七天内纳税人提出其他税额,且能获得专员认可。这一规章被认为无效,因为它使得纳税人无法在法庭上证明实际应缴纳的税额,使议会批准的税额被一个由专员任意决定的税

㊳ 总检察长诉威尔茨联合牛奶有限公司(*A - G v Wilts United Dairies Ltd*)案以及彻斯特诉贝特森(*Chester v Bateson*)案,第 26 章 D 小节对此进行了讨论。还可参阅克尔诉胡德(*Kerr v Hood*)案,《苏格兰案例汇编》(SC),1907 年,第 895 页。

㊴ 英王诉大法官(申请人:威特曼)(*R v Lord Chancellor, ex p Witham*)案,《王座法院案例汇编》,1998 年,第 575 页;比较英王诉大法官(申请人:莱特福特)(*R v Lord Chancellor, ex p Lightfoot*)案,《王座法院案例汇编》,2000 年,第 597 页。行政政策也要基于同样的理由而受到审查:英王诉内务大臣(申请人:戴理)(*R v Home Secretary ex p Daly*)案,《上议院案例汇编》,2001 年,第 26 页,《上诉案例汇编》,2001 年,第 2 卷,第 532 页。

额所代替。⑭

基于同样的理由,在没有议会明确授权的情况下,一部自称有溯及力的法定条规也可能被法院宣告无效。在1973年,苏格兰的国务卿(Secretary of State)制定的规章,试图撤销合格的教师无需在法定教育委员会注册就可以继续教学的权利,最高民事法庭宣告这一规章越权。⑮ 在1982年,内政大臣为监狱管理而制定规则的权力,被认为并不允许其制定规则来限制囚犯获得司法救济。⑯ 但在麦克埃尔道尼诉福德(*McEldowney v Forde*)案中,该案涉及北爱尔兰的结社自由,上院以3比2通过了一道措辞严厉的禁令,该禁令取缔了北爱尔兰内政大臣组建的共和党俱乐部,⑰ 今天,根据《人权法案》来看,这个判决似乎难以成立。1990年,国防大臣制定的内部条例(by-laws)禁止接近格林汉姆公地(Greenham Common),当时的一个原子弹基地,该条例也被裁定为越权,因为它忽视了1892年的《军用土地法》中的条款,该条款规定这类条例不得

---

⑭ 《女王法院案例汇编》,1962年,第1卷,第340页。也可参阅英王诉工业改组公司(申请人:伍利奇建筑物协会)(*R v IRC, ex p Woolwich Building Society*)案,《全英格兰案例汇编》,1991年,第4卷,第92页。

⑮ 马洛奇诉阿伯丁公司(*Malloch v Aberden Corpn*)案,《苏格兰法律时报》(SLT),1974年,第253页;以及参阅1973年《教育(苏格兰)法》。

⑯ 雷蒙德诉霍尼(*Raymond v Honey*)案,《上诉案例汇编》,1983年,第1页;以及英王诉内政大臣(申请人:利奇)(*R v Home Secretary, ex p Leech*)案,《女王法院案例汇编》,1994年,第198页。

⑰ 《上诉案例汇编》,1971年,第632页。还可参阅 D.N.麦考密克(MacCormick):《法律季评》,1970年,第86卷,第171页。

心存偏见地影响平民的权利。⑧ 在其救济申请待决期间,如果社会保障规章剥夺了寻求救济者所有利益,那么,这一规章就是不合法的,因为它阻碍了上诉权利的行使。⑧

在审查授权立法时,法院不会轻易地推翻一部法定条规,但如果这个规章非常不合理,以至于议会不太可能批准它的制定,在必要时,法院会运用一个不合理程度的检验标准。⑩ 当环境大臣发布的,用以限制(capping)地方议会的支出的命令,要经过下院决议批准时;上院认为:如果这一命令是在其母法的范围内产生的,那么只有在极端的情况下,如恶意、不良动机或明显谬误时,才需要对其进行合理性审查。⑪

相关部门一个严重的程序性缺陷可能导致该条规被宣告无效。如果在制定规章前存在咨询利益相关组织的义务,那么,仅仅致信该组织不足以构成咨询;⑫ 而且如果该部门没有留出足够时

---

⑧ 国际生产部诉哈钦森(*DPP v Hutchinson*)案,《上诉案例汇编》,1990年,第2卷,第783页。还可参阅下文注解99。

⑧ 英王诉社会救济大臣(申请人:移民福利联合委员会)(*R v Social Security Secretary, ex p Joint Council for Welfare of Immigrants*)案,《全英格兰案例汇编》,1996年,第4卷,第385页。

⑩ 梅纳德诉奥斯蒙德(*Maynard v Osmond*)案,《女王法院案例汇编》,1977年,第240页;辛纳蒙德诉大不列颠航空当局(*Cinnamon v British Airports Authority*)案,《全英格兰案例汇编》,1980年,第2卷,第368页;英王诉内政大臣(申请人:贾夫德)(*R v Home Secretary, ex p Javed*)案,《英格兰及威尔士上诉法院案例汇编》,2001年,第789页,《女王法院案例汇编》,2002年,第129页。

⑪ 英王诉环境大臣(申请人:哈默史密斯自治区议会)(*R v Environment Secretary, ex p Hammersmith BC*)案,《上诉案例汇编》,1991年,第521页,诺丁汉郡参议会诉环境大臣(*Notts CC V Secretary for Environment*)案,《上诉案例汇编》,1986年,第240页(C.M.G. 希姆斯沃思:《公法》,1986年,第374页,《公法》,1991年,第76页)。

⑫ 参阅爱斯勃雷亚蘑菇有限公司案,本章注解㊹。

间进行咨询,也不视为有效的咨询。㊿但是并非所有的程序性错误都必然导致法定条规无效,有些程序性要求被认为是指导性的(即不遵从该类要求不会导致条规无效)而非强制性的或命令性的。㊾

当一部条规或者因实体或者因程序而在某种程度上存在缺陷时,这并不必然意味着整部条规都是无效的;它仍然可以在合法的范围内有效,或者对不受其程序缺陷影响的对象有约束力。㊺这种"切割"何时可以接受,这一判定可能涉及一种文本的,或"蓝铅笔"检验(删除有缺陷的段落或词句后,是否仍然能留下合乎文法而且连贯的文本?),此外,还要看在删除不合法的部分后,剩余条款的实质是否大体上仍能体现原来的意图和效力。㊻

曾经有人认为,如果母法规定:所制定的规章应具有"本法的效力",则排除了法院对该规章合法性的质询;然而,这一表述并没

㊿ 英王诉社会服务大臣(申请人:首都行政当局协会)(R v Social Services Secretary, ex p Association of Metropolitan Authorities)案,《全英格兰案例汇编》,1986 年,第 1 卷,第 164 页。

㊾ 德史密斯、沃尔夫和乔威尔(de smith, Woolf and Jowell):《司法审查》(Judicial Review),第 265 - 274 页;以及第 30 章 B。

㊺ 邓克利诉埃文斯(Dunkley v Evans)案,《全英格兰案例汇编》,1981 年,第 3 卷,第 285 页;爱斯勃雷亚蘑菇有限公司案,本章注解㊹。

㊻ 国际生产部诉哈钦森(DPP v Hutchinson)案,《上诉案例汇编》,1990 年,第 2 卷,第 783 页(A. W. 布拉德利:《公法》,1990 年,第 293 页);以及英王诉工业改组公司(申请人:伍利奇建筑物协会)(R v IRC, ex p Woolwich Building Society)案,《全英格兰案例汇编》,1991 年,第 4 卷,第 92 页。比较,英王诉亨伯桥梁理事会(申请人:乘客交通联盟)(R (Confederation of Passenger Transport) v Humber Bridge Board)案,《英格兰及威尔士上诉法院案例汇编》,2003 年,第 842 页,《女王法院案例汇编》,2004 年,第 310 页(该案涉及法院纠正法定条规中存在的明显错误的权力)。

有增加一个正当制定的条规的约束力。⑰当法庭必须裁决某个个人的权利,而且这些个人权利的范围直接受到某个规章的影响时,法庭就必须在必要时对该规章的合法性作出裁定;⑱法庭对此的裁定允许上诉和复查。同理,如果某人被控违反了某规章或条例,他如果能够证明该条规是无效的,这在法律上总是一个很好的抗辩。⑲

条例是授权立法的一种形式,一般仅适用于某个特定地点或某些公众场所(例如机场)。通常是由一些地方议会或法定事业单位制定,且在生效前须得到行政部门的批准。相比部门规章,法院以前对条例的控制更加严格。⑳

行政规则的制定

通过法定条规立法比基本立法灵活,因为可以不必以法案形

---

⑰ 卫生大臣诉英王(Minister of Health v R)案,《上诉案例汇编》,1931 年,第 494 页。

⑱ 裁决总长官诉福斯特(Chief Adjudication Officer v Foster)案,《上诉案例汇编》,1993 年,第 754 页(还可参阅 D.费尔德曼(Feldman):《法律季评》,1992 年,第 108 卷,第 45 页;A.W.布拉德利:《公法》,1992 年,第 185 页)。

⑲ 例如,英王诉雷丁刑事法庭(申请人:哈钦森)(R v Reading Grown Court, ex p Hutchinson)案,《女王法院案例汇编》,1988 年,第 384 页;以及博丁顿诉不列颠交通局(Boddington v British Transport Police)案,《上诉案例汇编》,1999 年,第 2 卷,第 143 页。

⑳ 参阅克鲁斯诉约翰逊(Kruse v Johnson)案,《女王法院案例汇编》,1898 年,第 2 卷,第 91 页;辛纳蒙德诉大不列颠航空当局(Cinnamon v British Airports Authority)案,《全英格兰案例汇编》,1980 年,第 2 卷,第 368 页。

式经议会决议就可以对法规进行修改。然而，法定条规的制定程序也非常复杂，而且也需要用正式的语言表述。在当代政府中，许多不那么正式的规则制定方式得到运用。这些方式有时候是由《议会法》直接授权的，但是，这样制定的规章可能具有不确定的法律地位（例如根据1971年《移民法》制定的移民规则）。[101] 制定法许可的规则制定一般有两种：实施细则（codes of practice）和行政准则或者指导说明。[102] 内阁办公室把实施细则界定如下。

> 实施细则是对特定领域中应该遵守的规则的权威描述。它不同于立法的典型之处在于，它提供指导，而不是规定要求：它的规定不是僵化且严格的规则，而是一些指南，这些指南在实际落实过程中有很大的灵活余地，而且，在恰当的情形下允许作出不同于指南所规定的行为。实施细则的规定不能通过法律程序来直接强制执行，但是，这并不意味着它们没有重要的法律效力。一部实施细则，和立法文本不同，它还可以包含解释性的材料和论证。[103]

虽然实施细则和指南没有委任立法的效力，而且，通常也不具有强制效果，[104] 但是，人们却希望发布这些文件的部或者遵守或

---

[101] 参阅第20章 B。
[102] 参阅例如1984年《警察与刑事证据法》，第6部分；2000年《信息自由法》，第45和46条。
[103] 《立法程序指南》（内阁办公室，2003年），附录C，第2.1段。
[104] 参阅例如，莱克航空公司诉商务部（*Laker Airways v Department of Trade*）案，《女王法院案例汇编》，1977年，第643页。

者采取措施修改它们。[105] 诸如国民健康中心这样的地方当局或机构必须遵守中央政府发布的法定指南,除非它们能够提供不予遵守的充足理由。[106]

依靠其母法,这些规则可以完全规避前文提到的议会监控程序。实际上,许多行政规则是在没有直接的法定授权情况下发布的。这一现象曾被称为"行政性准立法",[107] 它与下述做法相关联,即对制定法中的疑问作出官方解释,或者声明在个案中将会作出的让步。这种做法一直延续至今,因为税收机构常常不尝试对立法进行改变,而是选择放弃实施一些过于严厉的法律。1979年,国内收入署使用行政自由裁量而不是制定法根据来评定税收,这种做法被上院认定是违宪的。[108] 正如沃尔顿法官所说:"人们应

---

[105] 英王诉内政大臣(申请人:卡恩)(*R v Home Secretary, ex p Khan*)案,《全英格兰案例汇编》,1985年,第1卷,第40页(A. R. 莫布雷(Mowbray),《公法》,1985年,第558页)。

[106] 英王诉伊林顿理事会(申请人:里克森)(*R v Islington Council, ex p Rixon*)案,[1997] ELR 66。英王诉阿什思医院当局(申请人:芒泽)(*R (Munjaz) v Ashworth Hospital Authority*)案,《上议院案例汇编》,2005年,第58页,《威尔士案例汇编》,2005年,第3卷,第793页(在该案中,尽管羁押精神病人的行为与实施细则的规定不符,但还是得到法院的维持)。

[107] R. E. 梅加里(Megarry):《法律季评》,1944年,第60卷,第125页;甘兹(Ganz):《准立法》(*Quasi-Legislation*);R. 鲍德温(Baldwin)和 J. 霍顿(Houghton):《公法》,1986年,第239页。非正式行政规则可以被称为"第三级规则"(鲍德温,《规则与政府》(*Rules and Government*)第4章)或者,在欧洲语境中,被称为"软法":K. 威勒斯(Wellens)和G. 博哈特(Borchardt):《欧洲法律评论》,1989年,第14卷,第267页。也可参阅克雷格(Craig):《行政法》,第398–405页。

[108] 维斯蒂诉工业改组公司(*Vestey v IRC*)案,《上诉案例汇编》,1980年,第1148页。

该被依法征税,而不应该由特许权来免税。"[109]

在政府的很多领域里,例如在城镇规划、教育和卫生等,部门的政策陈述和给地方机构的函件有一种实际的作用,几乎可以用于宣告或修改法律。有些全面的政策涉及有争议的问题,对于这种政策来说,政府函件就不能代替立法。这些函件当然更不能要求人们作出非法行为。[110]

各部门经常采用非正式的规则制定,以保证官员们能够以一种比较一致的方式来使用授予公共机关的广泛自由裁量权。[111] 在过去,许多部门都不愿意公布这些规则,这一姿态在下述情形中就产生了不少问题:受到规则影响的人有权向法庭提出上诉,或者希望获悉决策的理由。对公开的规则或政策进行的修改一直是保密的,政府希望避免公众对变化的批评。这种现象明显发生在司科特报告发现的,对伊拉克出口国防装备政策的一些修改,使大臣不得不再三地向议员作出误导性的回答。[112] 和任何大型机构一样,各部也会向自己的职员就纯粹的内部事务发布一些不需公开的指

---

[109] 维斯蒂诉工业改组公司(*Vestey v IRC*)案,《大法官法庭案例汇编》,1979年,第177、197页。也可参阅 D.W.威廉姆斯(Williams):《不列颠税收评论》,1979年,第137页。

[110] 皇家高等专科护士学院诉卫生和社会事务部(*Royal College of Nursing v DHSS*)案,《上诉案例汇编》,1981年,第800页;吉利克诉西部诺福克卫生管理委员会(*Gillick v West Norfolk Health Authority*)案,《上诉案例汇编》,1986年,第112页。

[111] 例如,1970年《地方当局社会服务法》,第7条(国务大臣指令),以及第7A条(国务大臣的自由裁量)(国家卫生服务部和1990年《社区照顾法》)第50条进行了增加。

[112] 参阅《下院文件》,第115号,(1995-1996)(司科特报告)尤其是第4卷,第K段。

示。但是直接影响到个人的规则是应该公开的。各种关于使用部门规则的问题纷纷提到议会监察专员面前,其中最明显的就是萨克森豪森案[113],而且在欧洲人权公约的情形中也可能引发这些问题。[114]

鼓励政府公开而采取的措施已经减少了涉及部门规则的问题。由议会监察专员监督的、获取政府信息的非法定惯例法令强令各部门(除其他事项以外):

> 公开政府部门处理公众问题的做法或者提供解释性资料(包括规则、程序、对官员的内部指令,以及类似的行政手册,以便更好地了解该部门对公众作出的行为),除非这种公开可能会对守则第二部分规定的、应当保密的事项产生损害。[115]

现在,这些问题通过《2000年信息自由法》(及苏格兰在自己领域内的相应法律)来处理,这些法律赋予公众一项法定权利,据此,他们可以要求公共机关提供该法所规定的那些信息,同时,该法也规定了一些不予公开的例外。这些公共机关还被要求采用和遵守经信息专员批准的公开信息条例。[116] 这个条例必须明确应该

---

[113] 第29章D小节,以及参阅 A.R.莫布雷(Mowbray):《公法》,1987年,第570页。

[114] 参阅,例如西尔弗诉联合王国(Silver v UK)案,《欧洲人权公约报告》,1983年,第5卷,第347页。

[115] 参阅《获取政府信息的惯例指令》(Code of Access to Government Information)(1997年,第2版),第3(II)段。

[116] 《2000年信息自由法》,第19-20条。

公开的信息种类,同时,也包括公共当局正在讨论的政策和程序。⑪

---

⑪ 关于进一步的论述,参阅第 13 章 F;另外,关于一般性的论述,可参阅,科佩尔(Coppel),《信息权利》(*Information Rights*);麦克唐纳和琼斯(MacDonald and Jones),《信息自由法》(*The Law of Freedom of Information*)。

第 29 章 行政司法

本章的题目也许看起来是一个术语上的矛盾：一方是公务员和大臣，另一方是法院，他们作决定的方式存在如此巨大的差异，以至于这两种制度，行政和司法，应该保持完全的分离。然而，正像涉及行政行为的司法控制时我们将看到的那样，在公法领域，存在这样一种明显的趋势：把从法院中导生出的原则，诸如自然正义原理，① 应用到行政决策中。同样的趋势也出现在政府内部的制度衍生过程中。在其处女作，《司法与行政法》，初版于1928年，一书中，罗布森描述了"白金汉宫进行的审判"在英国宪制中发展的程度。他认为，赋予行政机关的司法权力有助于提升社会福利，而且，行政司法可以"像我们目前所熟知的，且体现于人类制度中的任何其他种司法方式那样，变得根深蒂固"。② 今天，行政司法的重要性在欧洲人权法院解释欧洲人权公约第6条时所作的判决中表现得淋漓尽致。③

---

① 第31章 B。

② 罗布森(Robson)：《司法与行政法》(*Justice and Administrative Law*)，第515页。还可参阅 W.A.罗布森(Robson)：《当代法律问题》(CLP)，1979年，第107页。

③ 参阅 A.布拉德利(Bradley)：《欧洲公法评论》，1995年，第347页；C.哈洛(Harlow)在奥尔斯顿(Alston)编辑的《欧盟与人权》(*The EU and Human Rights*)第7章的论述；以及布拉德利在索普斯通、古地和沃克编辑的《司法审查》一书中的论述，第55-62页。

第29章 行政司法

在本章,我们考察存在于政府部门和法院之间的某些广泛的决策制定领域中的制度与程序。这个领域很容易变成一个交战场所,在其中,来自于行政和司法的竞争性利益争相占据地盘。在该领域的一个部分,以前受到政府部门的强烈影响,即行政裁判所,如今,其决策制定的司法模式正处于统治地位。不列颠的裁判所制度,今天更准确地指称不带形容词"行政"的那些裁判所,将在本章的 A 小节进行勾勒。在另一个部分,即公开调查(在 B 小节考察),政府部门对程序和所作的决定具有完全的影响。而且,当政府出现差错时,就需要采取不偏不倚的措施,以发现所发生的事情,并让相关的人员承担责任。在 C 小节,将描述根据 2005 年《调查法》(取代了 1921 年《调查裁判所(证据)法》)设立的"调查裁判所",它允许把司法调查的技术应用到重大的丑闻和灾难中。D 小节关注议会监察专员。该职位的任务是调查针对政府行为提起的个人申诉并纠正官员错误导致的不正义,但是,监察专员使用与传统的法院程序关联甚少的调查方式执行任务。在我们分别考察这些行政司法的各部分之前,简短地讨论裁判所和调查的作用也许有所助益。

当议会批准了新形式的公共服务或者管制后,在该法律的实施过程中,不可避免地会产生问题和争议。这些问题和争议可以通过三种主要的途径解决:(a)通过把新型的管辖权赋予普通民事法院;(b)通过创设以特别裁判所形式出现的新型机制;(c)通过把

也可参阅哈里斯(Harris)和帕廷顿(Partington)编辑:《21 世纪的行政司法》(*Administrative Justice in the 21st Century*),第 5 页。

所有的决定权都留给对该项目负有主要责任的机关,无论它是地方机关还是中央政府部门。在(c)情形中,法律可能会创设上诉权(例如,从地方理事会向中央政府部门的上诉),或者它可能要求在特定决策作出之前,进行听证或者公开调查。如果把决策权完全委付给公共机关,这对于那些不愿让其决策接受机关内更高权威审查的人来说,是非常可欲的。不管有没有这样的规定,都存在司法审查,以监督决策的合法性。但是,依赖于司法审查,它应该是一个例外的救济,不足以在第一步保证大量的决策符合质量。在这些情况下,可能需要存在向一个法庭或者裁判所的上诉,它可能发生于最初的决策接受行政复议之后。④

裁判所决定和涉及公开调查的部门决定之间存在着重要的区别,需要划出。1957 年弗兰克斯报告明确指出,裁判所和调查机构在宪法地位和功能上是截然不同的。裁判所不应被仅仅看做是政府部门架构的一部分,因为典型的裁判所行使的职能在性质上主要是司法性的,尽管是一种特殊的司法职能。正如弗兰克斯委员会所陈述的:

> 我们认为,裁判所应该恰当地被看做是议会为进行裁决而提供的一种机制,而非行政机制的一部分。要点在于,在所

---

④ 参阅例如,沃尔夫(Woolf)勋爵:《公法》,1992 年,第 221、228 – 229 页;以及比较,R.塞恩斯伯里(Sainsbury)在哈里斯和帕廷顿编辑的《21 世纪的行政司法》一书中的论述,第 22 章。符合比例的争议解决理念(包括安抚、早期的中立评判和调停等模式)在下面这本白皮书中被提出,《转型中的公共服务:申诉、救济与裁判所》(*Transforming Public Services: Complaints, Redress and Tribunals*)(《敕令书》,6243 号,2004 年),第 2、3 章。

有这些情形中,议会已经刻意地把一种决定置于相关的部之外且独立于该部。⑤

另一方面,公共调查,尽管为官方计划所影响的公民提供了一些保障,来对抗失真和草率的决定,但它实际上是一个复杂过程的步骤之一,该过程引致的是一个部门决定,对此,大臣要对议会负责。

行政司法机制受到对政府施加的变动不居的压力的影响。正像我们在第 20 章 B 小节看到的,入境移民上诉制度在最近几年经受了好几次变动,在诸如社会保障和教育这些领域,上诉机制也经历了同样的命运。一种上诉机制必须能够应对案例负担的波动,且也要能够经受《欧盟人权公约》第 6 条的审查。在 2001 年,一个广受关注的大问题是,是否应该创设一种贯穿整个政府的协调一贯的裁判所制度,来取代现存的大量零散的裁判所,后者都具有自身的管辖权。⑥ 诸如此类的发展佐证了弗兰克斯委员会在 1957 年的结论,即内部行政程序不足以保护个人的利益。所有的政府权力都应该公正地行使——但是当存在一些促进这些特质的法定程序时,公开、公正、公平原则就更可能得以维系。

---

⑤ 《敕令书》,218 号,1957 年,第 9 页,第 27 章。
⑥ 参阅本书边码第 697 – 701 页。

A. 裁判所[7]

设立裁判所的原因

许多世纪以来,在享有普遍管辖权的法院之外,不列颠还存在着专门法庭。中世纪的商人有他们自己的"区域法庭"(courts of pie poudre);德文郡和康沃尔郡的锡矿工有他们自己的矿区法庭。[8] 福利国家的扩张导致了许多争端解决程序的创设。1911年《国家保险法》,设立了第一个英国社会保险项目,它规定由新型的行政机构来裁决争端,也就是,规定了向一个独立的专门小组提起上诉的权利。社会保障上诉制度的历史在20世纪的裁判所发展史中居于核心地位:1945年以后,上诉制度就变为福利国家的显著特征。[9] 目前的社会保障项目包含了一个复杂的机制,用以处

---

[7] 参阅,弗兰克斯委员会的报告,《敕令书》,218号,1957年,第2和3部分;法默(Farmer):《裁判所与政府》(*Tribunals and Government*);里查德森(Richardson)和盖恩(Genn)编辑:《行政法与政府行为》(*Administrative Law and Government Action*),第2部分;哈洛(Harlow)和罗林斯(Rawlings):《法律与行政》,第14章,莱格特(Leggatt):《服务于使用者的裁判所》(*Tribunals for Users*)。

[8] 参阅,英王诉东保德高等法院法官(申请人:兰普夏)(*R v East Powder Justices, ex p Lampshire*)案,《女王法院案例汇编》,1979年,第616页。

[9] 关于早期的裁判所的情形,参阅,鲍德温(Baldwin)、威克利(Wikeley)和杨(Young),《裁决社会保障》(*Judging Social Security*);富勒布鲁克(Fullbrook),《行政司法与失业》(*Administrative Justice and the Unemployed*);以及,阿德勒(Adler)和布拉德利编辑,《司法、裁量与贫困》(*Justice, Discretion and Poverty*)。

理涉及申请者利益或者补助金的争端。

裁判所的设立有时被认为危及司法部门的地位,危及了在普通法院实施的法律之权威。[10] 获得司法救济的权利的确是公民的一项重要保障,但是,法院这套机制并不适合于处理政府运作中引发的每一个争端。理由之一是,如果想使特定的争端获得公平且经济的解决,就需要专门的知识。诸如税收、社会保障或者移民这些领域,包含了复杂的管制制度,它需要在这些专门领域受过相关训练的官员作出不计其数的决定。普通法院无力处理由这些决定提起的大量上诉,除非他们自身、法律职业和法律救济被完全不同地重组。尽管政策决定和对部门运作的监督被委付给大臣,但大多数项目需要规则框架,据此,官员可以独立实施,而无须经常求助于大臣,该事实为目前白金汉宫对执行机构的使用奠定了基础。[11] 在这些机制中,个人可能需要一项上诉权利,针对官员的决定向处理政府特定领域事务的裁判所提起上诉。与大臣责任原则相比,这是一个针对不良决定的更理想的救济方式。

在其他政府领域,可能更加需要把决定权留在部门和大臣的手中。直到2006年,对民用航空的管制就属于这种情形,详言之,在联合王国和非欧盟国家之间的固定航线要经过民用航空当局的许可,但是最终的控制权却留给国务大臣,可以向他提起针对许可

---

[10] 参阅例如,斯卡曼(Scarman)勋爵:《英国法律——新的维度》(*English Law-the New Dimension*),第3部分。关于历史性的批评,参阅阿瑟斯(Arthurs):《法律的缺失——19世纪的行政司法与法律多元主义》(*Without the Law-Administrative Justice and Legal Pluralism in the 19^(th) Century*)。

[11] 参阅第13章 D。

决定的上诉。⑫ 在其他领域,诸如社会保障,所应用的规则被规定在制定法和法定条规中,且实施它们的义务也被克加在裁判所体系中,对它们的决定,大臣不负责任,政府也只有通过修正法定规则才能控制它们。在这里,大臣和裁判所之间的关系类似于政府和司法机关之间的关系。这样的裁判所之所以存在,不是因为它们行使法官不宜沾染的政治裁量权,而是因为他们从事着要求高于法院效率的裁决工作。⑬

这种方式可以基于好几种理由得以正当化。正像在涉及社会保障请求时所说的那样,"在这些情形中,我们不想要一种劳斯莱斯式的司法制度,"⑭ 这种评论在合比例争端解决观念形成之前的很早时期就已经出现。⑮ 有助于建立裁判所的现实因素包括:对一种避免法庭的正规性的程序的渴求;在落实一项新型社会政策时,对大量的个别情形进行快速、便宜且非集中的决定的需要;以及在裁判所方面,对专家和专门知识的需要,不仅可以包括法律工作者,还应包括具有相关知识的其他专家。裁判所的另一个重要特征是,法律专家并没有垄断代表人们出席裁判庭的权利。这一事实就使裁判所比法庭更具有公共性,因为个人的案件可以由

---

⑫ 参阅莱克航空公司诉贸易部(*Laker Airways Ltd v Department of trade*)案,《女王法院案例汇编》,1997年,第643页;G.R.鲍德温(Baldwin):《公法》,1978年,第57页,以及同一作者的《管制航空公司》(*Regulating the Airlines*)。根据《2006年民用航空法案》第7条,向国务大臣的上诉权利被废除。

⑬ 比较"政策导向"型和"法院替代"型裁判所之间的区别:法默,第8章,以及H.盖恩(Genn)在里查德森(Richardson)和盖恩(Genn)编辑的书中的论述,第11章。

⑭ 斯特里特(Street):《福利国家的司法》(*Justice in the Welfare State*),第3页。

⑮ 参阅《转型中的公共服务》(上文注解4),第2章。

商会官员、会计师、检查员、社会工作者或者朋友有效地代理。

在裁判所的司法地位尚未明确确立的时候,曾有一种传统的偏爱,即使用法院而不是裁判所。因此,在弗兰克斯委员会看来,"当缺乏使裁判所更加适合的特别因素时,决定应该委付给法院而不是裁判所"。⑯ 然而,在1957年,所做的比较是在当时的法院和所存在的裁判所之间进行的。从那时起,裁判所和法院的程序与运作都发生了许多变化。今天,在法院和裁判所作的决定类型之间,以及据以作出决定的程序之间,都存在着巨大的重叠。例如,在判定雇员因其雇主不公正的解雇和歧视而提起的诉求时,雇工裁判所正在制定一些在其他法律制度中委付给专门法院的决定。相反,根据1996年《住房法》第7部分,如果一个无家可归的人受到地方当局决定的侵害,他或她必须首先请求对该决定进行审查,如果仍不满意,他或她可以基于法律问题向地区法院提起上诉。对无家可归案件的管辖权也可以委付给一个住房裁判所,条件是存在这样的裁判所。在这种情况下,上诉权利就无须局限于法律问题。⑰

在现实中,裁决的实质特征贯穿于裁判所和法庭中。根据《欧盟人权公约》第6条享有的,在一个独立且公正的法院或裁判所前获得公平听证的权利并不取决于决定作出者的名号。至为关键的是,当政府部门对他们的决定不满时,法官和裁判所成员都不能被解雇。裁判所中应用的程序经常被描述为不正规。但是不正规性

---

⑯ 《敕令书》,218号,1957年,第9页。
⑰ 解决住房争议的程序也受到审查:《转型中的公共服务》,附录D。

很难与法律精确性的需要相调和[18]，且裁判所程序并非总是比同级别的法院程序缺乏正规性。当区法院通过仲裁处理小额诉求时，它采用非常不正规的程序。通常情况下，裁判所并不受制于法庭遵守的证据规则，但是如果要作出裁决，还是要遵守最低限度的证据和证明标准。[19]

有些裁判所（例如，雇工裁判所）与法院的区别在于，它们不是由专职的法律工作者组成，而是由一名法律主席和两名具备相关经验的外行人组成。然而，在2005年，许多裁判所（例如，那些处理移民和许多社会保障上诉的裁判所）都采用了专职法律工作者的形式。所有裁判所都具备的一项保障措施是，应该有可能在法律上对它们的决定提出挑战，无论是通过向高级法院或裁判所提起上诉还是通过司法审查。另一个相关的保障是，它们应为自身的决定提供理由。在1957年，许多裁判所被认为提供了"次级别的司法"，所应用的程序劣于法院，它们缺乏公开性和公正性。从那以后，标准和预期都极大提升。今天，抛开组织问题，除非使用同样适用于法院的术语，否则，不可能对裁判所的职能避而不谈。

裁判所的组织与分类

在2001年，自从1957年弗兰克斯报告以来，首次对所有的裁

---

[18] 参阅盖恩，本章注释[13]。

[19] 参阅，例如，英王诉代理工业伤害委员会专员（申请人：莫尔）（R v Deputy Industrial Injuries Commissioner. ex p Moore）案，《女王法院案例汇编》，1965年，第1卷，第456页。

判所进行了一次调查。这是由一位上诉法院的退休法官,安德鲁·莱格特爵士,在一个专家小组的协助下,为上院大法官进行的。[20]他发现,把管制机构抛在一边,在英格兰和威尔士大约有70个不同的裁判所,每年将近处理一百万件案子。但是在这70个裁判所中,只有20个年均处理的案件超过500个;许多裁判所中途夭折,还有一些从未受理案件。莱格特批评在裁判所中缺乏系统性,并评论到:裁判所以一种随机的方式成长,由立法零散地创设,并由政府部门以各种各样的方式分离运营,这种方式(在他看来)更多考虑了部门的需要而不是裁判所使用者的便利。他建议,应该创设真正的行政司法体系,"一个单一的、拱形的架构",从而为个人提供诉诸所有裁判所的先进通道。虽然这一动议将涉及对裁判所的结构和服务进行重组,但是许多现存的裁判所,尤其是那些肩负大量案件的裁判所,将会继续运作,只需进行很少的必要改变。

当然没必要存留70种裁判所制度。莱格特的调查建议,应该有一个单一的裁判所体系,由综合的裁判所服务部门掌管,且根据其对象划分为九个分支运作。在我们考察政府对这些建议的反应之前,下文对英格兰和威尔士的裁判所运作的概括主要来自于裁判所委员会在2004/5年提交的报告;[21]方括号内的数字显示的是每个裁判所在相关年份所判决的案件数量。

---

[20] 莱格特(Leggatt):《服务于使用者的裁判所》(Tribunals for Users),还可参阅A. W. 布拉德利(Bradley):《公法》,2002年,第200页。

[21] 参阅《下院文件》,第472号,2005-2006年,附录G。这里所列的对裁判所的分类就取自于附录G。

(1) 教育

这一分支包括,根据 1998 年《学校标准与框架法》建立的、听取入学资格方面上诉的独立小组 [59,420];根据同一法律建立的、听取因开除学生而提起上诉的小组 [1,050];[22] 特殊教育需要与残疾裁判所[1,242]的主要职能是,裁定地方教育当局与家长之间围绕是否需要向某个孩子提供特殊教育而产生的争端。[23]

(2) 雇佣

雇佣裁判所在针对下述这些事项提起的请求方面行使非常积极的管辖权,它们包括,不公平解雇、不合法歧视(种族、性别和残疾)、平等酬劳、违约和裁汰冗员 [收到 84675 件新案件;其中裁决 29688 件;驳回 68614 件]。对裁判所提起的上诉提交到雇佣上诉裁判所那里,虽然它的名字叫裁判所,但是,它并不受裁判所委员会监督。雇佣裁判所与大多数裁判所不同,而与民事法院有类似之处,它主要处理的是两个私人(雇主和雇员)之间的争议,而不是个人和公共机关之间的争议,它所处理的争议通常也不是公务员裁决的事项。出于这些原因,有充足的理由可以主张说,它们并不属于"行政司法"这一主题。但是,政府却希望在改革裁判所制度时,能够把它们和其他裁判所一道考虑,政府拒绝把它们看做法院系统的组成部分。[24]

---

[22] 参阅裁判所委员会,《入学与开除上诉小组》(《敕令书》,5788 号,2003 年)。

[23] 参阅哈里斯:《特别教育需要与司法渠道》(*Special Educational Needs and Access to Justice*);以及 N.哈里斯,在哈里斯和帕廷顿编辑的《21 世纪的行政司法》中的论述,第 14 章。

[24] 参阅《转型中的公共服务》(上文注解 4),第 8 章。

(3) 财政收入

这一分支下的主要裁判所是裁决税收争端的各种机构,特别是,所得税一般委员[16562],特别委员[120],以及增值税与关税裁判所[728]。财政服务与市场裁判所[10]听取涉及财政服务管制的上诉。

(4) 健康与护理

智力健康审查裁判所审查的案件涉及的是,为检测或治疗智力失常而对患者进行强制扣留[12194]。㉕ 属于这一类的包括护理标准裁判所,它听取针对儿童的看顾场所的登记问题提起的上诉[45],还包括家庭健康服务上诉当局[42]。

(5) 移民与收容

在2004年,移民裁决官裁决了100034件案件,不包括被保释的案件;移民上诉裁判所裁决了47009件案件。㉖ 属于这一类的还有收容资助裁决官[815]和移民服务裁判所[11]。

(6) 财产/土地/地方政府

主要的裁判所是评估裁判所,它为地方税收而评估财产价值[42203],租金评估小组,它同时也是租赁评估裁判所[两类案件的总和是5008],土地登记裁决官[557],土地裁判所[206],以及农业用地裁判所[79]。

(7) 社会保障/救助金/刑事伤害赔偿

这个分支包括,救助金上诉裁判所[2854],和刑事伤害赔偿

㉕ 参阅裁判所委员会针对这些裁判所的特别报告,《敕令书》,4740号,2000年。也可参阅 G.里查德森和 D.麦金(Machin):《公法》,2000年,第494页。

㉖ 参阅第20章 B。

上诉小组［3663］,以及上诉服务局［140306］。上诉服务局负责为处理针对下述事项提起上诉的裁判所提供服务,这些事项涉及社会保障收益、幼儿资助、疫苗损害赔偿、课税扣除、补偿退还,理事会税收收益和住房收益。㉗ 这些裁判所通常由一名专职的法律工作者构成,但是对于幼儿资助、住房收益和理事会税收收益这些复杂案件,一名法律工作者可能与一名会计合作;对于丧失劳动能力受益的上诉,一名法律工作者与一名医疗人员合作;对于因工业事故而导致的伤残上诉,该法律工作者必须与两名医疗顾问合作。针对这些裁判所的上诉提交到社会保障和儿童资助专员［6205］。

(8) 运输

各种各样的裁判所处理因管理私人和公共运输而引发的问题。它们包括停车裁决官［47356］,公路使用费裁决官［26183］,运输专员［1823］,和运输裁判所［463］。

(9) 其他裁判所

除了那些实质上已经名存实亡的许多裁判所外,另一些裁判所包括公平交易局中的裁决官(负责消费者信用许可和不动产代理管制)［128］,专利、设计和商标总审计长［三类案件总计 259件］,竞争上诉裁判所［8］和版权裁判所。

㉗ 相关的立法包括 1998 年《社会保障法》,第 1 部分和附表 1－5;2000 年《幼儿资助、补助金与社会保障法》,第 10、11、68 条和附表 7。还可参阅戴维斯(Davis)、威克利(Wikeley)和杨(Young):《变动中的幼儿资助》(*Child Support in Action*);R.杨(Young),N.威克利(Wikeley),和 G.戴维斯(Davis)在哈里斯(Harris)和帕廷顿(Partington)编辑:《21 世纪的行政司法》(*Administrative Justice in the 21st Century*)中的论述,第 13 章;以及 R.塞恩斯伯里(Sainsbury)在哈里斯编辑的《语境中的社会保障法》(*Social Security in Context*)中的论述,第 7 章。

有些裁判所及其相关的程序并未包括在上文的分类中,主要是因为它们不受裁判所委员会的监督。这类裁判所包括调查权力裁判所,它根据《2000年调查权力管制法》而设立;黑名单组织上诉委员会,它听取根据《2000年反恐法》第5条和附表3提起的上诉,这类上诉针对的是内政大臣拒绝从黑名单上去除某个组织的行为。国家安全是这两个机关的主要关注点。也存在这样一些政府决定,对于它们,个人不享有向裁判所提起上诉的权利,但是,这些决定要接受法定的行政审查程序:如果个人对这些程序的结果不服,还可以申请司法审查。这种机制适用于从社会储备中进行裁量性支付的行为,这种支付是为了满足情急所需,现在,由一个被称为工作储备中心(Jobcentre Plus)的执行机构来处理这类事务。法定的行政审查程序包括由另一名官员对决定进行复审,然后由社会储备监督员根据社会储备专员发布的指南进一步复查。[28] 另外一些没有包含在上述分类中的裁判所是职业管理机构。这些行业机构通常行使法定裁决权力,而且,除了名称之外,其他方面都是名副其实的裁判所,但是,它们不受裁判所委员会的监督。

政府对里格特调查的反应

如我们所见,里格特调查建议为上文所列的那些裁判所创设一种"统一的、包罗万象的结构",按照与上文分类大致类似的九个

---

[28] 巴克(Buck),《社会储备:法律与实践》(*The Social Fund: Law and Practice*);M. 森金、K.皮克,《公法》,2001年,第736页;《下院文件》,223号,2000—2001年。

职能类别来组织。2003年,政府决定把所有处理涉及中央政府事项(但不包括涉及委任或地方权力的事项)的裁判所合并在一起,形成一套统一的裁判所服务。这套服务应该是"司法体系的一个独立的组成部分",下属于宪法事务部,但是,应该"反映各个裁判所的需要和特性"。改革的第一阶段将从十个受案数量最多的裁判所着手,它们中的一些已经归属于宪法事务部管理。㉙ 2004年6月,一份白皮书,《转型中的公共服务:申诉、救济与裁判所》,更加充分地解释了里格特的核心建议将产生的影响。㉚ 从下述引文中可以看到政府所期望的宏大而宽广的前景:

> 我们所需要的是创设一个安德鲁·里格特爵士所建议的那种统一的裁判所制度,但是,我们要把它改造成一种新型的组织,它将不仅能在必要的时候提供正式听证和权威裁决,它还能公正且灵活地解决争议,在完成这项任务时,它或者独立承担,或者与作出决定的部、其他机构和咨询部门合作。㉛

政府的目的就是,十个最繁忙的裁判所,加上雇佣裁判所,应该整合成一个新的裁判所机构,下属于宪法事务部,同时,还要有一个统一的裁判所服务局。各个裁判所仍将独立运作,但是,却要分享共同的设施(例如听证场所);还要确立共同的程序,并设立一

㉙ 参阅《上院文件》,2003年3月11日,colWA168。
㉚ 《转型中的公共服务》,载于《敕令书》,6243号,2004年。
㉛ 同上,第4.21段。

个"裁判所程序委员会"来制定程序规则;㉜而且,裁判人员也应该在一个以上的裁判所供职。政府还计划"为那些在第一线的裁判所供职的人员设立一个单独的司法职位"。㉝在任命裁判所成员时,要参考根据《2005年宪制改革法》设立的司法任命委员会的意见;㉞这将进一步确保裁判所的独立性,并将强化其人员的多样化。新裁判所制度的主席将由一名上诉法院的法官担任,由首席大法官任命;而且,法官将被任命为主要裁判所的主席。

除了这些组织和结构方面的建议外,白皮书还力求改革解决争议和提供救济的方式,它强调指出,由裁判所作出判决只是满足个人和公共机关需要的行政司法程序的一种。白皮书希望,在将来,裁判所服务应该和民事法院一样,关注案件处理。此外,据称,提请裁判所裁决的权利与诉诸其他救济个人冤情的程序(例如,监察专员)并不冲突。㉟

这个改革项目中的某些步骤,诸如由行政机关设立一个统一的裁判所服务局,并不需要求助于立法。如果要落实整个改革项目,则必须通过基本立法。然而,截止到2006年,政府在其立法计划中尚未列入裁判所改革问题。

㉜ 同前,第7.5段。
㉝ 同上,第6.45段。
㉞ 参阅第18章B。
㉟ 《转型中的公共服务》,第3、4章。

"初审"(First instance)判决与上诉

截至目前为止,所提及的裁判所可以不太严谨地说成行使着初审管辖权,但是,如果我们考察案件是如何到达裁判所的,我们就会发现这种表述具有潜在的误导性。除雇佣裁判所之外,只有当公共机关或者官员(例如,一个税收调查员或者移民官员)作出了个人提起争议的决定,才会产生向裁判所提起上诉的权利。在许多情形中,无论法律是否这样要求,相关的机关都会使它的决定先接受内部审查。由此,这些"初审"裁判所典型地听取着对先前的行政决定的上诉。如果这能减少人们的上诉欲望的话,那么,这么做的一个后果就是,确保了政府各部采取各种合理措施,保证"一次就作出正确的决定"。㊱

对许多但非全部的"初审"裁判所而言,立法规定了针对它们的裁决的进一步上诉。在1957年,弗兰克斯委员会认为,理想的上诉架构应该采取下述形式:对初次裁判所的裁决可以普遍地向某个上诉裁判所提起上诉,所有的裁判所决定在法律层面都应受制于法院的审查。㊲ 这个理想的架构很少被采纳。的确,裁判所方面令人目眩的复杂性和缺乏系统性普遍地拓及到为上诉制定的零散规定中。㊳ 在某些情况下,从初审裁判所提起的上诉指向某

㊱ 同前,第3.9段。
㊲ 《敕令书》,218号,1957年,第25页。
㊳ 参阅沃尔夫勋爵:《民事司法季评》,1988年,第7卷,第44页;法律委员会:《行政法:司法审查与法定上诉》(《下院文件》669号,1993–1994年),第12部分。

个上诉裁判所。这适用于社会保障与幼儿资助领域,在其中,上诉可以提交到社会保障和幼儿资助委员;㊴以及财政与收入事项,对此,上诉可以提交到收入税、增值税与关税上诉裁判所。取代从初审裁判所向上诉裁判所上诉的另一种方式是,立法可以规定就法律问题向高等法院,或者特别教育需要裁判所上诉。从某些上诉裁判所处,还存在着向高等法院的进一步上诉,或者从社会保障和幼儿资助委员以及雇工上诉裁判所处,可以向上诉法院提起上诉。当立法中没有规定上诉权利时,裁判所的裁决和程序要受制于司法审查。㊵

为使上诉条理化,里格特建议,新的裁判所架构应该包括一个上诉分支。该分支将包括现存的上诉裁判所,诸如社会保障与幼儿资助委员。它也将提供下述框架,在其中,当前不存在上诉权利的地方,也可以从初次裁判所提起上诉。在2004年,这种宽阔的路径得到政府的青睐,政府建议创设"一套统一且连贯的上诉制度,所基于的原则是,只有需要解决那些通常由上诉法院裁决的案件的分量和重要性时,裁判所裁决的案件才应该提交给法院"。㊶这种方案将需要创设一个"行政上诉裁判所",它拥有一般性的管辖权,可以听取来自大多数重要裁判所的上诉;但是,雇佣上诉裁判所则继续存在,而且,对于收容和移民裁判所的裁决则不可以提起上诉。上诉裁判所的成员来自于裁判所主席和高级成员,以及

㊴ 参阅 D.邦纳(Bonner)、T.巴克(Buck)和 R.塞恩斯伯里(Sainsbury):《社会保障法杂志》,2001年,第8卷,第9页。

㊵ 参阅第30、31章。

㊶ 《转型中的公共服务》,第7.15段。

高等法院的一名法官和巡回法院的若干法官。对于"新奇或者困难的法律问题",可以从裁判所向上诉法院提起上诉,这样安排的目的是,确保针对裁判所的上诉仍然在裁判所体系内部解决。[42]如果要落实这个宏大且富有成效的项目,则需要制定基本立法。

一些普遍性的因素

为了充分理解里格特审查及政府对它的反应所具有的影响,还需要提及另外几个普遍性的因素。第一个就是,裁判所一直是通过不同时期的支离破碎的立法创设的,而且,一直随着政府优先考虑事项的变化而变化。由于不存在裁判所必须遵守的单一规则集合,就出现了裁判所规则和程序上不计其数的多样性。自从其1958年设立之日起,裁判所委员会就一直努力构建适用于所有裁判所的普遍标准,[43]但是它缺乏权威,无法要求中央政府以一种统一的模式采纳这些标准。如果要对现存的裁判所作用进行评估,或者对新裁判所的设立进行构思,就必须探询几个普遍的问题。这些问题的重要性因《欧盟人权公约》第6条的效力而得到加强,后者保证了在对个人的民事权利和义务作出裁决之前,有在法院或裁判所前获得公平听证的权利。[44](a)裁判所由哪些人组成?

---

[42] 同前,第7.27段。

[43] 参阅例如,委员会的报告:《裁判所-它们的组织与独立性》(*Tribunals-their Organisation and Independence*)(《敕令书》,3744号,1997年),以及委员会发布的指南,《起草裁判所规则指南》(*Guide to Drafting Tribunal Rules*)(2005)。

[44] 参阅第19章B;以及本章注解3。

裁判所由政府官员构成。它们可能包含外行成员(正像雇工裁判所那样,其中的斡旋成员来自雇员组织或商业协会这样的群体),但通常会包含一名法律工作者作为主席或者全职成员。特定的裁判所通常包含那些具有专家资格的人,例如在医疗或者精神病学领域,或者在残疾人需求或教育领域具有相关的经验。(b)谁任命这些成员以及谁可以解雇他们? 任期通常具有一个固定的年限,或者由相关的大臣,或者由大法官来任命,而且,存在避免被大臣的决定而解雇的法定保障。[45] 我们已经看到,政府的打算是,在将来,裁判所成员的任命应该听取司法任命委员会的意见。(c)裁判所必须裁决的问题有哪些? 必须适用哪些法定规则? 裁判所是在行使宽泛的自由裁量权,还是严格限定于判定事实并把精确的规则适用到事实当中? 大多数裁判所执行类似于法院的职能,且处于立法设定的限度之内。它们关心自己特定领域内的法律、社会和文化因素。裁判所很少被任命去裁决所谓的"政策问题",至少不存在相关政府部门的指导或指令。[46] (d)裁判所遵循的是什么程序,它们的正规程度如何? 裁判所被希望以纠问式还是对抗式程序作出行为? 在不列颠的实践中,长期存在的一个信念主张,裁判所程序的实质特征是个人有权在裁判所前获得口头听证。但是,让个人在特定的时间和场所获得口头听证的需要(以及在必须

---

[45] 参阅边码第703页。
[46] 关于裁判所在地方层面被委以"政策"职能的例证,参阅1998年《学校标准与框架法》所设立的"裁决人",以分散关于入学标准的地方政策决定;还可参阅英王诉首席学校裁决官(申请人:Wirral理事会)(*R v Chief Schools Adjudicator, ex p Wirral Council*)案,《教育法报告》(ELR),2001年,第574页。

延期的情况下,举行进一步的听证)向裁判所资源提出了过量的需求,因为这套制度要处理各种各样的请求,而且,通过口头听证所追求的目的是否可以通过其他方式达到,也是一个正在考虑的问题。[47] (e)如果有,在裁判所中存在哪种形式的代理,他们如何获得资金? 在 2005 年,公共资助的法律代理只在很少的几个裁判所提供,包括雇佣上诉裁判所,收容和移民裁判所,以及智力健康检查裁判所。[48] 研究表明,那些出席听证并有代理人的个人,比那些缺席人或者出席但没有代理人的人更加容易胜诉。[49] (f)针对裁判所的裁决,存在哪些上诉权利,是基于法律的、事实的,还是基于价值选择的? 上诉是向上诉裁判所还是法院提起,是否需要进一步的上诉? 裁判所的裁决需要公布吗? 如果需要,它们是否可以作为对将来的裁决具有约束力或强制力的先例性权威? (g)裁判所的管理采取什么形式? 谁有责任培训这些成员? 存在评估裁判所效率的制度吗——例如,在向裁判所的上诉获得听证之前,掌握需要等待的时间? (h)最后,这是 1998 年《人权法案》使之成为必要的一个问题,如何保证裁判所的架构和程序与《欧盟人权公约》第

---

[47] 《转型中的公共服务》,第 6.20 段。也可参阅裁判所委员会的咨询文件,《口头听证在行政司法制度中的运用与价值》(*The Use and Value of Oral Hearing in the Administrative Justice System*) (2005)。

[48] 关于裁判所中的法律代理,参阅里格特:《服务于使用者的裁判所》,第 4 段,第 21-28 段。也可参阅《转型中的公共服务》,第 10 章。

[49] 在 1999 年,书面提起的社会保障上诉中,只有 17%的案件胜诉。如果上诉人出席,胜诉率可以上升到 45%,如果他或她有代理人,胜诉率可以上升到 63%。参阅《下院文件》581 (1998-1999);以及盖恩:《代理机制在裁判所中的效用》(*The Effectiveness of Representation at Tribunals*)。关于雇佣裁判所的情形,参阅 P.L.拉特莱利(Latreille)等人,(2005) 34 ILJ 308。

6条的要求相一致?

迄今为止,人们很少以一种统一且有原则的方式提出这些问题。如果政府创设统一的裁判所结构的长远计划得以实现,这些问题才可能获得令人满意的答案。

1992年《裁判所与调查法》

我们已经看到,弗兰克斯委员会在1957年得出结论认为,裁判所应被看做一种裁决机制,且它们的运作要体现出公平、公开和公正的特征。当时,该委员会还提出了重要的普遍改革措施,它们经由1958年《裁判所和调查法》得以实施,该法在1971年和1992年被两次修正。根据1992年法第6条规定,特定裁判所的主席必须由相关大臣从大法官批准的小组成员中挑选,但是近来的立法经常更进一步,它们要求所有的裁判所成员都由大法官任命。即使大臣有权终止裁判所的成员身份,但这种权力只有在得到英格兰和威尔士大法官的同意,在苏格兰需要得到最高民事法院大法官的同意后,才可以行使(第7条)。基于法律问题而从特定裁判所提起的上诉,可以向高等法院或最高民事法院提交(第11条)。如果根据要求或者在决定作出或通知之前,所有的裁判所都有义务为其决定提供理由(第10条)。[50] 在实践中,特别裁判所的许多程序规则要求在每一个案件中都要提供理由。

---

[50] 参阅本书边码第752—753页。

裁判所委员会[51]

1992年《裁判所与调查法》继续保留了1958年法首次设立的裁判所委员会。该委员会的成员(数量在10至15人之间)由大法官和苏格兰大臣任命,且该委员会中有一个苏格兰委员会。该委员会的职责之一是,不断地审查大量裁判所的架构和运作,既包括那些1992年法的附表1中命名的裁判所,也包括那些由大法官和苏格兰大臣事后通过法定条规添加的裁判所(第13条)。除了普通法院之外,大法官和苏格兰大臣可以要求委员会就涉及任何裁判所的问题进行调查并提交报告。委员会的功能实际上是建议和顾问性的;它无权干预裁判所的决定,虽然它可以就裁判所运作的方式发表评论。委员会没有执行性权力:委员会可以就裁判所成员的任命问题,向相关的大臣提交一般性的建议(第5条),但是它无权直接任命。

委员会向大法官和苏格兰大臣提交年度报告,而且,该委员会也可提交其他报告(第4条)。[52] 针对其全面监督之下的任何裁判所,该委员会可以主动提交报告,但是相关的政府部门并不必然对其报告采取行动。委员会没有规则制定的权力,但是,如果针对其监督之下的任何裁判所制定程序规则(第8条),或者制定涉及法

---

[51] 对裁判所委员会的论述包括 D.G.威廉姆斯(Williams):《公法》,1984年,第73页;哈洛和罗林斯:《法律与行政》,第467－471页;D.L.福克斯(Foulkes):《欧洲公法评论》(特刊),1993年,第262页。

[52] 参阅例如,委员会的报告,《入学与开除上诉小组》(本章注释㉒)。

定调查的任何程序(第9条)，必须事前向该委员会进行咨询。通常情况下，在制定设立新型裁判所和类似程序方面的立法时，政府会向委员会咨询，[53]但是有些政府部门不愿意接受专家建议，或者直到最后一刻才考虑这些建议。在1991年，卫生部遭到委员会的批评，针对的问题是，卫生大臣把国家卫生服务局的上诉奇怪地转交给约克郡卫生当局，这一做法"没有遵守弗兰克斯委员会在30年前倡导的，……在设立新型裁判所及其程序时，必须遵守的基本原则"。[54]

裁判所委员会一直强调弗兰克斯委员会倡导裁判所应该具有的公平、公开和公正特征。[55]它不能调查针对特定裁判所的申诉，[56]但是它的成员经常参观裁判所和听证会。在1994年，议会监察专员的管辖权延伸到针对特定裁判所中的行政人员的申诉，但不包括对裁判所决定的申诉。[57]委员会经常关注特定裁判所面临的问题，例如住房不足或过分拖延。当一个政府部门不接受委员会的建议时，它可以在年度报告中公布这一事实。

尽管裁判所委员会一直在努力，但是，它始终未能遏制裁判所数量的增殖，而且，它的工作也从未引起议会的充分注意。在2001年，安德鲁·里格特爵士对委员会的记录表示不满，但是他赞同委员会的继续存在，因为它的主要角色应该是"行政司法或者至

---

[53] 1991–1992年《裁判所委员会的报告》，附录H(咨询指令)。
[54] 1990–1991年《裁判所委员会的报告》，第11–14页。
[55] 参阅委员会发布的《起草裁判所规则指南》(2005)。
[56] 参阅《敕令书》，7805号，1980年，第7章。
[57] 1994年《议会委员会法》；以及下文D。

少是裁判所司法这一车轮的轮轴"。⑱ 在2004年,政府对批评裁判所委员会的意见的回应包括两个部分:第一,强化委员会当前的职能(要求所有涉及裁判所的立法都必须和委员会协商,授权它公布对立法的评论,提请下院委员会关注它的报告);第二,在接下来的阶段,通过立法把委员会转变为行政司法委员会,使它能够为所有行政司法部门提供权威建议,不仅包括裁判所,还包括涉及行政问题的监察专员、法院和其他救济机制。⑲

裁判所委员会和它的苏格兰委员会早在权力移交(devolution)之前就已设立。1998年《苏格兰法》对这些机制具有复杂的冲击。苏格兰议会有权设立一个单独的机关,在其被移交的权力范围内,监督苏格兰境内所有的裁判所和调查机关;继而可能产生的一个问题就是,苏格兰司法部是否也可能对苏格兰境内的裁判所负责,包括这些涉及税收、社会保障、移民和雇佣的裁判所,它们依据并未移交给爱丁堡的立法而运作。暂时,裁判所委员会和它的苏格兰委员会被界定为"跨境公共机关",因为它们的职能既涉及移交也涉及保留的事项。⑳

---

⑱ 里格特,《服务于使用者的裁判所》,第7.49段。
⑲ 《转型中的公共服务》,第11章。比较,Justice/All Souls报告所提出的建议,即按照澳大利亚的模式把委员会改造成一个行政复议委员会:《行政司法——某些必需的改革》(*Administrative Justice-Some Necessary Reforms*),第4章。关于裁判所委员会的角色,也可参阅哈里斯和帕廷顿编辑的《21世纪的行政司法》,第24-27章。
⑳ 参阅第3章B;里格特,《服务于使用者的裁判所》,第11章;以及《法定条规》(SI) 1999年,第1319号。

B. 公开调查

我们已经看到,裁判所应该被看做一种裁决机制,而不是行政机制的一部分。同样的结论不能适用到公共调查上,它是一种行政程序,从20世纪日益普遍的一种实践中脱胎而生,在这期间,政府各部获得了介入地方政府事务的法定权力,这样的事务包括住房、公共卫生、强制征购和城镇规划;这些问题经常引发地方当局的政策和个人权利与利益之间的冲突。这种公开调查(由中央政府的一名官员在地方举行,通常任命一位"调查官")[51] 不应和调查公众关注的问题的那种公开调查相混淆,后者的依据是《2005年调查法》,我们将在下文C小节对其进行描述。关于调查的性质,经常会表达出两种观点。正像1957年弗兰克斯委员会所看到的那样,"行政性"的观点把调查看做是一个步骤,它引向行使自由裁量权的一个大臣决定,对此,大臣只向议会负责。相反,在"司法"观点看来,调查机关似乎"具有某种裁判性质的东西,且调查员戴着法官的面具",因此,所追求的决定必须直接建基于调查中展现的证据之上。[52]

弗兰克斯委员会拒绝这两种极端的解释。在该委员会看来,调查程序的目的是:(a)通过赋予他们一种支持其异议的法定听证

---

[51] 在苏格兰,常用的术语是"报告人"。
[52] 《敕令书》,218号,1957年,第58页。

权利,保护最直接受到政府计划影响的公民的利益;(b)确保在最终决定作出之前,大臣能够更好地了解整个案件事实。[63] 为了确保冲突性的相关利益之间达到理性的平衡,该委员会建议(1)个人应该在调查进行之前的合理时间内,知悉他将面对的情况;(2)政府制定的任何相关政策都应该在调查中公布;(3)主持调查的调查员应该处于大法官的控制之下,而不是直接掌管他们工作对象的大臣的控制之下;(4)调查员的报告应该和宣布最终决定的大臣的文书一起公布;(5)决定文书应该包含所有的裁决理由,包括那些大臣为何没有采纳调查员的建议的理由;(6)在公开调查之后,应该有可能以管辖权和程序为理由,对其决定向高等法院提出质疑[64]。

除了一个例外,弗兰克斯委员会的建议被采纳,这体现在现今应用于公开调查的程序规则当中。这个例外是下述建议,即调查员应该被调任到大法官部当中。该建议未被采纳,但是当他们在负责规划的部门内工作时,调查员的地位自 1957 年以来一直在变化。截止到 2005 年,超过 300 名全职和 200 名兼职调查员组成规划调查组,这是一个执行机构,负责向副首相办公室(这个办公室处理地方和地区政府事务、住房和城镇规划)和威尔士议会提交报告。调查员裁判就拒绝规划许可和强制执行行为而提起的上诉;他们还在大臣作出重大规划决定之前实施调查,也对地方政府的

---

[63] "调查的目的是两层的:它既要达到理性的计划决定,也允许各方当事人的情况得到听取":《下院文件》,364 号,(1999 - 2000 年)第 34 段(环境、交通和地方事务委员会)。

[64] 《敕令书》,218 号,1957 年,第 4 部分。

规划进行调查。⑥

自从其设立以来,对于那些法定调查行为引发的问题,裁判所委员会就一直有权进行考察并提出报告。在这种情形中,"法定调查"包括:在执行任何法定条款规定的义务时,由大臣或者代表大臣举行的调查或者听证;以及现在所熟知的裁量性调查,即由大臣行使法定裁量权而举行的调查,此时,该调查是由法定条规为此目的而规定的。⑥

弗兰克斯委员会考察的调查大部分涉及下述事项:为公共目的需要而进行的土地强制征购(例如,为建设一座新城,一个电站或一条高速公路),以及在规划法下,围绕土地使用和开发而产生的争议。调查和类似程序还服务于许多其他目的,例如对选区边界的调查,⑥ 或者地方当局未能保持与幼儿看顾相关的恰当标准。⑥ 当针对特定的决定存在向大臣提起的上诉权利,且相关个人在大臣裁决上诉之前必须获取听证时,就会引发另一种程序。因此,当某个消费者并非获得许可的合适人选时,公平交易局就可

---

⑥ 对该调查组的评价,参阅《下院文件》,364号,(1999—2000年)以及相应的《敕令书》,4891号,2000年。

⑥ 1992年《裁判所与调查法》,第16条第(1)项;还可参阅1975年《法定条规》,第1379号,1976年《法定条规》,第293号,1983年《法定条规》,第1287号以及1992年《法定条规》,第2171号。

⑥ 第9章B。

⑥ 参阅"司法/全部灵魂(Justice/All Souls)报告":《行政司法》,第312—327页;S.塞德利(Sedley):《现代法律评论》,1989年,第52卷,第469页;L.布鲁姆库伯(Bromcooper):《当代法律问题》,1993年,第204页,以及巴特勒(Butler)和斯洛斯(Sloss)关于虐待儿童的调查报告,《敕令书》,412号,1987年;下文C小节。以及参阅,索拉斯(Solace),《正确的做法:有效而公正的特定调查行为指南》(*Getting it Right: Guidance on the conduct of effective and fair ad hoc inquiries*) (2002)。

以拒绝授予他信贷许可；如果他或她向国务大臣提起上诉，该上诉可能由独立人员组成的小组听取，但是大臣保留制定最终决定的权力。⑩

公开调查的程序规则

根据 1992 年《裁判所与调查法》第 9 条，在咨询了裁判所委员会以后，大法官（在苏格兰情形中，是苏格兰大臣）可以制定调整法定调查程序的规则。涉及调查的规则已经被制定，它们服务于许多目的，包括对由大臣和其他公共机关颁发的强制购买令的调查；因拒绝规划许可而引发的上诉；以及对重大基础设施项目的调查。⑪ 在由大臣之外的公共机关进行的土地强制购买的情形中，⑫ 如果要举行调查，国务大臣必须向购买当局和那些有权提出异议的人发布通知，而且这可能导致一个调查前的会议，来讨论程序问题。至少要在调查前的 42 天，向公共机关和反对强制购买令的土地上受影响的所有人发布通知。至少在调查前的 28 天，公共机关必须向每一个反对者和中央部门送交一个发布该命令的理由的充分说明。反对者和公共机关都有权出席调查且聘请代理人，后者可以是律师，也可以是一些其他人。在调查之前，所有有权出席调

---

⑩ 1974 年《消费信贷法》，第 3 部分，尤其是第 25、32、41 条。根据《2006 年消费信贷法》，这些上诉将提交给一个新的裁判所，而不再是国务大臣。

⑪ 分别参阅 1994 年《法定条规》，3264 号，以及 1990 年《法定条规》，512 号；2000 年《法定条规》，1624 号和 2000 年《法定条规》，1625 号；2005 年《法定条规》，第 2115 号。关于苏格兰的类似规则，参阅 1998 年《法定条规》，第 2313 号。

⑫ 参阅 1990 年《法定条规》，第 512 号。

查的人都需要提交一份书面的证据说明（以及案情梗概）。反对者必须获知任何政府部门用以支持其征购令的观点,且政府部门的代表需要出席调查,以保证他们为政府的政策提交证据。然而,如果在调查员看来,征购令"出于政府政策的价值选择",他就可以禁止向政府的代表提出这些问题。根据这些规则,调查的程序由调查员来决定。正规性的程度取决于调查的情境,特别是法律代表的程度。调查员可以在调查之前或之中单独参观土地,但如果他或她在调查之中或之后进行正式的参观,就必须向公共机关和反对者发出通知,他们有权参加。调查员的报告必须包含他或她的结论和建议,如果有建议的话;当大臣的决定通知双方时,调查员的报告也将同时送达。

　　一条重要的规则处理下述情形:在其中,大臣考虑了调查员的报告以后,在一项事实认定上与调查员产生分歧;或者在调查结束后,大臣又"考虑了新的证据或新的事实(并非牵涉到政府政策的事项)"。在这种情形中,如果大臣因这些新的材料而不打算采纳调查员的建议,他就必须通知公共机关和反对者,后两者有权要求重新调查。这种做法的背景存在于人们熟知的白垩矿场事件:⑫对在艾塞克斯乡镇开挖白垩矿的申请进行调查以后,主持该项调查的部门私下里就一个关键问题同农业部进行了协商,白垩开挖引致的危害将殃及邻近的财产。这个秘密的商谈在当时得到维护,但是在今天,这种商谈将违背调查规则。

---

　　⑫　参阅 J.A.G.格里菲思:《公共行政》,1961 年,第 39 卷,第 369 页;以及巴克斯顿诉住宅大臣(*Buxton v Minister of Housing*)案,《女王法院案例汇编》,1961 年,第 1 卷,第 278 页。

在努力保持调查过程的诚实性的过程中,这些程序规则保护了公开调查影响的所有人,因为这些规则可以在法院获得执行,且反对者并不局限于依赖对普通法上自然正义的违背。[73] 但是自然正义或者公平原则,适用于法定程序规则调整之外的任何调查。[74] 虽然这些规则定义了那些有权获得调查的法定通知并参加调查的人,但它们还是赋予调查员一种裁量权,以决定是否允许公众的成员参加调查。在实践中,社区联合会和其他利益集团获准参加。通过参加调查,这些群体获得了一种诉诸法院的权利,来执行程序规则。[75]

通过咨询,裁判所委员会在这些规则的准备,以及为那些参与调查的人寻求花费补偿,至少为那些成功地阻止了对其土地的强制征购的人,这两点上扮演着积极的角色。但是在严重滥用权力的情形中,法院有权为所有者提供一条委员会所缺乏的救济。而且,委员会既无权力也无资源正当地调查针对公开调查的申诉。如果有人因不适当的调查行为,或与调查有关的部门的行为,受到伤害,他或她可以向议会监察专员提起申诉,后者有权对这些问题进行充分的调查。[76]

---

[73] 参见第 30 章 B。

[74] 费尔蒙特投资有限公司诉环境大臣(*Fairmount Investments Ltd v Environment Secretary*)案,《全英格兰案例汇编》,1976 年,第 2 卷,第 865 页;布谢尔(Bushell)案,本章注释[84]。

[75] 特纳诉环境大臣(*Turner v Environment Secretary*)案,(LGR),1973 年,第 72 卷,第 380 页。

[76] 下文 D 小节。

对公开调查的运用的发展

公开调查一直是特定决定作出过程的一部分,特别那些涉及重要的环境发展而使用土地的决定。弗兰克斯报告的一个直接后果是更多的调查立法。越来越多的法律专业的涉入是规划过程面临的压力的一个方面,这导致了许多地方问题决定的拖延和过度集中。这导致的一个后果就是,人们采取许多措施来限制对公开调查的运用,并鼓励运用更加快捷的程序。例如,《2004年规划和强制征购法》第100-101条在与强制征购有关的问题上,允许运用书面陈述程序,这在规划上诉中早就已经被使用,但条件是,必须经反对者同意;如果反对者不同意这么做,那么,就必须或者举行公共地方调查,或者提供听证,无论是哪种,都要在为实现此目的而从规划调查组中任命的人员面前举行。代替充分调查的另一种方式是公开审查(examination in public),这种方式最初被用来审查对《1990年城乡规划法》规定的"结构规划"的修正,如今,人们则用这种方式来审查由地方规划机构制定的"地区空间开发策略"。⑦ 国务大臣可把这种规划政策陈述确定为公开审查的对象:任何人都可以对这种开发策略发表意见,但是,没有人拥有在公开审查中获得听证的权利。⑱ 对于地方开发规划,地方规划当局向国务大臣任命的人员(他将是规划审查组中的成员)提

---

⑦ 《2004年规划和强制征购法》,第1部分。
⑱ 同上,第7-9条。

交规划草案,以接受独立审查。要求变更地方规划的人并不拥有在公开调查中获取听证的权利,但是,这些人却有权在规划审查员面前得到听证。如果审查员建议修改规划,地方当局将采纳修改建议。[79]

关于开发控制,政府一贯的政策是,通过把裁决规划上诉的权力从国务大臣处转移给调查机关,以减轻拖延。所有涉及规划许可申请的上诉以及反对强制执行令的上诉都可以由一名调查员裁决;[80] 然而,国务大臣保留着对特定上诉的裁决权,且可以为其决定"召集"申请。[81] 调查员的决定要接受司法审查,但国务大臣对此并不向议会负责。在 2004－2005 年,调查组作出了 17400 个规划决定:将近 79% 是以当事人互换的书面陈述为根据进行裁决;17% 是经过为当事人私下举行听证之后作出裁决;只有 4.8% 的上诉是在公开调查之后裁决的。[82] 在作出其决定时,调查员必须考虑所公布的政策,不管是全国性的、地区性的还是地方性的政策。

尽管把对规划上诉裁决的权力进行转移是可能的,因为在大多数情形中,产生的都仅仅是地方性争议,但是在涉及具有全国重要性的事项时,调查的作用就经常引发争议。在 20 世纪 70 年代,政府在促进高速公路上的政策引发了对调查的激烈争吵,因为反对者开始意识到,当交通部已经决定一条新的高速公路是必需的

---

[79] 同前,第 20、23 条。
[80] 1990 年法,附表 6,1997 年《法定条规》,420 号。
[81] 1990 年法,第 77－79 条。还可参阅阿肯百利案(本章注解 86)。
[82] 2004－2005 年规划调查组报告。

时候,调查中的程序就几乎没有效果。1978年,一项围绕高速公路程序的调查提供了详细的建议,以改善对新的卡车道路必要性的评估,并重塑公众对调查制度的信赖。[83] 就法院而言,高速公路调查的历史在布谢尔诉环境大臣(Bushell v Environment Secretary)案中达到顶峰。[84]

在涉及伯明翰附近40号高速公路的拓宽而引发的冗长调查中,调查员允许反对者提供证据,以挑战将来的车流量增加这一预测,但是不允许公务员就此问题进行交叉询问。在调查结束后,大臣作出决定之前,政府部门改变了它对车流量的预测,但是大臣不允许重新进行调查,以检查新的预测。反对者声称,自然正义使他们有权(a)就车流量预测问题和官员进行交叉询问;(b)重新进行调查。上院维持了高速公路拓宽令,并认为自然正义并未受到损害。法官强调,调查与民事诉讼是非常不同的。预测将来车流量的方式是国家的高速公路政策领域的一个重要的要素,且不适合在地方调查机构调查。埃德蒙-戴维斯勋爵表达了反对意见,他认为反对者被否决了"一次公平的听证机会"。[85]

---

[83] 《敕令书》,7133号,1978年;1977-1978年裁判所委员会的报告,第25页和附录C;以及 P.H.莱文(Levin):《公共行政》,1979年,第57卷,第21页。

[84] 《上诉案例汇编》,1981年。还可参阅英王诉运输大臣案,申请人:格温特市议会(R v Transport Secretary, ex p Gwent CC),《女王法院案例汇编》,1988年,第429页。

[85] 《上诉案例汇编》,1981年,第118页。

这个判决是一个暗示，即对于一个政府部门推行的有争议的项目进行的公开调查是更广泛的政治过程的一部分，在其中，不能指望大臣会身披司法中立的外衣。在英王诉环境大臣（申请人：阿肯百利开发有限公司）(*R v Environment Secretary, ex p Alconbury Developments Ltd*) 案中，也存在着一个类似的暗示。⑱

一项依据人权法案的挑战，已经针对大臣裁决规划上诉的权力而提起，在这里，不是由调查员裁决，而是被"召集"起来由大臣决定。类似的挑战针对1980年《高速公路法》规定的大臣批准强制征购令的权力，以及1992年《交通与工厂法》规定的大臣批准新铁路枢纽的权力而提起。申请人争辩到，(1)这些决定影响了他们的公民权利；(2)根据《欧盟人权公约》第6条第(1)项的规定，如果没有一个对其合法性享有充分管辖权的法院审查其决定，那么，这些问题必须由一个独立且公正的裁判所裁决；(3)国务大臣并不是这样的裁判所；(4)对这些决定只有不充分的司法控制，不能满足《欧盟人权公约》第6条第(1)项的要求，因为现存的法定上诉并未规定对其价值选择重新听证。上院赞同(1)–(3)各点，但是(撤销分区法院)反对第(4)点：欧盟人权公约第6条第(1)项并未要求法院对决定的价值选择重新听证，且向高等法院的法定上诉对它们的合法性已经提供了充分的审查。克莱德勋爵讲道，"我们正在关注一个行政过程和一个行政决定。规划是一件政策形成和事实的事情。政策不是法院而是行政机关的关注对

---

⑱《上议院案例汇编》，2001年，第23页，《上诉案例汇编》，2003年，第2卷，第295页。参阅 D. 埃尔文（Elvin）和 J. 莫里斯（Maurici）：《规划法杂志》(JPL)，2001年，第883页。

象。"(第 139 段)

在更早时期,在布赖恩诉联合王国(Bryan v United Kingdom)案中,[87] 斯特拉斯堡法院认为,如果调查员就规划上诉作出的裁决,仍要接受高等法院的上诉审查,后者的管辖权延伸到所有的司法审查理由,此时,就不能说《欧盟人权公约》第 6 条第(1)项被违反;这种由中央法院提供的控制克服了下述难题,根据欧盟人权公约第 6 条第(1)项,调查员的地位既不是独立的法院也不是裁判所。由于布赖恩诉联合王国案,阿肯百利案的挑战就集中于下述事实:决定是由大臣,而非调查员作出的。

在涉及具有全国重要性的项目时,施加在调查上的压力在下述调查中就显而易见,诸如高等法院的法官(这是例外)主持的,针对英国核燃料有限公司提出的,在 Windscale 建立一座核燃料处理厂的建议的调查;[88] 针对中央发电理事会提出的在萨克福马建造一座压水反应式核能站的建议进行的马拉松式的调查;[89] 以及针对在希思罗建造第五航空集散站的计划进行的甚至更为长久的调查,[90] 由于高昂代理成本,地方当局的一个关于希思罗项目的财团都不得不退出。这些冗长的程序是公开审查有争议项目的技术

---

[87] 《欧洲人权报告》,1995 年,第 21 卷,第 342 页,运用了阿尔伯特－康伯特诉比利时(Albert and Le Compte v Belgium)案的原则,《欧洲人权报告》,1983 年,第 5 卷,第 533 页。

[88] 参阅 P.麦考斯兰(McAuslan):《都市法律与政策》,1979 年,第 2 卷,第 25 页。

[89] 参阅 M.珀杜(Purdue)等人:《公法》,1985 年,第 475 页,《公法》,1987 年,第 162 页;奥赖尔登(O'Riordan)等人,塞泽维尔(Sizewell):《对调查的剖析》(An Anatomy of the Inquiry)。

[90] 由 R.范德尼尔(Vandernieer)针对希思罗航空集散站调查所做的报告(2001);还可参阅《下院辩论》,2001 年 11 月 20 日,第 177 卷。

和环境问题的一种方式,但是,很难假定说,某个政府部门仅因为规划调查员的一份批评性报告就会改变所选择的决策。[91]

批准交通项目(包括铁路与引航系统)和影响港口与运河项目的新型权力通过1992年《交通与工厂法》而授予了大臣,其目标在于缩减对于特别权力的需求,以避免通过私人法案获得这些权力。[92]对于具有全国重要性的项目,在国务大臣签发命令之前,议会两院必须首先通过决议,批准这个计划。国务大臣可以(在有些情况下必须)举行一个公共地方调查,或者为反对者举行一个听证,但是,这些程序要在议会批准的范围内运转。

2001年,就在有关希思罗第五航空集散站的决定作出后不久,政府提出了针对主要的基础设施的新计划,政府的政策将在举行调查之前公布,而对这些项目的批准则是议会考虑的事情。[93]这些新计划引发了与特定政策相关的使用立法权的难题。[94]这种机制的修正后的模式,省略了议会对政策的事前批准,如今,它被

---

[91] 在对牛津郡的王室土地上为难民建造收容中心的项目进行冗长的调查之后,调查员的报告反对这个项目,但是,国务大臣还是批准了。他的决定遭到法律挑战,但并没有被推翻(英王诉首席国务大臣(申请人:切瓦尔区议会)(R (Cherwell DC) v First Secretary of State)案,《英格兰与威尔士上诉法院民事法庭案例汇编》,2004年,第1420页,《威尔士法律报告》,2005年,第1卷,第1128页),只是在几个月之后,政府对内部办公室的要求作了重新评估,才放弃了这个项目。

[92] 关于其背景,参阅《上院文件》,97号(1987-1988年),以及《敕令书》,1110号,1990年。也可参阅1989-1990年裁判所委员会的报告,第42-45页,以及1991-1992年的报告,第44-47页。以及参阅边码第202页。

[93] 参阅J.波帕姆(Popham)和M.珀杜:《规划法杂志》,2002年,第137页,以及《下院辩论文件》,2001年7月20日,第521W卷。

[94] 参阅程序委员会第一份特别报告,《下院文件》,1031号(2001-2002)。

收入2002年英格兰的条例当中。⑤ 根据《2004年规划与强制征购法》第44条所作的进一步修改,⑯ 国务大臣可以要求任何具有全国或地区重要性的重大基础设施规划项目都提交给他或她。大臣可以任命一名调查员担任"首席调查员",对项目的各个方面展开公开调查;为减少拖延的风险,首席调查员可以为调查设定时间表,同时,他还可以任命额外的调查员,对于项目的特定方面展开协同调查。

C. 2005年《调查法》

裁判所和调查构成了行政司法日常架构的组成部分,每年有数以千计的决定通过这种程序制定出来。这一部分讨论一些另外的内容——即这样一些法律规定,这些规定使得公众对于全国性灾难或重大丑闻的关注成为调查的对象,目的是找出事件发生的原因,对于事件应负责任的个人或公共机关,以及应该吸取的教训。进行这样的调查时,重要的是,调查应该公正地展开,而且充分考虑调查中所收集到的证据。因此,通常任命法官来做这样的调查。政府与这些调查几乎总是有直接的利害关系,因为,大臣和公务员通常要接受公开审查。议员对于这种调查非常关注,他们把它当做一种缓解公众压力和确定责任的方式;此外,调查费用则

---

⑤ 《法定条规》,2002年,第1223号。
⑯ 参阅《法定条规》,2005年,第2115号。

由纳税人支付。有些调查关注人权问题。⑰ 我们将看到,有些调查并未取得制定法授权,另外一些调查则根据针对调查事项的特定立法而展开(这些事项可能涉及警察、铁路事故或国家卫生中心的失职)。我们首先讨论在 2005 年法对其修正之前,根据《1921 年调查裁判所(证据)法》开展的调查。

1921 年《调查裁判所(证据)法》

在 19 世纪,偶尔会设立议会委员会,来调查相关的问题,例如政府中的腐败。在 1913 年,当一个下院的委员会调查马可尼公司事件中自由党政府成员的行为,并在做结论时得出三个彼此矛盾的报告时,对这些委员会的使用遭到人们的怀疑⑱。1921 年法提供了一种更值得信赖的方式,以确保对重大事件进行公正的调查。如果政府认为,拥有取证权力的正式调查确属必要,那么,议会两院将决定,应该根据 1921 年法任命一个调查裁判所,来调查"重要的公共突发事件";这可使得裁判所由政府来任命。这个裁判所将被授予高等法院的所有权力,或者在苏格兰,则被授予最高民事法院的所有权力,以便于进行调查取证。当被作为证人传唤到裁判所的人拒绝出席,或者拒绝回答裁判所可以合法地要求其回答的

---

⑰ 根据《欧盟人权公约》第 2 条,国家有义务调查非自然死亡,包括国家可能应负责任的死亡。参阅,乔丹诉联合王国(*Jordan v UK*)案,《欧洲人权法院案例汇编》,2003 年,第 37 年,第 2 页;也可参阅《上院文件》,26 号,《下院文件》,224 号(2004 - 2005),第 2 章。

⑱ 参阅唐纳森(Donaldson):《马可尼丑闻》(*The Marconi Scandal*)。

问题,裁判所主席可以把这一问题报告给高等法院或者最高民事法院,并作为一种藐视法庭行为对其进行调查和惩罚。[99]

在80多年的时间里,仅任命了24个调查裁判所。被指控构成公共服务中的严重腐败或不当行为而接受调查的现象包括,泄露预算秘密(1936);大臣和公务员受贿(1948);事前泄露银行利率提高信息(1957);政府机构的糟糕财政运转(1978)。[100]另外一些引起公共关注并接受调查的现象包括,阿伯范煤气泄漏灾难(1966);伦敦德里"血腥星期日"枪战(1972);杜布伦(Dunblane)枪战(1996);以及北威尔士虐待儿童行为(1999)。[101] 在1998年,萨维尔勋爵,以及来自加拿大和澳大利亚的两位法官,被任命对"血腥星期日"事件再一次进行调查,但是,这次可能要花费1.55亿英镑的调查却进展缓慢,一直拖延。[102]

这种调查裁判所通常包括一个高级法官、一个或两个附加人员或者专家评估员辅助;调查裁判要由高级咨询团在财政部顾问的指导下,公开听取证人陈述。证人有权雇请法律代理人,且他们

---

[99] 参阅总检察长诉马尔霍兰和福斯特(A-G v Mulholland and Foster)案,《女王法院案例汇编》,1963年,第2卷,第477页(因拒绝透漏他们的信息,而把两个记者监禁);以及第18章 D。

[100] 参阅《敕令书》,5184号,1936年;《敕令书》,7616号,1948年;《敕令书》,350号,1957年;《下院文件》,364号(1981-1982年)。以及参阅基顿(Keeton):《通过裁判所的裁判》;以及 Z.西格尔(Segal):《公法》,1984年,第206页。

[101]《下院文件》,553号(1966-1967年);《下院文件》,220号(1971-1972年);《敕令书》,3386号,1996年;以及《下院文件》,201号(1999-2000年)。

[102] 这次调查不止一次接受司法审查:参阅英王诉纽迪吉特的萨维尔勋爵(申请人:总检察长)(R v Lord Saville of Newdigate, ex p A)案,《全英格兰案例汇编》,1999年,第4卷,第860页。以及 B.哈德菲尔德(Hadfield):《公法》,1999年,第663页。直到2005年底,调查报告仍没有准备好。

的花费可以由公共财政支付。证人要接受出席裁判所的律师的交叉询问,裁判所也可以询问证人。由于该程序的纠问性特征,有必要采取措施来保护证人,使他们不会因为披露尚未公开的证据而受控告,而且还是他们没有机会反驳的控告。[103] 然而,总检察长可以向证人保证,他或她不会因为证据引发的问题而被提起刑事指控。

在1966年,由上诉法院法官萨蒙(Salmon)任主席的一个调查裁判所皇家委员会提出报告认为,调查裁判所只有在存在重大公共重要性的情形中才可任命,但是有必要保留纠问式程序的可能性。[104] 该委员会并不主张初步调查和事后上诉权这类变革。在人们所熟知的萨蒙六条"基本原则"中,委员会着重指出要保护那些名誉可能牵涉其中的人;例如,在影响他或她的任何指控提出之前,该证人都必须被告知,且有权雇请法定代理人,与这些提出不利于他或她的证据的人进行交叉询问,并调取相关的证据。在1969年,一个政府部门的委员会,仍由上诉法院法官萨蒙主持,调查了与裁判所调查有关的藐视法庭的规则,特别是次级司法规则的运作。[105] 当1981年藐视法庭的法律被改革以后,相应的变化普遍地拓及到调查裁判所;特别是,从裁判所被任命之日起到它的报告提交议会之日止,该裁判所的程序被认为是"积极性"的。[106]

---

[103] 这一批评是针对调查车辆与一般保险公司倒闭案的裁判所提出的:《下院文件》,133号(1971-1972年);以及第7章。

[104] 《敕令书》,3121号,1966年。

[105] 《敕令书》,4078号,1969年。以及《敕令书》,5313号,1973年。

[106] 1981年《藐视法庭法》,第20条;以及参阅第18章D。

其他形式的调查

调查裁判所的公开程序被认为不适合调查涉及获得秘密的外交和智力成果文件,并招致福克兰群岛反对的事件;作为替代方式,任命了一个枢密院委员会。在调查伊拉克大规模杀伤性武器的问题上,也作出了类似的决定。[107]

而且,这类调查通常根据特定事项的专门立法而展开,例如,对警察或卫生机关行为的调查,或对铁路事故的调查。[108] 另一些调查的正式性则比较差,而且没有制定法授权(例如,在1963年,丹宁勋爵对普罗法默(Profumo)事件的调查)。[109] 近期的一些未获法定授权的调查包括,理查德·司科特爵士对于不列颠向伊拉克出口武器的调查(1992–1996),[110] 以及赫顿(Hutton)勋爵对于大卫·凯利医生死亡案的调查。[111] 就它们由法官开展这一点来说,这些调查是"司法性"的,尽管类似的调查也曾由另一些人主持(例如,

---

[107] 参阅巴特勒报告,《下院文件》,898号(2003–2004)。

[108] 参阅,例如,由麦克弗森(Macpherson)主持的对史蒂芬·劳伦斯凶杀案的调查,《敕令书》,4262号,1998年;由肯尼迪主持的对布里斯托尔皇家医疗院的调查,《敕令书》,5207号,2001年;库伦(Cullen)对帕丁顿铁路灾难的调查(The Ladbroke Grove Rail 调查,第1和2部分,卫生与安全机构,2001)。

[109] 《敕令书》,2152号,1963年;《敕令书》,3121号,1966年,第19–21页。

[110] 参阅,《下院文件》,115号(1995–1996),相关的论述参阅上文第7章,注解87。也可参阅 I. 利(Leigh)和 L. 勒斯特加滕(Lustgarten):《当代法律评论》,1996年,第59卷,第695页;以及 A. W. 布拉德利,在曼森(Manson)和马伦(Mullan)编辑的《调查团》(Commissions of Inquiry),第2章。

[111] 《下院文件》,247号 (2003–2004)。

比切德对索汉姆谋杀案的调查)。⑫ 它们的程序却是调查性的,且无权强令证人出席。由于它们不受藐视法庭法的保护,调查对象就可以在媒体上自由地讨论。在对伊拉克出口武器事件的调查中,里查德·斯科特爵士被获准:如果他需要,1921年法中的权力可以授予他;最终,他获得了充足的渠道获取所有的官方证据和文书。⑬ 在这次调查中,在公众中口头调取证据的程序因它们对证人的影响而招致了批评,在其中,证人可以获得法律帮助,但却不能雇请代理人。⑭ 在司科特爵士看来,前文提及的萨蒙"原则"不能完全适用于研究性调查(investigatory inquiry)中。⑮ 后来,在一份就调查程序提交报告中,裁判所委员会强调指出,萨蒙"原则"仅仅是建议,而不是法律规则,且设计一套单一的程序规则来调整每一种调查,是"完全不切实际的"。⑯

2005年《调查法》

在此背景下,2005年《调查法》为所有调查提供了一种全新的

---

⑫ 比切德调查报告,《下院文件》,653号(2003–2004)。
⑬ 斯科特报告,A部分,第1章。
⑭ 参阅豪(Howe)勋爵:《公法》,1996年,第445页;以及斯科特报告,附录A、D部分。也可,参阅B.K.瓦恩托伯(Winetrobe):《公法》,1977年,第18页;L.布洛姆–库珀(Blom-Cooper):《当代法律问题》,1993年,第204页,以及《公法》,1994年,第1页;C.克洛西尔(Clothier):《公法》,1996年,第384页;M. C. 哈里斯(Harris):《公法》,1996年,第508页;I.利(Leigh)和L.勒斯特加滕(Lustgarten):《当代法律评论》,1996年,第59卷,第694–701页;以及H.格兰特(Grant):《公法》2001年,第377页。
⑮ 斯科特报告,B和K部分,第1章;以及R.斯科特:《法律季评》,1995年,第111卷,第596页。
⑯ 1995–1996年裁判所委员会的报告,附录A。

法律框架,但是,该法并没有影响到政府任命非法定调查的权力。这部法律修改了1921年法,以及已经提到的那种为专门事项调查所制定的法律。⑪ 该法的直接背景包括,政府对于发生在北爱尔兰的几起据称有警察或官员参与的重大死亡事件的调查,以及想要避免1921法中规定的另一种调查所导致的成本和拖延的愿望。有一种深得人心的看法认为,现在是从总体上对调查的法律基础进行反思的时候了。⑱

简单来说,该法授权联合王国政府的任何一位大臣⑲ 在下述情况下都可以决定开展调查,这包括,"特定事件"已经引起或可能引起公众关注,或者"公众认为特定事件可能会发生"(第1条第1项)。这种调查不会确定任何人的民事或刑事责任,但是,却可能发现确定责任所需要的事实(第2条)。大臣任命调查主席,他或者单独行为,或者和大臣与主席商讨后所任命的其他成员一同合作(第3、4条)。在任命时,大臣必须考虑调查小组的专业知识、平衡的需要以及评估人的服务(第8、11条)。调查的职权范围要有明确规定,而且,在情况需要之时,大臣和主席或候选主席商讨之后,可以修改调查的职权范围(第5条第3、4项)。必须把调查情况告知议会,但是,大臣的决定不必征得议会批准(第6条)。调查小组的成员不能和调查事项有直接利害关系,也不可以和当事人

---

⑪ 关于修正后的制定法,参阅附表3。
⑱ 参阅众议院公共行政委员会的报告,《通过调查的治理》(*Government by Inquiry*)(《下院文件》,51号,2004-2005年)。
⑲ 该法也把类似的权力授予苏格兰、威尔士和北爱尔兰的委任机关:出于篇幅考虑,这里对这些权力的细节就不作描述,但是(例如)苏格兰议会的角色和联合王国议会是类似的。

有密切关系,除非这种关系被认为不会影响小组的公正性(第9条)。如果大臣打算任命一名法官来主持调查,那么,他或她必须和相关法院的院长或高级法官商量;如果是英格兰和威尔士的法官,就应该和首席大法官商量;在苏格兰,则要和最高民事法院院长商量;如果是上议院常任法官,就要和上议院的高级法官商量(第10条)。但是,该法并不禁止大臣任命一名自愿受任的法官,即使主席或者高级法官不同意任命,也不影响大臣的任命行为。在特定情况下,大臣还可以使调查暂停,但是,必须首先和主席商量,而且,必须向议会提交暂停决定的通知及其理由(第13条);大臣甚至可以在提交调查报告之前就宣布调查结束,不过,他在这样做时,也要和主席商量并告知议会(第14条)。

调查的程序和行为都依主席的指令而行,同时要遵循公平原则,并避免不必要的成本(第17条)。主席必须采取合理的措施,保证公众能够了解调查进展和所取得的证据,但是,大臣或主席也可以为公众了解调查的权利施加限制,例如,为了减少否则就可能出现的"伤害或损失",就可以限制公众的知情权(第18、19条)。"伤害或损失"包括国家安全或国际关系的损失,联合王国的经济利益所受的损失,或者因公开商业敏感信息而受的损失(第19条第5项)。[121] 主席可以通过书面通知要求证人出席调查并提供相关文件(第21条),不过,专属信息可以不予提供(第22条)。[122] 调查报告必须提交给大臣(第24条)。只有大臣,或者在某些情况下

---

[121] 也可参阅第23条(对经济造成损害的风险)。
[122] 民事诉讼中的公共利益豁免法(参阅第32章C)也适用于调查:第22条第2项。

通过主席，才能决定调查报告的公布，不过，可能引起上文提到的那些"伤害或损失"的信息可以不予公布(第25条)。报告在公布之后，要提交给议会(第26条)。

该法还规定，不遵守主席根据第21条发布的通知的行为构成犯罪(第35条)，而且，这种通知可以在高等法院得到执行(在苏格兰，则通过民事法院执行)，其效力和民事诉讼中发布的通知一样(第36条)。任何人若希望挑战大臣关于调查所做的决定，或者调查小组的决定，都必须在得知决定后的14天之内提起司法审查(不过，法院可以延长这个期限)(第38条)。调查的花费由大臣支付，但是，大臣可以告知调查小组，调查行为是否超出职权范围，而且，如果小组无视大臣的警告，大臣可以不支付将来的花费(第39条)。调查的程序和证据方面的规则可以由大法官制定(第41条)。

尽管有充足的理由要求针对调查制定一般性法律，[122] 但是，该法的许多方面还是引发了争议。[123] 该法废除了1921年法所规定的议会对能否举行调查的批准要求，因此，遭到许多批评，批评意见指出，虽然调查经常针对政府各部的行为和决定展开，但是，却由大臣来决定是否举行调查，任命主席和小组成员，确定和落实职权范围，限制公众对调查的知情权，以及对报告的公布施加限制。人们很难理解，为什么大臣可以不顾相关法院院长的意见，在调查问题上就能够解雇法官，特别是，给政府施加压力的公众关注并不

---

[122] 参阅本章注释[119]。
[123] 参阅人权联合委员会的报告，上文注解97。

意味着必须让法官来调查。重要的是,议会和公众意见都要求政府在执行该法律时要保证最高程度的忠实。如果调查所得出的结论不能平息公众的压力,就无法证明对公开调查的运用是正当的。[124]

D. 议会监察专员

这部分集中讨论议会监察专员,这个职位设立于1967年,为个人因政府而遭受的冤情提供救济。在此之前,因不公平、不正当、错误,或压迫性官方行为而提起申诉的人可以在五种救济方式中进行选择:(a)在法院提起挑战;[125] (b)当存在上诉权利时,针对一个行政决定向裁判所提出上诉;(c)如果为冤情申诉提供了公开调查,就可以参与这种调查;(d)借助于议员给相关大臣的信件或者提出的质疑,通过议会途径寻求救济;(e)要求相关的部"再次"考虑并复查其决定。虽然这些程序中的每一种在特定的情形中都可能是有效的,但它们同时也有自身的局限。[126] 详言之,只有当一个决定的合法性存在问题时,司法挑战才能成功;对于许多决定,并不存在上诉权利;议会程序不能确保公正地考察事实;许多组织

---

[124] 这是该法律在两处都曾提到的一个因素:第19条第4款 a 项,和第25条第5款第 a 项。

[125] 参阅第30和31章。

[126] 比较《公民与行政机关》(*The Citizen and The Administration*)(怀亚特报告),上文第27章;《敕令书》,2767 号,1965 年;以及伯金肖(Birkinshaw):《冤情、救济与国家》(*Grievances, Remedies and the State*)。

都特别倾向于维持它们已经作出的决定。

监察专员救济模式的价值在于,个人可以把他或她的详细境况展示给一个超然的人,这个人熟知政府的行事方式,并能够区分开良性行政和恶性行政。从设立议会监察专员起算之日起的四十多年来,我们能够看到,在一个如今看来非常僵硬的框架内,这种机制所取得的成功已经使得地方政府、国民健康服务局和其他领域的公共机关也采取了类似的机制。监察专员型的程序在私人机构中也开始生根。在一个组织内诉诸监察专员观念实际上就是接受了这样一个原则,即个人必须能够对组织的行为提出申诉。

议会行政委员这一职位设立于1967年。该职位的法定名称是非常累赘的,因此,在1994年,政府同意:立法"一有机会",它就将改称为"议会监察专员"。[127] 截止到2006年,还没有出现这样的机会,但是,当前承担这一职位的人,安·亚伯拉罕,称她自己是"议会监察专员"。[128] 虽然它导源于斯堪的纳维亚诸国和新西兰的监察专员,[129] 英国的模式却是被设计来嵌入到现存的英国制度中,而不贬损现存的救济。尽管议会监察专员与行政机关有密切的联系,该职位却是作为议会的延伸而设立的;且它与司法系统实际上没有联系。正像塞西尔·克罗西尔,后来的议会监察专员,在1984

---

[127] 参阅《下院文件》,619号(1993—1994年)。

[128] 或者,在她于2004—2005年的报告中,她称自己为"议会和健康服务监察专员"。

[129] 关于比较性的研究,参阅罗安特(Rowat)编辑:《监察专员》(*The Ombudsman*);盖尔霍恩(Gellhorn):《监察专员及其他人》(*Ombudsmen and Others*);希尔(Hill):《典型监察专员》(*The Model Ombudsman*);斯泰西(Stacey):《监察专员比较》(*Ombudsmen Compared*)。

年所说的那样：

> 这一职位……令人惊奇地泰然静处于立法和行政机关之间，在公民与政府的争端中，又承担着几乎是司法性的职能；然而，它却并不是司法机关的组成部分。[130]

从一种观点来看，监察专员理念的实质对于普通人来讲就是可达性(accessibility)、灵活性和非正式性。从另一种观点来看，监察专员提供了一种"判断"官员行为的权威性方式，由此有助于保持公众接受的行政标准。在监察专员的英国模式中，后一种观点似乎经常胜过前一种。

地位与管辖[131]

议会监察专员由英王任命，在行为端正期间内任职，获得议会两院的联合签署以后，他或她可以被英王革职（第1条）。最初，任命监察专员完全是政府的事，但是，如今，在进行任命之前，政府要咨询针对监察专员的下院委员会（现在叫做公共行政委员会）主

---

[130] 1983年的报告［《下院文件》，322号，(1983－1984年)］，第1页。
[131] 可参阅的法律文本是：1967年《议会委员法》，以及其后的修正。相关的著作包括：格里高利(Gregory)和哈钦森(Hutchesson)：《议会监察专员》(*The Parliamentary Ombudsman*)；塞纳维特纳(Seneviratne)：《监察专员、公共服务和行政司法》(*Ombudsmen, Public Services and Administrative Justice*)；哈洛和罗林斯：《法律与行政》，第12、13章；A.W.布拉德利：《剑桥法律杂志》，1980年，304页；C.克罗西尔：《公法》，1986年，第204页；G.德鲁里(Drewry)和哈洛：《当代法律问题》，1990年，第53卷，第745页。

席。[13] 监察专员的工资来自统一基金（Consolidated Fund）（第2条）。他或她任命该职位上的工作人员，在人员数量和工作条件上，要征得财政部的同意（第3条）。在1967至2002年任职的七名监察专员中，有五名结束公务员生涯后就任，两名是现职的女王顾问团成员；当前的监察专员（安·亚伯拉罕女士）来自于住房和公民咨询机构。

监察专员的正式任务是调查私人的申诉，这些私人因政府部门和许多非政府的公共机构在履行行政职责时的不良行政而遭受不公正对待（第5条）。管辖的范围由1967年法作了限定,该法的附表2（1987年作了修正）列出了受制于调查的部门和其他机构。这一清单可以通过枢密院令来修正（第4条），当撤除和设立政府部门时，就需修正这个清单。该法第4条把可以进入附表2的机构限定为：(a)政府各部；(b)代表英王履行职责的机构；(c)根据议会法律或者枢密院令或者由一位大臣设立，在收入来源和受任权力方面符合特定标准的机构。[14]

监察专员对于中央政府之外的机构没有管辖权，例如地方当局、警察局和大学，虽然他或她可以调查针对中央政府在这些领域委任职责的方式提起的申诉。然而，在大臣向或可能向议会负责的事项中，有许多仍然被排除在调查范围之外〔第5条第3项和

---

[13] 《敕令书》，6764号，1977年。参阅《下院文件》，619号（1993-1994），咨询反对意见以后，政府对法律的修改表示同意，以使英王的任命赋予下院的签署以法律效力。

[14] 处于监察专员管辖范围内的机构包括文艺理事会（Arts Council）、慈善委员会、法律服务委员会、苏格兰体育局、教育标准办公室（OFSTED），以及像电信标准办公室（OFCOM）和水务办公室（OFWAT）这样的能源管制机构。

附表3]。由此,监察专员不可以调查下述事项:

(a) 由国务大臣签署的,在影响到联合王国政府与其他政府,或者国际组织之间关系的问题上采取的行动。

(b) 在联合王国之外,由任何代表英王权威或者英王授权的官员采取的行动。⑬

(c) 联合王国之外的依附地区的行政。

(d) 由国务大臣根据引渡法采取的行为。

(e) 由国务大臣或在其授权之下,为调查犯罪或保护国家安全而采取的行为,包括在护照问题上采取的此类行为。

(f) (1)在联合王国境内的任何法院、军事法庭或国际法院前的民事或刑事诉讼的开始或进行;(2)大法官任命的,作为法院或裁判所的行政人员采取的行为,以及在行使司法职权的人员的指令下,或者通过他授权而采取的行为。⑭

(g) 任何行使赦免权的行为。

(h) 代表中央政府,由国民健康服务局的机关采取的行为。

(i) 涉及中央政府的合同性或其他商业性交易的问题。⑮

(j) 涉及公务员和军队人员的任命、培训和其他人事问题,以及大臣和政府部门关于公共服务的其他分支所作的决

---

⑬ 除荣誉领事外,在外国的英国领事的行为处于管辖范围内,条件是申诉人是本国居民,或者在联合王国境内拥有住所:1967年法,第6条第(5)项。

⑭ 根据1994年《议会委员法》,上诉服务部门(注解27)的行为可以接受调查,虽然该部门并不是由大法官设立的。

⑮ 这条规定有一个例外,即涉及强制征购的土地,以及通过强制性权力的威胁而购买的土地,要接受调查。但是在这个例外之下,后来的Crichel Down事件(第7章)将被排除在委员的管辖权之外。

定。

(k) 在英王的恩典范围内，荣誉、奖章或特权的授予。

正是这些限制，导致了下述批评：立法意图通过武断的方式来瓜分可以提起申诉的领域。[137] 在这些限制中，遭受批评最多的是上文清单中的(i)和(j)项。政府有权通过枢密院令撤销任何这些限制［第5条第4项］，但是，尽管下院委员会经常建议取消(j)项中对于人事问题的限制，继任的政府却一直拒绝这么做。[138]

另一个局限是，如果申诉人有求助于裁判所的权利，或者可以从任何法院中获得救济，那么，监察专员就不能像常规那样调查任何这类问题，虽然在公民不能合理地被期待去行使这种权利的特别情况下，他或她可以进行调查［第5条第2项］。由此，如果某个人想挑战一项关于税收或社会保障的决定，他或她应该求助于相关的裁判所。但是监察专员通常同意下述说法：不能合理地期望申诉人去从事前途未卜的诉讼过程。[139]

申诉人不一定必须是英国公民，但是，一般情况下，在侵犯性行为发生时，他或她必须在英国居住，或者逗留在联合王国、一艘英国轮船，或一架英国航空器中，或者相关的行为必须与联合王国

---

[137] 《下院辩论文件》，1966年10月18日，第67卷（昆廷·霍格议员）。比较司法部的报告：《我们身受枷锁的监察专员》（*Our Fettered Ombudsman*），1977年。

[138] 参阅，例如：《下院文件》，615号，1977－1978年；以及《敕令书》，7449号，1979年。

[139] 比较：英王诉地方行政部门委员会（申请人：克罗伊登自治区议会）（*R v Commissioners for Local Administration, ex p Croydon BC*）案，《全英格兰案例汇编》，1989年，第1卷，第1033、1044－1045页。以及《下院文件》，735号（2005－2006），第18－20段，规定的是对这种裁量权的运用。

规定的权利或义务有关［第6条第4项］。

还存在一个时间限度:只有在公民被告知所申诉的事项之日起的12个月内,向一位议员提起了申诉,监察专员才可以对此进行调查,否则,如果接受了一项逾期的申诉,必须存在特殊的情况来证明监察专员的这种行为［第6条第3项］。

正是监察专员,有权判定一项申诉在该法律看来是否是正当提出的;在实践中,许多申诉讲明了他们所遭受的不公正对待,而没有指出造成这种不公正的不良行政行为。[140] 监察专员有明确的自由裁量权,来决定是否调查这项申诉。[141] 但是,如果他或她接受对其管辖范围之外事项的申诉,1967年法就不保护监察专员,且他们的行为还要接受司法审查,虽然在涉及他或她的裁量性决定时,法院不可能进行干预。[142] 如果监察专员打算在其管辖范围之外行为,例如调查大学的行为,没有人会因拒绝提供信息而负阻碍或藐视方面的责任(第9条)。关于监察专员权力的限度问题,可

---

[140] 英王诉地方管理委员会委员(申请人:布罗德夫福德参议会)(R v Local Commissioner for Administration, ex p Bradford Council)案,《女王法院案例汇编》,1979年,第287、313页。

[141] 1967年法,第5条第(5)项。以及参阅弗莱彻申请(Re Fletcher's Application)案,《全英格兰案例汇编》,1970年,第2卷,第527页。

[142] 英王诉针对行政的议会委员(申请人:戴尔)(R v Parliamentary Commissioner for Administration, ex p Dyer)案,《全英格兰案例汇编》,1994年,第1卷,第375页。在英王诉议会行政专员(申请人巴尔钦)(R v PCA, ex p Balchin)案,(PLR),1998年,第1卷,第1页(西德利法官),以及同一案例,(LGR),2000年,第2卷,第87页(戴森法官),由继任的监察专员作出的,拒绝针对交通部提起的申诉的决定被撤销:参阅P.吉丁斯(Giddings):《公法》,2000年,第201页,关于处理结果,参阅下文注解170。比较英王诉地方管理委员会委员(申请人:利物浦参议会)(R v Local Commissioner for Administration, ex p Liverpool Council)案,《全英格兰案例汇编》,2001年,第1卷,第462页。

能会涉及棘手的法律争议。[14]

程序

监察专员理念的一个重要的特点是,个人应该能够接近监察专员。但是,在不列颠,公民无权向议会监察专员呈交申诉。首先,一项申诉必须由声称受到不公正对待的人提交给议员[第5条第1项]。由该议员决定是否将申诉转交给监察专员。通常情况下,申诉人会把申诉交给他们选区内的议员,但是法律并没有作这种规定。当监察专员从私人那里接到明显应该调查的申诉时,他可以在征得申诉人的同意以后,转交给后者的议员,同时附以说明:如果议员希望进行调查,那么,监察专员就会照令而行。[14] 虽然监察专员委员会在1993年维持了"议员过滤"这一做法,但许多议员现在却主张取消这种过滤。[15]

1967年法规定了一种正式的程序,据此,当监察专员从议员处接到一个申诉时,首先应该判定该申诉是否处于管辖范围内。如果是,且监察专员决定进行调查,那么,在申诉中提到的政府部门和其他人员都应该有机会进行评论[第7条第(1)项]。这种秘

---

[13] 参阅1990年《法院与法律服务法》,第110条(把管辖范围拓及到法院和裁判所的特定人员身上,但是他们如果行使司法职权,则不受调查),以及1994年《议会委员会委员法》。

[14] 1978年针对行政的议会委员会的报告[《下院文件》,205号(1978-1979年)],第4页。

[15] 参阅《下院文件》,33-41号(1993-1994年),第15-20页。参阅,M.艾略特(Elliot),《公法》,2006年,第84、90-92页。

密展开的调查通常都会监察部门的文件。监察专员可以强令证人出示证据并提交文件(第8条)。调查不受公共利益豁免原则的限制[第8条第(3)项],⑭ 但是,他或她无权查阅下述文件,这就是,由内阁秘书长签署,得到首相的同意,与内阁或内阁委员会的工作过程相关的文件[第8条第(4)项]。如果调查的正式过程已经完成,监察专员必须向相关议员提交一个调查报告[第10条第(1)项]。如果监察专员认为不公正是由不良行政引起的,且尚未给予救济,他或她还可向议会提交一个特别报告[第10条第(3)项]。与调查相关的报告在诽谤法上享有绝对的特权[第10条第(5)项]。大臣无权否决一项调查,但可以要求监察专员不公布将有害于国家安全或公共利益的报告文件或信息[第11条第(3)项]。

这些调查的权力给监察专员提供了一个强大的工具,使他能在必要的时候审查各部的行为,但是,如果政府在处理个人事务中犯了错误这一点非常明显(而且政府部分也承认这一点),那么,再进行冗长的调查就没有什么价值了。当前,监察专员正在尝试使用灵活的程序,比过去更加集中关注申诉人的需要。⑭ 这样做的目的就是找寻处理申诉的最有效方式,如果可能的话,也可以通过非正式的方式;监察专员的工作人员和申诉人保持对话,而且,也鼓励政府各部在适当的时候及其提供处理结果。

尽管享有这些调查性权力,但是,监察专员没有执行权力。因此,他或她不能改变部门决定或为公民提供赔偿,虽然他或她可以

---

⑭ 参阅第32章C。
⑭ 参阅监察专员在2004–2005年提交的报告,《下院文件》,348号(2005–2006年),第36–41页。

就合适的救济措施提出建议。大臣经常负有强烈的义务去接受监察专员的事实认定,但是,调查报告可能具有某种政治暗示,从而使大臣面临压力,而不能接受它。[148] 为了在这种情况下支持监察专员,并看顾这个职位,下院的一个特别委员会(公共行政委员会)检查监察专员的报告,并从政府部门获取受到批评的那些证据。该委员会对于这样一些问题进行了卓有成效的研究,其中包括,监察专员的权力和工作、不良行政、救济,以及对各种公共机构中的监察专员进的改革的需要。[149]

监察专员的个案调查

下述这一句话的含义是什么:"由于不良行政而受害的人遭受的不公正"[第 10 条第(3)项]? 在法律中并没有给出不良行政(maladministration)和不公正(injustice)的定义与例证。不良行政包括"疏忽、无视、拖延、无能力、不称职、反常、武断"这些弊病。[150] 许多不良行政的例子可以在监察专员的报告中发现。它们包括:未能兑现对公民的承诺;[151] 在受益性请求中提供错误的建议或久拖

---

[148] 在 1975 年,政府拒绝监察专员下述结论的行为得到下院的支持:政府要为度假者因考特集团公司(Court Line group)的倒闭而遭受的损失承担某些责任:《下院辩论文件》,1975 年 8 月 6 日,第 532 卷。

[149] 《下院文件》,33-I 号(1993-2004);《下院文件》,619 号(1993-2004);《下院文件》,112 和 316 号(1994-1995);《下院文件》,612 号(1999-2000);《下院文件》,448 号(2002-2003)。

[150] 《下院辩论文件》,1966 年 10 月 18 日,第 51 卷(R.H.S.克罗斯曼议员)。

[151] 参阅 A.W.布拉德利:《当代法律问题》,1981 年,第 8-11 页。

不决;^⑫不尊重相对人;^⑬未赋予部门的政策指导以恰当的效力;^⑭对预防石棉沉滞症的规定推延执行;^⑮未把部门政策在出版物中公布;^⑯以及甚至包括大臣在议会所作的误导性陈述。^⑰

即使不良行政已经发生,这本身并不意味着由此已经给个人造成了不公正。相反,不公正或者苦难可能并不是由不良行政造成,而是由,例如,一部议会法律或一个司法判决引致。就此而言,不公正不仅意味着一种法院可以救济的侵害,还包括"不公平或不适当行政带来的恼怒感觉,甚至申诉人并未遭受实际的损失"。^⑱

一个棘手的问题一直是不良行政与裁量性决定之间的关系。与新西兰监察专员不同,他们有权认定一项裁量性决定是不公正的,英国的监察专员不能质疑那些并非不良行政的裁量性决定的是非曲直[第12条第(3)项]。当在产生裁量性决定的过程中出现错误时,监察专员可以相应地提出报告。但是如果一个裁量性决定已经给个人造成了明显的苦难,而在产生该决定的过程中并没有可以识别的瑕疵,这该怎么办呢?在这种情况下,监察专员可

---

⑫ 参阅例如《下院文件》,348号(2005-2006),第26-27页。

⑬ 同上注释,第25页。

⑭ A.R.莫布雷(Mowbray):《公法》,1987年,第570页。也可参阅A.R.莫布雷:《公法》,1990年,第68页,和P.布朗(Brown)在里查德森与盖恩编辑的书(注解7),第13章的论述(因信息失真而提供的救济)。

⑮ 《下院文件》,259号(1975-1976年),第189号。关于监察专员对官员拖延的反应,参阅S.N.麦克默特里(McMurtrie):《公法》,1997年,第159页。

⑯ 《下院文件》,680号(1974-1975年)。

⑰ 《下院文件》,498号(1974-1975年)。

⑱ 参阅上注释,英王诉常设仲裁法庭(申请人:巴尔钦)(*R v PCA, ex p Balchin*)案,上文注解142,克罗斯曼先生在1966年对议会发表的演讲证明了这一引述。

以从决定本身推断出不良行政的要素或者调查一些严苛的决定,这些决定可能建立在对部门政策过分刻板的适用上。[159]威廉·里德爵士,1990－1996年的监察专员,所编写的一个20世纪90年代的不良行政目录包括:"不愿意把申诉人当作享有权利的人";"不去减轻严格遵守可能导致了明显不平等对待的法律文本产生的影响。"[160]

这里可以提供三个关于监察专员调查的最重要例证。萨克森案是监察专员发现一个政府部门严重失职的第一次。[161]

根据1964年盎格鲁－德意志协定,德国政府支付一百万英镑,作为对二战期间因纳粹屠杀而受害的联合王国公民的赔偿。这笔钱的分配留给联合王国政府进行裁量,且在1964年外交大臣(巴特勒先生)批准了分配的规则。后来,外交部拒绝向根据这些规则提出请求的12个人支付赔偿,理由是他们曾被关押在萨克森集中营。来自许多议员的压力都未推翻这一决定,最终该申诉人被建议去求助监察专员。此时,全部的一百万英镑已经向其他申请人分发完毕。经过全面的调查,监察专员提交报告认为,在外交部作出决定及其后捍卫该

---

[159] 《下院文件》,9号(1968－1969年);《下院文件》,350号(1967－1968年),以及参阅G.马歇尔:《公法》,1973年,第32页。

[160] 1993年针对行政的议会委员会的报告,《下院文件》,290号(1993－1994年),第4页。

[161] 《下院文件》,54号(1967－1968年);《下院文件》,258号(1967－1968年);G.K.弗赖(Fry):《公法》,1970年,第336页;以及格里高利和哈钦森编辑的书(注解),第11章。

决定的过程中,存在瑕疵,且该种不良行政侵害了申请人的名誉。当该报告在下院进行辩论时,外交大臣(乔治·布朗先生)为外交部的决定承担了个人责任,他认为这样做是正确的。虽然如此,他还是另外提供了25000英镑,以使申请人可以获得与其他申请人同样多的赔偿。[162]

当时,流行的观点认为,"巴特勒规则"在法律上是不可执行的,因为他并没有赋予个人以权利,但是在今天,基于同样的事实,申请人可以对外交部的决定提起司法审查,根据的就是该规则所创造的法律预期。[163] 在1968年,单独靠议会压力不可能获得成功。实际上,监察专员的报告依据的是外交部决定方面的信息,对此,议会程序是不可能发现的。

由监察专员进行的最详细的调查是针对巴罗·克劳斯(Barlow Clowes)事件展开的,不下159个议员都提到他:[164]

1988年,巴罗·克劳斯投资公司倒闭,欠投资者数百万英镑的债务,他们中的许多人都是勤劳起家的老人。虽然有迹象表明,该公司没有合理的行为,但是商业和工业部还是根据1958年《遏止欺骗(投资)法》(该法后来让位于更严格的1986

---

[162] 《下院辩论文件》,1968年2月5日,第105-117卷。
[163] 参阅第30章C。
[164] 参阅针对行政的议会委员会的报告,《下院文件》,76号(1989-1990年);也可参阅《下院文件》,671号(1987-1988年)(李凯纳的报告);《下院文件》,99号(1989-1990年);以R.格里高利和G.德鲁里:《公法》,1991年,第192、408页。

年《财政服务法》)授予了该公司许可。监察专员发现,在公务员的行为中,有五个方面的不良行政。结果,如果该部门以一种"充分严格且探询性的方式"行使其管制权力,投资者的最终损失就不会像现在这么大。[15]

政府采取了非同寻常的举动来抵制不良行政这一结论,但是尽管如此,还是提供了 1500 万英镑来赔偿投资者 90% 的损失。如果投资者试图起诉商业和工业部的过失的话,他们几乎肯定不能在法律上证明,政府欠他们任何的照顾义务。[16]

第三个例子和上文的萨克森案具有惊人的相似之处。

在 2000 年,国防部公布了一个惠给方案,借以补偿在二战期间曾被日本拘捕的军职和文职人员。海沃德教授,一位儿提时曾被日本拘捕的不列颠公民,被拒绝支付补偿,原因是,他和他的父母及其祖父母都不是在联合王国出生的(血缘标准)。监察专员发现,国防部在规定可以取得补偿的资格之前,就已经开始落实这个方案;在补偿开始之后又制定了新标准,却没有考虑这个新标准和已经适用的标准是否一致;而且,国防部也无法证明自己正确地实施该方案。监察专员的建议是,政府应该向受影响的这些人道歉,重新考察方案的运

---

[15] 《下院文件》,76 号,(1989-1990 年),第 8.12 段。
[16] 尤延昆诉香港总检察长(Yuen-Kun Yeu v A-G of Hong Kong)案,《上诉案例汇编》,1988 年,第 175 页;以及戴维斯诉拉德克利夫(Davis v Radcliffe)案,《全英格兰案例汇编》,1990 年,第 2 卷,第 536 页;第 31 章 A。

作情况,并再次考虑海沃德和其他类似人员的请求。国防部同意道歉,但是却拒绝重新考察方案或者再次考虑这些人的请求。直到下议院公共行政委员会要求国防部负责老兵事务的大臣提交证据,国防部才开始复查——结果"发现",前后所适用的标准并不一致。[166] 三个月之后,国防部放宽了标准,包括了在联合王国居住20年的不列颠公民。

曾有一段时间,监察专员的服务并未被充分宣传,且似乎是次要的。在20世纪90年代,每年提起的申诉的数量从1991年的801件上升到1996年的1933件,之后有一个轻微的下降。在2000-2001年,接收了1721件新的申诉,监察专员处理了1787件。[168] 从那时起,申诉的数量一直在上升。在2004-2005年,监察专员收到2214件可以展开调查的申诉。其中有814件针对劳动和养老金部(其中的304件涉及儿童资助机构,279件涉及工作储备中心,156件涉及养老金服务部),有348件针对税务局,166件针对内政部。在那一年中,审理结案的申诉有1653件,其中95%都是在接到申诉后的12个月内结案的。[169]

---

[166] 参阅,《荣誉之债》(A Debt of Honour),《下院文件》,324号(2005-2006);以及《下院文件》,735号(2005-2006)。也可参阅,英王诉国防大臣(申请人:不列颠远东被俘人员联合会)(R (Association of British Civilian Internees in the Far East) v Defence Secretary)案,《英格兰及威尔士上诉法院民事法庭案例汇编》,2003年,第473页,《女王法院案例汇编》,2003年,第1397页。

[168] 2000-2001年针对行政的议会委员会的报告[《下院文件》,5号(2001-2002年)]。

[169] 2004-2005年度的报告并未提供审结案件的处理结果方面的统计信息。由于统计数字的缺乏,无法和以前年度的报告作比较。

当存在给人们造成损失或其他伤害的不良行政时,相关的部经常给予补偿款,就像上文提到的巴罗·克劳斯事件那样。例如,如果某人因官员的错误建议而丧失了残疾救助金,那么,他就应该得到所丧失的收益,以及这期间的利息。在 2005 年发生的一个案件中,监察专员和地方政府的监察专员联合展开了一次调查,结果发现交通部和一个县议会的行为都存在瑕疵:调查报告的建议是,每个机关都应向申诉人支付 100000 英镑的补偿。[120]

我们已经看到,监察专员无权强令政府部门提供救济;但是当不良行政造成的不公正未获救济时,他或她可以向议会提交一个报告[第 10 条第(3)项]。1978 年,第一个这样的报告导致政府作出一个决定,制定相关立法,以使该种不公正可以得到救济。[121] 在 1995 年,第二个这样的报告因政府拒绝接受下述认定结论而产生:即交通部在规划中的铁路隧道及该项目给肯特郡的财产造成的破坏这一事件的处理中,作出了不适当的行为。[122] 1997 年,交通部采用了一个补偿特定所有人的方案,对此,监察专员认为可以接受。

更近一段时期以来,专门报告涉及这样一些问题,税务局和劳

---

[120] 参阅《下院文件》,475 号(2005－2006)。该报告是在对监察专员早期的一个报告进行过司法审查之后提交的:参阅英王诉议会行政专员(申请人巴尔钦)(*R v PCA, ex p Balchin*)案,本章注释[64]。

[121] 《下院文件》,598 号(1977－1978 年);1980 年《地方政府、规划与土地法》,第 113 部分;《公法》,1982 年,第 61－63 页。

[122] 《下院文件》,193 号(1994－1995 年);1995 年针对行政的议会委员会的报告,《下院文件》,296 号(1995－1996 年),第 42－45 页。也可参阅《下院文件》,270 和 819 号(1994－1995 年),《下院文件》,453 号(1996－1997 年),R.詹姆斯(James)和 D.朗利(Longley):《公法》,1996 年,第 38 页。

动与救济金部对鳏夫和寡妇的不平等对待,⑬ 公平人寿方面的条例是否得到恰当落实,⑭ 税务局胡乱操作课税扣除方案,⑮ 以及政府在保障最后薪金计划中的责任。⑯ 这类特别报告反映了这样一个事实,这就是,许多议员都把这类项目引发的申诉提交给了监察专员。

公共部门中的其他监察专员⑰

监察专员模式已经被应用到政府的其他领域。虽然针对国家卫生服务局(NHS)的申诉被排除在议会监察专员的管辖范围之外,但是,后来却采用了英格兰、威尔士和苏格兰卫生服务委员(监察专员)的一个方案。⑱ 针对卫生机构、国家卫生服务局信托人和其他机构的行为提起的申诉,可以由公众中的一名成员直接向合适的监察专员提交。不再有"议员过滤"的程序,但是,在监察专员受理申诉之前,必须告知相应的国家卫生服务局的信托人;从2004年起,申诉必须首先经过卫生委员会的审查。在1996年,管辖范围被拓宽,包括了针对那些提供重要的卫生服务的部门提起的申诉,例如一般医疗、牙科与眼科护理,同时取消了禁止监察专

---

⑬ 《下院文件》,122号(2002—2003)。
⑭ 《下院文件》,809号(2002—2003),《下院文件》413号(2004—2005)。
⑮ 《下院文件》,124号(2005—2006)。
⑯ 《下院文件》,984号(2005—2006)。
⑰ 参阅,塞纳维特纳(Seneviratne):《监察专员、公共服务和行政司法》(Ombudsmen, Public Services and Administrative Justice)。
⑱ 参阅1993年统一的《卫生服务委员法》。

员调查针对医疗结论提起申诉的法定禁令。[17] 卫生服务监察专员的许多职责都是直接取材于1967年《议会委员会法》；在实践中，议会监察专员在英格兰、苏格兰和威尔士以前都被任命为卫生服务监察专员。今天，由于卫生服务已经下放给苏格兰和威尔士，因此，国家卫生服务局负责苏格兰和威尔士的监察专员的职责已经可以由苏格兰和威尔士各自的监察专员来承担。议会监察专员仍然担任英格兰卫生服务监察专员。虽然立法是分离的，但是当前的监察专员却按照一个职位来组织资源，并提交一份综合的年度报告。[18] 在2004－2005年，她作为英格兰的卫生服务监察专员共收到1937件申诉；其中有1233件于当年审结，87％的案件是在受理之后的12个月内审结的。作为卫生服务监察专员，她针对国家卫生服务局为老弱病残人员提供的长期照顾资金所引发的问题出版了专门的报告。[18]

在地方政府层面，存在着英格兰地方行政委员会［在其中，议会监察专员是一名依职权的（ex officio）的成员］。[18] 这一方案再一次模仿了议会监察专员模式，虽然存在着某些区别。个人针对地方当局、联合委员会、警察当局和其他机构的不良行政，可以直接向他们地区内的地方政府监察专员提起申诉。自从1988年以来，个人就可以直接向监察专员提起申诉，或者把问题呈交给被申诉机关的一名成员，但是在监察专员可以调查之前，该申诉必须通知

---

[17] 1996年《卫生服务委员（修正）法》。
[18] 《下院文件》，348号（2005－2006）。
[18] 参阅《下院文件》（2002－2003），以及《下院文件》，144号（2004－2005）。
[18] 1973年《地方政府法》，第3部分（修改后的版本）。

相应的当局。申诉人必须具体描述他或她认为属于不良行政的行为，或者至少需证明该行为能够引起申诉。[183] 特定的事项被排除在调查范围之外，例如针对影响地方区域内所有或绝大多数居民的行为提起的申诉。与议会监察专员一样，地方监察专员也无法强令提供救济，虽然当监察专员的报告有利于申诉人时，地方议会有权支付赔偿。[184] 如果地方议会对于监察专员的初次报告没有作出令人满意的反应，他或她可以提交第二份报告，同时附加应采取何种行为的建议，而且可以要求把该问题在地方范围内公开。[185] 人们可能会强烈要求在这种情形中为地方议会克加一项提供救济的法律义务。[186]

尽管存在着一些法定条款，可以使各种监察专员之间通力合作，[187] 但是只有非同寻常的公民才知道，他或她针对官僚作风提起的申诉应该怎样以及向谁提交，这种情况在英格兰尤其明显。把权力移交给苏格兰和威尔士的一个后果就是，现今存在着一个苏格兰议会监察专员和威尔士行政监察专员。[188] 苏格兰公共服务监察专员提供了一种"一站式"服务，接受针对苏格兰行政机关、国

---

[183] 英王诉地方管理委员会委员(申请人：布罗德夫福德参议会)(*R v Local Commissioner, ex p Bradford Council*)案，《女王法院案例汇编》，1979 年，第 287 页。
[184] 1974 年《地方政府法》，第 31 条第(3)项，以及其后的修正。
[185] 同上，第 31(1) – (2H)部分，以及 1989 年《地方政府与住房法》的修正。
[186] 比较 1969 年《申诉委员法》(北爱尔兰)，第 7 部分(郡法院提供损害赔偿的权力)。也可参阅《下院文件》，448 号(1985 – 1986 年)，C. M. G. 希姆斯沃尔斯：《公法》，1986 年，第 546 页，以及"司法/全部灵魂"委员会的报告：《行政司法———一些必要的改革》，第 5 章。
[187] 例如，1974 年《地方政府法》，第 33 条；1993 年《卫生服务委员法》，第 18 条。
[188] 参阅 M. 艾略特，《公法》，2006 年，第 84 页。

家卫生服务局、高等和继续教育机构、地方政府和许多其他公共机关的申诉。[189] 他或她任期五年,可以连任,向苏格兰议会提交报告。威尔士的情况是,威斯敏斯特议会为威尔士设立了公共服务监察专员,其职权的宽泛程度和苏格兰监察专员类似,但是,由于权力下放的程度不同,二者还是存在很多差别。[190] 威尔士监察专员任期七年,不可连任。在一个机关,例如一个地方当局,拒绝接受监察专员的救济建议时,威尔士监察专员可以向高等法院证明,该地方当局没有合法理由却拒绝采纳报告中建议的行为,然后,高等法院就可以考虑应该采取的行动。[191] 在威尔士和苏格兰,议会监察专员对于没有下放的政府行为领域(例如移民、税收和社会保障)仍然保有权力。

在2000年4月,一个内阁办公室针对英格兰境内公共部门的监察专员进行了一次调查,[192] 该结论认为,目前的立法需要一次根本的反思;应该为针对中央和地方政府、国家卫生服务局和其他公共机关的不良行政提起的申诉作一次整合性的重组。个人应该有普遍的权利接近新型的监察专员,而通向议会监察专员的这层"议员过滤网"应该消失。应该设立一个学院式机构(或者委员会),使得监察专员能够行使普遍的管辖权,但是个体监察专员可以在实践中扮演特别角色。该委员会需要接受议会质询,并可以

---

[189] 这个职位是根据《2002年苏格兰公共服务监察专员法》设立的。针对与下放权力范围内的跨部门问题提起的申诉也可以展开调查。

[190] 参阅,M.塞纳维特纳(Seneviratne):《公法》,2006年,第6页。

[191] 《2005年公共服务监察专员(威尔士)法》,第20条。

[192] 内阁办公室,《英格兰公共部门监察专员调查》(Review of Public Sector Ombudsmen in England)(2000)(Collcutt 调查)。

采取灵活的工作方式。该调查得到公共行政特别委员会的欢迎,[193]但是,其后的进展却非常缓慢,只在 2005 年 8 月发布了一份咨询文件。[194]由于政府在其立法计划中无法给英格兰的监察专员服务的改革留出时间,所以,有人建议说,可以根据《2001 年管制改革法》发布一道命令,来实现某些制定法上的改革。[195]依照这种思路,当前法律中的议会、国家卫生服务局和地方政府监察专员仍将继续保留,但是,却能使他们在调查中充分合作,向彼此的工作人员委任职责,针对良性行政发布建议和指南,并(除了调查权力外)可以非正式地处理申诉。最后一项建议和政府于 2004 年针对裁判所的发展所发布的白皮书中,对于监察专员服务所持的态度是一致的。[196]据此来看,在议会监察专员的问题上,"议员过滤网"仍将存在。

然而,考虑到政府层级和公共行政模式日益增加的复杂性,那种联合式监察专员的渴望很难用一种简单的方式实现。在 20 世纪 90 年代,作为对 1991 年《公民宪章》(Citizen's Charter)项目的回应,[197]一些政府部门任命了所谓的"外行裁决官",来及时处理那些相关官员未能令人满意地处理的冤情。由此,税务局任命了一

---

[193] 参阅《下院文件》,612 号(1999—2000 年)。

[194] 内阁办公室,《英格兰公共部门监察专员服务改革》(Reform of Public Sector Ombudsmen Services in England)(2005)。参阅,M.艾略特,《公法》,2006 年,第 84 页。

[195] 参阅本书边码第 686 页(第 28 章)。

[196] 《转型中的公共服务:申诉、救济与裁判所》(《敕令书》,6243 号,2004 年),第 4 章;上文边码 699 页(第 29 章 A)。

[197] 参阅《敕令书》,1599 号,1991 年;《下院文件》,158 号(1991—1992 年)。也可参阅 A.W.布拉德利:《公法》,1992 年,第 353 页;A.巴伦(Barron)和 C.斯科特:《现代法律评论》,1992 年,第 55 卷,第 526 页。

个税收裁决官,[198] 内政部为英格兰和威尔士任命了一个囚犯"监察专员",[199] 他的任务包括处理囚犯和被扣押的移民提起的申诉,并调查羁押期间的死亡事件。而且,根据欧共体条约第195条,欧洲议会任命了一名监察专员,来听取欧盟成员国公民针对共同体机构的不良行政提起的申诉,但是审判法庭和初审法庭在以司法角色行动时,不受调查。[200]

尽管监察专员这一名称最初是指防止政府滥用职权的卫士,但是它的修正形式已经拓及私有部门,包括建筑机构、银行、保险公司和其他被任命的监察专员,来处理不满意的消费者提起的申诉;他们的地位通常以合同为基础,但是,在法律职业领域,法律服务监察专员则是通过制定法设立的。[201] 这些问题超出了本书论述的范围,但是,他们所取得的成功将对公共部门的监察专员模式产生影响,并促进它们朝向迅速、便捷和便宜的救济方向变化。

---

[198] 参阅 P. 莫里斯(Morris):《公法》,1996年,第309页。

[199] 该称谓是不恰当的,因为它潜在地可能与议会监察专员相混淆:参阅《下院文件》33-I号(1993-1994年),第10页。

[200] 关于欧盟监察专员的工作,参阅,《上院文件》,117号(2005-2006)。也可参阅《欧盟基本权利宪章》(2000),第43条。

[201] 《1990年法院与法律服务法》,第21-26条。

第30章 行政行为的司法控制(一)

在一个以法治为基础的宪政民主国家中,对行政行为进行司法审查是一个重要的过程。无论制定法对于针对官方决定的上诉问题作出怎样的规定,让所有行使公共权力的决策者知悉以下这点都是有好处的:即法院可以对他们决定的**合法性**行使管辖权,也就是探询他们权力的限度以及对程序的合理遵守这些问题。当然,司法审查不能替代对决定的**是非曲直**、**便捷性**或**效率**的行政和政治调控,而且,诸如可以允许地方议会支配的支出水平这类问题内在地也不适合法院裁决处理。[①] 但法院可以确保公共机关作出的决定是符合法律规定的,而且正当程序标准得到遵守。

在行使这种管辖权时,法院既要考虑适用于争议问题的立法,也要顾及从司法判决中发展而成的行政法原则。司法机关既要确定应该适用的法律规则是什么,也要确定该规则是否被违反。尽管普通法规则的背景并没有在一夜之间发生改变,"但议会往往针对不同的情况制定不同的规则,这一点是可以理解的,实际上也是

[①] 英王诉环境大臣(申请人:哈默史密斯委员会)(*R v Environment Secretary, ex p Hammersmith Council*)案,《上诉案例汇编》,1991年,第1卷,第521、662页。

不可避免的";法官们"需要不断地学习、解释并实际适用规则的新版本"。②

适用于公共机构的立法由许多不同的法律组成,这些法律在被赋予的权力、向什么机构授权及对私人利益的保护程度等方面存在着广泛的差别。因此,司法控制历来有一种趋势,即把有关法律划分为完全不同的法律分支部门,如教育法、住宅法和移民法等。然而,一般原则是从大量的影响公共机构运作的司法判决中产生出来的,因而,当法院在适用具体法律时,知晓这些原则是至关重要的。

对行政行为进行司法审查要求法官在复杂多变的立法背景下创设法律原则。在这样一个活跃的法律分支中,必须慎重地使用先例。正如迪普罗克(Diplock)勋爵在 1981 年警告说:"任何在 1950 年以前就涉及公法的问题作出的司法陈述,都有可能成为理解当前法律的一种误导。"③ 政府行为中的某些部分(如移民)比其他部分引起更多的司法审查的事例,而且人们一直认为,当在整个行政过程的背景下对行政行为进行司法审查时,"不可避免地存在零星的和表面化的情况"。④ 但产生于司法程序中的一般原则不应当是偶然的、不连贯的或者相互抵触的。⑤

大量行政争议的法律解决方法都不可避免地涉及一定形式的

---

② 同前注解,第 561 页(唐纳德森勋爵)。
③ 英王诉工业改组公司(申请人:全国自营联合会)(R v IRC, ex p National Federation of Self-Employed)案,《上诉案例汇编》,1982 年,第 617、640 页。
④ 德史密斯、沃尔夫和乔威尔:《行政行为的司法审查》,第 3 页。
⑤ 对这一根本理论的有见地的批评,可参见 D.J.加利根(Galligan):《牛津法律研究杂志》(OJLS),1982 年,第 2 卷,第 257 页。

司法自由裁量。即使相关的原则是清晰的,它们在适用于特殊争议时也很少是一清二楚的。这个事实,加上司法判决在处理政府大臣和大地区当局的政策问题时可能受到政治影响,可能会导致批评法官存有政治偏见。⑥ 这方面一个著名的案例发生在1981年,(工党)大伦敦议会(GLC)制定的伦敦廉价消费政策在法庭上受到了(保守党)布罗姆利议会(Bromley)的挑战。上诉法院的两名法官[丹宁法官(Denning)和怀特金斯法官(Watkins)]在指责大伦敦议会的行为时使用了一些过度的语言,但法院的判决还是得到了上议院语气较为缓和的一致支持。⑦ 在20世纪90年代,许多司法审查的案例在或大或小的程度上避开了政治争论,但是,至为根本的一点是:法官应该基于法律根据,而不是与自身的政治观点相关的理由,来判决这些案件。M诉内政部⑧案这一里程碑式的判决可能影响法官的政治立场,该案中,在涉及从不列颠清除一名扎伊尔救济院的乞求者时,保守党的内政大臣(肯尼斯·贝克尔)被认为藐视法庭:但是,该判决与党派性的政治因素无关,且法官所考虑的每一件事情都是行政机关、法院、个人和法院的应有权威之间的正当关系所涵括的。

---

⑥ 例如,格里菲思(Griffith):《司法部门的政治》(*Politics of the Judiciary*),第3—7章。

⑦ 布罗姆利议会诉大伦敦议会(*Bromley council v Greater London Council*)案,《上诉案例汇编》,1983年,第768页;并参见其后的,英王诉伦敦运输公司执行管理人(申请人:大伦敦议会)(*R v London Transport Executive, ex p GLC*)案,《女王法院案例汇编》,1983年,第484页。也可参阅J.迪格南(Dignan):《法律季评》,1983年,第99卷,第605页;H.塞尔斯(Sales):《公法》,1991年,第499页。

⑧ 《上诉案例汇编》,1994年,第1卷,第377页。

第30章 行政行为的司法控制(一) 675

　　本章描述了法院据以行使司法审查职能的各种理由。⑨ 有些是普通法中长期存在的,诸如革除偏见的原则和公平听证的权利,另外一些是仍在发展的,例如比例性与合法预期。在我们考察这些理由之前,必须先提及三个预备性的问题。

　　首先,司法审查的理由一直是热烈的学术争论的主题。⑩ 这场争论的背景是不成文宪法下的公法的历史发展。由于议会至上和法治的互相冲撞所引发的各种问题,使得人们很难找到司法审查制度的理论基础。⑪ 一种理论("越权理论")强调说,越权原理是司法审查诸原则中的根本;由于这些原则是通过制定法解释发展出来的,它们自身的正当性就依赖于议会意图。由于议会并未阻止司法审查的演进,它的意图就一定是支持司法审查。

　　与之相反的是,"普通法"理论强调说,普通法是司法审查的基础。这种理论并不否认议会立法的权威,但却争辩说,司法审查的根据是法官创造的,它们从来都不是普遍立法关注的问题,而且,它们所包含的公平和正当行政原则远远超过议会的意图。而且,司法审查还延伸到非制定法权力。司法审查并没有建立在议会意图这种假想之上,而是法治的一个方面,法治和议会至上具有同等分量的权威。为了回应这种"普通法"理论,有人已经提出了"修正性的越权理论"。⑫ 这种理论不再依赖于直接和具体的议会意图,

---

⑨ 关于司法审查的程序,参见第31章。
⑩ 一些有价值的论文收录在福赛思编辑的《司法审查与宪法》(*Judicial Review and Constitution*)一书中。也可参阅 P. A. 约瑟夫(Joseph):《公法》,2001年,第354页;J. 劳思(Laws)在索普斯通、古地和沃克编辑的《司法审查》中的论述,第6章。
⑪ 参阅第4、5章。
⑫ 参阅艾略特,《司法审查的宪法基础》(*The Constitutional Foundations of Judicial*

而是赋予议会一种普遍和间接的意图,并和法治相一致;由此,就可以说司法审查和议会意图相一致。

这场争论背后所关切的是,当围绕司法审查产生了政治危机时,议会至上与司法机关的权威的问题该怎么处理。争论的双方都承认,议会有权针对司法审查的范围立法,可以通过明确的方式扩大或缩小这个范围;[13]但是,某些坚持"普通法"理论的人与"越权理论"的支持者比较来说,更不愿意承认议会拥有排除司法审查的绝对权威。

第二个问题涉及对司法审查理由的归类。在1984年的政府通信总部(GCHQ)案中,迪普洛克勋爵(Lord Diplock)对行政行为接受司法控制的理由进行了划分,并归结为三个方面:"不合法性"、"不合理性"和"程序不正当性";他还认为,随着法律的发展,还会有其他理由(如"比例性")添加进来。[14]在1986年,新西兰上诉法院的院长曾经评论说:"简而言之,司法审查的实体原则是决策者必须依法,公正、合理地行事。"[15]这是一种令人钦佩的有关法律背后的政策的总结,但如果要作为决策指导的话,还需要认真了解三个标准中每一个所蕴涵的意义。

Review),P.克雷格(Craig)和 N.班福斯(Bamforth)曾对这篇文章写过评论,《公法》,2001年,第763页。

[13] 参阅本书边码第775-778页。

[14] 国民服务联盟委员会诉文官大臣(*CCSU v Minister for the Civil Service*)案,《上诉案例汇编》,1985年,第374、410页;比较第414页,波斯基尔(Poskill)勋爵的论述。

[15] 罗宾·库克(Sir Robin Cooke)爵士在塔格特(Taggart)编辑的:《20世纪80年代对行政行为的司法审查》(*Judicial Review of Administrative Action in the 1980s*)中的论述,第5页。

第三,我们必须注意 1998 年《人权法案》的影响。[16] 简言之,根据该法第 3 条,任何法院在可能的情况下,都必须以和公约中的权利相一致的方式适用和解释法律。根据该法第 6 条第(1)项,公共机关以与公约中的权利不一致的方式行为(除非基本立法要求这样做)是不合法的。而且,根据第 6－7 条,司法审查是保护公约中权利的最后程序。由此,现存的司法审查理由中又加入了一条宽泛的理由,即和公约中的权利保持一致。

A. 基于实体理由的司法审查

这一部分关注的是涉及被审查的官方决策或行为的实体或内容方面的审查理由;与决策制定的程序相关的审查理由留作下一部分讨论。虽然这里强调的是英格兰的法律,但在苏格兰法律中的司法审查原则与此也非常相近。[17]

越权原则(超越权限)

如果公共权力机构超越了赋予它的权力,那么超越权限的行

---

[16] 参阅下文注解 125－127。也可参阅,A.W.布拉德利在索普斯通、古地和沃克编辑的《司法审查》一书中的论述,第 4 章。
[17] 参阅《苏格兰法阶梯记忆百科全书》(*Stair Memorial Encyclopedia of the Laws of Scotland*),第 1 卷,《行政法》(2000 年重版),以及克莱德(Clyde)和爱德华兹(Edwards):《司法审查》。

为便视为越权,从而无效。越权原则不能被用来质疑议会法律的有效性;但却可以用来控制那些超越了法律所赋予权力界限的人们的行为。有关这一原则最简单的例子是,地方议会调整规制私人活动的权力来自制定法,但其行为却超越了授权活动的范围。以下是两个例子。

在英王诉泰晤士河岸里士曼土地银行委员会(申请人:麦卡锡和斯通有限公司)(R v Richmond on Thames, ex p McCarthy and Stone Ltd)案中,一个地方规划机构规定,规划官员可以在为新项目寻求规划许可的开发商向其非正式咨询时,收取25英镑的费用。法律规定,不论是否有这种非正式的咨询,地方议会要对所有的规划许可申请作出决定。上议院认定,即使地方议会的官员为寻求许可的开发商提供非正式咨询本身有助于或者附属于地方议会的规划职能,25英镑的收费也是不合法的,因为这种收费并不是地方议会的那些职能所附带的。上议院坚持了这样的原则,即在没有明确的法律授权的情况下,公共机构不能向公众收取任何费用。[18]

在哈兹尔诉哈默史密斯和福勒姆议会(Hazell v Hammersmith and Fulham Council)案中,地方当局(如同其他地方议会所做过的那样)于1983年建立了一个基金,来处理资本金市场的交易,通过这种途径,地方议会可以从将来的利率波动中获利。这些交易包括利率交换(interest rate swaps),进行这类

---

[18] 《上诉案例汇编》,1992年,第2卷,第48页。

第30章　行政行为的司法控制（一）　679

交换的选择权,未来利率协议(forward rate agreement)等。如果利率下降,地方议会就能获利;事实上,利率的上升及巨大的资本损失都是由该议会造成的。在这一政策的第二阶段中,议会作了进一步的交换,但其目的仅仅是为了控制在其退出市场时所遭到损失的范围。地区审计员申请发表声明,以宣布所有的这类交易都是不合法的。上议院认为,由于从事利率交换交易这种行为与委员会的法定举债能力不相符合,并且也并非"有助于或附属于"这种权力,因此,地方委员会没有权力参与利率交换的交易,而这种交易本身的特点就包括了在未来利率变动中的投机行为。[19]

正如这些案例所表明的,一个机构的权力不但包括那些明确由法律所赋予的,也包括那些合理地附属于那些被明示赋予的权力。[20]虽然允许承租人在一个特定保险公司中为其居家用品投保,被认为属于房产管理机构的管理权限范围之内,[21]但地方议会的默示权力并不保护基于其他理由会遭到反对的事物。

在瑞士银行诉阿勒代尔议会(*Crédit Suisse v Allerdale Council*)案中,议会设立了一个公司,公司提供游泳休闲中心

---

[19]　《上诉案例汇编》,1992年,第2卷,第1页;还可参阅 M.洛克林(Loughlin):《公法》,1990年,第372页,《公法》,1991年,第568页。

[20]　关于地方当局,参见1972年《地方政府法》,第111条。

[21]　总检察长诉克雷福德城镇区议会(*A-G v Crayford UDC*)案,《大法官法庭案例汇编》(Ch),1962年,第575页。

(这明显是在议会的权力范围之内),以及钟点房的服务(最终认为不在议会的权力范围内);由于委员会自己不能借入必需的资本,因此其为公司偿还原告银行提供的六百万英镑的贷款进行了担保。但公司并没有从钟点房的交易中获得足够的资金来偿还贷款。(上诉法院)认为,鉴于1972年《地方政府法》已经规定了有关举债能力的综合性准则,议会的担保是无效的,也是不能执行的。这一项目是一个"旨在阻止绝对令人生厌的中央政府控制的巧妙配置"。②

诸如这类的判决,在地方议会为新兴开发而筹集私人资金方面,创设了许多不确定性。在1997年,议会拓宽了地方议会的权力,使它们可以签订资产、服务、物品和联合筹资方面的合同,并授权它们批准其权力范围内的特定合同。㉓ 越权原则适用于所有的公共机构,但是在它适用于任何特定情形中时,都必然依赖于授予公共机关的权力。㉔ 政府部门得益于以下原则:政府作为一个法

---

② 《女王法院案例汇编》,1997年,第306页(尼尔法官);还可参阅瑞士银行诉沃尔瑟姆福雷斯特参议会(Crédit Suisse v Waltham Forest Council)案,《女王法院案例汇编》,1997年,第362页。

㉓ 1997年《地方政府(合同)法》;批准并不能使合同免受司法审查,但是法庭可以出于特定理由判定,一个否则将越权的得到批准的合同,在法律上有效。也可参阅《2000年地方政府法》,第2条;J.霍威尔,《司法审查》,2004年,第72页。

㉔ 参阅例如,英王诉加地夫地方卫生委员会(申请人:基丁)(R (Keating) v Cardiff Local Health Board)案,《英格兰及威尔士上诉法院民事法庭案例汇编》,2005年,第847页,《全英格兰法律汇编》,2005年,第3卷,第1000页(该案涉及资助具有精神疾病的人的权力);罗伯茨诉假释委员会(Roberts v Parole Board)案,《上议院案例汇编》,2005年,第45页,《全英格兰案例汇编》,2006年,第1卷,第39页(该案涉及不公布囚犯的敏感信息并指派专门律师的隐含权力)。

第 30 章 行政行为的司法控制(一) 681

人并不是由制定法创设的,而且在普通法上它还能够拥有财产,订立合同,以及雇用雇员。㉕ 然而,一个政府部门在行使法定的管制权力时不能与其他法律相抵触或者以其他方式超越其权力。

在英王诉社会保障大臣(申请人:移民福利联合委员会)(R v Social Security Secretary, ex p Joint Council for the Welfare of Immigrants)案中,㉖ 根据 1992 年《社会保障贡献与受益法》,大臣有权制定收入资助标准方面的规章。为阻止救济金寻求者涌入联合王国,大臣制定了一些规章,阻止特定的救济金寻求者获得收入资助,尽管他们有权逗留在英国境内,他们根据 1993 年《避难与移民上诉法》提起的上诉已经被判决。上诉法院以 2:1 的多数判定,这些规章,对于某些救济金寻求者来说,将使他们的上诉权力形同虚设;由于它们与 1993 年法向冲突,所以这些规章是越权的。

政府部门在开支方面也不得违反议会设定的条件。㉗ 当一个

㉕ 参阅 B.V.哈里斯:《法律季评》,1992 年,第 108 卷,第 626 页。
㉖ 《全英格兰案例汇编》,1996 年,第 4 卷,第 385 页。关于大臣作出的其他非法决策,参阅莱克航空公司诉贸易部(Laker Airways Ltd v Department of trade)案,《女王法院案例汇编》,1977 年,第 1 卷,第 643 页,(巴德温:《公法》,1978 年,第 57 页);英王诉运输大臣(申请人:理查蒙德议会)(R v Transport Secretary, ex p Richmond Council)案,《全英格兰案例汇编》,1994 年,第 1 卷,第 577 页;以及英王诉外交和联合王国大臣(申请人:班考特)(R v Foreign and Commonwealth Secretary, ex p Bancoult)案,《女王法院案例汇编》,2001 年,第 1067 页。
㉗ 英王诉外交大臣,申请人:"世界发展运动"组织(R v Foreign Secretary, ex p World Development Movement),《全英格兰案例汇编》,1995 年,第 1 卷,第 611 页。

公共机构的行为被投诉越权或者违反了法律,法院的注意力集中在授予它权力的那部法律本身。法院常常可以通过解释这部法律找到答案。但是司法审查的过程不限于对立法进行狭隘的解释。其中一个原因是,基于特权或者另外一个非法定的依据制定的法律,本身也可能成为司法审查的对象。[28] 第二个原因是,许多制定法授予公共机构广泛的自由裁量权;对这些自由裁量权的司法控制超出了法定解释的过程,现在我们讨论这个问题。[29]

自由裁量权的滥用[30]

我们已经看到,自由裁量权的概念涉及在几种决策或行动方针之间进行选择的可能性,而每一种都是合法的。[31] 然而,在行使自由裁量权时,一名官员或一个公共机关可能会(有意或无意地)制定一项决策或者采取一个行为,而法院认为它们是不合法的。几个世纪以来,法院一直在监督这些决策。[32]尽管法院不会用自身

---

[28] 参阅国民服务联盟委员会诉文官大臣(*CCSU v Minister for the Civil Service*)案,《上诉案例汇编》,1985年,第374页;英王诉接管与合并座谈小组(申请人:戴塔芬)(*R v Panel on Take-Overs and Mergers. ex p Datafin plc*)案,《女王法院案例汇编》,1987年,第815页。

[29] J.乔威尔(Jowell)和A.莱斯特(Lester):《公法》,1987年,第368页。

[30] 参阅:德史密斯、沃尔夫和乔威尔:《行政行为的司法审查》,第6章;韦德和福赛思:《行政法》,第10、11章;克雷格:《行政法》,第17、18章。还可参阅:加利根(Galligan):《自由裁量权》(*Discretionary Powers*)。

[31] 参阅第27章,注解第630页注③和631页注①②。

[32] 参阅例如,卢克(Rooke)案,(Co Rep),1598年,第5卷,第99b页:"'自由裁量'……是指根据理性和正义的原则,而非个人意见,做出的某些事。"

的判决代替法律赋予其自由裁量权的官员或机关的决策,但是,当自由裁量权看上去没有被合法地行使时,法院就可能进行干预。即使制定法的语言试图授予绝对的自由裁量权,法院也非常不情愿承认他们审查该行为的权力被排除。法院对声称一个大臣有不受拘束的裁量权的态度在帕德菲尔德诉农业大臣(*Padfield v Minister of Agriculture*)案中得到了表现。

根据1958年《农业市场推广法》,牛奶推广计划包括一个投诉程序,根据该程序,"如果农业大臣这样指示的话",一个调查委员会可以审查任何针对该计划运作的投诉。帕德菲尔德,英格兰东南的一个农民,投诉当地牛奶推广委员会支付给农民的价格。农业大臣拒绝将该投诉移交调查委员会,并声称他有不受约束的裁量权,来决定是否移交投诉。法院认为,农业大臣在处理投诉问题的时候应该依据法律。他所提出的拒绝移交投诉的理由在法律上不是充分的理由,这说明他没有能够依据与1958年法律意图和目标相适应的方式行使自由裁量权。"1958年立法的政策和目标必须从法律的整体方面来确定,而解释法律始终是法院的事情"。[33]

这个判决的重要性还在于,法官在审查了农业大臣给出的理

---

[33] 《上诉案例汇编》,1968年,第997、1030页(雷德勋爵)。在英王诉环境大臣(申请人:斯帕斯-霍尔姆有限公司)(*R v Environment Secretary, ex p Spath Holme Ltd*)案,《上诉案例汇编》,2001年,第2卷,第349、396页。尼科尔斯(Nicholls)勋爵指出:"议会授予的自由裁量权从来就不是绝对或不受约束的。"

由是否符合法律之后,已经打算认定他没有更好的理由支持其决定。在帕德菲尔德一案中,法官愿意对大臣的自由裁量施加限制,这和他们常常缩减地方当局的自由裁量范围是相适应的。因此,一个地方规划部门可以"根据他们认为合适的条件",授予规划许可,但是,法院已经严重地限制了这个权力明显的范围。[34]

对过量自由裁量权的不信任说明了:为什么即使是内政部无条件拒绝一个外国人入籍这样的权力,也要符合公正的程序要求;[35] 为什么授予否则是"确定的"证书的权力,如果与共同体法律不一致的话,也可以被审查。[36] 在过去,法院比现在更倾向接受这样的观点,即行政自由裁量可以免受司法审查。法院拒绝审查行政自由裁量权的极端案例发生在第二次世界大战期间。在利弗西奇诉安德森案中,[37] 上议院认为,阿特金大法官持反对意见,内政大臣有权拘留任何他有合理的理由相信是有敌意的人或者来自有敌意的组织的人,这是行政自由裁量的事情,法院必须接受内政大臣作出的,他确信自己有理由发布拘捕令的声明。这是司法机

---

[34] 例如,霍尔有限公司诉海滨肖勒姆城镇区议会(*Hall and Co ltd v Shoreham-by-sea UDC*)案,《全英格兰案例汇编》,1964年,第1卷,第1页;R诉希灵顿自治区议会(申请人:罗伊科·霍姆斯公司)(*R v Hillingdon BC, ex p Royco Homes Ltd*)案,《女王法院案例汇编》,1974年,第720页。

[35] 参阅:英王诉内政大臣(申请人:费德)(*R v Home Secretary, ex p Fayed*)案,《全英格兰案例汇编》,1997年,第1卷,第228页。

[36] 例如,案例汇编–228/84,约翰斯顿诉北爱尔兰皇家警察局长(*Johnston v Chief Constable RUC*)案,《女王法院案例汇编》,1987年,第129页。

[37] 《上诉案例汇编》,1942年,第206页。参阅 R. F. V. 赫斯通(Heuston):《法律季评》,1970年,第86卷,第33页,《法律季评》,1971年,第87卷,第161页;辛普森(Simpson):《最可憎者》(*In the Highest Degree Odious*)。

关不愿意审查行政自由决策制定的极端例子,最好的解释是,那是由战时特殊情况造成的。

我们现在考察法院在审查自由裁量权行使时依据的各种理由。实际上,这些理由是重叠的,一个极端不合理的决策可能在许多方面都是有瑕疵的。

1. **不相关的因素**(Irrelevant considerations)。如果决策者考虑了法律上不相关的因素,或者没有考虑相关的因素,他的权力就没有合法地行使。由此,内政大臣在决定是否从监狱中释放两个被判处谋杀罪的少年犯时,如果他考虑了不相关的因素(公众请愿要求对谋杀者终身监禁),而拒绝考虑相关因素(他们在监禁期间的进步与改善),他就没有合法地行为。[38] 地方当局给予一个地方议员一座房屋,使她在分房名单上排在其他人的前面,这是非法的,因为这受了房屋委员会主席观点的影响,该主席认为,该房屋有助于她重新当选。[39] 一个委员会为一个空仓库而多收取五万英镑的房款,如果这个委员会拒绝归还其多收取的钱,这个委员会就没有合法地行使其法定的自由裁量权,上议院认为,其原因是该委员会忽视了裁量权的法定目的。[40]

法院享有的裁决某些考虑的因素是无关的这种权力,会严重

---

[38] 参阅例如,英王诉内政大臣(申请人,维纳布斯)(R v Home Secretary, ex p Venables)案,《上诉案例汇编》,1998年,第407页。

[39] 英王诉塔尔伯特港议会案(申请人:琼斯)(R v Port Talbot Council, ex p Jones)案,《全英格兰案例汇编》,1988年,第2卷,第207页。

[40] 英王诉陶尔-哈姆雷特自治区议会(申请人:彻特尼克开发有限公司)(R v Tower Hamlets Council. ex p Chetnik Developments Ltd)案,《上诉案例汇编》,1988年,第858页。

限制制定法一般用语的范围,[41]但是法院并非总是对法定自由裁量权进行限制性解释。[42]反过来说,要求政府当局不应考虑不相关因素就是说它们必须考虑相关的因素。然而,只依据应该考虑的因素没有得到考虑,并不足以宣布一个决定无效:只有当法律"明确或者隐含地规定了应该考虑的因素,并把这作为政府当局的法律义务",如果这些因素没有被考虑,这时候作出的决定才是无效的。[43]因此,有些因素决策者可以考虑,但是不一定必须这样。[44]尽管法院有权裁决哪些因素是相关的或者不相关的,以及它们是否应被考虑,但是,却应该由决策者来衡量要考虑的因素的分量。[45]然而,如果决策者赋予一个因素过重的分量,他的决定将被

---

[41] 参阅例如,米克斯纳姆财产公司诉城镇区议会(*Mixnam's Properties Ltd v Chertsey UDC*)案,《上诉案例汇编》,1965年,第735页(G.甘兹:《现代法律评论》,1964年,第27卷,第611页)。

[42] 参阅罗伯顿诉环境大臣(*Roberton v environment Secretary*)案,《全英格兰案例汇编》,1976年,第1卷,第689页(因通往首相别墅的小路蜿蜒曲折,而有暗杀首相的风险);英王诉威斯敏斯特市议会(申请人:莫纳汉)(*R v Westminster Council. Ex p Monahan*)案,《女王法院案例汇编》,1990年,第1卷,第87页(涉及伦敦蔬菜花卉市场附近的办公开发许可,其利润将用于资助乡间剧场的开发)。

[43] CREEDNZ公司诉总督案(*CREEDNZ Inc v Governor-Genera*)案,(NZLR),1981年,第1卷,第172、183页(库克法官),该判决在芬德利案(Re Findlay)中得到遵守,《上诉案例汇编》,1985年,第318、333页。

[44] 参阅英王诉萨默塞特郡议会(申请人:菲因斯)(*R v Somerset CC. Ex p Fewings*)案,《全英格兰案例汇编》,1995年,第3卷,第20页起,第32页(西蒙·布朗法官)(通过2:1的比例得出判决,禁止在地方议会的区域内猎捕鹿的禁令是不合法的,因为该议会并没有把禁令建立在其土地管理权的基础上;但是,认为猎捕鹿是残忍的行为,这并不必然是不相关的考虑)。

[45] 参阅特斯科商店诉环境大臣(*Tesco Stores v Environment Secretary*)案,《全英格兰案例汇编》,1995年,第2卷,第636页;英王诉剑桥卫生行政当局(申请人:区议会)(*R v Cambridge Health Authority. Ex p B*)案,《全英格兰案例汇编》,1995年,第2卷,第129页。

依据合理性或比例性理由受到审查。㊻

2. **不正当的目的**。为了一个不正当的目的行使权力是无效的。不正当目的包括做决定的官员基于仇恨或者个人不诚实,但是这种情况很少发生。大多情况是一个公共机构对自己的权力产生误解,有些时候是因为对公共利益过分热心。因此,一个市议会被授权强制征购,目的是为了扩展道路或者改善城市环境,如果其目的是为了从可以预期的这些土地的增值中获益,其买地行为就可能无效。㊼在康格里夫诉内政部(*Congreve v Home Office*)案中,内政部威胁一些电视营业证的持有人,如果他们不另外支付6英镑的话,他们的营业证可能会被内政大臣收回,上诉法院认定,"采用威胁的办法把权力作为榨取金钱的手段,议会并没有给予行政机关提出这种要求的权力",内政大臣不正当地行使了其撤销营业证的权力。㊽在波特诉马吉尔(*Porter v Magill*)案中,㊾威斯敏斯特议会中的保守党多数采取了一项政策,即在该城市的特定地区出卖议会的房屋,他们的信念是,房屋的所有者要比租赁人更可能投保守党的票,这种行为被判定为不合法。上院承认,议员是选举产生的,且通过正当的程序,可以连选连任,但是又强调指出,议会

㊻ 参阅本书边码第735–738页。

㊼ 悉尼市政委员会诉坎贝尔(*Municipal Council of Sydney v Campbell*)案,《上诉案例汇编》,1925年,第338页。在瑞士银行诉阿勒代尔参议会(上文注解)案中,那个方案被设计用来超越法定的举债限制。

㊽ 《女王法院案例汇编》,1976年,第629、662页(杰弗里·莱恩)。

㊾ 《上议院案例汇编》,2001年,第673页,《上诉案例汇编》,2002年,第2卷,第357页。也可参阅:英王诉刘易斯哈姆土地银行委员会(申请人:谢尔英国公司)(*R v Lewisham Council, ex p Shell UK Ltd*)案,《全英格兰案例汇编》,1988年,第1卷,第938页。

的权力必须为了它们被授予的目的而使用,不能用来提升某个政党的选举优势。

在产生于威斯敏斯特的一个早期的案例中,引发了难以处理的问题,当时议会的动机里边既有合法的又有非法的目的。

> 威斯敏斯特公司被授权建造公共厕所,但是不包括建造地下行人通道。据称,该公司设计的地下公共厕所,是为了通向这些厕所的地下便道可以成为通过繁华街道的一种方法。该公司被起诉要求停止施工,原因是其真正目的是为了通行而非提供公共厕所。法院拒绝介入此事。"没有足够的证据显示该公司期望公众可能利用地方通道作为过街的方法。要使一个有恶意的案件成立,必须证明该公司建设地下通道的目的是为了行人通过街道,而提供公众实际上并不需要的公共厕所只不过是借口。"[50]

在这些案件中,有时需要区分目的和动机,以保证当权力的行使符合授权的目的时,它们是否受到无关动机的影响就不是一件值得关注的事情。但是目的和动机的区分很难把握,有时它让位于对下述问题的检验,即什么是主要目的,或者按照严格的规则,上文已有论述,如果存在外在的或者无关的考虑因素,所作决定就

---

[50] 威斯敏斯特公司诉伦敦和西北铁路公司(*Westminster Corpn v London and North Western Railway Co*)案,《上诉案例汇编》,1905年,第426、432页(麦克诺顿勋爵);比较,韦布诉住宅大臣(*Webb v Minister of Housing*)案,《全英格兰案例汇编》,1965年,第2卷,第193页。

是无效的。[51]

3. **法律错误**。一个被授予自由裁量权的当局必须依法行事,否则其决定可能被宣布无效。

> 在英王诉内政大臣(申请人:维纳布尔斯)(R v Home Secretary, ex p Venables)案中,内政大臣把两个少年犯在被释放前需交纳的"课税期限"从10年增加到15年。内政大臣的一个声明指出,对被判处拘留的少年犯的处理,和被判处生命刑的成年犯的处理,依据的是同样的基础。上诉法院以3∶2的比例得出判决,内政大臣的这个声明在法律上误导了自己。"他的法律前提是错误的:两种宣判并不相同。拘留的处罚要求内政大臣与时而异地作出判定……而无论拘留是否仍为正当。内政大臣误解了自己的职责。这种误导本身使其决定变得不合法。"[52]

因此,当一个区议会决定禁止在其领域内猎杀鹿,且并没有超出其权力范围,该项政策仍被撤销。[53] 这些判决都佐证了迪普洛克勋爵的论断,"决策制定者必须正确理解调整其决策制定权的法

---

[51] 德史密斯,沃尔夫和尤维尔,《行政行为的司法审查》,第340－346页。
[52] 英王诉内政大臣,申请人:维纳布尔斯,《上诉案例汇编》,1998年,第407、518－519页(斯泰恩勋爵)。
[53] 英王诉萨默塞特郡议会(申请人:菲因斯)(R v Somerset CC, ex P Fewings)案,《全英格兰案例汇编》,1995年,第3卷,第20页起。

律,且必须赋予它们效力。"⑭

　　法律错误的含义远远不止对立法的错误解释。如果一个大臣,(除了其他以外)没有证据支持其行为,或者有证据显示他或她不能合理地得出其得出的结论,这个大臣就犯了法律上的错误。⑮这些原则在1976年工党的国务大臣和保守的议会之间就中学教育的重组一事发生的冲突得到了很好的说明。

　　　　根据1996年《教育法》第496条,如果内政大臣获知,一个教育管理部门准备不合理地采取行动,他或她可以见机行事,向教育管理部门发布指示。当1976年5月新当选的特姆塞德(Tameside)议会决定改变以前的计划,继续挑选学生在9月进入五个语法学校就读,国务大臣指示该议会遵守以前的计划。上议院拒绝执行这个指示,认为这个指示要想有效,只有在国务大臣确信没有合理的机构能够像该议会那样提议。在第68条中的"不合理"不是指国务大臣认为是错误的行为。就事实来看,没有材料显示国务大臣已经确信特姆塞德议会不合理地采取了行动。因此他肯定误导了自己而采取了基于

---

　　⑭ 国民服务联盟委员会诉文官大臣(Council of Civil Service Unions v Minister for the Civil Service)案,《上诉案例汇编》,1985年,第374、408页。
　　⑮ 爱德华兹诉贝尔斯托(Edwards v Bairstow)案,《上诉案例汇编》,1956年,第14页;在阿什布里奇投资有限公司诉住宅大臣(Ashbridge Investments Ltd v Minister of Housing)案中,适用于大臣的决定,《全英格兰案例汇编》,1965年,第3卷,第371页;科林道具有限公司诉住宅大臣(Coleen Properties Ltd v Minister of Housing)案,《全英格兰案例汇编》,1971年,第1卷,第1049页。关于一般的法律错误,见 J.毕特森(Beatson):《牛津法律研究杂志》,1984年,第4卷,第22页。也可参阅下文注解121。

那些理由的行动。㊾

以法律错误作为依据来控制自由裁量权,就把法院放在一个有力的位置上来面对行政机关,因为认定法律错误特别是法院的事情。就像特姆塞德一案所表明的,法律错误是一个非常柔性的概念,使得法官觉得必要时可以对作出行政决定的理由及其事实基础进行一个非常细致的审视。稍后我们在这一章中会讨论,现在这是否一个普遍原则,即裁判所在作出决定时如果出现法律错误,必须认定其超出了自己的管辖范围。

4. 未获批准的授权。一个被制定法授权行使自由裁量权的机构,不能把该项权力的行使委托给另外的人或者机构,除非制定法本身明确授权它可以进行这种委托。一般来说,准许了一层授权的制定法并未因此批准进一步的授权。在巴纳德诉国家船坞劳工委员会(Barnard v National Dock Labour Board)案中,全国船坞劳工委员会把对注册工人的训练职责合法地授予地方船坞委员会;当地方船坞委员会把对工人停职的权力再次委任给港口管理员时,它就做了不合法的行为。㊿

不得把被授予的权力进行委托的规则似乎要求一个大臣必须

㊾ 教育大臣诉特姆塞特议会(Education Secretary v Tameside Council)案,《上诉案例汇编》,1977 年,第 1014 页[D. 布尔(Bull):《现代法律评论》,1987 年,第 50 卷,第 307 页]。

㊿ 参阅《女王法院案例汇编》,1953 年,第 2 卷,第 18 页。以及,例如,杨诉法夫行政区议会(Young v Fife Regional Council)案,《苏格兰法律时报》,1986 年,第 331 页。

亲自行使所有授予他或她的权力。然而，在中央政府层面，法院已经接受，授予大臣的权力和义务可以适当地由一个官员行使，而由这位大臣代他向议会负责，或者由一位低级的大臣行使。[58] 相应地，为大臣提供咨询的官员所获得的信息，也被视为已经经过该大臣考虑后的信息。[59] 但是，如果一项法律义务赋予了一位大臣，那么他或者不能采行这样的政策，据此，决策实际上是由另外一位大臣作出的。[60] 而且，如果一个自由裁量权被授予一个下级官员，那么其上级也不能通过命令把这个权力拿走。[61] 同样的原则也基本上适用于法定机构。因此，警察投诉委员会对投诉不能无所行动，如果公诉指挥官决定不应采取刑事起诉的话；[62] 但是种族平等委员会可以授权它的工作人员正式调查被控的种族

---

[58] 卡尔特纳有限公司诉劳工专员（Carltona Ltd v Commissioners of Works）案，《全英格兰案例汇编》，1943年，第2卷，第560页；黄金化学产品公司（Re Golden Chemical Products）案，《大法官法庭案例汇编》，1976年，第300页。也可参阅：英王诉内政大臣（申请人：奥拉德欣德）（R v Home Secretary, ex p Oladehinde）案，《上诉案例汇编》，1991年，第1卷，第254页；D.拉纳姆（Lanham）：《法律季评》，1984年，第100卷，第587页；英王诉内政大臣（申请人：杜蒂）（R v Home Secretary, ex p Doody）案，《上诉案例汇编》，1994年，第1卷，第531、566页（内政大臣决定谋杀者生命刑的惩罚要素的权力）；以及第13章D。

[59] 全国卫生用品商店联盟诉卫生大臣（National Association of Health Stores v Health Secretary）案，《英格兰及威尔士上诉法院行政法庭案例汇编》，2003年，第3133页。

[60] 拉文德父子公司诉住宅大臣（Lavender & Son Ltd v Minister of Housing）案，《全英格兰案例汇编》，1970年，第3卷，第871页，比较，审计委员会诉伊令市议会（Audit Commission v Ealing Council）案，《英格兰及苏格兰上诉法院民事法庭案例汇编》，2005年，第556页；J.布雷尔（Braier），《司法审查》，2005年，第216页。

[61] 西姆斯发动机单位有限公司诉劳工大臣（Simms Motor Units Ltd v Minister of Labour）案，《全英格兰案例汇编》，1946年，第2卷，第201页。

[62] 英王诉警察投诉委员会（申请人：梅登）（R v Police Complaints Board, ex p Madden）案，《全英格兰案例汇编》，1983年，第2卷，第353页。

歧视情况。[63] 在地方政府,地方议会现在有广泛的权力,把它们的职责委托给委员会、分委员会和工作人员行使。[64]

5.自由裁量权不受约束。公共机关在决定是否授予个人所追求的利益——它可能是规划许可、许可证、给付金钱或者允许入学——或者是否进行惩罚(诸如因错误行为而撤销许可或者开除学生)时,经常行使自由裁量权。在法律上,该机关必须考虑相关事项的性质,包括个别的情况。但是,如果不考虑一些一般的问题,诸如先前案例所形成的所有相关的标准或者政策或者判决,就不可能评估个别案例的性质。自由裁量权的形式不能受到一条有约束力的规则的影响或限制。一个政府部门可以采取一般政策并向申请者表明除非有特殊情况,这个政策将会得到实施;[65] 但是政府不得采取一个规则使得某一类申请总是被拒绝。[66]

这些原则适用于授予政府部门的自由裁量权的行使,但是,除

---

[63] 英王诉种族平等委员会专员(申请人:科特雷尔和罗松)(*R v Commission for Racial Equality. ex p Cottrell & Rothon*)案,《全英格兰案例汇编》,1980年,第3卷,第265页。

[64] 参阅1972年《地方政府法》,第101条。

[65] 参阅英王诉内政大臣(申请人:P和Q)(*R v Home Secretary, ex p P and Q*)案,《家庭法案例汇编》(FLR),2001年,第2卷,第383页(该案涉及一项允许服刑的母亲把未满18岁的孩子带到身边的政策)。

[66] 英王诉伦敦港口行政当局(申请人:凯诺奇)(*R v Port of London Authority, ex p Kynoch*)案,《王座法院案例汇编》,1919年,第1卷,第176页、184页(班克斯法官的格言)。参阅D.J.加利根:《公法》,1976年,第332页,以英王诉内政大臣(申请人:维纳布尔斯)(*R v Home Secretary, ex p Venables*)案,《上诉案例汇编》,1998年,第407页(内政大臣的自由裁量权因忽视监狱中的儿童发展这一严格的政策而受到约束),以及英王诉内政大臣(申请人:辛德利)(*R v Home Secretary, ex p Hindley*)案,《上诉案例汇编》,2001年,第1卷,第410页(内政大臣准备随时重新考虑终身纳税的决定)。

非政府部门在制定政策时遵守自由裁量权的行使规则,否则,它们无法高效地履行职责。这些政策并不是有约束力的规则。

根据一个给工业自由投资拨款的计划,贸易委员会制定了一个规则,这些拨款不能用于那些开支在25英镑以下的项目,并拒绝把款项支付给下述公司,如果它们已经在汽油筒上花费了四百万英镑,而每一只筒的费用是20英镑。上议院同意政府部门有权制定这样一个规则或者政策,只是它必须准备就个别自由裁量的行使听取不同的意见。[67]

在这样的案件中,个人会发现,很难说服官员相信,自己应该享有优惠待遇。实际上,应把他们的权利描述成要求改变普遍政策的权利。[68] 即使如此,法院也许更倾向认为,公共机构有权在不干预自由裁量的合适行使的情况下采取明确的政策。[69] 例如,当自由裁量的教育拨款项目受到财政方面的限制时,决策制定者就很难公平地对待所有人的申请,并且不超出预算范围。[70] 采纳这

---

[67] 英国氧气公司诉贸易委员会(British Oxygen Co v Board of Trade)案,《上诉案例汇编》,1971年,第610页。

[68] 同上注解,第631页(迪尔霍恩勋爵)。

[69] 比较,根据蒂莉告发,总检察长诉旺兹沃斯自治区议会(A-G ex rel Tilley v Wandsworth BC)案,(WLR),1981年,第1卷,第854页,以及,英王诉罗奇代尔自治区议会(申请人:克罗姆·林·米尔公司)(R v Rochdale BC. ex p Cromer Ring Mill Ltd)案,《全英格兰案例汇编》,1982年,第3卷,第761页。

[70] 例如,英王诉沃里克区议会(申请人:科利莫尔)(R v Warwick CC. ex p Collymore)案,《教育法案例汇编》,1995年,第217页;以及英王诉贝克斯利土地银行委员会(申请人:琼斯)(R v Bexley LBC. ex p Jones)案,《教育法案例汇编》,1995年,第42页。该案曾由C.希尔森做过评论,《公法》,2002年,第111页。

些政策的公共机构必须采取措施确保政策连贯地落实,而且,还必须把落实情况报告给实际的决策制定者。[71]

6.地方当局不履行财政义务。 在地方政府层面,一个有争议的审查理由是,地方议会对纳税人应该遵守正当的财务责任标准。在罗伯茨诉霍普伍德(*Roberts v Hopwood*)案中,上议院把波普议会1923年的一个决定认定为无效,原因是这个决定规定每一个成年雇员每周的最低工资是4英镑,不管他们做什么工作,不管性别以及他们生活费的下降;法官认为,议会支付它认为合适的这种工资超出了自己的权限,它没有权力给雇员恩惠或者津贴。[72] 60年后,地方政府在管理财政方面对纳税人有忠诚义务的原则,在布罗姆利自治区议会诉大伦敦议会(*Bromley BC v Greater London Council*)案中再次得到充分体现。[73] 上议院认定,大伦敦委员会必须行使权力,在处理伦敦运输问题时照顾到一般商业的原则;决定减少25%的车费,导致纳税人需要支付的补贴大幅增加,以及来自中央政府的利率支持拨款的大幅减少。该委员会因此违反了对伦敦纳税人忠诚的义务。但是,后来对伦敦车资补贴计划的修正逃脱了来自法律方面的挑战。[74] 在皮克威尔诉卡姆登自治区议会(*Pick-*

---

[71] 英王诉内政大臣(申请人:拉希德)(R(*Rashid*) v *Home Secretary*),《英格兰及威尔士上诉法院民事法庭案例汇编》,2005年,第744页;以及参阅,M.艾略特,《司法审查》,2005年,第281页。

[72] 《上诉案例汇编》,1925年,第578页。还可参阅普雷斯科特诉伯明翰公司(*Prescott v. Birmingham Corpn*)案,《大法官法院案例汇编》,1955年,第210页。

[73] 《上诉案例汇编》,1983年,第768页。

[74] 英王诉伦敦运输公司执行管理人(申请人:大伦敦议会)(*R v London Transport Executive, ex p GLC*)案,《女王法院案例汇编》,1983年,第484页。

well v Camden Council)案中,法院认定,在全国罢工中,该委员会制定的一个地方付款解决方案让卡姆登的工人享有比全国的解决方案更优惠的待遇,因而是合法的。⑮

7. **不合理(非理性)**。一名法官在进行司法审查时,不会仅仅因为他或她认为相关问题可以作出不同的判定,因而就撤销官方的决定。司法审查并不会针对决策的性质问题提供上诉权利。然而,一个决定却可能因为不合理而被撤销。困难在于何时可以断定一个在其他情况下属于该机关的权力范围之内的决定是不合理的。

联合省份图片有限公司诉韦德尼斯伯里公司(Associated Provincial Picture Houses Ltd v Wednesbury Corpn)案⑯牵涉到1932年《星期日娱乐法》,该法赋予地方当局一项权力,它们可以根据"自身认为合适的条件",允许影院在周日开放。一个地方当局允许影院在周日放映电影,条件是,15岁以下的儿童无论有没有成人陪同,都不准入内。该法阻止了父母在周日携带孩子观看电影。法院判决认为,该条件既不越权,也没有不合理之处。

在其广受引用的判决中,格林勋爵表述了现今所称的韦德尼

---

⑮ 《女王法院案例汇编》,1983年,第962页[以及 C. 克劳福德(Crawford):《公法》,1983年,第248页]。比较:奥尔索普诉北泰恩塞德议会(Allsop v North Tyneside Council)案,(LGR),1992年,第90卷,第462页。

⑯ 《王座法院案例汇编》,1948年,第1卷,第223页。

斯伯里标准,据此,法院要想以不合理为理由而撤销一个决定,必须符合下述条件,即,当局得出的结论是"如此不合理,以至于没有哪个有理性的机关会得出这样一个结论",[77] 该判决强调指出,不合理性与其他审查理由是紧密联系的,诸如不相关的考虑,不正当的目的,和法律错误。

正如我们看到的,"不合理"的含义对于特姆塞德案是至关重要的。在那个案子中,迪普洛克勋爵讲到,"不合理"是指"具有正常责任感的任何当局都不会采取的行为"。[78] 在政府通信总部案中,迪普洛克勋爵称之为非理性标准:它涉及这样一种决定,该决定蔑视逻辑或者公认的道德准则,十分不可容忍,以至于任何尚有良知的人在思考这一问题时,都不会作出这样的决定。[79] 在1998年,库克勋爵遗憾地指出,某些韦德尼斯伯里案中的段落已经变成了"固定的咒语",且更多的变成一个"简单的标准",即接受审查的决定"是否是一个理性的机关可能会作出的决定"。[80]

---

[77] 关于韦德尼斯伯里审查原则的讨论,参阅 P.沃克(Walker):《公法》,1995年,第556页,欧文(Irvine)勋爵:《公法》,1996年,第59页,R.卡恩沃思(Carnwath):《公法》,1996年,第245页,以及 J.劳斯(Laws)在福赛思和黑尔(Hare)编辑的《金色的标尺与弯曲的绳索》(The Golden Metwand and the Crooked Cord),第185–201页;A.利·索尔(Le Sueur),《司法审查》,2005年,第32页以及 P.沃克在索普斯通、古地和沃克编辑的《司法审查》中的论述,第8章。

[78] 教育大臣诉特姆塞德议会(Education Secretary v Tameside Council)案,《上诉案例汇编》,1977年,第1064页。

[79] 国民服务联盟委员会诉文官大臣(Council of Civil Service Unions v Minister for the Civil Service)案,《上诉案例汇编》,1985年,第374、410页。

[80] 参阅英王诉苏塞克斯治安长官(申请人:国际商人运输有限公司)(R v Chief Constable of Sussex, ex p International Trader's Ferry Ltd)案,《上诉案例汇编》,1999年,第2卷,第418、452页。

这些公式尚未揭示出的一点是,合理性标准并不能整齐划一地适用于所有种类的决定。有一些决定(例如在地方议会中分配财政资源),法院只有在例外的情形中才会以不合理为理由进行干预。[81] 相反,如果基本人权受到危及,就像救济金寻求者的生命正受危险时一样,"决定的依据必须理所当然地接受最严格的审查"。[82] 在1996年,上诉法院判定,一个不合理的决定是

> 超出一个理性的决策制定者所面对的回应范围。但是在判定决策制定者是否超出这个边界时,人权的框架是非常重要的。对人权干预的程度越深,法院在确信该决定在上文描述的标准下是合理的之前,对该决定的审查就越广。[83]

尽管有这些显赫的发展,法院在上述案件中却维持了政府的这样一个政策,这就是,同性恋不能服兵役:然而,这个政策却不符合欧洲大陆的比例标准,因为这项政策没有尊重私人生活,严重影响了他们的权利。[84] 韦德尼斯伯里标准经常被指责为给挑战官方行为设置了太高的门槛,批评者认为,欧洲国家的比例标准则为控

---

[81] 英王诉环境大臣(申请人:诺丁汉郡议会)(R v Environment Secretary, ex p Nottinghamshire CC)案,《上诉案例汇编》,1986年,第240页。

[82] 英王诉内政大臣(申请人:巴格戴凯)(R v Home Secretary, ex p Bugdaycay)案,《上诉案例汇编》,1987年,第514、531页。

[83] 英王诉国防大臣(申请人:史密斯)(R v Ministry of Defence, ex p Smith)案,《女王法院案例汇编》,1996年,第517、554页(托马斯·宾汉姆)。

[84] 卢希蒂克-普莱恩诉联合王国(Lustig-Prean v UK)案,《欧盟人权法院案例汇编》,2000年,第29卷,第548页。

制自由裁量权提供了一条更好的路径。在1991年,在英王诉内政大臣(申请人:布林德)(*R v Home Secretary, ex p Brind*)案中,⑧作出了一次要求英国法院采纳比例性原则的坚决努力。上院认为,不吸收《欧洲人权公约》,英国法院就不能(除非共同体法律中的权利受到影响)⑧ 以比例性原则为标准,审查行政决定。在运用韦德尼斯伯里标准时,上院维持了一个政府禁令,它禁止北爱尔兰违禁组织在电台上发表直接声明。在2001年,库克勋爵把韦德尼斯伯里案描述为"一个不幸的倒退判决",原因在于,该判决"意味着不合理性可以分成不同的程度,只有非常不合理的行政决定才可被司法机关合法地宣布无效"。⑧ 然而,法院判决仍然把韦德尼斯伯里标准作为基础。内政大臣把巴基斯坦列入"白名单"国家行列,进而就不能对个人实施死刑,这个决定被判定为不合理。⑧ 与之形成对照的是,为二战期间曾被日本拘捕的不列颠公民提供补偿的项目却得到法院维持:要求那些申请补偿的英国公民证明他们与联合王国具有紧密的联系,这被认为是合理的要求。⑧

自从1998年《人权法案》生效后,比例原则的地位发生了剧烈

---

⑧ 《上诉案例汇编》,1991年,第1卷,第696页。

⑧ 正如国际商人运输案。

⑧ 英王诉内政大臣(申请人:达利)(*R.(Daly) v Home Secretary*),《上议院案例汇编》,2001年,第26页;《上诉案例汇编》,2001年,第2卷,第532页,第32段。

⑧ 英王诉内政大臣(申请人:贾夫德)(*R v Home Secretary, ex p Javed*)案,《英格兰及威尔士上诉法院民事法庭案例汇编》,2001年,第789页;《女王法院案例汇编》,2002年,第129页。

⑧ 英王诉国防大臣(申请人:ABCIFER)(*R (ABCIFER) v Defence Secretary*)案,《英格兰及威尔士上诉法院民事法庭案例汇编》,2002年,第473页;《女王法院案例汇编》,2003年,第1397页(参阅上文边码第721页)。

8. 比例原则。 比例性的概念在一些国家的宪法中,例如德国、加拿大,㉚ 共同体法和欧洲人权公约中均有体现,只是形式不同。㉛ 概括来说,如果一个行为的目的是合法的,且采取这个行动需要限制公民的某一项基本权利,那么,对公民权利造成的影响不应与追求的公共目的不成比例。这个标准运用于欧洲公约中的权利,其中有许多(例如,表达自由的权利)都要受到"法律明确规定的,以及为了特定的公共目的,而为民主社会所必需的"限制的约束。㉜ 对基本权利的限制不能被视为"在一个民主社会是必需的",除非它与追求的一个正当合法的目的成比例。㉝ 如果在特定情形下,需要采取公共行动限制权利,对权利的这种介入"必须是必需的,而且与这种限制要防止的损害是相称的"。㉞ 任何进一步

㉚ 参阅英王诉奥克斯(*R v Oakes*)案,(DLR),1986年,第26卷,第200页。关于加勒比海方面的案例,参阅德·弗雷塔斯诉农业部常任大臣(*De Freitas v Permanent Secretary of Ministry of Agriculture*)案,《上诉案例汇编》,1999年,第1卷,第69页,以及托马斯诉巴普蒂斯特(*Thomas v Baptiste*)案,《上诉案例汇编》,2000年,第2卷,第1页。

㉛ M.福德姆(Fordham)和T. de la 梅尔(Mare),在乔威尔和库珀编辑的《理解人权原则》(*Understanding Human Rights Principles*)一书中的论述,第27－89页;克雷格《行政法》第617－632页;埃利斯(Ellis)编辑:《欧洲法律中的比例原则》(*The Principle of Proportionality in the laws of Europe*);以及施瓦茨(Schwarze),《欧洲行政法》,第5章;P.沃克在索普斯通、古地和沃克编辑的《司法审查》中的论述,第214－232页。

㉜ 《欧洲人权公约》,第10条第(2)项。参阅周日时报诉联合王国(*Sunday Times v UK*)案,《欧洲人权法院案例汇编》,1979年,第2卷,第245页;以及第19章C。

㉝ 参阅达吉恩诉联合王国(*Dudgeon v UK*),《欧洲人权法院案例汇编》,1981年,第4卷,第149页。

㉞ 英王诉内政大臣(申请人:布林德)(*R v Home Secretary, ex p Brind*)案,《上诉案例汇编》,1991年,第1卷,第696、751页(坦布尔曼勋爵)。

的限制都是非法的。

《人权法案》的一个重大影响就是,当一项提请司法审查的请求以侵害或限制一项公约中的权利为基础时,法院要在几乎所有的情形中适用比例标准。这个标准可以适用于对议会法律和自由裁量权的行使提起的挑战,而且,救济途径既可以是司法审查,也可以是上诉。[95] 在英王诉内政大臣(申请人:达利)[*R* (*Daly*) v *Home Secretary*]案中,[96] 一项监狱政策禁止封闭监狱中的囚犯在检查其狱室时在场参加,甚至在检查他与自己的律师之间的信件时,也是一样,上院根据普通法上的理由,判定这一政策是不合法的。上院还认为该政策侵害了达利根据《欧洲人权公约》第 8 条第(1)项享有的通信受到尊重的权利,此政策对该项权利的限制超出了必要的限度。斯泰恩勋爵认为,比例原则可能意味着比韦德尼斯伯里标准,或者甚至比英王诉国防大臣(申请人:史密斯)(*R* v *Ministry of Defence*, *ex p Smith*)案[97] 中的检验标准,更加严格的审查,但他同时否认,这意味着将出现向价值性审查(merit)的转向。在 2001 年,斯莱恩勋爵声称,与欧洲国家的法律不同,比例原则应被认作英国法律的一部分,[98] 但是,要想实现这一点,还需要一个

---

[95] 例如,总检察长诉内政大臣(*A* v *Home Secretary*)案,《上议院案例汇编》,2004 年,第 56 页,《上诉案例汇编》,2005 年,第 2 卷,第 68 页;黄诉内政大臣(*Huang* v *Home Secretary*),《英格兰及威尔士上诉法院民事法庭案例汇编》,2005 年,第 105 页,《全英格兰案例汇编》,2005 年,第 3 卷,第 435 页。

[96] 《上议院案例汇编》,2001 年,第 26 页,《上诉案例汇编》,2001 年,第 2 卷,第 532 页。

[97] 参阅本章注释[83]。

[98] 该论述出现在阿肯百利开发公司案中,《上议院案例汇编》,2001 年,第 23 页,《上诉案例汇编》,2003 年,第 2 卷,第 295 页。

上议院的判决。[99]

如今,比例原则成为保护公约中权利的核心机制,这个事实引发了一个难题,这就是,法院在多大程度上可以用自己的看法取代大臣或议会的决定。法院必须依靠他们关于何为正确行为的观点才能判决人权案件吗?如果这样的话,将使大量权力聚积到法官手中。在斯特拉斯堡法院的案例法中,该法院承认,各国在自己的领域内"享有国内管辖权"。在国内法中,需要一个不同于以前的公式,来界定什么是法院应该尊重的公共机关的"自由裁量领域"。[100]"司法尊重"的观念一直是许多判决[101]和文章[102]讨论的对象。在 2004 年,上议院高级法官认为,对恐怖嫌疑犯的无限期羁押与公约中的自由权利不一致,[103]这个判决看起来根本就没有尊重议会或政府的决定,尽管国家安全看起来需要法院给予尊重。[104]

---

[99] 参阅英王诉国防大臣(申请人:ABCIFER)(*R (ABCIFER) v Defence Secretary*)案(上文注解 89)。

[100] 参阅莱斯特(Lester)和帕尼克(Pannick)编辑的《人权法律与实践》(*Human Rights Law and Practice*),第 94 – 100 页。

[101] 参阅霍夫曼勋爵在下述案件中对司法尊重的批评,英王诉英国广播公司(申请人:pro-life 联盟)[*R (pro-Life) v BBC*]案,《上议院案例汇编》,2003 年,第 23 页,《上诉案例汇编》,2004 年,第 1 卷,第 185 页,在第 74 – 77 段。

[102] 包括 R. 克莱顿,《公法》,2004 年,第 33 页,R. 爱德华兹,《当代法律评论》,2002 年,第 65 卷,第 856 页,J. 尤威尔,《公法》,2000 年,第 671 页,以及《公法》,2003 年,第 592 页,F. 克鲁格,《欧洲人权法律报告》(EHRLR),2003 年,第 125 页;I. 利,《公法》,2002 年,第 265 页;和斯泰恩勋爵,《公法》,2005 年,第 346 页。

[103] 总检察长诉内政大臣(*A v Home Secretary*)案,上文注解 95。

[104] 比较内政大臣诉雷曼(*Home Secretary v Rehman*)案,《上议院案例汇编》,2001 年,第 47 页,《上诉案例汇编》,2003 年,第 1 卷,第 153 页,(霍夫曼勋爵的论述)。

没有履行法定义务

我们到现在一直在探讨一个公共机构超越权力或者滥用自由裁量权的问题。这样的机构也可能非法地不履行法律规定的义务。由此，如果地方当局没有储备具有特别教育需求的特定儿童的所需要的资金，而要求儿童学校的主管支付，他们就是在不合法地行为；学校主管成功地对这些决定提起了司法审查。[165] 在这种情形中，一项特定的制定法义务被强制执行，但是有许多法定义务在性质上是一般的，法院也许不会明确地给予强制执行。由此，1996年的《教育法》第9条要求，国务大臣和地方教育行政部门注意"小学生可以按照其父母的意愿接受教育的基本原则，只要这与有效教学的规定相适应……以及没有不合理的公共开支"。这个法定义务为适龄儿童的父母创造了可以执行的权利吗？法院认为，这个义务要求地方当局考虑父母的期望，但是并没有要求当局必须这样做。[166] 在入学政策上，只有1980年《教育法》(现在是1998年《学校标准与框架法》第86条)把尊重父母意愿作为一个应该履行的义务。

相比而言，1944年《教育法》第8条，教育部门有义务"保证它

---

[165] 英王诉希灵顿区议会（申请人：昆斯米德学校）（*R v Hillingdon Council, ex p Queensmead School*）案，《教育法案例汇编》，1997年，第331页。

[166] 瓦特诉凯斯蒂文区议会（*Watt v Kesteven CC*）案，《女王法院案例汇编》，1955年，第1卷，第408页，卡明斯诉伯登海德公司（*Cumings v Birkenhead Corpn*）案遵守了前述案例的原则，《大法官法院案例汇编》，1972年，第12页。

们的地方有足够的学校,以提供适合本地的儿童的全日制教育"。在米德诉哈林盖区议会(Meade v Haringey BC)案中,一个地方教育部门面对学校保卫人员和辅助人员的罢工,决定所有学校都必须关闭,一直到进一步通知。上诉法院认定,受学校关闭决定影响的父母在法律上应有救济,该部门如果为了同情工会的主张,而本来学校关闭可以合理地避免的话,那么它就违反了自己的义务。[107]但是,稍后在米德案中法院的决定把这种义务视为"目标义务":"这里隐含的意思是,立法要求有关公共机构致力于实现法律规定的目的,但是没有把没有这样做视为违反自己的义务。"[108]

即使个人有权寻求司法审查(作为一种公法救济),这并不意味着他或她也有权(私法上的权利)因违反义务而提起损害赔偿之诉。因此,监狱管理机构必须遵守为监狱制定的行为、纪律方面的法律规则,但是如果这些规则没有实施,罪犯受到了损失,也没有权利提起赔偿之诉。[109]

需要注意的是,制定法的语言在公共机关针对特定事项是否

---

[107] 《全英格兰案例汇编》,1979年,第2卷,第1016页。现在这个义务已经规定在1996年《教育法》第14条。

[108] 英王诉伦敦易思林敦区(申请人:里克森)(R v London Borough of Islington, ex p Rixon)案,《教育法案例汇编》,1997年,第66页,引用了英王诉伦敦城教育管理委员会案(申请人:阿里)(R v ILEA, ex p Ali)案,《行政法案例报告》,1990年,第2卷,第822页。以及参阅,英王诉巴尼特区议会(申请人:G)(R (G) v Barnet Council)案,《上议院案例汇编》,2003年,第57页;《上诉案例汇编》,2004年,第2卷,第208页(社会服务机关根据《1989年儿童法》第17条所承担的一般义务被认为不是可以强制执行的义务)。

[109] 英王诉拉德赫斯特监狱副监狱长案(申请人:黑奇)(R v Deputy Governor of Rardhurst Prison, ex p Hague)案,《上诉案例汇编》,1992年,第1卷,第58页。也可参阅X诉贝德福德郡议会(X v Bedfordshire CC)案,《上诉案例汇编》,1995年,第2卷,第633页;以及第32章A。

承担义务或享有裁量权这一点上,并非总是确定无疑。在有些情形中,立法中使用的"可以"一词与"必须"是同义词。⑩

管辖权的概念⑪

到现在为止,我们对越权原理的讨论使用了权力、自由裁量和义务的词汇。然而,在许多案件中,管辖权这一用语也常常被用到。由于历史原因,正像我们在第 27 章看到的,超越(权力)和管辖权的概念紧密地联系在一起。通常情况下,使用哪个术语没有什么区别,只不过管辖权这个词用在低级法院或裁判所身上似乎更合适。这些机构的决定要受到更高级别的法院控制,这种控制即可能是通过上诉(如果存在上诉权的话),也可能通过司法审查。高级法院的监督不是说要对于是非曲直的问题作出一个全新的决定,而是保证有关机构遵守了作为其作出有约束力决定的前提条件的界限。根据英王诉精灵钟饮料公司(R v Nat Bell Liquors)案表达的著名的判决意见:

> 监督涉及两点:一是下级法院判决的范围及其运作的资格和条件;另一点是在其执行过程中对法律的遵守。⑫

---

⑩ 帕德菲尔德诉农业大臣(Padfield v Minister of Agriculture)案,《上诉案例汇编》,1968 年,第 997 页。

⑪ 参阅,德史密斯、沃尔夫和乔威尔,《行政行为的司法审查》,第 5 章;韦德和福赛思,《行政法》,第 8 章;以及克雷格,《行政法》,第 15 章。

⑫ 《上诉案例汇编》,1922 年,第 2 卷,第 128、156 页。

这种处理方式区分了两类规则，一类是限定下级法院或裁判所的权力的规则，另一类是它们在权力范围内裁决案件时需要遵守的规则。因此，某个裁判所就可能在处理"自己权力范围内"的问题时，却犯下法律上的错误。由于程序方面的原因，许多以前的案例都关注下述二者之间的区分(a)裁判所在管辖问题上所犯的错误；(b)裁判所在"管辖权之内"所犯的法律错误。

今天，法律已经幸运地发展到这样一个关节点，在这里，我们无须再为"管辖权之内的法律错误"这一概念而绞尽脑汁，因为裁判所所有的法律错误如今都可以引起司法审查。这段历史的最近篇章起始于上院的一个判决，它表明了在管辖和非管辖问题之间划一条界限的困难，该案例就是阿尼斯米斯克有限公司诉对外赔偿委员会(Anisminic Ltd v Foreign Compensation Commission)案。[113]

对外赔偿委员会是根据1951年《对外赔偿法》成立的一个裁判所。它拒绝了一个英国公司(阿尼斯米斯克)要求根据一项计划，补偿在1956年苏伊士事件中财产受到损失的英国公民的请求。拒绝的理由是，根据该委员会对议会有关法令的解释，问题的关键在于，阿尼斯米斯克公司在埃及的财产1956年后被埃及的一个公司获得，因为那个法令要求，任何继承英国主张者的"名义上的继承者"都必须是英国公民。由于没有任何上诉权，阿尼斯米斯克公司不得不指控委员会的

---

[113] 《上诉案例汇编》，1969年，第2卷，第147页；以及参阅H.W.韦德：《法律季评》，1969年，第85卷，第198页，B.C.古尔德(Gould)，《公法》，1970年，第358页，L.H.利(Leigh)：《公法》，1980年，第34页。

解释是错误的，而且委员会驳回自己的请求是无效的，因为1950年的法律没有授权高等法院去审查委员会在自己管辖范围内所犯的法律错误。根据大多数法官的意见，上议院认定，委员会对法令的解释是错误的（因为埃及公司并非阿尼斯米斯克公司"名义上的继承者"），这个错误导致该委员会考虑与阿尼斯米斯克公司的诉求无关的一个因素（埃及公司的国籍）。因此，该委员会超出了自己的管辖范围，其驳回阿尼斯米斯克请求的决定是无效的。

现在主要的问题是，这个案件是否确立了下述原则，一个裁判庭所犯的任何法律错误都导致其超越管辖权限。研究一下本案的判决，好像没有这个意思。但是在皮尔曼诉哈罗学校的监护人和管理者（Pearlman v Keepers and Governors of Harrow School）案中，丹宁勋爵说，导致缺乏管辖权的错误和在管辖权限之内所触犯的错误之间的区分应该废除，新的原则应该是"任何法院或者裁判所都不应有管辖权去犯法律错误，并据此作出决定"。⑭ 迪普洛克爵士支持这个观点，他说：

  阿尼斯米斯克案的突破在于，有关行政裁判所和政府机构方面，原来涉及管辖权的法律错误和不涉及管辖权的法律错误之间的区分被取消了。⑮

---

 ⑭ 《女王法院案例汇编》，1979年，第56、70页。
 ⑮ 参阅雷卡尔通信有限公司（Re Racal Communications Ltd）案，《上诉案例汇编》，1981年，第374、383页。

在英王诉赫尔大学巡视员(申请人:佩奇)(*R v Hull University Visitor, ex p Page*)案中,上议院一致认为,阿尼斯米斯克判决确立的规则是,裁判所犯下的所有法律错误都可以通过"扩展越权原理"而接受司法审查。议会必须被认为授权裁判所行使权力时,必须建立在"正确的法律基础之上";做决定时法律上的误导因此将导致决定越权。[116]

并没有受到阿尼斯米斯克和赫尔大学案的判决影响的一个重要的观点是,裁判所和其他决策制定者都没有权力最终决定自身的管辖权范围。马斯蒂尔(Mustill)勋爵曾经指出,管辖权的问题是一个"棱角分明的问题,不存在合法的异议空间"。[117]当一个决策制定者的管辖权依赖于"先例性事实",该事实在必要时必须由法院而非决策制定者本人来确定,这时,就出现了所谓的管辖权事实原理。举一个有关内政大臣权力的例子,当他认为有利于公共利益时,它可以驱逐一个外国人:如果 X 根据上述权力被拘留以备驱逐,但他声称自己是一个英国公民,因此不应被驱逐,这个国籍争议必须由法院来判定。由此,法院必须审查与 X 的国籍有关的证据,并亲自裁决该问题;在这一问题上,法院并不局限于一个监督者的角色。

---

[116] 《上诉案例汇编》,1993 年,第 682、701 页。
[117] 英王诉垄断与兼并委员会(申请人:南约克郡运输公司)(*R v Monopolies and Mergers Commission, ex p South Yorkshire Transport Ltd*)案,《全英格兰案例汇编》,1993 年,第 1 卷;第 289、293 页。马斯蒂尔勋爵承认,一个机关的管辖权建基其上的标准可以是"足够宽泛的,以保证判断的做出"。

这个根本原则由上院在英王诉内政大臣(申请人:卡瓦杰)(R v Home Secretary, ex p Khawaja)案中再次确立。[118] 这些案件都是有关内政大臣根据1971年《移民法》所享有的权力问题,根据该法,内政大臣有权把"非法入境者"从英国遣送出去。上院运用了下述原则(根据斯卡曼爵士的说法),"如果行政权力的行使取决于一个客观事实先例的确立,且如果提起司法审查的挑战的话,应该由法院决定是否已经满足了这个条件"。[119] 根据这个标准,移民官员相信卡瓦杰是一个非法入境者并不充分;他作为非法入境者的身份必须在行使遣送他的权力之前得到证据的证明。这个严格的验证在个人的自由面临危险的时候尤其合适采用。[120]

事实错误

与上文提及的管辖权事实原理不同,基于决策制定者犯了事实性错误的主张而寻求对该决定进行司法审查的努力,可能会遭到以下回应,即司法审查并不保障上诉权利。当对于争议中的事实认定既存在正面也存在反面证据时,这种情况特别容易发生,事实上,这是因为申请者要求法院用自身的判断代替决策制定者在事实认定中的判断。但我们可以假定,在产生决定的直接材料中,

---

[118] 《上诉案例汇编》,1984年,第74页,推翻了英王诉内政大臣(申请人:扎米尔)(R v Home Secretary, ex p Zamir)案的判决,《上诉案例汇编》,1980年,第930页。

[119] 《上诉案例汇编》,1984年,第108页。

[120] 卡瓦杰案的原则在坦·特拉姆诉泰国人拘留中心(Tan Te Lam v Superintendent of Tai A Chau Detention Centre)案中得到遵守,《上诉案例汇编》,1997年,第97页。

存在一个明显的事实认定错误——例如,一个基于错误陈述的决定(诸如拒绝在据说是绿化带进行的开发的规划决定,但事实并非如此)。在这里,寻求审查的主张完全可以凭其他理由而获致成功——诸如考虑了不相关的因素(对土地的虚假描述),得出一个没有证据支撑的结论(构成法律错误),[121] 不公平(如果申请人没有机会对争议进行陈述),或者韦德尼斯伯里案式的不合理。然而,在英王诉犯罪伤害赔偿委员会(申请人:A)(*R v Criminal Injuries Compensation Board, ex p A*)案中,[122] 上院的四名成员都认为,一个决定可以因重要的事实错误而被撤销。后来,法院判定,当可以针对法律问题提起上诉时,导致不公平的事实错误可以作为提起司法审查的又一条依据。[123] 与此相关的是,当一项官方决定影响到公民权利时,根据《欧洲人权公约》第6条第(1)项,主管审查的法院必须能够控制重要的事实认定,虽然这并不要求对每一个证据性问题进行复审。[124]

---

[121] 关于法律/事实的区分,参阅W.A.威尔逊(Wilson):《现代法律评论》,1936年,第26卷,第609页,1969年,第32卷,第361页;以及E.缪瑞尼克(Mureinik):《法律季评》,1982年,第98卷,第587页。以及参阅上文注解55;和爱德华兹诉贝尔斯托(*Edwards v Bairstow*)案,《上诉案例汇编》,1956年,第14页。

[122] 《上诉案例汇编》,1999年,第2卷,第330页(在一个对于A的赔偿请求"至关重要的"问题上,委员会以关于医疗检查的错误警察证据为依据作出了裁定。参阅T.H.琼斯,《公法》,1990年,第507页,这篇文章论述了有关机关早期的行为。

[123] 参阅,E诉内政大臣(*E v Home Secretary*)案,《英格兰及威尔士上诉法院民事法庭案例汇编》,2004年,第49页,《女王法院案例汇编》,2004年,第1044页。以及参阅P.克雷格,《公法》,2004年,第788页。

[124] 参阅英王诉环境大臣(申请人:阿肯百利开发公司)(*R v Environment Secretary, ex p Alconbury*)案(上文注解98),尤其是斯莱恩勋爵在53页,诺兰勋爵在61页的论述。

与公约中的权利不一致的行为

1998年《人权法案》第6条第(1)项规定:"公共机关以与公约中的权利不一致的方式行为是不合法的。"尽管这种意义上的行为包括不作为,但是它并不包括未向议会提交立法建议,或者未能制定基本立法[第6条第(6)项]。如果由于基本立法的规定,或者公共机关无法作出别样的行为,或者它欲使之生效或推行的立法不能以一种与公约中的权利相一致的方式去解读或生效,此时,公共机关的行为就不是不合法的。⑫

尽管公共机关因违反第6条第(1)项而作出的"非法"行为可能导致很多后果,但是,第6条第(1)项的一个确定的影响是,把司法审查的范围拓展到《人权法案》所保护的所有公约中的权利。由于第6条第(1)项的规定,公共机关的决定可能要解释司法审查,并被宣布违法,甚至在除了《人权法案》的这一条款之外没有其他审查依据时,法院照样可以审查。在实践中,大多数司法审查的申请者都可能把基于公约中权利的主张结合进来,作为司法审查的理由,而这些审查即使没有《人权法案》,也可能获得。有时这样的主张不会影响结果,但是,我们在比例原则中却看到,它可能会导致完全不同的结果。例如,上诉法院在审查禁止同性恋参军的政策时,不得不考虑《欧洲人权公约》第8条规定的私人生活受到尊

---

⑫ 关于"公共机关"的含义,以及对公约中的权利的说明,参阅第19章C。

重的权利;[126] 涉及表达自由权利的案例现在必须根据第 10 款进行裁决。[127] 如果个人在与公共机关交涉时,依赖于公约中的权利,那么,公共机关在履行其职责时必须判定,这些权利是否相关,如果是,它们的影响是什么? 如果公共机关忽视公约,它就会处于受到下述指控的风险之中:没有考虑相关的因素,犯了法律错误,或者作出了不合比例的决定。

B. 基于程序理由的审查

即使一个官方决定是在作出这个决定的机构的权限范围之内,仍然可能引起的一个问题是,这个决定是否是根据适当程序作出的;如果它没有尊重重要的程序要求,就将被宣布无效。在进行授权的制定法中,会发现许多这样的要求。其他程序要求则体现在普通法的自然正义原理,或者现在广为所知的,公平原理中。

制定法要求

如果制定法授权在遵守规定的程序情况下,可以行使一定的

---

[126] 比较,英王诉国防大臣(申请人:史密斯)(*R v Ministry of Defence, ex p Smith*)案,《女王法院案例汇编》,1996 年,第 517 页。

[127] 比较,惠勒诉兰开斯特市议会(*Wheeler v Leicester City Council*)案,《上诉案例汇编》,1985 年,第 1054 页;英王诉巴尼特参议会(申请人:约翰逊)(*R v Barnet Council, ex p Johnson*)案,(LGR),1991 年,第 89 卷,第 581 页。

权力,那么,没有遵守这样的程序,就可能导致有关权力的行使被宣布为无效。

在里奇诉鲍德温(Ridge v Baldwin)案中,中央刑事法院对警察局长触犯串谋罪名的指控进行了审理,布赖顿警察委员会随即就解聘该警察局长;尽管被宣判无罪,但是法官对他的行为还是进行了严厉的批评。根据1919年《警察法》制定的纪律条例规定,如果要解聘一个警察局局长,对他的指控必须要先进行一个正式的调查。该委员会不同意这个看法,认为根据1882年《城市公司法》的规定,这个程序不适用于解聘权的行使。上议院认定,除了其他事情外,纪律条例确实适用:"该决定的作出完全无视应该正视的规定,因此它是无效的。"[128]

但是并非每一个程序错误都导致行政行为的无效。法院经常区分强制性程序要求(违反就导致无效)和指导性程序要求(违反不一定导致无效)。但是,这个区分并没有考虑是否完全不遵守程序或者实质上遵循了程序;也没有考虑程序瑕疵是否给个人带来了任何不利。[129] 在1979年,黑尔什姆(Hailsham)勋爵对此区分有过

---

[128] 《上诉案例汇编》,1964年,第40、117页(莫里斯勋爵);参阅下文边码748页。
[129] 比较,科尼诉乔维斯(Coney v Choyce)案,《全英格兰案例汇编》,1975年,第1卷,第979页(在入学时,未能通知学校的关张,这并没有什么不利影响),与布拉德伯里诉伦敦埃菲尔德镇(Bradbury v London Borough of Enfield)案,《全英格兰案例汇编》,1967年,第3卷,第434页(完全没有通告学校组成方面拟进行的变革)。

评论,他说,法院面对的情况并非"在各种选择中作出非此即彼的选择,而是有广泛的可能性"。他接着说,"管辖权内在地是自由裁量性的,法院经常面对程度的差异,这又几乎不知不觉地转变为性质的不同"。[130] 在这种情况下,一个规划当局没有告知土地所有者有权向国务大臣上诉,可能导致该当局作出的不利于土地所有者的决定无效。在1999年,上诉法院判决指出,当一个所需要的程序未被遵守时,探询该项要求是强制性还是指导性的,只是第一步,其后要引出这些问题:是否存在实质的遵守;这种不遵守的行为能否被撤销;如果它不能被撤销,结果是什么。[131] 在2005年,枢密院宣布,强制性和指导性之间的区分没有什么用处:应该把注意力放在考虑不遵守程序的行为导致的后果,以及立法机关规定这些程序的意图。[132]

自然正义

自然正义的起源可以追溯到民事和刑事法院所遵循的公平程

---

[130] 伦敦和克拉斯代不动产公司诉阿伯登区议会(*London and Clydesdale Estates Ltd v Aberdeen DC*)案,《全英格兰案例汇编》,1979年,第3卷,第876、883页;以及参阅,英王诉国内税收专员(*Wang v Commissioner of Inland Revenue*)案,《全英格兰案例汇编》,1995年,第1卷,第367页。

[131] 英王诉移民上诉裁判所(申请人:亚山)(*R v Immigration Appeal Tribunal, ex p Jeyeanthan*)案,《全英格兰案例汇编》,1999年,第3卷,第231页,在总检察长权限(*Attorney-General's Reference*)案中得到遵守(1999年第3号),《上诉案例汇编》,2001年,第2卷,第91页。

[132] 英王诉桑尼(*R v Soneji*)案,《上议院案例汇编》,2005年,第49页,《全英格兰案例汇编》,2005年,第4卷,第321页。

序原则。普通法中的自然正义原则的许多方面都被1998年《人权法案》法定化,从而落实了《欧盟人权公约》第6条第(1)项规定的公平听证权利:

> 在判定其民事权利和义务,或者任何刑事指控时,每个人都应有权在合理的时间内,在法律创设的独立且公正的裁判庭前获得公平且公开的听证。

虽然普通法中的原则经常和公约中的公平听证权是一致的,但是,这两套体系并不完全相同,某些联合王国的重要案例都是以普通法为基础,而不是以《欧洲人权公约》为基础。[133]

作为一项不成文的原则,自然正义主要通过中央法院对行使下级管辖权的机构的控制来实现的,例如地方法官以及公司法人的管理机构。[134] 自然正义的原则同样适用于仲裁员,以及专业团体和自愿组织纪律职能的履行。随着影响到个人的财产和生活的政府权力的发展,自然正义原则可以弥补立法的不足。公共机构在履行自己许多职能的时候,都应该遵守自然正义的要求,而法院有权决定这个责任的界限。在考虑法院如何履行这个职责之前,

---

[133] 参阅英王诉假释委员会(申请人:史密斯和韦斯特)[R(Smith and west) v Parole Board]案,《上议院案例汇编》,2005年,第1页;《全英格兰案例汇编》,2006年,第1卷,第755页。关于第6条第(1)项与公平原则之间的相互关系,参阅,M.维斯特根特(Westgate),《司法审查》,2006年,第57页;P.克雷格,《公法》,2003年,第753页;以及A. W.布拉德利在索普斯通、古地和沃克编辑的《司法审查》中的论述,第55—62页。

[134] 第27章;还可参阅索普斯通、古地和沃克编辑的《司法审查》,第10、11章。弗利克(Flick):《自然正义》。

首先最好研究一下自然正义的两个规则,这里采用的例子都来自普通的法院。

1. 反偏见规则。一个公平的司法判决的关键是,它必须由一个公正的法官作出。这已成为普通法下许多判决的主题,现在还必须增加欧洲人权法院的判决,它们把《欧洲人权公约》第6条第(1)项规定的权利解释为在"独立且公正的裁判庭"前获得公平听证的权利。[135]反对偏见的主要规则是,[136]可以通过两种方法取消法官审理一个具体案件的资格:一是如果他或她与争议的问题有任何直接的经济利益,不管如何小,例如如果一个法官是他或她要审理的作为一方当事人的公司的股份持有者,就应该回避这个案件的审理,除非各方都同意他继续审查。[137]法官自动丧失审理资格也出现在下述情形中,在这里,并没有经济利益,但是法官正在裁决的案例将有利于一个目标,对此,他或她与一方当事人紧密连接。[138]作为上院中听取涉及皮诺切特将军引渡上诉的五名法官之一,霍夫曼勋爵是国际特赦慈善组织的主席和主管,他在上诉中支

---

[135] 公约中涉及司法偏见的重要案例在霍克斯特拉诉HMA(Hoekstra v HMA)案中进行了总结,《苏格兰法律时报》2001年,第8页。最近的文章包括 D. 威廉姆斯:《公法》,2000年,第45页,以及 K. 马勒森(Mallenson):《法律研究》,2002年,第22卷,第53页。

[136] 参阅英王诉兰德(R v Rand)案,《女王法院案例汇编》,1866年,第1卷,第230页;以及怀尔德里奇诉安德森(Wildridge v Anderson)案,(RJ),1897年,第25卷,第27页。

[137] 迪姆斯诉大接连运河经营者[Dimes v Grand Junction Canal (Proprietors of)]案,(HLC),1852年,第3卷,第759页;以及参阅 R. 克莱斯顿(Cranston):《公法》,1979年,第237页。比较英王诉马尔维希尔(R v Mulvihill)案,(WLR),1990年,第1卷,第438页。

[138] 参阅英王诉弯街地方官(申请人:皮诺切特·乌加尔特)(R v Bow Street Magistrate, ex p Pinochet Ugarte),《上诉案例汇编》,2000年,第1卷,第119页。关于对"自动丧失审理资格"的评论,参阅 A. Olowofoyeku,《公法》,2000年,第456页。

持引渡，由此变成案子的一方当事人，在这种情况下，就出现了一种失格。在听证中，法官与国际特赦组织的纠葛并不为当事人各方知悉。第二，除了经济利益或与一方当事人同一之外，法官在下述情形中也可能失格：(用霍普勋爵的话说)，**公正且知情的旁观者，在考虑了相关事实(与存在偏见的断言相关)后，将得出结论认为，存在着裁判所有偏见的真实可能**。⑬ 根据这种标准，上院在2001年认可，失格并不是自动发生的，而是取决于一名知情旁观者的结论，即一旦事实被确定后，将会存在"偏见的真实可能"。

对上文黑体字描述的标准，可以作出三个评论。首先，只要指控法官有偏见，重审法院根本不需要决定该法官是否确实存在偏见，因为"偏见可以无声无色地进行，带有偏见的人也许根本意识不到它的影响"。⑭ 其次，该标准表明，"在任何情况下，当法官的公正性受到质疑时，问题的外表就和它的实质同样重要"。⑮ 休厄特(Hewart)勋爵有一句名言，即"至为重要的是，公正不仅要做到，而且要确确实实、明白无误地能被看到在做到"，这来自英王诉苏塞克斯高等法院法官(申请人：麦卡锡)(*R v Sussex Justices, ex p McCarthy*)案：

> 大法官的代理助理是一个律师事务所的成员，该所在一

---

⑬ 波特诉马吉尔(*Porter v Magill*)案，《上议院案例汇编》，2001年，第67页，《上诉案例汇编》，2002年，第2卷，第357页(霍普勋爵)。

⑭ 英王诉高夫(*R v Gough*)案，《上诉案例汇编》，1993年，第646、672页(沃尔夫勋爵)。

⑮ 英王诉弯街地方官(申请人：皮诺切特·乌加尔特)(*ex p Pinochet Ugarte*)案，第139页(诺兰勋爵)。

起民事诉讼中代表原告,这是一起交通违章案件。该助理于是主动回避,但是并没有被要求向法官提供定罪的意见。法院认为,该助理所在的律师事务所与这起民事诉讼有关联,因此,他不应该向法官提供刑事方面的意见,即使他被要求这样做,他也不应该履行作为助理的职责。因此有关定罪应该撤销,尽管事实上这位助理并没有参与定罪的讨论。[142]

第三,在波特诉马吉尔(Porter v Magill)案中确立的司法偏见的检验标准消除了一个长期存在的不确定性,即在确定偏见时,一名旁观者存有裁判所可能有偏见的"合理怀疑"是否充分,或者除此之外,是否还需表明,事实上有存在偏见的"真实可能"或"真实危险"。在这一问题上,英格兰和苏格兰的法院存在分歧。上院采取的一个早期的公式,试图为所有的情形规定一个单一的检验标准。[143]但这并没有被某些联邦成员国的法庭所遵循。[144]这个标准与围绕《欧洲人权公约》第6条第(1)项的斯特拉斯堡案例法也并不一致,这些案例法倾向于对法院所掌握的因素进行全面考虑之后,再客观地评估存在偏见的风险。[145]

不仅当法官与诉讼标的有利害关系或与一方当事人有关系

---

[142] 《王座法院案例汇编》,1924年,第1卷,第256页。

[143] 英王诉高夫(R v Gough)案,《上诉案例汇编》,1993年,第646页。

[144] 例如,韦布诉英王(Webb v R)案,《剑桥法律杂志》,1994年,第181卷,第41页。

[145] 皮尔萨克诉比利时(Piersack v Belgium)案,《欧洲人权法院案例汇编》,1982年,第5卷,第169页,以及霍普法官在波特诉马吉尔(Porter v Magill)案中所引述的那些判决,判决书的注解99–102。

时,存在发生偏见的可能,当法官心胸不够超然,或适用不恰当的 745
程序时,也存在发生偏见的可能。

在洛克贝尔(联合王国)有限公司诉巴菲尔德房地产有限公司[*Locabail*(*UK*)*Ltd* v *Bayfield Properties Ltd*]案中,[146] 上诉法院针对五个案子给出了权威性的指导,在那里,据称,在涉及法官意见、社会关系、以前的职业活动方面,存在着司法偏见。上诉法院强调了充分公开这些信息的重要性。法官对"细碎或烦琐的反对屈服,和他们对重大的反对屈服,是同样错误的";但是,"如果不论在什么情况下,都存在真切的理由进行怀疑,那么,这种怀疑应该以趋向于让法官回避的方面解决。"[147] 然而,在一个苏格兰的案件中,根本就没有怀疑的余地,当时,一位新近退休的高级法官仍在就任为一名上诉法官,他发表了一篇有鲜明指向的报刊文章,在其中,他认为欧洲公约为"疯子提供了一个户外集会日,给法官和立法者造成颈项之痛,为律师提供了一个金矿"。苏格兰高等法院认为,这篇文章将产生一个危险,即法官在处理荷兰上诉人根据他们公约中的权利提起的刑事上诉时,将心存偏见。[148] 人们经常对法院和裁判所成员的公正性提出质疑。[149] 被认为存在"切实的偏见可能

---

[146] 《女王法院案例汇编》,2000年,第451页。也可参阅英王诉伦敦城西区验尸官(申请人:达拉格利奥)(*R* v *Inner West London Coroner*, *ex p Dallaglio*)案,《全英格兰案例汇编》,1994年,第4卷,第139页[拒绝对马西尼斯(Marchioness)灾难重新调查]。

[147] 洛克贝尔(Locabail)案,第21、25页。

[148] 霍克斯特拉诉HMA(*Hoekstra* v *HMA*)案(注解135)。

[149] 参阅,例如,吉利斯诉劳动和救济金大臣(*Gillies* v *Work and Pensions Secretary*)案,《上议院案例汇编》,2006年,第2页,《全英格兰案例汇编》,2006年,第1卷,第731页。

性"的情形包括：

(a)苏格兰的一名法官以前曾是议会中的一名大臣,他赞同政府对一部议会法律的解释,如今,一名囚犯针对政府对该法律的解释提出质疑,此时,这名法官就可能存有偏见;[150]

(b)在限制竞争法庭举行的听证期间,法庭的一名经济学家成员向给一方当事人提供专家意见的经济顾问询问谋取工作职位的事项;[151]

(c)在针对一件商业案件举行听证前,高等法院的一名法官得知,一方当事人的一名主要证人是他30多年的朋友,但是,在他知道这名证人将不会被转换以后,就决定继续参加听证;上诉法院要求这名法官自动回避。[152]

在例外情况下,如果出于必要,且法律没有规定其他人可以审理案件,那么,法官就必须继续审理。[153]

2. 公平听证的权利。每一方都应该有机会知道针对他或她的案情,并有机会申述自己的观点,这对一个公正的裁决来说是至

---

[150] 戴维德森诉苏格兰大臣(*Davidson v Scottish Ministers*)案,《上议院案例汇编》,2004年,第34页,《联合王国人权报告》,2004年,第1079页。比较英王诉内政大臣(申请人:阿尔－哈桑)[*R*(*Al-Hasan*) v *Home Secretary*]案,《上议院法律汇编》,2005年,第13页,(WLR),2005年,第1卷,第688页。

[151] 涉及医疗和相关产品的案件,(WLR),2001年,第1卷,第700页。

[152] AWG集团有限公司诉莫里森(*AWG Group Ltd v Morrison*)案,《英格兰及威尔士上诉案例汇编》,2006年,第6页,《全英格兰案例汇编》,2006年,第1卷,第967页。比较泰勒诉劳伦斯(*Taylor v Lawrence*)案,《英格兰及威尔士上诉法院民事法庭案例汇编》,2002年,第90页,《女王法院案例汇编》,2003年,第528页。

[153] 杰夫斯诉新西兰牛奶协会(*Jeffs v New Zealand Dairy Board*)案,《上诉案例汇编》,1967年,第1卷,第551页。比较金斯利诉联合王国(*Kingsley v UK*)案,《欧洲人权法院案例汇编》,2001年,第33卷,第288页;I.利,《公法》,2002年,第407页。

关重要的。双方都必须有机会讲述各自版本的事实,并提交对有关法律规范问题的看法。每一方都必须能够对进入法官考虑范围的资料发表评论,而且任何一方都不得背着另外一方与法官联系。尽管法庭程序的规则已经包含了这些基本原则,但是还有一些不成文的关于听证的权利在法庭发挥作用。因此,高等法院不可以在一个律师还没有机会与原告见面的情况下,就私自命令这个律师承担由于自己的不当行为而发生的费用。[154] 自然正义的要求也不是不可变化的:尽管民事诉讼的当事人通常有权知道法官掌握的一切材料,但是,也存在例外情形,特别是,在涉及儿童福利的案件中,法院可以考虑双方当事人都不知道的因素。[155] 在一个有争议的判决中,上议院以3:2的多数判定,假释委员会无须向一名囚犯或他的律师公布直接涉及他的假释许可的敏感材料(在某些情形中,如果不颁发假释许可,必须为囚犯提供口头听证)[156],但是,委员会可以把这些材料提供给一名专门的律师,条件是,这些材料不能透露给囚犯或他的律师。[157]

---

[154] 亚伯拉罕诉贾特森(Abraham v Jutsun)案,《全英格兰案例汇编》,1963年,第2卷,第402页。

[155] K(婴儿)案[Re K (Infants)],《上诉案例汇编》,1965年,第201页。比较麦克迈克尔诉联合王国(McMichael v UK)案,《欧洲人权法院案例汇编》,1995年,第20卷,第205页。

[156] 英王诉假释委员会(申请人:史密斯和韦斯特)[R (Smith and west) v Parole Board]案,《上议院案例汇编》,2005年,第1页,《全英格兰案例汇编》,2005年,第1卷,第755页。

[157] 罗伯茨诉假释委员会(Roberts v Parole Board)案,《上议院案例汇编》,2005年,第45页,《全英格兰案例汇编》,2005年,第1卷,第755页。

自然正义与行政当局

自然正义原则对一般法院之外的其他机构所作出的决定也发挥着显著的影响。从自然争议原则中已经发展出一个实际上已是普遍性的原则,即公共机构在作出决定时必须要行事公正。在该原则出现之前,法院可能提出的一个问题是,在作出一个具体决定时是否必须遵守自然正义的规则。由此,如果权力的行使影响到一个人的权利、财产和人格,做决定时很可能就要遵守自然正义的要求;同样地,如果做决定的程序包括两种观点的对立,与诉讼相似,那也要遵循这样的要求。[158] 因此自然正义原则(包括针对个人提起申诉时,告知该人的权利,以及答辩的权利)适用于惩戒性权力的行使,包括由大学[159] 和商会[160] 这样的机构作出的开除惩罚。同样的原则也适用于一个19世纪的决定,事情是一个地方当局根据法律规定对个人的财产采取行动。

在库柏诉旺滋沃思劳动委员会(*Cooper v Wandsworth*

---

[158] 参阅 R. B. 库克(Cooke):《剑桥法律杂志》,1954年,第14页。比较杜拉瓦帕诉费尔南多(*Durayappah v Fernando*)案,《上诉案例汇编》,1967年,第2卷,第337、349页。

[159] 本特利(*Dr Bentley's Case*)案,《斯特拉斯堡案例汇编》,1723年,第1卷,第557页;比较斯里兰卡大学诉费尔南多(*Ceylon University v Fernando*)案,《全英格兰案例汇编》,1960年,第1卷,第631页。

[160] 安纳芒瑟多诉油田工人贸易联盟(*Annamunthodo v Oilfield Workers' TU*)案,《上诉案例汇编》,1961年,第945页;比较布林诉混合工程联合会(*Breen v AEU*)案,《女王法院案例汇编》,1971年,第2卷,第175页。

第30章 行政行为的司法控制（一） 723

Board of Works）案中，原告因委员会拆毁其部分建好的房屋而获得损害赔偿。但他事先并没有告知委员会他建设房屋的意图，根据法律规定，如果这样，委员会有权拆除建筑。法院认定，委员会在行使拆除权力之前应该给原告一个听证的机会。"尽管在立法中没有明确的字眼要求一方的声音必须被听到，但是普通法的正义原则应该弥补立法机关的疏忽"。[160]

以同样的方式，反对偏见的原则也适用于地方当局。当巴恩斯利（Barnsley）市场委员会因一些小的错误和孤立的小的越轨行为而吊销一个摊位持有人的执照，这个决定也被撤销：这不仅因为委员会是在摊位持有人不在场的情况下听取审议市场经理提供的证据（该经理扮演申诉者角色），而且在委员会审议的整个过程中该经理都在现场。[162] 当向一个超市授予的许可因涉及规划人员的个人利益而遭到一个环境组织的质疑（该组织只列举了少数几项个人利益）时，据称，个人利益会导致偏见这个原则不仅适用于司法机关，也普遍适用于公法领域，当然，在适用于公法领域时，要根据制定法的不同而做相应的调整。[163]

---

[160] [CB (NS)]，1863年，第14卷，第180页（贝勒斯法官）。
[162] 英王诉巴恩斯利参议会（申请人：胡克）（R v Barnsley Council, ex p Hook）案，《全英格兰案例汇编》，1976年，第3卷，第452页。
[163] 英王诉环境大臣（申请人：Kirkstall Valley Campaign有限公司）（R v Environment Secretary, ex p Kirkstall Valley Campaign Ltd）案，《全英格兰案例汇编》，1996年，第3卷，第304页。同时参阅《2000年地方政府法》，第3部分，要求地方议会为其成员制定行为规范。

自然正义与大臣的权力

自然正义的早期案例可以追溯到现代政府产生之前的时期。今天,赋予新的权力的同时,常常都会伴随着法定的程序,目的是提供保障以防止权力的滥用。法院会在多大程度上适用附加的不成文的公平原则呢?[164] 如果解决政策执行中产生的纠纷的责任已经赋予了某位大臣,而他的部门正是负责该政策的,那么,任何人不得为自己案件的法官的原则是否仍然适用?[165] 对于一些权力,法院给予自然正义原则的范围很小,例如内政大臣关于遣返外国人的权力,因为这涉及国家安全。[166] 当大臣的权力涉及公开调查的时候,法院不得不决定,在多大程度上自然正义的原则应该补充有关部门采用的程序。1915年,上议院在地方政府委员会诉阿里奇(*Local Government Board v Arlidge*)案中判决指出,自然正义原则对政府部门除了要求它忠实地履行自己正常的程序外,没有更多的要求。

在收到阿里奇的上诉后,地方政府委员会进行了公开调

---

[164] 参阅怀斯曼诉博勒曼(*Wiseman v Borneman*)案,《上诉案例汇编》,1971年,第297、308页(雷德勋爵);劳埃德诉麦克马洪(*Lloyd v McMahon*)案,(下文注解193)。

[165] 在1998年《人权法案》的背景下,这个问题在阿肯百利开发公司案中被提了出来:703页注④。

[166] 参阅例如英王诉内政大臣(申请人:彻布拉克)(*R v Home Secretary, ex p Cheblak*)案,《全英格兰案例汇编》,1991年,第2卷,第319页。以及第20章B。

第30章 行政行为的司法控制(一)

查,阿里奇是一座被宣布不适宜于人类居住的房屋的所有人。在收到主持该调查的调查员的报告后,委员会肯定了这个关闭令。阿里奇对这个决定提出质疑,理由是:他没有看到检查人员的报告,也不知道委员会的哪一个官员决定肯定这个命令,而且他应该在那个官员面前进行一次口头听证。上议院驳回了这些指控,并认为,议会把该项司法的职责赋予给行政机关,就肯定认为它允许这个机关采取自己的程序,而且是必要的程序,如果它能够有效率地完成自己的工作的话。只要处理问题的官员没有任何偏见,给予各方适当的机会陈述案情,政府委员会就可以适用自己已经行之有效的程序,尽管这些程序并不是法院的那种。[167]

类似地,在教育委员会诉赖斯(Board of Education v Rice)案中,在处理上诉时,教育委员会必须忠实地、公正地听取双方的意见,因为对任何一个决策的人来说这都是一个义务。但是,并不要求教育委员会采取法院司法的程序。它可以通过各种它认为最好的方式获得信息,并保证争议各方都有平等的机会来纠正、反驳有关对自己不利的陈述。[168]

这些判决,尤其是阿里奇案,否定了下述做法:在处理"或多或少具有司法特征的"问题时,政府部门应该采取法院式的程序。[169]

---

[167] 《上诉案例汇编》,1915年,第120页。
[168] 《上诉案例汇编》,1911年,第179页。
[169] 参阅戴雪:《法与宪法》(Law and the Constitution),附录2(再版了他的影响深远的著作,《法律季评》,1915年,第31卷,第148页)。

在20世纪30年代,在有关清理贫民窟和强制购买土地的程序中,法院发现运用普通法自然正义的规则处理政府大臣的义务问题十分困难。一个例外性的案例是埃林顿诉卫生大臣(Errington v Minister of Health)案,在该案中,法院撤销了居若(Jarrow)议会的一个贫民窟清除令:在进行了关于这个清除令的公开调查后,议员和白金汉宫讨论这个问题,一名公务员参观了这些房屋,而没有通知主人。⑩ 在这些案件中,法院试图把政府大臣的司法和行政功能区分开。因此,法官承认,大臣最终的决定可能是建立在政策基础上的,因此是行政性的,但是却主张,在公开调查阶段,政府部门履行的是司法或者准司法的职能。⑪ 这个立场在富兰克林诉城乡规划大臣(Franklin v Minister of Town and Country Planning)案中受到了质疑,根据1946年《新兴城镇法》的规定,针对一项有争议的把史蒂文兹(Stevenage)改为一个新镇的命令草案的反对意见,已经进行了公开调查。反对者认为该大臣在确认自己的命令时有偏见,上议院驳回了这种意见,并认为,没有证据显示该大臣没有认真考虑检查人员关于调查的报告。上议院还认为,无论在什么阶段,都不能强迫政府大臣履行司法或者准司法的功能:他考虑检查人员报告的义务完全是行政性的。⑫ 这些概念性的分析长期以来就已不再流行,但是当法院推行《欧洲人权公约》第6条第(1)项的

---

⑩ 《王座法院案例汇编》,1935年,第1卷,第249页。
⑪ 之后是1932年大臣权力报告的分析;见第27章。
⑫ 《上诉案例汇编》,1948年,第87页(H.W.R.韦德进行了批评,参阅《剑桥法律杂志》,1949年,第10卷,第216页)。

规定以确立行政程序时，还必须考虑这种分析的某些方面。[⑬]

今天，大部分公开调查都受详尽程序规则的约束，这些规则规定了很高的公正标准。[⑭]但是这些规则还没有适用于所有的公开调查；普通法自然正义的原则仍然是很重要的参照。[⑮] 在布谢尔诉环境大臣(Bushell v Secretary of State for the Environment)案中，该案涉及一个有争议的高速公路的公开调查，上议院就像在富兰克林案(Franklin)中一样，强调大臣决定的行政特性，保护官方正式程序主要的环节，免受公开调查的全面探察。[⑯]

自然正义在当前的适用范围

自从里程碑式的里奇诉鲍德温(Ridge v Baldwin)案以来，自然正义在对行政行为实施司法审查的重要性方面，不再存有疑问，在我们考察制定法程序时，已经涉及了这个案子的事实。

根据1882年的一部法律，布林顿警察委员会的权力是，"解聘任何他们认为在履行职责过程中疏忽大意或者不能胜任的警官"。他们在解聘警长时没有为他提供听证，但声称这仍然是在上述权力范围内行为。上诉法院判决指出，在解聘

[⑬] 参阅阿肯百利开发公司案，本章注释⑱。
[⑭] 见第29章 B。
[⑮] 费尔蒙特投资有限公司诉环境大臣(Fairmount Investment Ltd v Environment Secretary)案，《全英格兰案例汇编》，1976年，第2卷，第865页。
[⑯] 《上诉案例汇编》，1981年，第75页；第29章 B。比较在阿肯百利开发公司案中采取的路径（本章注释⑱）。

警长过程中,"被告就像聘任他时一样在行使行政的或者执行性的职责"。⑰ 上议院推翻了这个观点:除了纪律条例要求的程序外,自然正义要求该委员会在行使权力时应该有一个听证。没有举行这样的听证就导致解聘没有法律效力,后来给里奇的律师的听证并不能弥补之前的瑕疵。⑱

这个决定也许可以狭义地被视为对一件具体立法的解释。实际上,里奇诉鲍德温案是上议院20世纪60年代作出的一系列建立今天的司法审查机制的判决中的第一个。该判决第一重要的是,它确认了遵守自然正义的义务没有被限定为"司法"或者"准司法"的权力类别。这使法院可以在十分广泛的情况下适用自然正义的原则。到1970年,梅加里(Megarry)法官认为,自然正义的原则适用于所有做决定的权力,除非另有特殊情况。⑲ 里奇诉鲍德温案带来的好处惠及许多其他人,包括学生、⑳ 警官、㉑ 学校

---

⑰ 《女王法院案例汇编》,1963年,第1卷,第539、576页(哈曼法官)。

⑱ 《上诉案例汇编》,1964年,第40页;还可参阅 A. W. 布拉德利:《剑桥法律杂志》,1964年,第83页。

⑲ 盖曼诉国家精神健康协会(Gaiman v National Association for Mental Health)案,《大法官法院案例汇编》,1971年,第317、333页(开除公司成员的权力受保证的限制);比较贝茨诉海沙姆勋爵(Bates v Lord Haisham)案,《全英格兰案例汇编》,1972年,第3卷,第1019页(授权立法)。

⑳ 例如,英王诉阿斯顿大学评议会(申请人:罗菲)(R v Aston University Senate, ex p Roffey)案,《女王法院案例汇编》,1969年,第2卷,第538页;以及格尔文诉基尔大学(Glynn v Keele University)案,《全英格兰案例汇编》,1971年,第2卷,第89页。

㉑ 英王诉肯特郡警察行政当局(申请人:戈登)(R v Kent Police Authority, ex p Godden)案,《女王法院案例汇编》,1971年,第2卷,第662页;北威尔士警察局长诉埃文斯(Chief Constable of North Wales v Evans)案,《全英格兰案例汇编》,1982年,第3卷,第141页。

第30章 行政行为的司法控制(一) 729

教师、[182] 市场摊位持有人、[183] 地方当局要拆除的房屋的住户、[184] 受自治团体决定影响的人[185] 以及最明显地,受监狱纪律和巡视制度影响的被判罪入狱的犯人。[186] 在 1980 年,在来自巴哈马斯(Bahamas)的关于个人宪法公民权被剥夺的上诉中,司法委员会认为,一切行使权力决定个人权利问题的人都必须遵守自然正义原则。[187] 但是自然正义并不限于个人显示出其权利成为问题了才适用,因此,法院保护广泛的个人利益免受公共机关不正当行为的侵犯。[188]

---

[182] 汉纳诉布拉德福特公司(*Hannam v Bradford Corpn*)案,《全英格兰案例汇编》,1970年,第2卷,第690页;马洛奇诉阿伯丁告公司(*Malloch v Aberdeen Corpn*)案,《全英格兰案例汇编》,1971年,第2卷,第1278页。

[183] 英王诉巴恩斯利参议会(申请人:胡克)(*R v Barnsley Council. ex p Hook*)案,《全英格兰案例汇编》,1976年,第3卷,第452页;英王诉威尔河谷议会(申请人:宾克斯)(*R v Wear Valley Council, ex p Binks*)案,《全英格兰案例汇编》,1985年,第2卷,第699页。

[184] 英王诉德文郡议会(申请人:贝克)(*R v Devon CC. ex p Baker*)案,《全英格兰案例汇编》,1995年,第1卷,第73页。

[185] 英王诉 LAUTRO(申请人:罗斯)(*R v LAUTRO, ex p Ross*)案,《女王法院案例汇编》,1993年,第17页;以及 A. 利德贝特(Lidbetter):《公法》,1992年,第533页。

[186] 例如,英王诉赫尔监狱巡查者(申请人:杰曼)(*R v Hull Prison Visitors, ex p St Germain*)案,《女王法院案例汇编》,1979年,第425页,以及同一案例(第2号),《全英格兰案例汇编》,1979年,第3卷,第545页;里奇诉帕克赫斯特监狱副长官(*Leech v Deputy Governor of Parkhurst Prison*)案,《上诉案例汇编》,1988年,第533页;英王诉内政大臣(申请人:杜蒂)(*R v Home Secretary, ex p Doody*)案,《上诉案例汇编》,1994年,第1卷,第531页。

[187] 总检察长诉阿兰(*A-G v Ryan*)案,《上诉案例汇编》,1980年,第718页。

[188] 比较奥雷利诉麦克曼(*O'Reilly v Mackman*)案,《上诉案例汇编》,1983年,第2卷,第237、275、283页(迪普洛克勋爵)。关于对新型社会利益的保护,参阅例如,英王诉旺兹沃思议会(申请人:P)(*R v Wandsworth Council, ex p P*)案,(LGR),1989年,第87卷,第370页;英王诉诺福克议会社会服务部(申请人:M)(*R v Norfolk CC Social Services Dept. ex p M*)案,《女王法院案例汇编》,1989年,第619页。

公平与自然正义

自然正义原则的适用范围根据一个广泛的认识可以最佳地被理解,即法院的义务在于保证所有的行政权力被公正地行使,亦即遵循公正程序的原则。要描述自然正义的内容总是十分困难,除非一般地泛泛而论。今天,已经没必要罗列那些典型的判决,在那些判决中,自然正义完全是用公平这个词来解释。[189] 在1994年,一名被强制羁押的囚犯对于假释委员会的决定提出挑战,马斯蒂尔法官做了下文的分析,他在回答"在当前案例中公正原则的要求是什么"这个问题时,从以往的权威判决中总结出六条原则:

(1)当议会法律授予一项行政性权力时,就存在这样一个假定,这就是,这种权力在任何情况下都应该被公正地行使。(2)公正的标准不是一成不变的。它们可以随着时间的流逝而变化,有时是发生总体性变化,有时是在它们适用于特定类型的决定时发生变化。(3)公正原则不能毫无差别地适用于所有的情形。公正原则的要求取决于所做决定的情境,而且,要把这种情境的各个方面都考虑进去。(4)这种情境中的关键要素是创设自由裁量权的制定法,包括它的用语,以及所做的决定所处的法律和行政制度的类型。(5)公正原则通常要求,因某个决定而受不利影响的人要有机会为自己申辩,这种

---

[189] 参阅本书的第13版,第718–719页。

申辩既可以在决定作出之前提出,以争取获得有利的后果;也可以在决定作出之后提出,以争取改变该决定;还可以在决定之前和之后都提出。(6)由于受到影响的人若不知道哪些影响其利益的因素将被考虑的话,就无法提出有针对性的申辩,因此,公正原则通常要求,要保证他知道与其有关的各种因素。⑩

自然正义和公正的程序效用

假设公共机关在作出决定时必须公正行事,且谨记公平原则关注的是程序问题,而非决策的实体,那么,公共机关在实际上应该做些什么呢?这在很大程度上取决于该决定的性质。当由于不当行为或者不胜任而需撤销公共职务或其他受益时,在自然正义的核心中"保底标准"是(a)有权要求没有偏见的裁判庭处理;(b)有权获得对于个人指控的通知;(c)有权被聆听对这些指控的回答。⑪

在没有指控有不当行为的案件中(例如,在学校或者居民区关闭的案件中,地方当局必须公正地咨询父母或者居民的意见),那么,(a)咨询必须在项目报告形成的阶段进行;(b)必须提供充分

---

⑩ 英王诉内政大臣(申请人:杜蒂)(*R v Home Secretary, ex p Doody*)案,《上诉案例汇编》,1994年,第1卷,第531、537页(这个案件确立了囚犯的这样一项权利,这就是,了解影响自己的假释决定所涉及的材料和理由)。

⑪ 赫德森勋爵在里奇诉巴德温(*Ridge v Baldwin*)案中的意见,《上诉案例汇编》,1964年,第40页起,在第132页。

的理由,以利于对报告进行理智的考虑及其回应;(c) 必须提供充分的时间;(d) 咨询的结果必须认真地被考虑进去。[192]

有许多细节的程序问题没有一般的答案。在有些情况下,个人没有获得口头听证的权利,[193] 但是,如果有关部门必须对有关某人的行为或者能力问题作出决定时,那个人有权知道有哪些对他或她不利的证据,而且必须要有机会来反驳。[194] 管制部门尽管希望官员为他们做一些前期工作,但是决定还必须自己作出。[195] 如果一个士兵声称自己受到了种族骚扰,军队委员会的成员不可以不开会讨论就从司法上决定这个指控;而这位士兵有权查阅委员会作出决定的所有资料,但是那些公共利益豁免的文件除外。[196] 个人没有不考虑案件的性质而享有法定代理的绝对权利,[197] 但是

---

[192] 英王诉布伦特议会(申请人:冈宁)(*R v Brent Council, ex p Gunning*)案,(LGR),1985年,第84卷,第168页[P.米尔蒂斯(Meredith):《公法》,1988年,第4页];以及英王诉德文郡议会(申请人:贝克)(*R v Devon CC, ex p Baker*)案,《全英格兰案例汇编》,1995年,第1卷,第73页。比较英王诉北德文郡卫生当局(申请人:考兰)(*R v North Devon Health Authority, ex p Coughlan*)案。《女王法院案例汇编》,2001年,第213页。[108] - [117]。

[193] 劳埃德诉麦克马洪(*Lloyd v McMahon*)案,《上诉案例汇编》,1987年,第625页。比较,英王诉假释委员会(申请人:史密斯和韦斯特)(*R (Smith and west) v Parole Board*)案,《上议院案例汇编》,2005年,第1页,《全英格兰案例汇编》,2006年,第1卷,第755页(假释委员会无须在所有情形下都提供口头听证,但是,在有些情况下则需要提供)。

[194] 北威尔士警察局局长诉埃文斯(*Chief Constable of North Wales v Evans*)案,《全英格兰案例汇编》,1982年,第3卷,第141页。

[195] 英王诉种族平等委员会(申请人:科特雷和罗索恩)(*R v Commissioners for Racial Equality, ex p Cottrell and Rothon*)案,《全英格兰案例汇编》,1980年,第3卷,第265页。

[196] 英王诉防务委员会军队董事会(申请人:安德森)(*R v Army Board of Defence Council, ex p Anderson*)案,《女王法院案例汇编》,1992年,第169页。

[197] 英王诉梅兹监狱巡查者(申请人:霍恩)(*R v Maze Prison Visitors, ex p Hone*)案,《上诉案例汇编》,1988年,第379页。

也许有这样的情况,即有权许可法定代理的机构没有办法合理地拒绝这样的请求。[198] 如果由于一方律师的失误导致失去陈述的机会,这不能说违背了自然正义的原则。[199]

没有绝对的规则限制在初始调查、检查或者等待终局决定的过程中使用自然正义原则,[200] 但是要求听证的权利往往不能得到满足,原因是必须采取紧急行动或者个人的权利在后边的阶段会得到实现。[201]

程序的许多方面都会引发有关公正问题:因此,一个法庭如果拒绝暂停听证,就可能是不公正的。[202] 法庭获取证据的方式也要受自然正义的限制,[203] 但是传闻证据通常是允许的。[204] 自然正义

---

[198] 英王诉内政大臣(申请人:塔兰特)(R v Home Secretary, ex p tarrant)案,《女王法院案例汇编》,1985年,第251页。

[199] 英王诉内政大臣(申请人:阿尔-梅达威)(R v Home Secretary, ex p Al-Mehdawi)案,《上诉案例汇编》,1990年,第1卷,第876页(以及海伯格法官:《公法》,1990年,第467页)。

[200] 里斯诉克兰(Rees v Crane)案,《上诉案例汇编》,1994年,第2卷,第173页(特里尼达德法官在被解职的酝酿阶段,就有权获知对其提起的指控)。

[201] 怀斯曼诉博勒曼(Wiseman v Borneman)案,《上诉案例汇编》,1971年,第297页;弗内尔诉璜加雷高等学校委员会(Furnell v Whangarei High Schools Board)案,《上诉案例汇编》,1973年,第660页;诺韦斯特·霍尔斯特公司诉贸易大臣(Norwest Holst Ltd v Secretary for Trade)案,《大法官法院案例汇编》,1978年,第201页。

[202] 英王诉柴郡区议会(申请人:C)(R v Cheshire CC, ex p C)案,《教育法报告》,1998年,第66页。

[203] 英王诉代理工业伤害委员会专员(申请人:莫尔)(R v Deputy Industrial Injuries Commissioner, ex p Moore)案,《女王法院案例汇编》,1965年,第1卷,第456页;克朗普顿诉医学委员总会(Crompton v General Medical Council)案,《全英格兰案例汇编》,1982年,第1卷,第35页。

[204] 米勒有限公司诉住宅大臣(T A Miller Ltd v Minister of Housing)案,《全英格兰案例汇编》,1968年,第2卷,第633页。

原则可以允许一方质证那些提供对他或她不利证据的人,[205] 或者取得对方那些潜在证人的名字。[206] 但有时仅仅告知指控的要点也就足够了。[207] 对国家安全的考虑会严重限制自然正义的范围。[208] 法院曾经裁定,一个拥有调查权的委员会在调查有关个人严重的职业不当行为的犯罪事实时,所发现的情况没有有价值的证据支持而当事人也没有机会反驳,这不符合自然正义的要求。[209]

这里简单地谈三点。第一,如果公正或者自然正义原则要求赋予某人给予听证的权利,法院不能剥夺这个权利,认为听证和不听证其结果都是一样的。[210] 第二点是,一个部门没有给当事人提供他有权获得的听证,但之后上诉机关提供了一个全面公正的听证,后面的听证能否弥补之前的缺失。没有什么绝对的原则适用

---

[205] 英王诉参观者委员会(申请人:杰曼)(R v Board of Visitors, ex p St Germain)案,《全英格兰案例汇编》,1979年,第3卷,第545页。比较英王诉种族平等委员会(申请人:科特雷和罗索恩)(R v Commissioners for Racial Equality, ex p Cottrell and Rothon)案。

[206] 英王诉布伦德斯顿巡查员委员会(申请人:福克斯-泰勒)(R v Blundeston Board of Visitors, ex p Fox-Taylor)案,《全英格兰案例汇编》,1982年,第1卷,第646页。

[207] 英王诉赌博委员会(申请人:贝纳姆和凯达)(R v Gaming Board, ex p Benaim and Khaida)案,《女王法院案例汇编》,1970年,第2卷,第417页;马克斯韦尔诉贸易部(Maxwell v Dept of Trade)案,《女王法院案例汇编》,1974年,第523页。

[208] 英王诉内政大臣(申请人:霍森鲍尔)(R v Home Secretary, ex p Hosenball)案,《全英格兰案例汇编》,1977年,第3卷,第452页;英王诉内政大臣(申请人:彻布拉克)(R v Home Secretary, ex p Cheblak)案,《全英格兰案例汇编》,1991年,第2卷,第319页。

[209] 马洪诉空中新西兰公司(Mahon v Air New Zealand Ltd)案,《上诉案例汇编》,1984年,第808页。

[210] 约翰诉里斯(John v Rees)案,《大法官法院案例汇编》,1970年,第345、402页;以及英王诉泰晤士河谷警察局长(申请人:科顿)(R v Chief Constable of Thames Valley, ex p Cotton)案,(IRLR),1990年,第344、352页。以及参阅宾汉姆勋爵:《公法》,1991年,第64页。

于这种情况:有时上诉程序包括一个完整、公正的重审,这足以弥补前面的不足,但是在另一些情况下,当事人在两个阶段都应获得公正的听证。关于中间类型的案件,法院必须决定"是否能够通过公正的方法最终产生一个公正的结果"。[211]

第三个问题是,违反自然正义原则形成的决定,如果有的话,能产生哪些法律后果。违反自然正义的情况一旦确认,根据里奇诉巴德温一案的判决,那个有问题的决定无效,并不产生效力。但是在杜拉瓦帕诉费尔南多(*Durayappah v Fernando*)案中,司法委员会认为,没有提供应该举行的听证而作出的决定是可以无效的,但并不必然无效。[212] 这个决定显然不符合法治原则。司法委员会1979年接受这么一个观点,即不符合自然正义原则形成的决定是无效的,而非可以无效,但认为,除非这个决定被法院宣布为无效,否则,在法律上它可以产生一些结果,可以作为向上一级机构上诉的基础。[213]

---

[211] 卡尔文诉卡尔(*Calvin v Carr*)案,《上诉案例汇编》,1980年,第574页,M.埃里奥特(Elliott):《现代法律评论》,1980年,第43卷,第66页,对此进行了探讨。

[212] 《上诉案例汇编》,1967年,第2卷,第337页,遭到H. W. R. 韦德的批评:《法律季评》,1967年,第83卷,第499页,以及1968年,第84卷,第95页;参阅M.B.阿克赫斯特(Akehurst):《现代法律评论》,1968年,第31卷,第2页,以及D.奥利弗(Oliver):《当代法律问题》,1981年,第42页。

[213] 卡尔文诉卡尔(*Calvin v Carr*)案。还可参阅S.塞德利(Sedley):《公法》,1989年,第32页。

公正原则要求提供理由吗?

虽然提供理由是"良性行政的根本要素之一",[214] 但是在普通法的背景下,并不存在为决策提供理由的一般义务。[215] 在许多情形中,立法要求提供理由。由此,根据1992年《裁判所与调查法》第10条的规定,裁判所依请求必须提供他们决定的理由,大臣在经过公开调查以后作出的决定,也必须提供理由。许多制定法或程序规章更进一步规定,只要作出某些种类的决定(例如,拒绝规划许可),就必须提供理由。尽管不存在提供理由的一般义务,法院却经常要求提供。由此,如果没有理由,上诉权将形同虚设,那么,就必须行使裁量性权力陈述理由。[216] 由于决定对个人权利和利益造成的影响,公正原则在某些情形中要求提供理由。[217] 由

---

[214] 参阅布林诉混合工程联合会(*Breen v AEU*)案,《女王法院案例汇编》,1971年,第2卷,第175、191页(丹宁勋爵)。也可参阅 G.里查德森:《公法》,1986年,第437页;P.内尔(Neill)在福赛思和黑尔编辑的《金色的标尺与弯曲的绳索》中的论述,第161 - 184页;P.P.克雷格:《剑桥法律杂志》,1994年,第282页。

[215] 参阅,英王诉贸易大臣(申请人:伦罗股票上市公司)(*R v Trade Secretary, ex p Lonhro plc*)案,《全英格兰案例汇编》,1989年,第2卷,第609页;英王诉高等教育基金委员会(申请人:牙外科学院)(*R v Higher Education Funding Council, ex p Institute of Dental Surgery*)案,《全英格兰案例汇编》,1994年,第1卷,第651页;新南威尔士公共服务部诉奥斯蒙德(*Public Service Board of New South Wales v Ormond*)案,(ALR),1986年,第63卷,第559页。

[216] 国家税收大臣诉莱特加拿大绳索公司(*Minister of National Revenue v Wright's Canadian Ropes Ltd*)案,《上诉案例汇编》,1947年,第109页。

[217] 英王诉内政大臣(申请人:杜蒂)(*R v Home Secretary, ex p Doody*)案,《上诉案例汇编》,1994年,第1卷,第531页。

第30章 行政行为的司法控制(一) 737

此,一名被判处强制监禁的犯人,有权得知内政大臣关于其最短服刑期限的决定之理由。在最重要的一个案子中,马斯蒂尔勋爵讲道:

> 提供理由也许是不方便的,但是我根本就看不出存在任何原因,以表明这与公共利益是背道而驰的:实际上,恰恰相反。如果不应提供,我将只问一个问题:拒绝提供理由公平吗?我将毫不迟疑地回答,这并不公平。[218]

这种路径虽然是在具体的语境中采行的,但是却能够适用到影响个人的许多决定中。而且,如果缺乏解释的决定可能显得武断、荒谬、错误或者不合理,那就必须提供理由:[219]

> 如果所有其他公认的事实与条件都压倒一切地指向一个不同的决定,那么,如果法院得出结论认为他的决定并没有合理的理由,这位没有提供理由的决定作出者就不能抱怨。[220]

虽然法院间接地要求在这些情形中提供理由,但他们尚未主

---

[218] 杜蒂案,第564–565页。

[219] 英王诉文官委员会(申请人:坎宁安)(*R v Civil Service Board, ex p Cunningham*)案,《全英格兰案例汇编》,1991年,第1卷,第310页(以及J.海伯格:《公法》,1991年,第340页)。

[220] 英王诉贸易大臣(申请人:伦罗股票上市公司)(*R v Trade Secretary, ex p Lonhro plc*)案,《全英格兰案例汇编》,1989年,第2卷,第609、620页(凯思勋爵)。

张,所有的决定都必须提供理由。即使附加一种例外的情形,在其中,公共利益的考虑必须优先于一般规则,要求所有决定都提供理由的一般规则仍然要求过分。

实际上,司法审查的程序支持提供理由。由此,如果某个人没有得到决定的理由,且获得了充分司法审查的许可,决定作出者就需要公布相关的信息,以保证法院可以合理地裁决审查的申请。公正的诸方面与良性行政的诸原则结合在一起:法院很可能主张,当决定作出时,必须存在有效验的理由,如果理由是在后来提供的,法院将对它们很少关注。当制定法规定,拒绝入籍的行为可以不提供理由时,内政大臣公正行事的义务意味着,他必须就事关申请人的问题提供充分的信息,以保证后者可以尽可能的就这些问题进行陈述。

欧共体法律规定,当对一种共同体中的权利的充分保护来说是非常必要的时候,就应该提供理由。《欧洲人权公约》第6条第(1)项规定,在个人有权在独立且公正的法庭或裁判所前获得一

㉑ 参阅斯蒂芬诉总医药理事会(Stefan v General Medical Council)案,(WLR),1999年,第1卷,第1293页。还可参阅宾汉姆勋爵对英王诉国防部(申请人:马里)(R v Ministry of Defence, ex p Murray)案中的法律问题的总结,(COD),1998年,第134页。

㉒ 比较英王诉兰开夏市议会(申请人:赫德尔斯顿)(R v Lancashire CC, ex p Huddleston)案,《全英格兰案例汇编》,1986年,第2卷,第941页(以及 A. W. 布拉德利:《公法》,1986年,第508页)。

㉓ 参阅 A. 谢弗(Schaeffer),《司法审查》,2004年,第151页。

㉔ 参阅英王诉内政大臣(申请人:阿尔·费德)(R v Home Secretary, ex p Al Fayed)案,《全英格兰案例汇编》,1997年,第1卷,第228页。

㉕ 参阅例如,案例 222/86 UNECTEF 诉海伦斯(UNECTEF v Heylens)案,(CMLR),1989年,第1卷,第901页。

次公正的听证的情形中,该法庭或裁判所就应该为其判决提供理由,以便当事人和公众可以了解判决的根据。[26] 这最后的一点已经在国内法律中得到认可:当存在提供理由的义务时,"必须提供恰当且充分的理由",它们应该是可以理解的,且说明了争议的重要焦点。[27] 简明的理由可能会是充分的,但是,并不涉及案件中的个人问题的一般性描述不可能被接受。在有些情形中,即使当时未作解释,法院仍可能接受决定作出者推理方面的证据,但是,违反提供理由的制定法义务本身却可能导致法院以法律错误为由而推翻该决定。[28]

C. 合理预期

在公法中,与公正原则相联系的正在发展的一个概念是合理预期。[29] 这个概念也存在于其他国家的法律制度中(包括澳大利

---

[26] Hadjianastassiou 诉希腊(*Hadjianastassiou v Greece*)案,《欧洲人权报告》,1992年,第16卷,第219页。

[27] 波伊泽和米尔仲裁(*Re Poyser and Mill's Arbitration*)案,《女王法院案例汇编》,1964年,第2卷,第467、478页。关于一个规划判决的理由的充分性,参阅,南杜克郡议会诉波特(*South Bucks DC v Porter* (No.2))案,《上议院案例汇编》,2004年,第33页,《全英格兰案例汇编》,2004年,第4卷,第775页。

[28] 英王诉威斯敏斯特市议会(申请人:埃玛珂)(*R v Westminster Council, ex p Ermakov*)案,《全英格兰案例汇编》,1996年,第2卷,第302页。也可参阅,英王诉北约克郡议会(申请人:理查德森)(*R (Richardson) v North Yorkshire CC*)案,《英格兰及威尔士上诉法院民事法庭案例汇编》,2003年,第1869页,《全英格兰案例汇编》,2004年,第2卷,第31页,[31]-[42]。

[29] 参阅 R. 鲍德温(Baldwin)和 D. 霍恩(Horne):《现代法律评论》,1986年,第49

亚、德国和欧盟），[23]且是法律确定性的一个方面。在与公共机关打交道时，私人需要知道他们是否可以依赖官员的声明，或者通知给他们的决定。在商业和贸易事务中，当双方缔结一个合同以后，一方就可以要求对方履行合同的规定。但是，像许可证的发布或者许可的授予通常并不采取合同的形式，意图的申明或者关于将要采取的决定的备忘录也不会以合同面貌出现。个人(X)什么时候可以要求公共机关遵守其言行呢？如果某官员使 X 相信一个特定的决定将会作出，那么，公共机关可以自由地改变意图或者矢口否认吗？"合理预期"这一术语是1969年丹宁勋爵首次使用的，他对许可居留到期后，被要求离境的外国人，和许可居留尚未到期，但被内政部门要求离境的外国人，加以区分：后者，而非前者，有一个"合理预期，如果没有听取他们的意见就遣送离境是不公正的"。[31]

有四种主要的情形需要讨论：[32]

(1) 当局已经作出了一个影响 X 的决定，但是它后来又试图用一个新的决定取代原来的决定；

(2) 当局作出一个保证，在影响 X 的问题上，它将适用特定的

卷，第685页；C.F.福赛思：《剑桥法律杂志》，1988年，第238页；P.P.克雷格：《法律季评》，1992年，第108卷，第79页。

[23] 施瓦茨：《欧洲行政法》，第6章；以及舍恩伯格(Schonberg)：《行政法中的合理预期》(*Legitimate Expectations in Administrative Law*)。还可参阅移民大臣诉特欧(*Minister of State for Immigration v Teoh*)案，《澳大利亚法律报告》，1995年，第128卷，第353页(批准条约的行为创造了一种预期，即行政决定会遵守该条约)；第15章B。

[31] 施米特诉内政大臣(*Schmidt v Home Secretary*)案，《大法官法院案例汇编》，1969年，第2卷，第149页。

[32] 比较舍恩伯格：《合理预期》，第5页；以及克雷格：《行政法》，第19章的讨论。

程序或政策,但是,它实际上却作出不同的行为;

(3)并未给出任何保证,但是当局长久以来一直遵循某个一贯的做法,因此,X相信,在没有该做法被改变的通知时,它仍将继续存在;

(4)当局声明了某项在特定问题上将遵循的政策,但是在对X的个案进行裁决之前,改变了这个政策,作出了一个与X的预期不同的决定。

我们可能认为,在每一种情形中,最终结果与个人所期望的结果相比,都不太受欢迎。一种情形究竟属于上述哪一种类,并不存在确切无疑的证据。由此,在第(2)种情形中,X对他和一名官员Y交谈的理解,可能与Y的理解是非常不同的(例如,X认为,Y向他保证,他的申请能够成功;而Y却认为,像X那样的申请通常只有成功的较大机会)。如果这种交流是书面的,就会引发文字的恰当含义的问题。在有些情形中,相关的因素包括(a)Y可能会游离于其权限范围之外,或者(b)另一个私人可能享有与X相冲突的利益。

在第(1)种情形中,即**决定的撤回**,法律的确定性要求,如果一个官方机构作出的决定影响到公民的权利,这个决定也已经告知那个人,但是没有使用诸如"临时的"、"可以提起审查的"字眼,这个机构在这件事情上可视为行使自由裁量权,今后不可以改变决定使对相对人遭受不利。㉓ 适用这个原则要看法律是否有明确的

㉓ 参阅登顿路(*Re 56 Denton Road Twickenham*)案,《大法官法院案例汇编》,1953年,第51页;还可参阅 G.甘兹:《公法》,1965年,第237页。

规定。因此,社会保障法律就提供了明确的依据,以审查那些早先的决定,例如当有新的信息时。[234] 已经授予的规划许可,只有支付赔偿以后才可以撤销。[235] 除了这些规定,公共机构如果由于事实错误,已经基于自由裁量持续赋予某个人好处,一旦将来发现问题的真实情况,就可以撤回这些好处。[236] 如果是法律错误,公共机构可以根据正确的法律观点重新作出一个决定。[237]

在第(2)种情形中,即**违反保证**,当局背离了它对个人作出的保证。确定无疑的是,法院将实施这种保证创设的合理预期。由此,公共机关明确作出承诺,将接受并考虑个人的陈述,这将使他或她有权就相关问题进行听证:"如果公共机关承诺将遵守特定的程序,只要履行行为不会干扰它的法定义务,它就应该行事公正且履行自己的诺言,这符合良性行政的要求。"[238] 如果个人没有听证的权利,那么,对他们来说,证明存在着这样的承诺就是至关重要的。

公正原则可能要求,即使立法没有相关规定,保证仍应该被兑现。一个在英国的尼日利亚妇女(并没有在英国的无限期居留权)希望回家过圣诞,内政部门给了她一个明确的保证(这表现在她的

---

[234] 例如,1992 年《社会保障管理法》,第 23、30 条。
[235] 1992 年《城乡规划法》,第 97、107 条。
[236] 鲁特金诉肯特郡议会(Rootkin v Kent CC)案,《全英格兰案例汇编》,1981 年,第 2 卷,第 227 页。
[237] 谢昂诉赫茨市议会(Cheung v Herts CC)案,《泰晤士报》,1986 年 4 月 4 日;C.莱维:《公法》,1987 年,第 21 页。
[238] 香港总检察长诉挪威人延秀(A-G of Hong Kong v Ng Yuen Shiu)案,《上诉案例汇编》,1983 年,第 629、638 页(弗雷泽勋爵)。

第30章 行政行为的司法控制(一) 743

护照上),表明她可以在1月31日前返回英国,这样,移民官员就不得拒绝她在那个日期之前从尼日利亚返回入境。[239] 正如宾汉姆法官在下述案例中所言,当时税收官员向纳税人暗示,在拟采用的计划中将被考虑的因素是资本而不是收入,但是后来却考虑了收入:

> 如果公共机构通过自己的行为让人产生了一个合理预期,相信它会遵循一个特定的程序(解决问题),但是,这个机构被允许遵循另外一个不同的程序,并损害到那些满足这个预期的人的利益,这通常是不公正的……当时公正并不是一条单行线。它还吸纳了公平、公正和公开的观念,在这些问题上,当局和公民有同样多的权利。税收当局的裁量范围是有限的。公正原则要求它的行使应该以充分的公开为基础。[240]

在上述情形中,并不存在合理预期,以阻止税收机关征收合法正当的税款。在此情况下,个人宣称的公平可能与公共利益背景下的广义公平以及合法性原则相冲突。[241] 当税务局事先向纳税人

---

[239] 英王诉内政大臣(申请人:奥洛尼卢伊)(R v Home Secretary, ex p Oloniluyi)案,《移民上诉报告》,1989年,第135页。也可参阅英王诉内政大臣(申请人:卡恩)(R v Home Secretary, ex p Khan)案,《全英格兰案例汇编》,1985年,第1卷,第40页(A. R.莫伯里:《公法》,1985年,第558页)。

[240] 英王诉工业改组公司(申请人:MFK公司)(R v IRC, ex p MFK Ltd)案,《全英格兰案例汇编》,1990年,第1卷,第91、110页。还可参阅,英王诉赛马俱乐部(申请人:皇家音乐学院跑马场有限公司)(R v Jockey Club, ex p RAM Racecourses Ltd)案,《全英格兰案例汇编》,1993年,第2卷,第225、236页(斯图亚特·史密斯法官)。

[241] 参阅下文讨论禁止翻供时提到的案例。

确认了将如何处理一个交易,且如果在个人交易中它已经创造了合同义务或者禁止反悔的后果,税务局就受自己保证的约束。[22]但是,纳税人必须"把所有的牌的正面摆在桌子上",而且所依据的保证必须"清楚、毫不含糊并穷尽有关条件"。[23]

在第(3)种情形中,预期来自于当局**一贯的做法**。在政府通信总部案中,政府的一贯做法是,在改变公务员的雇佣条件之前,向公务员协会咨询;除了国家安全的因素外,在政府剥夺通信总部的职员加入协会的权利之前,该协会有一个被咨询的合理预期。[24] 25年以来,退税请求一直被接受,而没有考虑法定时限,这样的话,税收当局就不能在事前未通知的情况下,以请求迟延为由,而拒绝退税。[25] 当某部的官员在作出决定时,明显忽略一项既定的部门政策,就像引起一个不同的行为不一致的问题。[26]

在第(4)种情形中,即**政策变化**,由于政策发生变化,申诉人没有获得预期的决定。虽然这样的申诉还可以加上未进行咨询这条

---

[22] 英王诉工业改组公司(申请人:普雷斯顿)(*R v IRC, ex p Preston*)案,《上诉案例汇编》,1985年,第835页。在这里,与私法进行比较也许是不恰当的:参阅英王诉东苏塞克斯区议会(申请人:派普汉姆有限公司)(*R v East Sussex CC, ex p Reprotech Pebsham Ltd*)案(下文注解262)。

[23] 英王诉工业改组公司(申请人:MFK公司)(*R v IRC, ex p MFK Ltd*)案,上文注解。

[24] 文官联盟委员会诉文官大臣(*Council of Civil Service Unions v Minister for the Civil Service*)案,《上诉案例汇编》,1985年,第375页。

[25] 英王诉工业改组公司(申请人:尤尼利弗)(*R v IRC, ex p Unilever plc*)案,(STC),1996年,第681页。

[26] 英王诉内政大臣(申请人:拉希德)(*R (Rashid) v Home Secretary*)案,《英格兰及威尔士上诉法院民事法庭案例汇编》,2005年,第744也;M. 艾略特,《司法审查》,2005年,第281页。

理由，[247] 但是，它更可能是这样一个诉求，即当时的情形并没有根据最初的政策裁决。如果不证明政策根本就不应该变化，那么，这样的诉求很难成立。与此相关的是成功的诉求带来的救济形式这一有争议的问题：一个预期仅仅涉及程序（由此，法院可以裁决，在不利决定作出之前，X 应该有一个听证），或者还涉及实体问题（由此，法官可以判决赋予 X 预期的利益）？[248]

在芬德利案（Re Findlay）中，内政部改变了有罪囚犯的假释方面的政策，使得某些囚犯要比先前政策规定的日期更晚才能获得假释。斯卡曼勋爵说："但什么是合理预期呢？根据规范假释的立法条款的实质与目的，一个囚犯所能合理预期的，最多是他的个案将根据国务大臣认为合适的政策进行个别的考虑……"[249]

法院因此判定，由现存政策中产生的合理预期要比这个案例走得更远。

---

[247] 正像英王诉卫生大臣（申请人：美国国际烟草公司）(*R v Health Secretary, ex p US Tobacco International Inc*)案，《女王法院案例汇编》，1992 年，第 353 页。

[248] 参阅英王诉北德文郡卫生当局（申请人：考兰）(*R v North Devon Health Authority, ex p Coughlan*)案，《女王法院案例汇编》，2001 年，第 213 页。

[249] 《上诉案例汇编》，1985 年，第 318、338 页；英王诉内政部（申请人：哈格里斯）(*R v Home Secretary, ex p Hargreaves*)案，《全英格兰案例汇编》，1997 年，第 1 卷，第 397 页（囚犯在释放之前关押的最低期限从刑期的三分之一上升到一半）；T. R. S. 阿伦：《剑桥法律杂志》，1997 年，第 246 页，以及 S. 福斯特（Foster）：《现代法律评论》，1997 年，第 60 卷，第 727 页。

在英王诉农业大臣（申请人：汉布尔渔业公司）(R v Ministry of Agriculture, ex p Hamble fisheries Ltd)案中，根据一项调整特定种类的鱼的捕捞政策，一个公司打算通过从其他船那里购买许可的方式，为一艘更大的船申请一个"集合性"许可。在该公司为此目的购买了两艘小船后，但在申请"集合性"许可之前，由于来自欧洲的保存鱼的压力，农业部终止了集合许可的政策。该政策为那些已经提交但尚未决定的许可申请，规定了过渡条款。根据新的政策，该公司的一个许可证被拒绝。在考察了欧洲和国内的法律以后，谢德利法官传达了法庭意见：(1)一个合理预期可以为所寻求的利益带来一个实体请求，而且可以（如果公平原则需要）要求农业部对它的政策提供一个例外；(2)在这里，农业部为已提交的请求已经规定了过渡条款；(3)没有人存有政策不会改变的合理预期，而且公平性原则也不会要求对新的政策仍然提供例外。[250]

这一判决由于下述两个原因而广有争议：(a)它认为，合理预期使法院可以赋予申请人所寻求的实体利益（而不仅仅是程序救济）；(b)它认为，在考察变化后的政策对申请人造成的影响是否"公平"时，法院必须进行一种平衡考量，而不仅仅是看该政策是否符合韦德尼斯伯里式的合理性。关于(b)方面，这一判决最初是被上诉法院当作异端来描述的，[251] 但是，在英王诉北德文郡卫生当

---

[250]《全英格兰案例汇编》，1995年，第2卷，第714页。
[251] 英王诉内政部（申请人：哈格里斯）(R v Home Secretary, ex p Hargreaves)案，上文。

局(申请人:考兰)(R v North Devon Health Authority, ex p Coughlan)案中,上案的判决得到遵守。[23]

1993年,一个卫生当局把老年患者迁移到一个新的疗养地,同时向他们保证,他们可以在那里随意选择居住期限。1998年,该当局决定关闭这个疗养地,并把这些患者迁到地方当局的护理中心。法院认为,终止在国家卫生服务中心的护理的决定建立在对立法的错误理解之上。对患者的承诺已经创设了一个获得实体利益的合理预期。背弃诺言将十分不公平,以至于构成了滥用权力。并不存在"压倒一切的公共利益",来支持背弃诺言的行为。

考兰案的判决是值得欢迎的,但是,将来的法院在个体的预期和公共机关为实现公共利益而行为的必要性之间进行权衡时,将面对棘手的难题。[23] 如果公共机关承诺要从某种有限资源(例如住房)中授予某些收益,而合格的申请人又非常多,这时,就会出现特别棘手的难题。[24] 这个正在发展的法律领域很大程度上得益于

---

[23] 《女王法院案例汇编》,2001年,第213页,区别于哈格里斯案。

[23] 参阅P.克雷格和S.舍恩伯格:《公法》,2000年,第684、698-700页;比较M.埃里奥特:《司法审查》,2000年,第27页,他认为,韦德尼斯伯里案为审查提供了恰当的标准。参阅P.萨尔斯(Sales)和K.斯泰恩(Steyn):《公法》,2004年,第564页;I.斯蒂勒(Steele),《法律季评》,2005年,第121卷,第300页。

[24] 英王诉纽汉姆议会(申请人:毕比)(R (Bibi) v Newham Council)案,《英格兰及威尔士上诉法院民事法庭案例汇编》,2001年,第607页,《威尔士法律汇编》,2001年,第1卷,第237页。

欧洲法律。考兰案增加了比例性标准胜过韦德尼斯伯里标准的可能性。

不许反悔与政府行为

以上的讨论聚焦于合理预期的概念。在较早的时期,公共机关作出的关于它将如何履行法定职责的诺言通常不会引起关注,因为人们认为它没有法律效力。[253] 当时,当人们信赖了官员的保证,但却发现这并没有约束力,为了减轻这个人的困境,法院运用了不许反悔原则。在一个著名的案例,罗伯逊诉养老金管理大臣(Roberson v Minister of Pensions)案中,[254] 丹宁法官采用了这个原则:

当政府官员与某人交往,宣称自己有权处理与该人有关的事情时,这个人便有理由相信政府官员宣称拥有的权力。这个人不知道也不可能知道政府官员权力的界限,因此不应遭受他们越权带来的损失。

但是,这个有价值的原则遭到了保守的贵族院的拒绝,[255] 因

---

[253] 比较考兰案(注释[248]),第55页。
[254] 《王座法院案例汇编》,1949年,第1卷,第227页。
[255] 豪厄尔诉法尔茅斯船舶建造公司(Howell v Falmouth Boat Construction co)案,《上诉案例汇编》,1951年,第837页。

第30章 行政行为的司法控制(一) 749

为他们认为,无论是涉及刑事法律,[258] 还是公共机关的权力、义务或管辖范围,[259] 这一原则都将纵容官员或张或弛地执行法律规则。因此,不许反悔原则并不会影响履行法定义务的责任。但是,即使不许反悔的规则(一条证据规则)不能优越于法律规则,仍然存在充足的理由,以说明公共机关,包括国王,都应该在行政事项上遵从不许反悔原则。在1962年,据称,不许反悔不能阻碍法定裁量权的行使,[260] 但是,在后来的案例中,规划官员给出了个人已经信赖的非正式保证,在这里,又发现了不许反悔原则存在的一些空间。[261] 在2002年,这些规划案例得到上院的审查。人们向上院主张,一个地方官员在1991年提供的一个非正式意见,即某种特定的土地利用无须申请规划许可,应该被看作由地方当局依据法定权力作出的有约束力的决定。上院否定了这个主张,因为规划立法要求在作出这样的决定时应该提出正式申请,且为这个过程

---

[258] 比较英王诉阿罗史密斯(R v Arrowsmith)案,《女王法院案例汇编》,1975年,第678页,以及在那个案例中引用的权威性论述。

[259] 海上电器公司诉综合奶制品公司(Maritime Electric Co v General Dairies Ltd)案,《上诉案例汇编》,1937年,第610页;里尔城镇区议会诉里尔娱乐有限公司(Rhyl UDC v Rhyl Amusements Ltd)案,《全英格兰案例汇编》,1959年,第1卷,第257页;埃塞克斯公理教会诉埃塞克斯郡议会(Essex Congregational Union v Essex CC)案,《上诉案例汇编》,1963年,第808页。

[260] 索森德公司诉霍奇森(威克福德)有限公司[Southend Corpn v Hodgson (Wickford) Ltd]案,《女王法院案例汇编》,1962年,第1卷,第416页。但是,在考虑过度使用裁量权时,事前的许诺是一个需要考虑的因素:英王诉纽汉姆议会(申请人:毕比)[R (Bibi) v Newham Council]案(本章注解254)。

[261] 利弗金融公司诉威斯敏斯特议会(Lever Finance Ltd v Westminster Council)案,《女王法院案例汇编》,1971年,第1卷,第222页,该案的判决在西部渔业产品公司诉彭威斯区议会(Western Fish Products v Penwith DC)案中遭到批评,《全英格兰案例汇编》,1981年,第2卷,第204页。也可参阅 A. W. 布拉德利:《当代法律问题》,1981年,第1页。

规定了其他程序要求。即使地方议会是一个私方当事人，也不存在不许反悔的依据。在考虑了合理预期的概念，以及把不许反悔原则适用于规划决定时的困难以后，霍夫曼勋爵指出："在我看来，在这个领域，公法已经从支持私法的不许反悔概念的道德原则中吸收了有用的东西，而且已经是公法用自己的双足站立的时候了。"[262]

该判决在规划法领域的影响将是深远的。涉及非正式程序的效力的将来案例将依赖于合理预期而不是不许反悔原则来判定。在某些场合，甚至由公共机关作出的非法承诺也将导致法院予以保护的预期，尽管有充足的理由认为这种预期是不合理的。[263]

合理预期、补偿与监察专员

我们发现，合理预期的概念将被下述这些人提起，他们在司法审查中，或者主张一项当局的决定应被撤销，或者寻求一项已被拒绝的实体利益（就像在考兰案中那样）。在下一章，我们将看到，损害赔偿并不是法院提供的典型救济。相反，当个人因不良行政而

---

[262] 英王诉东苏塞克斯区议会（申请人：派普汉姆有限公司）(R v East Sussex CC, ex p Reprotech Pebsham Ltd)案，《上议院法律汇编》，2002年，第8页，《全英格兰案例汇编》，2002年，第4卷，第58页。A. W. 布拉德利《公法》，2002年，第597页，以及M. 艾略特，《司法审查》，2003年，第71页。

[263] 参阅罗兰德诉环境机构(Rowland v Environment Agency)案，《英格兰及威尔士上诉法院民事法庭案例汇编》，2003年，第1885页，《大法官法庭案例汇编》，2005年，第1页，以及S. 汉尼特(Hannett)和L. 布什(Busch)的批评观点，《公法》，2005年，第729页。

遭受不公正对待时,议会监察专员的决定通常会带来补偿。[264] 在许多情形中,一个申诉人因对公共机关抱有合理预期而遭受损失,非常可能的是,这个事实将支持一个不良行政的申诉,这种申诉可以向监察专员提起。

---

[264] 参阅第 29 章 D。

第31章　行政行为的司法控制(二)

在第30章,我们考察了法院审查公共机构行使行政权力时所采用的原则。现在我们来探讨一下法院行使监督管辖权的程序问题。① 如果关于行政行为的有效性问题是在一般的民事或者刑事诉讼中决定的,这种审查可以是间接的。② 因此,公共机构行为的有效性可能与私法上的合同、侵权行为有关联(见第32章)。但是在这里,我们关心的是那些能够使法院直接审查公共机构行为、决定的程序。

英格兰法里主要的程序现在是**司法审查的申请**,常常缩略为"司法审查"。③ 其产生是由1977至1982年的一系列改革引起的,就像普通法中许多程序改革一样,这些改革并非回到初始的原则

---

① 除了已经引用的行政法的书籍外,关于程序方面的有价值的书籍还有格登(Gordon):《司法审查与公诉署诉讼程序的行为》(*Judicial Review and Crown Office Practice*);索普斯通(Supperstone)、古地(Goudie)和沃克(Walker)(编辑)《司法审查》以及刘易斯(Lewis):《公法上的司法救济》(*Judicial Remedies in Public Law*)。

② 本书边码第772–773页。

③ 1985年苏格兰发明了一种类似但并不相同的程序;见边码第779页。关于北爱尔兰,见P.马圭尔(Maguire)在哈德菲尔德(Hadfield)编辑的《司法审查,一种主题立场》(*Judicial Review, A Thematic Approach*)中的论述,见附录部分。

上,而是有一个全新的开始。特别是,申请新程序的领域没有界定,普通法的某些方面显然未受触动。从那以后,司法审查从普遍民事诉讼程序改革中受益匪浅,但是,仍有理由坚持为司法审查保留一套独立的程序。④ 在这章里,我们在深究司法审查的申请之前,先简略地审视一下英格兰法早期的立场。接着这一章将探讨对一些决定审查的法定救济,立法对司法审查的排除,以及苏格兰法上不同的救济制度。本章以对人身保护令的研究为结尾。这种古老的保护令对那些剥夺个人自由的行政行为来说是一种重要的救济。

救济的形式

当行政行为在法院被提出质疑的时候,对方当事人通常会要求法院提供以下一种或者几种形式的救济:

(a) 撤销或者搁置由于越权或者以其他不合法形式所作决定的效力;

(b) 限制有关当局越权或其他不合法的行为;

(c) 要求有关当局履行法定义务;

(d) 宣告有关当事人的权利和义务;

(e) 要求有关当局对遭受的损失或者损害提供经济补偿;

(f) 采取临时保全措施,等待整个程序结束后的结果。

过去英格兰法的主要缺陷是,尽管取得各种形式救济的程序

---

④ 关于反面的观点,参阅 D.奥利弗(Oliver),《公法》,2002年,第91页。

都有,但是没有任何一个单一的程序可以取得这些救济。取得一个或者多个救济的程序常常相互矛盾,而且法律本身被分割成不同救济的法律规范。今天,改革已经确立了一种应被视为寻求任何合适救济的综合程序。改革的主要效果是,一些早已存在的救济——例如皇室特权令[履行令(mandamus)、禁止令(prohibition)和调卷令(certiorari)]、禁止令(injunctions)和宣告令(declarations)——转化成行政法上的救济形式,⑤ 这些救济可以通过被称为申请司法审查的单一程序而取得。根据一位专家的意见,这些程序上的变化伴随着司法重组,以便在没有议会直接授权情况下,建立一个行政性法院。⑥ 但是,直到2000年,这个隶属高等法院女王座分院的法院,才被命名为行政法院。⑦ 在2004年,特权令在形式上都被重新命名,现在被称为强制令(mandatory orders)、禁止令(prohibiting orders)和撤销令(quashing orders)。⑧ 在本章中,在论述当前程序时,我们将使用这些新术语,但是,对当前法律的背景的描述则仍然使用原有术语。

---

⑤ 1981年《最高法院法》,第31条第(1)项。
⑥ L.布罗姆-库珀:《公法》,1982年,第250、260页。
⑦ 操作指导(行政法院:建立)[Practice Direction(Administrative Court:Establishment)],《全英格兰案例汇编》,2000年,第4期,第1072页。
⑧ 参阅《法定条规》,2004年,第1033号,修改了《1981年最高法院法》第29、31条。

特权令(The Prerogative Orders)

履行令、禁止令和调卷令(后来都被重新命名)等特权令⑨是以前王座法庭对地方法院和其他团体行使管辖权的主要手段。⑩尽管令状是根据私人申请而发布的,但是,"特权"这个词十分恰切,因为它们同皇室的权力相联系,以保证下级法院和审判庭的公正。皇室在诉讼中不担任任何角色,但是却可以发布由一位大臣或政府部门申请或者针对他们的令状。由于特权令维护司法中的公众利益,有关程序方面(例如,需要法院许可,简易程序,自由裁量权的救济)大大的有别于用来保护原告为私人的权利的诉讼。

履行令是由高等法院发布的,要求公共权力机构或官员履行其公共职责的命令,在履行此职责中,申请人有充分的合法权益。此令状不针对皇室。但是,履行令可以强制性地要求一位大臣或者一个政府部门或特定公务员履行由法律规定的责任,条件是这一责任是对申请人负有的而不仅仅对皇室负有的。⑪在实践中,履行令是用来强制很多部门履行与个人直接相关的责任的令

---

⑨ 1933年《司法行政(混合条款)法》,第5条,以及1938年修正版,第7条。

⑩ 德史密斯、沃尔夫和乔威尔:《行政行为的司法审查》,第14章;亨德森:《英国行政法基础》(Foundations of English Administrative Law)。

⑪ 英王诉收益税特派员(R v Special Commissioners for Income Tax)案,《女王法院分院案例汇编》,1888年,第21卷,第313、317页。比较英王诉财政委员会(R v Lords of the Treasury)案,《女王法院案例汇编》,1872年,第7卷,第387页。以及参阅哈丁(Harding):《公共责任和公法》(Public Duties and Public Law),第87-96页。

状。⑫

如果有关机关对于是否采取行动有完全的自由裁量权,履行令将不成立。但是有关机关有责任去行使自由裁量权,例如裁判庭在其管辖范围内有责任聆听和决定一个案件。因而,履行令要求内政大臣聆听并决定一个英国公民的妻子提起的公民资格证明(a certificate of patriality)的申请。⑬ 同样,根据1992年《裁判所和调查法》第10条的规定,裁判庭给予其所作决定的理由的义务可以依据履行令来强制它履行。如果一个大臣有权力给地方政府提供指导意见,例如在行使纠错权力时,假设这样的指导是合法的话,履行令可以强制实施这样的指导。⑭ 不执行履行令可以构成藐视法庭罪,因此是可以惩罚的。

禁止令是当一些要做的事情是能够禁止的,主要为了防止下级法院或者裁判庭超越管辖权,或者违反自然正义规则的行为而颁发的令状。调卷令的原意是将下级法院的案件或者决定移交王座法院审理的命令。今天,当一种或更多的司法审查的理由成立以后,它是废止下级法院、裁判所或者公共机构决定的一种手段。通过否决一个有瑕疵的决定,调卷令为作出一个新的决定提供了条件。

作为控制管辖权的手段,禁止令和调卷令涵盖同样广泛的领

---

⑫ 例如,帕德菲尔德诉农业大臣(*Padfield v Minister of Agriculture*)案,《上诉案例汇编》,1968年,第997页。

⑬ 英王诉内政大臣(申请人:法索普卡)(*R v Home Secretary, ex p Phansopkar*)案,《女王法院案例汇编》,1976年,第606页。

⑭ 教育大臣诉塔姆塞德自治市(*Education Secretary v Tameside MB*)案,《上诉案例汇编》,1977年,第1014页。

域。二者主要的区别在于,调卷令用来撤销已经作出的命令或者决定,而禁止令则用来防止一个命令或者决定的作出,如果作出了,就要受调卷令的约束。如果一个超越管辖权的决定已经作出,其他类似的决定将要作出,这时候在同样的程序中同时寻求两种救济就非常方便。⑮ 同样,也可以在同一程序中同时申请调卷令和履行令,首先通过调卷令废除超越管辖权的决定,然后通过履行令来强制裁判庭根据法律听取并裁决案件。⑯

尽管调卷令和禁止令最初都是作为监督下级法院和裁判所的手段,但是多年来它们也被用来对付大臣、政府部门、地方政府以及其他行政机构。现在,没必要考察在申请救济的问题上,其范围拓宽的各个步骤。⑰ 没有这个拓宽,这些救济不可能为高效的行政法制度提供基础。但是应该注意到,直到 1979 年,经过围绕救济范围的辩论之后,上诉法院才认为,对囚犯行使惩戒权力的监狱巡查员要接受调卷令的审查。⑱ 在 1988 年,上院认为,监狱主管也

---

⑮ 英王诉帕丁顿租金裁判所(申请人:贝尔房地产有限公司)(*R v Paddington Rent Tribunal . ex p Bell Properties Ltd*)案,《王座法院案例汇编》,1949 年,第 1 卷,第 666 页。

⑯ 例如,英王诉哈默史密斯验尸官(申请人:皮奇)(*R v Hammersmith Coroner , ex p Peach*)案,《女王法院案例汇编》,1980 年,第 211 页。

⑰ 展现这个发展过程的主要判决是:英王诉电学委员会委员(申请人:伦敦电学联合委员会)(*R v Electricity Commissioners , ex p London Electricity Joint Committee*)案,《王座法院案例汇编》,1924 年,第 1 卷,第 171、205 页(阿特金法官);里奇诉鲍德温(*Ridge v Baldwin*)案,《上诉案例汇编》,1964 年,第 40 页(雷德勋爵);英王诉犯罪伤害委员会(申请人:莱恩)(*R v Criminal Injuries Compensation Board , ex p Lain*)案,《女王法院案例汇编》,1967 年,第 2 卷,第 864、882 页(帕克法官);以及奥雷利诉麦克曼(*O' Reilly v Mackman*)案,《上诉案例汇编》,1983 年,第 2 卷,第 237、279 页(迪普洛克勋爵)。

⑱ 英王诉赫尔监狱巡查者(申请人:杰曼)(*R v Hull Prison Visitors , ex p St Germain*)案,《女王法院案例汇编》,1979 年,第 425 页。

要受制于司法审查,且布里奇的表述明确了辩论语言发生了多大程度的变化,甚至从 1979 年以来:

> 这个原则就不亚于任何原则,而在公法中的一个正在发展的领域里确立起来,它的内容是,当任何人或机关行使制定法所授予的、影响公民的权利或合理预期的权力,且该权力是法律要求遵循自然正义原则而行使的权力时,法院就有权审查这个权力的运用。[19]

换言之,如果管辖权成立,围绕调卷令的可得性就不会引发另外的问题。这些判决围绕制定法权力的行使而展开,但是,法院通过调卷令行使的监督管辖权也拓及特权性权力和管制性权力,即使后两者并不导源于制定法,也是一样。[20]

另一个重要的发展涉及个人寻求对决定进行审查的资格(或法律地位)。英国法从来没有承认大众起诉权(actio popularis)(任何人都可以挑战公共机关的行为的权利,而不考虑他或她是否受到该行为的影响)。以前,申请人为寻求特权性令状而需表明何种权利或利益方面的规则,可能会因正在寻求的特定救济而不同。[21]

---

[19] 里奇诉帕克赫斯特监狱副长官(Leech v Deputy Governor of Parkhurst Prison)案,《上诉案例汇编》,1988 年,第 533、561 页。

[20] 相应地,参阅英王诉犯罪伤害委员会(申请人:莱恩)(注解 17);以及英王诉接管与合并座谈小组案(申请人:戴塔芬)(R v Panel on Take-Overs and Mergers. ex p Datafin)案,《女王法院案例汇编》,1987 年,第 815 页。

[21] 德史密斯、沃尔夫和乔威尔前文引述的书,第 626 – 631 页、634 – 635 页;塞欧(Thio):《法律地位与司法审查》(Locus Standi and Judicial Review)。

现在的情况已经不是这样了,而且,起诉资格方面的法律在今天也不再会成为障碍。[22]

禁止令(Injunctions)[23]

尽管特权令使法院有权行使对下级法庭和公共权力机构的监督管辖权,但是,禁止令是衡平法上的一种救济,可以在任何部门法下获得,不论公法或私法,从而保护个人的权利不被非法侵害。由于英国法不区分公法和私法,因此,禁止令在如今被认为是公法的领域也可以获得,以限制公共机关非法干涉私人权利[24],或者阻止地方当局越权花费钱财。[25]法律史的一个结果是,在今天,在需要接受司法审查的那些问题上,禁止令(injunctions)和禁止令(prohibiting orders)的适用范围完全重合。而在完全不涉及公共机关的私法领域,申请人则必须通过普通民事程序申请禁止令(injunctions)。

我们可以简要指出涉及禁止令的法律需要注意的几点。第一,禁止令不能针对作为法律实体的政府,同时禁止令在私法的诉

---

[22] 参阅边码第769页。

[23] 德史密斯、沃尔夫和乔威尔前文引述的书,第637-642页;韦德和福赛思,《行政法》,第561-568页。

[24] 例如,德比钓鱼协会的普赖德诉英国塞拉尼斯公司(Pride of Derby Angling Association v British Celanese Ltd)案,《大法官法院案例汇编》,1953年,第149页。

[25] 总检察长诉阿斯皮诺尔(A-G v Aspinall)案,(My & Cr),1837年,第2卷,第406页。

讼中也不能直接针对政府。㉖ 当针对王室提起私法诉讼时,作为禁止令的替代,法院可以签发一个宣告当事人权利的命令,且如果必要,法院可以颁发一个临时宣告令,对此,政府应该遵守。㉗ 但是,共同体法可能要求针对王室应该提供禁止令的救济㉘,同时,这种救济还应该在对政府部门、大臣和公务员的司法审查诉讼里提供。㉙

第二点涉及"告发人诉讼"这种历史久远的程序。这个名称是指这样一种诉讼,它由私人提起,目的是为了在一个涉及公共权利的问题上寻求禁止令(诸如由于高速公路的阻碍引起的公共性侵害),在这种诉讼中,私人并没有足以凭自己的名义起诉的个人权利或利益。㉚ 这个难题通过总检察长得到解决,他是公共利益的守护人,同意以他的名字作为名义上的原告。如今,告发人诉讼已经非常少见了,主要原因在于,只要申请人想要阻止公共机关的非法行为,他就可以(通过通常的程序)提起司法审查。当现存的惩

㉖ 1947年《政府诉讼程序法》,第21条;第32章 C。
㉗ 《民事诉讼规则》,第25条第1款第(1)项。关于以前的规定,参阅:英王诉工业改组公司(申请人:罗斯米斯特公司)(R v IRC, ex p Rossminster Ltd)案,《上诉案例汇编》,1980年,第952页。
㉘ 英王诉运输大臣(申请人:费克特塔姆公司)(R v Transport Secretary, ex p factortame Ltd)案,《上诉案例汇编》,1990年,第2卷,第85页;同一案例,第2号,《上诉案例汇编》,1991年,第1卷,第603页。也可参阅1991年《公共供应合同规章》,1991年《法定条规》2679号,第26条,授予了违反规章而针对政府提供的禁止令救济。
㉙ M诉内政部(M v Home Office)案,《上诉案例汇编》,1994年,第1卷,第377页;以及注解65。
㉚ 参阅本杰明诉斯托尔(Benjamin v Storr)案,(1874)LR 9 CP 400;博伊斯诉帕丁顿议会(Boyce v Paddington BC)案,[1903] 1 Ch 109;巴斯诉贝蒂尔(Barrs v Bethell)案,[1982] Ch 294。

罚和程序不足以阻止违法行为,例如,规划控制或火灾警告被那些发现违反法律可以获得更大利益的人忽略时,偶尔也可以借助于总检察长来强制执行刑事法律。㉛告发人诉讼变得稀少的另一个原因是,当地方当局认为能够方便地促进地方居民的利益时,就可以根据《1972 年地方政府法》第 222 条以自己的名义提起诉讼。㉜这种程序可能促使法院必须判定地方当局的权利和义务的限度。㉝

总检察长仍拥有为公共利益而提起诉讼以维持法律的权力,而且,这种权力仍然要经某个缺乏足够的利害关系因而不能以自己名义起诉的人的告发才能行使。在这种情况下,总检察长有绝对的裁量权,以决定是否同意起诉。至今还没有报道过针对政府某个部的告发诉讼。总检察长对于是否同意起诉的决定要向议会负一定程度的责任,但是,他们却无需为此向法院提供解释,法院也不能推翻他们的决定。㉞然而,这并不意味着总检察长的所有

㉛ 总检察长诉巴斯托(A-G v Bastow)案,《女王法院案例汇编》,1957 年,第 1 卷,第 514 页;总检察长诉哈里斯(A-G v Harris)案,《女王法院案例汇编》,1961 年,第 1 卷,第 74 页;总检察长诉查德利(A-G v Chaudry)案,《全英格兰案例汇编》,1971 年,第 3 卷,第 938 页。

㉜ 特伦特河畔斯托克议会诉 B 和 Q(零售)有限公司[Stoke-on-Trent Council v B & Q (Retail) Ltd]案,《上诉案例汇编》,1984 年,第 754 页;科克利斯参议会诉威克斯(Kirklees Council v Wickes Building Supplies)案,《上诉案例汇编》,1993 年,第 227 页。以及参阅 B.霍夫(Hough):《公法》,1992 年,第 130 页。

㉝ 参阅 Z(地方当局:义务)(local authority:duty)案,《英格兰及威尔士下议院案例汇编》,2004 年,第 2871 页(Fam),《全英格兰案例汇编》,2005 年,第 3 卷,第 280 页。

㉞ 古尔瑞特诉邮政局工人联盟(Gouriet v Union of Post Office Workers)案,《上诉案例汇编》,1978 年,第 435 页;还可参阅 P.P.默瑟(Mercer):《公法》,1979 年,第 214 页,B.霍夫:《法律研究》,1988 年,第 8 卷,第 189 页,以及爱德华兹:《总检察长、政治与公共利益》(The Attorney-General, Politics and the Public Interest),第 120 – 158 页。

裁量性决定都可以免受司法审查,原因在于,和变色龙的原理一样,他履行的各种职能有各种各样的情境。

最后一点是,高等法院可以发布禁止令,限制一个人在他或她无权涉足的职位上行为,也可以宣告这个职位是空缺的。这个程序取代了古代特权资格令状(quo warranto)的申请程序。[35]

宣告性判决[36](Declaratory Judgment)

宣告性判决是指,仅仅宣布当事人之间的法律关系,而不附带制裁或者实施方法的判决。法院的裁决在法律上的权威表现为,一个宣告性判决通常会限制英王和公共机构,使它们不得违法行为。根据《民事诉讼规则》第40条第(20)项:"无论是否存在其他救济的请求,法院都可以颁发有约束力的宣告令。"

很多公法上的纠纷,依据具体的事实来决定其中的法律问题,而非寻求强制性的救济,这显然很方便。戴森诉检察总长(Dyson v A-G)案提供了一个较早的案例,一个纳税人得到了一个针对政府的宣告令,指出税务机关没有权力向他索要有关违章被罚款50英镑的资料。[37] 发布宣告令的管辖权就像法律本身一样广泛,除非法官根据自由裁量对它的使用施加限制。因此,一个申请宣告性判决的诉讼必须建立在已经产生的具体案件上。法院不愿意仅

---

[35] 1981年《最高法院法》,第30条;比较1972年《地方政府法》,第92条。
[36] 德史密斯、沃尔夫和乔威尔,《行政行为的司法审查》,第18章;扎米尔(Zamir)和沃尔夫:《宣告性判决》(The Declaratory Judgment)。
[37] 《大法官法院案例汇编》,1912年,第1卷,第158页。

仅发布一个没有任何法律后果的空洞的宣告令;㊳ 也不会在没有真实争议的情况下回答假设性问题。㊴ 但是,法院已经审查过建议性指导的合法性,而该指导本身不产生法律后果。㊵

  法院在民事诉讼中,不会就正在进行的刑事诉讼的有争议的问题,发表宣告性意见,㊶ 而且,即使有总检察长的请求,除非在非常明确的情形中,法院仍不会颁发刑事性的宣告令。㊷ 当一部制定法既创设了义务,又规定了强制履行义务的程序,就会排除宣告令的诉讼。㊸ 但是,取得一个开发规划许可决定的法定程序,并不阻止土地所有人向法院申请一个宣告令,以探明现存的开发权利的限度。㊹

  ㊳ 马克斯韦尔诉贸易部(*Maxwell v Department of Trade*)案,《女王法院案例汇编》,1974年,第523页。

  ㊴ 英王诉总检察长(申请人:卢斯布里格)(R (*Rusbridger*) *v* A-G)案,《上议院案例汇编》,2003年,第38页;《上诉案例汇编》,2004年,第1卷,第357页。

  ㊵ 例如,吉利克诉西部诺福克卫生管理委员会(*Gillick v West Norfolk Health Authority*)案,《上诉案例汇编》,1986年,第112页。在1994年,法律委员会提出建议,高等法院在进行司法审查时,应被授权就具有普遍重要性的问题发布建议性宣告令:《法律委员会》226号,第74-76页。还可参阅 J. 劳斯(Laws):《现代法律评论》,1994年,第57页,第213页。

  ㊶ 帝国烟草有限公司诉总检察长(*Imperial Tobacco Co Ltd v A-G*)案,《上诉案例汇编》,1981年,第718页。

  ㊷ 总检察长诉埃布尔(*A-G v Able*)案,《女王法院案例汇编》,1984年,第795页。在医疗案例中,当患者不同意就诊时,就会出现特别的情况:例如,F(精神病患者:杀菌)(*Mental Patient: sterilization*)案,《上诉案例汇编》,1990年,第2卷,第1页;爱里达国家卫生服务信托公司诉布兰德(*Airedale NHS Trust v Bland*)案,《上诉案例汇编》,1993年,第789页;比较英王诉国际生产部(申请人:普里蒂)(*R v DPP, ex p Pretty*)案,《上议院案例汇编》,2001年,第61页;《上诉案例汇编》,2002年,第1卷,第800页。

  ㊸ 巴勒克拉夫诉布朗(*Barraclough v Brown*)案,《上诉案例汇编》,1897年,第615页。

  ㊹ 派克斯花岗石公司诉住房部(*Pyx Granite Co Ltd v Ministry of Housing*)案,《上诉案例汇编》,1960年,第260页。

以前，宣告性诉讼与特权令状相比，有一些程序上的优势，因此，人们多寻求宣告令。由此，虽然没有被调卷令撤销，但是一个裁判庭的判决却可能因超越管辖范围，或违背自然正义而被宣告无效，[45] 但是，法院能通过宣告令处理法律授予一位大臣或者特别裁判庭解决的问题。[46] 当创设了申请司法审查的程序以后，以这种方式对宣告令的使用就被大大限制了。[47]

1998年《人权法案》通过拓宽法院在保护欧洲公约中的权利时的管辖权，已经扩大了宣告令判决的潜在适用范围。该法的特征之一是，它赋予高级法院这样一项权力，据此，如果某制定法条款不能得出和公约中的权利相一致的解释，法院就可以宣布该条款与这项权利不一致。这种新型的"不一致宣告"具有并不适用于上文讨论的宣告判决的特征。特别是，与不一致宣告不同，[48] 宣告令约束的是诉讼中的双方当事人，而且，根据判决的内容，它还能够影响某个制定法条款的效力或实施(例如，如果法院宣布，某个部门规章超出了大臣权力，宣告令判决就能影响该规章的效力)。

---

[45] 阿尼斯米斯克有限公司诉对外赔偿委员会(*Anisminic Ltd v Foreign Compensation Commission*)案，《上诉案例汇编》，1969年，第2卷，第147页；里奇诉鲍德温(*Ridge v Baldwin*)案，《上诉案例汇编》，1964年，第40页。

[46] 哈里诉卫生大臣(*Healey v Minister of Health*)案，《女王法院案例汇编》，1955年，第1卷，第221页；阿格萨姆金融有限公司诉奥克斯比(*Argosam finance Ltd v Oxby*)案，《大法官法院案例汇编》，1965年，第390页。

[47] 参阅奥雷利诉麦克曼案的讨论，《上诉案例汇编》，1983年，第2卷，第286页(边码第772页)。

[48] 1998年《人权法案》，第4条第(5)项。

申请司法审查程序的创立

在20世纪70年代,人们对于行政法的实体原则方面的立法需求还非常小,但是,对于行政法的救济方式进行改革的呼声却非常高:在很多情况下,案件能否胜诉取决于救济方式的选择之类的问题,而且,在不同种类的特权令状与宣告和禁止令之间存在许多程序差别;这两类救济程序无法结合,申请的期限也非常不同。这些问题给法院解决公法中的重要争议设置了实实在在的障碍。[49]在1977年,制定了新的《最高法院规则》(53号令),创设了申请司法审查的程序。通过1981年《最高法院法》第31条,司法审查的程序得到议会的批准。高等法院的业务被重组。民事案件中的司法审查判决可以由单独的一位法官作出,而不再由分区法院的二至三位法官作出(在刑事案件中仍保留这种做法),而且,还创了公诉署,它关注司法审查、法定上诉和类似救济。在1982年,上院在奥雷利诉麦克曼(*O'Reilly v Mackman*)案中,通过以下判定而为改革加了一个推动力,这个判决认为,对公法中的大多数事项而言,申请司法审查的程序已经变成一种排他性救济。[50]

在2000年,由杰弗里·鲍曼爵士领衔的专家小组对公诉署进行审查之后,《最高法院规则》(53号令)让位于《民事诉讼程序规则》第54部分;行政法院这一称谓也赋予这样一些法院,其中的法

---

[49] 关于行政法救济的报告,《敕令书》,6407号,1976年。

[50] 参阅本书边码第772—773页。

官负责审理司法审查及其相关案件中的请求。[51]

司法审查的申请：程序

根据1981年《最高法院法》第31条(经过修正)，向高等法院申请的强制令、禁止令或撤销令[52]（以及为阻止一个人在他或她无权涉足的公共职位上行为的禁止令），根据法庭规则，必须通过司法审查的申请而提起。当寻求相应救济的司法审查申请已经提起，如果它认为这样做"公平且便利"，高等法院就可以行使一种裁量性权力［根据1981年法第31条第(2)项］，来签发宣告令或禁止令。在运用这种裁量权时，除其他事项外，法院必须考虑特权令状适用于其中的问题的性质，令状针对的人或机关的性质，以及所有的背景性情况。由此，在特权令状的范围内，可以在申请司法审查时授予宣告令和禁止令。但是，在这一领域内，申请司法审查是否是获取禁止令或宣告令的唯一手段，1981年法则未置一词。

每一种司法审查的申请都需要获得法庭的许可［第31条第(3)项］。这一规则，导源于早期申请特权令状的程序，它意味着，要经过两个阶段的程序：(a)法院决定是否对司法审查的申请授予许可(允许)，如果同意；(b)对申请的实质性听取。

---

[51] 《民事诉讼程序规则》第54部分，以及《操作指令》第54部分；还可参阅《操作指令(行政法院：设立)》，《全英格兰案例汇编》，2000年，第4卷，第1071页。参阅鲍曼：《政府职位清单审查》，2000年3月。

[52] 为方便起见，这些令状都被称为特权令状。2004年对它们名称的改变没有影响到高等法院签发这些令状的管辖权。

在向法院提起请求前,需经历的第一步程序是,申请人应该首先进行诉前协商。㊣ 简单来说,申请人应该向那些所做行为或决定遭到质疑的公共机关或当局写一封信,信中要包括充分的信息,以便获得合理的答复,通过这封信,力求确定争议的要点并避免诉讼。如果诉讼最终没有避免,申请人按照伦敦的行政法院的要求填写起诉表,㊣ 陈述需要审查的行为或者决定、相关的事实、申请理由以及所寻求的救济。必须向被告(作出行为或决定的机关或官员)和其他利害关系人送达通知;被告及其他接到通知的人必须在21天之内声明是否打算对原告的请求进行反驳,如果是,必须提交一个他们将依赖的理由总结。许可的授予通常由单独的一位法官根据书面材料作出决定,㊣ 但是,这名法官也可以开庭举行一个简短的听证。如果寻求临时性救济,就应该举行听证。如果许可被拒绝或部分授予,或附条件授予,申请人可以请求在听证中就相关事项进行复议。如果许可仍然被拒绝,申请人可以向上诉法院提起上诉。㊣ 在过去,这个"过滤"阶段运作的非常不平坦,但它却是一个保障,防止了大量的"毫无希望"的案例和伤人脑筋的

㊣ 还需参照的规定包括,《民事诉讼规则》第54条,《操作指南》,以及诉前协商,相关规定可见于行政法院发布的《申请司法审查指南》。

㊣ 如果争议发生在威尔士的当事人之间,或者涉及下放权力方面的问题,那么,就应该向加地夫的行政法院提起诉讼。

㊣ 在2006年,37名法官被委任到行政法院任职。

㊣ 《民事诉讼程序规则》,第52条第(15)项。如果上诉法院拒绝授予许可,上议院就无权授予许可。参阅,英王诉伦敦汉莫史密斯自治区(申请人:伯凯特)(*R v London Borough of Hammersmith, ex p Burkett*)案,《上议院案例汇编》,2002年,第23页,《全英格兰案例汇编》,2002年,第3卷,第97页(如果上诉法院授予了许可,但是基于案件的是非曲直驳回了当事人的请求,这时,上议院享有管辖权)。

挑战。[57] 一旦授予了许可,就要提交进一步的证据,且需要在一名单独的法官或者分区法庭前举行实质性的听证。

一条重要的规则是,申请必须及时提出,且"无论在什么情况下,从提起申请的理由成立之日起,不能迟于三个月",但是,如果立法为特定的申请作出特别的规定,这个期限就可以更短。[58] 如果法庭认为,案子是需要紧急行动的(例如,对入学决定的挑战),它就可能拒绝对未能及时提起的申请授予许可,即使该申请是在三个月的期限内提出的。如果存在充分的理由,法庭可以延长时限,但是,当事人不能通过协议延长时限。[59] 根据1981年《最高法院法》第31条第(6)项,如果法院认为,授予相应的救济将给任何其他人带来重大的困境,或者对他们权利造成重大的限制,或者给良性行政带来损害,那么,法院就可以拒绝司法审查的申请,或者可以拒绝提供申请人寻求的救济。这些条款与程序规则的相互作用产生了许多难题。现在已经确定的做法是,如果司法审查的许可已经授予,那么,在实质听证阶段的法院就不能以请求具有不正当的迟延为由,而撤回许可,但是,迟延可能是拒绝提供否则即为

---

[57] 参阅 A.李·休尔(Le Sueur)和 M.桑金(Sunkin):《公法》,1992年,第102页;布里奇、梅索扎罗斯(Meszaros)和桑金:《司法审查展望》(*Judicial Review in Perspective*),第7、8章,以及(同样的作者):《公法》,2000年,第651页。

[58] 《民事诉讼程序规则》,第54条第(5)项。关于这些规则的运作,参阅英王诉伦敦汉莫史密斯自治区(申请人:伯凯特)(*R v London Borough of Hammersmith, ex p Burkett*)案(上注解)。以及,拉姆诉联合王国(*Lam v UK*)案,(欧洲人权法院,2001年6月5日)。M.J.贝洛夫(Beloff)在福赛思和黑尔编辑的《金色的标尺与弯曲的绳索》中的论述,第267－295页。

[59] 《民事诉讼程序规则》,第3条第1款第(2)项(a);第54条第5款第(2)项。

正当的救济的一种原因。⑩

如果申请司法审查的许可已被授予,法院可以决定与该请求相关的诉讼中止。⑪ 法院可以授予其他种类的临时救济,包括强制性令状和临时宣告令,⑫ 此时,它运用的是适合于一般民事诉讼的便捷性权衡标准,⑬ 但是需要考虑公法诉讼中的特别因素。⑭

1981年法并没有像法律委员会建议的那样,提供针对政府的临时救济,但是在M诉内政部(*M v Home Office*)案中,⑮ 法院认为,第31条的用语允许在司法审查过程中针对政府大臣颁发强制性令状(包括临时禁止令)。

---

⑩ 参阅英王诉刑事侵害赔偿委员会(申请人:A)(*R v Criminal Injuries Compensation Board, ex p A*)案,《上诉案例汇编》,1999年,第2卷,第330页;英王诉奶制品裁判所(申请人:卡斯威尔)(*R v Dairy Produce Tribunal, ex p Caswell*)案,《上诉案例汇编》,1990年,第2卷,第738页[以及A.林德赛(Lindsay):《公法》,1995年,第417页]。

⑪ 《民事诉讼程序规则》,第54条第10项。根据以前的《最高法院规则》53号令,第10条,"诉讼中止"在英王诉教育大臣(申请人:埃文参议会)(*R v Education Secretary, ex p Avon Council*)案中得到宽泛的解释,《女王法院案例汇编》,1991年,第1卷,第558页。

⑫ 《民事诉讼程序规则》,第25条第1款第(1)项。这个权力在以前并不存在:英王诉工业改组公司(申请人:罗斯米斯特公司)(*R v IRC, ex p Rossminster Ltd*)案,《上诉案例汇编》,1980年,第952页。

⑬ 美国氨基氢公司诉埃希肯有限公司(*American Cyanamid Co v Ethicon Ltd*)案,《上诉案例汇编》,1975年,第396页。

⑭ 参阅例如,英王诉肯辛顿和切尔西区议会(申请人:哈梅尔)(*R v Kensington and Chelsea BC, ex p Hammell*)案,《女王法院案例汇编》,1989年,第518页,以及英王诉环境污染视察员(申请人:"绿色和平"公司)(*R v Inspectorate of Pollution, ex p Greenpeace Ltd*)案,《全英格兰案例汇编》,1994年,第4卷,第322页。

⑮ 《上诉案例汇编》,1994年,第1卷,第377页(H.W.R.韦德:《法律季评》,1991年,第107卷,第4文;M.古尔德:《公法》,1993年,第368页),关于1947年《政府诉讼程序法》第21条,参阅第32章C。

基于司法审查的申请，法院可以判定损害赔偿，条件是申请人提出请求，并且法院确信，该损害赔偿可以在为此目的提起的诉讼中获得。⑯ 但是1981年法并没有改变损害赔偿中的实体归责原则，也没有触碰下述事实，即由于被宣布无效的决定而遭受经济损失的个人并不能主张赔偿责任。⑰ 由此，即使是成功的司法审查的申请人也很少能获得损害赔偿。

司法审查的请求必须有现存的书面证据，以及确认所依据的事实为真确的证人陈述的支持；被告当局可以提供证据进行反驳。请求人有义务到法庭公开他或她正在关注的所有相关材料，即使这会削弱他的请求力度。法庭可以命令公开文档，提供进一步的信息，和证人之间的交叉询问。在实践中，许多案子都依赖于记录了决策制定过程的那些文档。有时人们认为，司法审查的请求对于解决事实争议来说是不适合的。但是，法院必须判定对请求至关重要的事实问题（例如，一个争议性的请求认为，决策制定者存有偏见，或未进行适当的咨询）。当发布命令来撤销被审查的决定时，法院把相关问题返回给决策制定者，附加一个适当的指令，但是如果返回已无意义，法院就可以自己作出决定。⑱《民事诉讼程序规则》允许，通过普通程序提起的请求，得到法庭的许可以后，可以转化为司法审查的请求，反过来，司法审查的请求也可以转化为

---

⑯ 《1981年最高法院法》，第31条第（4）项，2004年《法定条规》第1033号对此作了修改。

⑰ 第32章 A 小节；例如邓洛普诉伍拉勒议会（*Dunlop v Woollahra Council*）案，《上诉案例汇编》，1982年，第158页。

⑱ 1981年《最高法院法》，第31条第（5）项；以及《民事诉讼程序规则》，第54条第（19）项。

普通的请求。[69]

与公法中司法审查的申请相关的重要问题包括:(a)审查的范围与程度;(b)申请审查的资格;(c)替代性救济的效果;(d)司法审查是否是排他性的;(e)法院在审查中的裁量权。

司法审查的范围与程度

司法审查的程序与以前的特权性令状程序相比发挥了更大的功用。如果一项审查的申请涉及任何公共机关或官员的决定,法院在司法审查中就可以轻易地进行管辖,除非存在相反的理由。[70] 由此,依据特权性权力作出的决定也要接受司法审查,除非在它们涉及的问题上,法院认为是非司法性的。[71] 此外,地方当局在控制公共财产的取得、启动法律诉讼以及签合同问题上所做的决定也是可以审查的。[72] 这些决定来自于一种公共权力的使用,对此,根据公法原则更容易控制。存在两个司法审查的宽泛例外。

---

[69] 《民事诉讼程序规则》,第 30 和 54.20 部分。

[70] 参阅德史密斯、沃尔夫和乔威尔,《行政行为的司法审查》,第 3 章;刘易斯:《公法中的司法审查》,第 4 章。

[71] 参阅 CCSU 案,注解 76;以及例如,英王诉国防大臣(申请人:史密斯)(*R v Ministry of Defence, ex p Smith*)案,《女王法院案例汇编》,1996 年,第 517 页。比较雷克莱诉公共安全大臣 [*Reckley v Minister of Public Safety* (No.2)] 案,《上诉案例汇编》,1996 年,第 527 页。

[72] 分别参阅,惠勒诉兰开斯特市议会(*Wheeler v Leicester City Council*)案,《上诉案例汇编》,1985 年,第 1054 页;埃文市议会诉巴斯特科特(*Avon CC v Buscott*)案,《女王法院案例汇编》,1988 年,第 656 页;以及英王诉埃菲尔德参议会(申请人:TF 昂温公司)[*R v Enfield Council, ex p T F Unwin (Roydon) Ltd*] 案,《行政法报告》,1989 年,第 1 卷,第 51 页。

768 第一，有些决定受制于法定上诉和类似的程序，在或大或小的程度上，排斥了司法审查。⑬ 第二，公共机关通常要受制于普通的合同、侵权和财产法。自从奥雷利诉麦克曼（*O'Reilly v Mackman*）案⑭ 以来，这些法律部门就被认为是属于"私法"领域，而与司法审查中所适用的"公法"原则相区别。不能仅仅因为被告是公共机关，就用司法审查的请求来取代普通的合同或侵权诉讼。

由此，当这样的当局解雇了一个职员，该职员的主要救济是不公平解雇的诉求，或者根据雇佣合同提起的诉求。⑮ 然而，根据不同的情形，作为雇主的公共机关的决定可能导源于公法，或者涉及公法的问题。⑯ 公共部门的雇员，例如国民健康服务局的员工⑰和公务员⑱，在通常情况下，必须运用雇工法中的程序，而不是寻求司法审查。但是，这一原则并不适用于公共职位的持有者，例如警察和监狱官员，⑲他们的地位是以制定法为基础的。如果公共

---

⑬ 参阅本书边码第 774—778 页。

⑭ 《上诉案例汇编》，1983 年，第 2 卷，第 237 页，边码第 772 页。

⑮ 英王诉英国广播公司（申请人：拉韦尔）（*R v BBC, ex p Lavelle*）案，《全英格兰案例汇编》，1983 年，第 1 卷，第 241 页。

⑯ 例如，文官委员会诉文官大臣（*CCSU v Minister for the Civil Service*）案，《上诉案例汇编》，1985 年，第 374 页；比较 H.W.R. 韦德：《法律季评》，1985 年，第 101 卷，第 180、190—196 页。

⑰ 英王诉东伯克斯卫生行政当局（申请人：沃尔什）（*R v East Berks Health Authority, ex p Walsh*）案，《女王法院案例汇编》，1985 年，第 152 页，以及边码第 805 页。

⑱ 英王诉英国大法官部（申请人：南格尔）（*R v Lord Chancellor's Department, ex p Nangle*）案，《全英格兰案例汇编》，1992 年，第 1 卷，第 897 页。

⑲ 英王诉内政大臣（申请人：本韦尔）（*R v Home Secretary, ex p Benwell*）案，《女王法院案例汇编》，1985 年，第 554 页。根据 1994 年《刑事审判与公共秩序法》，第 126 条，监狱官员享有与其他公务员同样的雇佣权利：G.S. 莫里斯：《公法》，1994 年，第 535 页。也可参阅，英王诉全国刑事小组（申请人：塔克）[*R (Tucker) v National Crime Squad*]案，

第31章 行政行为的司法控制(二) 773

雇佣争端引发了关于公共机关权力的争议,或者其他适合于通过司法审查救济的问题,那么,就可以获得司法审查。㉚

一个棘手的问题是,什么才构成司法审查意义上的"公法争端"。特权性令状和司法审查都不能针对商会或商业公司这样的机构。㉛商会的成员身份是以合同为基础的。如果一个商会成员提起申诉,认为他或她被商会开除是违背商会的规则,且侵犯自然正义的,那么,他或她就可以针对商会提起损害赔偿或者禁止令的诉讼。诸如国家快船比赛俱乐部和赛马俱乐部这样的机构不能被提起司法审查,虽然它们管理着主要的体育项目,但是通常可以获得合同法上的救济。㉜由宗教机构作出的决定也不能受制于司法审查。㉝大学的地位非常复杂。在配备巡查员的老式学院和大学中,一般情况下,由学生或员工针对大学提起的申诉必须提交到巡

《英格兰及威尔士上诉法院民事法庭案例汇编》,2003 年,[2003] ICR 599(对于警员的借调决定,不可提起司法审查)。

㉚ 麦克拉伦诉内政部(*McLaren v Home Office*)案,(ICR),1990 年,第 824 页。还可参阅 S. 弗里德曼和 G. 莫里斯:《公法》,1988 年,第 58 页;《公法》,1991 年,第 484 页,《法律季评》,1991 年,第 107 卷,第 298 页。

㉛ 英王诉伦敦劳埃德保险协会(申请人:韦斯特)[*R* (*West*) v *Lloyd's of London*]案,《英格兰及威尔士上诉法院案例汇编》,2004 年,第 506 页,《全英格兰案例汇编》,2004 年,第 3 卷,第 251 页(劳埃德保险协会不属于公法的调整对象)。

㉜ 劳诉国家快船比赛俱乐部(*Law v National Greyhound Racing Club Ltd*)案,《全英格兰案例汇编》,1983 年,第 3 卷,第 300 页;英王诉赛马俱乐部训诫委员会(申请人:阿加·卡恩)(*R v Disciplinary Committee of the Jockey Club*, *ex p Aga Khan*)案,《全英格兰案例汇编》,1993 年,第 2 卷,第 853 页。以及参阅,M. 贝洛夫(Beloff):《公法》,1989 年,第 95 页;N. 班福斯(Bamforth),《公法》,1993 年,第 239 页。比较芬尼根诉新西兰橄榄球联盟公司(*Finnigan v New Zealand Rugby Football Union Inc*)案,《新西兰法律评论》,1985 年,第 2 卷,第 159 页(私人社团行使着具有全国重要性的职能)。

㉝ 英王诉犹太教教士长(申请人:瓦赫曼)(*R v Chief Rabbi*, *ex p Wachmann*)案,《全英格兰案例汇编》,1993 年,第 2 卷,第 249 页。

查员那里，后者的决定要在有限的理由范围内接受司法审查。⑭ 最近的立法则排除了巡查员对于教职工之间的雇佣争议和应届与往届学生的申诉的管辖权。⑮ 但是许多近期设立的大学并不配备巡查员，且他们的决定要接受以通常理由提起的司法审查。⑯

最难处理的案例是关于管制机构的，它们的权力既非直接来自于制定法，⑰ 也不是来自于合同。尽管没有正式的法律地位，但接管与合并座谈小组却要接受司法审查，因为它的职能在事实上具有公共权力的性质，且间接地得到法定制裁的支持。⑱ 私有化的影响以及公共服务的"市场检验"已经产生了一些互相冲突的判决。⑲ 公有企业的职能的某些方面要接受司法审查。⑳ 下级法

---

⑭ 英王诉赫尔大学巡查者(申请人：佩奇)(*R v Hull University Visitor, ex p Page*)案，《上诉案例汇编》，1993年，第682页。

⑮ 参阅，《1988年教育改革法》第206条，《2004年高等教育法》第20条。

⑯ 参阅例如，英王诉曼彻斯特城市大学(申请人：诺兰)(*R v Metropolitan University of Manchester, ex p Nolan*)案，《教育法案例汇编》，1994年，第380页，比较克拉克诉林肯郡和亨伯赛德郡大学(*Clark v University of Lincolnshire and Humberside*)案，《全英格兰案例汇编》，2000年，第3卷，第752页。

⑰ 与法律协会不同。参阅例如斯温诉法律协会(*Swain v Law Society*)案，《上诉案例汇编》，1983年，第1卷，第598页。

⑱ 英王诉接管与合并座谈小组(申请人：戴塔芬)(*R v Panel on Take-Overs and Mergers, ex p Datafin plc*)案，《女王法院案例汇编》，1987年，第817页(C.F.福赛斯：《公法》，1987年，第356页；D.奥里弗：《公法》，1987年，第543页)；英王诉广告标准管理委员会(申请人：保险服务股票上市公司)(*R v Advertising Standards Authority, ex p Insurance Service Plc*)案，《行政法报告》，1990年，第2卷，第77页。

⑲ 比较英王诉英国大法官(申请人：希比特和桑德斯)(*R v Lord Chancellor, ex p Hibbit & Saunders*)案，(COD)，1993年，第326页。(D.奥利弗：《公法》，1993年，第214页)以及英王诉法律援助委员会(申请人：唐)(*R v Legal Aid Board, ex p Donn & Co*)案，《全英格兰案例汇编》，1996年，第3卷，第1页。

⑳ 英王诉英国煤炭公司(申请人：瓦蒂)(*R v British Coal Corpn, ex p Vardy*)案，(ICR)，1993年，第720页。参阅第14章。

院,诸如地方法院和郡法院,要接受司法审查。刑事法庭也是如此,但是它在关于控告裁决事项上的管辖除外。[31] 这个限制表达了一个重要的原则,它使下述二者之间的区分成为必要,一方是需接受司法审查的刑事法庭的判决,另一方是只能在审判之后提起上诉的判决。

这个讨论是建立在1998年《人权法案》生效前的司法判决之上。正像我们已经看到的,[32] 该法案要求公共机关(以及同时行使公共和私法职能的机关)以与公约中的权利一致的方式行为。对《人权法案》提到的公共机关进行界定引起了一些棘手的判决。[33] 人们已经发现,决定司法审查范围的案例法在识别某个机关是否是《人权法案》中的公共机关方面,就显得无能为力,[34] 但

---

[31] 1981年《最高法院法》,第29条第(3)项;R.沃德(Ward):《公法》,1990年,第50页;阿什顿案(Re Ashton),《上诉案例汇编》,1994年,第1卷,第9页;以及英王诉曼彻斯特刑事法庭(申请人:国际生产部)(R v Manchester Crown Court, ex p DPP)案,《全英格兰案例汇编》,1993年,第4卷,第928页;以及参阅英王诉国际生产部(申请人:凯伯莱)(R v DPP, ex p Kebeline)案,《上诉案例汇编》,2000年,第2卷,第326页(申诉的决定要受制于刑事诉讼,而不是司法审查)。

[32] 参阅第19章C。

[33] 这些判决包括,济贫住房协会有限公司诉多瑙(Poplar Housing Association Ltd v Donohue)案,《英格兰及威尔士上诉法院民事法庭案例汇编》,2001年,第595页,《女王法院案例汇编》,2002年,第48页;英王诉伦纳德郡基金会(申请人:海德)[R (Heather) v Leonard Cheshire Foundation]案,《英格兰及威尔士上诉法院民事法庭案例汇编》,2002年,第366页,《全英格兰案例汇编》,2002年,第2卷,第936页;以及,阿斯顿·肯特罗议会诉沃尔银行(Aston Cantlow PCC v Wallbank)案,《上议院案例汇编》,2003年,第37页,《上诉案例汇编》,2004年,第1卷,第546页。相关的论文包括,D.奥利弗:《公法》,2000年,第476页;《公法》,2004年,第329页;M.森金:《公法》,2004年,第643页;C.唐纳利:《公法》,2005年,第785页。

[34] 阿斯顿·肯特罗议会诉沃尔银行(Aston Cantlow PCC v Wallbank)案,(霍普法官的论述)[52]。

是,这两套案例法可能会互相影响。虽然《人权法案》鼓励把司法审查作为执行公约中权利的最后手段,但是,这并没有改变公共机关职员的地位,他们因不公正解雇而寻求救济时,仍要求助于雇佣裁判所。

申请司法审查的资格

在为申请司法审查而寻求许可的阶段,"除非法院认为申请人在与申请相关的事项上具有充分利益",否则就不应该授予许可[第31条第(3)项]。"充分利益"标准是由法律委员会在1976年作为一个公式提出来的,它方便了起诉资格规则的进一步发展。它明确地允许法院行使自由裁量权,以判定什么构成"充分利益"。在多大程度上,它改变了现存的起诉资格规则?

在英王诉国内税收专员(申请人:个体与小企业全国联盟)(*R v Inland Revenue Commissioners, ex p National Federation of Self-employed and Small Businesses*)案中,大量纳税人挑战专员作出的一项决定,该决定对英国新闻报的临时工人的工资征收税款。许多年来,这些工人编造虚假名字来逃避税收,但是专员和雇主与协会之间就将来以及前两年的征税问题达成了一项协议,作为回报,专员不再调查该企业更早年代的税收。该联盟抱怨说它们的成员从未受到这么优越的对待,申请一个宣告令,力求表明上述决定是不合法的,以及一个履行令,要求专员按照案例规定来征收税款。上诉法院认为该决定不合法,并判决道,该联盟在与他们的申请相关的事项上具有充分利益。上议院认为,充分利益的问题不仅仅是在寻求司法审查申请的许可时的前提性待决问题,而必须根据法院在审查时知悉的事项进行裁决。证据表明,纳税协议是专员自由裁量权的合法行使。总之,与地方税纳税人不同,[55] 一个纳税人在挑战涉及其他纳税人的事务上,并没有利益。在该案的情形中,全国联盟并没有充分的利益,以挑战专员的决定。[56]

该案中的发言在"充分利益"标准这个问题上,包含着令人困惑的意见分析。这里的讲述力求总结三位法官的观点(威尔伯福斯、弗雷泽和罗斯基尔),虽然弗雷泽勋爵也强调,"充分利益"标准是一个逻辑上在先的问题,在任何实体问题产生之前,必须对它作出回答。斯卡曼勋爵夸夸其谈,认为存在着独立于实体(merit)的起诉资格标准,但是他的结论(联盟没有充分利益,因为他们并没有证明,税收当局存在失职行为)实质上消除了任何独立于实体的在先起诉资格标准。迪普洛克勋爵,倡导一种非常宽泛的起诉资格标准,独具一格地认为,联盟在这个问题上具有充分利益;在他看来,该案例只是在实体上存在缺陷。从各种发言中显露出来的是,法官们在未听取申请人案情的某些信息之前,不愿拒绝他们,

---

[55] 兵工厂足球俱乐部诉恩德(Arsenal Football Club v Ende)案,《上诉案例汇编》,1979年,第1页。

[56] 《上诉案例汇编》,1982年,第617页(P.卡恩:《公法》,1981年,第322页)。以及参阅德史密斯、沃尔夫和乔威尔,《行政行为的司法审查》,第2章。

而且也不愿认为,税收机关可以免受司法审查。

在大多数司法审查的申请中,充分利益的问题并不会引发争议,虽然对当事人来说,保持沉默并不会赋予法院本不具有的管辖权。[97] 一个普通纳税人具有利害关系,来挑战一项签订"共同体条约"的政府动议,该条约将为共同体提供额外资金。[98] 平等机会委员会有资格挑战那些以违反共同体权利的方式歧视女工的法律规定。[99] 诸如代表他们成员行为的商会和环保团体这样的组织具有挑战相关问题上的决定的资格,[100] 但是,当申请人并没有受到个体性的影响且代表公共利益行为时,就会引发棘手的难题。[101] 由此,一个保护莎士比亚剧场的非营利公司,并无资格要求对大臣拒绝把该场地列为历史纪念的决定进行审查。[102]据称,在法院决定是

---

[97] 英王诉社会服务大臣(申请人:CPAG)(*R v Social Services Secretary, ex p CPAG*)案,《女王法院案例汇编》,1990年,第2卷,第540页。

[98] 英王诉英国财政部(申请人:斯梅德利)(*R v HM Treasury, ex p Smedley*)案,《女王法院案例汇编》,1985年,第657页;英王诉外交大臣(申请人:里斯－莫格)(*R v Foreign Secretary, ex p Rees-Mogg*)案,《女王法院案例汇编》,1994年,第552页。还可参阅英王诉费利克斯托司法机构(申请人:利)(*R v Felixstowe Justices, ex p Leigh*)案,《女王法院案例汇编》,1987年,第582页。

[99] 英王诉就业大臣(申请人:平等机会委员会)(*R v Employment Secretary, ex p Equal Opportunities Commission*)案,《上诉案例汇编》,1995年,第1卷,第1页。

[100] 英王诉环境污染视察员(申请人:"绿色和平"公司)(*R v Inspectorate of Pollution, ex p Greenpeace*)案,《全英格兰案例汇编》,1992年,第4卷,第329页;英王诉内政大臣(申请人:消防队协会)(*R v Home Secretary, ex p Fire Brigades Union*)案,《上诉案例汇编》,1995年,第2卷,第513页;英王诉外交大臣(申请人:"世界发展运动"组织)(*R v Foreign Secretary, ex p World Development Movement*)案,《全英格兰案例汇编》,1995年,第1卷,第611页;以及P.卡恩:《公法》,1995年,第276页。

[101] 参阅《法律委员会报告》226号,第41－44页,以及司法部的报告:《公共利益的问题》(*A Matter of Public Interest*),1996年。

[102] 英王诉环境大臣(申请人:玫瑰剧院信托公司)(*R v Environment Secretary, ex p*

否授予许可的阶段,充分利益标准仅被用来排除那些没有法律关系的人(换言之,"多管闲事的人"),[103]但是在实质性听证阶段,就会引发其他资格问题。被谋杀人的亲属没有资格申请对首席大法官作出的下述判决进行审查,该判决涉及谋杀犯应被判处的最低刑期。[104]

一个新型的资格标准是由1998年《人权法案》第7条创立的:下述请求只能由《欧洲人权公约》第34条意义上的行为的受害者才能提起,该请求是:一个公共机关违反法案第6条,作出了与公约中的权利不一致的行为。斯特拉斯堡案例法不允许代表机关或者压力集团提起诉讼,除非他们本身是违反公约中权利的行为的受害者。[105]因此,这些机关必须保证:一个或多个受害者是司法审查的申请人,从而能够依赖《1998年法》第6条。幸运的是,对于那些想依赖该法其他条款的人,并不存在受害者标准,例如,第3条规定,只要可能,就应该以与公约一致的方式解释立法。

Rose Theatre Trust Co)案,《女王法院案例汇编》,1990年,第1卷,第504页。也可参阅K. 希曼(Schiemann):《公法》,1990年,第342页;以及P.卡恩,《公法》,1990年,第307页。

[103] 英王诉萨默塞特区议会(申请人:迪克森)(R v Somerset CC, ex p Dixon)案,《环境法律评论》,1998年,第111页。英王诉环境机构(申请人:爱德华兹)(R (Edwards) v Environment Agency)案,《英格兰及威尔士下议院行政法庭案例汇编》,2003年,第736页,《全英格兰案例汇编》,2004年,第3卷,第21页。

[104] 英王诉内政大臣(申请人:伯格)(R v Home Secretary, ex p Bulger)案,《英格兰及威尔士下议院行政法庭案例汇编》,2001年,第119页。这个请求基于实体层面也被拒绝。

[105] 参阅克莱顿(Clayton)和汤姆林森(Tomlinson):《人权法》(The Law of Human Rights),第22章B。

替代性救济

在许可阶段,另一个问题来自于下述原则:特权性令状是最终救济。在 19 世纪的一个重要的案例中,当制定法既规定了义务,又包含了履行该义务的具体救济时(向中央政府上诉),履行令就被拒绝颁发。[106] 如今,只要满足申诉的实质要求,个人就必须运用明确的上诉权利。[107] 裁判所裁决社会保障请求、税收争端、移民要求等。司法审查并不是向具有适当管辖权的裁判所上诉的选择性替代。[108] 一种替代性救济的存在并不剥夺行政法院的管辖权,但是要求法院行使自由裁量权:是否授予司法审查的许可取决于,法定救济是否是司法审查的满意且有效替代。[109] 由此,大臣在关涉到社会服务申诉方面的默示权力可以处理事实争议,但是不能解

---

[106] 帕斯莫尔诉奥斯瓦尔德威斯特勒参议会(Pasmore v Oswaldtwistle Council)案,《上诉案例汇编》,1898 年,第 387 页。以及巴勒克拉夫诉布朗(Barraclough v Brown)案,《上诉案例汇编》,1897 年,第 615 页(宣告令)。

[107] 英王诉帕丁顿评估局官员(申请人:皮奇财产公司)(R v Paddington Valuation Officer, ex p Peachey Property Co)案,《女王法院案例汇编》,1996 年,第 1 卷,第 380 页;英王诉财政服务局(申请人:戴维斯)[R (Davies) v Financial Services Authority]案,《英格兰及威尔士上诉法院民事法庭案例汇编》,2003 年,第 1128 页,《全英格兰案例汇编》,2003 年,第 4 卷,第 1196 页。

[108] 英王诉移民上诉裁判所(申请人:G)[R (G) v Immigration Appeal Tribunal]案,《英格兰及威尔士上诉法院民事法庭案例汇编》,2004 年,第 1731 页,《全英格兰案例汇编》,2005 年,第 2 卷,第 165 页。

[109] 里奇诉帕克赫斯特监狱副长官(Leech v Deputy Governor of Parkhurst Prison)案,《上诉案例汇编》,1988 年,第 533 页。

决重要的法律争议。⑩ 有时,拒绝的理由仅仅是因为司法审查的申请尚未成熟,例如,该个人拥有上诉权利。在其他情形中,如果决定初看起来就明显越权,⑪ 或者当局有滥用法定程序的行为,司法性救济就可能是正当的。⑫ 但是,当为了保护消费者,而由地方当局禁止出卖不安全的产品时,制造商可以向地方法院提起上诉而不能寻求司法审查。⑬ 在这些案例中,法院审查下述这些问题:替代性程序的速度、成本和终局性,事实认定的需要,以及在法律问题上权威性裁定的可欲性。⑭

司法审查是否是排他性程序?⑮

虽然上议院在国家联盟案中并没有给出一个明确的解释,但是在其后的两个案例中,上院全体一致地认为,寻求司法审查是诉讼人必须根据当时的 53 号令提起申请。由于 1981 年《最高法院法》并没有明确禁止个人在公法案例中申请禁止令或宣告令,或者

---

⑩ 英王诉德文郡议会(申请人:贝克)(R v Devon CC. ex p Baker)案,《全英格兰案例汇编》,1995 年,第 1 卷,第 73 页。

⑪ 英王诉希灵顿自治区议会(申请人:罗伊科·霍姆斯公司)(R v Hillindon BC, ex p Royco Homes Ltd)案,《女王法院案例汇编》,1974 年,第 1 卷,第 720 页。

⑫ 英王诉默西塞德郡警察局长(申请人:卡尔弗利)(R v Chief Constable of Merseyside, ex p Calveley)案,《女王法院案例汇编》,1986 年,第 424 页。

⑬ 英王诉伯明翰议会(申请人:弗雷罗公司)(R v Birmingham Council. ex p Ferrero Ltd)案,《全英格兰案例汇编》,1993 年,第 1 卷,第 530 页。

⑭ 英王诉法墨斯港卫生当局(申请人:西南自来水有限公司)(R v Falmouth Port Health Authority, ex p South West Water Ltd)案,《女王法院案例汇编》,2001 年,第 445 页。

⑮ 参阅德史密斯、沃尔夫和乔威尔,《行政行为的司法审查》,第 191 – 201 页;韦德和福赛斯,《行政法》,第 661 – 678 页;克雷格,第 23 章。

违反法定义务的损害赔偿,这就引发了一个问题。这个问题在涉及移民、囚犯、无家可归的人和其他人的大量案例中都被提出。

在奥雷利诉麦克曼(*O' Reilly v Mackmann*)案中,在赫尔监狱暴动以后,那些丧失了在规训过程中减刑权利的囚犯诉求宣告令,要求宣称这些决定因违背自然正义而无效且非法。[116] 被告力求撤销该诉讼,理由是,巡查者委员会的决定只有通过申请司法审查的程序才可提出挑战。上议院判决认为,尽管高等法院享有授予宣告令的权限,但囚犯案只是建基于公法中的权利和义务。53号令,通过得到法院许可的要求以及时间限度,保护公共机关免受毫无根据或迟延的挑战。作为一条普遍原则,这将和公共政策背道而驰,而且,像这种程度的滥用法院程序,对于那些力求证明公共机关的决定侵害了他在公法中应受保护的权利的人来说,将纵容他们以普通诉讼的方式寻求司法审查,且通过这种方式来消解53号令为公共机关提供的保护(迪普洛克勋爵)。[117] 在科克斯诉塞内特区议会(*Cocks v Thanet DC*)案中,上院认为,寻求挑战地方当局的下述决定的无家可归者必须根据53号行为,该决定认为他无权拥有永久住所,同时,他不能在郡法院起诉以寻求宣

---

[116] 参阅英王诉赫尔监狱巡查者(申请人:杰曼)(*R v Hull Prison Visitors, ex p St Germain*)案,《女王法院案例汇编》,1979年,第425页。

[117] 《上诉案例汇编》,1983年,第2卷,第237、285页。以及参阅 C.F.福赛斯:《剑桥法律杂志》,1985年,第415页;以及《司法/全部灵魂报告》,行政司法,第6章。

告令和违反法定义务的损害赔偿。⑱

虽然1981年《最高法院法》没有把申请司法审查规定为排他性的救济,但是上述两个判决毫无疑问的表明,在排他性问题上,上院希望比议会走得更远。奥雷利案中迈出的步伐是以实践理由为支撑的,即,先前发生的禁止寻求特权令状的瑕疵得到治愈以后,诉讼人才能运用司法审查程序。但是在明确保护公共机关免受大量诉讼纠缠的努力中,⑲奥雷利案在很大程度上仍然依赖于公/私法律的区分,虽然这种区分已经在英国法律中引发了许多困难。⑳

奥雷利案的一个后果是,在诉讼中,许多努力都用在了审查诉讼人的程序选择上,而不是判定他们的冤情性质。威廉·韦德爵士在2000年表达的观点极其生动:"法律改革的需要在今天要明显大于1977年以前。"㉑这种观点夸大了奥雷利案引发的困难,同时也低估了1977–1982年改革带来的普遍收益。然而,上院自从奥雷利案以来的判决表明,程序排他性的原则并不是绝对的。涉及针对一项有争议的强制执行通知达成的合议,而对规划当局提起

---

⑱ 《上诉案例汇编》,1983年,第2卷,第286页。在奥伦克诉卡姆登议会(*O'Rourke v Camden Council*)案中,《上诉案例汇编》,1998年,第188页,科克斯案的判决得到应用,但是其他方面遭到拒绝。

⑲ 参阅沃尔夫:《保护公共机关——新的挑战》(*Protection of the Public-A New Challenge*),第1章;以及同一作者:《公法》,1986年,第220页;《公法》,1992年,第221、231页。

⑳ 第27章。

㉑ 韦德和福赛斯,《行政法》(第8版,2000年),第653页。

的过失赔偿之诉,被认为并没有引发公法问题,因为该诉讼并不谋求撤销该通知,且假定它是有效的。[122] 在奥雷利案中,迪普洛克勋爵指出,该规则的一个例外存在于下述情形中:在主张原告私法中的权利受到侵害的诉求中,一个官方决定被宣布为无效只是作为间接后果出现。[123] 这种情形的反面出现于下述情况下,当一个地方议会起诉它的租户不交付租金时,租户提出抗辩认为,议会作出的提高租金的决定是越权的。虽然租户对该租金提高的决定可以提起司法审查(但事实上并未这样做),但是,该抗辩并未被认为是滥用程序,而是对租户私法权利的恰当防卫。[124]

在1992年,迪普洛克勋爵指出的例外在罗伊诉肯辛顿家庭开业者委员会(*Roy v Kensington Family Practitioner Committee*)案中得到直接应用。一个国家卫生服务当局的委员会,依据法定权力行为,从罗伊医生为国家卫生服务当局提供的医疗服务报酬中扣除20%;在通过普通诉讼提起全额支付的请求中,罗伊医生被获准申请一个宣告令,来判定该扣除决定并不是正当作出的。[125] 上院的这个判决在朝着重估排他性原则的限度上,迈出了重要的一步。看来,布里奇和劳里勋爵将会赞成把奥雷利案的原则限定在下述

---

[122] 戴维诉斯佩尔索尼自治区议会(*Davy v Spelthorne BC*)案,《上诉案例汇编》,1984年,第262页。

[123] 《上诉案例汇编》,1983年,第2卷,第237、285页。

[124] 旺兹沃思议会诉温德尔(*Wandsworth Council v Winder*)案,《上诉案例汇编》,1985年,第461页。该案的原则在隆达-西农-塔夫郡议会诉沃特金斯(*Rhondda Cynon Taff Council v Watkins*)案中得到适用,《英格兰及威尔士上诉法院民事法庭案例汇编》,2003年,第129页,《威尔士法律汇编》,2003年,第1卷,第1864页。

[125] 《上诉案例汇编》,1992年,第1卷,第624页(P.卡恩:《公法》,1992年,第193页)。

情形中,在这里,个人的唯一目标就是挑战一个公法行为或决定,当维护私法权利的诉讼可能会牵涉到公法决定的效力方面的问题时,上述原则就不再适用。[126] 在1995年,上议院进一步限定了奥雷利案的影响,并认为,电信管制机关在解释法定许可时作出的决定可以通过在商事法院发出传票的方式进行质疑;斯莱恩勋爵强调了更大的程序灵活性的必要。[127] 其后的判决进一步强化了偏离僵化的排他性的趋势,而且弱化对程序防卫的依赖。[128] 同样重要的是,民事诉讼的新规则方便了司法审查和其他程序之间的转换,但在下述情况下,例如迟延可能意味着滥用程序时,法院就可以进行控制。[129]

对那些必须捍卫自身,免受公共机关强制执行行为的个人来说,奥雷利诉麦克曼案所要求的程序排他性的夸张观点曾一度对他们的权利构成侵蚀性威胁。现在确立的做法是,被控违反了从属性立法(诸如内部条例)的个人,作为一种防御手段,可以声称该立法是无效的,且即使没有成功地提起司法审查,也可以这么

---

[126] 《上诉案例汇编》,1992年,第1卷,第624页起,分别参阅第629、653页。

[127] 默丘里通信公司诉电讯公司总裁(*Mercury Communications Ltd v Director General of Telecommunications*)案,《全英格兰案例汇编》,1996年,第1卷,第575页。

[128] 不列颠钢铁公司诉关税与国内税专员(*British Steel plc v Customs &Excise Commissioners*)案,《全英格兰案例汇编》,1997年,第2卷,第366页(在因非法的纳税命令而交税以后,要求归还税款的诉讼);赖伊(丹尼斯)救助基金诉谢菲尔德议会(*Rye Dennis Pension Fund v Sheffield Council*)案,《全英格兰案例汇编》,1997年,第4卷,第747页(在郡法院提起诉讼,以保障住房津贴的给付);斯蒂德诉内政大臣(*Steed v Home Secretary*)案,《全英格兰案例汇编》,2000年,第3卷,第226页(因熄火的强炮而支付的赔偿)。

[129] 克拉克诉林肯郡和亨伯赛德郡大学(*Clark v University of Lincolnshire and Humberside*)案,《全英格兰案例汇编》,2000年,第3卷,第753页。

做。[130]一个主要任务是判定是否应授予个人残疾补助的裁判所，可以裁定相关规章的合法性。[131]

在提供救济时的司法裁量权[132]

据称，司法裁量处于行政法的核心地带。[133]无疑，在许可阶段，法官拥有裁量权，例如针对涉及迟延或替代性救济的任何问题。在实质听证阶段，法院行使进一步的裁量权，即使审查的理由已经确立，它仍可以决定是否提供救济。虽然在这种情形中，法官通常不愿拒绝提供救济，[134]但是出于下述原因还是可能拒绝提供，例如申请人的行为和动机，[135]以及救济可能导致的公共不便。[136]

---

[130] 参阅博丁顿诉英国交通警察局（*Boddington v British Transport Police*）案，《上诉案例汇编》，1999年，第2卷，第143页（C.福赛斯：《公法》，1998年，第364页）。

[131] 裁决总长官诉福斯特（*Chief Adjudication Officer v Foster*）案，《全英格兰案例汇编》，1993年，第1卷，第705页［D.费尔德曼（Feldman）：《法律季评》，1992年，第108卷，第45页，以及 A.W.布拉德利：《公法》，1992年，第185页］。

[132] 参阅德史密斯、沃尔夫和乔威尔，《行政行为的司法审查》，第20章。

[133] 参阅库克勋爵，在福赛斯和黑尔编辑的《金色的标尺与弯曲的绳索》中的论述，第203—320页。还可参阅威廉姆斯诉柏德威蒂司法部（*Williams v Bedwellty Justices*）案，《上诉案例汇编》，1997年，第225页。

[134] 参阅 T.宾汉姆：《公法》，1991年，第64页。还可参阅 S.谢德利：《公法》，1989年，第32页（批评在英王诉北威尔士警察局长案中对裁量权的使用：《全英格兰案例汇编》，1982年，第3卷，第141页）。

[135] 参阅英王诉关税及国内货物税税务局专员（申请人：库克）（*R v Commissioners for Customs and Excise, ex p Cooke*）案，《全英格兰案例汇编》，1970年，第1卷，第1068页。

[136] 英王诉社会服务大臣（申请人：首都行政当局协会）（*R v Social Services Secretary, ex p Association of Metropolitan Authorities*）案，《全英格兰案例汇编》，1986年，第1卷，第164页。

当以事实错误为基础而授予规划许可时,就不提供救济,但是法院同意,救济可以凭其他理由而提供。[137] 在审查城市接管小组的决定时,上诉法院声称,在这种情况下,法院将把自身的角色定位为"历史的而不是当代的",例如,法院将努力在该小组处理将来事务的行为上给予指引,而不是对现行的接管争端进行干预,在这里,类似的灵活性表露无遗。[138] 但是,下面这两种表述是同一个意思,一种表述是,法院的裁决能够自我证立,另一种表述是,法院无须宣告裁决,然而,如果申请人能够充分阐明自己的诉求,那么,法院依据自由裁量去找理由拒绝提供救济的行为就站不住脚。

法定挑战机制

在过去,未改革之前的特权性和其他救济的专门性特征经常引致新的立法,它们为寻求司法审查提供了简化的程序。这些立法总是与政府的特定权力有关,且经常包括排除其他形式的司法审查的规定。一个重要的例证来自于强制征购土地的标准程序。地方当局签发强制征购令以后,如果提出了反对意见,就应该举行调查,大臣必须决定是否批准该命令。如果征购的决定得到批准,从批准之日起,有六周的期限,其间,任何受到征购令侵害的人都

---

[137] 英王诉北萨默塞特议会(申请人:卡迪百利花园中心有限公司)(*R v North Somerset Council, ex p Cadbury Garden Centre Ltd*)案,《泰晤士报》,2000年11月22日。

[138] 英王诉接管与合并座谈小组案(申请人:戴塔芬)(*R v Panel on Take-Overs and Mergers, ex p Datafin*)案,《女王法院案例汇编》,1987年,第815页。还可参阅C.刘易斯:《公法》,1988年,第78页。

可以基于两个理由到高等法院[139]挑战它的合法性:(1)该命令超出授权法的范围;或者(2)授权法的要求未被遵守,且反对者的利益已经因此受到严重的不利影响。[140]这些理由据称已经涵括了所有凭以提起司法审查的理由,包括(1)涉及权限、滥用自由裁量权、和自然正义的问题,以及(2)遵守所有相关的法定程序。[141]当受到侵害的人向高等法院提出申请以后,法院可以签发一个中止征购令的临时命令,可以全部中止,也可以在申请人财产受影响的范围内中止。如果征购令在六周的期限内未在高等法院受到挑战,它就得到法定保护,免受质疑;无论在它被批准之前还是之后,对该命令提起的任何其他司法审查都被排除。[142]

这种有效的挑战方式最初是由 1930 年《住房法》规定的,当时人们对于排除对大臣行为进行司法审查的立法努力存有一种错觉。今天,在涉及土地控制的许多判决中,该法提供了一种法定的司法审查。[143]诉诸这种救济通常可使高等法院把全部的注意力集

---

[139] 在苏格兰,向最高民事法院提起。关于六周的期限何时起算,参阅格里菲斯诉环境大臣(*Griffiths v Environment Secretary*)案,《上诉案例汇编》,1983 年,第 2 卷,第 51 页。

[140] 1981 年《强制征地法》,第 23 条(吸纳了早期的法律)。

[141] 阿什布里奇投资有限公司诉住宅大臣(*Ashbridge Investments Ltd v Minister of Housing*)案,《全英格兰案例汇编》,1964 年,第 3 卷,第 371 页;科林道具有限公司诉住宅大臣(*Coleen Properties Ltd v Minister of Housing*)案,《全英格兰案例汇编》,1971 年,第 1 卷,第 1049 页。

[142] 1981 年《强制征地法》,第 23 条;以及参阅本书边码第 776 页。

[143] 例如,1990 年《城乡规划法》,第 284－288 条,以及《2004 年规划与强制征购法》,第 113 条。

第31章　行政行为的司法控制(二)　789

中在司法审查的原则上,而不受程序和管辖问题困扰。[⑭] 行使挑战权利的时间限度也是必要的,这保证了,如果没有及时提起反对意见,相关的当局可以使决定生效。其他法定救济包括,就法律问题对许多裁判所的判决[⑮] 和规划决定[⑯] 向高等法院提起上诉。虽然这些救济并不是1981年《最高法院法》第31条意义上的司法审查申请,但是它们也要在行政法院得到听证。[⑰] 通过确保对行政决定进行司法控制,它们有助于满足《欧洲人权公约》第6条的要求。[⑱]

然而,做到以下两点是非常必要的:诉诸法院的人要在程序范围内行为,而且起诉资格的问题要依据制定法规定。在六周之内挑战强制征购令和规划决定的权利被赋予"所有受到侵害的人"。这显然包括反对自己的土地被强制征购的所有者,但是在1961年,据称,他们并不包括在公开调查中反对新型开发的相邻所有者;他们被认为没有法律利益,从而使他们不能成为法律上受到侵害的人。[⑲] 在1973年,阿克纳法官赋予"受到侵害的人"这一短语

---

⑭　参阅布谢尔诉环境大臣(*Bushell v Environment Secretary*)案,《上诉案例汇编》,1981年,第75页;边码第709页。

⑮　1992年《裁判所与调查法》,第11条。

⑯　1990年《城乡规划法》,第289、290条。

⑰　参阅《民事诉讼程序规则》,第52条(特别是52.17、52.18和第Ⅲ部分)。

⑱　参阅英王诉环境大臣(申请人:阿肯百利开发有限公司)(*R v Environment Secretary, ex p Alconbury Developments Ltd*)案,《全英格兰案例汇编》,2001年,第2卷,第929页,以及布赖恩诉联合王国(*Bryan v UK*)案,《欧洲人权法院案例汇编》,1995年,第21卷,第342页。

⑲　巴克斯顿诉住宅大臣(*Buxton v Minister of Housing*)案,《女王法院案例汇编》,1961年,第1卷,第278页;比较莫里斯诉伦敦市议会(*Maurice v London CC*)案,《女王法院案例汇编》,1964年,第2卷,第362页。

以更充分的解释,在其中,包括那些在公开调查中反对新型开发的娱乐团体官员。[150] 今天,有许多理由都可以说明,为什么应该赋予"受到侵害的"这一术语以和司法审查中普遍适用的"充分利益"这一宽泛标准相一致的含义。

对司法控制的法定排除[151]

存在一个坚实的假定,即立法机关并不打算切断法院的救济。当议会为了实现新型的权利和义务而设立一个特别裁判所时,第一要务是,提供向该裁判所的求助权利。除非制定法提供了司法审查的等价物,否则,裁判所的决定应该受制于司法审查。但是许多制定法都包含了意在剥夺法院管辖权的用语。这些条款被法官进行解释,以保证(如果可能)他们的监督权力完好无损。曾有一度,特权性令状通常被点名排除,但是,如果存在明显的管辖错误,或者申请法院令状的当事人有欺骗行为,那么,即使是明确排除调卷令的规定也不能生效。[152] 一个经常使用的条款是,某个特定的决定"应该是最终的",但这并没有排除司法审查。[153] 这样的条款

---

[150] 特纳诉环境大臣(Turner v Environment Secretary)案,(LGR),1973年,第72卷,第380页。

[151] 参阅德史密斯、沃尔夫和乔威尔,《行政行为的司法审查》,第231-249页;韦德和福赛斯,《行政法》,第697-720页;克雷格,《行政法》,第24章。

[152] 澳大拉西亚殖民地银行诉威廉(Colonial Bank of Australasia v Willan)案,(PC),1874年,第5卷,第417页。

[153] 英王诉医学上诉法庭(申请人:基尔摩)(R v Medical Appeal Tribunal, ex p Gilmore)案,《女王法院案例汇编》,1957年,第574页。

仅仅意味着，针对原来的决定不存在上诉权利。另一个没有剥夺法院监督管辖权的条款存在于下述情形中，它规定，一个法定命令在签发之时应该具有向它授权的法案那样的效力；然而，如果它与法案的条款相冲突，法院就可以宣布该命令无效。[153]

这样，只有通过特别严格的表述，议会才能有效地剥夺高等法院或最高民事法庭对下级法院和公共机关的监督管辖权。我们已经看到，排除条款经常伴随着另一种明确的权利，据此，可以在限定的时间内挑战一个命令或决定的效力。由此，允许在批准之日起的六周内挑战强制征购令的制定法规定：接受这段时间内可能的挑战后，"一项强制征购令，无论是在批准、签发或授予之前抑或之后，都不能在任何法律程序中再受到质疑……"[154]

在史密斯诉东艾尔奥乡区自治会（Smith v East Elloe RDC）案中，原告的土地被提前六年强制征购，以备修建议会房屋之用，原告宣称，强制征购令的签发是由议会及其职员的错误行为以及恶意导致的。她证明，排除条款并没有排除在欺骗和恶意案件中法院的权力。上院以绝对的多数判决认为，法案的目的是，除了在六周之内提出挑战外，保护强制征购令，使其免受司法审查。虽然征购令的效力不能再受到挑战，但是可以针对议会的职员提起损害赔偿之诉。[155]

---

[153] 卫生大臣诉英王（Minister of Health v R）案，《上诉案例汇编》，1931年，第494页。

[154] 1981年《强制征地法》，第25条。

[155] 《上诉案例汇编》，1956年，第736页。

在我们已经提及的一个关于管辖权控制的判决中,上院在1968年对排除条款采取了一种完全不同的态度。

在阿尼斯米斯克有限公司诉对外赔偿委员会(Anisminic Ltd v Foreign Compensation Commission)案中,1950年《涉外赔偿法》第4条第(4)项规定:委员会根据该法对任何申请作出的决定"都不应该在任何法院中受到质疑"。委员会是一个司法机构,负责对外国政府赔偿给英国公民的金钱进行分配。它拒绝了阿尼斯米斯克的请求,理由是该公司提交的文件存在法律上的错误,且超出了委员会的管辖范围。上议院的多数意见判决认为,第4条第(4)项并没有阻止法院探察委员会针对请求的适当性是否作出了法律上争取的决定。"决定"应该是真实的决定,而不是虚构的。因考虑一个在法庭多数意见看来是不相关的因素,委员会的决定因而无效。韦伯福斯勋爵讲道,"如果通过在限定性文件中插入一个条款的方式,就可以安全地规避这些限制,那么,制定法对裁判所的权力限度作出限定还有什么意义呢?"⑩

这个判决是个典型的例证,它显示了法院解释排除性条款,保持司法审查可能性的能力。虽然史密斯诉东艾尔奥乡区自治会案

---

⑩ 《上诉案例汇编》,1969年,第2卷,第147、208页(以及第30章A)。关于立法性后果,参阅1969年《涉外赔偿法》,第3条。

的效力在阿尼斯米斯克案中受到质疑,但是前案的判决并没有被推翻:实际上,在考察强制征购令终局性时涉及的问题,与考虑支付赔偿的行为应该在多大程度上接受审查时牵涉到的问题并不相同。更进一步的区分存在与下述二者之间:一是力求完全排除法院管辖权的制定法(就像在阿尼斯米斯克案中那样),另一个是授予在特定时间内诉请法院的权利(就像在强制征购令情形中那样),但是在这时间之后,排除司法审查的制定法。在1976年,六周之后不能再挑战征购令效力的法定禁令被认为是绝对的:一位受到侵害的所有者在几个月之后不能再提起这样的挑战,即使他声称,该征购令因违反自然正义和善良信誉而无效,且他是在六周之后才发现这一点的。[138] 即使征购令必须生效,这并不会阻止所有者向那些对恶意行为负有责任的人寻求赔偿。

议会在排除司法审查上的权威

我们已经看到,在最近围绕司法审查的理由进行的争论中,即使是那些否认议会意图是司法审查的基础的人也承认,议会可以在特定情形中限制或排除司法审查。[139] 今天,议会如此行为的努力可能会与欧盟法律相冲突。由此,由北爱尔兰国务大臣对一个

---

[138] 英王诉环境大臣(申请人:奥斯勒)(R v Environment Secretary, ex p Ostler)案,《女王法院案例汇编》,1977年,第122页[N.P.格雷夫斯(Gravells):《现代法律评论》,1978年,第41卷,第383页,以及J.E.奥尔德(Alder):《现代法律评论》,1980年,第43卷,第670页],还可参阅,英王诉康沃尔郡议会,申请人:亨廷顿(R v Cornwall CC, ex p huntingdon)案,《全英格兰案例汇编》,1994年,第1卷,第694页。

[139] 第30章,本书边码第727页。

出于国家安全而作出的警察决定所颁发的"最终证据性"证明,被认为和欧共体法中的有效司法控制原则背道而驰。[160] 当一个类似的证明阻止一个罗马教会公司针对签订合同中的宗教歧视提起申诉时,"最终证据"原则被认为是对寻求法院救济权利的过分限制,因而违反了《欧洲人权公约》第 6 条。[161] 当某项事务涉及"公民权利和义务时",就像上述案例那样,排除法院救济就将违反第 6 条。[162] 根据斯特拉斯堡案例法,国家立法机关可以对法院救济施加合理的时间限制,但是,这些限制不能损害该项权利的核心要素。[163] 司法审查必须及时提起,且无论在什么情况下,都不能超过三个月的规则可能与第 6 条的规定是一致的;在大多数情况下,在六周内挑战规划和强制征购决定的规则也符合第 6 条的规定。但是,在下述情形中,六周之后就绝对排除司法审查的规则可能会变得不太合理,在其中,官员隐瞒了相关的信息,只到诉诸法院的权利结束后才予以公布。在不涉及个人的"公民权利和义务"的事项上,排除司法审查不会引发牵涉到欧洲人权公约第 6 条的争议,例如,一部苏格兰议会的法律,[164] 或者根据 1911 年《议会法》而颁发

---

[160] 案例书 222/84,约翰斯顿诉北爱尔兰皇家警察警察局长(*Johnston v Chief Constable of the RUC*)案,《女王法院案例汇编》,1987 年,第 129 页。

[161] 泰尼利-桑斯公司诉联合王国(*Tinnelly and Sons Ltd v UK*)案,《欧洲人权法院报告》,1998 年,第 27 卷,第 249 页。

[162] 参阅,例如赞德诉瑞典(*Zander v Sweden*)案,《欧洲人权法院案例汇编》,1993 年,第 18 卷,第 175 页,以及费德诉联合王国(*Fayed v UK*)案,《欧洲人权法院案例汇编》,1994 年,第 18 卷,第 393 页。

[163] 斯达宾斯诉联合王国(*Stubbings v UK*)案,《欧洲人权法院案例汇编》,1996 年,第 23 卷,第 213 页。

[164] 1998 年《苏格兰法》,第 28 条第(5)项。

的议长证明。⑯

议会在排除司法审查这一问题上时松时紧。弗兰克斯委员会在1957年建议道,制定法不应该试图排除特权性令状。作为回应,《裁判所与调查法》(1958年、1971年和现在的1992年,第12条)规定:

(a) 在1958年8月1日之前通过的法案中,规定任何命令或决定都不应在法院受到质疑的任何条款;

(b) 在同样的法案中以类似的用语排除高等法院权力的任何条款。

不应该阻止提供调卷令或履行令(现在被称为撤销令和履行令)的救济。一个类似的条款,但是不限于特定的救济,保护了最高民事法院的监督管辖权。这些规定在以下两种情形中不适用:(Ⅰ)法院的命令或决定,或(Ⅱ)法律规定了在特定的时间内高等法院提出申请(例如,在六周之内挑战一个城镇规划决定的权力)。由于第(Ⅱ)项的规定,1992年法并不适用于史密斯诉东艾尔奥乡区自治会(Smith v East Elloe RDC)案的情形。⑯

由于下述几条原因,1992年法第12条远不是排除条款引发的问题的充分回答。第一,在英国法律中,为撤销令和履行令提供的保护应该转化为对一般意义的司法审查提供的更广泛的保护(就像苏格兰那样)。第二,第12条已公认为不能适用于"最终证据"

---

⑯ 1911年《议会法》,第3条。
⑯ 汉弥尔顿诉苏格兰国务大臣(*Hamilton v Secretary of State for Scotland*)案,1972(SLT)233。

条款。[] 第三,该法的效力限定于1958年8月之前通过的立法,而不包括其后的制定法。[] 可以说,自从1958年以来,议会对排除司法审查的弊病已经给予了充分的关注,但是,这并不意味着1958年以后制定的所有排除条款就都是恰当的。第四,1958年之后很长一段时间,议会才开始关注欧盟法中对司法审查提供的保护。总之,议会对排除条款的关注不应局限于1958年之前的法案,以及欧共体法和人权法所规定的事项。可以证明,有必要让制定法规定一条强有力的解释原则,以保持司法审查的可能性,并适用于所有时间制定的,符合1998年《人权法案》第3条的所有立法。这样一条原则不会遏止行政机关试图从政府的一个或多个领域中排除司法审查的努力。但是,如果这种努力由议会作出,可以想见,政治过程将会严格的探察政府的意向和动机。[]

前文流露出的基调在《2004年收容与移民(处理申请等问题)法》的驱逐条款中展露无遗。政府想要排除对这样两种决定提起司法审查的权利,一种是由收容和移民裁判所作出的决定,另一种是由内政大臣及其属员作出的驱逐和遣送决定。该条款明确规

[] 英王诉公司注册主任(申请人:印度中央银行)(R v Registrar of Companies, ex p Central Bank of India)案,《女王法院案例汇编》,1986年,第1114页。关于"最终证据"条款的不同观点将在另外的情境中被提出。

[] 例如1994年《智力服务法》,第9条第(4)项;1997年《警察法》,第91条第(10)项;2000年《调查权力管制法》,第67条第(8)项。后面的这些法律规定,根据法律设立的裁判所的决定(包括关于它们是否有管辖权的决定)不应该被提起上诉或接受法庭的质疑。

[] 关于立法消除或者严重损害高等法院在司法审查中的权力方面的论述,参阅沃尔夫勋爵:《公法》,1995年,第57、68页;比较欧文勋爵的评论:《公法》,1996年,第59、75–78页。

定,它禁止法院启动审查程序,去判定某个决定是否因缺乏管辖权、反复无常、法律错误、违反自然正义和其他原因而无效;有些规定如果是出于恶意或者影响到公约中的权利,则要接受审查。[170]该条款在下院得到了比较客气的对待,但是,在上院对其进行辩论之前,政府撤回了这个条款。它引发了一个根本的问题,这就是,议会是否有权废除独立而公正的司法审查制度。

苏格兰行政法中的救济[171]

特权性令状从未成为苏格兰法的组成部分,例外的情况是,为了实现税收法律的目的,以立法的方式把它们引入到苏格兰,而且,一个独立的衡平法院也没有在苏格兰出现。除了像六周之内挑战强制征购令的法定救济,同时存在于苏格兰和英格兰之外,苏格兰行政法中的救济实质上与私法中的救济一样,用来强制实施民事义务。这些救济当中最重要的是(现在正在经受着1985年开始及其以后的程序改革):(a)古老的撤销令(reduction)救济,据此,任何文件(包括裁判所判决,地方条例,对公务员的解职,以及惩罚性决定)都可能因超越管辖权,违背自然正义,或其他方面违背法

---

[170] 该条款见于《司法审查》,2004年,第97页,同时还有讨论这个条款的文章和议会文件。也可参阅拉索尔(A Le Sueur),《公法》,2004年,第225页;以及第20章 B。

[171] 《苏格兰法阶梯百科全书》,第1卷,再版,第4部分;C.M.G.希姆斯沃斯,在萨普斯通(Supperstone)和古迪(Goudie)(编辑):《司法审查》中的论述,第21章;克莱德和爱德华兹:《司法审查》,第5部分。

律而被撤销;⑫ (b)同样古老的宣告令(declarator),英国的宣告性权利由此而生;(c)中止令(suspension)和禁令(interdict)救济,从广义上说,它们服务于和英国法中的禁止令(injunction)和禁止令(prohibition)同样的目的;(d)因违反民事义务的损害赔偿诉讼;以及(e)为实现法定义务履行的概括性救济,与英国法中的履行令类似但并不相同。⑬ 与以前英国法形成对照,所有相关的救济都可以在同样的程序中获得。⑭

与英格兰法的几点比较应该受到关注。第一,在瓦特诉苏格兰检察长(*Watt v Lord Advocate*)案中确立了一个原则,即虽然撤销令的救济可以用来撤销超越管辖权的裁判所判决,但是,它不能对裁判所在管辖权之内的法律错误进行审查。⑮ 然而,最高民事法院也认为,法律错误会导致裁判所超越管辖权,因为它使一种失业救济的法定权利因无关的考虑而被拒绝。这个判决把阿尼斯米斯克有限公司诉对外赔偿委员会案确立的原则引进到苏格兰法中。⑯

第二,在苏格兰法中,没有告发人诉讼的直接等价物。在这方

---

⑫ 参阅,例如,马洛奇诉阿伯丁告公司(*Malloch v Aberden Corpn*)案,《全英格兰案例汇编》,1971年,第2卷,第1278页;巴斯诉英国羊毛交易部(*Barrs v British Wool Marketing Board*)案,《苏格兰案例汇编》,1957年,第72页。

⑬ 1988年《最高民事法院法》,第45条(b)项;多彻蒂诉莫尼费斯的伯格(*T Docherty Ltd v Burgh of Monifieth*)案,《苏格兰法律时报》,1971年,第12页。

⑭ 参阅麦克贝斯诉阿什利(*Macbeth v Ashley*)案,《苏格兰上议院文件》,1874年,第352页。

⑮ 《苏格兰案例汇编》,1979年,第120页。

⑯ 本章注释⑮。还可参阅《阶梯百科全书》,第45、47－50段;克莱德和爱德华兹的书,第597－603页。

第 31 章 行政行为的司法控制(二) 799

面,苏格兰检察长从未担当英格兰检察总长的角色。然而,宽泛的起诉资格和利益方面的原则允许个人直接诉请法院强制执行许多公共权利。⑰ 在威尔逊诉独立广播局(Wilson v Independent Broadcasting Authority)案里,在1979年关于权力转移的公民投票中,竞选团体的成员享有资格和利益去起诉,并寻求一个禁令,来限制那些未能在竞选双方之间进行权衡的政治广播。罗斯法官发现,"在原则上,没有理由说明,为什么个人不能起诉,来阻止公共机关违反对公众承担的义务"。⑱ 这个大受欢迎的原则偏离了一些早期的判决。⑲ 在1987年,苏格兰老龄看护组织被认为享有资格但没有利益去主张下述官方指令越权,该指令限制因恶劣天气条件而向老年人提供额外补偿。⑳ 虽然一个教师团体享有资格和利益去挑战大学的违法行为,而该团体的成员不能单独这样做,㉑ 但是起诉资格标准在苏格兰的适用要比"充分利益"标准在英格兰的使用严格得多。㉒

---

⑰ 阿索尔诉托里(Duke of Atholl v Torrie)案(I Macq),1852年,第65页;奥格斯顿诉阿伯丁电车轨道公司(Ogston v Aberdeen Tramways Co)案(R),1896年,第24卷,第8页。还可参阅《阶梯百科全书》,第122-138页;克莱德和爱德华兹的书,第10章。

⑱ 《苏格兰案例汇编》,1979年,第351页。

⑲ 尼科尔诉敦提海港托管人(D & J Nicol v Dundee Harbour Trustees)案,《苏格兰案例汇编》(上院文件),1915年,第7页;辛普森诉艾因伯格公司(Simpson v Einburgh Corpn)案,《苏格兰案例汇编》,1960年,第313页。

⑳ 苏格兰老人福利委员会申请者案(Scottish Old People's Welfare Council, Petitioners)案,《苏格兰法律时报》,1987年,第179页。克莱德和爱德华兹认为,不成熟性是没有起诉利益的原因(第377页)。

㉑ 苏格兰教育机构诉罗伯特戈登大学(Educational Institute of Scotland v Robert Gordon University),《泰晤士报》,1996年7月1日。

㉒ 参阅霍普(Hope)勋爵:《公法》,2001年,第294页,在这篇文章中,讨论了瑞普应急中心与申请人布林德利(Rape Crisis Centre and Brindley,Petitioners)案,《苏格兰法律

第三，官员失职导致的窘境有时可以通过最高民事法院以法庭法外衡平裁量（nobile officium）的形式，运用额外衡平管辖权来解决。[183]

最后，自从1985年以来，苏格兰也有了自己的申请司法审查程序，它与英格兰模式类似但并不完全相同。该程序在苏格兰法中的引进要晚于英格兰，这是因为，与特权性令状相关的程序难题在苏格兰法中并不存在。然而，民事诉讼的普通程序并不适合对住房和移民领域的争端进行迅捷的处理。[184]

在1985年，法庭规则[185]创设了一种申请程序，即司法审查的申请，只要申请最高民事法院行使监督管辖权，提供上文提及的救济，就必须运用这种程序。该规则力求为每一个申请提供迅速的处理，主要的程序步骤由一位为此目的而设的法官控制。一个申请并不需要法庭许可，但是没有实质理由的申请会遭到法官干脆的拒绝。虽然该规则没有为申请司法审查规定时间限度，但根据苏格兰法的一般原则，一项申请可以因为迟延、沉默和默许而失败。[186]已经出现的主要问题是，最高民事法院的"监督管辖权"在立

报告》，2000年，第807页（申请人没有资格要求审查内政大臣同意一个美国拳击手和强奸犯在格拉斯哥进行比赛的决定）。但是比较厄普里查德诉法夫郡议会（*Uprichard v Fife Council*）案，《苏格兰法律报告》，2000年，第949页。

[183] 弗格森，申请人案，《苏格兰案例汇编》，1965年，第16页。

[184] 参阅，布朗诉汉密尔顿（*Brown v Hamilton*）案，《苏格兰法律时报》，1983年，第397页起，第418页，还可参阅《阶梯百科全书》，第191页；以及A.W.布拉德利，《公法》，1987年，第313页。

[185] 参阅《最高民事法院规则》（通过1994年《法定条规》1443号制定），第58章。

[186] 《阶梯百科全书》，第121段；以及例如，汉隆诉交通专员（*Hanlon v Traffic Commissioners*）案，《苏格兰法律时报》，1988年，第802页；厄普里查德诉法夫郡议会（*Uprichard v Fife Council*）案，《苏格兰法律报告》，2000年，第949页。

法中并没有被界定,虽然在判决中它经常被提到。[187]它不能与成功的司法审查申请所能获得的救济范围相等同,因为这些救济在整个民事法律中都存在。由此,一些1985年以后的判决依赖于英格兰法律中存在的公法/私法的区分。[188]但是,在1992年,最高民事法院在韦斯特诉苏格兰国务大臣(West v Secretary of State for Scotland)案[189]中坚决地拒斥了这种区分。它认为,法院根据其监督管辖范围,有权对"任何人或机关的决定作出过程进行调整,他们的管辖权是通过制定法、协议或其他法律文件授予的",特别是在决定作出者、受影响的个人和决策权所由以产生的人或机关之间存在"三角关系"时,更是如此。根据韦斯特案的事实,一名监狱官员不能对苏格兰内政部的下述决定提起司法审查,该决定规定,在这名官员被从一个机构调到另一个机构以后,不能获得迁移费用。这个争端被看做是雇佣合同引起的,没有什么特征会把它引入到"监督管辖"的范围内。[190]法院获得管辖权的途径是基于对决

---

[187] 例如,莫斯帝国公司诉格拉斯哥财产评估员(Moss Empires Ltd v Glasgow Assessor)案,《苏格兰案例汇编》(上院文件),1917年,第1页。

[188] 包括特拉尼诉阿盖尔健康委员会[Tehrani v Argyll Health Board (No.2)]案,《苏格兰法律时报》,1990年,第118页,以及瓦特诉思特拉斯克莱德区议会(Watt v Strathclyde Council)案,《苏格兰法律时报》,1992年,第324页。参阅C.M.G.希姆斯沃斯(注解171),在萨普斯通(Supperstone)和古地(Goudie)(编辑):《司法审查》中的论述,以及克莱德勋爵,在芬尼、希姆斯沃斯和沃尔克编辑的《爱丁堡公法论集》中的论述,第281—293页。

[189] 《苏格兰法律时报》,1992年,第636页。参阅W.J.沃尔夫(Wolffe):《公法》,1992年,第625页;《阶梯百科全书》,第115段;克莱德和爱德华兹的书,第344—347页。

[190] 也可参阅奈克诉斯特林大学(Naik v Stirling University)案,《苏格兰法律时报》,1994年,第449页,以及布莱尔诉洛哈伯议会(Blair v Lochaber Council)案,《苏格兰法律时报》,1995年,第407页。

策制定过程及其审查的分析。后来的判决已经怀疑,"三方关系"是否总是至关重要的。[191] 在英格兰和苏格兰法中,关于司法审查的实质理由并不存在分歧,但是,韦斯特案却可以使苏格兰法院把它们的监督管辖拓及到私人组织的管制及类似权力上,而在英格兰,这将受到公/私划分的阻碍。

人身保护令[192]

在英国法中,人身保护令这一特权令状是针对剥夺个人自由的公共或私人行为的主要救济。今天,它作为一种寻求对行政行为进行司法控制的方式,经常出现在引渡法中,[193] 次之,出现在涉及滞留权力的其他领域,诸如移民控制、[194] 神经健康[195]和儿童

---

[191] 参阅奈克诉斯特林大学(*Naik v Stirling University*)案,《苏格兰法律时报》,1994年,第449页;麦金托什诉阿伯丁郡议会(*McIntosh v Aberdeenshire Council*)案,《苏格兰法律时报》,1999年,第93、97页;以及比较布莱尔诉洛哈伯议会(*Blair v Lochaber Council*)案,《苏格兰法律时报》,1995年,第407页。

[192] 参阅夏普(Sharpe):《人身保护令法》(*The Law of Habeas Corpus*),和克拉克与麦科伊(McCoy):《最根本的法律权利》(*The Fundamental Legal Right*)。关于其历史,参阅威廉·霍尔兹沃斯(Willam Holdsworth)的《英国法律史》(HEL),第9卷,第108-125页,以及福赛斯:《宪法案例与观念》(*Cases and Opinions in Constitutional Law*),第16章。也可参阅S.布朗:《公法》,2000年,第31页;第21章E。

[193] 参阅第20章C,关于《2003年引渡法》对这种实践的偏离。

[194] 例如,英王诉德拉谟监狱监狱长(申请人:哈戴尔·辛)[*R v Durham Prison (Governor), ex p Hardial Singh*]案,《全英格兰案例汇编》,1984年,第1卷,第983页;以及坦·特拉姆诉泰国人拘留中心(*Tan Te Lam v Superintendent of Tai Detention Centre*)案,《上诉案例汇编》,1997年,第97页。

[195] 例如,神经病患者资格审查委员会[*Re S-C (Mental Patient)*]案,《女王法院案例汇编》,1996年,第599页。比较约翰逊诉联合王国(*Johnson v UK*)案,《欧洲人权法院

护理。⑯与特权性令状不同,人身保护令近来并没有成为法律改革的对象。该令状最初是为了让普通法法院能够把那些必须出席庭审的人传讯到它面前。在 15 和 16 世纪,王座法院和高等民事法院(Common Pleas)运用人身保护令来主张它们高于其他法院的权威,并释放那些法官以超越管辖权的方式拘捕的人。在 17 世纪,该令状被用来控制通过国王或御前会议的命令而进行任何拘捕。⑰

人身保护令的实质是这样一种程序,据此,法院可以有效且毫无迟延地判定对个人拘捕行为的合法性。《人身保护令法》制定于 1679 年、1816 年和 1862 年,⑱它们并没有拓宽法院的管辖范围,而是增强了该令状的效力,并确保申请可以得到迅捷的处理。由此,1679 年法禁止以下述方式规避人身保护令,即,把因"任何刑事或假想为刑事问题"而拘捕的人放置在英国法院的管辖范围之外。除其他事项外,1816 年法赋予法官一种权力,以概要地审查监狱看守对令状的回答中陈述的事实真相,即使该回答在"法律上是善意且充分的"。⑲1862 年法规定,如果王国的殖民地或自治领的法院有权颁发人身保护令,英格兰法院就不能再颁发该令状。北爱

案例汇编》,1999 年,第 27 卷,第 296 页。

⑯ LM 诉艾塞克斯区议会(*LM v Essex CC*)案(FLR),1999 年,第 1 卷,第 988 页。

⑰ 关于达内尔案和权利请愿书,参阅第 12 章 D。

⑱ 关于详细的描述,参阅塔斯维尔和兰米德(Taswell-Langmead):《英国宪法史》(*English Constitutional History*),第 432—436 页。

⑲ 参阅例如,英王诉管理委员会(申请人:拉蒂)(*R v Board of Control, ex p Rutty*)案,《女王法院案例汇编》,1956 年,第 2 卷,第 109 页。

尔兰和苏格兰境内的拘捕由这些领域内的法院管辖。[200]

人身保护令被描述为一种权利令状,根据权利(ex debito justitiae)而授予。这意味着,在颁发令状之前,必须存在一个表面上成立的案件,与特权性令状不同,它不是一个裁量性救济,不能仅仅因为存在替代性救济而拒绝颁发人身保护令。[201] 人身保护令是一种对抗非法滞留的救济:由此,它可以使法院去判定,根据1983年《神经健康法》,在不存在强制滞留令的情况下,对那些严重痴呆且封闭而不能表达同意的人,能否进行滞留。[202] 这个判决涉及一个医院信托人享有的法定滞留权力的限度,但是,人身保护令是一种纠正享有滞留权的机构的所有法律错误的救济吗?

毫无疑问的是,该令状并不为那些因法庭或裁判所的命令而受拘捕的人提供上诉权利。可以假定,只要针对拘捕某个人的决定存在司法审查的理由,人身保护令就相应存在,但是真正的界点并不像这样泾渭分明。[203] 实际上,我们已经考察过的司法审查程序的改革并没有应用于人身保护令,且这两种程序仍然保持分离。

---

[200] 基南案(Re Keenan),《女王法院案例汇编》,1972年,第1卷,第533页;麦克尔达夫(Re McElduff),《北爱尔兰法院案例汇编》,1972年,第1页;英王诉考尔(R v Cowle)案(Burr),1759年,第2卷,第834、856页。

[201] 英王诉本顿维尔监狱监狱长(申请人:阿扎姆)(R v Governor of Pentonville Prison, ex p Azam)案,《上诉案例汇编》,1974年,第18、31页。

[202] 英王诉伯纳伍德国家卫生服务信托机构(申请人:L)(R v Bournewood NHS Trust, ex p L)案,《上诉案例汇编》,1999年,第1卷,第458页。

[203] 德史密斯、沃尔夫和乔威尔,《行政行为的司法审查》,第678页;还可参阅鲁宾斯坦(Rubinstein):《管辖权与违法性》(Jurisdiction and Illegality),第105–116、176–186页。

在拉蒂案中,[204] 高等法院根据1816年人身保护令法审查了监狱看守回答中陈述的事实真相,并判定,在地方官员处不存在八年以来的证据,以表明一个存在智力障碍的18岁女孩应该被扣留。但是在20世纪70年代的一系列移民案例中,法院十分不愿意充分地运用人身保护令来审查行政决定,例如在一个人将被作为非法入境者而驱逐出境的情形中。[205] 我们已经看到,在卡瓦杰案中,上院扭转了这一趋势。[206] 在20世纪90年代,上诉法院在人身保护令的范围和司法审查的理由之间作了区分,并主张,人身保护令可以对一项决定的管辖范围或权限提出挑战,但是,如果该决定处在决策制定者的"权力范围内",只是存在诸如程序错误、法律错误或不合理性等瑕疵,人身保护令就不能提出质疑。其原因是,在后面这些情形中,在通过调卷令撤销它们之前,这些决定是合法的。[207] 然而,这种路径似乎存在深刻的缺陷:它以一种过时的区分为基础

---

[204] 注解199。

[205] 这些判决包括英王诉内政大臣(申请人:马格尔)(*R v Home Secretary, ex p Mughal*)案,《女王法院案例汇编》,1974年,第1卷,第313页,以及英王诉内政大臣(申请人:扎米尔)(*R v Home Secretary, ex p Zamir*)案,《上诉案例汇编》,1980年,第930页。还可参阅C.纽迪克(Newdick):《公法》,1982年,第89页。

[206] 英王诉内政大臣(申请人:卡瓦杰)(*R v Home Secretary, ex p Khawaja*)案,《上诉案例汇编》,1984年,第74页,以及第30章A。

[207] 英王诉内政大臣(申请人:彻布拉克)(*R v Home Secretary, ex p Cheblak*)案,《全英格兰案例汇编》,1991年,第2卷,第319页;英王诉内政大臣(申请人:马博亚伊)(*R v Home Secretary, ex p Muboyayi*)案,《女王法院案例汇编》,1992年,第1卷,第244页。在马博亚伊案中,紧急颁发了人身保护令,以制止撤销个人申请司法审查的决定;现在,法院可以颁发一个临时禁止令来反对撤销决定:M诉内政部(*M v Home Office*)案(注解65)。

("关于管辖权的错误"和"在管辖权之内的错误"之间的区分),这种区分在一般情况下已经停止在司法审查中适用。现在确立的做法是,违背自然正义、法律错误等都可以导致一个决定越权:[209] 那么,根据人身保护令法,这样一个决定怎样就能够被认为是"处于决策者权力之内"呢?当个人自由受到危及时,如果他已经证明拘留他或她的决定是越权的,但是法院拒绝提供人身保护令,却要求通过调卷令来撤销,这时,就是不公正的:为了避免这种不公正,法院应该授予被拘捕人申请司法审查的许可,并撤销相关的决定,而无需新的程序。虽然这种做法遭到权威的批评,[209] 它在1996年仍被运用,当时几个青年因为交付罚款而被错误地监禁,但是法院认为,对他们的拘捕可以通过司法审查来挑战,而不是人身保护令。[210]

人身保护令这种不确定的效果反映在斯特拉斯堡案例法中:欧洲人权法院在一个精神病患者的案例中主张,人身保护令不能

---

[208] 参阅里奇诉鲍德温(Ridge v Baldwin)案,《上诉案例汇编》,1964年,第40页;阿尼斯米斯克有限公司诉对外赔偿委员会(Anisminic Ltd v Foreign Compensation Commission)案,《上诉案例汇编》,1969年,第2卷,第147页;英王诉赫尔大学巡视员(申请人:佩奇)(R v Hull University Visitor, ex p Page)案,《上诉案例汇编》,1993年,第682页。

[209] 法律委员会:《法律委员会报告》226号,第11部分,和H.W.R.韦德:《法律季评》,1997年,第113卷,第55页。还可参阅A.李休尔(Le Sueur):《公法》,1992年,第13页;M.施林普顿(Shrimpton):《公法》,1993年,第24页。

[210] 英王诉奥尔德姆高等法院法官(申请人:考利)(R v Oldham Justices, ex p Cawley)案,《女王法院案例汇编》,1997年,第1卷。以及参阅S.布朗:《公法》,2000年,第31页。比较神经病患者资格审查委员会案[Re S-C (Mental Patient)],《女王法院案例汇编》,1996年,第599页(当社会工作者申请资格审查委员会的滞留是不真实的时候,就可以授予人身保护令)。

使英国法院去判定滞留决定的实体和程序合法性,[21]但是在被怀疑具有恐怖主义行为的人的案例中,又得出了完全相反的结论。[22]根据《欧洲人权公约》第5条第(4)项,任何被拘捕的人都有权提起诉讼,据此,法院要迅速判定拘捕决定的合法性,如果不合法,必须释放被拘捕人。人身保护令和司法审查之间蹩脚的分界必须获得解决。[23]一个可行的改革是修改1981年《最高法院法》第31条,在基于司法审查的申请可以提供的救济中,增加人身保护令。这种改革将使人身保护令法毫发无损,但是却提供了一种获得同样救济的不同的路径。

通常情况下,人身保护令的申请者是被拘捕的人,但如果该人不能提出申请,他或她的任何亲属或其他人都可以代表前者提出申请;申请单方向高等法院提交(即,无须告知另外一方),辅之以书面宣誓或事实陈述。[24]如果显明存在表面合理的理由,法院通常要向控制被拘捕者的人发出应诉通知(例如,一个监狱主管),但是也可以向大臣呈交通知(例如,内政大臣),后者对该拘捕决定负责并可能提交答辩证据。在指定的时日内,对申请的实质问题进行辩论。如果法院判定应该颁发令状,它须立即释放被关押人。

---

[21] X诉联合王国(X v UK)案,《欧洲人权法院案例汇编》,1981年,第4卷,第188页。

[22] 布罗根诉联合王国(Brogan v UK)案,《欧洲人权法院案例汇编》,1988年,第11卷,第117页。

[23] 参阅例如,B诉巴尔金、哈瑞恩和布伦特伍德国家卫生服务信托机构(B v Barking, Havering and Brentwood NHS Trust)案(FLR),1999年,第1卷,第106页;谢克诉内政大臣(Sheikh v Home Secretary)案,《行政法院摘要》,2001年,第93页;以及O.达维斯(Davies):《司法审查》,1997年,第11页。

[24] 《最高法院规则》第54号令(《民事诉讼程序规则》保存了这一规定)。

据此,被告在听证阶段无须把囚犯带到法庭上:例外的情形是,申请人获准亲自陈述他或她的案情。[213] 如果令状尚未颁发,就无须进行回应。在例外情况下,法院可以基于单方申请而颁发令状,例如,被拘捕人有可能被带离管辖区。不服从令状可能以藐视法庭罪而被判处罚款或监禁,而且还可能根据1679年法进行惩罚。政府官员也要服从令状。[214] 对高等法院判决的上诉权利要受制于1960年《审判管理法》的详细规定(第5、14、15条),该法被1999年《获取审判救济法》进行了修正:对于民事问题,上诉路径经由上诉法院提交到上议院,对于刑事问题(例如,在引渡诉讼中),经由地区法院提交到上议院,两种情形下都需得到上级法院的许可。[215]

人身保护令在苏格兰法中并无精确的对应物,但是自从1701年《苏格兰议会法》禁止错误监禁以来,就存在严格的规定,来限制接受审判的人可以在保官那里被扣留的时间长度。[216] 关于民事扣留,最高民事法院有权命令释放任何被错误扣留的人。如果没有更加便捷的救济(例如,通过中止令和撤销令),被扣留的人可以申请最高民事法院的内务部运用法庭法外衡平裁量权,释放自己。

---

[213] 林案(Re Wring),《全英格兰案例汇编》,1960年,第1卷,第536页。

[214] 汤普森案(Re Thompson)(TLR),1889年,第5卷,第565页;内政大臣诉奥布瑞恩(Home Secretary v O'Brien)案,《上诉案例汇编》,1923年,第603页。

[215] 关于民事/刑事的区分,参阅例如阿曼德诉内政大臣(Amand v Home Secretary)案,《上诉案例汇编》,1943年,第147、156页。

[216] 关于80天和110天规则,参阅1995年《刑事诉讼(苏格兰)法》,第65条。

第32章 公共机关和政府的责任

在第30和31章中,我们探讨了授权法院以越权、法律错误及违反自然正义为理由对公共机关的决定进行审查的法律。本章我们探讨公共机关涉及民事责任时的地位问题。[1] 原则上,公共机关在英国法中与个人受同样的侵权和合同法的责任原则调整,没有另外规定错误行政行为责任的法律。[2] 然而,在实践中,公共机关需要权力维持公共服务,履行管制职能;这些权力一般个人没有。许多新的公共工程,比如高速公路和发电站,在公共利益不优于受到不利影响的个人权利的情况下,不可能建起。议会经常通过立法授予公共机关权力,使它们可以通过条例或许可干预个人的经济活动,为了孩子、精神病人或其他弱势群体的福利去干预个

---

[1] 韦德与福赛斯:《行政法》,第20-21章;克雷格:《行政法》,第25、26章;霍格(Hogg):《英王政府的责任》(*Liability of the Crown*);哈洛:《国家责任-侵权法及其他》(*State Liability-Tort Law and Beyond*);费尔格里夫(Fairgrieve),《国家的侵权责任》(*State Liability in Tort*);费尔格里夫、安德纳斯(Andenas)和贝尔(Bell)编辑,《比较视野下的公共机关侵权责任》(*Tort Liability of Public Authorities in Comparative Perspective*);尼伯恩(Kneebone):《公共机关的侵权责任》(*Tort Liability of Public Authorities*);刘易斯(Lewis),《公法中的司法救济》(*Judicial Remedies in Public Law*),第14章。

[2] 就像戴雪在对"法治"的描述中强调的:第6章。

人和家庭生活。这些权力通常受到立法保护,不用承担责任。

政府的特殊地位在本章中将分几点加以强调。过去,在以下二者之间做了重要的区分(a)政府,包括中央政府的各部;(b)其他公共机关,诸如地方当局和公务法人。尽管许多这种区分都被消除了,主要通过1947年《政府诉讼程序法》完成,但其他区别依然存在。本章A小节讨论公共机关和政府在侵权法上的责任;B小节讨论合同责任。C小节讨论涉及政府的法律的其他方面,包括为公共利益而不予公开证据的规则等程序豁免权和特权。

就像公法的许多方面那样,公共机关的责任也受到欧洲共同体法律的重大影响。根据《欧洲共同体条约》第288款,共同体机关因严重违反共同体法律而应承担的赔偿责任与成员国的下述责任是并行的,"它们因违反共同体法律而对个人造成的损失和侵害应承担的责任",③ 例如因未能执行一项共同体的指令。我们已经注意到了共同体法律对议会至上造成的冲击,这体现在费克特塔姆公司诉讼中,它涉及1988年《商人航运法》,该法是为了保护英国的渔业利益免受其他欧洲对手的冲击。④ 后来,在同一个诉讼中,上议院对1988年法以后的决策制定过程进行分析后,认为,

---

③ 《案例集》6/90以及《案例集》9/90,弗兰克诉意大利(Francovitch v Italy)案,《欧共体法律报告》,1991年,5357页,第37段。还可参阅,(Brasserie du Pecheur v Germany)案和英王诉运输大臣(申请人:费克特塔姆公司)(R v Transport Secretary, ex p Factortame Ltd)案(第4号),《案例集》46/93以及《案例集》48/93,《欧共体法律报告》,1996年,第I-1029页;P.克雷格:《法律季评》,1993年,第109卷,第595页和《法律季评》,1997年,第113卷,第67页;以及C.刘易斯在福赛斯和黑尔编辑的《金色的标尺与弯曲的绳索》中的论述,第319页。

④ 参阅第4章C和第8章。

"该法完全是对共同体法律的严重损害,"因而应支付损害赔偿。⑤ 导致这一判决的标准来源于共同体法律,它规定,如果已认定违法行为是"特别严重"的,该成员国就"明显且严重地"蔑视了对其自由裁量权的行使所施加的限制。但是,因这些违法行为导致的诉讼和损害赔偿请求的其他方面问题可以由国内法律来调整,条件是,这不会歧视共同体法律,且在实践中不会妨碍个人行使他们在共同体中的权利。⑥ 根据共同体法律,即使是国内最高法院的判决,也可能引起国家责任。⑦

在人权方面,根据《欧洲人权公约》第41条,当一项公约中的权利受到侵害,且国内法律不提供充分的救济时,斯特拉斯堡法院"将在必要的情况下,为受侵害的一方提供公正的救济",其方式是要求该成员国提供赔偿。我们下文将考察1998年《人权法案》通过什么方式让受害人能在国内法院获得赔偿。

当联合王国法律中规定的公共机关的核心责任原则处于波动状态时,就可以明显感觉到欧共体法律和人权法案中的新型归责原则的冲击。在2004年,斯泰恩法官对于调整国家责任的过失和法定义务法律作了如下评述:

---

⑤ 英王诉运输大臣(申请人:费克特塔姆公司)(R v Transport Secretary, ex p Factortame Ltd)案(第5号),《上诉案例汇编》,2000年,第1卷,第524页。

⑥ 参阅,例如在三河区议会诉英格兰银行(Three Rivers DC v Bank of England)案(No.3),《上议院案例汇编》,2001年,第16页,《上诉案例汇编》,2003年,第2卷,第1页,在本案中,根据共同体法律提出的请求被拒绝。

⑦ 参阅《案例集》C-224/01,科布勒诉奥地利共和国(Kobler v Austrian Republic)案,《女王法院案例汇编》,2004年,第848页。

这是一个非常复杂且仍在演进的法律领域。没有哪个判决能够为其提供全面的分析。在这个领域内,根据我们的社会福利国家框架,必须把注意力集中于特定的事实和特定的制定法背景。一方面,法院不应参与创造对于诉讼的社会偏好,使得人们有一个错觉,认为只要遭受不幸就可以取得救济。另一方面,在某些情形中,法院必须根据原则提供矫正性正义……⑧

这方面法律的演讲特征从上议院的近期判决中可以略见一斑,其中有四个判决被斯泰恩法官称为"里程碑"性判决。⑨ 在这里,我们只能对这个法律领域的主要方面做一个勾勒。

在各部分中,苏格兰法的相关部分将会简要述及。尽管依普通法,政府在苏格兰的地位与在英格兰法中不同,但总的来说,在两种司法制度中有关公共机关责任的主要法律是相同的,特别是在1947年《政府诉讼程序法》颁布后。

---

⑧ 科林格诉卡尔德达尔议会(Gorringe v Calderdale Council)案,《上议院案例汇编》,2004年,第15页;《全英格兰案例汇编》,2004年,第2卷,第326页,第[2]段。

⑨ X诉贝德福德郡议会(X v Bedfordshire)案,《上诉案例汇编》,1995年,第2卷,第633页;斯托温诉威兹(Stovin v Wise)案,《上诉案例汇编》,1996年,第923页;巴尼特诉埃菲尔德议会(Barrett v Endield Council)案,《上诉案例汇编》,2001年,第2卷,第550页;以及,菲利普斯诉希灵顿议会(Phelps v Hillingdon Council)案,《上诉案例汇编》,2001年,第2卷,第619页。

A. 公共机关和政府的侵权法责任

个人责任

如无法定豁免权,每个人都应为他或她的非法行为、在普通法中可能引起侵权诉讼的疏忽行为,以及违反法定义务的行为负责。当一名代表政府的官员越权行政时也要负责。

在恩蒂克诉卡林顿(Entick v Carrington)[⑩]案中,即使国王的信使按国务大臣的命令行事,也应为自己侵入原告的房屋、拿走其材料的行为负责,因为依照法律,内政大臣无权签署此命令。

不管是中央政府、地方政府[⑪]、公司还是个人雇主的命令,对该命令的遵守通常并不能构成抗辩理由。[⑫] 高级长官的命令不能作为侵权诉讼的抗辩的原则如果是绝对的,将给许多下级官员造成太重的负担。在普通法上,一名法院的官员,如治安法官,在执行法院的命令时可免除个人责任,除非该命令表面上看来就超出

[⑩] (St Tr),1765年,第19卷,第1030页;第6章 A。
[⑪] 密尔诉豪德(Mill v Hawder)案(LR Ex),1875年,第10卷,第92页。
[⑫] 关于军队的地位,参阅第16章。

了法院的管辖范围。⑬ 而且，人们已发现，对特定级别的官员进行保护是必需的。因此，一些制定法规定，只要官员以诚信行事就可被免予起诉。⑭ 1750年《警官保护法》保护警官只要按地方法官的命令行事就可免责，即使该法官无权签署这个命令。1983年《精神健康法》第139条给予警察和医院工作人员一些在刑事和民事上的免责，除非恶意或未尽合理注意，则可对精神病人进行强制扣留。⑮ 官员个人的责任与他们行使的权力及享有的特权和豁免权相关，但官员或公务员并不享有一般豁免权。⑯

公共机关的代理（vicarious）责任

虽然从历史上讲，公共官员的个人责任对证明公共机关也应承担法律责任很重要，但在今天，个人责任已不是证明大型组织应该担责的充分基础。只要个人的雇佣机关更具有防御实力，能对它起诉就是很必要的：一个胜诉的原告希望确切地获知，所有损失和成本都能确实得到赔偿。

---

⑬ 马沙西（Marshalsea）案（Co Rep），1613年，第10卷，第76a页。
⑭ 如1997年《国家卫生服务法》，第125条；1986年《金融服务法》，第187条。
⑮ 关于早期的法律，参阅英王诉布拉克内尔高等法院法官（申请人：格里菲斯）（R v Bracknell Justices, ex p Griffiths）案，《上诉案例汇编》，1976年，第314页；以及阿欣格戴恩诉联合王国（Ashingdane v UK）案，《欧洲人权法院报告》，1985年，第7卷，第528页。
⑯ 相反的建议见英王诉运输大臣（申请人：法克塔姆公司）（R v Transport Secretary, ex p factortame Ltd）案，《上诉案例汇编》，1990年，第2卷，第85、145页，该案中表述的观点在M诉内政部（M v Home Office）案中遭到强烈反对，《上诉案例汇编》，1994年，第1卷，第377页。在这个案件中，145人被指责。

在与政府无关的案件中,长久确立的做法是,公共机关像其他雇主一样,对雇员或代理人受雇期间的非法行为负责。1886年就规定,公共机关在雇员过失履行职责上的责任,与一个私人贸易公司相同。

在墨西码头信托公司诉吉布斯(Mersey Docks and Harbour Board Trustees v Gibbs)⑰案中,一艘船及其货物在进入码头时被遗弃在入口处的土堤损坏。信托公司被认定有责任,他们向上议院上诉,认为自己不是从运输中获利的公司,而是为了维护码头由议会设立的一个公共信托机关。其职能包括收费维护码头,支付人工费以及为公众利益而最终减少收费。法院认为这些公共职能并不能使该信托人免责,其有义务使码头保持在船只无危险地使用的状态。

尽管有人认为,公司的违法行为超出了法定权力,因此不应负责,但是,公司也像其他雇主一样,需对雇员在雇佣期间的侵权行为承担责任。由此,医院对其雇佣的医生在履行职业义务时的过失行为承担责任。⑱根据代理责任的一般原则,公共机关对雇员

---

⑰ 《法律报告》,《上院文件》,1866年,第1卷,第93页[在尼布恩案中进行了充分的讨论(本章注解1),以及第2章]。

⑱ 卡西诉卫生大臣(Cassidy v Minister of Health)案,《王座法院案例汇编》,1951年,第2卷,第343页。关于教育和社会服务机构的代理责任,参阅巴尼特诉埃菲尔德议会(Barrett v Endield Council)案,《上诉案例汇编》,2001年,第2卷,第550页;以及,菲利普斯诉希灵顿议会(Phelps v Hillingdon Council)案,《上诉案例汇编》,2001年,第2卷,第619页。

为"自己玩乐"而在雇佣期间之外作出的行为不负责任。但当犯人受到监狱官员的不法对待时,即使这些行为在公共职务上是违法的,内政部也要承担代理责任,比如这种不法对待行为是以一种误导或未经授权的方式执行他们的职责;[19] 学校的所有者对其学监纵容男生之间的性放纵行为承担责任,该放纵与其职责密切相关。[20] 代理责任的一个例外是,当一名官员,尽管由地方当局任命且雇佣,却执行中央机关主管的职责,或者履行法定施加的一种特别的公共义务。[21] 以前,警方不存在代理责任,但是,现在警察局长对警察职务行为承担代理责任,[22] 而且这种代理责任拓及到种族歧视行为上。[23]

政府的侵权责任

1948年以前,有两条主要原则调整政府的责任:(a)实体法原则,即国王不能为非;(b)程序法原则,源出封建法,即国王不能在

---

[19] 拉奇诉内政部(*Racz v Home Office*)案,《上诉案例汇编》,1994年,第2卷,第45页;以及本书边码第797页。

[20] 里斯特诉赫斯利－赫尔有限公司(*Lister v Hesley Hull Ltd*)案,《上议院案例汇编》,2001年,第22页,《上诉案例汇编》,2002年,第1卷,第215页。

[21] 斯坦伯里诉埃克塞特公司(*Stanbury v Exeter Corpn*)案,《王座法院案例汇编》,1905年,第2卷,第838页。

[22] 1996年《警察法》,第88条;也可参阅2002年《警察改革法》,第47条(民事人员);第21章E。

[23] 2000年《种族关系(修正)法》,第4条,扭转了法拉诉伦敦警察局长(*Farah v Metropolitan police Commissioner*)案的判决,《全英格兰案例汇编》,1997年,第1卷,第289页。

自己的法院中被起诉。这些原则幸存至 20 世纪,这意味着,在 1948 年以前,国王既不能由于明显确证的错误而被起诉,也不能因国王仆从在被雇佣期间的过失而被起诉。㉔ 因为在法律上大臣和公务员同样是国王的仆从,他们也不能为其部门内职员的侵权行为承担代理责任。㉕ 政府的这种豁免权很少适用于中央政府。在 1948 年以前,通过放弃,可以减弱豁免权的效力。通过一名财政律师,各部经常要替下属官员的官司辩护,而且,如果该官员被认定要为违法行为承担个人责任,该部门还要支付赔偿。从这里产生了一种方法,即政府可以指定一名被告,他可以接受令状。然而,在 1946 年,上院在一个案件中否决了这种做法。㉖ 法律迫切需要变革,以便可起诉政府侵权。早在 1927 年,一个政府委员会就起草了一个草案,但政府内部的反对力量阻碍了法律改革。㉗ 最后,该法通过 1947 年《政府诉讼程序法》获得了新的根基。

除了重要的例外,该法(仅适用于联合王国陛下政府提起的诉讼以及针对它提起的诉讼)㉘确立了下述原则,政府在侵权法上像

㉔ 怀康特·坎特伯雷诉总检察长(*Viscount Canterbury v A-G*)案(Ph),1842 年,第 1 卷,第 306 页(公务员的疏忽导致议会大楼的倒塌)。

㉕ 罗利诉戈申(*Raleigh v Goschen*)案,《大法官法院案例汇编》,1898 年,第 1 卷,第 73 页;班布里奇诉邮政总局局长(*Bainbridge v Postmaster-General*)案,《王座法院案例汇编》,1906 年,第 1 卷,第 178 页。以及参阅 M.诉内政部(*M v Home Office*)案,《上诉案例汇编》,1994 年,第 1 卷,第 377、408 - 409 页。

㉖ 亚当斯诉内勒(*Adams v Naylor*)案,《上诉案例汇编》,1946 年,第 543 页。

㉗ 《敕令书》,2842 页,1927 年。还可参阅 J.雅格布(Jacob):《公法》,1992 年,第 452 页,以及:《共和国王室》(*The Republican Crown*),第 2 章。也可参阅,马修斯诉国防部(*Matthews v Ministry of Defence*)案,《上议院案例汇编》,2003 年,第 4 卷,《上诉案例汇编》,2003 年,第 1163 页(宾汉姆法官)。

㉘ 第 40 条第(2)款第(b)、(c)项。还可参阅,蒂多诉瓦德尔[*Tito v Waddell*(*No.*

一个有足够年龄和能力的个人那样要承担责任:(a)由其仆从或代理人实施的侵权;(b)一个雇主在普通法上对其仆从或代理人需承担的义务;(c)违反普通法上的财产所有者或占有者的义务[第2条第(1)项]。因此,政府对仆从或代理人的侵权行为,比如公务员在履行职务时交通肇事,承担代理责任。

政府对违反制定法义务的行为也要承担责任,条件是,该制定法对政府和私人作出同样的约束[第2条第(2)项],例如1957年《占有者责任法》。在制定法义务只约束政府及其官员时,1947年法没有规定可以通过诉讼强制实施的责任。

尽管政府承担责任的原则已经确立,但1947年法还是详细地阐述了这点。因此,政府的代理责任限于其官员在该法第2条第(6)项中定义的侵权行为。该定义要求该官员(a)直接或间接由英王任命;(b)作为政府官员,根据其职责,从统一基金中支付薪金,㉙即由议会提供的金钱或财政部批准的资金支付。这排除了警察。下述情形中不存在代理责任:官员在行使司法权或参与司法过程时作出的行为[第2条第(5)项],㉚或者公务员作出的行为

---

2)]案,《大法官法院案例汇编》,1977年,第106页;穆塔莎诉总检察长(*Mutasa v A-G*)案,《女王法院案例汇编》,1980年,第114页;英王诉外交大臣(申请人:印度埃伯塔协会)(*R v Foreign Secretary, ex p Indian Assn of Alberta*)案,《女王法院案例汇编》,1982年,第892页;以及,英王诉外交大臣(申请人:夸克渔业有限公司)(*R (Quark Fishing Ltd) v Foreign Secretary*)案,《上议院案例汇编》,2005年,第57页,《威尔士法律汇编》,2005年,第3卷,第837页。

㉙ 第17章。

㉚ 关于第2(5)项的探讨,参阅琼斯诉就业部(*Jones v Department of Employment*)案,《女王法院案例汇编》,1989年,第1页,以及威尔士诉默西塞德警察局长(*Welsh v Chief Constable of Merseyside Police*)案,《全英格兰案例汇编》,1993年,第1卷,第692页。关于

或不作为,除非在该法之外,该仆从可以承担侵权法上的个人责任[第2条第(1)项]。一般的损害赔偿法像适用于个人一样适用于政府(第4条)。该法并不允许对作为个人而非机关意义上的主权者提起诉讼[第40条第(1)项],也未取消政府的任何特权和法定权力,特别是与王国防御和军队有关的权力[第11条第(1)项]。

根据1947年法,有两种以前就存在的侵权责任的主要例外。第一项是与军队有关。依第10条,政府与军队成员对军队执行任务时造成的死亡与伤害都不负侵权责任,只要(a)受害人是一名当时正在执勤的军人,或如果未执勤,但处在为军事目的而使用的土地、建筑、船只、飞机或车辆上;(b)该伤害得到内政大臣的证明,被认为可得到抚恤金。除非得到抚恤金的条件满足,否则,该证明本身不能保护得到抚恤金。[31]当然应有一个抚恤在服役中伤亡的军人的公共计划。但这是否就不能再要求普通法上的赔偿? 在1987年,议会立法搁置了1947年法第10条。[32]国务大臣如认为必

他们在《1998年人权法案》第9条下的地位,参阅边码第798页。还可参阅 I. 奥洛弗库(Olowofoyeku):《公法》,1998年,第444页。比较共同体法规定的不同情形:科布勒诉奥地利共和国(*Kobler v Austrian Republic*)案,《女王法院案例汇编》,2004年,第848页。

[31] 亚当斯诉陆军部(*Adams v War Office*)案,《全英格兰案例汇编》,1955年,第3卷,第245页。关于第10条,也可参阅皮尔斯诉国防大臣(*Pearce v Defence Secretary*)案,《上诉案例汇编》,1988年,第755页。

[32] 1987年《政府诉讼程序(军队)法》;还可参阅 F. C. 博伊德(Boyd):《公法》,1989年,第237页。1987年法并没涉及既往的效力。还可参阅马修斯诉国防部(*Matthews v Ministry of Defence*)案,《上议院案例汇编》,2003年,第4页,《上诉案例汇编》,2003年,第1卷,第1163页[政府以前的豁免权被认为和《欧洲人权公约》第6条第(1)项并不冲突]。也可参阅国家审计办公室,《国防部的赔偿请求》(《下院文件》,957号,2002-2003)。

要或便捷,可重新实施第 10 条,比如当发生迫在眉睫的国家危险,或联合王国之外发生类似战争的状态。如不重新适用,军人(在死亡时可由继承人)方可起诉同事(以及承担代理责任的政府),对他们的职务行为造成的伤害或死亡要求赔偿。而当一名士兵因 1991 年海湾战争遭受人身伤害而(当时第 10 条未实施)起诉时,上诉法院认为,在战争状态下,他的战友对他没有注意义务。[33]

以前存在的侵权责任的第二个例外适用于邮政局,当时的一个政府部门,有关邮包和电讯的作为与不作为都可适用(第 9 条)。在此也无任何合同责任。[34] 当邮局变成一个公务法人以后,现存对邮政和电讯业务的责任限制依然存在。[35]

除了这两个例外,1947 年《政府诉讼程序法》原则上把政府的侵权责任视同于个人的侵权责任。然而,在很多涉及追究政府潜在责任的情况下,与私人责任的类比并无直接的帮助。一些针对政府的请求被认为是非司法性的[36],但一般来说,法院可用从普通的过失法律中导生出的原则来衡量政府的行为。[37]

在苏格兰,君主在政府诉讼中的地位与英格兰国王的地位不同,最高民事法院不太愿意承认国王的免责权,不愿使其免受起

---

[33] 马尔卡西诉国防部(*Mulcahy v ministry of Defence*)案,《女王法院案例汇编》,1996 年,第 732 页;以及第 16 章。

[34] 特里福斯有限公司诉邮政局(*Triefus & Co Ltd v Post Office*)案,《女王法院案例汇编》,1957 年,第 2 卷,第 352 页。

[35] 1969 年《邮局法》,第 6 条第(5)项、第 29、30 条;1981 年《不列颠电讯法》第 70 条。同时参阅 2000 年《邮政服务法》,第 90 条。

[36] 例如,蒂多诉瓦德尔(第 2 号),和穆塔莎诉总检察长案(本章注释㉘)。

[37] 参阅边码第 793 – 796 页。

诉。㊳然而，在1921年，判例认为，英王对仆从的违法行为不承担代理责任。㊴1947年法第2条在苏格兰确定了侵权责任，尽管在用语上作了修改。因此，该法中"侵权"一词适用到苏格兰意味着"应负赔偿责任的任何违法或过失行为或不作为"。㊵

由此，1947年法可使英王在英格兰根据侵权法而被起诉，在苏格兰，可因违警（delict）法或赔偿法而被起诉。下面我们概览一下关于公共机关侵权责任的实体法。

作为抗辩理由的法定授权

如果公共机关的行为干涉了个人权利（不管是财产、合同还是自由），除非有法定授权，否则这些行为都是非法的。这种授权可来自立法或普通法。当议会明确授权做某事时，依这些授权作出的行为就不会是非法的。应根据立法来决定，由议会授权剥夺的权利是否应给予补偿。许多影响到个人财产权的公共工程（如核设施和公路建设）的施工要根据相关立法中详尽的赔偿规则来决定。㊶但经常缺乏这种明确的赔偿条款。就需要由解释立法的法院来判定，什么权力得到批准，哪些赔偿可以支付。在解释的过程中，有一个假定，即当授予公共机关自由裁量权时，并无意干涉个

㊳ 参阅J.D.B.米切尔：《公法》，1957年，第304页。
㊴ 麦格雷戈诉苏格兰检察长（*MacGregor v Lord Advocate*）案，《苏格兰法院案例汇编》，1921年，第847页。
㊵ 1947年《政府诉讼程序法》，第43条(b)项。
㊶ 参阅例如，1965和1969年《核设施法》（被1983年《核设施法》第2部分修正）；1973年《土地补偿法》。

人的权利,除非所授予权力的表述方式不可避免地将干涉个人权利。

在城市收容所诉希尔案(Metropolitan Asylum District v Hill)案中,法律授权医院信托人在伦敦建医院。在海姆斯特德建的一所天花医院的建设方式构成了普通法上的滋扰。由于在制定法中没有明确的用语或必然的暗示,来授权这种滋扰,因而,该医院的建设是非法的。"当制定法的用语并非强制性,而是许可性的,当有自由裁量权的人来决定是否实施法律授予的权力时……正确的推论是,法律希望自由裁量权的行使严格地符合个人权利的要求,并不打算在所选的地方造成滋扰"。㊷

但是,如果行使法定权力或职责必然损害个人权利,那么,除非制定法规定了赔偿,否则没有救济。㊸

在艾伦诉海湾石油精炼有限公司(Allen v Gulf Oil Refining Ltd)案中,上院认为,授权在"米尔福德天堂"建造炼油厂的地方法律,虽然没有授予该公司建造并选址的明确权力,但确实批准了建筑并使用炼油厂。即使法规没有给予邻近的业

㊷ 《上诉案例汇编》,1881年,第6卷,第193、212-213页(沃特森勋爵)。
㊸ 哈默史密斯铁路告公司诉布兰德(Hammersmith Rly Co v Brand)案,《上院文件》,1869年,第4卷,第171页。

主以相应的补偿,该授权还是使炼油厂免负侵扰责任。⑭

有时,法院给被告规定沉重的举证责任,让他们证明已经发生的侵扰是否是制定法不可避免的后果。但是,在马西克诉泰晤士水利有限公司(Marcic v Thames Water Utilities Ltd)案中,⑮ 伦敦的一座房子多次受到洪水的侵害,法院却判定,负责洪水疏导的法定机关对于所有权人遭受的这种严重的侵扰没有责任。只有《1991年水工业法》中的管理者才有权要求被告履行义务:可见,尽管本案中的法定机关存在严重失职,但是,1991年法去剥夺了对他们提起侵扰诉讼的权利。

尽管法院在艾伦和马西克案中剥夺了对侵扰的诉权,但是,法院还是很少认为行使法定权力的主体可以如此不尽心地行为。就像布莱克本勋爵在一个有名的法庭意见中所说的,

……如果某行为无过失,即使会对他人偶尔造成损害,也不能对法律授权的这种行为提起诉讼;但如果存在过失,即使对法律授权的这种行为,也可提起诉讼。⑯

这段话必须联系上下文来理解:只有当法定权力的行使必然

---

⑭ 《上诉案例汇编》,1981年,第1001页。
⑮ 《上议院案例汇编》,2003年,第66页,《上诉案例汇编》,2004年,第2卷,第42页。该案中的法定行为被判定符合《欧洲人权公约》。
⑯ 格迪斯诉班恩水库经营者(Geddis v Proprietors of Bann Reservoir)案,《上诉案例汇编》,1878年,第3卷,第430、455–456页。

损害个人权利,以及行为的作出造成不必要的损害时才适用。[47]这些额外的损害在制定法保护之外。然而,如果一个公共机关仅有作出行为的权力,而不存在作该行为的义务,它决定采取行动,但却不尽力而为,此时,只有该不尽责的行为对个人造成巨大损害时,才承担责任:在棘手的东部萨福克集水委员会诉肯特(*East Suffolk Catchment Board v Kent*)案中,就是这样判决的,当时,该河流管理局从一名农场主土地上排水的不当方法造成的不良后果,法庭认为他不向该农场主负责。[48]

法定义务[49]

过去有一种观点认为,如果某人因怠于履行法定义务的行为而受到伤害,则他可以提起诉讼,要求有责任履行该义务的人赔偿损失。[50]今天的法律早已不是这个样子了,因为制定法规定的各种各样的义务意味着,不可能存在一种单一的诉讼形式来实施这些义务。有些义务,比如教育国务大臣对提高英格兰与苏格兰人

---

[47] X 诉贝德福德郡议会(*X v Bedfordshire CC*)案,《上诉案例汇编》,1995 年,第 2 卷,第 633、733 页。

[48] 《上诉案例汇编》,1941 年,第 74 页。以及参阅 M.J.鲍曼(Bowman)和 S.H.柏利(Bailey):《公法》,1984 年,第 277 页。比较费洛斯诉罗瑟区议会(*Fellowes v Rother DC*)案,《全英格兰案例汇编》,1983 年,第 1 卷,第 513、522 页,以及斯托温诉威兹(*Stovin v Wise*)案(注解 64)。

[49] R.A.巴克利(Buckley):《法律季评》,1984 年,第 100 卷,第 204 页;哈丁(Harding):《公共义务与公法》(*Public Duties and Public Law*),第 7 章。

[50] 参阅,阿特金森诉纽卡斯尔供水系统公司(*Atkinson v Newcastle Waterworks Co*)案(Ex D),1877 年,第 2 卷,第 441 页。

民教育水平的义务,[51] 实际上是无法通过任何诉讼来有效地执行的。[52] 有些公共义务只能靠诉诸法定赔偿的方式来实施。[53] 正如我们已知的那样,许多公共义务可通过司法审查获得的履行令来强制实施。[54] 一些成文法规定了对违反义务的刑事制裁。如果法律明文规定了对违反义务行为的制裁及受害人的补救(如对责任人提起申诉),法庭将认为,不存在其他方式来实施该义务。[55]

在有些情况下,特别是制定法义务与普通法义务极其类似时(如小心使用,避免人员伤亡),对该法定义务的违反会产生一个损害赔偿诉讼的私人权利;这种诉讼类似于过失诉讼,区别是,这种责任取决于对义务的违反本身,而不是缺乏注意。[56] 如果能通过对制定法的解释表明,一定的群体受该义务的保护,且立法机关试图给予该群体提起诉讼的权利,则这种诉讼就是存在的。[57] 当法律没有明文规定时,法庭考虑各种相关情况,以确定是否可通过损

---

[51] 1996年《教育法》,第10条。

[52] 第30章A,本书边码第738页。

[53] 本章注解41。

[54] 第31章。

[55] 参阅卡特勒诉旺滋沃思运动场有限公司(Cutler v Wandsworth Stadium Ltd)案,《上诉案例汇编》,1949年,第398页;朗洛公司诉谢尔石油有限公司(Lonhro Ltd v Shell Petroleum Co Ltd)案,《上诉案例汇编》,1982年,第173、185页;斯卡利诉南部健康委员会(Scally v Southern Health Board)案,《上诉案例汇编》,1992年,第1卷,第294页;比较马西克诉泰晤士水利有限公司(Marcic v Thames Water Utilities Ltd)案(本章注解45)(由管理者强制实施义务)。

[56] 例如,雷费尔诉萨里郡议会(Reffell v Surrey CC)案,《全英格兰案例汇编》,1964年,第1卷,第743页。

[57] 参阅X诉贝德福德郡议会(X v Bedfordshire CC)案,《上诉案例汇编》,1995年,第2卷,第633、731页。

害赔偿诉讼来实施该制定法义务,就是很困难的。⑱如果公共机关未能适当履行施加给他的一项制定法义务,那么,因此受到不利影响的人原则上就可以提起司法审查。最近的判决强调要扩大司法审查的范围,从而大大缩小了损害赔偿作为违反公共义务救济的适用范围。

在 X(未成年人)诉贝德福德郡议会 [*X（Minors）v Bedfordshire CC*] 案中,⑲上院考察了关于地方议会未合理履行对儿童福利和教育的义务而提起的一系列损害赔偿请求。被控的违反义务行为包括:社会服务机关没有照顾好需要保护的儿童,使他们免受虐待;社会工作者应照顾儿童免受性虐待,而实际上虐待人被搞错了;教育机关没能认清儿童的特殊要求以提供合适的学校教育。区议会申请驳回所有这些请求。法庭认为,就它们取决于违反法定义务这一点来说,该诉讼就是不被允许的。但被诉的义务引发个人的起诉权利;区议会在履行制定法义务时无须尽到注意义务。只要存在区议会对教师和教育心理工作者的职业上过失的代理责任,区议会就可被起诉;法庭认为,并没有这种有关虐待儿童的教师与心理工作者的行为,由区议会负担的代理责任存在。

---

⑱ 参阅贝宁（Bennion）:《制定法解释》（*Statutory Interpretation*）,法典第 14 条（第 51－67 页）。如果具体规定了实施方式,就不会有此困难;参阅,例如 1988 年《地方政府法》,第 19 条第(7)项(排除了刑事惩罚,但可运用司法审查或损害赔偿请求)。

⑲《上诉案例汇编》,1995 年,第 2 卷,第 633 页;参阅 P. 卡恩:《法律季评》,1996 年,第 112 卷,第 13 页,L. 爱德华兹:《爱丁堡法律评论》,1996 年,第 1 卷,第 115 页;S. H. 柏利和 M. J. 鲍曼:《剑桥法律杂志》,2000 年,第 85 页。

后来,上议院认定,当教育机关未能诊断和确定儿童的特殊需要时,并不能声称他们违反了制定法义务,但是,这个机关对于其雇员(教育心理专家)未能具备应有的专业技能的问题,则要负代理责任。[60] 在类似的社会福利背景下,一名无家可归者起诉地方当局违反制定法义务,没能给他提供临时住所,上院认为,这一义务可通过司法审查来实施,但不会引发损害赔偿诉讼。[61] 在一个完全不同的情形中,上议院判决认为,一名因违反监管规则而受到不利影响的犯人被认为无权提起损害赔偿之诉。乔西勋爵认为:

> 特定法条试图保护特定人的事实本身并没有充分地赋予他们私权利,需要有其他更多的东西,来证明立法机关试图授予这些权利。[62]

在《人权法案》实施以后,上议院把同样的处理方式适用到可能会导致不同结果的事实上。

---

[60] 参阅菲利普斯诉希灵顿区议会(Phelps v Hillingdon Council)案,《上诉案例汇编》,2001年,第2卷,第619页。

[61] 奥卢克诉卡姆登区议会(O'Rourke v Camden Council)案,《上诉案例汇编》,1998年,第188页。参阅R.卡恩沃什(Carnwath):《公法》,1998年,第407页。

[62] 英王诉拉德赫斯特监狱副监狱长(申请人:黑奇)(R v Deputy Governor of Rardhurst Prison, ex p Hague)案,《上诉案例汇编》,1992年,第1卷,第58、171页(乔西勋爵);也可参阅卡尔威利诉默西塞德警察局长(Calveley v Chief Constable of the Merseyside police)案,《上诉案例汇编》,1989年,第1228页。

在库伦诉北爱尔兰皇家骑警队长（Cullen v Chief Constable of the RUC）案中，主要的争议点是，授予被拘捕人咨询律师的权利的反恐立法是否在警察错误地阻止他会见律师时，也授予了他提起损害赔偿诉讼的权利。上议院在3-2的判决中认定，立法的目的是为普遍大众的利益创设一种"准宪法"性权利，而不是为了保护特定群体；恰当的救济形式是司法审查。在这个存在强烈反对意见的判决中，宾汉姆和斯泰恩法官认为，议会并没有打算"制定新的救济性规定，以授予被拘捕人会见律师的法定权利"；制定法的用语"完全是在创设私法上的权利"。[63]

从这个和其他判决中[64]可以明显看到，在(a)通过司法审查获得的公法救济，和(b)司法上的损害赔偿救济方面，法院要做不同的政策考量。在公共机关的过失责任问题上，公法概念和普通法的侵扰之间的相互作用一直引起许多难题，在下文的论述中，我们还要涉及其中的一些。

---

[63] 《上议院案例汇编》，2003年，第39页，《全英格兰案例汇编》，2004年，第2卷，第237页。

[64] 参阅希尔诉西约克郡警察局长（Hill v Chief Constable of West Yorkshire），《上诉案例汇编》，1989年，第53页；爱格利-达夫诉市警察专员（Elguzouli-Daf v Commissioner of Metropolitan Police）案，《女王法院案例汇编》，1995年，第335页；斯托温诉威兹（Stovin v Wise）案，《上诉案例汇编》，1996年，第923页。

公共机关与过失责任

虽然1947年《政府诉讼程序法》把政府在侵权法上的责任视同了一个私人主体,但政府的义务还是引发了一些很难根据主要处理个人行为的法律原则来解决的责任问题。公共机关的大多数行为都导源于立法。而且许多关于责任的争议都直接取决于下述几点之间的争议:(a)关于注意义务的普通法规则;(b)从广义上讲,施加作出某种行为的义务或权力的立法;以及(c)当申请司法审查时,所适用的行政法规则。

在多西特游艇有限公司诉内政部(*Dorset Yacht Co v Home Office*)[65]案中,内政部被诉对一艘快艇的损失赔偿,损害是7个青少年教养院的男孩们造成的。原告宣称,由于管教官员的过失,他们才得以逃脱。内政部辩称,如果政府要为那些潜逃的人的不法行为负责,开放的青少年教养监管体系就会受到威胁。上议院认为(迪尔本爵士反对),内政部要为官员的过失负责;在那时的情形下,官员对快艇应有注意义务,对快艇的损害可以合理预见到,损害是未能履行合理注意义务的直接后果。

---

[65] 《上诉案例汇编》,1970年,第1004页;以及参阅 C. J. 汉姆森(Hamson):《剑桥法律杂志》,1969年,第273页,G. 塞默(Semar):《公法》,1969年,第269页,以及 M. A. 米尔纳(Millner):《当代法律问题》,1973年,第260页。

这个判决对正在发展的过失法产生了广泛的影响,但是,它并不认为,在不考虑过失的情况下,内政部都要承担责任,也无意调整下述情形,在其中,据称,一种行政自由裁量权(如把人送到开放的监狱)被不合理地行使。狄普洛克爵士在多西特游艇有限公司中案建议:自由裁量权行使的责任问题,应适用公法的越权概念而非民法的过失概念。⑯ 这个有影响的建议引发了大量诉讼,特别是涉及公共机关在决定是否运用管制权力时所行使的自由裁量的诉讼:在处理责任问题时,法院所用的一种方式是区分(a)涉及政策问题(例如,如何利用公共机关所占有的资源)而且可能不适合由司法来裁决的那些决定,(b)在公共机关决定行使管制权力以后,对他们执行任务行为的评估,这个问题更适于由司法机关来解决。⑰ 在实践中,这种关于是否适合由司法机关来裁决而在政策问题和执行任务之间所作的区分被证明为是一种难以理解的方式,人们无法凭这种区分来判定公共机关对特定灾祸是否应该承担责任。在许多过失案件中,公共机关和私人主体都受到影响的一个问题是,法院在面对以前未曾遇到的情境时,该如何判定是否存在普通法上的注意义务。⑱ 在 1990 年,在卡帕罗公司诉迪克曼(*Caparo Industries plc v Dickman*)案⑲ 中,该案涉及公司审计人员对

---

⑯ 《上诉案例汇编》,1970 年,第 1004 页起,第 1067 页。

⑰ 特别参阅,安斯诉默顿参议会(*Anns v Merton Council*)案,《上诉案例汇编》,1978 年,第 728 页,这个判决被墨菲诉布伦特伍德区议会(*Murphy v Brentwood DC*)案推翻,《上诉案例汇编》,1991 年,第 1 卷,第 398 页。

⑱ 参阅韦伯福斯(Wilberforce)在安斯诉默顿参议会(*Anns v Merton Council*)案中的论述。

⑲ 《上诉案例汇编》,1990 年,第 2 卷,第 605 页。

第32章 公共机关和政府的责任

投资者的注意义务,为了确定新情况下的过失责任,上院采用了一个三要素标准:(1)给申请人造成的损失是否是可预见的;(2)当事人之间是否有亲密关系;以及(3)被告向原告承担注意义务是否是"公平、正当且合理的"。这个判决认定,[70]"主要的过失种类"应该通过"逐渐地增加以及和既定种类的类比"得以发展,而不是通过看似合理的注意义务的大肆扩张,唯一的限制是为了缩小注意义务范围的不可捉摸的政策考虑。当把第(3)项标准适用到对公共机关提出的新请求时,法官可以行使自由裁量权,来估测判定公共机关承担责任的公共政策将会引发的后果。

法院的确在许多情形中试图限制公共机关的责任,特别是由管制职能引发的经济赔偿请求,[71] 以及要求对警察的公共职能规定私法上注意义务的请求[72]。不可避免的是,司法性政策制定的结果将会是不确定的。

---

  [70] 引自萨瑟兰郡议会诉海曼(*Sutherland Shire Council v Hayman*)案(ALR),1985年,第60卷,第1、43－44页(布仁南法官)。

  [71] 尤延昆诉香港总检察长(*Yuen-Kun Yeu v A-G of Hong Kong*)案,《上诉案例汇编》,1988年,第175页;戴维斯诉拉德克利夫(*Davis v Radcliffe*)案,《全英格兰案例汇编》,1990年,第2卷,第536页。以及参阅 H.麦克莱恩(McLean):《牛津法律研究杂志》,1988年,第8卷,第442页。

  [72] 希尔诉西约克郡警察局长(*Hill v Chief Constable of West Yorkshire*)案,《上诉案例汇编》,1989年,第53页;卡尔威利诉默西塞德警察局局长(*Calveley v Chief Constable of the Merseyside police*)案,《上诉案例汇编》,1989年,第1228页。但是,比较西维尼诉诺森伯兰郡警察局长(*Chief Constable of Northumbria*)案,《女王法院案例汇编》,1997年,第464页,以及沃特斯诉首都警察专员(*Waters v Commissioner of Metropolitan Police*)案,《全英格兰案例汇编》,2000年,第4卷,第934页。以及参阅(本书边码第795页)对奥斯曼案的讨论。

在斯托温诉威兹(Stovin v Wise)案中,作为高速公路管理当局的一个郡议会享有法定权力来移走一个土制堤坝,它知道该堤坝在一个危险的公路交叉处遮挡了视线,但它并没有移开。如果在该交叉处发生了事故,郡议会应该为它未行使权力的行为负责吗?上院(3比2的多数)认为,向高速公路的使用者承担的移走堤坝的注意义务只有在下述情况下才存在:(a)该权力如不使用,将是不合理的(在公法的意义上说);(b)存在着特别的因素表明,立法意图就是,在该权力未被行使时,赋予受到伤害的人以起诉权利。多数意见认为,两个条件都不满足,而且,在对公共机关的注意义务进行扩张以前,有必要考虑,这些可被用来避免责任的防御措施会给共同体带来多大成本。[73] 持反对意见的法官认为,由于存在危险,区议会对公路的使用者负有普通法上的注意义务,即运用自身的权力,消除危险的根源。

从法官在斯托温诉威兹(Stovin v Wise)案的推理中我们可以看到,应用卡帕罗案的三要素标准时面临的一个难题是,如何把这个标准和越权规则协调起来。当法院裁决不加注意地履行法定职责的问题时,有必要首先判定该行为是否构成韦德尼斯伯里案的不合理标准意义上的越权吗?[74] 在X诉贝德福德郡议会(X v Bed-

---

[73] 《上诉案例汇编》,1996年,第926、958页(霍夫曼勋爵)。还可参阅S. H. 柏利和M. J. 鲍曼:《剑桥法律杂志》,2000年,第85、101-119页。
[74] 参阅第30章A。

fordshire Council)案中,[75] 法院的判定是,如果有人主张公共机关行使法定裁量权时存在过失,那么,首先要做的就是证明公共机关的决定"超出裁量的范围":如果这个决定没有超出裁量范围,公共机关就没有违反对请求人的任何注意义务。上议院在其后的判决中采用了不同的看法。巴尼特诉埃菲尔德议会(Barrett v Endield Council)案涉及这样一种诉求,这就是,在请求人作为儿童而受社会服务局照顾的时候,社会服务局违反了普通法上的注意义务;斯泰恩法官声称,根据合法的裁量权作出的行为要遵守注意义务,即使其中包括裁量因素,仍要遵守注意义务。[76] 赫顿法官认为,当案件涉及的是人身伤害而不是法院不擅长处理的政策问题时,最好让法院"直接适用普通法中的过失概念来处理,而不要把韦德尼斯伯里案的不合理标准这种公法概念作为首要考虑……"[77] 在2004年,高速公路当局的失职问题再次提交到上议院面前,斯泰恩法官评论说,霍夫曼法官在斯托温案中给出的分析一直受到上议院其后判决的限定。[78]

司法机关不愿意对公共机关克加注意义务,这导致一些申请者求助于斯特拉斯堡人权法院。在奥斯曼诉弗格森(Osman v Feruson)案中,尽管有确凿的事实,但上诉法院仍然驳回了一个针

---

[75]《上诉案例汇编》,1995年,第2卷,第633、737页;以及边码第792页。
[76]《上诉案例汇编》,2001年,第2卷,第550、571页。这个观点在菲利普斯诉希灵顿议会(Phelps v Hillingdon Council)案中得到肯定,《上诉案例汇编》,2001年,第2卷,第619、653页。
[77]《上诉案例汇编》,2001年,第2卷,第586页。
[78] 科林格诉卡尔德达尔议会(Gorringe v Calderdale Council)案,《上议院案例汇编》,2004年,第15页,《全英格兰案例汇编》,2004年,第2卷,第326页。

对警察局提出的请求,该请求声称,警察疏忽大意,未能阻止一场致命攻击,最后的判决指出,这种请求是"注定要失败的"⑦;法院适用了希尔诉西约克郡警察局长(Hill v Chief Constable of West Yorkshire)案⑧的判决原则,即,如果让警察为那些他们未能抓捕的罪犯的罪行负责,这将与公共政策背道而驰。斯特拉斯堡法院在1998年判决认为,推翻奥斯曼诉弗格森案的这个判决违反了《欧洲人权公约》第6条第(1)项,因为它的后果是赋予警察一种无条件豁免权,使他们在刑事违法行为上的作为和不作为都可免于被起诉。⑧

这个判决遭到严厉的批评,因为它把第6条第(1)项规定的公平听证权利转化成了国内法中的对实体权利的评估。⑧ 特别是,三年后,在Z诉联合王国(Z v UK)案中⑧,作为上院在X诉贝德福德郡案判决的结果,斯特拉斯堡法院改变了自身的立场,以12比5的多数判决认为,英国法院撤销诉讼的行为并没有违反第6条

---

⑦ 《全英格兰案例汇编》,1993年,第4卷,第344、354页。一个15岁的男孩和他的家人几个月以来,一直遭受这个男孩以前的老师的折磨,最后的顶点是,老师向他们开枪,严重地射伤了男孩,而射死了他的父亲。在致命的攻击发生之前,警察知道犯罪人对该家庭的折磨和威胁。

⑧ 《上诉案例汇编》,1989年,第53页(该案是由"约克郡杀人碎尸狂"的最后一名受害者的家人提起的)。

⑧ 奥斯曼诉联合王国(Osman v UK)案,《欧洲人权法院案例汇编》,1998年,第29卷,第245页。

⑧ 参阅例如C.A.吉尔蒂(Gearty):《现代法律评论》,2001年,第64卷,第159页。

⑧ 《欧洲人权法院案例汇编》,2001年,第34卷,第3页;参阅C.A.吉尔蒂:《现代法律评论》,2002年,第65卷,第87页。上诉的儿童们申诉,区议会无视严峻的情势,拖延四年之久未对他们进行照顾,且给他们造成的严重的身体和心理伤害。

(1)项,因为存在着充分且公平的听证,在其中,申请人可以在法律上对所有的事实进行陈述。而且,根据Z诉联合王国案的证据,法院认为,儿童被地方当局遗弃不顾,遭受他们残酷父母的虐待达四年之久,这侵犯了他们根据《欧洲人权公约》第3条享有的权利,据此,他们应受到保护,免受非人道和不体面的对待;而且,他们根据《欧洲人权公约》第13条享有的获得充分救济的权利,在英国法律制度中,也受到侵害。在这种严重的情况下,法院判令联合王国政府对申请人支付足额的赔偿。

尽管斯特拉斯堡法院在Z诉联合王国案中来了个大转弯,但是,欧洲人权法律的影响还是助长了法官不愿授予公共机关"宽泛的豁免权"的情绪,也就是说,法官不会绝对地宣布,如果不存在注意义务,对公共机关的诉求就必须被撤销。在D诉东贝克郡国民卫生信托组织(*D v East Berkshire NHS Trust*)案中,[34] 上议院判定,如果医生怀疑儿童受到父母的虐待,那么,给医生施加对于孩子父母的普通法注意义务将是不公平、不正当且不合理的,不过,他们对于儿童倒是有这样的义务(就好比地方当局在履行制定法上的保护义务时,要对儿童尽注意义务一样);然而,人们承认存在例外情形,并因此需要不同的结论。[35] 在布鲁克诉市警察专员(*Brooks v*

---

[34] 《上议院案例汇编》,2005年,第23页,《全英格兰案例汇编》,2005年,第2卷,第443页。也可参阅卡蒂诉克罗伊登议会(*Carty v Croydon*)案,《英格兰及威尔士上诉法院民事法庭案例汇编》,2005年,第19页,《全英格兰案例汇编》,2005年,第2卷,第517页。

[35] 同上注释(尼科拉斯法官)。宾汉姆法官的反对意见,他认为,不对事实进行充分考察,就不能撤销诉求。

796 　Metropolitan Police Commissioner)案中，公开调查已经确证，警察在调查严重种族犯罪的过程中行为糟糕，上议院全体一致判定，在履行阻止和调查犯罪的职责时，警察对犯罪的受害人和证人并没有注意义务。

与申请人试图在新情况中向公共机关施加注意义务时遇到的困难形成对照，过失责任的某些方面却非常容易适用到公共部门。由此，根据赫德利·伯恩公司诉赫勒（Hedley Byrne and Co v Heller）案，在官员履行义务的过程中，因信赖官员的错误陈述而遭受损害的人可以在过失法中寻求损失救济：当一名环境卫生官员，以建议者角色行为时，过失性地要求一个农场旅馆作出昂贵且不必要的修饰，地方当局就要承担责任。

公共职位上的不当行为（misfeasance）

一个基本的法律假定是，履行公共职能的人应该善意行为，而不能存有恶毒和刁钻的动机。当然，不能仅仅因为公共机关作出了一个司法审查予以纠正的决定，就假定他们存有恶意。但

　　《上议院案例汇编》，2005年，第24页，《全英格兰案例汇编》，2005年，第2卷，第489页（斯蒂芬·劳伦斯和麦克弗森凶杀案报告的结局）（《敕令书》，4262号，1999年）。在布鲁克案中，法官对希尔诉西约克郡警察局长（Hill v Chief Constable of West Yorkshire）案的裁决提出质疑，《上诉案例汇编》，1989年，第53页。

　　《上诉案例汇编》，1964年，第465页。

　　韦尔顿诉北康沃尔市议会（Welton v North Cornwall DC）案（WLR），1997年，第1卷，第570页。也可参阅哈里斯诉韦尔森林区议会（Harris v Wyre Forest DC）案，《上诉案例汇编》，1990年，第1卷，第831页，以及T（未成年人）诉萨里区议会［T（Minor）v Surrey CC］案，《全英格兰案例汇编》，1994年，第4卷，第577页。

是，当表明一个机关或官员没有善意行为时，就可能存在侵权法上的责任。⑧ 侵权的情形不常出现，而且，请求人要完成一个棘手的任务，这就是，证明公共机关中的相关人员恶意行事，并且没有可以接受的理由。⑨ 不同寻常的是，在特别经理人布古安诉农业部（*Bourgoin SA v Ministry of Agriculture*）案中，已查明，大臣知道自己并没有所宣称的权力，上诉法院判定，这将引发不当行为的责任。⑨ 只有在公共官员行使他或她的权力的行为中，才会出现不当行为侵权。责任取决于相关官员的心理状态，且有两种形式：

  第一，公共官员预谋恶意的情形，例如，特意伤害一个或多个人的行为。这种情形涉及为不当或隐蔽的目的而运用公共权力时产生的恶意。第二种情形是，公共官员在行为时，知道自己无权作出被申诉的行为（或不关心是否有权），且知道该行为可能伤害原告。它涉及公共官员对自己行为的合法性

---

 ⑧ 参阅龙卡雷利诉杜普莱西（*Roncarelli v Duplessis*）案（DLR），1959年，第16卷，第689页；戴维诉阿布杜尔凯德（*David v Abdul Cader*）案，《全英格兰案例汇编》，1963年，第3卷，第579页（恶意地拒绝授予许可）(A. W. 布拉德利：《剑桥法律杂志》，1964年，第4页)；特别经理人米科斯塔诉设得兰群岛参议会（*Micosta SA v Shetland Islands Council*）案，《苏格兰法律汇编》，1986年，第193页；以及 J. 麦克不莱德（McBride）：《剑桥法律杂志》，1979年，第323页。

 ⑨ 参阅维尔诉交通大臣（*Weir v Transport Secretary*）案，《下议院案例汇编》，2005年，第2192页（ch）(由于交通大臣决定对 Railtrack 公司进行破产清算，股东们因此提起诉讼)。

 ⑨ 《女王法院案例汇编》，1986年，第716页。

没有诚实信念意义上的恶意。[52]

这种侵权建立在官员不诚实行为的基础上,而与诸如过失或违反制定法义务的其他种侵权相区别;光有不作为是不充分的,除非还存在不作该行为的不诚实决定。起诉人必须能够证明她或他遭受了实在的损害,包括金钱损失、身体或精神损伤,否则,就不能对侵权行为提起诉讼,光是受挫感、受伤感或者愤怒的情绪是不足以作为起诉理由的。[53] 关于第一种侵权,官员是否超越了他或她的权限,或是否依据权力的要求而行为,这没有什么区别。[54] 看来,如果为了损害一个特定租户的利益,地方议员投票通过了一项决议,要求地方议会作为财产所有人以不利于租户的方式行使权利,此时,他们就应为不当行为承担责任。[55] 当下院的一个官员违

---

[52] 三河区议会诉英格兰银行(Three Rivers DC v Bank of England)案(No.3),《上议院案例汇编》,2001年,第16页,《上诉案例汇编》,2003年,第2卷,第1页(斯泰恩法官)。对案例法的充分审视,参阅克拉克法官在该案中的论述:《全英格兰案例汇编》,1996年,第3卷,第558页[以及 C.海德杰曼(Hadjiemmanuil):《公法》,1997年,第32页]。上议院3-2多数拒绝推翻该案:《上诉案例汇编》,2003年,第2卷,第1237页。经过冗长的审理之后,起诉失败,因为没有证明官员不诚实的证据:《下议院案例汇编》,2006年,第816页。也可参阅上院拒绝推翻该案例的论述:《全英格兰案例汇编》,2001年,第2卷,第513页。

[53] 沃特金斯诉内政大臣(Watkins v Home Secretary)案,《上议院案例汇编》,2006年,第17页,《全英格兰案例汇编》,2006年,第2卷,第353页(该案涉及狱警恶意拆看囚犯的合法的隐私信件:但是,不存在实在的损害)。

[54] 三河区议会诉英格兰银行(Three Rivers DC v Bank of England)案(No.3),《上诉案例汇编》,2003年,第2卷,第1235页[米利特勋爵,引用了琼斯诉斯旺西市议会(Jones v Swansea Council)案,《全英格兰案例汇编》,1989年,第3卷,第162页)]。

[55] 琼斯诉斯旺西市议会(Jones v Swansea Council)案,《全英格兰案例汇编》,1990年,第3卷,第737页。

反下述规则,该规则调整为下院的一座昂贵的新建楼房安装玻璃时应签订的合同,此时,就产生了公共职位上的不当行为。[96] 当以不当的手段履行官员的义务或与官员义务的履行关系密切时,就可能发生公共职位上的不当行为的代理责任。[97] 对公共职位上的不当行为还可要求支付警戒性的损害赔偿。[98]

《人权法案》规定的赔偿

根据《欧洲人权公约》第41条,当权利受到侵害的人在国内不能得到充分救济时,斯特拉斯堡法院在"必要的时候"可以提供"公正的补偿"。[99] 评估这种补偿时所依据的原则很难确定。而且,对于权利受到侵害的认定,斯特拉斯堡法院很少再另外裁定支付补偿。根据1998年《人权法案》第6条规定,所有公共机关都必须以和公约中的权利相一致的方式行事,除非基本立法使公共机关无

---

[96] 哈蒙 CFEM 菲卡德斯有限公司诉下院缔约官员 [Harmon CFEM Facades (UK) Ltd v Corporate Officer of the House of Commons] 案,《建筑法报告》,2000年,第67卷,第1页。

[97] 拉奇诉内政部 (Racz v Home Office) 案,《上诉案例汇编》,1994年,第2卷,第45页;也可参阅,里斯特诉赫斯利-赫尔有限公司(注解20)。

[98] 库德斯诉兰开斯特郡警察局长 (Kuddus v Chief Constable of Leicestershire) 案,《上议院案例汇编》,2001年,第29页,《上诉案例汇编》,2002年,第2卷,第122页;以及参阅注解106。

[99] 参阅 A.R.莫伯里 (Mowbray),《公法》,1997年,第67页;法律委员会,《1998年人权法案规定的损害赔偿》(《敕令书》,4853号);J.哈茨霍恩 (Hartshorne),《欧洲人权法律报告》,2004年,第660页;T.R.希克曼 (Hickman) 在费尔格里夫、安德纳斯 (Andenas) 和贝尔 (Bell) 编辑的书(注解1)中的论述,第2章;D.费尔格里夫在同书中的论述,第4章。以及,斯科里 (Scorey) 和艾克 (Eicke),《人权损害赔偿》(Human Rights Damages)。

法这样行事。根据第8条,当某人公约中的权利受到侵害时,有权判决赔偿或补偿的民事法院或裁判所如果认为判决向这些人支付补偿是"正当且合适"的,而且对于提供《欧洲人权公约》规定的"基本补偿"来说也是必须,那么,他们就可以判决支付补偿;法院或裁判所必须考虑斯特拉斯堡法院所适用的那些原则。某些法律人认为这种权力能为许多新型的赔偿请求打开大门,但是,已有的一些重要判决打消了他们的这种希望。安努瓦诉南华克议会(Anufrijeva v Southwark Council)案涉及因地方当局和内政部的低效和拖延而违反第8条(尊重私人和家庭生活的权利)。上诉法院判称,即使公约中的权利受到侵害,也不能享有获得损害赔偿的权利:法院必须在请求人的利益与公众整体的利益之间进行权衡;请求人在司法审查申请中则可以提出任何应该支付的赔偿请求。即使如此,法官仍然担心的是,如果通过对抗程序来判决赔偿请求,那么,所花费的成本可能会超过补偿的数量。

在英王诉内政大臣(申请人:格林费尔德)(R (Greenfield) v Home Secretary)案中,一名囚犯因为吸毒而被判定在监狱要多服刑几天,而且,他没有获得《欧洲人权公约》第6条第(1)项所规定的公平听证。上议院拒绝了他的赔偿请求,并判称,根据1998年法,并不是对于每一种侵害公约中的权利的行为都存在要求赔偿

---

⑩ 参阅第19章B。

⑪ 《英格兰及威尔士上诉法院民事法庭案例汇编》,2003年,第1046页,《女王法院案例汇编》,2004年,第1124页。

⑫ 《上议院案例汇编》,2005年,第14页,《全英格兰案例汇编》,2005年,第2卷,第240页。还可参阅R.克莱顿(Clayton),《公法》,2005年,第429页。

的权利。对于人权保护来说,命令提供补偿的权力并不是最重要的。格林费尔德遭受的程序瑕疵不一定能引起补偿,除非他能证明在程序瑕疵和实际后果之间存在因果关系。法官也无需遵循国家级的赔偿标准。对于这个判决,宾汉姆法官说,"1998年法并不是一部侵权法。它的目标与侵权法不同,而且更加宽广";他警告说,"如果与公约甲条款有关的斯特拉斯堡判决被用于乙条款,就可能发生错误"。[103]

对于最后这一点,我们可以得出结论说,当存在严重违反《欧洲人权公约》第3条(禁止酷刑)的行为或者是违反《欧洲人权公约》第5条(自由权)的非法拘禁时,格林费尔德案的限制原则将不在阻碍法院判决支付赔偿。然而,在这些情形下,1998年法规定的赔偿又变得不必要,原因在于,请求人在任何情况下都有权对酷刑或非法羁押提起侵权赔偿诉讼。

当违反公约中权利的行为是因司法行为而造成时,只有满足下列两个条件才能根据《人权法案》第9条提供赔偿,(a)行为不是出于善意作出的,(b)根据《欧洲人权公约》第5条第(5)项,支付赔偿对纠正非法拘禁来说是必须的。任何赔偿请求都应该向政府提起,而不是对法官提起。

---

[103] 英王诉内政大臣(申请人:格林费尔德)(*R (Greenfield) v Home Secretary*)案,第19、7段。

政府责任的其他方面

公共机关责任的其他两个方面在此简要提及。

首先,自从 18 世纪 70 年代的一般保证案后,在该案中,对非法搜查、逮捕等行为处以惩罚性损害赔偿金,法院就一直有权对公共权力行使中的压制性、武断性和违宪性行为判处支付惩罚性损害赔偿金。[104] 在 1964 年以前,人们认为,法院的这种惩罚性赔偿决定权被限定在特定种类的侵权中,[105] 但是在 2001 年,在一个据称由警察作出不当行为的案件中,上院认为,这种限制是不恰当的,且这样一个僵化的规则将阻碍将来法律的发展。[106] 在考虑对警方处以惩罚性赔偿金时,审讯的法官必须对陪审团指示赔偿金的可能的范围。[107]

第二,上议院在决定公共机关的义务这个根本问题时适用了

---

[104] 威尔克斯诉伍德(Wilkes v Wood)案(Lofft),1763 年,第 1 页;卢克斯诉伯纳德(Rookes v Bernard)案,《上诉案例汇编》,1964 年,第 1129、1226 页。以及参阅兰开夏郡市参议会诉市政共有保险(Lancashire CC v Municipal Mutual Insurance Ltd)案,《女王法院案例汇编》,1997 年,第 897 页。

[105] AB 诉西南供水服务有限公司(AB v South West Water Services Ltd)案,《女王法院案例汇编》,1993 年,第 507 页,适用了卡斯尔公司诉布鲁姆(Cassell & Co Ltd v Broome)案的原则,《上诉案例汇编》,1972 年,第 1027 页。

[106] 库德斯诉兰开斯特郡警察局长(Kuddus v Chief Constable of Leicestershire)案(本章注解 98),推翻了 AB 诉西南供水服务有限公司案的判决。还可参阅法律委员会:《加重的、惩罚性的,和恢复性损害赔偿》(Aggravated, Exemplary and Restitutionary Damages)(法律委员会,第 247 号),1997 年。

[107] 汤普森诉伦敦警察局长(Thompson v Metropolitan Police Commissioner)案,《女王法院案例汇编》,1998 年,第 498 页。

第 32 章 公共机关和政府的责任 843

发展中的赔偿法(restitution),在伍尔维奇建筑协会诉税收专员(*Woolwich Building Society v IRC*)(No.2)[108]案中,就适用了此法律。该协会根据规章被迫交纳了将近 5700 万英镑税款,后来证实该规章是越权的。[109]上院以 3-2 的多数认为,通常有一个返还规则,根据此原则,被公共机关越权要求支付的钱财可以像权利一样被恢复,而非属于公共机关的自由裁量权。多数观点认为:根据一般正义和权利法案的原则,没有议会授权不能征税。[110]在高夫勋爵的发言所引发的问题中,其中之一是,当税官错误解释了制定法或规章,而错误征税时,此原则是否适用。关于这点,高夫勋爵评论道:"如果国内法相对于共同体法而言,在弥补公民被过分要求履行的义务而受的损失方面,加以更多限制的话,这是很令人奇怪的。"[111]如今,回复请求权可以包括在司法审查的请求中。[112]

---

[108]《上诉案例汇编》,1993 年,第 70 页;参阅 P.B.H.伯克斯(Birks):《当代法律问题》,1980 年,第 191 页,《公法》,1992 年,第 580 页;J.贝特森(Beatson):《法律季评》,1993 年,第 109 卷,第 401 页。

[109] 英王诉税收专员(申请人:伍尔维奇建筑协会)(*R v IRC, ex p Woolwich Building Society*)案,《全英格兰案例汇编》,1991 年,第 4 卷,第 92 页。

[110] 参阅第 2 章 A,和第 17 章。

[111]《上诉案例汇编》,1993 年,第 70 页起,第 177 页。关于公共机关的归还责任,也可参阅西德国家银行诉伊斯灵顿议会(*Westdeutsche Landesbank Girozentrale v Islington Council*)案,《全英格兰案例汇编》,1994 年,第 4 卷,第 890 页;以及,高夫和琼斯,《恢复原状法》(*The Law of Restitution*),第 27 章。

[112] 1981 年《最高法院法》,第 31 条第(4)款,被《法定条规》,2004 年,1033 号修正。

侵权责任与司法审查

在一个司法审查的使用大肆扩张的时代，违反法定义务的责任归因于欧盟法律，法院已经遏止了在公共机关承担损害赔偿责任领域的同样扩张。我们已经看到，在法国，对行政决定的司法审查以及判定公共机关的违法行为应支付赔偿的权力，都被授予行政法院。[119] 在法国制度中，有关公共责任的规则已经发展壮大，它民法上的责任原则不同。在英国法上，恰恰相反，公共机关与官员原则上和私人一样，受同样的民事归责原则调整。因此，对公共机关的损害赔偿请求必须基于普通的侵权（包括过失、侵扰、侵入、非法拘禁[120] 和公职中的不当行为），或制定法创设的特定起诉权利。然而，现存侵权种类未能涵盖公共机关作为或不作为侵犯个人权利致损的所有情况，从公法的角度看，这些行为都有某种违法性。

特别需要指出的是，英国法不认为个人对于无效或越权行政行为造成的损害有权获得赔偿。[121] 虽然司法审查的申请人在寻求赔偿时，还可以申请撤销令、履行令、宣告令和限制性令状，但这并

---

[119] 第 27 章。布朗和贝尔：《法国行政法》，第 8 章。也可参阅贝尔和布拉德利编辑的《政府责任》，以及马克西尼斯（Markesinis）等人：《法定机关的侵权责任》（Tortious Liability of Statutory Bodies）（比较了英国、法国和德国的法律）。

[120] 参阅英王诉布鲁克希尔监狱长（*R v Governor of Brockhill Prison*）案（No. 2），《上诉案例汇编》，2001 年，第 2 卷，第 19 页（因超期羁押而要求赔偿）。

[121] 拉－霍夫曼罗奇诉贸易大臣（*Hoffman-La Roche v Secretary of State for Trade*）案，《上诉案例汇编》，1975 年，第 295、358 页（韦伯福斯勋爵）。

不改变涉及责任的行政法规。[116] 因而,一名犯人可以要求对典狱长将他关28天禁闭的行为进行司法审查,但不管违反狱规还是错误关押,他都不能起诉典狱长或内政部请求损害赔偿。[117]

如果商人的货摊执照被以违反自然正义的方式撤销,他或她可以通过司法审查重新获得执照[118],但除非他能证明市场管理当局有恶意,否则他的收入损失不能获得赔偿。[119] 司法委员会两次强调,公共机关的决定可能因越权而被宣告无效,但这并不能引发损害赔偿权利。

在邓洛普诉伍拉勒议会(Dunlop v Woollahra Council)案中,一个土地所有者由于地方议会越权限制其将来开发而受到经济损失。法庭认为,所有者无权因当局的无效限制受损而请求赔偿。而且,当局在作出决定前听取了法律建议,没有过失行为。地方当局的决定是善意的,由于没有恶意,就不能对滥用公共权力负侵权责任。[120] 在罗林诉塔卡罗财产有限公司(Rowling v takaro Properties Ltd)案中,一名新西兰内阁

---

[116] 参阅第31章;以及参阅,例如佩奇发动机公司诉埃普瑟姆-尤厄尔自治区议会(Page Motors Ltd v Epsom and Ewell BC)案(LGR),1982年,第80卷,第337页,以及P.卡恩:《公法》,1983年,第202页;戴维诉斯佩尔索尼自治区议会(Davy v Spelthorne BC)案,《上诉案例汇编》,1984年,第262页。

[117] 英王诉拉德赫斯特监狱副监狱长(申请人:黑奇)(R v Deputy Governor of Rardhurst Prison, ex p Hague)案,《上诉案例汇编》,1992年,第1卷,第58页。

[118] 英王诉巴恩斯利参议会(申请人:胡克)(R v Barnsley Council, ex p Hook)案,《全英格兰案例汇编》,1976年,第3卷,第452页。

[119] 参阅本书边码第796页。

[120] 《上诉案例汇编》,1982年,第158页。

大臣越权行为，拒绝同意一家豪华旅馆的开发；这造成了日本投资者在该项目上的损失。当大臣被开发商提起损害赔偿之诉时，司法委员会认为（撤销了新西兰上诉法院的决定），即使假定该大臣对开发商有注意义务，他也没有违反此义务：他的决定在他的权力合适的范围内作出，既非不合理也没有过失。[121]

在1986年，上诉法院在救济的问题上采纳了一个类似的立场，当时，农业部违反《欧洲共同体条约》（第28条，不包括第30条），禁止向不列颠进口火鸡，法国火鸡养殖主因此遭受了不利影响；法庭多数意见认为，他们能够对该禁令申请司法审查，这对法国养殖主来说，已经是充分的救济。[122] 正像奥利弗法官在反对意见中主张的，从此案开始，已经至为明确的是，对共同法律中权利的保护要求，赔偿额的支付应涵括禁令克加到其撤销这段时间的损失。[123]

在有些情况下，政府部门或地方当局的不良行政可能使个人遭受非正义对待。在这种情况下，向恰当的监察专员提起申诉可能获得赔偿，但当局不能因不良行政而被提起损害赔偿之诉。[124]

---

[121] 《上诉案例汇编》，1988年，第473页。
[122] 博格因诉农业部（*Bourgoin SA v Ministry of Agriculture*）案，《女王法院案例汇编》，1986年，第716页。农业大臣在公共职位上有轻微违法的主张，得到支持。
[123] 参阅例如，弗兰克和费克特塔姆案，注解3和注解5。
[124] 第29章D小节；以及英王诉诺斯利区议会（申请人：马圭尔）（*R v Knowsley BC, ex p Maguire*）案（LGR），1992年，第90卷，第653页。以及参阅M.阿莫斯（Amos）：《公法》，2000年，第21页。

针对这种情况,行政法"司法/万灵"委员会在1988年作出如下建议:对于因错误、违反法律、过分迟延等行为或决定造成的损失,法律应允许个人得到赔偿。[125] 毫不奇怪,这一建议未被政府采纳。在2004年,法律委员中负责公法的团队提出这样一个影响深远的问题,这就是,是否有必要进行改革,为公法提供一套全面且更加合理的赔偿框架。[126] 这种建议将面临的困难是,当前的法律尽管负责,却构成侵权法的主要组成部分,而且适用于公共和私人诉讼人,以及出于公私界分中间地带的法人。更务实的做法也许是对法律进行有限的改革,使行政法院在个人因无效行政行为遭受重大经济损失时,能够判决支付赔偿。[127]

B. 合同责任[128]

作为一种法律机制,在两个或多个人之间签订合同(有约束力的协议)是现代经济中,大量交易得以完成的方式。在公法领域,

---

[125] 《行政司法,一些必要的改革》,第11章。

[126] 法律委员会讨论文件,《公法中的金钱救济》(2004),参阅 R. 巴格肖(Bagshaw),(LS),2006年,第26卷,第4页。S. H. 贝利(Bailey),(LS),2006年,第26卷,第155页。

[127] 比较哈洛在《国家责任——侵权法及其他》一书第115-116页提供的建议,当存在非同寻常的损失或大量侵犯人权的情形时,应该赋予行政法院衡平性权利,以决定是否因行政失职而提供补偿。

[128] 斯特里特(Street):《政府责任》(*Governmental Liability*),第3章;米切尔:《公共机关的合同》(*The Contracts of Public Authorities*);特平(Turpin):《政府采购与合同》(*Government Procurement and Contracts*);霍格:《英王政府责任》(*Liability of the Crown*),第9章。

立法是创设义务和权利的主要方式,例如纳税的义务和接受免费教育的权利。政府经常需判定,为了实现一个特定的目标,应该在多大程度上依赖于立法性命令:由此,对军队来说,所采取的政策可以根据自愿的参加而雇佣一支职业化的军队,或者强令所有特定年龄的人都需要成为一名固定期限的士兵。批准征兵,以及克加赋税以供养军队,都需要立法,但是,在实现特定目的时,应该在下述两种手段之间做以区分:(a)依赖于立法性命令［统治权(imperium)］;(b)使用政府的经济资源［所有权(dominium)］。[129] 政府,以前的君主,长期以来一直通过在市场中签订合同来满足自己的需要。[130] 从1979年以来,政治趋势拓宽了合同的服务目的:典型的例证包括,内政部和公司签订的,管理监狱和拘留中心的合同;[131] 为把制定法职能"订约分包"而进行的议会授权;[132] 以及公共设施的私有化。[133] 有时,在未经法律许可的情况下,涉及1990年在国家卫生服务中心内部创设"内部市场"[134] 以及运用"框架性协议"来

---

[129] 这个区分是由 T.C.丹提斯(Daintith)提出的,参阅:《当代法律问题》,1979年,第41页,以及他在乔威尔和奥利弗编辑的《变化之中的宪法》(*The Changing Constitution*)(第3版,1994年,第8章)的论述。

[130] 政府合同典型地涉及所有权(dominium)的行使。参阅,例如,班克斯(Bankers)案,1695年,(Skin),第601页。而且乔治四世租用他买不起的珍珠在王宫展览。

[131] 1991年《刑事审判法》,第84－91条,附表10;1994年《刑事审判与公共秩序法》,第7－15条。

[132] 1994年《去管制化与分包法》,第2小节。

[133] 参阅第14章。

[134] 参阅 D.朗利(Longley):《公法》,1990年,第527页,以及 J.雅格布:《公法》,1991年,第255页。

管理行政机构[133]的情形中,都使用了合同的外貌。"私人财政启动"以及公－私合伙,在或大或小的程度上,使公共和私人部门可以联合发起并运营一些新的项目。一位评论者写道:"公共行政的技术已经按照私人商业部门的模式进行了重构……合同已经取代了命令与控制,变成了管制的标准范式。"[134]这些趋势提高了合同的重要性,作为公共机关获得它们所需要的供给、服务或公共工程的方式。

在英国法上,公共机关签订的合同一般受与规范私人间合同同样的法律调整。不像法国那样,有单独的规范行政合同的法律。[135]然而,针对这些一般性描述,有几点需要说明:第一,尽管合同是在普通法的背景下签订的,但是一个合同的某些条款可以不适用普遍的规则(例如,可以规定,当出现争议时,通过仲裁解决)。而且,代表政府签订的合同要接受例外规则的调整,它们与1947年《政府诉讼程序法》的相应条款都要接受司法审查。法定机关,如地方当局,签订的合同在实体和程序上要受越权规则的限制。因此,地方政府越权订立的合同是无效且不可强制执行的;[136]但

---

[133] 参与合同在政府内部作用的一般性论述,参阅哈登(Harden):《合同国家》(The Contracting State);克雷格:《行政法》,第5章;哈洛和罗林斯:《法律与行政》,第8、9章。以及M.弗里兰德(Freeland):《公法》,1994年,第86页;《公法》,1998年,第288页。

[134] M.亨特(Hunt)在塔格特编辑的《行政法疆域》中的论述,第21页。

[135] 米切尔,《公共机关的合同》,第4章;布朗和贝尔:《法国行政法》,第202－211页。

[136] 里尔城镇区议会诉里尔娱乐有限公司(Rhyl UDC v Rhyl Amusements Ltd),《全英格兰案例汇编》,1959年,第1卷,第257页;哈兹尔诉哈默史密斯委员会(Hazell v Hammersmith Council),《上诉案例汇编》,1992年,第2卷,第1页;瑞士银行诉阿勒代尔参议会(Crédit Suisse v Allerdale Council),《女王法院案例汇编》,1997年,第306页;以及第30章A。

是，对某些根据该规则可能无效的合同，仍然赋予了效力。[139] 公共机关订立的试图束缚该机关未来的自由裁量权行使的合同也是无效的。[140] 据此，切郡的地方规划局与曼彻斯特大学签订的阻止约德尔银行天文望远镜发展的协议也是无效的。[141] 而且，地方政府可在权限内制定规则，即使这样做的结果会使对方合同人无法履行或无利可图。[142] 就地方当局来说，它的现行命令通常会规定签订合同的程序，且这点不应被区议会所忽视。[143] 如地方议会的官员想要履行一个还未被议会同意的合同，则该合同无效且对该议会无约束力。[144] 为了公共利益而实行的一个重要控制手段是，地方机关订立的合同还要受到地方政府审计系统溯及既往地审查。[145] 地方当局的合同自由还要受到立法干预，在 1988 至 1999 年间，在

---

[139] 1997 年《地方政府（合同）法》；第 30 章 A。
[140] 艾尔海港托管人诉奥斯瓦德（*Ayr Harbour Trustees v Oswald*）案，《上诉案例汇编》，1883 年，第 8 卷，第 623 页；特里格斯诉斯泰恩斯城镇区议会（*Triggs v Stains UDC*）案，《大法官法院案例汇编》，1969 年，第 1 卷，第 10 页；道蒂博尔顿保罗有限公司诉伍尔弗汉普顿公司（*Dowty Boulton Paul Ltd v Wolverhampton Corpn*）案（No. 2）《大法官法院案例汇编》，1973 年，第 94 页。
[141] 斯特林格诉住宅大臣（*Stringer v Minister of Housing*），《全英格兰案例汇编》，1971 年，第 1 卷，第 65 页。
[142] 威廉·科里父子有限公司诉伦敦城（*William Cory & Son Ltd v City of London*）案，《王座法院案例汇编》，1951 年，第 2 卷，第 476 页。
[143] 英王诉赫里福德公司（申请人：哈罗尔）（*R v Hereford Corpn , ex p Harrower*）案，《全英格兰案例汇编》，1970 年，第 3 卷，第 460 页。也可参阅，英王诉埃菲尔德参议会（申请人：昂温公司）[*R v Enfield Council , ex p Unwin（Roydon）Ltd*] 案，《行政法报告》，1989 年，第 1 卷，第 51 页。
[144] 西北莱斯特郡区议会诉东部内陆住房协会（*North West Leicestershire DC v East Midlands Housing Assn*）案，《全英格兰案例汇编》，1981 年，第 3 卷，第 364 页。
[145] 1998 年《审计委员会法》。

特定的行为中,地方议会被要求运用强制性的竞争性投标,该政策后来被各种追求"最优价值"的措施所取代。[146] 地方议会在签订工程和供给方面的合同时,也不允许进行"非商业性的考虑",这个限制被1999年《地方政府法》取消。

公共采购的经济重要性很早就被共同体法认识到了,且在此问题上的共同体指令是联合王国内授权立法的对象,它们创设了可在普通法院强制执行的权利和义务。[147] 公共采购规则要求在规则范围内签订合同的公共机关做到以下几点:在超过规定价值的合同招标过程中,遵循公开的程序;在签订合同时遵循特定的标准;具体说明合法的政策目标;说明选定特定订约人的理由。如果这些义务被违反,失败的投标公司就可以对当局提起损害赔偿之诉。[148]

---

[146] 1988和1999年《地方政府法》。

[147] 欧洲共同体指令涉及公共工程(93/97),公共供给(93/36),公共服务(92/50),公共部门的救济(89/665),以及公用事业(93/38)方面的合同。联合国王的规章包括下属法定条规:1991年第2690号(公共工程合同),1993年第3228号(公共服务合同),1995年第201号(公共供给合同),以及1996年第2911号(公用事业合同)。参阅阿罗史密斯:《公共与公用事业采购法》(*The Law of Public and Utilities Procurement*)。

[148] 哈蒙 CFEM 菲卡德斯有限公司诉下院缔约官员[*Harmon CFEM Facades(UK) Ltd v Corporate Officer of the House of Commons*]案,《下院法律报告》,2000年,第67卷,第1页,第72卷,第21页,申请人提交了最低的竞标价格,却没有得到这个合同;他因当局违反义务(包括未声明相关标准,及非法的投标后商谈)和隐含合同而遭受重大损失。也可参阅,女王诉朴次茅斯区议会(申请人:科尔斯)(*R v Portsmouth, ex p Coles*)案,《共同市场法律评论》,1997年,第1卷,第1135页。

政府的合同责任

1948年以前在英国法上,政府不能被直接起诉的豁免权不仅在侵权责任上,而且也扩展到民事责任的所有其他方面。但很久以来,人们就认为,对与政府和政府部门签订合同的个人给予司法救济是必需的。请愿权最初是为了从政府讨回财产,但后来被用来强制执行合同义务。1860年《权利请愿法》把这个做法简单化了。可对政府有义务的合同提出权利请愿,但不能在侵权方面提出。对不动产恢复原状、违约损害赔偿[49],以及制定法明定的赔偿也可提出请求。[50] 在法庭对请愿审理前,该请愿必须签上"fiat justitia"(实现权利)的字样,这由政府根据国务大臣的建议签署,国务大臣再根据检察总长意见提建议。有利于权利请愿中恳求者的判决采取恳求者权利宣告令的形式,政府要遵守此令状,与普通诉讼的判决同样有效。

根据1947年《政府诉讼程序法》第1条,在所有要求事前进行权利请愿的案件中,都有可能起诉合适的政府部门,如果没有此部门,就可起诉总检察长,方式是在高等法院或郡法院提起普通诉讼。

尽管1860年《权利请愿法》被1947年《政府诉讼程序法》废止,

---

[49] 托马斯诉英王(*Thomas v R*)案,《女王法院案例汇编》,1874年,第10卷,第31页。

[50] 总检察长诉德凯泽皇家旅馆(*A-G v De Keyser's Royal Hotel*)案,《上诉案例汇编》,1920年,第508页。

第32章 公共机关和政府的责任 853

但针对个人意义上的主权者提起的合同或财产诉讼还适用。[151]1947年法案只适用于针对英王行使联合王国政府的职能的诉讼,而不适用于英王在行使对海外殖民地的管理职能时的请求。[152]

在苏格兰,从没有过权利请愿程序,因为总是准许在最高民事法院依合同或返还财产的理由起诉政府。[153]相应地,1947年《政府诉讼程序法》第1部分不适用于苏格兰。

总的来说,合同法的一般规则适用于政府:因此政府的代理人只需有外表授权不需实际授权就可让政府受其订立的合同的约束。[154]为政府订立合同的代理人不负个人责任。[155]政府订合同不需法律授权,但履行合同所需的款项由议会提供;如果议会认为对特定的合同人不应付款,那么,正当的款项不可以被强制支付。[156]如果合同明文规定,需要议会同意才付款,议会不同意时政府也无责任。但一般来说"议会先期支付"不是合同义务的先决条

---

[151] 1947年《政府诉讼程序法》,第40条第(1)项;富兰克林诉检察总长(Franklin v A-G)案,《女王法院案例汇编》,1974年,第185、194页。

[152] 在罗得西亚像津巴布韦一样获得合法独立地位之前,因对罗得西亚政府债券的持有人不支付利息,而对政府提起的诉讼中,就会出现困难;参阅富兰克林诉检察总长(Franklin v A-G)案,《女王法院案例汇编》,1974年,第185页,富兰克林诉英王(Franklin v R)案,《女王法院案例汇编》,1974年,第202页。

[153] 米切尔:《宪法》,第304页。

[154] 锡兰检察总长诉席尔瓦(A-G for Ceylon v Silva)案,《上诉案例汇编》,1953年,第461页,该案涉及确认政府表面授权的困难。比较塞莱克特莫伍有限公司(Re Selectmove Ltd),《全英格兰案例汇编》,1995年,第2卷,第531页。

[155] 麦克贝斯诉哈尔迪曼德(Macbeath v Haldimand)案,(TR),1786年,第1卷,第172页;以及参阅城镇投资有限公司诉环境部(Town Investments Ltd v Environment Department)案,本章注释[190]。

[156] 丘其曼诉女王(Churchward v R)案,《女王法院案例汇编》,1865年,第173页。

件。[159]合同需支付的款项从该项合同相关的服务种类的一般拨款中支付,而不是从为特定合同专门拨出的款项中支付。通常认为,政府在普通法上有完全的缔约能力,[160]但这并不意味着政府可以签订违反制定法的合同。而且还存在着一个法律规则,具体的程度不太容易准确描述,即政府不能订立束缚自己未来行政行为的合同。

在雷德利里亚克蒂博拉吉特·安菲特律特诉英王(*Rederi-aktiebolaget Amphitrite v R*)案中,由于瑞典是一次大战的中立国,一家瑞典船运公司担心中立国船只会被英国港口扣留。[P771]他们从英国政府得到保证,即,特定船载着特定的货物来英国不会被扣留。于是,该船载着相应的货物到了,政府却撤回了保证,不放该船回国。在对此权利请愿的审理中,法庭认为,政府的保证不能强制执行,因为政府不能订立限制其未来行政权的合同。[161]

据称,只有当合同存在默示条款,或合同的真正目的如此时,行政必要性的抗辩才对政府有帮助;[162]或者该抗辩对政府订立的

---

[159] 新南威尔士诉巴罗尔夫(*New South Wales v Bardolph*)案,《当代法律评论》,1934年,第52卷,第455、510页(迪克森法官);斯特里特:《政府责任》,第84—92页。
[160] 参阅例如,B.V.哈里斯:《法律季评》,1992年,第108卷,第626页;比较M.弗里德兰德:《公法》,1994年,第86、91—95页。
[161] 《王座法院案例汇编》,1921年,第3卷,第500页。
[162] 罗伯逊诉养老金管理大臣(*Robertson v Minister of Pensions*)案,《王座法院案例汇编》,1949年,第1卷,第227、237页(丹宁勋爵)。

一般商业合同不适用。更可取的看法是,安菲特律特案表明了一个普遍原则,即,政府或其他公共机关为了公共利益可不受已存在的合同的影响,从而行使其制定法或普通法上的权力。[161]

在政府地产专员诉佩奇(Commissioners of Crown Lands v Page)案中,政府起诉要求被告为承租政府的一块土地支付到期租金。被告抗辩说,该土地已被一个政府部门征用,这构成作为所有者的政府下的驱逐令。上诉法院认为,欠款应支付。德夫林法官说:"当政府和其臣民进行交易,且在处理这些事项时,像一个普通人一样,出租、购买、出售,此时,如果认为政府是在作出关于其处理国家事务的方式的承诺,那将是荒唐的。"[162]

有关公共机关合同还有一些其他问题,现有英国法的规则没有提供答案:例如,政府选定合同伙伴,或将一家企业从现有合作名单中消除的权力问题。[163] 1975－1978年,工党政府行使此权力,要求与之签订合同的公司遵守非法定的付款政策。[164] 这是政府并

---

[161] 斯特里特,《政府责任》,第98－99页;米切尔,《公共机关的合同》,第27－32、52－65页。

[162] 《女王法院案例汇编》,1960年,第2卷,第274、292页;也可参阅威廉·科里父子有限公司诉伦敦城(William Cory & Son Ltd v City of London)案,《王座法院案例汇编》,1951年,第2卷,第476页。

[163] 特平:《政府采购与合同》,第4章。

[164] G.盖茨:《公法》,1978年,第333页。

未求助于正式立法而实现公共目标的能力的一个典型事例,⑯
1988年《地方政府法》拒绝把这项权力授予地方议会。⑯

我们已经看到,当合同受制于欧洲公共采购法规则时,公共机关须遵守的合同签订前的程序就会受到控制,如果这些规则被违反,可以诉诸法院。当这些规则不适用时,情势就变得不确定。在一个案例中,大法官办公厅被认为在签订一项合同时行事不公,但是,该过程被认为不能受制于司法审查。⑯ 但是,法院应该支持这种情形中的公平与合理预期。由此,国家彩票委员会的下述行为就是不合法的:它决定不把下期的彩票发行许可授予现存的被许可人(卡姆罗特),而是与竞争投标人(人民彩票公司)进行商谈。⑯
在北爱尔兰,不能因宗教理由而受到歧视的权利得到斯特拉斯堡法院的支持,并把它适用到公共采购决定中。⑯ 对政府合同的控制由审计员和总审计长完成。签订和履行合同中的许多政府操作指令都来自于公共会计委员会的规则。⑰ 从每年政府合同的数量

---

⑯　T.C.丹提斯:《当代法律问题》,1979年,第41页。直到1982年12月16日下议院将其废止前,公平工资规则一直是所有政府合同中的格式条款。

⑯　参阅本章注释⑭。

⑯　英王诉御前大臣(申请人:希比特和桑德斯)(*R v Lord Chancellor, ex p Hibbit & Saunders*)案,(COD),1993年,第326页,D.奥利弗曾进行评论,《公法》,1993年,第214页。比较英王诉法律援助委员会案(申请人:唐)(*R v Legal Aid Board, ex p Donn & Co*)案,《全英格兰案例汇编》,1996年,第3卷,第1页,以及参阅S.阿罗史密斯:《政府采购与司法审查》,和《法律季评》,1990年,第106卷,第277页。

⑯　女王诉国家彩票委员会(申请人:卡姆罗特集团公司)(*R v National Lottery Commission, ex p Camelot Group plc*)案,(EMLR),2001年,第43页。

⑯　梯利-桑斯有限公司诉联合王国(*Tinnelly Sons Ltd v UK*)案,《欧洲人权报告》,1998年,第27卷,第249页。

⑰　第17章。

来看,争讼到法院的相对较少。实践中,这些纠纷以各种形式的协商、调解、仲裁而得以解决。政府合同审查理事会,1969年根据政府与英国工业协会的协议而建立,定期审查非竞争性政府合同的利润报表,以及合同一方认为合同价格"不公平、不合理"的申诉。政府合同不受议会监察专员的调查。⑰

为政府的服务

为政府的服务是政府特殊合同地位的另一例子;因为通常认为,作为特权的一部分,英王可以随心所欲地雇佣仆从,无论是文官还是军人。⑫ 政府总是声称,它可随意解雇雇员的自由是为了公共利益必需的。毫无疑问,判例法认为,在普通法中,英王仆从对政府几乎没有权利。因此,在缺乏制定法规定的情况下,⑬ 没有哪个英王仆从会因错误解雇而得到救济。在一个案件中,诉称自己已经工作三年之久的殖民官员败诉,赫希尔勋爵写道:"这个职业是为公众利益服务的,也应由政府决定是否解除雇用,除了在一些特别的案例中为了更好地为公众利益服务外,不应对其解雇

---

⑰ 第29章D。

⑫ 文官委员会诉文官部大臣(*Council of Civil Service Unions v Minister for the Civil Service*)案,《上诉案例汇编》,1985年,第374页,以及比较W.韦德:《法律季评》,1985年,第101卷,第180页。

⑬ 例如,法官在行为端正期间保有职位的规则(第18章C),古尔德诉斯图尔特(*Gould v Stuart*)案,《上诉案例汇编》,1896年,第575页,以及赖利诉英王(*Reilly v R*)案,《上诉案例汇编》,1934年,第176页。

权进行限制。"[124]

尽管在普通法上文官缺乏任何职位任期,实际上他们的工作有很大稳定性。这种稳定性更多地依靠传统而非法律,根据工作条件而签订的集体工作合同并没有赋予公务员相应的合同权利。[125]的确,关于公务员的工作是否是合同关系很长时间就不确定。由此,人们以前怀疑,公务员为了追讨拖欠的工资,能否起诉。[126]然而,1996年《雇工权利法》的许多条款现在都适用于公务员,他们受到保护,免受不公正的解雇[127],免受与他们的雇佣相关的种族和性别歧视。[128]在1991年,法庭认为,公务员是根据劳动合同被政府雇佣的,因为雇佣合同的各种可能的纠纷都体现了出来,公务员工资与工作条件法对工作关系的许多方面作了详细的规定;尽管在该法中规定,政府在雇佣关系中有特权,可以随时解雇公务员,但政府与公务员都不愿意使该法只是自愿性的

---

[124] 邓恩诉英王(Dunn v R)案,《女王法院案例汇编》,1896年,第1卷,第116页;G.内特海姆(Nettheim):《剑桥法律杂志》,1975年,第253页。也可参阅,邓恩诉麦克唐纳(Dunn v MacDonald)案,《女王法院案例汇编》,1897年,第1卷,第401页。

[125] 罗德威尔诉托马斯(Rodwell v Thomas)案,《王座法院案例汇编》,1944年,第596页;比较里奥旦诉陆军部(Riordan v War Office)案,《全英格兰案例汇编》,1959年,第3卷,第552页,以及参阅文官委员会诉文官部大臣(Council of Civil Service Unions v Minister for the Civil Service)案,《上诉案例汇编》,1985年,第374页。

[126] 科迪斯瓦兰诉斯里兰卡检察总长(Kodeeswaran v A-G of Ceylon)案,《上诉案例汇编》,1970年,第1111页;比较梅伦诉苏格兰检察长(Cameron v Lord Advocate)案,《苏格兰案例汇编》,1952年,第165页。

[127] 1996年《雇工权利法》,第191条。

[128] 1975年《性别歧视法》,第85条,以及1976年《种族关系法》,第75条(以及被修正的版本);1995年《残疾歧视法》,第64条。以及《法定条规》2003年,1660号,第36条,《法定条规》2003年,1661号,第36条。第19章 A。

规定。⁽¹⁷⁹⁾不过，还是同一法庭认为，受害的公务员不能因被解雇或其他行为而寻求司法审查。⁽¹⁸⁰⁾

与以前相比，关于政府雇佣公务员的法律在性质上更具有合同的意味，而且，文官系统中的雇员在很多方面和其他领域的雇员都一样。但是，公务员可能比其他雇员要承受更重的法定雇佣权利方面的限制，比如说，当出于国家安全被解雇时，雇佣裁判所不能听取关于这次不公平解雇的申诉。而且，在涉及政府雇员的时候，裁判所在处理影响国家安全的问题时，可能要采取特别程序。⁽¹⁸¹⁾在法律上，军队成员享有的保护明显少于公务员，而且，命令与惩戒制度却阻碍着军队服务向民事雇佣的同化。某些法定雇佣权利现在适用于军队。⁽¹⁸²⁾涉及种族和性别歧视时，军队的成员有权向雇工裁判所求助，但是他必须首先经过内部的申诉程序。⁽¹⁸³⁾军队的成员和其他人一样，可以根据1998年《人权法案》需求对公约中权利的保护，⁽¹⁸⁴⁾不过，他们权利的实际限度可能会受到他们

⁽¹⁷⁹⁾ 英王诉英国大法官部门（申请人：南格尔）(*R v Lord Chancellor's Department, ex p Nangle*)案，《全英格兰案例汇编》，1992年，第1卷，第897页（以及参阅S.弗里德曼和G.莫里斯：《公法》，1991年，第485页，以及《法律季评》，1991年，第107卷，第298页）。关于为高级公务员提供充分的书面合同的建议，参阅《敕令书》2627号，1994年，以及M.弗里德兰德：《公法》，1995年，第224页。

⁽¹⁸⁰⁾ 关于这一点的原因，参见本书边码768页。

⁽¹⁸¹⁾ 1996年《雇工权利法》，第10、193条；1999年《雇佣关系法》，附表8。参阅第25章。

⁽¹⁸²⁾ 1996年《雇工权利法》，第192条，被1996年《军队法》，第26条所修正。

⁽¹⁸³⁾ 1996年《军队法》，第20－23条。也可参阅《法定条规》，2003年，1660和1661号；本书边码第350页。

⁽¹⁸⁴⁾ 比较英王诉国防大臣（申请人：史密斯）(*R v Ministry of Defence, ex p Smith*)案，《女王法院案例汇编》，1996年，第517页；以及史密斯诉联合王国(*Smith v UK*)案，《欧洲人权法院案例汇编》，2000年，第29卷，第728页。

承担的义务的影响。

C. 诉讼中的政府：特权与豁免

正如我们已经看到的，⑱"英王政府"*是法律中的一个方便术语，用来描述一个集合体，现在包括承担政府职能的君主、大臣、公务员和军队。泰普曼勋爵在1993年说："'政府'一词有两个含义，即君主与政府。"⑯当君主以个人名义进行统治时，政府官员自然会享受君主的豁免与特权。但是，尽管君主的人格政府已不复存在，中央政府的机构依然从君主的地位中受益。不太准确的描述是，政府的盾牌保护扩展到了国家整个政府或"政府疆域"，⑰但并未扩展到地方政府和其他公法人。尽管有1947年《政府诉讼程序法》，但由于某些原因，有必要明晰，某个公共机关是否具有政府地位。⑱好的立法应该在其中说明，一个新的公共机构是否以

---

⑮ 第12章，注解1－7。以及参阅桑金和佩恩编辑的《英王政府的性质》一书,第2章(W.韦德)和第3章(M.洛克林)。

* 原文为the Crown,译者一律将其译为"王室",很多时候感觉非常别扭,有时甚至会使中文读者产生误解,如"王室官员"、"王室诉讼"等。因而在编辑加工中,对这个词作了灵活处理,译法有"政府"、"英王政府"、"英王"、"王室"等。——责编注

⑯ M诉内政部(*M v Home Office*)案,《上诉案例汇编》,1994年,第1卷,第377、395页。

⑰ 默西船坞委员会理事诉盖默伦(*Mersey Docks Trustees v Cameron*)案,(HLC),1861年,第11卷,第443、508页;英国广播公司诉约翰(*BBC v Johns*)案,《大法官法院案例汇编》,1965年,第32页。

⑱ 例如,纳税责任与刑事法律;某些工作人员是否是公务员(女王诉巴伦特,《全英格兰案例汇编》,1976年,第3卷,第895页)。还可参阅第14章。

及在多大程度上可以享有政府地位,[18] 但立法并不总是如此。或者根据明确的立法,或者根据司法解释,一个公共机构从一些目的来看,可以享有政府地位,但是从另外的目的看,又不享有该种地位。

就中央政府来说,政府的概念有不同的效果。一般来说,合同都以部门和大臣的个人名义签订,明确或默示地为政府履行。

在城市投资有限公司诉环境部(Town Investments Ltd v Environment Department)案中,需要确定,根据反通胀法决定的房租冻结是否适用于伦敦的两个办公区,该区由环境部大臣"为女王的利益且代表女王"而承租;该区被许多政府部门使用,其中一部分被美国海军承租。上院认为(莫里斯勋爵反对),政府是承租人,该建筑由政府为行使职权而占有使用;因此该租售应受到冻结。狄普洛克爵士说道:公法调整女王、政府各部、大臣与公务员间的关系,他们所实施的行为都是"政府"这个英国公法上的虚构概念所为。[19]

这个判决展示了令人震惊的异常:即政府作为承租人可以从房租冻结中受益,而政府作为出租人就可提高租金。这种不平等的法律其原因将在下文研究。尽管1991年上诉法院认定政府不

---

[18] 参阅例如,1990年《国家卫生服务与社区看顾法》,附表6,第21段(国家卫生服务中心信托机构不是英王政府的公务员或代理人)。

[19] 《上诉案例汇编》,1978年,第359、381页(以及参阅 C.哈洛:《现代法律评论》,1977年,第40卷,第728页)。

是法律上的人格,但上院后来认为,"至少在某些方面",政府有法律人格。[191] 政府被看做是单独法人还是集体法人[192] 并不重要,很长时间以来,议会就在政府是一个持久存在的法律实体的前提下而进行立法的。

制定有关政府的规定[193]

正如我们已经看到的,根据 1947 年法,政府可因违反制定法义务而被诉。但 1947 年法并没有规定议会制定的法律对政府约束的程度[第 40 条第(2)项(f)]。法律不约束政府的规则,即制定法除了以明确的用语或必然的推论来规定,否则,政府的权利和利益不能受到不利影响,政府不受该法令约束的规则大大限制了因违反制定法而应承担的政府责任。就是根据此规则,例如,政府财产可不纳税且不受许多环境法规的限制。适用于私人之间的规定,政府可以享受豁免,且豁免的程度已经超出了正当的限度,议会已开始逐渐撤销这些豁免特权。[194] 1947 年司法委员会对"必要推论"进行了严格的限制,认为,当制定法对是否约束政府无明确

---

[191] M 诉内政部(*M v Home Office*)案,《女王法院案例汇编》,1992 年,第 270 页;《上诉案例汇编》,1994 年,第 1 卷,第 377、424 页。

[192] 例如,梅森案(Re Mason),《大法官法院案例汇编》,1928 年,第 385 页。

[193] 斯特里特:《政府责任》,第 6 章;霍格:《英王政府的责任》,第 11 章;贝宁(Bennion):《制定法解释》,第 163–169 页。

[194] 例如 1990 年《国家卫生服务与社区看顾法》,第 60 条。比较英王诉受任国务大臣(申请人:切沃尔议会)(*R (Cherwell DC) v First Secretary Interpretation*)案,《英格兰及威尔士上诉法院民事法庭案例汇编》,2004 年,第 1420 页;《威尔士法律汇编》,2005 年,第 1 卷,第 1128 页。

规定,如果不对政府有约束力,该制定法的目的完全落空时,政府才受该制定法的约束。[195] 正如我们在12章中所见,在1989年的苏格兰总检察长诉邓巴顿议会案中,上院第一次考察了政府豁免权的法律基础。最高民事法院认为,在有些场合(如,政府财产不受影响时),政府可因城镇规划和公路立法而受约束。推翻这一判决后,上院认为,"除非从相关法律中可归结出此意向",否则不受任何制定法规定的约束。[196] 如某一法律想约束政府,只需表明,如不这样,该法的实际目的将会落空,而非表明该法目的完全落空。最好是一个新的制定法可明确说明它是否以及在何种程度约束政府[197]。如果一个法律对政府及行使职权的公务员并不适用,则他或她不理睬该法律,就不负刑事责任。[198] 不过这些规则并不禁止政府从该法中获益。即使法律没有指明,政府也可享受该法授予的权利,就像在城市投资案中那样。[199]

---

[195] 孟买邦诉孟买市政公司(Province of Bombay v Municipal Corpn of Bombay)案,《上诉案例汇编》,1947年,第58页,以及马德拉斯电器供应有限公司诉博德兰德(Madras Electric Supply Co Ltd v Boarland)案,《上诉案例汇编》,1955年,第667页。

[196] 《上诉案例汇编》,1990年,第2卷,第580、604页(第12章D,以及J.沃尔夫:《公法》,1990年,第14页)。比较布罗菲诉西澳大利亚州政府(Bropho v State of Western Australia)案,《现代法律评论》,1990年,第170卷,第1页(以及S.尼布恩:《公法》,1991年,第361页)。

[197] 例如,1976年《种族关系法》,第75条,在内政部诉种族平等委员会(Home Office v Commission for Racial Equality)案中得到考察,《女王法院案例汇编》,1982年,第385页。被2000年《种族关系(修正)法》修正。1998年《人权法案》约束政府:第22条第(5)项。

[198] 库柏诉豪金斯(Cooper v Hawkins)案,《王座法院案例汇编》,1904年,第2卷,第164页。参阅现行1984年《道路交通管制法》,第130条。关于政府在刑法中的"自动"豁免权,参阅,M.森金,《公法》,2003年,第716页;M.安德纳斯和D.费尔格里夫,《公法》,2003年,第730页。

[199] 1947年《政府诉讼程序法》,第31条;以及本章注释[196]。

程序

如果根据1947年法在英国法院对政府提起了诉讼,不管是侵权、合同还是返还财产,原则上都适用一般的诉讼程序。诉讼要针对恰当的部门提起,文官大臣有责任列出各部的名单,且为各部指定代理律师;如果该名单并未涵括,总检察长也可做被告。审理根据普通民事诉讼程序进行,但在救济与强制执行方面有几点不同。最重要的区别是,法庭不用禁止令或特殊执行令,而是发布宣示双方权利的令状[第21条第(1)项];如果该令状会给予对方当事人不能从诉讼中得到的针对政府的权利,就不能针对政府官员发布禁止令[第21条(2)项]。尽管根据普通法,可对威胁要侵权的官员签发禁止令,[200]但1947年后很多年,第21条被扩张解释为法院无权提供此种救济。[201]法院不能发布禁止令也使它不能发布临时性禁止令,而且,当时,英国法也不允许发布临时性宣告令。[202]

现在很清楚,法院在面对行政机关时的权力已经不像以前那样受限制。第一,当对保护共同体法中的权利来说是必要时,法院

---

[200] 塔马基诉贝克(*Tamaki v Baker*)案,《上诉案例汇编》,1901年,第561页。

[201] 梅里克斯诉希斯科特 – 阿莫里(*Merricks v Heathcoat-Amory*)案,《大法官法院案例汇编》,1955年,第567页。

[202] 参阅英王诉工业改组公司,申请人:罗斯米斯特公司(*R v IRC, ex p Rossminster Ltd*)案,《上诉案例汇编》,1980年,第952页。参阅现行《民事诉讼程序规则》,第25.1(1)(b)小节。

可发布禁止令。[203]第二,上院在M诉内政部案中应用了1947年法第23条第(2)项和第38条第(2)项,判决认为,对禁止令救济的限制不适用于申请司法审查,因为根据1947年法,司法审查不是针对政府的诉讼。[204]第三,还是在M诉内政部案中认定,1947年法第21条第(2)项不禁止对下述政府官员(包括大臣)发布禁止令,他们亲自或授权别人做出侵权行为,而且也只有在涉及政府自身的义务时,该条款才适用。正如沃尔夫勋爵所说,"只有在1947年法实施前没有禁止令救济的情况下,第21条才禁止签发禁止令。"[205]不过他补充道,针对官员的宣告令救济通常是恰当的。

其他涉及政府特殊地位的条款简述如下:

(a) 针对政府部门的判决不能以征收、扣押的普通方式强制执行;法律要求该部门支付应付的损害赔偿和相应成本(第25条);[206]

(b) 不能签发返还财产的命令,但法庭可宣布原告对政府有权利[第21条第(1)项];

---

[203] 案例集213/89,R诉运输大臣(申请人:费克特塔姆公司)(*R v Transport Secretary, ex p Factortame Ltd*)案(第2号),《上诉案例汇编》,1991年,第1卷,第603页;第8章D。

[204] 《上诉案例汇编》,1994年,第1卷,第377页;S.西德利,在福赛斯和黑尔编辑的《金色的标尺与弯曲的绳索》中的论述,第253-266页;T.考福德(Cornford),在桑金和佩恩编辑的《英王政府的性质》一书中的论述,第9章。

[205] 《上诉案例汇编》,1994年,第1卷,第377、413页,对梅里克斯诉希斯科特-阿莫里案的判决;还可参阅H. W. R.韦德:《法律季评论》,1991年,第107卷,第4页。

[206] 比较盖瑞诉格林纳达检察总长(*Gairy v A-G of Grenada*)案,(UKPC),2001年,第30页,《上诉案例汇编》,2002年,第1卷,第167页(不能针对政府提起制裁性救济的规则引发了盖瑞的宪法性权利,即未经补偿,不能被剥夺财产)。

(c)法庭不扣押政府欠一个债权人的债务,高等法院可签发命令给一名司法债权人而非原债权人付款(第27条)。[207]

也可以对政府只提起宣告令诉讼而不请求其他救济,例如在可能发生违法行为时,[208]但不应判定从来就不可能发生的假想问题,如是否应纳一个临时税。[209]

在私人诉讼中,如果原告要求在最后判决前签发临时禁止令,只有当他提出保证时,法庭才会同意此请求,以保证万一原告败诉,被告的损失可以弥补。如果政府要主张财产或合同权利,也要提供类似的保证。但如果政府起诉强制执行法律,为避免损害而提供的保证就不恰当了。[210]

在苏格兰,民事程序与英格兰不同,针对不列颠或联合王国政府部门(如防卫部或国内税收部)的诉讼在苏格兰向苏格兰总检察长提出,该职位根据1998年《苏格兰法》而设立;针对苏格兰政府各部的诉讼,向苏格兰事务大臣提出。[211]无论是民事法院还是地方法院,可以由政府提起诉讼,也可以针对政府提起诉讼。就针对

---

[207] 参阅布鲁克斯合作公司诉巴苏(Brooks Associates Inc v Basu)案,《全英格兰案例汇编》,1983年,第1卷,第508页。

[208] 戴森诉检察总长(Dyson v A-G)案,《大法官法院案例汇编》,1912年,第1卷,第158页。

[209] 阿格萨姆金融有限公司诉奥克斯比(Argosam finance Ltd v Oxby)案,《大法官法院案例汇编》,1965年,第390页。

[210] 拉－霍夫曼罗奇诉贸易大臣(Hoffman-La Roche v Secretary for Trade),《上诉案例汇编》,1975年,第295页(该部试图强制该公司遵守药品的价格控制),以及参阅科克利斯参议会诉威克斯建筑供应有限公司(Kirklees Council v Wickes Building Supplies),《上诉案例汇编》,1993年,第227页。

[211] 1857年《政府诉讼程序(苏格兰)法》,被1998年《苏格兰法》,附表8,第2段所修正。

政府的救济来说，M 诉内政部案的推理不适用于苏格兰，因为《1947 年政府诉讼程序法》单独规定了适用于苏格兰的条款。上议院在戴维德森诉苏格兰大臣(*Davidson v Scottish Ministers*)案[212]中推翻了早期判决，上议院判称，1947 年法第 21 条第 1 款(a)项仅适用于为落实私法权利而针对政府提起的诉讼，而且，这一条款并不妨碍苏格兰法院在引起与政府和其官员的行为有关的"监督管辖"[213]中(与司法审查类似)针对政府颁发临时或最终的禁令。宽泛地说，这使得 M 诉内政部案所确立的主要原则都可以适用于苏格兰。

证据不开示：公共利益豁免

证据开示是民事诉讼的一个程序，即一方当事人检验另一方拥有或控制的所有与纠纷有关的文件。以前对政府的诉讼没有此程序。根据《1947 年法》第 28 条，法庭也可在对政府的庭审中适用证据开示程序，并要求政府接受问询，即回答根据事实提出的问题。但该法明确保留了已有的法律规则(以前以政府特权而闻名)：政府可为了公共利益不提供相关文件，不回答相关问题；该法甚至还允许政府可为公共利益不确认某证据的存在。公共利益豁免(因下文探讨的 1992 年马特里克斯·丘吉尔审判而闻名)并不只

---

[212] 《上议院案例汇编》，2005 年，第 74 页，(SLT)，2005 年，第 110 页，推翻了麦克多纳德诉苏格兰事务大臣(*McDonald v Secretary of State for Scotland*)案，(SLT)，1994 年，第 692 页。

[213] 本书边码第 780 页。

是体现在政府作为一方当事人的诉讼中,在私人的民事诉讼中也存在。虽然丘吉尔案对警察来说是重要的,但是它的主要意义在于提供了一种保守中央政府秘密的手段。至关重要的防御和安全利益必须受到保护,以反对在司法诉讼中遭受有害的公布(这也得到欧洲人权法律的认可)。更困难的问题是界定什么样的事情不能被公开,因为大臣和公务员对那些他们希望保密的信息,总是夸大它们被公开的危害。一个秘密且封闭的政府制度比开放和参与性的制度更不能容忍公开。事实上,公法的这个分支在过去五十年里,得到了长足的发展,特别是借助于下文描述的一连串司法判决。

我们可以从第二次世界大战的高潮开始,首先看邓肯诉坎默尔领主公司(*Duncan v Cammell Laird & Co*)案。[21]

在1939年初,一艘新的海军潜艇在试船中沉没了,包括工人在内的99人死亡。许多个人提起了针对造船公司的过失诉讼,该公司根据与海军的合同建造了潜艇。在庭审中,公司拒绝提供有关潜艇设计的材料。海军上将要求公司根据政府特权不提供此类材料,因为这会对国家安全造成损害。上院认定这些材料不应公开。尽管一个拒绝揭示的决定已作出,并且也应由该大臣自己作出,但只有法官才有权作最后裁决。在决定是否拒绝揭示时,大臣应根据揭示是否会对公共

---

[21] 《上诉案例汇编》,1942年,第624页。关于其后的历史,参阅 J. 雅格布:《公法》,1993年,第121页。

利益造成损害,例如是否会对国家防卫或外交关系造成损害来作决定,也可根据保持秘密有利于公共服务的正当职能而作出。[215]

在此基础上,还可根据证据本身的内容(如邓肯案)不宜揭示,或更宽泛地由于它们属于一组应保密的证据,如公共服务记录,为了自由且坦率地探讨公共问题而不予揭示。之后,发展到了只要有大臣的认定,即该不予揭示的证据属于为了公共利益必须保护秘密的证据就不进行开示。[216]看来法院不能推翻大臣以正常方式表达的拒绝。

对这些广泛特权的关注由于政府的让步而降低了。在1956年,大法官认定,在特定诉讼中,不能允许所有由政府占有的资料都有不开示的特权;这包括涉及政府职员与建筑的事故事实的报告,还有在对政府与政府职员提起过失侵权的诉讼中,由政府或监狱医生作的医疗报告。在1962年政府声明,在针对警察恶意指控和错误逮捕的起诉中,警方的刑事调查报告不予保密,在其他民事诉讼中,对警方的陈述是否披露决定权在法官,在个案中依"警方证人不被披露"的规则处理。[217]尽管有这些让步,在英格兰法上仍认为法院受大臣反对的约束。相反在苏格兰法上已建立起新的规

---

[215] 《上诉案例汇编》,1942年,第642页。

[216] 参阅埃利斯诉内政部(Ellis v Home Office)案,《女王法院案例汇编》,1953年,第2卷,第135页,以及布鲁姆诉布鲁姆(Broome v Broome)案(P),1955年,第190页,论述了该规则的严格运作;以及J.E.S.西蒙:《剑桥法律杂志》,1955年,第62页。

[217] 参阅《上院辩论文件》,1956年6月6日,第741-748卷,以及1962年3月8日,第1191卷。

则,即法院应考虑大臣的建议,但并不受其约束。在特殊情况下为正义的需要可推翻它。[218] 自从上诉法院开始对大臣反对的终局性投以怀疑的目光后,[219] 1968 年上院也驳回了内务大臣对披露警方报告的反对意见。

在康威诉里默(*Conway v Rimmer*)案[220] 中,一名前见习警官起诉一个高级警官对他迫害,以他在一次事故中丢失手电筒为由,让他赔偿损失并将他开除。内务大臣对以下两项要求特权(a)原告的见习报告;(b)被告对事故的调查报告。他证实这些是一组材料的一部分,对它们的披露将会损害公众利益。法庭认为:法院有权决定该材料是否披露。法院会对大臣的观点充分考虑,但如果司法需要,对大臣观点的考虑并不比相关因素更重要。

上院由此确立了一个规则:只有法院才能在保密与公开的较量中进行权衡,虽然邓肯诉坎默尔领主公司案判决的正确性并没有受到质疑。康威诉里默案使英国法在公共政策的问题与苏格兰

---

[218] 格拉斯哥公司诉中央土地委员会(*Glasgow Corpn v Central Land Board*)案,《苏格兰案例汇编》,1956 年,第 1 页;怀特霍尔诉怀特霍尔(*Whitehall v Whitehall*)案,《苏格兰案例汇编》,1957 年,第 30 页。

[219] 梅里克斯诉希斯科特-阿莫里(*Merricks v Heathcoat-Amory*)案,《女王法院案例汇编》,1965 年,第 1 卷,第 57 页,以及格罗夫纳伦敦旅店案(第 2 号)(*Grosvenor Hotel London*),《大法官法院案例汇编》,1965 年,第 1210 页;D. H. 克拉克:《现代法律评论》,1967 年,第 30 卷,第 489 页。

[220] 《上诉案例汇编》,1968 年,第 910 页;D. H. 克拉克:《现代法律评论》,1969 年,第 32 卷,第 142 页。

法同肩并进。在以后的案件中,判决涉及的问题包括:(a)受机密性限制的证据材料的使用;(b)与政府政策的形成有关的材料的揭示;(c)法庭检验证据所依据的理由;(d)在刑事诉讼中公共利益豁免的行使。

在罗杰斯诉内务大臣(*Rogers v Home Secretary*)案中[21],上院驳回了要求揭示警方对赌场管理局所作的对一个申请设定赌场营业执照的报告,法院认为该报告是一系列不应披露的证据的一份。它强调指出,为公众利益而不披露证据并非政府特权,该名词是一个误用。文档在其制作者看来应该是秘密这一事实,并不能说明,为什么它们应该被列入基于公共利益而不能公开的文档之列。如一个政府部门认为公司向它提供的有关商业活动的材料应予保密,法庭将评估揭示证据的理由,及揭示对公共利益的损害,从而决定是否开示。[22]

在 D 诉国家防止残害儿童协会(*D v National Society for the Prevention of Cruelty to Children*)案中,上院认为,为了公共利益而不予开示证据并不仅限于为了政府部门有效履行职能。[23] 在该案中,上诉法院命令该协会提供一个揭发怀疑是虐待儿童案的揭发者的身份。该协会依据皇家法令建立,负有法定责任为儿童利益提起诉讼。上院认为,类似保护警方线人的非揭示规则,该协会的

---

[21] 《上诉案例汇编》,1973 年,第 388 页。

[22] 比较克朗普顿娱乐器械有限公司诉关税及国内货物税税务局专员(*Crompton Amusement Machines Ltd v Commissioners of Customs and Excise*)案,《上诉案例汇编》,1974 年,第 405 页,以及诺威奇配药公司诉关税及国内货物税税务局专员(*Norwich Pharmacal Co v Commisssioners of Customs and Excise*)案,《上诉案例汇编》,1974 年,第 133 页。

[23] 《上诉案例汇编》,1978 年,第 171 页。

线人的名字也应免予揭示。

在科学研究委员会诉纳斯(Science Research Council v Nasse)案中[24]，上院认为，在雇员因工作中受到不法歧视的起诉中，不存在该雇主持有的对其他雇员的秘密报告因公共利益不予揭示的问题。斯卡曼勋爵认为，"只有对最高级别的政府保护以及最敏感的行政责任方面的秘密，才应为了公共利益而保持"[25]。然而，在坎贝尔诉塔姆赛德尔议会(Cambell v Tameside Council)案中也用了公共利益豁免的术语，该案中，一名教师受到了一名11岁孩子的袭击，想了解议会特有的精神医生报告；上诉法院在审查了报告后，命令对其开示。因为实现正义的要求压倒了对该报告公开会对公共服务造成的损害。[26] 在康威诉里默案中，雷德勋爵表达了这样的观点，即，与政府内部政策制定有关的内阁记录与文件不应公开，以使政府的内部工作免受不正确的偏斜的攻击。[27] 在缅甸石油公司诉英国银行(Burmah Oil Co v Band of England)案中，[28] 上院必须考虑这种高等级文件免予公开的程度。

在1975年，作为防止公司受到清算的协议的一部分，缅甸石油公司经政府同意，要把它持有的BP股票卖给英格兰

---

[24]《上诉案例汇编》，1980年，第1028页。
[25]《上诉案例汇编》，1980年，第1088页。
[26]《女王法院案例汇编》，1982年，第1065页。
[27]《上诉案例汇编》，1968年，第910、952页；也可参阅阿普约翰勋爵，在第993页的论述。
[28]《上诉案例汇编》，1980年，第1090页；D.G.T.威廉姆斯：《剑桥法律杂志》，1980年，第1卷。

银行。后来该公司以交易不公平、不清醒为由要求中止出售。它想查看银行持有的文件，包括(a)通讯记录和大臣参加的会议的记录；(b)与政策有关的高级官员的通讯记录。政府以维护公共服务需要为由，要求不予公开。上院认为，政府的豁免要求不是结论性的。如果有争议的文件可能（或合理地可能）载有与案件有益的内容，法院将对之审查，以决定竞争性公众利益之间的平衡点。审查过材料后，上院命令不得公开，因为文件并未载有影响案件公平审理的内容。

在缅甸石油公司案中，司法意见与康威诉里默案相比，走得更远。法院认为，存在很高等级的政府利益要让位于正义的情形。在特定案件中如实现正义需要，即使是内阁文件也应公开。[29] 在水门案中，美国最高法院为了刑事正义的公共利益，命令尼克松总统将他的磁带交给特别调查员。[30]

除了这些特殊案件外，在缅甸石油公司案中的判决是否意味着，法官应定期检查，如果需要，还可命令与政府政策制定有关的文件公开？在加拿大航空公司诉贸易大臣案中，[31] 上院支持了大

---

[29] 如在澳大利亚的桑基诉惠特拉姆(Sankey v Whitlam)案中那样，《行政法报告》，1978年，第21卷，第505页。也可参阅加拿大航空公司诉贸易大臣(Air Canada v Trade Secretary)案，《上诉案例汇编》，1983年，第2卷，第394、432页(法塞尔勋爵)；I.G.伊格尔斯(Eagles)：《公法》，1980年，第263页。

[30] 美国诉尼克松(US v Nixon)案，《联邦最高法院案例汇编》，1974年，第418卷，第683页。

[31] 《上诉案例汇编》，1983年，第2卷，第394页；麦基勋爵：《剑桥法律杂志》，1983年，第2卷，第337页，T. R. 阿伦：《法律季评》，1985年，第101卷，第200页。

臣免予公开的要求,并拒绝对相关文件进行审查。在民事诉讼中,为了公平诉讼或节省开支,在必须的证据开示中,一方应审查另一方持有的相关文件。[22] 在加航案中,上院对起诉一个部门越权的案件适用了不同的规则,比双方当事人是私主体,但未要求公共利益豁免的案件更严格。大部分法官(法塞尔、弗罗斯特·威尔伯福斯和埃德蒙德—戴维斯勋爵)认为,一个法院如要行使审查权,申请审查的一方当事人不但要证明需开示的文件中有与争议相关的内容,还要证明该文件的开示对其案件有合理可能的帮助。只是假设可能是不够的。少数法官认为,申请方只需证明,对文件的开示可能对公平解决争议是必须的就足够了;而实际上,加航没有做到这一点。

在加航案中的多数意见强调,即使申请方在寻求对一项政策考虑进行司法审查,该案仍有其特殊要求,法院并没有对政府持有的文件的听证权。加航案规定了申请开示方请求法院进行开示的严格的标准。

在英王诉西米德兰兹警察局长(申请人:威利)(*R v Chief Constable of West Midlands, ex p Wiley*)案中,[23] 上院认为(推翻了上诉法院的判决),[24] 在调查针对警方的案件中所作的秘密陈述,在民事诉讼中并非不应开示的证据。沃尔夫勋爵认为,"对新的因公共

---

[22] 《最高法院规则》,第 24 号令。参阅现行《民事诉讼程序规则》,第 31 部分,尤其是第 31.19.1 小节。

[23] 《上诉案例汇编》,1995 年,第 1 卷,第 274 页。

[24] 马坎朱欧拉诉伦敦警察局长(*Makanjuola v Metropolitan police Commissioner*)案,《全英格兰案例汇编》,1992 年,第 3 卷,第 617 页;以及哈尔福德诉夏普尔斯(*Halford v Sharples*)案,《全英格兰案例汇编》,1992 年,第 3 卷,第 624 页。

利益而享有免予开示权的证据的认定,需要有明确的、有说服力的理由,以证明是必需的";不存在足够有说服力的情况来证明警方主张的一般性豁免这一点。上院认为特定的陈述,如暴露线人的身份,可以不予揭示。

尽管公共利益豁免规则主要产生于民事证据开示程序,这种豁免权也适用于刑事程序,但以一种不同的形式。[23] 当然,如果对一定文件公开,会对相关的公共利益造成损害,但在刑事诉讼中如不对相应材料开示,可能会损害客观公平体现的公共利益,这会使被告无法反驳。根据《官方保密法》,全部或部分文件应以照相方式记录[24],如果该材料太机密,以至在保密法限制下法官无法决定是否进行开示,那么所有的指控都不得不放弃。[25] 1992年12月,涉及向伊拉克非法运输武器的马特里克斯·丘吉尔案把这些展现出来,引起社会争论。在审理前,4名大臣签署了 PII 文件,要求对关于政府和安全部门是否知道被告卷入武器运输的文件予以保密。PII 文件的理由是,保证政府的正常运转以及维护安全与情报活动的需要。审查了相关文件后,法官命令予

---

[23] 英王诉戴维斯(R v Davis)案,《全英格兰案例汇编》,1993年,第2卷,第643页。参阅现行1996年《刑事诉讼与调查法》,第1、2部分,以及,例如考克(Corker):《刑事诉讼中的证据开示》,第6章。由于第2部分规定的原因,且得到法官的同意后,申诉人不开示相关证据的做法不会导致一次刑事审判变得不公平,且违反《欧洲人权公约》第6(1)款:雅斯珀诉联合王国(Jasper v UK),《欧洲人权报告》,2000年,第30卷,第441页。参阅爱德华兹诉联合王国(Edwards v UK)案(BHRC),2003年,第15卷,第189页。

[24] 1920年《官方保密法》,第8条,以及第25章。

[25] 英王诉沃德(R v Ward)案,《全英格兰案例汇编》,1993年,第2卷,第577页起,第633页;比较英王诉戴维斯。

以公开。㉘里查德·斯科特爵士后来对出卖武器的调查扩展到了对起诉决定和 PII 文件的调查。㉙他的报告详尽展示了各部门及其法律顾问对 PII 文件的利用。对于他们在马特里克斯一案中的使用,他的主要批评如下:

(I)不应在刑事诉讼中提出的特权要求也被提出;(II)一些特权要求的理由只是要保密;(III)大臣们被告知,他们在提出特权要求时,不需考虑相关文件是否是审判必须提供给被告方的;(IV)一位大臣,海斯尔蒂安先生,被告知他有责任作出 PII 文件,尽管他自己认为为了公共利益应予以开示。㉚

关于最后一点,总检察长对海斯尔蒂安的建议是,从法律的角度看,㉛该建议经斯科特调查认定是错的。在政府诉西米德兰兹警察局长,申请人:威利案中,上院认为,原则上,与诉讼相关的文件应予揭示,除非揭示会造成严重的损害。"文档保有人对公共利

㉘ 参阅 A.W.布拉德利:《公法》,1992 年,第 514 页,A.T.H.史密斯:《剑桥法律杂志》,1993 年,第 1 页,I.赖斯:《公法》,1993 年,第 630 页。关于斯科特报告,见《公法》,1996 年,第 357－507 页;还可参阅 I.赖斯和 L.卢斯特加登(Lustgarten),《现代法律评论》,1996 年,第 59 卷,第 695 页。

㉙ 在斯科特报告中(《下院文件》,115 号,1995－1996 年),参阅第 3 卷,第 2 部分,第 G10－15 和第 G18 章;第 4 卷,第 K6 章。也可参阅 R.斯科特:《公法》,1996 年,第 427 页;A.托姆金斯(Tomkins):《斯科特之后的宪法》(*The Constitution after Scott*),第 5 章;I.赖斯在托普森和里德利编辑的《在斯科特的光环下》(*Under the Scott-Light*)中的论述,第 55－70 页。

㉚ 《斯科特报告》,第 G18.104 段。

㉛ 主要来自马坎朱欧拉案(本章注释㉔)。

益豁免采取一种橡皮图章式的态度,既不必要,也不恰当"。㉔ 这是对大臣的责任所作的受人欢迎的解释,但与 PII 文件的使用有关的其他问题也需回答。

在 1996 年,总检察长在广泛调查后,公布了涉及英格兰和威尔士政府档案时,PII 文件使用的调查报告。他声明,政府将不再依赖于以前的"类别"和"内容"之间的区分。以后大臣们"只有在认为,对某文件的公开会对公共利益造成真实损害",才可申请 PII 文件。未来的 PII 文件将努力更详细地确定文件的内容以及揭示可能造成的损害,这可让法院这一最后的仲裁者更细致地对申请进行审查。人们希望威利案的效果及政府的新路径会减少 PII 申请的数量。㉓

自从邓肯诉坎默尔领主公司(*Duncan v Cammell Laird*)案第一次区分"内容"与"类别",以之作为借公众利益的名义进行保密的依据后,该法律走过了非常漫长的道路。政府在 1996 年作出决定,不再以"类别"为理由对文档进行保密,从近期围绕公共利益豁免的争议数量的减少来看,政府达到了它的目标。㉔ 在刑事诉讼中,强调追诉方公开所有相关信息的压力迫使他们求助公共利益

㉔ 《上诉案例汇编》,1995 年,第 1 卷,第 274、281 页(塔普曼勋爵)。比较萨维奇诉汉普郡警察局长(*Savage v Chief Constable of Hampshire*)案,《全英格兰案例汇编》,1997 年,第 2 卷,第 631 页。

㉓ 《下院辩论文件》,1996 年 12 月 18 日,第 949 – 950 卷。还可参阅 M.萨普斯通:《公法》,1997 年,第 211 页。

㉔ 自从 1996 年以来,对公共利益豁免而裁决的少数几个案件之一是三河区议会诉英格兰银行(*Three Rivers Council v Bank of England*)案,《英格兰及威尔士下议院案例汇编》,2002 年,第 2735 页。

豁免,限制被告接触敏感信息,诸如内线或侦察方法等。斯特拉斯堡法院[24]对于《欧洲人权公约》第 6 条第(1)项规定的公平听证权的保护产生的一个效果是,在个别情况下,刑事法庭允许一名特别委任的律师向法官提交需要受到保护的那些材料,但条件是,这些材料不能告知被告或被告的代理人。[25]

---

[24] 参阅爱德华兹诉联合王国(Edwards v UK)案,(BHRC)2003 年,第 15 卷,第 189 页。

[25] 参阅,英王诉 H(R v H)案,《上议院案例汇编》,2004 年,第 3 页,《上诉案例汇编》,2004 年,第 2 卷,第 134 页,第 10-39 段。

译 后 记

《宪法与行政法》[下册]的翻译历经数年,其间作者还出了修订版。初稿由清华大学法学院王振民教授组织朱凯等研究生翻译而成。此后,又由北京大学法学院翟小波组织一些同行重译或校订。中译本[下册]重译或校订的分工如下:

第23章,王四新(重译);

第19、20章,翟小波(后由江菁根据新修订版即第十四版重校);

第21、25章,成协中;

第22、24、26章,江菁;

第27—32章,刘刚。

图书在版编目(CIP)数据

宪法与行政法:第 14 版.[下册]/〔英〕布拉德利,尤因著;刘刚,江菁等译.—北京:商务印书馆,2008
（公法名著译丛）
ISBN 978-7-100-05613-7

Ⅰ.宪… Ⅱ.①布… ②尤… ③刘… Ⅲ.①宪法-研究-英国 ②行政法-研究-英国 Ⅳ.D956.11 D956.121

中国版本图书馆 CIP 数据核字(2007)第 142600 号

所有权利保留。
未经许可,不得以任何方式使用。

公法名著译丛
宪 法 与 行 政 法
第 14 版
[下 册]
〔英〕A.W.布拉德利 著
K.D.尤因
刘刚 江菁 等译

商 务 印 书 馆 出 版
（北京王府井大街36号 邮政编码100710）
商 务 印 书 馆 发 行
北京市白帆印务有限公司印刷
ISBN 978-7-100-05613-7

2008年12月第1版　开本 880×1230　1/32
2008年12月北京第1次印刷　印张 27¾
定价:52.00元